해커스

IFRS 김원종 객관식 중급회계

해커스 경영아카데미

이 책의 저자

김원종

학력
연세대학교 경영학과(경영학사)
성균관대학교 경영대학원(석사과정 수료)

경력
현 | 해커스 경영아카데미 교수
해커스금융 교수
전 | 한화케미칼 회계팀
삼일회계법인
웅지세무대학교 교수(회계학)
웅지 경영아카데미 재무회계 강사(회계사, 세무사)
삼일아카데미 IFRS 실무 강사
송원세무회계 대표 회계사
경기도학교 안전공제회 감사

자격증
한국공인회계사, 세무사

저서
해커스 IFRS 김원종 중급회계 상/하
해커스 세무사 IFRS 元고급회계
해커스 회계사 IFRS 김원종 고급회계
해커스 IFRS 김원종 POINT 중급회계
해커스 IFRS 김원종 POINT 고급회계
해커스 IFRS 김원종 객관식 중급회계
해커스 IFRS 김원종 객관식 고급회계
해커스 회계사 IFRS 김원종 재무회계 1차 기출문제집
해커스 세무사 IFRS 김원종 재무회계연습
해커스 회계사 IFRS 김원종 재무회계연습 1
해커스 회계사 IFRS 김원종 재무회계연습 2
IFRS 회계원리

머리말

본서는 공인회계사 및 세무사 1차 시험을 준비하는 수험생들이 효율적이고 효과적으로 시험에 대비할 수 있도록 쓰인 객관식 중급회계 연습서이다. 회계학은 기본개념을 정립하고 이를 통한 끊임없는 연습과정이 수반되어야 하는 실천적 학문으로서, 짧은 시간에 주어진 문제를 해결하기 위해서는 중급회계에서 다루는 각 주제의 핵심 내용을 명확하게 이해하고 이를 토대로 다양한 응용문제에 대한 해결능력을 구비해야만 한다. 따라서 본서의 가장 큰 목적은 회계학 기본서를 학습한 수험생들이 짧은 시간 내에 기본서의 핵심개념을 정리하는 동시에 연습문제 풀이를 통하여 공인회계사 및 세무사 1차 시험을 위한 실전대비능력을 키우는 데 있다. 이러한 본서의 특징은 다음과 같다.

첫째. 각 주제별 핵심내용을 정리하고 응용능력을 키울 수 있도록 엄선하여 문제를 구성하였다. 따라서 본서의 문제들은 출제가능성이 매우 높은 문제들이라 할 수 있으며 본서의 내용만 이해하여도 목적하는 결과를 충분히 얻을 수 있을 것으로 확신한다.

둘째. 시험에 출제될 가능성이 높은 한국채택국제회계기준의 내용을 모두 문제에 반영하여 방대한 한국채택국제회계기준의 내용을 주제별로 짧은 시간에 체계적으로 정리할 수 있도록 하였다. 특히, 각 챕터별로 문제를 [기본문제]와 [고급문제]로 구분하여 효율적으로 준비할 수 있도록 구성하였다. 따라서 공인회계사 수험생들은 자신의 수험기간과 실력에 따라 [기본문제]와 [고급문제]의 일부를 대비하고, 세무사 수험생들은 [기본문제]를 반복 학습하는 것이 효율적일 것이다.

셋째. 본서는 주제별로 일관된 접근방법과 문제풀이방법을 제시하여 수험생들의 혼란을 최소화하고자 노력하였다. 본서의 풀이방법은 기본서 예제의 풀이방법과 일치하도록 제시하였다.

넷째. 국제회계기준이 도입된 이후에 중요한 기출문제를 엄선하여 수록하였다.

본서가 완성되어 출간되기까지 많은 분들의 도움을 받았다. 교재의 출간을 허락하시고 많은 격려를 보내주신 (주)챔프스터디의 전재윤 대표님과 책의 완성도를 높이기 위해 최선을 다해 노력하시는 해커스 경영아카데미에도 감사의 뜻을 전한다. 마지막으로 본서가 완성되기까지 항상 옆에서 자리를 지키며 기다려준 가족들에게도 감사의 마음을 전하고 싶다.

본서는 저자의 15년간의 공인회계사, 세무사 강의경험과 15년간의 출제경향 분석을 통하여 저술되었다. 회계법인에서의 실무경험과 대학 등에서의 강의경험을 이 책에 담기 위해 부단한 노력으로 달려왔지만, 여전히 아쉬움이 많이 남는 책이다. 본서에 포함된 어떠한 오류도 저자의 책임이며 본서와 관련된 독자 여러분들의 비평과 건설적인 의견에 항상 귀를 기울일 것이다. 또한 사랑받는 교재가 되기 위하여 개정판마다 더욱 발전할 수 있도록 최선을 다할 것을 약속드린다.

공인회계사 김원종

목차

회계사·세무사 1차 시험 출제현황 분석

Chapter별로 회계사 · 세무사 5개년 1차 시험 출제빈도를 정리하였습니다.
본 교재로 학습을 시작하실 때에는 Chapter별 출제빈도를 파악하여 전략적으로 학습하시기 바라며, 시험 직전에는 시험에 자주 출제되거나 본인이 부족하다고 느끼는 내용의 Chapter를 확인하여 최종적으로 학습하시기 바랍니다.

구분		출제빈도	회계사						세무사					
			2020	2021	2022	2023	2024	합계	2019	2020	2021	2022	2023	합계
중급회계	Ch. 1 재무회계의 일반론													
	Ch. 2 재무보고를 위한 개념체계	12		1		2	1	4	1	3	2	1	1	8
	Ch. 3 재무제표 표시와 공정가치 측정	4			1			1			1	1	1	3
	Ch. 4 현금및현금성자산과 현재가치평가													
	Ch. 5 재고자산	18	1	2	2	2	1	8	1	3	2	2	2	10
	Ch. 6 유형자산	31	4	3	3	3	2	15	4	2	5	3	2	16
	Ch. 7 무형자산	6		1	1	1	1	4	1			1		2
	Ch. 8 투자부동산	7	1			1	1	3	1		1	1	1	4
	Ch. 9 금융자산	18	3	2	2	2	2	11	2	1	2	1	1	7
	Ch. 10 자산손상과 매각예정비유동자산	3		1	1			2	1					1
	Ch. 11 금융부채	15		2	2	1	1	6	2	1	2	2	2	9
	Ch. 12 충당부채	4	1					1	1			1	1	3
	Ch. 13 자본	7	1	1		1		3		2		1	1	4
	Ch. 14 복합금융상품	12	2		2	2	2	8	1	1		1	1	4
	Ch. 15 리스	17	2	2	2	2	2	10	2	1	2	1	1	7

구분		출제빈도	회계사						세무사					
			2020	2021	2022	2023	2024	합계	2019	2020	2021	2022	2023	합계
중급회계	Ch. 16 수익(1) 고객과의 계약에서 생기는 수익	20	3	3	3	2	2	13	2	2	1	1	1	7
	Ch. 17 수익(2) 건설계약	3					1	1		1	1			2
	Ch. 18 종업원급여	10	1	1	1	2	1	6		1	1	1	1	4
	Ch. 19 주식기준보상	10	1	1	1	1	2	6	1		1	1	1	4
	Ch. 20 법인세회계	10	1	1	1	1	1	5	1	1		1	2	5
	Ch. 21 주당이익	11	1	1	1	1	2	6	1	1	1	1	1	5
	Ch. 22 회계변경과 오류수정	11	1	1	1		2	5	2	1		1	2	6
	Ch. 23 현금흐름표	10	1	1	1	1	1	5	1	1	1	1	1	5
	Ch. 24 중간재무보고와 재무비율분석	3			1			1		2				2
고급회계	Ch. 1 사업결합	11	2	2	1	2	2	9		1	1			2
	Ch. 2 연결회계	15	3	4	2	1	3	13				1	1	2
	Ch. 3 연결회계 특수주제	4	1		1	2		4						
	Ch. 4 관계기업투자와 공동약정	9	2	2	1	2	2	9						
	Ch. 5 환율변동효과	8	1	2	2	1	2	8						
	Ch. 6 파생상품	8	2	1	2	2	1	8						
합계		297	35	35	35	35	35	175	25	25	24	24	24	122

☀ 객관식 문제풀이에 앞서 각 장의 주요 주제별 중요도를 파악해볼 수 있습니다.
☀ 시험 대비를 위해 꼭 풀어보아야 하는 필수문제를 정리하여 효율적으로 학습할 수 있습니다.

1. 출제경향

주요 주제	중요도
1. 회계의 기능	★
2. 국제회계기준의 특징	★

2. 필수문제 리스트

구분		필수문제 번호
회계사	기본문제	1, 2
세무사	기본문제	- 해당사항 없음 -

Chapter 1

재무회계의 일반론

■ 기본문제

■ 정답 및 해설

기본문제

01 다음 중 회계정보의 기능에 대한 설명으로 타당하지 않은 것은? [2010 공인회계사 1차]

① 회계정보는 자본시장에서 정보비대칭으로 인해 존재하는 역선택의 문제를 완화하여 자본이 투자자로부터 기업에게로 원활히 공급될 수 있도록 하는 데 도움을 준다.

② 회계정보는 경제실체 간 자원의 이동에 관한 의사결정에는 직접적인 경제적 영향을 미치지는 못하지만 경제실체 내에서의 자원의 이동에 관한 의사결정에는 도움을 준다.

③ 회계정보는 자본시장에서 발생할 수 있는 대리인의 기회주의적인 행위인 도덕적 해이라는 문제를 해결하는 데 도움을 준다.

④ 회계정보는 자본주의 시장경제체제에서 희소한 경제적 자원이 자본시장을 통해 효율적으로 배분되도록 하는 데 도움을 준다.

⑤ 회계정보는 정부가 효율적이고 적절한 자원배분을 위한 정책을 수립하는 데 도움을 준다.

02 다음 중 한국채택국제회계기준에 대한 설명으로 타당하지 않은 것은?

[2010 공인회계사 1차 수정]

① 국제적으로 통용되는 회계기준을 채택함으로써 회계정보의 신뢰성을 향상시키고, 다른 나라로부터의 자금조달이 용이해지며 차입원가를 절감할 수도 있다.

② 한국채택국제회계기준은 회계처리에 대하여 구체적인 회계처리방법을 제시하기보다는 전문가적 판단을 중시하는 접근법을 따르고 있다.

③ 한국채택국제회계기준의 연결범위에는 「주식회사 등의 외부감사에 관한 법률」에 의한 외부감사대상이 아닌 소규모회사는 포함되지 않는다.

④ 한국채택국제회계기준은 2011년부터 모든 주권상장법인이 의무적으로 적용하되 원하는 기업은 2009년부터 조기 적용하고 있다.

⑤ 한국채택국제회계기준은 국제회계기준위원회에서 공표한 국제회계기준을 기초로 한국회계기준위원회에서 제정하고 금융위원회에 보고 후 공표된 것이다.

기본문제 정답 및 해설

01 회계정보는 기업의 내부 및 외부정보이용자 등 다양한 이해관계자의 의사결정에 유용한 정보를 제공한다. 따라서 경제실체 간(기업외부) 자원의 이동뿐만 아니라 경제실체 내(기업내부)에서의 자원의 이동에 관한 의사결정에도 영향을 미친다.

02 연결재무제표 작성범위에는 지배기업의 모든 종속회사를 포함하며 소규모회사라고 해서 제외되지 않는다.

정답 **01** ② **02** ③

☀ 객관식 문제풀이에 앞서 각 장의 주요 주제별 중요도를 파악해볼 수 있습니다.
☀ 시험 대비를 위해 꼭 풀어보아야 하는 필수문제를 정리하여 효율적으로 학습할 수 있습니다.

1. 출제경향

주요 주제	중요도
1. 일반목적재무보고의 목적	★★★★
2. 유용한 재무정보의 질적특성	★★★★★
3. 재무제표요소의 정의	★
4. 재무제표요소의 인식	★
5. 재무제표요소의 측정	★★★
6. 자본 및 자본유지개념	★★★★

2. 필수문제 리스트

구분		필수문제 번호
회계사	기본문제	1, 2, 3, 4, 5, 6, 8, 10, 11, 12, 13, 14, 16, 17, 18, 19, 20, 21, 22, 23, 25
	고급문제	2, 3
세무사	기본문제	1, 2, 3, 4, 5, 6, 8, 10, 11, 12, 13, 14, 16, 17, 18, 19, 22, 23, 25, 26
	고급문제	- 해당사항 없음 -

Chapter 2

재무보고를 위한 개념체계

- ■ 기본문제
- ■ 고급문제
- ■ 정답 및 해설

기본문제

01 다음은 재무보고를 위한 개념체계 중 일반목적재무보고의 목적에 관한 설명이다. 이 중 옳지 않은 것은? [2016 공인회계사 1차 수정]

① 현재 및 잠재적 투자자, 대여자와 그 밖의 채권자는 일반목적재무보고서가 대상으로 하는 주요 이용자이다.

② 일반목적재무보고서는 주요 이용자가 필요로 하는 모든 정보를 제공하지는 않으며 제공할 수도 없다.

③ 일반목적재무보고서는 주요 이용자가 보고기업의 가치를 추정하는 데 도움이 되는 정보를 제공한다.

④ 회계기준위원회는 재무보고기준을 제정할 때 주요 이용자 최대 다수의 수요를 충족하는 정보를 제공하기 위해 노력할 것이다.

⑤ 보고기업의 경영진도 해당 기업에 대한 재무정보에 관심이 있기 때문에 일반목적재무보고서에 의존할 필요가 있다.

02 일반목적재무보고서가 제공하는 정보에 관한 설명으로 옳지 않은 것은? [2021 세무사 1차]

① 보고기업의 경제적자원 및 청구권의 성격 및 금액에 대한 정보는 이용자들이 기업의 경제적자원에 대한 경영진의 수탁책임을 평가하는 데 도움이 될 수 있다.

② 보고기업의 재무성과에 대한 정보는 그 기업의 경제적자원에서 해당 기업이 창출한 수익을 이용자가 이해하는 데 도움을 준다.

③ 보고기업의 경제적 자원과 청구권은 그 기업의 재무성과, 그리고 채무상품 또는 지분상품의 발행과 같은 그 밖의 사건 또는 거래에서 발생한다.

④ 보고기업의 과거 재무성과와 그 경영진이 수탁책임을 어떻게 이행했는지에 대한 정보는 기업의 경제적자원에서 발생하는 미래 수익을 예측하는 데 일반적으로 도움이 된다.

⑤ 한 기간의 보고기업의 재무성과에 투자자와 채권자에게서 직접 추가 자원을 획득한 것이 아닌 경제적자원 및 청구권의 변동이 반영된 정보는 기업의 과거 및 미래 순현금유입 창출 능력을 평가하는 데 유용하다.

03 다음은 일반목적재무보고서가 제공하는 정보에 대한 설명이다. 이 중 타당하지 않은 것은?

① 일반목적재무보고서는 보고기업의 재무상태에 관한 정보, 즉 기업의 경제적 자원 및 보고기업에 대한 청구권에 관한 정보를 제공하며, 또한 재무보고서는 보고기업의 경제적 자원과 청구권을 변동시키는 거래와 그 밖의 사건의 영향에 대한 정보도 제공한다.
② 보고기업의 경제적 자원과 청구권의 성격 및 금액에 대한 정보는 정보이용자가 보고기업의 재무적 강점과 약점을 식별하는 데 도움을 줄 수 있다.
③ 보고기업의 경제적 자원과 청구권의 변동은 그 기업의 재무성과, 그리고 채무상품 또는 지분상품의 발행과 같은 그 밖의 사건 또는 거래에서 발생한다.
④ 발생기준이 반영된 보고기업의 경제적 자원과 청구권 그리고 기간 중 변동에 관한 정보는 그 기간의 현금 수취와 지급만의 정보보다 기업의 과거 및 미래 성과를 평가하는 데 더 나은 근거를 제공한다.
⑤ 보고기업의 경제적 자원과 청구권은 그 기업의 재무성과에 의해서만 변동될 수 있다.

04 재무보고를 위한 개념체계 중 유용한 재무정보의 질적특성에 관한 다음 설명 중 옳지 않은 것은?
[2018 공인회계사 1차 수정]

① 유용한 재무정보의 질적특성은 재무보고서에 포함된 정보(재무정보)에 근거하여 보고기업에 대한 의사결정을 할 때 현재 및 잠재적 투자자, 대여자와 그 밖의 채권자에게 가장 유용할 정보의 유형을 식별하는 것이다.
② 유용한 재무정보의 질적특성은 재무제표에서 제공되는 재무정보에 적용되며, 그 밖의 방법으로 제공되는 재무정보에는 적용되지 않는다.
③ 목적적합한 재무정보는 정보이용자의 의사결정에 차이가 나도록 할 수 있다. 정보는 일부 정보이용자가 이를 이용하지 않기로 선택하거나 다른 원천을 통하여 이미 이를 알고 있다고 할지라도 의사결정에 차이가 나도록 할 수 있다.
④ 재무정보의 예측가치와 확인가치는 상호 연관되어 있으며, 예측가치를 갖는 정보는 확인가치도 갖는 경우가 많다.
⑤ 근본적 질적특성 중 하나인 표현충실성은 그 자체가 반드시 유용한 정보를 만들어 내는 것은 아니다.

05 재무정보의 질적특성에 관한 설명으로 옳지 않은 것은? [2017 세무사 1차 수정]

① 유용한 재무정보의 근본적 질적특성은 목적적합성과 표현충실성이다. 유용한 재무정보의 질적특성은 재무제표에서 제공되는 재무정보에도 적용되며, 그 밖의 방법으로 제공되는 재무정보에도 적용된다.

② 비교가능성, 검증가능성, 적시성 및 이해가능성은 목적적합하고 충실하게 표현된 정보의 유용성을 보강시키는 질적특성이다. 보강적 질적특성을 적용하는 것은 어떤 규정된 순서를 따르지 않는 반복적인 과정이다. 때로는 하나의 보강적 질적특성이 다른 질적특성의 극대화를 위해 감소되어야 할 수도 있다.

③ 검증가능성은 합리적인 판단력이 있고 독립적인 서로 다른 관찰자가 어떤 서술이 표현충실성이라는 데, 비록 반드시 완전히 일치하지는 못하더라도, 의견이 일치할 수 있다는 것을 의미한다. 계량화된 정보가 검증가능하기 위해서 단일 점추정치이어야 한다.

④ 표현충실성은 모든 면에서 정확한 것을 의미하지는 않는다. 오류가 없다는 것은 현상의 기술에 오류나 누락이 없고, 보고 정보를 생산하는 데 사용되는 절차의 선택과 적용 시 절차상 오류가 없음을 의미한다. 이 맥락에서 오류가 없다는 것은 모든 면에서 완벽하게 정확하다는 것을 의미하지는 않는다.

⑤ 목적적합한 재무정보는 정보이용자의 의사결정에 차이가 나도록 할 수 있다. 재무정보에 예측가치, 확인가치 또는 이 둘 모두가 있다면 그 재무정보는 의사결정에 차이가 나도록 할 수 있다.

06 유용한 재무정보의 질적특성에 관한 설명으로 옳지 않은 것은? [2020 세무사 1차]

① 재무정보가 예측가치를 갖기 위해서 그 자체가 예측치 또는 예상치일 필요는 없다.

② 하나의 경제적 현상은 여러 가지 방법으로 충실하게 표현될 수 있으나, 동일한 경제적 현상에 대해 대체적인 회계처리방법을 허용하면 비교가능성이 감소한다.

③ 목적적합하지 않은 현상에 대한 표현충실성과 목적적합한 현상에 대한 충실하지 못한 표현 모두 이용자들이 좋은 결정을 내리는 데 도움이 되지 않는다.

④ 회계기준위원회는 중요성에 대한 획일적인 계량 임계치를 정하거나 특정한 상황에서 무엇이 중요한 것인지를 미리 결정할 수 없다.

⑤ 보강적 질적특성은, 정보가 목적적합하지 않거나 나타내고자 하는 바를 충실하게 표현하지 않더라도 그 정보를 유용하게 만들 수 있다.

07 재무정보의 질적특성에 관한 설명으로 옳지 않은 것은? [2014 세무사 1차]

① 중요성은 개별 기업 재무보고서 관점에서 해당 정보와 관련된 항목의 성격이나 규모 또는 이 둘 모두에 근거하여 해당 기업의 특유한 측면의 목적적합성을 의미한다.

② 완벽한 표현충실성을 위해서는 서술에 세 가지의 특성이 있어야 하는데, 서술은 완전하고, 중립적이며, 오류가 없어야 할 것이다.

③ 보강적 질적특성은 만일 어떤 두 가지 방법이 현상을 동일하게 목적적합하고 충실하게 표현하는 것이라면 이 두 가지 방법 가운데 어느 방법을 현상의 서술에 사용해야 할지를 결정하는 데 도움을 줄 수 있다.

④ 단 하나의 경제적 현상을 충실하게 표현하는 데 여러 방법이 있을 수 있으나 동일한 경제적 현상에 대해 대체적인 회계처리방법을 허용하면 비교가능성이 감소한다.

⑤ 일관성은 한 보고기업 내에서 기간 간 또는 같은 기간 동안에 기업 간, 동일한 항목에 대해 동일한 방법을 적용하는 것을 의미하므로 비교가능성과 동일한 의미로 사용된다.

08 재무보고를 위한 개념체계에 대한 다음 설명 중 옳지 않은 것은? [2015 공인회계사 1차 수정]

① 일반목적재무보고서는 보고기업의 가치를 보여주기 위해 고안된 것이 아니다. 그러나 일반목적재무보고서는 현재 및 잠재적 투자자, 대여자와 그 밖의 채권자가 보고기업의 가치를 추정하는 데 도움이 되는 정보를 제공한다.

② 보강적 질적특성은 가능한 한 극대화되어야 한다. 그러나 보강적 질적특성은 정보가 목적적합하지 않거나 충실하게 표현되지 않으면, 개별적으로든 집단적으로든 그 정보를 유용하게 할 수 없다.

③ 재무정보의 예측가치와 확인가치는 상호 연관되어 있어, 예측가치를 갖는 정보는 확인가치도 갖는 경우가 많다.

④ 재무보고서는 사업활동과 경제활동에 대해 합리적인 지식이 있고, 부지런히 정보를 검토하고 분석하는 정보이용자를 위해 작성된다.

⑤ 통일성은 한 보고기업 내에서 기간 간 또는 같은 기간 동안에 기업 간, 동일한 항목에 대해 동일한 방법을 적용하는 것을 말한다.

09 재무보고를 위한 개념체계에 관한 설명으로 옳지 않은 것은? [2015 세무사 1차 수정]

① 중요성은 개별 기업 재무보고서 관점에서 해당 정보와 관련된 항목의 성격이나 규모 또는 이 둘 모두에 근거하여 해당 기업의 특유한 측면의 목적적합성을 말한다.

② 재무보고를 위한 개념체계는 외부 이용자를 위한 재무보고의 기초가 되는 개념으로 한국채택국제회계기준이다.

③ 일반목적재무보고서는 보고기업의 가치를 보여주기 위해 고안된 것이 아니다. 그러나 그것은 현재 및 잠재적 투자자, 대여자와 그 밖의 채권자가 보고기업의 가치를 추정하는 데 도움이 되는 정보를 제공한다.

④ 목적적합한 재무정보는 정보이용자의 의사결정에 차이가 나도록 할 수 있다.

⑤ 충실한 표현은 모든 면에서 정확한 것을 의미하지는 않는다.

10 다음은 재무보고를 위한 개념체계의 근본적 질적특성과 관련된 설명이다. 아래의 설명 중 옳지 않은 것은?

① 정보이용자들이 미래 결과를 예측하기 위해 사용하는 절차의 투입요소로 재무정보가 사용될 수 있다면, 그 재무정보는 예측가치를 갖는다. 따라서 재무정보가 예측가치를 갖기 위해서 그 자체가 예측치 또는 예상치이어야 한다.

② 회계기준위원회는 중요성에 대한 획일적인 계량 임계치를 정하거나 특정한 상황에서 무엇이 중요한 것인지를 미리 결정할 수 없으며, 개별 기업의 성격이나 규모에 따라 결정되어야 한다.

③ 신중성은 불확실한 상황에서 판단할 때 주의를 기울이는 것을 말하며, 중립성은 신중을 기함으로써 뒷받침된다. 신중을 기한다는 것은 자산과 수익이 과대평가되지 않고 부채와 비용이 과소평가되지 않는 것을 의미한다.

④ 합리적인 추정치의 사용은 재무정보의 작성에 필수적인 부분이며, 추정이 명확하고 정확하게 기술되고 설명되는 한 정보의 유용성을 저해하지 않는다. 따라서 측정불확실성이 높은 수준이더라도 그러한 추정이 무조건 유용한 재무정보를 제공하지 못하는 것은 아니다.

⑤ 근본적 질적특성을 적용하기 위한 가장 효율적이고 효과적인 절차는 보고기업의 재무정보 이용자들에게 유용할 수 있는 정보의 대상이 되는 경제적 현상을 식별하고, 그 현상에 대한 가장 목적적합한 정보의 유형을 식별한 후, 그 정보가 이용가능한지, 그리고 경제적 현상을 충실하게 표현할 수 있는지 결정하는 것이다.

11 다음은 재무보고를 위한 개념체계의 보강적 질적특성과 관련된 설명이다. 아래의 설명 중 옳지 않은 것은?

① 비교가능성은 통일성이 아니다. 왜냐하면 정보가 비교가능하기 위해서는 비슷한 것은 비슷하게 보여야 하고 다른 것은 다르게 보여야 하기 때문이다.

② 검증은 직접적 또는 간접적으로 이루어질 수 있다. 직접 검증은, 예를 들어, 현금을 세는 것과 같이 직접적인 관찰을 통하여 금액이나 그 밖의 표현을 검증하는 것을 의미하며, 간접 검증은 모형, 공식 또는 그 밖의 기법에의 투입요소를 확인하고 같은 방법을 사용하여 그 결과를 재계산하는 것을 의미한다.

③ 일반적으로 정보는 오래될수록 유용성과 적시성이 낮아진다. 그러나 일부 정보는 보고기간 말 후에도 오랫동안 적시성이 있을 수 있다. 예를 들어, 일부 정보이용자들은 추세를 식별하고 평가할 필요가 있을 수 있기 때문이다.

④ 일부 현상은 본질적으로 복잡하여 이해하기 쉽지 않으므로 그 현상에 대한 정보를 재무보고서에서 제외하여야 한다.

⑤ 보강적 질적특성을 적용하는 것은 어떤 규정된 순서를 따르지 않는 반복적인 과정이다. 때로는 하나의 보강적 질적특성이 다른 질적특성의 극대화를 위해 감소되어야 할 수도 있다.

12 재무제표 요소에 대한 다음의 설명 중 옳은 것을 모두 열거한 것은?

[2013 공인회계사 1차 수정]

(가) 본인이 통제하는 경제적 자원을 대리인이 관리하고 있는 경우, 그 경제적 자원은 대리인의 자산이다.
(나) 자산은 과거의 거래나 그 밖의 사건에서 창출된다.
(다) 자산과 부채에 대한 재평가 또는 재작성은 자본의 증가나 감소를 초래하나, 수익과 비용의 정의에는 부합하지 않는다.
(라) 경제적 효익이 여러 회계기간에 걸쳐 발생할 것으로 기대되고 수익과의 관련성이 단지 포괄적으로 또는 간접적으로만 결정될 수 있는 경우, 비용은 체계적이고 합리적인 배분절차를 기준으로 포괄손익계산서에 인식된다.

① (나), (다)
② (나), (라)
③ (가), (나), (라)
④ (가), (다), (라)
⑤ (나), (다), (라)

13 재무보고를 위한 개념체계에서 정의하고 있는 자산에 대한 내용으로 틀린 것은?

① 자산은 과거사건의 결과로 기업이 통제하는 현재의 경제적 자원을 말하며, 경제적 자원은 경제적 효익을 창출할 잠재력을 지닌 권리를 의미한다.
② 지출의 발생과 자산의 취득은 밀접하게 관련되어 있으나 양자가 반드시 일치하는 것은 아니다. 따라서 관련된 지출이 없더라도 특정 항목이 자산의 정의를 충족하는 것을 배제하지는 않는다.
③ 권리가 기업의 자산이 되기 위해서는, 해당 권리가 그 기업을 위해서 다른 모든 당사자들이 이용가능한 경제적 효익을 초과하는 경제적 효익을 창출할 잠재력이 있고, 그 기업에 의해 통제되어야 한다.
④ 경제적 자원은 경제적 효익을 창출할 잠재력을 지닌 권리를 말하며 경제적 자원이 잠재력을 가지기 위해 권리가 경제적 효익을 창출할 것이라고 확신하여야 한다.
⑤ 경제적 효익을 창출할 가능성이 낮더라도 권리가 경제적 자원의 정의를 충족할 수 있고, 따라서 자산이 될 수 있다.

14 재무보고를 위한 개념체계에서 정의하고 있는 부채에 대한 내용으로 옳지 않은 것은?

① 부채는 과거 사건의 결과로 기업이 경제적 자원을 이전해야 하는 현재의무이다.

② 의무는 항상 다른 당사자에게 이행해야 하므로 다른 당사자는 사람이나 또 다른 기업, 사람들 또는 기업들의 집단, 사회 전반이 될 수 있다. 따라서 의무를 이행할 대상인 당사자의 신원을 반드시 알아야 한다.

③ 많은 의무가 계약, 법률 또는 이와 유사한 수단에 의해 성립되며, 당사자(또는 당사자들)가 채무자에게 법적으로 집행할 수 있도록 하며, 이러한 의무를 법적의무라고 한다.

④ 기업이 실무 관행, 공개한 경영방침, 특정 성명서와 상충되는 방식으로 행동할 실제 능력이 없는 경우, 기업의 그러한 실무 관행, 경영방침이나 성명서에서 의무가 발생할 수도 있으며, 그러한 상황에서 발생하는 의무는 의제의무라고 불린다.

⑤ 일부 상황에서, 경제적 자원을 이전하는 기업의 책무나 책임은 기업 스스로 취할 수 있는 미래의 특정 행동을 조건으로 발생한다.

15 재무보고를 위한 개념체계에서 정의하고 있는 부채에 대한 내용으로 옳지 않은 것은?

① 부채의 조건 중 하나는 경제적 자원을 이전하는 것이 의무라는 것이다. 이 조건을 충족하기 위해, 의무에는 기업이 경제적 자원을 다른 당사자에게 이전하도록 요구받게 될 잠재력이 있어야 한다.

② 경제적 자원의 이전가능성이 낮더라도 의무가 부채의 정의를 충족할 수 있다.

③ 경제적 자원을 수취할 권리가 있는 당사자에게 그 경제적 자원을 이전해야 할 의무를 이행하는 대신에, 의무를 면제받는 협상으로 의무를 이행, 의무를 제3자에게 이전, 새로운 거래를 체결하여 경제적 자원을 이전할 의무를 다른 의무로 대체를 결정하는 경우가 있으며, 기업은 해당 의무를 결제, 이전 또는 대체할 때까지 경제적 자원을 이전할 의무가 있다.

④ 새로운 법률이 제정되는 경우에는, 그 법률의 적용으로 경제적 효익을 얻게 되거나 조치를 취한 결과로, 기업이 이전하지 않아도 되었을 경제적 자원을 이전해야 하거나 이전하게 될 수도 있는 경우에만 현재의무가 발생한다.

⑤ 법률제정 그 자체만으로 기업에 현재의무를 부여하기에 충분하다.

16 재무보고를 위한 개념체계의 자본, 수익 및 비용에 대한 내용으로 옳지 않은 것은?

① 자본은 기업의 자산에서 모든 부채를 차감한 후의 잔여지분을 말하며, 자본청구권은 기업의 자산에서 모든 부채를 차감한 후의 잔여지분에 대한 청구권이다.

② 수익과 비용의 서로 다른 특성별로 정보를 별도로 제공하면 정보가 복잡하여 재무제표 이용자들이 기업의 재무성과를 이해하는 데 도움을 줄 수 없다.

③ 수익은 자본청구권 보유자의 출자와 관련된 것을 제외한, 자산의 증가 또는 부채의 감소로써 자본의 증가를 가져오는 것을 말한다.

④ 비용은 자본청구권 보유자에 대한 분배와 관련된 것을 제외한, 자산의 감소 또는 부채의 증가로써 자본의 감소를 가져오는 것을 말한다.

⑤ 보통주 및 우선주와 같이 서로 다른 종류의 자본청구권은 보유자에게 기업으로부터 받을 서로 다른 권리를 부여할 수 있다.

17 '재무보고를 위한 개념체계'에서 인식과 제거에 대한 다음 설명 중 옳지 않은 것은?

[2023 공인회계사 1차]

① 인식은 자산, 부채, 자본, 수익 또는 비용과 같은 재무제표 요소 중 하나의 정의를 충족하는 항목을 재무상태표나 재무성과표에 포함하기 위하여 포착하는 과정이다.

② 거래나 그 밖의 사건에서 발생된 자산이나 부채의 최초 인식에 따라 수익과 관련 비용을 동시에 인식할 수 있다. 수익과 관련 비용의 동시 인식은 때때로 수익과 관련 원가의 대응을 나타낸다.

③ 재무제표이용자들에게 자산이나 부채 그리고 이에 따른 결과로 발생하는 수익, 비용 또는 자본변동에 대한 목적적합한 정보와 충실한 표현 중 어느 하나를 제공하는 경우 자산이나 부채를 인식한다.

④ 자산은 일반적으로 기업이 인식한 자산의 전부 또는 일부에 대한 통제를 상실하였을 때 제거하고, 부채는 일반적으로 기업이 인식한 부채의 전부 또는 일부에 대한 현재의무를 더 이상 부담하지 않을 때 제거한다.

⑤ 제거에 대한 회계 요구사항은 제거를 초래하는 거래나 그 밖의 사건 후의 잔여 자산과 부채, 그리고 그 거래나 그 밖의 사건으로 인한 기업의 자산과 부채의 변동 두 가지를 모두 충실히 표현하는 것을 목표로 한다.

18 측정기준에 관한 설명으로 옳지 않은 것은? [2021 세무사 1차]

① 자산을 취득하거나 창출할 때의 역사적 원가는 자산의 취득 또는 창출에 발생한 원가의 가치로서, 자산을 취득 또는 창출하기 위하여 지급대가와 거래원가를 포함한다.

② 부채가 발생하거나 인수할 때의 역사적 원가는 발생시키거나 인수하면서 수취한 대가에서 거래원가를 차감한 가치이다.

③ 공정가치는 측정일에 시장참여자 사이의 정상거래에서 자산을 매도할 때 받거나 부채를 이전할 때 지급하게 될 가격이다.

④ 사용가치와 이행가치는 자산을 취득하거나 부채를 인수할 때 발생하는 거래원가를 포함한다.

⑤ 자산의 현행원가는 측정일 현재 동등한 자산의 원가로서 측정일에 지급할 대가와 그 날에 발생할 거래원가를 포함한다.

19 재무제표 요소의 측정속성에 관한 설명으로 옳지 않은 것은? [2012 세무사 1차 수정]

① 부채의 이행가치는 기업이 부채를 이행할 때 이전해야 하는 현금이나 그 밖의 경제적 자원의 현재가치를 말한다.

② 자산을 취득하거나 창출할 때의 역사적 원가는 자산의 취득 또는 창출에 발생한 원가의 가치로서, 자산의 취득 또는 창출을 위하여 지급한 대가와 거래원가를 포함한다.

③ 자산의 현행원가는 측정일에 동등한 자산의 원가로서 측정일에 지급할 대가와 그 날에 발생할 거래원가를 포함한다.

④ 공정가치는 측정일에 시장참여자 사이의 정상거래에서 자산을 매도할 때 받거나 부채를 이전할 때 지급하게 될 가격이다.

⑤ 자산의 사용가치는 기업이 자산의 사용과 궁극적인 처분으로 얻을 것으로 기대하는 현금흐름 또는 그 밖의 경제적 효익을 할인하지 않은 금액이다.

20 재무보고를 위한 개념체계 중 측정에 관한 다음의 설명 중 옳지 않은 것은?

[2021 공인회계사 1차]

① 역사적 원가 측정기준을 사용할 경우, 다른 시점에 취득한 동일한 자산이나 발생한 동일한 부채가 재무제표에 다른 금액으로 보고될 수 있다.

② 공정가치는 자산을 취득할 때 발생한 거래원가로 인해 증가하지 않으며, 또한 자산의 궁극적인 처분에서 발생할 거래원가를 반영하지 않는다.

③ 자산의 현행원가는 측정일 현재 동등한 자산의 원가로서 측정일에 지급할 대가와 그 날에 발생할 거래원가를 포함한다.

④ 현행가치와 달리 역사적 원가는 자산의 손상이나 손실부담에 따른 부채와 관련되는 변동을 제외하고는 가치의 변동을 반영하지 않는다.

⑤ 이행가치는 부채가 이행될 경우보다 이전되거나 협상으로 결제될 때 특히 예측가치를 가진다.

21 재무보고를 위한 개념체계의 재무제표 요소의 측정과 관련된 내용으로 옳지 않은 것은?

① 자본의 총장부금액(총자본)은 직접 측정하지 않으며, 인식된 모든 자산의 장부금액에서 인식된 모든 부채의 장부금액을 차감한 금액과 동일하다.

② 자본의 개별항목 또는 자본의 구성요소의 장부금액은 양(+)의 값으로, 어떠한 경우에도 음(-)의 값을 가질 수 없다.

③ 가장 목적적합한 정보를 제공하는 금액은 일반적으로 범위의 중앙 부분의 값(중앙 추정치) 중 하나이다.

④ 최초 인식시점에, 시장조건에 따른 거래에서 취득한 자산이나 발생한 부채의 원가는 거래원가가 유의적이지 않다면 일반적으로 그 시점의 공정가치와 비슷하다.

⑤ 시장조건에 따른 거래가 아닌 사건의 결과로 자산을 취득하거나 부채가 발생할 수 있는데, 이러한 경우 취득한 자산이나 발생한 부채를 간주원가로 측정하는 것이 적절할 수 있다. 이때 간주원가와 지급하거나 수취한 대가와의 차이는 최초 인식시점에 수익과 비용으로 인식될 것이다.

22 재무제표 요소의 측정과 자본유지의 개념에 대한 다음의 설명 중 옳지 않은 것은?

[2013 공인회계사 1차 수정]

① 부채의 현행원가는 현재시점에서 그 의무를 이행하는 데 필요한 현금이나 현금성자산의 할인한 금액으로 평가한다.

② 부채의 이행가치는 기업이 부채를 이행할 때 이전해야 하는 현금이나 그 밖의 경제적 자원의 현재가치를 말한다.

③ 실물자본유지개념을 사용하기 위해서는 자산과 부채를 현행원가기준에 따라 측정해야 한다.

④ 재무자본유지개념과 실물자본유지개념의 주된 차이는 기업의 자산과 부채에 대한 가격변동 영향의 처리방법에 있다.

⑤ 재무자본유지개념이 불변구매력단위로 정의된다면 일반물가수준에 따른 가격상승을 초과하는 자산가격의 증가 부분만이 이익으로 간주되며, 그 이외의 가격증가 부분은 자본의 일부인 자본유지조정으로 처리된다.

23 자본 및 자본유지개념에 관한 설명으로 옳지 않은 것은? [2018 세무사 1차]

① 자본유지개념은 이익이 측정되는 준거기준을 제공하며, 기업의 자본에 대한 투자수익과 투자회수를 구분하기 위한 필수요건이다.

② 자본을 투자된 화폐액 또는 투자된 구매력으로 보는 재무적 개념하에서 자본은 기업의 순자산이나 지분과 동의어로 사용된다.

③ 자본을 불변구매력 단위로 정의한 재무자본유지개념하에서는 일반물가수준에 따른 가격상승을 초과하는 자산가격의 증가 부분만이 이익으로 간주된다.

④ 재무자본유지개념을 사용하기 위해서는 현행원가기준에 따라 측정해야 하며, 실물자본유지개념은 특정한 측정기준의 적용을 요구하지 아니한다.

⑤ 자본을 실물생산능력으로 정의한 실물자본유지개념하에서 기업의 자산과 부채에 영향을 미치는 모든 가격변동은 해당 기업의 실물생산능력에 대한 측정치의 변동으로 간주되어 이익이 아니라 자본의 일부로 처리된다.

24 다음은 ㈜한국의 20×1년 기초 및 기말 재무상태표에서 추출한 자료이다.

구분	기초	기말
자산	₩2,000,000	₩3,000,000
부채	₩1,000,000	₩1,500,000

20×1년 중 물가상승률은 5%이며, 20×1년 말 ㈜한국의 기초순자산금액을 현행원가로 측정하면 ₩1,200,000이다. ㈜한국이 불변구매력화폐자본과 실물자본유지개념을 선택할 경우 각각의 자본유지개념에 따른 이익과 자본유지조정으로 옳은 것은? 단, 20×1년 중 자본거래는 없는 것으로 가정한다.

	불변구매력화폐자본유지		실물자본유지	
	이익	자본유지조정	이익	자본유지조정
①	₩450,000	₩50,000	₩300,000	₩200,000
②	₩450,000	₩50,000	₩200,000	₩300,000
③	₩440,000	₩60,000	₩300,000	₩200,000
④	₩440,000	₩60,000	₩200,000	₩300,000
⑤	₩455,000	₩45,000	₩450,000	₩50,000

25 20×1년 초 도소매업으로 영업을 개시한 ㈜세무는 현금 ₩1,800을 투자하여 상품 2개를 단위당 ₩600에 구입하고, 구입한 상품을 단위당 ₩800에 판매하여 20×1년 말 현금은 ₩2,200이 되었다. 20×1년 중 물가상승률은 10%이며, 20×1년 기말 상품의 단위당 구입 가격은 ₩700이다. 실물자본유지개념을 적용하여 산출한 20×1년 말에 인식할 이익과 자본유지조정 금액은?

[2020 세무사 1차]

① 이익 ₩100, 자본유지조정 ₩300
② 이익 ₩180, 자본유지조정 ₩220
③ 이익 ₩220, 자본유지조정 ₩180
④ 이익 ₩300, 자본유지조정 ₩100
⑤ 이익 ₩400, 자본유지조정 ₩0

26 ㈜세무는 20×1년 초 ₩100,000을 지급하고 토지를 취득하였다. 취득당시 거래원가 ₩20,000이 추가로 발생하였다. 20×1년 말 현재 동 토지와 동등한 토지를 취득하기 위해서는 ₩110,000을 지급하여야 하며, 추가로 취득관련 거래원가 ₩5,000을 지급하여야 한다. 한편, ㈜세무는 20×1년 말 현재 시장참여자 사이의 정상거래에서 동 토지를 매도할 경우 거래원가 ₩20,000을 차감하고 ₩98,000을 수취할 수 있다. 20×1년 말 현재 토지의 역사적원가, 공정가치, 현행원가를 금액이 큰 순으로 옳게 나열한 것은?

[2023 세무사 1차]

① 역사적원가 > 현행원가 > 공정가치
② 역사적원가 > 공정가치 > 현행원가
③ 현행원가 > 공정가치 > 역사적원가
④ 현행원가 > 역사적원가 > 공정가치
⑤ 공정가치 > 역사적원가 > 현행원가

고급문제

01 재무보고를 위한 개념체계의 보고기업에 대한 설명으로 옳지 않은 것은?

① 재무제표의 목적은 보고기업에 유입될 미래순현금흐름에 대한 전망과 보고기업의 경제적 자원에 대한 경영진의 수탁책임을 평가하는 데 유용한 보고기업의 자산, 부채, 자본, 수익 및 비용에 대한 재무정보를 재무제표이용자들에게 제공하는 것이다.

② 재무제표이용자들이 변화와 추세를 식별하고 평가하는 것을 돕기 위해, 재무제표는 최소한 직전 연도에 대한 비교정보를 제공한다.

③ 재무제표는 기업의 현재 및 잠재적 투자자, 대여자와 그 밖의 채권자 중 특정 집단의 관점이 아닌 보고기업 전체의 관점에서 거래 및 그 밖의 사건에 대한 정보를 제공한다.

④ 일반적으로 재무제표는 보고기업에 대한 경영진의 기대와 전략에 설명자료 같은 미래정보를 제공하지 않는다.

⑤ 보고기업은 재무제표를 작성해야 하거나 작성하기로 선택한 기업을 말하며, 보고기업이 반드시 법적 실체이어야 한다.

02 다음은 재무보고를 위한 개념체계의 재무제표요소의 인식 및 제거와 관련된 내용이다. 이 중 옳지 않은 것은?

① 자산이나 부채가 존재하는지 불확실하거나 자산이나 부채가 존재하지만 경제적효익의 유입가능성이나 유출가능성이 낮은 경우에는 특정 자산이나 부채의 인식과 이에 따른 결과로 발생하는 수익, 비용 또는 자본변동을 인식하는 것이 항상 목적적합한 정보를 제공하는 것은 아닐 수 있다.

② 경제적효익의 유입가능성이나 유출가능성이 낮더라도 자산이나 부채가 존재할 수 있다. 경제적효익의 유입가능성이나 유출가능성이 낮다면, 그 자산이나 부채에 대해 가장 목적적합한 정보는 발생가능한 유입이나 유출의 크기, 발생가능한 시기 및 발생가능성에 영향을 미치는 요인에 대한 정보일 수 있으며 이러한 정보는 일반적으로 주석에 기재한다.

③ 제거는 일반적으로 해당 항목이 더 이상 자산 또는 부채의 정의를 충족하지 못할 때 발생한다. 따라서 자산은 일반적으로 기업이 인식한 자산의 전부 또는 일부에 대한 통제를 상실하였을 때 제거하며, 부채는 일반적으로 기업이 인식한 부채의 전부 또는 일부에 대한 현재의무를 더 이상 부담하지 않을 때 제거한다.

④ 합리적인 추정의 사용은 재무정보 작성의 필수적인 부분이며 추정치를 명확하고 정확하게 기술하고 설명한다면 정보의 유용성을 훼손하지 않는다.

⑤ 자산이나 부채를 측정하는데 추정과 관련된 불확실성 수준이 너무 높은 경우 추정에 대한 설명과 추정에 영향을 미칠 수 있는 불확실성에 대한 설명을 동반하더라도 불확실성이 높은 추정에 의존하는 측정이 유용한 정보가 될 수 없다.

03 재무보고를 위한 개념체계의 표시와 공시와 관련된 설명으로 틀린 것은?

① 상계는 기업이 자산과 부채를 별도의 회계단위로 인식하고 측정하지만 재무상태표에서 단일의 순액으로 합산하는 경우에 발생하므로 상계는 언제나 가능하다.

② 재무제표의 정보가 효과적으로 소통되면 그 정보를 보다 목적적합하게 하고 기업의 자산, 부채, 자본, 수익 및 비용을 충실하게 표현하는 데 기여하며, 이는 재무제표의 정보에 대한 이해가능성과 비교가능성을 향상시킨다.

③ 원가가 다른 재무보고 결정을 제약하는 것처럼 표시와 공시의 결정도 제약하므로 표시와 공시를 결정할 때 특정 정보를 표시하거나 공시함으로써 재무제표이용자들에게 제공되는 효익이 그 정보를 제공하고 사용하는 데 드는 원가를 정당화할 수 있는지를 고려하는 것이 중요하다.

④ 표시와 공시의 목적을 개별 기준서에 포함시킴으로써 정보가 재무제표에서 효과적으로 소통되는데 도움을 준다.

⑤ 상이한 자산, 부채, 자본, 수익이나 비용을 함께 분류하면 목적적합한 정보를 가려서 불분명하게 하고, 이해가능성과 비교가능성이 낮아질 수 있으며, 표현하고자 하는 내용을 충실하게 표현하지 못할 수 있다.

기본문제 정답 및 해설

01 보고기업의 경영진도 해당 기업에 대한 재무정보에 관심이 있다. 그러나 경영진은 그들이 필요로 하는 재무정보를 내부에서 구할 수 있기 때문에 일반목적재무보고서에 의존할 필요가 없다.

02 보고기업의 경제적 자원과 청구권의 변동은 그 기업의 재무성과, 그리고 채무상품 또는 지분상품의 발행과 같은 그 밖의 사건 또는 거래에서 발생한다.

03 보고기업의 경제적 자원 및 청구권은 채무상품이나 지분상품의 발행과 같이 재무성과 외의 사유로도 변동될 수 있다. 이러한 유형의 변동에 관한 정보는 보고기업의 경제적 자원 및 청구권이 변동된 이유와 그 변동이 미래 재무성과에 주는 의미를 정보이용자가 완전히 이해하는 데 필요하다.

04 유용한 재무정보의 질적특성은 재무제표에서 제공되는 재무정보에도 적용되며, 그 밖의 방법으로 제공되는 재무정보에도 적용된다.

05 검증가능성은 합리적인 판단력이 있고 독립적인 서로 다른 관찰자가 어떤 서술이 표현충실성이라는 데, 비록 반드시 완전히 일치하지는 못하더라도, 의견이 일치할 수 있다는 것을 의미한다. 계량화된 정보가 검증가능하기 위해서 반드시 단일의 점추정치이어야 할 필요는 없고 가능한 금액의 범위 및 관련된 확률도 검증될 수 있다.

06 보강적 질적특성은 가능한 한 극대화되어야 한다. 그러나 보강적 질적특성은, 정보가 목적적합하지 않거나 나타내고자 하는 바를 충실하게 표현하지 않으면, 개별적으로든 집단적으로든 그 정보를 유용하게 할 수 없다.

07 일관성은 비교가능성과 관련은 있지만 동일하지는 않다. 일관성은 한 보고기업 내에서 기간 간 또는 같은 기간 동안에 기업 간, 동일한 항목에 대해 동일한 방법을 적용하는 것을 말한다. 즉, 비교가능성은 목표이고 일관성은 그 목표를 달성하는 데 도움을 준다.

08 일관성이 한 보고기업 내에서 기간 간 또는 같은 기간 동안에 기업 간, 동일한 항목에 대해 동일한 방법을 적용하는 것을 말한다.

09 개념체계는 회계기준이 아니다. 따라서 이 개념체계의 어떠한 내용도 회계기준이나 그 요구사항에 우선하지 아니한다. 일반목적재무보고의 목적을 달성하기 위해 회계기준위원회는 개념체계의 관점에서 벗어난 요구사항을 정하는 경우가 있을 수 있다. 만약, 회계기준위원회가 그러한 사항을 정한다면, 해당 기준서의 결론도출근거에 그러한 일탈에 대해 설명할 것이다.

10 정보이용자들이 미래 결과를 예측하기 위해 사용하는 절차의 투입요소로 재무정보가 사용될 수 있다면, 그 재무정보는 예측가치를 갖는다. 재무정보가 예측가치를 갖기 위해서 그 자체가 예측치 또는 예상치일 필요는 없다. 또한, 재무정보가 과거 평가에 대해 피드백을 제공한다면 확인가치를 갖는다.

11 일부 현상은 본질적으로 복잡하여 이해하기 쉽지 않다. 그 현상에 대한 정보를 재무보고서에서 제외하면 그 재무보고서의 정보를 더 이해하기 쉽게는 할 수 있으나 그 보고서는 불완전하여 잠재적으로 오도할 가능성이 있다.

12 (가) 본인이 통제하는 경제적 자원을 대리인이 관리하고 있는 경우, 그 경제적 자원은 대리인의 자산이 아니다.
(다) 수익은 자본거래를 제외한 순자산의 증가를 의미하며, 비용은 자본거래를 제외한 순자산의 감소를 의미한다. 따라서 재평가차익이나 재평가차손도 수익과 비용의 정의를 충족한다.
따라서, (나)와 (라)가 옳은 지문이다.

정답 01 ⑤ 02 ③ 03 ⑤ 04 ② 05 ③ 06 ⑤ 07 ⑤ 08 ⑤ 09 ② 10 ① 11 ④ 12 ②

13 경제적 자원은 경제적 효익을 창출할 잠재력을 지닌 권리를 말한다. 경제적 자원이 잠재력을 가지기 위해 권리가 경제적 효익을 창출할 것이라고 확신할 필요는 없다. 권리가 이미 존재하고, 적어도 하나의 상황에서 그 기업을 위해 다른 모든 당사자들에게 이용가능한 경제적 효익을 초과하는 경제적 효익을 창출할 수 있으면 된다.

14 의무는 항상 다른 당사자에게 이행해야 한다. 다른 당사자는 사람이나 또 다른 기업, 사람들 또는 기업들의 집단, 사회 전반이 될 수 있다. 의무를 이행할 대상인 당사자의 신원을 알 필요는 없다.

15 법률제정 그 자체만으로는 기업에 현재의무를 부여하기에 충분하지 않다. 이와 유사하게, 기업의 실무 관행, 공개된 경영방침 또는 특정 성명서는, 그에 따라 경제적 효익을 얻거나 조치를 위한 결과로, 기업이 이전하지 않아도 되었을 경제적 자원을 이전해야 하거나 이전하게 될 수도 있는 경우에만 현재의무를 발생시킨다.

16 수익과 비용은 기업의 재무성과와 관련된 재무제표 요소이다. 재무제표 이용자들은 기업의 재무상태와 재무성과에 대한 정보가 필요하다. 따라서 수익과 비용은 자산과 부채의 변동으로 정의되지만, 수익과 비용에 대한 정보는 자산과 부채에 대한 정보만큼 중요하다. 서로 다른 거래나 그 밖의 사건은 서로 다른 특성을 지닌 수익과 비용을 발생시킨다. 수익과 비용의 서로 다른 특성별로 정보를 별도로 제공하면 재무제표 이용자들이 기업의 재무성과를 이해하는 데 도움이 될 수 있다.

17 자산이나 부채를 인식하고 이에 따른 결과로 수익, 비용 또는 자본변동을 인식하는 것이 재무제표이용자들에게 다음과 같이 유용한 정보를 모두 제공하는 경우에만 자산이나 부채를 인식한다.
(1) 목적적합성: 자산이나 부채에 대한 그리고 이에 따른 결과로 발생하는 수익, 비용 또는 자본변동에 대한 목적적합한 정보를 제공한다.
(2) 표현충실성: 자산이나 부채 그리고 이에 따른 결과로 발생하는 수익, 비용 또는 자본변동의 충실한 표현을 제공한다.

18 사용가치는 기업이 자산의 사용과 궁극적인 처분으로 얻을 것으로 기대하는 현금흐름 또는 그 밖의 경제적효익의 현재가치이다. 이행가치는 기업이 부채를 이행할 때 이전해야 하는 현금이나 그 밖의 경제적자원의 현재가치이다. 이러한 현금이나 그 밖의 경제적자원의 금액은 거래상대방에게 이전되는 금액뿐만 아니라 기업이 다른 당사자가 그 부채를 이행할 수 있도록 하기 위해 다른 당사자에게 이전할 것으로 기대하는 금액도 포함한다. 사용가치와 이행가치는 미래현금흐름에 기초하기 때문에 자산을 취득하거나 부채를 인수할 때 발생하는 거래원가는 포함하지 않는다.

19 사용가치는 기업이 자산의 사용과 궁극적인 처분으로 인하여 얻을 것으로 기대하는 현금흐름 또는 그 밖의 경제적 효익의 현재가치이다.

20 이행가치는 부채의 이행에 필요한 추정 현금흐름의 현재가치에 관한 정보를 제공한다. 따라서 이행가치는 부채가 이전되거나 협상으로 결제될 때보다는 특히 이행될 경우에 예측가치를 가질 수 있다.

21 자본의 개별항목 또는 자본의 구성요소의 장부금액은 일반적으로 양(+)의 값이지만 일부 상황에서는 음(-)의 값을 가질 수 있다.

22 부채의 현행원가는 측정일에 동등한 부채에 대해 수취할 수 있는 대가에서 그 날에 발생할 거래원가를 차감한 금액을 말한다.

23 실물자본유지개념을 사용하기 위해서는 현행원가기준에 따라 측정해야 한다. 그러나 재무자본유지개념은 특정한 측정기준의 적용을 요구하지 아니한다. 재무자본유지개념하에서 측정기준의 선택은 기업이 유지하려는 재무자본의 유형과 관련이 있다.

정답 13 ④ 14 ② 15 ⑤ 16 ② 17 ③ 18 ④ 19 ⑤ 20 ⑤ 21 ② 22 ① 23 ④

24 1. 불변구매력화폐자본유지개념
(1) 이익: ₩1,500,000 - ₩1,000,000 × (1 + 0.05) = ₩450,000
(2) 자본유지조정: ₩1,000,000 × (1 + 0.05) - ₩1,000,000 = ₩50,000

2. 실물자본유지개념
(1) 이익: ₩1,500,000 - ₩1,200,000 = ₩300,000
(2) 자본유지조정: ₩1,200,000 - ₩1,000,000 = ₩200,000

별해

<table>
<tr><th colspan="2">구분</th><th>불변구매력화폐자본유지</th><th>실물자본유지</th></tr>
<tr><td colspan="2">가격변동효과초과분</td><td rowspan="2">₩450,000(이익)</td><td>₩300,000(이익)</td></tr>
<tr><td rowspan="2">가격변동효과</td><td>물가상승초과분</td><td rowspan="2">₩200,000(자본유지조정)</td></tr>
<tr><td>물가상승</td><td>₩50,000(자본유지조정)</td></tr>
<tr><td colspan="2">기초자본</td><td>₩1,000,000</td><td>₩1,000,000</td></tr>
</table>

25 1. 실물자본유지개념
(1) 당기순이익: (₩800 × 2개 + ₩600) - 3개[1] × ₩700 = ₩100
(2) 자본유지조정: 3개[1] × ₩700 - ₩1,800 = ₩300
[1] ₩1,800/₩600 = 3개

2. 실물자본유지개념에서는 기초에 실물생산능력을 동일하게 유지하면서 기말에 구입한다면 지급할 금액을 초과하는 가격변동효과초과분이 이익이 된다. 따라서 기초에 구입한 상품이 아니라 기초에 실물생산능력 3개를 기준으로 계산해야 한다.

별해

<table>
<tr><th colspan="2">구분</th><th>실물자본유지</th></tr>
<tr><td colspan="2">가격변동효과초과분</td><td>₩100(이익)</td></tr>
<tr><td rowspan="2">가격변동효과</td><td>물가상승초과분</td><td rowspan="2">₩300(자본유지조정)</td></tr>
<tr><td>물가상승</td></tr>
<tr><td colspan="2">기초자본</td><td>₩1,800</td></tr>
</table>

26 1. 역사적원가 = ₩100,000 + ₩20,000 = ₩120,000

2. 현행원가 = ₩110,000 + ₩5,000 = ₩115,000

3. 공정가치 = ₩98,000(순공정가치) + ₩20,000(거래원가) = ₩118,000
∴ 역사적원가 > 공정가치 > 현행원가

정답 24 ① 25 ① 26 ②

고급문제 정답 및 해설

01 보고기업은 재무제표를 작성해야 하거나 작성하기로 선택한 기업이다. 보고기업은 단일의 실체이거나 어떤 실체의 일부일 수 있으며, 둘 이상의 실체로 구성될 수도 있다. 보고기업이 반드시 법적 실체일 필요는 없다.

02 자산이나 부채를 측정하는데 추정과 관련된 불확실성 수준이 너무 높은 경우 추정에 대한 설명과 추정에 영향을 미칠 수 있는 불확실성에 대한 설명을 동반한다면, 불확실성이 높은 추정에 의존하는 측정이 가장 유용한 정보일 수 있다.

03 상계는 기업이 자산과 부채를 별도의 회계단위로 인식하고 측정하지만 재무상태표에서 단일의 순액으로 합산하는 경우에 발생한다. 상계는 서로 다른 항목을 함께 분류하는 것이므로 일반적으로는 적절하지 않다.

정답 **01 ⑤ 02 ⑤ 03 ①**

cpa.Hackers.com

☀ 객관식 문제풀이에 앞서 각 장의 주요 주제별 중요도를 파악해볼 수 있습니다.
☀ 시험 대비를 위해 꼭 풀어보아야 하는 필수문제를 정리하여 효율적으로 학습할 수 있습니다.

1. 출제경향

주요 주제	중요도
1. 재무제표표시	★★★★
2. 공정가치측정	★
3. 영업이익의 구분표시	★
4. 자본유지접근법에 의한 이익측정	★★★★★

2. 필수문제 리스트

구분		필수문제 번호
회계사	기본문제	1, 2, 3, 5, 6, 8, 10, 11, 12, 13, 15
	고급문제	1, 2, 3
세무사	기본문제	1, 2, 3, 5, 6, 8, 10, 11, 12, 13, 14, 15
	고급문제	1, 2

Chapter 3

재무제표 표시와 공정가치 측정

■ 기본문제

■ 고급문제

■ 정답 및 해설

기본문제

01 기업회계기준서 제1001호 '재무제표 표시'에 대한 다음 설명 중 옳지 않은 것은?

[2022 공인회계사 1차]

① 한국채택국제회계기준에서 요구하거나 허용하지 않는 한 자산과 부채 그리고 수익과 비용은 상계하지 아니한다.

② 계속기업의 가정이 적절한지의 여부를 평가할 때 기업이 상당 기간 계속 사업이익을 보고하였고 보고기간 말 현재 경영에 필요한 재무자원을 확보하고 있는 경우에도, 자세한 분석을 의무적으로 수행하여야 하며 이용가능한 모든 정보를 고려하여 계속기업을 전제로 한 회계처리가 적절하다는 결론을 내려야 한다.

③ 기업은 비용의 성격별 또는 기능별 분류방법 중에서 신뢰성 있고 더욱 목적적합한 정보를 제공할 수 있는 방법을 적용하여 당기손익으로 인식한 비용의 분석내용을 표시한다.

④ 유사한 항목은 중요성 분류에 따라 재무제표에 구분하여 표시하고, 상이한 성격이나 기능을 가진 항목은 구분하여 표시한다. 다만 중요하지 않은 항목은 성격이나 기능이 유사한 항목과 통합하여 표시할 수 있다.

⑤ 재무제표 항목의 표시나 분류를 변경하는 경우 실무적으로 적용할 수 없는 것이 아니라면 비교금액도 재분류해야 한다.

02 재무제표 표시에 관한 내용으로 옳지 않은 것은? [2011 세무사 1차]

① 한국채택국제회계기준을 준수하여 작성된 재무제표는 국제회계기준을 준수하여 작성된 재무제표임을 주석으로 공시할 수 있다.

② 보고기간 말 이전에 장기차입약정을 위반했을 때 대여자가 즉시 상환을 요구할 수 있는 채무는 보고기간 후 재무제표 발행승인일 전에 채권자가 약정위반을 이유로 상환을 요구하지 않기로 합의한다면 비유동부채로 분류한다.

③ 비용을 기능별로 분류하는 기업은 감가상각비, 기타 상각비와 종업원급여비용을 포함하여 비용의 성격에 대한 추가 정보를 공시한다.

④ 정상영업주기 내에 사용되는 운전자본의 일부인 매입채무 그리고 종업원 및 그 밖의 영업원가에 대한 미지급비용은 보고기간 후 12개월 후에 결제일이 도래한다 하더라도 유동부채로 분류한다.

⑤ 재고자산에 대한 재고자산평가충당금과 매출채권에 대한 대손충당금과 같은 평가충당금을 차감하여 관련 자산을 순액으로 측정하는 것은 상계표시에 해당하지 아니한다.

03 재무제표 표시에 관한 설명으로 옳지 않은 것은? [2016 세무사 1차 수정]

① 한국채택국제회계기준서는 재무제표에 표시되어야 할 항목의 순서나 형식을 규정하지 아니한다.
② 충당부채와 관련된 지출을 제3자와의 계약관계에 따라 보전받는 경우, 당해 지출과 보전받는 금액은 상계하여 표시할 수 있다.
③ 기업이 기존의 대출계약조건에 따라 보고기간 후 적어도 12개월 이상 부채를 차환하거나 연장할 것으로 기대하고 있지만, 그런 재량권이 없다면 차환가능성을 고려하지 않고 유동부채로 분류한다.
④ 기타포괄손익-공정가치측정금융자산의 재측정손익, 확정급여제도의 재측정요소, 현금흐름위험회피파생상품의 평가손익 중 효과적인 부분은 재분류조정이 되는 기타포괄손익이다.
⑤ 회계정책을 적용하는 과정에서 추정에 관련된 공시와는 별도로, 회계정책을 적용하는 과정에서 경영진이 내린 판단으로서 재무제표에 인식한 금액에 가장 유의적으로 영향을 준 판단도 중요한 회계정책 정보나 그 밖의 주석 사항과 함께 공시한다.

04 재무제표 표시와 관련된 다음의 설명 중 옳지 않은 것은? [2014 공인회계사 1차]

① 기업이 재무상태표에 유동자산과 비유동자산, 그리고 유동부채와 비유동부채로 구분하여 표시하는 경우, 이연법인세자산(부채)은 유동자산(부채)으로 분류하지 아니한다.
② 보고기간 말 이전에 장기차입약정을 위반했을 때 대여자가 즉시 상환을 요구할 수 있는 채무는 보고기간 후 재무제표 발행승인일 전에 채권자가 약정위반을 이유로 상환을 요구하지 않기로 합의한다면 비유동부채로 분류한다.
③ 기업은 변경된 표시방법이 재무제표 이용자에게 신뢰성 있고 더욱 목적적합한 정보를 제공하며, 변경된 구조가 지속적으로 유지될 가능성이 높아 비교가능성을 저해하지 않을 것으로 판단할 때에만 재무제표의 표시방법을 변경한다.
④ 극히 드문 상황으로서 한국채택국제회계기준의 요구사항을 준수하는 것이 오히려 '개념체계'에서 정하고 있는 재무제표의 목적과 상충되어 재무제표 이용자의 오해를 유발할 수 있다고 경영진이 결론을 내리는 경우에는 관련 감독체계가 이러한 요구사항으로부터의 일탈을 의무화하거나 금지하지 않는다면, 한국채택국제회계기준의 요구사항을 달리 적용한다.
⑤ 기업이 기존의 대출계약조건에 따라 보고기간 후 적어도 12개월 이상 부채를 차환하거나 연장할 것으로 기대하고 있고, 그런 재량권이 있다면, 보고기간 후 12개월 이내에 만기가 도래한다 하더라도 비유동부채로 분류한다.

05 재무제표 표시에 관한 설명으로 옳지 않은 것은? [2014 세무사 1차]

① 재고자산에 대한 재고자산평가충당금과 매출채권에 대한 손실충당금과 같은 평가충당금을 차감하여 자산을 순액으로 측정하는 것은 상계표시에 해당한다.
② 중요하지 않은 정보일 경우 한국채택국제회계기준에서 요구하는 특정 공시를 제공할 필요는 없다.
③ 상이한 성격이나 기능을 가진 항목을 구분하여 표시하되, 중요하지 않은 항목은 성격이나 기능이 유사한 항목과 통합하여 표시할 수 있다.
④ 투자자산 및 영업용자산을 포함한 비유동자산의 처분손익은 처분대금에서 그 자산의 장부금액과 관련처분비용을 차감하여 표시한다.
⑤ 외환손익 또는 단기매매금융상품에서 발생하는 손익과 같이 유사한 거래의 집합에서 발생하는 차익과 차손은 순액으로 표시하되, 그러한 차익과 차손이 중요한 경우에는 구분하여 표시한다.

06 재무제표 표시에 관한 설명으로 옳은 것은? [2021 세무사 1차]

① 재무제표는 동일한 문서에 포함되어 함께 공표되는 그 밖의 정보와 명확하게 구분되고 식별되어야 한다.
② 각각의 재무제표는 전체 재무제표에서 중요성에 따라 상이한 비중으로 표시한다.
③ 상이한 성격이나 기능을 가진 항목은 구분하여 표시하므로 중요하지 않은 항목이라도 성격이나 기능이 유사한 항목과 통합하여 표시할 수 없다.
④ 동일 거래에서 발생하는 수익과 관련비용의 상계표시가 거래나 그 밖의 사건의 실질을 반영하더라도 그러한 거래의 결과는 상계하여 표시하지 않는다.
⑤ 공시나 주석 또는 보충 자료를 통해 충분히 설명한다면 부적절한 회계정책도 정당화될 수 있다.

07 재무제표 표시의 일반사항에 대한 설명으로 옳지 않은 것은?

① 전체 재무제표는 비교정보를 포함하여 적어도 3개월마다 작성한다.
② 한국채택국제회계기준이 달리 허용하거나 요구하는 경우를 제외하고는 당기 재무제표에 보고되는 모든 금액에 대해 전기 비교정보를 표시한다.
③ 회계정책을 소급하여 적용하거나, 재무제표 항목을 소급하여 재작성 또는 재분류하여 이러한 소급적용, 소급재작성 또는 소급재분류가 전기 기초 재무상태표의 정보에 중요한 영향을 미친다면 최소한의 비교 재무제표에 추가하여 전기 기초를 기준으로 세 번째 재무상태표를 표시한다.
④ 재무제표 항목의 표시와 분류는 사업내용의 유의적인 변화나 재무제표를 검토한 결과 다른 표시나 분류방법이 더 적절한 것이 명백한 경우와 한국채택국제회계기준에서 표시방법의 변경을 요구하는 경우를 제외하고는 매기 동일하여야 한다.
⑤ 재무제표의 표시통화를 천 단위나 백만 단위로 표시할 때 더욱 이해가능성이 제고될 수 있는데, 이러한 표시는 금액 단위를 공시하고 중요한 정보가 누락되지 않는 경우에 허용될 수 있다.

08 다음 중 재무제표 표시에 대한 설명으로 옳지 않은 것은? [2012 공인회계사 1차 수정]

① 기업이 재무상태표에 유동자산과 비유동자산, 유동부채와 비유동부채로 구분하여 표시하는 경우, 이연법인세자산(부채)은 유동자산(부채)으로 분류한다.
② 기타포괄손익은 재평가잉여금의 변동, 해외사업장의 재무제표 환산으로 인한 손익, 기타포괄손익-공정가치측정금융자산의 재측정 손익, 현금흐름위험회피의 위험회피수단의 평가손익 중 효과적인 부분 등을 포함한다.
③ 유동자산에는 보고기간 후 12개월 이내에 실현될 것으로 예상되지 않는 경우에도 재고자산 및 매출채권과 같이 정상영업주기의 일부로서 판매, 소비 또는 실현되는 자산이 포함된다.
④ 재무제표가 계속기업의 가정하에 작성되지 않는 경우에는 그 사실과 함께 재무제표가 작성된 기준 및 그 기업을 계속기업으로 보지 않는 이유를 공시하여야 한다.
⑤ 회계정책을 적용하는 과정에서 추정에 관련된 공시와는 별도로, 회계정책을 적용하는 과정에서 경영진이 내린 판단으로서 재무제표에 인식한 금액에 가장 유의적으로 영향을 준 판단도 중요한 회계정책 정보나 그 밖의 주석 사항과 함께 공시한다.

09 재무상태표와 포괄손익계산에 관한 설명으로 옳지 않은 것은? [2014 세무사 1차]

① 자산항목을 재무상태표에 구분표시하기 위해서는 금액의 크기, 성격, 기능 및 유동성을 고려한다.
② 기업이 재무상태표에 유동자산과 비유동자산, 그리고 유동부채와 비유동부채로 구분하여 표시하는 경우, 이연법인세자산(부채)은 유동자산(부채)으로 분류하지 아니한다.
③ 당기손익으로 인식한 비용항목은 기능별 또는 성격별로 분류하여 표시할 수 있다.
④ 수익과 비용의 어느 항목도 포괄손익계산서 또는 주석에 특별손익 항목으로 표시할 수 없다.
⑤ 과거기간에 발생한 중요한 오류를 해당 기간에는 발견하지 못하고 당기에 발견하는 경우, 그 수정효과는 당기손익으로 인식한다.

10 재무제표 표시에 대한 다음의 설명 중 옳지 않은 것은? [2013 공인회계사 1차 수정]

① 한국채택국제회계기준에서 요구하거나 허용하지 않는 경우 자산과 부채 그리고 수익과 비용은 상계하지 않는다. 따라서 재고자산평가충당금을 차감하여 재고자산을 순액으로 표시할 수 없다.
② 기타포괄손익의 항목은 이와 관련된 법인세효과 반영 전 금액으로 표시하고 각 항목들에 관련된 법인세효과는 단일금액으로 합산하여 표시할 수 있다.
③ 회계정책을 적용하는 과정에서 추정에 관련된 공시와는 별도로, 회계정책을 적용하는 과정에서 경영진이 내린 판단으로서 재무제표에 인식한 금액에 가장 유의적으로 영향을 준 판단도 중요한 회계정책 정보나 그 밖의 주석 사항과 함께 공시한다.
④ 영업손익을 포괄손익계산서 본문에 구분하여 표시하여야 한다. 이 경우 영업손익은 영업의 특수성을 고려할 필요가 있는 경우나 비용을 성격별로 분류하는 경우를 제외하고는 수익에서 매출원가 및 판매비와 관리비를 차감하여 산출한다.
⑤ 수익과 비용의 어떠한 항목도 포괄손익계산서, 별개의 손익계산서(표시하는 경우) 또는 주석에 특별손익 항목으로 표시할 수 없다.

11 다음 중 재무제표의 작성과 표시에 대한 설명으로 타당하지 않은 것은 어느 것인가? [2011 공인회계사 1차]

① 해당 기간에 인식한 모든 수익과 비용항목은 (1) 별개의 손익계산서와 당기순손익에서 시작하여 기타포괄손익의 구성요소를 표시하는 보고서 또는 (2) 단일 포괄손익계산서 중 한 가지 방법으로 표시한다.
② 유동성 순서에 따른 표시방법을 적용할 경우에는 모든 자산과 부채를 유동성의 순서에 따라 표시한다.
③ 영업활동을 위한 자산의 취득시점부터 그 자산이 현금이나 현금성자산으로 실현되는 시점까지 소요되는 기간이 영업주기이다.
④ 매입채무 그리고 종업원 및 그 밖의 영업원가에 대한 미지급비용과 같은 기업의 정상영업주기 내에 사용되는 운전자본 항목은 보고기간 후 12개월 후에 결제일이 도래한다 하더라도 유동부채로 분류한다.
⑤ 비용의 기능에 대한 정보가 미래현금흐름을 예측하는 데 유용하기 때문에, 비용을 성격별로 분류하는 경우에는 비용의 기능에 대한 추가 정보를 공시하는 것이 필요하다.

12 재무제표 표시에 관한 설명으로 옳지 않은 것은? [2017 세무사 1차]

① 기업은 비용의 성격별 또는 기능별 분류방법 중에서 신뢰성 있고 더욱 목적적합한 정보를 제공할 수 있는 방법을 적용하여 당기손익으로 인식한 비용의 분석내용을 표시한다.
② 상법 등 관련 법규에서 이익잉여금처분계산서의 작성을 요구하는 경우에는 재무상태표의 이익잉여금에 대한 보충정보로서 이익잉여금처분계산서를 주석으로 공시한다.
③ 영업이익에 포함되지 않은 항목 중 기업의 영업성과를 반영하는 그 밖의 수익 또는 비용항목이 있다면 이러한 항목을 추가하여 조정영업이익 등의 명칭을 사용하여 주석으로 공시할 수 있다.
④ 이익의 분배에 대해 서로 다른 권리를 가지는 보통주 종류별로 이에 대한 기본주당이익과 희석주당이익을 포괄손익계산서에 표시한다. 그러나 기본주당이익과 희석주당이익이 부의 금액(즉, 주당손실)인 경우에는 표시하지 않는다.
⑤ 기업이 상당 기간 계속사업이익을 보고하였고, 보고기간 말 현재 경영에 필요한 재무자원을 확보하고 있는 경우에는 자세한 분석 없이도 계속기업을 전제로 한 회계처리가 적절하다는 결론을 내릴 수 있다.

13 기타포괄손익 항목 중 후속적으로 당기손익으로 재분류될 수 있는 것은? [2018 세무사 1차 수정]

① 최초 인식시점에서 기타포괄손익-공정가치측정금융자산으로 분류한 지분상품의 공정가치평가손익
② 확정급여제도의 재측정요소
③ 현금흐름위험회피 파생상품평가손익 중 위험회피에 효과적인 부분(현금흐름위험회피에서 위험회피대상이 비금융자산이나 비금융부채가 아닌 경우에 발생하는 평가손익 중 효과적인 부분)
④ 무형자산 재평가잉여금
⑤ 관계기업 유형자산 재평가로 인한 지분법기타포괄손익

14 ㈜대한의 20×3년 말 회계자료는 다음과 같다.

• 매출액	₩300,000	• 매출원가	₩128,000
• 대손상각비[1]	₩4,000	• 급여	₩30,000
• 사채이자비용	₩2,000	• 감가상각비	₩3,000
• 임차료	₩20,000	• 유형자산처분이익	₩2,800
• 기타포괄손익-공정가치측정금융자산처분이익	₩5,000		

[1] 대손상각비는 매출채권에서 발생한 것이다.

㈜대한이 20×3년도 기능별 포괄손익계산서에 보고할 영업이익은 얼마인가? [2014 세무사 1차 수정]

① ₩113,000
② ₩115,000
③ ₩117,800
④ ₩120,000
⑤ ₩120,800

15 다음은 ㈜코리아의 20×1년 기초 및 기말 재무상태표에서 추출한 자산과 부채의 자료이다.

구분	20×1년 기초	20×1년 기말
자산총계	₩6,000,000	₩20,000,000
부채총계	₩2,800,000	₩10,000,000

㈜코리아는 20×1년 중에 유상증자로 ₩1,000,000의 자금을 조달하였고 ₩200,000의 무상증자를 실시하였다. 이익처분으로 현금배당 ₩600,000과 주식배당 ₩800,000을 지급하였고 법정적립금으로 ₩100,000의 이익준비금을 적립하였다. 20×1년도 당기에 재평가잉여금은 ₩500,000만큼 증가했고, 기타포괄손익-공정가치측정금융자산평가이익은 ₩800,000이 증가하였다. ㈜코리아의 20×1년 포괄손익계산서에 표시될 총포괄이익은 얼마인가? 단, ㈜코리아의 자본은 납입자본과 이익잉여금 및 기타자본요소로 구성되어 있다. [2015 공인회계사 1차]

① ₩4,200,000 ② ₩5,000,000 ③ ₩4,300,000
④ ₩5,100,000 ⑤ ₩6,400,000

16 재무제표 표시에 관한 설명으로 옳은 것은? [2023 세무사 1차]

① 포괄손익계산서에 기타포괄손익의 항목은 관련 법인세 효과를 차감한 순액으로 표시할 수 있다.
② 한국채택국제회계기준은 재무제표 이외에도 연차보고서 및 감독기구 제출서류에 반드시 적용한다.
③ 서술형 정보의 경우에는 당기 재무제표를 이해하는 데 목적적합하더라도 비교정보를 포함하지 않는다.
④ 재무상태표에 자산과 부채는 유동자산과 비유동자산, 유동부채와 비유동부채로 구분하여 표시하며, 유동성순서에 따른 표시방법은 허용하지 않는다.
⑤ 한국채택국제회계기준의 요구에 따라 공시되는 정보가 중요하지 않더라도 그 공시를 제공하여야 한다.

01 공정가치 서열체계에 관한 설명으로 옳지 않은 것은? [2015 세무사 1차]

① 공정가치 서열체계는 공정가치의 측정 및 관련 공시에서 일관성과 비교가능성을 증진시키기 위해 정한다.

② 수준 1의 투입변수는 측정일에 동일한 자산이나 부채에 대한 접근 가능한 활성시장의 (조정되지 않은) 공시가격이다.

③ 공정가치 서열체계는 공정가치를 측정하기 위해 사용하는 가치평가기법에의 투입변수에 우선순위를 부여하는 것이지 공정가치를 측정하기 위해 사용하는 가치평가기법에 우선순위를 부여하는 것은 아니다.

④ 관측가능한 투입변수를 관측가능하지 않은 투입변수를 이용해 조정해야 하고 그러한 조정이 공정가치측정치를 유의적으로 더 높이거나 더 낮춘다면, 그로 인한 측정치는 공정가치 서열체계 중 수준 3으로 분류될 것이다.

⑤ 관련 투입변수의 이용가능성과 이들 투입변수의 상대적인 주관성은 적절한 가치평가기법을 선택하는 데 영향을 미칠 수 없다.

02 영업이익 공시에 관한 설명으로 옳지 않은 것은? [2013 세무사 1차]

① 한국채택국제회계기준은 포괄손익계산서의 본문에 영업이익을 구분하여 표시하도록 요구하고 있다.

② 비용을 기능별로 분류하는 기업은 수익에서 매출원가 및 판매비와 관리비(물류원가 등을 포함)를 차감하여 영업이익을 측정한다.

③ 금융회사와 같이 영업의 특수성으로 인해 매출원가를 구분하기 어려운 경우, 영업수익에서 영업비용을 차감하는 방식으로 영업이익을 측정할 수 있다.

④ 영업이익에는 포함되지 않았지만, 기업의 영업성과를 반영하는 그 밖의 수익 또는 비용항목이 있다면 영업이익에 이러한 항목을 가감한 금액을 조정영업이익 등의 명칭으로 포괄손익계산서 본문에 보고한다.

⑤ 영업이익 산출에 포함된 주요항목과 그 금액을 포괄손익계산서 본문에 표시하거나 주석으로 공시한다.

03 재무제표 표시에 관한 설명으로 옳지 않은 것은?

① 보고기간 후 적어도 12개월 이상 부채의 결제를 연기할 수 있는 기업의 권리는 실질적이어야 하고, 보고기간 말 현재 존재해야 한다. 부채의 분류는 기업이 보고기간 후 적어도 12개월 이상 부채의 결제를 연기할 권리의 행사 가능성에 영향을 받지 않는다.

② 부채가 비유동부채로 분류되는 기준을 충족한다면, 비록 경영진이 보고기간 후 12개월 이내에 부채의 결제를 의도하거나 예상하더라도, 또는 보고기간 말과 재무제표 발행승인일 사이에 부채를 결제하더라도 비유동부채로 분류한다.

③ 보고기간 후 적어도 12개월 이상 부채의 결제를 연기할 수 있는 기업의 권리는 기업이 차입 약정상의 특정 조건을 준수하는지 여부에 좌우될 수 있다.

④ 보고기간 말 또는 보고기간 말 이전에 약정사항을 준수하도록 요구받는다면, 이러한 약정사항은 보고기간 말 현재 그러한 권리가 존재하는지 여부에 영향을 미친다. 비록 약정사항의 준수 여부가 보고기간 후에만 평가되더라도, 이러한 약정사항은 보고기간 말 현재 그러한 권리가 존재하는지 여부에 영향을 미친다.

⑤ 계약 상대방의 선택에 따라 기업이 자신의 지분상품을 이전하여 부채를 결제할 수 있는 조건은, 기업이 그 옵션을 지분상품으로 분류하고 동 옵션을 복합금융상품의 자본 요소로서 부채와 분리하여 인식하는 경우라면, 유동·비유동 분류에 영향을 미친다.

기본문제 정답 및 해설

01 계속기업의 가정이 적절한지의 여부를 평가할 때 경영진은 적어도 보고기간 말로부터 향후 12개월 기간에 대하여 이용가능한 모든 정보를 고려해야 한다. 각 상황의 사실내용에 따라 고려의 정도를 결정한다. 기업이 상당 기간 계속 사업이익을 보고하였고, 보고기간 말 현재 경영에 필요한 재무자원을 확보하고 있는 경우에는 자세한 분석이 없이도 계속기업을 전제로 한 회계처리가 적절하다는 결론을 내릴 수 있다.

02 보고기간 말 이전에 장기차입약정을 위반했을 때 대여자가 즉시 상환을 요구할 수 있는 채무는 보고기간 후 재무제표 발행승인일 전에 채권자가 약정위반을 이유로 상환을 요구하지 않기로 합의하더라도 유동부채로 분류한다. 그 이유는 기업이 보고기간 말 현재 그 시점으로부터 적어도 12개월 이상 결제를 연기할 수 있는 무조건적 권리를 가지고 있지 않기 때문이다.

03 기타포괄손익-공정가치측정금융자산 중 지분상품의 재측정손익, 확정급여제도의 재측정요소는 재분류조정이 되지 않는 기타포괄손익 항목이다.

04 보고기간 말 이전에 장기차입약정을 위반했을 때 대여자가 즉시 상환을 요구할 수 있는 채무는 보고기간 후 재무제표 발행승인일 전에 채권자가 약정위반을 이유로 상환을 요구하지 않기로 합의하더라도 유동부채로 분류한다. 그 이유는 기업이 보고기간 말 현재 그 시점으로부터 적어도 12개월 이상 결제를 연기할 수 있는 무조건적 권리를 가지고 있지 않기 때문이다.

05 재고자산에 대한 재고자산평가충당금과 매출채권에 대한 손실충당금과 같은 평가충당금을 차감하여 자산을 순액으로 측정하는 것은 상계표시에 해당하지 아니한다.

06 **② 각각의 재무제표는 전체 재무제표에서 동등한 비중으로 표시한다.**
③ 유사한 항목은 중요성 분류에 따라 재무제표에 구분하여 표시한다. 한편 상이한 성격이나 기능을 가진 항목은 구분하여 표시한다. 다만 중요하지 않은 항목은 성격이나 기능이 유사한 항목과 통합하여 표시할 수 있다.
④ 동일 거래에서 발생하는 수익과 관련비용의 상계표시가 거래나 그 밖의 사건의 실질을 반영한다면 그러한 거래의 결과는 상계하여 표시한다. 예를 들면 다음과 같다.
(1) 투자자산 및 영업용자산을 포함한 비유동자산의 처분손익은 처분대가에서 그 자산의 장부금액과 관련처분비용을 차감하여 표시한다.
(2) K-IFRS 제1037호 '충당부채, 우발부채, 우발자산'에 따라 인식한 충당부채와 관련된 지출을 제3자와의 계약관계(예 공급자의 보증약정)에 따라 보전받는 경우, 당해 지출과 보전받는 금액은 상계하여 표시할 수 있다.
⑤ 부적절한 회계정책은 이에 대하여 공시나 주석 또는 보충 자료를 통해 설명하더라도 정당화될 수 없다.

07 전체 재무제표는 비교정보를 포함하여 적어도 1년마다 작성한다.

08 기업이 재무상태표에 유동자산과 비유동자산, 유동부채와 비유동부채로 구분하여 표시하는 경우, 이연법인세자산(부채)은 비유동자산(부채)으로 분류한다.

정답 01 ② 02 ② 03 ④ 04 ② 05 ① 06 ① 07 ① 08 ①

09 과거기간에 발생한 중요한 오류를 해당 기간에는 발견하지 못하고 당기에 발견하는 경우, 그 수정효과는 이익잉여금으로 인식한다. 한국채택국제회계기준이 자본의 다른 구성요소의 소급 수정을 요구하는 경우를 제외하고는 소급법을 적용한 수정과 재작성은 자본의 변동은 아니지만 이익잉여금 기초잔액의 수정을 초래한다.

10 재고자산에 대한 재고자산평가충당금과 매출채권에 대한 대손충당금과 같은 평가충당금을 차감하여 관련 자산을 순액으로 측정하는 것은 상계표시에 해당하지 아니한다.

11 비용을 기능별로 구분하여 표시하는 경우, 비용을 기능별로 배분하는 데 자의적인 배분과 상당한 정도의 주관적 판단이 개입될 수 있으므로 비용의 성격별 분류에 대해서 주석으로 공시해야 한다. 또한, 비용의 성격에 대한 정보는 미래현금흐름을 예측하는 데 유용하다는 장점이 있다.

12 이익의 분배에 대해 서로 다른 권리를 가지는 보통주 종류별로 이에 대한 기본주당이익과 희석주당이익을 지배기업의 보통주에 귀속되는 계속영업손익과 당기순손익에 대하여 계산하고 포괄손익계산서에 표시한다. 또한, 기본주당이익과 희석주당이익이 부의 금액(즉, 주당손실)인 경우에도 표시한다.

13

후속적으로 당기손익으로 재분류되는 항목	① 기타포괄손익-공정가치측정금융자산평가손익(채무상품) ② 해외사업환산손익 ③ 파생상품평가손익(현금흐름위험회피에서 위험회피대상이 비금융자산이나 비금융부채가 아닌 경우에 발생하는 평가손익 중 효과적인 부분) ④ 관계기업 및 공동기업의 재분류되는 지분법기타포괄손익
후속적으로 당기손익으로 재분류되지 않은 항목	① 재평가잉여금 ② 당기손익-공정가치측정금융부채의 신용위험 변동으로 인한 공정가치 변동금액 ③ 기타포괄손익-공정가치측정금융자산평가손익(지분상품) ④ 확정급여제도의 재측정요소 ⑤ 파생상품평가손익(현금흐름위험회피에서 위험회피대상이 비금융자산이나 비금융부채인 경우) ⑥ 관계기업 및 공동기업의 재분류되지 않은 지분법기타포괄손익

14 1. 영업이익

부분포괄손익계산서

매출액		₩300,000
매출원가		₩(128,000)
매출총이익		₩172,000
판매비와 관리비		₩(57,000)
급여	₩(30,000)	
대손상각비	₩(4,000)	
감가상각비	₩(3,000)	
임차료	₩(20,000)	
영업이익		₩115,000

2. 매출채권에서 발생한 대손상각비는 영업손익에 포함하고, 사채이자비용, 유형자산처분이익 및 기타포괄손익-공정가치측정금융자산처분이익은 영업외손익에 포함하여야 한다.

정답 09 ⑤ 10 ① 11 ⑤ 12 ④ 13 ③ 14 ②

15 1. **총포괄손익: (기말순자산 - 기초순자산) - (유상증자 - 현금배당)**
(₩10,000,000 - ₩3,200,000) - (₩1,000,000 - ₩600,000) = ₩6,400,000

2. **무상증자, 주식배당, 법정적립금의 적립은 자본에 미치는 영향이 없으므로 고려하지 않는다.**

16 ② 많은 기업은 특히 환경 요인이 유의적인 산업에 속해 있는 경우나 종업원이 주요 재무제표이용자인 경우에 환경보고서나 부가가치보고서와 같은 재무제표 이외의 보고서는 K-IFRS의 적용범위에 해당하지 않는다.
③ 당기 재무제표를 이해하는 데 목적적합하다면 서술형 정보의 경우에도 비교정보를 포함한다.
④ 일반적으로 유동성 순서에 따른 표시방법이 신뢰성 있고 더욱 목적적합한 정보를 제공하는 경우를 제외하고는 유동자산과 비유동자산, 유동부채와 비유동부채로 재무상태표에 구분하여 표시(유동/비유동 구분법)한다. 따라서 유동성순서에 따른 표시방법도 허용한다.
⑤ 한국채택국제회계기준의 요구에 따라 공시되는 정보가 중요하지 않으면 공시를 제공할 필요가 없다.

정답 15 ⑤ 16 ①

고급문제 정답 및 해설

01 관련 투입변수의 이용가능성과 이들 투입변수의 상대적인 주관성은 적절한 가치평가기법을 선택하는 데 영향을 미칠 수 있다. 상황에 적합하며 관련된 관측가능한 투입변수의 사용을 최대화하고 관측가능하지 않은 투입변수의 사용을 최소화하면서 공정가치를 측정하는 데 충분한 자료가 이용가능한 가치평가기법을 사용한다.

02 영업이익에는 포함되지 않았지만, 기업의 영업성과를 반영하는 그 밖의 수익 또는 비용항목이 있다면 영업이익에 이러한 항목을 가감한 금액을 조정영업이익 등의 명칭을 사용하여 주석으로 공시할 수 있다.

03 계약 상대방의 선택에 따라 기업이 자신의 지분상품을 이전하여 부채를 결제할 수 있는 조건은, 기업이 그 옵션을 지분상품으로 분류하고 동 옵션을 복합금융상품의 자본 요소로서 부채와 분리하여 인식하는 경우라면, 유동 · 비유동 분류에 영향을 미치지 아니한다.

정답 01 ⑤ 02 ④ 03 ⑤

☀ 객관식 문제풀이에 앞서 각 장의 주요 주제별 중요도를 파악해볼 수 있습니다.
☀ 시험 대비를 위해 꼭 풀어보아야 하는 필수문제를 정리하여 효율적으로 학습할 수 있습니다.

1. 출제경향

주요 주제	중요도
1. 현금및현금성자산	★
2. 은행계정조정표	★
3. 현재가치평가	★★★

2. 필수문제 리스트

구분		필수문제 번호
회계사	기본문제	1, 2, 4
	고급문제	- 해당사항없음 -
세무사	기본문제	1, 2, 3, 4
	고급문제	2

Chapter 4

현금및현금성자산과 현재가치평가

■ 기본문제

■ 고급문제

■ 정답 및 해설

기본문제

01 다음은 한국회사의 20×1년 12월 31일 결산일 현재의 현금 및 예금 등의 내역이다. 이 자료를 이용하여 현금및현금성자산으로 보고해야 할 금액을 계산하면 얼마인가?

• 지폐와 동전	₩30,000	• 당좌차월(A은행)	₩50,000
• 수입인지	₩10,000	• 타인발행수표	₩30,000
• 당좌개설보증금	₩80,000	• 배당금지급통지표	₩20,000
• 만기가 2개월 이내인 채권(20×1년 12월 1일 취득)			₩150,000
• 양도성예금증서(120일 만기)			₩500,000
• 기일이 도래한 공채이자표			₩10,000
• 일반적 상거래상의 선일자수표			₩200,000
• 환매채(20×1년 11월 1일 취득한 90일 환매조건)			₩300,000
• 정기적금(2년 후 만기도래)			₩400,000
• 정기적금(1년 후 만기도래)			₩100,000

① ₩540,000　② ₩550,000　③ ₩600,000
④ ₩620,000　⑤ ₩640,000

02 ㈜한국상사는 결산을 앞두고 당좌예금계정잔액을 조정하기 위해서 시티은행에 예금잔액을 조회한 결과 20×1년 말 잔액은 ₩30,000이라는 회신을 받았다. 또한 ㈜한국상사 당좌예금의 장부잔액은 ₩52,000이었다. 그러나 회계팀에서 근무 중인 공인회계사 김씨는 회사와 은행의 회계처리는 다음과 같은 점에서 차이가 있다는 것을 발견했다.

(1) 20×1년 12월 31일 늦게 예입한 수표 ₩25,000이 은행에서는 20×2년 1월 2일에 입금처리되었다.
(2) 회사가 20×1년 12월에 발행한 수표 중 결산일 현재 인출되지 않은 금액은 ₩10,000이다.
(3) 금액 ₩11,000의 매출채권이 추심되었으나 회사에 통지되지 않아 기록이 누락되었다.
(4) 은행 측에서 당좌거래수수료 ₩5,000을 당좌예금계좌에서 차감하였는데, 회사에서 아직 장부에 반영하지 않았다.
(5) 회사가 입금한 수표 중 부도처리된 ₩4,000은 은행에서 보내온 예금증명서에 포함되어 있으나, 회사의 장부에 아직 반영되지 않았다.
(6) 회사는 매입채무 지급을 위하여 수표 ₩10,000을 발행하고 이를 출납장에 ₩1,000으로 기록하였다.

은행계정조정표를 작성하여 정확한 당좌예금잔액을 계산하시오.

① ₩40,000　② ₩45,000　③ ₩50,000
④ ₩51,000　⑤ ₩53,000

03 ㈜세무의 20×1년 말 자료가 다음과 같을 때, 재무상태표의 현금및현금성자산으로 인식하는 금액은? [2018 세무사 1차]

• 당좌개설보증금	₩10,000	• 당좌차월	₩1,200
• 당좌예금	( )	• 우편환증서	₩4,000
• 차용증서	₩1,000	• 수입인지	₩500
• 소액현금	₩300	• 배당금지급통지서	₩1,500
• 종업원 가불증서	₩2,500	• 환매채	₩1,500
• 타인발행 약속어음	₩10,000	• 정기예금	₩2,000

<추가자료>

(1) 아래 사항을 조정하기 이전 은행 측 당좌예금 잔액은 ₩12,800이다.
- 거래처에 상품 매입 대금 결제로 발행한 수표 ₩7,500이 아직 인출되지 않았다.
- 거래처에서 판매 대금으로 입금 통보한 ₩2,800을 ㈜세무는 회계처리하였으나, 은행은 전산장애로 인해 입금처리하지 못했다.

(2) 환매채의 취득일은 20×1년 12월 1일이며, 4개월 후 환매조건이다.

(3) 정기예금은 1년 만기이며, 만기일은 20×2년 1월 31일이다.

① ₩12,100 ② ₩13,900 ③ ₩15,400
④ ₩15,900 ⑤ ₩25,100

04 ㈜대구는 20×1년 1월 1일에 장부금액 ₩450,000의 기계장치를 매각하고 대금은 다음과 같이 수취하기로 하였다.

- 계약금: 20×1. 1. 1. ₩250,000
- 중도금: 20×1. 12. 31. ₩150,000
- 잔금: 20×2. 12. 31. ₩100,000

매각일 현재 상기 거래의 유효이자율은 연 12%이며 ㈜대구의 결산일은 매년 12월 31일이다. ㈜대구가 20×1년에 인식할 유형자산처분이익과 20×2년에 인식할 이자수익은 얼마인가?

	유형자산처분이익	이자수익
①	₩13,648	₩10,714
②	₩3,648	₩10,714
③	₩13,648	₩25,638
④	₩3,648	₩25,638
⑤	₩13,648	₩31,714

01 ㈜국세는 20×1년 12월 31일 자금담당직원이 회사자금을 횡령하고 잠적한 사건이 발생하였다. 12월 31일 현재 회사 장부상 당좌예금계정 잔액을 검토한 결과 ₩106,000이었으며, 은행 측 당좌예금계정 잔액을 조회한 결과 ₩70,000으로 확인되었다. 회사 측 잔액과 은행 측 잔액이 차이가 나는 이유는 다음과 같다고 할 경우 자금담당직원이 회사에서 횡령한 것으로 추정할 수 있는 금액은 얼마인가? [2012 세무사 1차]

• 은행미기입예금	₩60,000
• 은행수수료	₩10,000
• 기발행미인출수표	₩50,000
• 미통지입금	₩46,000
• 타사발행수표를 ㈜국세의 당좌예금 계좌에서 차감한 금액	₩22,000

① ₩22,000 ② ₩26,000 ③ ₩32,000
④ ₩36,000 ⑤ ₩40,000

02 20×1년 말 ㈜세무와 관련된 자료는 다음과 같다. 20×1년 말 ㈜세무의 재무상태표에 표시해야 하는 현금및현금성자산은? (단, 사용이 제한된 것은 없다) [2016 세무사 1차]

(1) ㈜세무의 실사 및 조회자료
- 소액현금: ₩100,000
- 지급기일이 도래한 공채이자표: ₩200,000
- 수입인지: ₩100,000
- 양도성예금증서(만기 20×2년 5월 31일): ₩200,000
- 타인발행당좌수표: ₩100,000
- 우표: ₩100,000
- 차용증서: ₩300,000
- 은행이 발급한 당좌예금잔액증명서 금액: ₩700,000

(2) ㈜세무와 은행 간 당좌예금잔액 차이 원인
- 은행이 ㈜세무에 통보하지 않은 매출채권 추심액: ₩50,000
- 은행이 ㈜세무에 통보하지 않은 은행수수료: ₩100,000
- ㈜세무가 당해연도 발행했지만 은행에서 미인출된 수표: ₩200,000
- 마감시간 후 입금으로 인한 은행미기입예금: ₩300,000

① ₩1,050,000 ② ₩1,200,000 ③ ₩1,300,000
④ ₩1,350,000 ⑤ ₩1,400,000

기본문제 정답 및 해설

01 **1. 현금및현금성자산**

지폐와 동전 ₩30,000 + 타인발행수표 ₩30,000 + 배당금지급통지표 ₩20,000 + 만기 2개월 이내 채권 ₩150,000 + 기일도래 공채이자표 ₩10,000 + 환매채 ₩300,000 = ₩540,000

2. 기타금융자산(유동자산)

양도성예금증서 ₩500,000 + 정기적금 ₩100,000 + 선일자수표 ₩200,000 = ₩800,000

3. 기타금융자산(비유동자산)

당좌개설보증금 ₩80,000 + 정기적금 ₩400,000 = ₩480,000

해설

1. 우표와 수입인지는 재화와 용역에 구입대가로 사용할 수 없으므로 현금으로 분류하지 않으며 선급비용이나 비용으로 처리해야 한다.
2. 당좌차월(Bank Overdraft)은 은행으로부터 기업이 차입한 것과 실질이 동일하므로 단기차입금으로 보고해야 한다.
3. 선일자수표는 매출채권으로 회계처리하고 수표에 표시된 발행일에 매출채권을 제거하고 현금으로 대체한다.

02

구분	회사 측	은행 측
수정 전 잔액	₩52,000	₩30,000
은행미기입예금		₩25,000
기발행미인출수표		₩(10,000)
매출채권 입금	₩11,000	
은행수수료	₩(5,000)	
부도수표	₩(4,000)	
출금기장오류	₩(9,000)	
조정 후 잔액	₩45,000	₩45,000

03 **1. 은행계정조정표**

구분	회사 측	은행 측
수정 전 잔액	₩8,100	₩12,800
기발행미인출수표		₩(7,500)
은행미기입예금		₩2,800
조정 후 잔액	₩8,100	₩8,100

2. 현금및현금성자산

₩8,100(당좌예금) + ₩4,000(우편환증서) + ₩300(소액현금) + ₩1,500(배당금지급통지서) = ₩13,900

해설

1. 당좌개설보증금은 비유동자산이며, 당좌차월은 단기차입금으로 분류해야 한다.
2. 차용증서는 대여금이며, 수입인지는 선급비용 또는 비용처리하며, 종업원 가불증서는 선급비용이다.
3. 환매채는 취득일로부터 만기가 3개월 이내가 아니므로 유동자산으로 표시해야 한다.
4. 정기예금은 재무상태표일로부터 만기가 1년 이내이므로 유동자산으로 표시해야 한다.

정답 01 ① 02 ② 03 ②

04

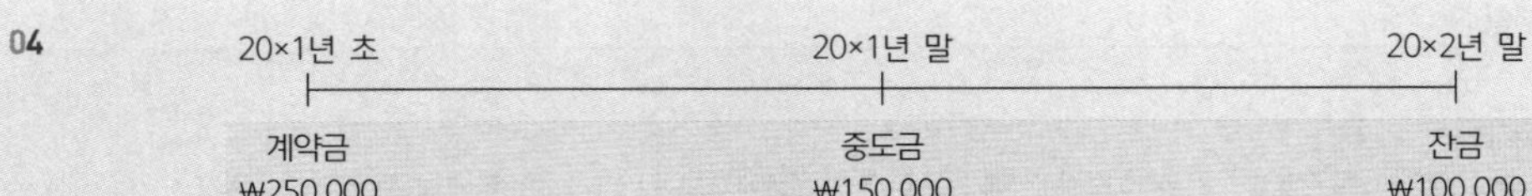

공정가치: ₩463,648
=
PV(12%): ₩463,648

1. 현재가치: ₩250,000 + ₩150,000/1.12 + ₩100,000/1.12^2 = ₩463,648

2. 유형자산처분이익: ₩463,648(현재가치) - ₩450,000(장부금액) = ₩13,648

3. 이자수익: (₩213,648 × 1.12 - ₩150,000) × 12% = ₩10,714

4. 상각표

일자	장부금액 (상각후원가)	유효이자 (장부금액 × 12%)	현금회수액	채권회수액
20×1년 초	₩213,648			
20×1년 말	₩89,286	₩25,638	₩150,000	₩124,362
20×2년 말	₩0	₩10,714	₩100,000	₩89,286
계		₩36,352	₩250,000	₩213,648

5. 유형자산처분손익은 현금수령액 ₩250,000과 미수금 ₩213,648을 모두 고려하여 유형자산의 장부금액과 비교하여 계산한다. 그러나 향후 이자수익의 인식은 미수금 ₩213,648을 기초로 하여 계산한다.

정답 04 ①

고급문제 정답 및 해설

01 1. 은행계정조정표

구분	회사 측	은행 측
수정 전 잔액	₩106,000	₩70,000
은행미기입예금		₩60,000
은행수수료	₩(10,000)	
기발행미인출수표		₩(50,000)
미통지입금	₩46,000	
은행측오류		₩22,000
조정 후 잔액	₩142,000	₩102,000

2. 자금담당직원이 회사에서 횡령한 것으로 추정할 수 있는 금액
₩142,000(회사 측 조정 후 잔액) - ₩102,000(은행 측 조정 후 잔액) = ₩40,000

02 1. 은행계정조정표

구분	회사 측	은행 측
수정 전 잔액	×××	₩700,000
매출채권 추심액	₩50,000	
은행수수료	₩(100,000)	
기발행미인출수표		₩(200,000)
은행미기입예금		₩300,000
조정 후 잔액	₩800,000	₩800,000

2. 현금및현금성자산
₩100,000(소액현금) + ₩200,000(지급기일 도래 공채이자표) + ₩100,000(타인발행당좌수표) + ₩800,000(당좌예금 조정 후 잔액) = ₩1,200,000

정답 01 ⑤ 02 ②

☀ 객관식 문제풀이에 앞서 각 장의 주요 주제별 중요도를 파악해볼 수 있습니다.
☀ 시험 대비를 위해 꼭 풀어보아야 하는 필수문제를 정리하여 효율적으로 학습할 수 있습니다.

1. 출제경향

주요 주제	중요도
1. 이론형 문제	★★★★
2. 기말재고자산에 포함할 항목	★★★★★
3. 원가배분	★★
4. 재고자산감모손실과 재고자산평가손실	★★★★★
5. 매출총이익률법	★
6. 소매재고법	★★★
7. 농림어업	★★

2. 필수문제 리스트

구분		필수문제 번호
회계사	기본문제	1, 2, 3, 4, 6, 8, 9, 11, 12, 13, 14, 15, 16, 17, 18, 19, 20, 21, 22, 23, 24, 25, 26, 27, 29
	고급문제	4, 5, 6, 7
세무사	기본문제	1, 2, 3, 4, 6, 8, 9, 11, 12, 13, 14, 16, 17, 18, 19, 20, 21, 22, 23, 24, 25, 26, 27, 29
	고급문제	5, 7, 9

Chapter 5

재고자산

- 기본문제
- 고급문제
- 정답 및 해설

기본문제

01 재고자산에 관한 설명으로 옳지 않은 것은? [2021 세무사 1차]

① 재고자산의 취득원가는 매입원가, 전환원가 및 재고자산을 현재의 장소에 현재의 상태로 이르게 하는 데 발생한 기타 원가 모두를 포함한다.

② 완성될 제품이 원가 이상으로 판매될 것으로 예상하는 경우에는 그 생산에 투입하기 위해 보유하는 원재료 및 기타 소모품을 감액하지 아니한다.

③ 후속 생산단계에 투입하기 전에 보관이 필요한 경우 이외의 보관원가는 재고자산의 취득원가에 포함한다.

④ 통상적으로 상호교환 가능한 대량의 재고자산 항목에 개별법을 적용하는 것은 적절하지 아니하다.

⑤ 성격과 용도 면에서 유사한 재고자산에는 동일한 단위원가 결정방법을 적용하여야 하며, 성격이나 용도 면에서 차이가 있는 재고자산에는 서로 다른 단위원가 결정방법을 적용할 수 있다.

02 다음은 재고자산의 회계처리와 관련된 내용이다. 올바르지 않은 것은?

① 재고자산의 취득원가는 판매가능한 상태로 만들기까지 소요된 매입원가, 전환원가 및 기타원가를 포함한다.

② 이연지급계약으로 상품을 구입한 경우 미래 지급할 금액을 자산의 취득원가로 한다.

③ 재고자산을 판매가능한 상태에 이르게 하는 데 상당한 기간을 필요로 하는 경우 재고자산의 취득에 사용된 타인자본에 대한 차입원가를 재고자산의 취득원가로 처리한다.

④ 생물자산에서 수확한 농림어업 수확물로 구성된 재고자산은 순공정가치로 측정하여 수확시점에 최초 인식한다.

⑤ 일반적으로 재고자산의 보관원가는 비용으로 인식한다. 단, 후속생산단계 투입 전 보관이 필요한 경우의 보관원가는 취득원가에 포함한다.

03 ㈜계림은 회계감사를 받기 전, 20×1년 말 현재 재무상태표에 재고자산 ₩5,000,000을 보고하였다. ㈜계림은 실지재고조사법을 사용하여 기말에 창고에 있는 모든 상품만을 기말재고로 보고하였다. 회계감사 도중 공인회계사는 다음 사항을 알게 되었다.

(1) ㈜계림은 20×1년 10월 8일에 새로 개발된 단위당 원가 ₩100,000의 신상품을 기존의 고객 10명에게 각각 전달하고, 사용해본 후 6개월 안에 ₩150,000에 구입 여부를 통보해 줄 것을 요청하였다. 20×1년 12월 31일 현재 4곳으로부터 구입하겠다는 의사를 전달받았고, 나머지 6곳으로부터는 아무런 연락을 받지 못했다.
(2) ㈜계림은 20×1년 12월 2일 미국의 A사와 프랑스의 B사에 각각 ₩500,000, ₩400,000의 상품을 주문하였다. 동년 12월 30일에 양사로부터 주문한 상품이 선적되었음을 통보받았고, A사에 주문한 상품은 20×2년 1월 2일에, B사에 주문한 상품은 20×2년 1월 27일에, 각각 도착하여 ㈜계림에 인도되었다. A사 상품에 대한 주문조건은 도착지인도조건(F.O.B. Destination)이고 B사 상품에 대한 주문조건은 선적지인도조건(F.O.B. Shipping Point)이다.
(3) ㈜계림은 20×1년 12월 15일에 원가 ₩250,000의 상품을 ㈜통성에게 ₩300,000에 판매하였다. 그 대금으로 판매 당일 ₩50,000을 수령하였으며, 나머지는 향후 5개월간 매월 15일에 ₩50,000씩 받기로 하고 상품을 인도하였다.
(4) ㈜계림은 20×1년 12월 20일에 자금이 부족하여 잘 알고 지내는 고객에게 원가 ₩100,000의 상품을 ₩150,000에 판매하여 인도하고, 1개월 후 ₩160,000에 재매입하기로 약정하였다.
(5) ㈜계림은 20×1년 12월 27일에 원가 ₩150,000의 상품을 ㈜한랑에게 ₩200,000에 판매하고 판매대금을 수수하였다. 하지만, ㈜한랑은 20×2년 2월 8일에 동 상품을 인도받기를 원해서 ㈜계림의 창고 한쪽에 따로 보관하고 있다.

위의 내용을 반영하여 재무상태표에 재고자산을 보고하면 얼마인가? [2011 공인회계사 1차]

① ₩5,450,000 ② ₩5,750,000 ③ ₩5,950,000
④ ₩6,850,000 ⑤ ₩7,100,000

04 ㈜대한이 재고자산을 실사한 결과 20×1년 12월 31일 현재 창고에 보관중인 상품의 실사금액은 ₩1,500,000인 것으로 확인되었다. 재고자산과 관련된 추가자료는 다음과 같다.

- ㈜대한은 20×1년 9월 1일에 ㈜강원으로부터 원가 ₩100,000의 상품에 대해 판매를 수탁 받았으며, 이 중 원가 ₩20,000의 상품을 20×1년 10월 1일에 판매하였다. 나머지 상품은 20×1년 12월 31일 현재 ㈜대한의 창고에 보관중이며, 창고보관상품의 실사금액에 이미 포함되었다.
- ㈜대한은 20×1년 11월 1일 ㈜경북에 원가 ₩400,000의 상품을 인도하고, 판매대금은 11월 말부터 매월 말일에 3개월에 걸쳐 ₩150,000씩 할부로 수령하기로 하였다.
- ㈜대한은 20×1년 11월 5일에 ㈜충남과 위탁판매계약을 체결하고 원가 ₩200,000의 상품을 적송하였으며, ㈜충남은 20×1년 12월 31일 현재까지 이 중 60%의 상품을 판매하였다.
- ㈜대한이 20×1년 12월 23일에 ㈜민국으로부터 선적지인도조건으로 매입한 원가 ₩100,000의 상품이 20×1년 12월 31일 현재 운송 중에 있다. 이 상품은 20×2년 1월 10일 도착예정이다.
- ㈜대한은 20×1년 12월 24일에 ㈜충북에게 원가 ₩50,000의 상품을 ₩80,000에 판매 즉시 인도하고 2개월 후 ₩100,000에 재구매하기로 약정하였다.

위의 추가자료를 반영한 후 ㈜대한의 20×1년 말 재무상태표에 표시될 기말상품재고액은 얼마인가? 단, 재고자산감모손실 및 재고자산평가손실은 없다. ㈜대한의 위탁(수탁)판매계약은 기업회계기준서 제1115호 '고객과의 계약에서 생기는 수익'의 위탁(수탁)약정에 해당한다.

[2022 공인회계사 1차]

① ₩1,570,000
② ₩1,600,000
③ ₩1,650,000
④ ₩1,730,000
⑤ ₩1,800,000

05 ㈜국세의 20×1년 기초재고자산은 ₩2,000,000이며, 당기매입액은 ₩12,000,000이다. ㈜국세는 20×1년도 결산을 하는 과정에서 재고자산 실사를 한 결과 ₩1,000,000인 것으로 파악되었다. 20×1년 중에 발생한 아래와 같은 사항을 고려하여 20×1년도 매출원가를 계산하면 얼마인가? (단, 당기매입에 대한 회계처리는 적절하게 이루어졌으며, 재고자산감모손실과 재고자산평가손실은 없다고 가정한다) [2012 세무사 1차]

(1) 20×1년 12월 25일에 ㈜대한으로부터 FOB 선적지인도조건으로 매입한 상품(송장가격 : ₩1,500,000)이 20×1년 12월 31일 현재 선박으로 운송 중에 있다. 이 상품은 20×2년 1월 9일에 도착할 예정이다.
(2) 20×1년 12월 30일에 ㈜민국으로부터 FOB 도착지인도조건으로 매입한 상품(송장가격 : ₩2,100,000)이 20×1년 12월 31일 현재 항공편으로 운송 중에 있다. 이 상품은 20×2년 1월 2일에 도착할 예정이다.
(3) ㈜국세가 판매를 목적으로 고객에게 발송한 상품(원가: ₩1,500,000) 중 20×1년 12월 31일 현재 원가 ₩1,000,000에 해당하는 상품에 대해서만 고객이 매입의사를 표시하였다.
(4) ㈜국세가 은행에서 자금을 차입하면서 담보로 제공한 재고자산(₩700,000)이 창고에 보관 중인데, 재고자산 실사 시 이를 포함하였다.

① ₩9,300,000 ② ₩10,300,000 ③ ₩11,000,000
④ ₩11,500,000 ⑤ ₩11,700,000

06 ㈜대한은 재고자산을 관리하기 위하여 계속기록법과 평균법을 적용하고 있으며, 기말재고자산의 장부수량과 실지재고수량은 일치한다. 다음은 ㈜대한의 20×1년 매입과 매출에 관한 자료이다.

일자	적요	수량(개)	매입단가(₩)
1월 1일	기초재고	100	300
5월 1일	매입	200	400
6월 1일	매입	200	300
9월 1일	매입	100	200
12월 15일	매입	100	200

일자	적요	수량(개)	매출단가(₩)
8월 1일	매출	200	600
10월 1일	매출	200	500

20×1년 기말재고자산의 단위당 순실현가능가치가 ₩200인 경우 ㈜대한이 20×1년 말에 인식할 재고자산평가손실액은 얼마인가? 단, 기초재고자산과 관련된 평가충당금은 없다. [2021 공인회계사 1차]

① ₩21,000 ② ₩24,000 ③ ₩27,000
④ ₩30,000 ⑤ ₩33,000

07 한국채택국제회계기준은 재고자산 원가배분방법으로 후입선출법(LIFO)의 사용을 금지하였다. 그 이유는 후입선출법에 대한 여러 가지의 비판 때문일 것이다. 다음의 후입선출법에 대한 비판 중 타당하지 않은 것은? [2010 공인회계사 1차]

① 물가가 지속적으로 상승하는 경제하에서 재무상태표의 재고자산금액이 재고자산의 공정가치와 큰 차이가 있을 수 있어서 재무제표 이용자의 의사결정을 오도할 수 있다.
② 물가가 지속적으로 상승하는 경제하에서 오래 전에 구입한 재고자산의 재고층(Inventory Layer)이 청산되면 수익비용대응 구조가 왜곡된다.
③ 물가가 지속적으로 상승하는 경제하에서 경영진이 재고자산의 매입을 중단하거나 연기하는 방법으로 당기순이익을 증가시키는 등 이익조정의 가능성이 높다.
④ 물가가 지속적으로 상승하는 경제하에서, 후입선출법하에서의 당기순이익이 선입선출법하에서의 당기순이익보다 적어지는데, 이는 후입선출법이 수익비용의 대응을 왜곡하는 일례이다.
⑤ 일반적인 기업의 경영활동에서 실제 물량흐름이 후입선출일 가능성은 크지 않다.

08 기업회계기준서 제1002호 '재고자산'에 관한 다음의 설명 중 옳지 않은 것은? [2021 공인회계사 1차]

① 재고자산의 지역별 위치나 과세방식이 다르다는 이유만으로 동일한 재고자산에 다른 단위원가 결정방법을 적용하는 것은 정당화된다.
② 통상적으로 상호 교환될 수 없는 재고자산항목의 원가와 특정 프로젝트별로 생산되고 분리되는 재화 또는 용역의 원가는 개별법을 사용하여 결정한다.
③ 재고자산의 전환원가는 원재료를 완제품으로 전환하는 데 드는 고정 및 변동 제조간접원가의 체계적인 배부액도 포함한다.
④ 보유하고 있는 재고자산의 수량이 확정판매계약의 이행에 필요한 수량을 초과하는 경우에는 그 초과 수량의 순실현가능가치는 일반 판매가격에 기초한다.
⑤ 원재료 가격이 하락하여 제품의 원가가 순실현가능가치를 초과할 것으로 예상된다면 해당 원재료를 순실현가능가치로 감액한다.

09 재고자산 회계처리에 관한 설명으로 옳지 않은 것은? [2016 세무사 1차]

① 완성될 제품이 원가 이상으로 판매될 것으로 예상되더라도 생산에 투입하기 위해 보유한 원재료 가격이 현행대체원가보다 하락한다면 평가손실을 인식한다.
② 후속 생산단계에 투입하기 전에 보관이 필요한 경우 이외의 보관원가는 재고자산의 취득원가에 포함할 수 없으며 발생기간의 비용으로 인식한다.
③ 재고자산을 후불조건으로 취득하는 경우 계약이 실질적으로 금융요소를 포함하고 있다면, 해당 금융요소는 금융이 이루어지는 기간 동안 이자비용으로 인식한다.
④ 재고자산을 순실현가능가치로 감액한 평가손실과 모든 감모손실은 감액이나 감모가 발생한 기간에 비용으로 인식한다.
⑤ 당기에 비용으로 인식하는 재고자산 금액은 일반적으로 매출원가로 불리우며, 판매된 재고자산의 원가와 배분되지 않은 제조간접원가 및 제조원가 중 비정상적인 부분의 금액으로 구성된다.

10 ㈜한국은 하나의 원재료를 가공하여 제품을 생산하고 있다. ㈜한국은 재고자산에 대하여 실지재고조사법과 가중평균법을 적용하고 있다. 다만, ㈜한국은 감모손실을 파악하기 위하여 입 · 출고 수량을 별도로 확인하고 있다. ㈜한국의 원재료와 제품재고 등에 대한 정보는 다음과 같다.

(1) 원재료

- 20×1년 초 장부금액은 ₩25,000(수량 500단위, 단가 ₩50)이며, 20×1년도 매입액은 ₩27,000(수량 500단위, 단가 ₩54)이다.
- 입 · 출고 기록에 의한 20×1년 말 원재료 재고수량은 500단위이나 재고조사 결과 460단위가 있는 것으로 확인되었다.
- 20×1년 말 원재료 단위당 현행대체원가는 ₩50이다.

(2) 제품

- 20×1년 초 장부금액은 ₩100,000(수량 500단위, 단가 ₩200)이며, 20×1년도 당기제품제조원가는 ₩200,000(수량 500단위, 단가 ₩400)이다.
- 입 · 출고 기록에 의한 20×1년 말 제품 재고수량은 200단위이나 재고조사 결과 150단위가 있는 것으로 확인되었다.
- 20×1년 말 제품의 단위당 판매가격은 ₩350이며, 단위당 판매비용은 ₩30이다.

(3) 기타

- 20×0년 말까지 재고자산평가손실은 발생하지 않았다.

동 재고자산과 관련하여 ㈜한국의 20×1년도 재고자산평가손실과 재고자산감모손실 합계액은 얼마인가? [2013 공인회계사 1차]

① ₩15,600 ② ₩16,000 ③ ₩16,420
④ ₩17,080 ⑤ ₩18,000

11 12월 결산법인인 ㈜강남은 모두 재고자산평가와 관련하여 선입선출법을 사용하고 있으며, 저가법으로 재고자산을 평가하여 평가손실만큼 재고자산평가충당금계정을 사용하여 회계처리하고 있다.

(1) ㈜강남의 20×1년 12월 31일 현재 재고자산평가에 관한 자료는 다음과 같다.

분류		단위당			
구분	재고수량	원가	현행대체원가	판매가격	판매까지 추가 소요비용
원재료 A	400개	₩200	₩150	₩190	₩10
재공품 A	100개	₩400	₩380	₩440	₩50
제품 A	1,000개	₩700	₩720	₩750	₩40

(2) 원재료 A와 재공품 A는 제품 A를 만들기 위한 것이다. 장부수량과 실사수량은 같으며, 기초재고에 대한 재고자산평가충당금은 없다.

㈜강남이 20×1년의 재고자산평가손실로 인식해야 하는 금액을 계산하시오.

① ₩300 ② ₩1,000 ③ ₩8,300
④ ₩9,000 ⑤ ₩10,000

12 상품매매업을 하는 ㈜한국은 확정판매계약(취소불능계약)에 따른 판매와 시장을 통한 판매를 동시에 실시하고 있다. 다음은 ㈜한국의 20×1년 말 보유 중인 재고내역이다.

종목	실사수량	단위당 취득원가	단위당 정상판매가격
상품 A	100개	₩150	₩160
상품 B	200개	₩200	₩230
상품 C	300개	₩250	₩260

㈜한국의 경우 확정판매계약에 따른 판매의 경우에는 판매비용이 발생하지 않으나, 시장을 통해 판매하는 경우에는 상품의 종목과 관계없이 단위당 ₩20의 판매비용이 발생한다. 재고자산 중 상품 B의 50%와 상품 C의 50%는 확정판매계약을 이행하기 위하여 보유하고 있는 재고자산이다. 상품 B의 단위당 확정판매계약가격은 ₩190이며, 상품 C의 단위당 확정판매계약가격은 ₩230이다. 재고자산평가와 관련한 20×1년도 당기손익은? (단, 재고자산의 감모는 발생하지 않았다)

[2015 세무사 1차]

① ₩5,000 손실 ② ₩5,500 이익 ③ ₩6,500 손실
④ ₩7,500 이익 ⑤ ₩8,000 손실

13 다음의 자료는 ㈜민국의 20×1년도 재고자산과 관련된 내용이다.

(1) 기초재고자산: ₩485,000
재고자산평가충당금(기초): 없음
당기매입액: ₩4,000,000

(2) ㈜민국은 재고자산감모손실과 재고자산평가손실을 매출원가에 포함한다.

상품	장부재고	실지재고	단위당 원가	단위당 순실현가능가치
A	1,000개	900개	₩100	₩110
B	400개	350개	₩200	₩180
C	500개	500개	₩250	₩220

㈜민국이 20×1년도 포괄손익계산서에 인식할 매출원가는? [2017 공인회계사 1차]

① ₩4,202,000 ② ₩4,215,000 ③ ₩4,222,000
④ ₩4,237,000 ⑤ ₩4,242,000

14 ㈜대한의 20×1년도 재고자산(상품 A)과 관련된 자료가 다음과 같을 때, 20×1년도에 매출원가, 감모손실, 평가손실로 인식할 비용의 합계액은? [2013 세무사 1차]

(1) 기초재고: ₩700,000(재고자산평가충당금 ₩0)
(2) 매입액: ₩6,000,000
(3) 매출액: ₩8,000,000
(4) 기말재고: 장부수량 3,000개, 개당 취득원가 ₩200
실사수량 2,500개, 개당 순실현가능가치 ₩240
(5) 재고자산 감모분 중 50%는 정상적인 것으로 판단됨

① ₩6,000,000 ② ₩6,050,000 ③ ₩6,100,000
④ ₩6,150,000 ⑤ ₩6,200,000

15 다음은 제조업을 영위하는 ㈜대한의 20×1년도 기말재고자산과 관련된 자료이다.

재고자산	장부재고	실지재고	단위당 원가	단위당 순실현가능가치
원재료	500kg	400kg	₩50/kg	₩45/kg
제품	200개	150개	₩300/개	₩350/개

㈜대한은 재고자산감모손실과 재고자산평가손실(환입)을 매출원가에서 조정하고 있다. 재고자산평가충당금(제품)의 기초잔액이 ₩3,000 존재할 때, ㈜대한의 20×1년도 매출원가에서 조정될 재고자산감모손실과 재고자산평가손실(환입)의 순효과는 얼마인가? 단, ㈜대한은 단일 제품만을 생산 · 판매하고 있으며, 기초재공품과 기말재공품은 없다. [2018 공인회계사 1차]

① 매출원가 차감 ₩3,000
② 매출원가 가산 ₩5,000
③ 매출원가 가산 ₩15,000
④ 매출원가 가산 ₩17,000
⑤ 매출원가 가산 ₩20,000

16 다음은 ㈜흥덕의 20×1년과 20×2년의 상품재고와 관련된 자료이다.

20×1년 기말상품재고		20×2년 기말상품재고	
취득원가	순실현가능가치	취득원가	순실현가능가치
₩200,000	₩150,000	₩300,000	₩100,000

20×1년 기초상품재고액은 ₩100,000이며, 20×1년도와 20×2년도의 당기 상품매입액은 각각 ₩500,000과 ₩600,000이다. 20×1년 기초재고자산의 재고자산평가충당금은 없으며 취득원가와 순실현가능가치는 같다. 또한 ㈜흥덕은 재고자산평가손실과 재고자산평가손실환입을 매출원가에 반영한다. ㈜흥덕의 20×1년도와 20×2년도의 매출원가를 계산하면 각각 얼마인가? [2010 공인회계사 1차]

	20×1년도 매출원가	20×2년도 매출원가
①	₩400,000	₩500,000
②	₩400,000	₩650,000
③	₩400,000	₩700,000
④	₩450,000	₩650,000
⑤	₩450,000	₩700,000

17 다음 중 재고자산 회계처리에 대한 설명으로 옳지 않은 것은 어느 것인가?

[2011 공인회계사 1차]

① 자가건설한 유형자산의 구성요소로 사용되는 재고자산처럼 재고자산의 원가를 다른 자산계정에 배분하는 경우에는 다른 자산에 배분된 재고자산 원가는 해당 자산의 내용연수 동안 비용으로 인식한다.

② 재고자산을 순실현가능가치로 감액한 평가손실과 모든 감모손실은 감액이나 감모가 발생한 기간에 비용으로 인식한다. 순실현가능가치의 상승으로 인한 재고자산 평가손실의 환입은 환입이 발생한 기간의 비용으로 인식된 재고자산 금액의 차감액으로 인식한다.

③ 생물자산에서 수확한 농림어업수확물로 구성된 재고자산은 순공정가치로 측정하여 수확시점에 최초로 인식한다.

④ 순실현가능가치를 추정할 때에는 재고자산으로부터 실현가능한 금액에 대하여 추정일 현재 사용가능한 가장 신뢰성 있는 증거에 기초하여야 한다. 또한 보고기간 후 사건이 보고기간 말 존재하는 상황에 대하여 확인하여 주는 경우에는, 그 사건과 직접 관련된 가격이나 원가의 변동을 고려하여 추정하여야 한다.

⑤ 완성될 제품이 원가 이상으로 판매될 것으로 예상하는 경우에는 그 생산에 투입하기 위해 보유하는 원재료 및 기타 소모품을 감액하지 아니한다. 따라서 원재료가격이 하락하여 제품의 원가가 순실현가능가치를 초과할 것으로 예상되더라도 해당 원재료를 순실현가능가치로 감액하지 않는다.

18 재고자산과 관련된 다음의 설명 중 옳지 않은 것은? [2014 공인회계사 1차]

① 회사가 실지재고조사법만을 사용하더라도 재고자산평가손실을 파악할 수 있다.

② 물가가 지속적으로 상승하는 경우 선입선출법하의 기말재고자산금액은 평균법하의 기말재고자산금액보다 적지 않다.

③ 선입선출소매재고법을 사용할 경우 매출원가는 판매가능재고자산의 원가와 판매가를 이용하여 산출한 원가율을 매출액에 곱하여 결정한다.

④ 보유하고 있는 재고자산의 순실현가능가치 총합계액이 취득원가 총합계액을 초과하더라도 재고자산평가손실은 계상될 수 있다.

⑤ 보유하고 있는 재고자산이 확정판매계약의 이행을 위한 것이라면 동 재고자산의 순실현가능가치는 그 계약가격을 기초로 한다.

※ 다음은 **19 ~ 21**의 자료이다. 자료를 읽고 물음에 답하시오.

㈜한국은 재고자산평가에 있어서 소매재고법(매출가격환원법)을 사용하고 있다. 20×1년 재고자산과 관련된 자료는 다음과 같다. 원가율 계산 시 소수점 셋째 자리에서 반올림한다. (예를 들어 0.456은 0.46으로 계산된다)

구분	원가	매가
기초재고	₩5,700	₩10,000
총매입액	88,600	132,900
매입환출	720	1,200
매입에누리	180	
매입할인	1,000	
가격인상		1,000
가격인상 취소		400
가격인하		10,000
가격인하 취소		2,000
총매출액		82,000
매출에누리와 환입		6,000
매출할인		2,000
정상적파손	1,000	1,450
비정상적파손	2,700	4,300
종업원할인		1,500

19 가중평균소매재고법에 따른 매출원가를 구하시오.

① ₩53,050 ② ₩53,095 ③ ₩52,565
④ ₩55,217 ⑤ ₩54,687

20 선입선출소매재고법에 따른 매출원가를 구하시오.

① ₩53,050 ② ₩53,095 ③ ₩52,565
④ ₩55,217 ⑤ ₩54,687

21 가중평균저가기준소매재고법(전통적소매재고법)에 따른 매출원가를 구하시오.

① ₩53,050 ② ₩53,095 ③ ₩52,565
④ ₩55,217 ⑤ ₩54,687

22 ㈜세무는 재고자산을 소매재고법으로 평가하고 있다. 원가흐름은 선입선출법으로 가정하며 원가율은 저가기준으로 산정한다. 재고자산과 관련된 자료가 다음과 같을 때, ㈜세무의 매출원가는? [2018 세무사 1차]

구분	원가	소매가
기초재고	₩9,000	₩8,950
당기매입	₩64,410	₩94,100
매입운임	₩420	-
매입환출	₩230	-
매출액	-	₩98,000
종업원할인	-	₩2,000
순인상액	-	₩900
순인하액	-	₩700

① ₩61,200 ② ₩66,640 ③ ₩71,300
④ ₩71,374 ⑤ ₩71,390

※다음 자료를 읽고 **23 ~ 24**에 답하시오.

12월 결산법인인 ㈜한국의 2010년 1월 1일부터 3월 12일까지의 상품 거래 내역은 다음과 같다.

• 기초상품	₩1,000,000	• 총매입[1]	₩6,000,000	• 매입운임[1]	₩220,000
• 매입에누리	₩70,000	• 매입할인	₩75,000	• 총 매 출	₩7,600,000
• 판매운임	₩310,000	• 매출에누리	₩140,000	• 매출할인	₩60,000

그런데 2010년 3월 12일, 상품보관창고에 화재가 발생하여 상품의 일부가 소실되었다. 화재발생 직후 ₩375,000(원가)의 상품이 창고에 남아 있었으며, 창고에 남아 있는 상품 이외에 2010년 3월 8일에 도착지인도조건으로 판매한 ₩150,000(원가)의 상품이 운송 중에 있었다.

[1] 총매입은 매입운임이 포함되지 않은 금액이다.

23 ㈜한국의 원가이익가산율이 25%라고 한다면 화재손실액은 얼마인가?

① ₩630,000 ② ₩710,000 ③ ₩156,000
④ ₩780,000 ⑤ ₩1,155,000

24 ㈜한국의 매출총이익률이 20%라고 한다면 화재손실액은 얼마인가?

① ₩630,000 ② ₩710,000 ③ ₩156,000
④ ₩780,000 ⑤ ₩1,155,000

25 ㈜일용은 20×1년 6월 말 재고자산을 보관 중인 창고에 화재가 발생해 모든 재고자산과 재고자산에 관한 장부를 소실하였다. 회사는 실지재고조사법을 사용하고 있다. 화재 이후 20×1년 12월 말까지 회사는 정상적인 영업활동을 수행하였다. 다음은 재고자산과 관련한 자료이다.

가. 20×0년 말 재무상태표에 따르면 재고자산은 ₩450,000이며, 매출채권은 ₩200,000, 매입채무는 ₩150,000이다.
나. 20×0년도 포괄손익계산서의 매출액 및 매출원가는 각각 ₩8,000,000과 ₩6,400,000이다.
다. 20×1년 6월 말 현재 매출채권보조원장 차변 합계액은 ₩3,000,000이고, 매입채무보조원장 대변 합계액은 ₩2,300,000이다. 회사는 모두 신용거래만을 하고 있다.
라. 20×1년 7월부터 12월까지의 매입액과 매출액은 각각 ₩2,400,000, ₩3,100,000이다.
마. 20×1년 말 ㈜일용의 창고에 보관 중인 재고자산은 ₩200,000이다.
바. 20×1년 12월 ₩80,000을 차입하기 위해 재고자산 ₩100,000이 담보로 제공되었으며, 20×1년 말 현재 금융기관이 보관하고 있다.
사. 20×1년 9월에 할부조건으로 판매된 재고자산은 모두 ₩200,000이며, 20×1년 말 현재 할부금의 50%는 아직 회수되지 않았다. 미회수 중인 할부금의 회수불확실성은 높지 않다.
아. 20×1년 10월부터 재고자산의 일부에 대해서는 위탁판매의 형태로 매출하고 있으며, 20×1년 말 수탁자가 판매하지 못하고 보관 중인 ㈜일용의 재고자산은 ₩300,000이다.

㈜일용의 20×1년 6월의 재고자산화재손실 금액과 20×1년 말 기말재고자산 금액은 각각 얼마인가? 단, 20×1년 6월 말까지의 매출원가는 20×0년도의 매출총이익률을 사용하여 추정한 금액을 활용한다. [2014 공인회계사 1차]

	재고자산화재손실	기말재고자산
①	₩200,000	₩580,000
②	₩200,000	₩600,000
③	₩350,000	₩600,000
④	₩360,000	₩600,000
⑤	₩360,000	₩700,000

26 농림어업 기준서의 내용으로 옳지 않은 것은? [2018 세무사 1차]

① 최초 인식시점에서 생물자산의 공정가치를 신뢰성 있게 측정할 수 없다면, 원가에서 감가상각누계액 및 손상차손누계액을 차감한 금액으로 측정한다.
② 생물자산을 이전에 순공정가치로 측정하였다면 처분시점까지 계속하여 당해 생물자산을 순공정가치로 측정한다.
③ 수확물을 최초 인식시점에 순공정가치로 인식하여 발생하는 평가손익은 발생한 기간의 당기손익에 반영한다.
④ 목재로 사용하기 위해 재배하는 나무와 같이 수확물로 수확하기 위해 재배하는 식물은 생산용식물이 아니다.
⑤ 과일과 목재 모두를 얻기 위해 재배하는 나무는 생산용식물이다.

27 낙농업을 영위하는 ㈜대한목장은 20×1년 1월 1일에 우유 생산이 가능한 젖소 10마리를 보유하고 있다. ㈜대한목장은 우유의 생산 확대를 위하여 20×1년 6월 젖소 10마리를 1마리당 ₩100,000에 추가로 취득하였으며, 취득시점의 1마리당 순공정가치는 ₩95,000이다. 한편 ㈜대한목장은 20×1년에 100리터(ℓ)의 우유를 생산하였으며, 생산시점(착유시점) 우유의 1리터(ℓ)당 순공정가치는 ₩3,000이다. ㈜대한목장은 생산된 우유 전부를 20×1년에 거래처인 ㈜민국유업에 1리터(ℓ)당 ₩5,000에 판매하였다. 20×1년 말 현재 ㈜대한목장이 보유 중인 젖소 1마리당 순공정가치는 ₩100,000이다. 위 거래로 인한 ㈜대한목장의 20×1년 포괄손익계산서상 당기순이익의 증가액은 얼마인가? 단, 20×0년 말 젖소의 1마리당 순공정가치는 ₩105,000이다.

[2021 공인회계사 1차]

① ₩340,000 ② ₩450,000 ③ ₩560,000
④ ₩630,000 ⑤ ₩750,000

28 기업회계기준서 제1002호 '재고자산'에 대한 다음 설명 중 옳지 않은 것은?

[2023 공인회계사 1차]

① 공정가치에서 처분부대원가를 뺀 금액으로 측정한 일반상품 중개기업의 재고자산에 대해서는 저가법을 적용하지 않는다.

② 순실현가능가치는 재고자산의 주된 (또는 가장 유리한) 시장에서 시장참여자 사이에 일어날 수 있는 정상거래의 가격에서 처분부대원가를 뺀 금액으로 측정하기 때문에 기업특유의 가치가 아니다.

③ 생물자산에서 수확한 농림어업 수확물로 구성된 재고자산은 공정가치에서 처분부대원가를 뺀 금액으로 측정하여 수확시점에 최초로 인식한다.

④ 재고자산의 감액을 초래했던 상황이 해소되거나 경제상황의 변동으로 순실현가능가치가 상승한 명백한 증거가 있는 경우에는 최초의 장부금액을 초과하지 않는 범위 내에서 평가손실을 환입한다.

⑤ 성격과 용도 면에서 유사한 재고자산에는 동일한 단위원가 결정방법을 적용하여야 하며, 성격이나 용도 면에서 차이가 있는 재고자산에는 서로 다른 단위원가 결정방법을 적용할 수 있다.

29 ㈜세무의 20×1년 초 상품재고액은 ₩100,000(재고자산평가충당금 ₩0)이다. ㈜세무의 20×1년과 20×2년의 상품매입액은 각각 ₩500,000과 ₩600,000이며, 기말상품재고와 관련된 자료는 다음과 같다. ㈜세무는 재고자산평가손실(환입)과 정상적인 재고자산감모손실은 매출원가에 반영하고, 비정상적인 재고자산감모손실은 기타비용에 반영하고 있다. ㈜세무의 20×2년도 매출원가는?

[2022 세무사 1차]

항목	장부수량	실제수량	정상감소수량	단위당 취득원가	단위당 순실현가능가치
20×1년 말	450개	400개	20개	₩300	₩250
20×2년 말	650개	625개	10개	₩350	₩330

① ₩481,000　② ₩488,500　③ ₩496,000
④ ₩501,000　⑤ ₩523,500

30 ㈜대한농림은 사과를 생산·판매하는 사과 과수원을 운영하고 있다. 관련 자료는 다음과 같다.

(1) 사과나무의 20×1년 초 장부금액은 ₩100,000이며, 잔존내용연수는 10년이다. 잔존가치는 없으며, 정액법으로 감가상각하고 원가모형을 적용한다.
(2) 20×1년 9월에 10박스의 사과를 수확하였으며, 수확한 사과의 순공정가치는 박스당 ₩30,000이고 수확비용은 총 ₩20,000이다.
(3) 20×1년 10월에 5박스를 ₩200,000에 판매하였고, 판매비용은 총 ₩10,000이다.
(4) 20×1년 말 사과 5박스를 보유하고 있고, 5박스의 순공정가치는 ₩200,000이다.
(5) 20×1년에 생산되기 시작하여 20×1년 말 수확되지 않고 사과나무에서 자라고 있는 사과의 순공정가치는 ₩100,000으로 추정된다.

위 거래가 ㈜대한농림의 20×1년도 포괄손익계산서상 당기순이익에 미치는 영향은 얼마인가?

① ₩310,000 증가 ② ₩410,000 증가 ③ ₩430,000 증가
④ ₩440,000 증가 ⑤ ₩450,000 증가

01 유통업을 영위하고 있는 ㈜대한은 재고자산에 대해 계속기록법과 가중평균법을 적용하고 있으며, 기말에는 실지재고조사를 실시하고 있다. 다음은 ㈜대한의 20×1년 재고자산(단일상품)과 관련된 자료이다.

(1) 일자별 거래 자료

일자	적요	수량	매입단가	비고
1월 1일	기초재고	100개	₩200	전기 말 실사수량
3월 1일	매입	200개	₩200	
6월 1일	매입계약	200개	₩300	선적지 인도조건
7월 1일	매출	200개	-	
9월 1일	매입계약	200개	₩300	도착지 인도조건
11월 1일	매출	100개	-	

(2) ㈜대한이 6월 1일에 계약한 상품 200개는 6월 30일에 창고로 입고되었다.

(3) ㈜대한이 9월 1일에 계약한 상품 200개는 11월 1일에 선적되었으나 12월 말 현재까지 운송 중인 상태로 확인되었다.

(4) 12월 말 현재 ㈜대한이 창고에 보관중인 상품의 총 수량은 300개이고 실사를 통해 다음과 같은 사실을 발견하였다.

- ㈜대한은 12월 1일에 ㈜민국으로부터 상품 200개(단위원가 ₩300)에 대해 판매를 수탁받아 창고에 보관하였으며, 이 중 20%를 12월 중에 판매하였다.
- ㈜대한은 12월 1일에 ㈜만세와 위탁판매계약을 체결하고 상품 50개(단위원가 ₩240)를 적송하였다. 기말 실사 후 ㈜만세가 12월 말 현재 보관 중인 상품은 20개임을 확인하였다.

(5) ㈜대한은 재고자산감모손실과 재고자산평가손실(환입)을 매출원가에서 조정하고 있다.

(6) 수탁품과 적송품에서는 감모(분실, 도난 등)가 발생하지 않았다.

20×1년 기말재고자산의 단위당 순실현가능가치가 ₩200이고, 재고자산평가충당금의 기초잔액이 ₩3,000일 때, ㈜대한의 20×1년도 매출원가는 얼마인가? [2023 공인회계사 1차]

① ₩72,000 ② ₩74,400 ③ ₩81,800
④ ₩85,000 ⑤ ₩88,000

02 ㈜김포의 20×1년 12월 31일 현재 재고자산의 실사금액은 ₩1,000,000(창고재고임)이며 매입채무 ₩1,000,000이 계상되어 있으나 다음의 항목들이 반영되지 않은 상태이다.

> (1) ㈜김포의 수탁자인 갑에게 적송한 상품(매가 ₩300,000) 중 50%를 당기 말까지 갑이 판매하였다. 소비자 판매가는 원가의 5할증이다.
> (2) ㈜김포가 고객에게 인도한 시송품(매가 ₩600,000) 중 당기 말까지 고객으로부터 구매의사 통보를 받은 부분은 40%이다. 시송품의 원가율은 50%이다.
> (3) 20×1년 12월 31일 선적지인도기준으로 판매하고 대금을 청구(원가 ₩100,000, 청구금액 ₩135,000)한 상품이 기말재고자산에 포함되어 있다. 이 상품은 고객이 인수해 가도록 창고에 별도로 보관하고 있다.
> (4) 병에게 자금을 차입하고 담보로 제공한 상품(원가 ₩200,000)이 병의 창고에 보관되어 있다.
> (5) 정에게 상품(원가 ₩100,000)을 판매하고 20×2년 1월 중에 재매입하는 약정을 체결하였다. 동 재매입약정은 ㈜김포가 자산을 원래 판매가격 이상의 금액으로 다시 살 수 있거나 다시 사야 하는 경우에 해당한다.
> (6) 20×1년 12월 30일 ㈜성공에 판매한 상품(원가 ₩240,000)이 20×1년 12월 31일 현재 운송 중에 있으며, 도착지인도조건으로 외상판매하였다. ㈜김포는 12월 30일에 매출로 인식하였다.
> (7) 20×1년 12월 29일 ㈜합격이 ㈜김포에 판매한 상품(원가 ₩100,000)이 20×1년 12월 31일 현재 운송 중에 있으며, 선적지인도조건으로 외상매입하였다. ㈜김포는 12월 29일 매입을 인식하지 않았다.

상기 사항을 반영한 후 ㈜김포의 기말재고액과 매입채무 잔액은 얼마인가?

	기말재고액	매입채무		기말재고액	매입채무
①	₩1,920,000	₩1,100,000	②	₩1,920,000	₩1,000,000
③	₩1,500,000	₩1,100,000	④	₩1,945,000	₩1,168,000
⑤	₩1,945,000	₩1,770,000			

03 다음은 20×1년에 제조업을 시작한 ㈜갑의 20×1년 자료이다. 정상조업도는 5,000개이고 실제 조업도는 4,000개(비정상적으로 낮은 조업도)일 경우, 20×1년에 단위당 제조원가와 당기비용으로 처리될 금액은? 단, 20×2년부터 제품의 판매가 시작된다. [2012 공인회계사 1차]

구분	내용
원재료	• 기초: ₩0 • 매입: ₩70,000 • 기말: ₩30,000(1,000개, 단위당 취득원가 ₩30) • 기말 실사수량: 900개 • 기말 단위당 순실현가능가치는 ₩25이며, 원재료감모손실 중 50%는 정상적인 것으로 판단됨
직접노무원가	₩60,000
고정제조간접원가	₩40,000

	단위당 제조원가	당기비용
①	₩31	₩7,500
②	₩31	₩11,000
③	₩33	₩7,500
④	₩33	₩15,500
⑤	₩35	₩15,500

04 ㈜대한은 소매재고법으로 재고자산을 평가하고 있으며, 원가흐름에 대한 가정으로 가중평균(평균원가)법을 사용하여 원가율을 산정한다. 20×1년에 ㈜대한의 재고자산 관련 자료는 다음과 같다.

구분	원가	소매가
기초재고액	?	₩120,000
당기매입액	₩650,000	₩800,000
당기매출액		₩700,000
순인상액		₩80,000

당기 중 매입할인 ₩20,000과 종업원할인 ₩50,000이 있으며, 이외에 ㈜대한의 매입 및 매출에 영향을 주는 항목은 없다. 20×1년 ㈜대한의 포괄손익계산서상 매출원가가 ₩525,000일 때 기초재고액은 얼마인가? [2015 공인회계사 1차]

① ₩70,000
② ₩80,000
③ ₩85,000
④ ₩90,000
⑤ ₩105,000

05 농림어업 기준서의 내용으로 옳지 않은 것은? [2013 세무사 1차]

① 생물자산은 공정가치를 신뢰성 있게 측정할 수 없는 경우를 제외하고는 최초 인식시점과 매 보고기간 말에 순공정가치로 측정한다.
② 최초로 인식하는 생물자산을 공정가치로 신뢰성 있게 측정할 수 없는 경우에는 원가에서 감가상각누계액과 손상차손누계액을 차감한 금액으로 측정한다.
③ 생물자산을 최초 인식시점에 순공정가치로 인식하여 발생하는 평가손익과 생물자산의 순공정가치 변동으로 발생하는 평가손익은 발생한 기간의 당기손익에 반영한다.
④ 수확물을 최초 인식시점에 순공정가치로 인식하여 발생하는 평가손익은 발생한 기간의 당기손익에 반영한다.
⑤ 순공정가치로 측정하는 생물자산과 관련된 정부보조금에 부수되는 조건이 있는 경우에는 이를 수취할 수 있게 되는 시점에만 당기손익으로 인식한다.

06 20×1년 초에 설립한 ㈜세무는 유사성이 없는 두 종류의 상품 A와 상품 B를 판매하고 있다. ㈜세무는 20×1년 중 상품 A 200단위(단위당 취득원가 ₩1,000)와 상품 B 200단위(단위당 취득원가 ₩2,000)를 매입하였으며, 20×1년 말 상품재고와 관련된 자료는 다음과 같다.

구분	장부수량	실제수량	단위당 취득원가	단위당 예상 판매가격
상품 A	50	30	₩1,000	₩1,300
상품 B	100	70	₩2,000	₩2,200

상품 A의 재고 중 20단위는 ㈜대한에 단위당 ₩900에 판매하기로 한 확정판매계약을 이행하기 위해 보유 중이다. 확정판매계약에 의한 판매 시에는 판매비용이 발생하지 않으나, 일반판매의 경우에는 상품 A와 상품 B 모두 단위당 ₩300의 판매비용이 발생할 것으로 예상된다. ㈜세무가 20×1년도에 인식할 매출원가는? (단, 정상감모손실과 재고자산평가손실은 매출원가에 가산하며, 상품 A와 상품 B 모두 감모의 70%는 정상감모이다) [2021 세무사 1차]

① ₩410,000 ② ₩413,000 ③ ₩415,000
④ ₩423,000 ⑤ ₩439,000

07 유통업을 영위하는 ㈜대한의 20×1년도 기초재고자산은 ₩855,000이며, 기초재고자산평가충당금은 ₩0이다. 20×1년도 순매입액은 ₩7,500,000이다. ㈜대한의 20×1년도 기말재고자산 관련 자료는 다음과 같다.

조	항목	장부 수량	실제 수량	단위당 원가	단위당 순실현가능가치
A	A1	120개	110개	₩800	₩700
	A2	200개	200개	₩1,000	₩950
B	B1	300개	280개	₩900	₩800
	B2	350개	300개	₩1,050	₩1,150

㈜대한은 재고자산감모손실과 재고자산평가손실을 매출원가에 포함한다. ㈜대한이 항목별기준 저가법과 조별기준 저가법을 각각 적용할 경우, ㈜대한의 20×1년도 포괄손익계산서에 표시되는 매출원가는 얼마인가? [2019 공인회계사 1차]

	항목별기준	조별기준
①	₩7,549,000	₩7,521,000
②	₩7,549,000	₩7,500,000
③	₩7,519,000	₩7,500,000
④	₩7,519,000	₩7,498,000
⑤	₩7,500,000	₩7,498,000

08 ㈜대한은 회계감사를 받기 전 20×1년 말 현재 자산 ₩6,000, 부채 ₩3,000, 수익 ₩5,000, 비용 ₩4,000을 보고하였다. ㈜대한은 실지재고조사법을 적용하여 창고에 있는 상품만 기말재고로 보고하였다. 회계감사 중 공인회계사는 다음 사항을 발견하였다.

> 가) ㈜대한의 전년도 기말재고자산은 ₩200 과대평가되었다.
> 나) 20×1년 12월 15일 ㈜대한은 ㈜만세에 원가 ₩300의 상품을 인도하고 매출 ₩500을 인식하면서, 동 상품을 ₩600에 재매입하도록 요구할 수 있는 풋옵션을 ㈜만세에게 부여하였다. 단, 재매입가격은 예상 시장가치보다 높다고 가정한다.
>
> ㈜대한은 위 사항이 대출약정에 어떠한 영향을 미치는지 우려하고 있다. 대출약정에서 가장 중요한 지표는 부채비율이며 다음과 같이 계산한다.
>
> $$\text{부채비율} = \frac{\text{기말부채}}{\text{기말자본}}$$

위 사항을 반영하는 경우 부채비율의 변동으로 올바른 결과는? 단, 위 사항은 각각 독립적이라고 가정한다. [2017 공인회계사 1차 수정]

	가)	나)
①	감소	감소
②	불변	증가
③	증가	증가
④	불변	감소
⑤	증가	불변

09 20×1년 초 ㈜세무낙농은 우유 생산을 위하여 젖소 5마리(1마리당 순공정가치 ₩5,000,000)를 1마리당 ₩5,200,000에 취득하고 목장운영을 시작하였다. 20×1년 12월 25일에 처음으로 우유를 생산하였으며, 생산된 우유는 전부 1,000리터(ℓ)이다. 생산시점 우유의 1리터(ℓ)당 순공정가치는 ₩10,000이다. 20×1년 12월 27일 ㈜세무낙농은 생산된 우유 중 500리터(ℓ)를 유가공업체인 ㈜대한에 1리터(ℓ)당 ₩9,000에 판매하였다. 20×1년 말 목장의 실제 젖소는 5마리이고, 우유보관창고의 실제 우유는 500리터(ℓ)이다. 20×1년 말 젖소 1마리당 순공정가치는 ₩5,100,000이고 우유 1리터(ℓ)당 순실현가능가치는 ₩11,000이다. 위 거래가 ㈜세무낙농의 20×1년도 포괄손익계산서상 당기순이익에 미치는 영향은? [2022 세무사 1차]

① ₩9,000,000 증가
② ₩10,000,000 증가
③ ₩11,000,000 증가
④ ₩12,000,000 증가
⑤ ₩13,000,000 증가

기본문제 정답 및 해설

01 재고자산의 취득원가에 포함할 수 없으며 발생기간의 비용으로 인식하여야 하는 원가의 예는 다음과 같다.
① 재료원가, 노무원가 및 기타 제조원가 중 비정상적으로 낭비된 부분
② 후속 생산단계에 투입하기 전에 보관이 필요한 경우 이외의 보관원가
③ 재고자산을 현재의 장소에 현재의 상태로 이르게 하는데 기여하지 않은 관리간접원가
④ 판매원가

02 이연지급방식으로 상품을 구입한 경우 현금으로 즉시 구입하는 것에 비하여 이자요소에 해당하는 만큼 높은 가격으로 계상되기 때문에 이자요소를 차감한 순액으로 기록한다. 즉, 자산의 원가는 취득한 자산의 공정가치나 지급할 부채의 현재가치로 평가해야 한다.

03 1. 재무상태표의 재고자산

창고재고금액	₩5,000,000
(1) 구매의사표시 없는 시송품: 6개 × ₩100,000 =	₩600,000
(2) 선적지인도조건(B사)의 미착품	₩400,000
(3) 할부판매	-
(4) 재매입약정	₩100,000
(5) 미인도청구판매	₩(150,000)
정확한 재고자산	₩5,950,000

2. 재매입약정은 자산을 판매하고, 같은 계약이나 다른 계약에서 그 자산을 다시 사기로 약속하거나 다시 살 수 있는 선택권을 갖는 계약이다. 기업이 자산을 원래 판매가격 이상의 금액으로 다시 살 수 있거나 다시 사야 하는 경우는 금융약정으로 회계처리한다. 따라서 수익을 인식하지 않았으므로 기말재고자산에 가산한다.

3. 미인도청구약정은 기업이 고객에게 제품의 대가를 청구하지만 미래의 한 시점에 고객에게 이전할 때까지 기업이 제품을 물리적으로 점유하는 계약이다. 일부 계약에서는 기업이 제품을 물리적으로 점유하고 있더라도 고객이 제품을 통제할 수 있다. 그 경우에 비록 고객이 그 제품을 물리적으로 점유하는 권리를 행사하지 않기로 결정하였더라도, 고객은 제품의 사용을 지시하고 제품의 나머지 효익 대부분을 획득할 능력이 있으므로 수익을 인식하여야 한다. 따라서 기말재고자산에서 차감하여 매출원가로 인식하여야 한다.

04 1. 기말상품재고액

실사금액	₩1,500,000
(1) 수탁판매: ₩100,000 - ₩20,000 =	₩(80,000)
(2) 할부판매	-
(3) 위탁판매: ₩200,000 × (1 - 60%) =	₩80,000
(4) 선적지인도조건의 매입	₩100,000
(5) 재매입약정	₩50,000
기말재고액	₩1,650,000

2. 수탁판매의 경우 위탁자의 재고에 포함해야하므로, 이미 실사금액에 포함되어 있는 ₩80,000을 차감해야 한다.

05

기초재고자산	₩2,000,000
당기매입액	₩12,000,000
판매가능재고자산	₩14,000,000
기말재고자산[1]	₩(3,000,000)
매출원가	₩11,000,000

[1] 창고재고 ₩1,000,000 + (1) 선적지인도조건 ₩1,500,000 + (3) 시송품 ₩500,000 = ₩3,000,000

정답 01 ③ 02 ② 03 ③ 04 ③ 05 ③

06 1. 이동평균단가
(1) 1월 1일: ₩300
(2) 5월 1일: (100개 × ₩300 + 200개 × ₩400)/300개 = ₩366.67
(3) 6월 1일: (100개 × ₩300 + 200개 × ₩400 + 200개 × ₩300)/500개 = ₩340
(4) 9월 1일: (300개 × ₩340 + 100개 × ₩200)/400개 = ₩305
(5) 12월 15일: (200개 × ₩305 + 100개 × ₩200)/300개 = ₩270

2. 기말재고자산 수량: (100개 + 200개 + 200개 - 200개 + 100개 - 200개 + 100개) = 300개

3. 재고자산평가손실: 300개 × (₩270 - ₩200) = ₩21,000

07 물가가 지속적으로 상승하는 경제하에서, 후입선출법하에서의 당기순이익이 선입선출법하에서의 당기순이익보다 적어지며, 이는 다른 방법에 비하여 현재의 수익에 현재의 원가가 대응되어 수익 · 비용의 대응이 적절하게 이루어지는 것이므로 후입선출법의 장점이 된다.

08 성격과 용도 면에서 유사한 재고자산에는 동일한 단위원가 결정방법을 적용하여야 하며, 성격이나 용도 면에서 차이가 있는 재고자산에는 서로 다른 단위원가 결정방법을 적용할 수 있다. 예를 들어, 동일한 재고자산이 동일한 기업 내에서 영업부문에 따라 서로 다른 용도로 사용되는 경우도 있다. 그러나 재고자산의 지역별 위치나 과세방식이 다르다는 이유만으로 동일한 재고자산에 다른 단위원가 결정방법을 적용하는 것이 정당화될 수는 없다.

09 완성될 제품이 원가 이상으로 판매될 것으로 예상하는 경우에는 그 생산에 투입하기 위해 보유하는 원재료 및 기타 소모품을 감액하지 아니한다.

10 1. 단위당 원가
(1) 원재료: (₩25,000 + ₩27,000)/(500단위 + 500단위) = ₩52
(2) 제품: (₩100,000 + ₩200,000)/(500단위 + 500단위) = ₩300

2. 재고자산감모손실: (1) + (2) = ₩17,080
(1) 원재료: (500단위 - 460단위) × ₩52 = ₩2,080
(2) 제품: (200단위 - 150단위) × ₩300 = ₩15,000

3. 재고자산평가손실
(1) 원재료: ₩0(제품이 원가 이상으로 판매되므로 원재료평가손실은 인식하지 않음)
(2) 제품: ₩0

4. 재고자산평가손실과 재고자산감모손실 합계액: ₩17,080 + ₩0 = ₩17,080

11

구분	계산내역	재고자산평가손실
원재료 A		-[1]
재공품 A	100개 × (₩400 - ₩390[2]) =	₩1,000[3]
제품 A		-
계		₩1,000

[1] 완성될 제품이 원가 이상으로 판매될 것으로 예상하는 경우에는 그 생산에 투입하기 위하여 보유하는 원재료 및 기타 소모품을 감액하지 아니한다. 또한, 원재료의 현행대체원가는 순실현가능가치에 대한 최선의 이용가능한 측정치가 될 수 있다.
[2] ₩440 - ₩50 = ₩390
[3] 완성될 제품이 원가 이상으로 판매될 것으로 예상하는 경우 재공품에 대한 재고자산평가손실의 인식 여부에 대한 K-IFRS의 언급은 없다. 따라서 재공품에 대해서는 완성될 제품이 원가 이상으로 판매될 것인지의 여부에 관계없이 재고자산평가손실을 인식하는 것이 합리적이라고 판단된다.

정답 06 ① 07 ④ 08 ① 09 ① 10 ④ 11 ②

12

구분	계산내역	재고자산평가손실
상품 A(일반)	100개 × (₩150 - ₩140[1]) =	₩1,000
상품 B(일반)		-
상품 B(확정)	100개 × (₩200 - ₩190) =	₩1,000
상품 C(일반)	150개 × (₩250 - ₩240[2]) =	₩1,500
상품 C(확정)	150개 × (₩250 - ₩230) =	₩3,000
계		₩6,500

[1] ₩160 - ₩20 = ₩140

[2] ₩260 - ₩20 = ₩240

해설

1. 확정판매계약 또는 용역계약을 이행하기 위하여 보유하는 재고자산의 순실현가능가치는 계약가격에 기초한다.
2. 보유하고 있는 재고자산의 수량이 확정판매계약의 이행에 필요한 수량을 초과하는 경우에는 그 초과 수량의 순실현가능가치는 일반 판매가격에 기초한다.

13 1. **재무상태표에 표시할 기말재고: 실제수량 × Min[취득원가, NRV]**
900개 × ₩100 + 350개 × ₩180 + 500개 × ₩220 = ₩263,000

2. **감모손실: (장부수량 - 실제수량) × 취득원가**
(1,000개 - 900개) × ₩100 + (400개 - 350개) × ₩200 = ₩20,000

3. **재고자산평가손실: 실제수량 × (취득원가 - Min[취득원가, NRV])**
350개 × (₩200 - ₩180) + 500개 × (₩250 - ₩220) = ₩22,000

4. **매출원가: ₩4,180,000 + ₩22,000 + ₩20,000 = ₩4,222,000**

재고자산

차변		대변		
기초재고	₩485,000	판매된 부분	₩4,180,000	} ➲ 매출원가
당기순매입	₩4,000,000	재고자산평가손실	₩22,000	}
		재고자산감모손실	₩20,000	}
		기말상품	₩263,000	
판매가능재고	₩4,485,000		₩4,485,000	

별해

매출원가: 판매가능재고 - 재무상태표에 표시할 기말재고
= ₩485,000 + ₩4,000,000 - ₩263,000 = ₩4,222,000

14 1. **기말재고: Min[취득원가, 순실현가능가치]**
Min[2,500개 × ₩200 = ₩500,000, 2,500개 × ₩240 = ₩600,000] = ₩500,000

2. **매출원가, 감모손실, 평가손실로 인식할 비용의 합계액: 기초재고 + 당기매입액 - 기말재고**
₩700,000 + ₩6,000,000 - ₩500,000 = ₩6,200,000

정답 **12** ③ **13** ③ **14** ⑤

15 **1. 재고자산감모손실: (1) + (2) = ₩20,000**
(1) 원재료: (500kg - 400kg) × ₩50 = ₩5,000
(2) 제품: (200개 - 150개) × ₩300 = ₩15,000

2. 재고자산평가손실 또는 재고자산평가손실환입: ₩(3,000)
(1) 원재료: ₩0(제품이 원가 이상으로 판매되므로 원재료평가손실은 인식하지 않음)
(2) 제품: 기말제품평가충당금 ₩0 - 기초제품평가충당금 ₩3,000 = ₩(3,000) 재고자산평가손실환입

3. 매출원가에서 조정될 재고자산감모손실과 재고자산평가손실(환입)의 순효과
₩20,000 + ₩(3,000) = ₩17,000 매출원가 가산

16 **1. 20×1년**

재고자산

기초	₩100,000	매출원가	₩450,000
매입	₩500,000	기말[1]	₩150,000
	₩600,000		₩600,000

[1] Min[₩200,000, ₩150,000] = ₩150,000

2. 20×2년

재고자산

기초	₩150,000	매출원가	₩650,000
매입	₩600,000	기말[1]	₩100,000
	₩750,000		₩750,000

[1] Min[₩300,000, ₩100,000] = ₩100,000

17 원재료가격의 하락으로 인해 제품의 원가가 순실현가능가치를 초과할 것으로 예상된다면 해당 원재료를 순실현가능가치로 감액한다.

18 선입선출소매재고법을 사용할 경우 기말재고자산은 당기매입분으로 구성되어 있으므로 원가율은 당기매입재고자산의 원가와 판매가를 이용하여 산출한다.

19 ① 순매입액(원가) = ₩88,600 - ₩720 - ₩180 - ₩1,000 = ₩86,700
② 순매입액(매가) = ₩132,900 - ₩1,200 = ₩131,700
③ 순매출액 = ₩82,000 - ₩6,000 - ₩2,000 = ₩74,000
④ 순인상액 = ₩1,000 - ₩400 = ₩600
⑤ 순인하액 = ₩10,000 - ₩2,000 = ₩8,000

1. 기말재고(매가) = ₩53,050

상품(원가)

기초재고	₩5,700	매출원가	?
순매입액	₩86,700		
비정상파손	₩(2,700)	기말재고	?
	₩89,700		₩89,700

상품(매가)

기초재고	₩10,000	순매출액	₩74,000
순매입액	₩131,700		
순인상액	₩600	정상적파손	₩1,450
순인하액	₩(8,000)	종업원할인	₩1,500
비정상파손	₩(4,300)	기말재고	?
	₩130,000		₩130,000

2. 가중평균소매재고법

① 원가율: $\frac{₩89,700}{₩130,000}$ = 69%

② 기말재고: ₩53,050 × 69% = ₩36,605
③ 매출원가: ₩89,700 - ₩36,605 = ₩53,095

정답 15 ④ 16 ④ 17 ⑤ 18 ③ 19 ②

20 1. 기말재고(매가) = ₩53,050

2. 가중평균소매재고법

① 원가율: $\frac{₩89,700 - ₩5,700}{₩130,000 - ₩10,000}$ = 70%

② 기말재고: ₩53,050 × 70% = ₩37,135

③ 매출원가: ₩89,700 - ₩37,135 = ₩52,565

21 1. 기말재고(매가) = ₩53,050

2. 가중평균저가기준소매재고법

① 원가율: $\frac{₩89,700}{₩130,000 + ₩8,000}$ = 65%

② 기말재고: ₩53,050 × 65% = ₩34,483

③ 매출원가: ₩89,700 - ₩34,483 = ₩55,217

22 ① 순매입액(원가) = ₩64,410 + ₩420 - ₩230 = ₩64,600

② 순매입액(매가) = ₩94,100

③ 순매출액 = ₩98,000

1. 기말재고(매가): ₩3,250

상품(원가)

차변		대변	
기초재고	₩9,000	매출원가	?
순매입	₩64,600		
		기말재고	?
	₩73,600		₩73,600

상품(매가)

차변		대변	
기초재고	₩8,950	순매출	₩98,000
순매입	₩94,100	종업원할인	₩2,000
순인상	₩900		
순인하	₩(700)	기말재고	₩3,250
	₩103,250		₩103,250

2. 원가율: $\frac{₩64,600}{₩94,100 + ₩900}$ = 68%

3. 기말재고(원가): ₩3,250 × 68% = ₩2,210

4. 매출원가: ₩73,600 - ₩2,210 = ₩71,390

23 1. 순매입액: ₩6,000,000 + ₩220,000 - ₩70,000 - ₩75,000 = ₩6,075,000

2. 순매출액: ₩7,600,000 - ₩140,000 - ₩60,000 = ₩7,400,000

3. 화재손실액

상품

차변		대변	
기초재고	₩1,000,000	매출원가	₩5,920,000
순매입	₩6,075,000	추정기말재고	₩1,155,000
계	₩7,075,000	계	₩7,075,000

• 순매출액 × {1/(1 + 원가이익가산율)} = ₩7,400,000 ÷ 1.25

• 화재를 면한 재고 = ₩375,000 + ₩150,000 ₩(525,000)

• 화재손실액 ₩630,000

정답 20 ③ 21 ④ 22 ⑤ 23 ①

24 매출원가: 순매출액 × (1 - 매출총이익률) = ₩7,400,000 × (1 - 0.2) = ₩5,920,000
따라서 **23**의 답과 동일하다.

25 **1. 20×1년 6월 말 화재손실**

기초재고자산	₩450,000
1/1 ~ 6/30 매입액: ₩2,300,000 - ₩150,000 =	₩2,150,000
1/1 ~ 6/30 매출원가: (₩3,000,000 - ₩200,000) × 80%[1] =	₩(2,240,000)
6월 말 추정재고자산(화재손실액)	₩360,000

[1] 매출원가율 = ₩6,400,000 ÷ ₩8,000,000 = 80%

2. 20×1년 말 재고자산

창고보관 재고자산	₩200,000
담보제공자산	₩100,000
미판매위탁품	₩300,000
20×1년 말 재고자산	₩600,000

26 **1. 생산용식물은 다음 요건을 모두 충족하는 살아있는 식물을 말하는데, 여기서 유의할 점은 생산용식물의 정의를 충족하는 생물자산은 유형자산으로 회계처리하여야 한다.**
(1) 수확물을 생산하거나 공급하는 데 사용한다.
(2) 한 회계기간을 초과하여 생산물을 생산할 것으로 예상한다.
(3) 수확물로 판매될 가능성이 희박하다(단, 부수적인 폐물(Scrap)로 판매하는 경우는 제외한다).

2. 다음은 생산용식물이 아니다.
(1) 수확물로 수확하기 위해 재배하는 식물(예 목재로 사용하기 위해 재배하는 나무)
(2) 부수적인 폐물 판매가 아닌, 수확물로도 식물을 수확하고 판매할 가능성이 희박하지 않은 경우 수확물을 생산하기 위해 재배하는 식물(예 과일과 목재 모두를 얻기 위해 재배하는 나무)
(3) 한해살이 작물(예 옥수수와 밀)

27 **1. 당기순이익에 미치는 영향:**
(₩95,000 - ₩100,000) × 10마리 + ₩3,000 × 100리터 + (₩5,000 - ₩3,000) × 100리터 + (₩100,000 - ₩105,000) × 10마리 + (₩100,000 - ₩95,000) × 10마리 = ₩450,000

2. 20×0년 말 재무상태표의 생물자산(젖소) 금액: ₩105,000 × 10마리 = ₩1,050,000

3. 회계처리

20×1년 6월	(차) 생물자산(젖소)	950,000	(대) 현금	1,000,000
	생물자산평가손실	50,000		
20×1년 중	(차) 수확물(우유)	300,000	(대) 수확물평가이익	300,000
	(차) 현금	500,000	(대) 매출	500,000
	(차) 매출원가	300,000	(대) 수확물(우유)	300,000
20×1년 12월 말	N/A			

정답 24 ① 25 ④ 26 ⑤ 27 ②

28 **1. 순실현가능가치는 통상적인 영업과정에서 재고자산의 판매를 통해 실현할 것으로 기대하는 순매각금액을 말한다. 공정가치는 측정일에 재고자산의 주된(또는 가장 유리한) 시장에서 시장참여자 사이에 일어날 수 있는 그 재고자산을 판매하는 정상거래의 가격을 반영한다. 전자는 기업특유가치이지만, 후자는 그러하지 아니하다. 재고자산의 순실현가능가치는 순공정가치와 일치하지 않을 수도 있다.**

2. 재고자산 기준서는 다음 경우에 해당하는 재고자산의 측정에는 적용하지 않는다.

(1) 생산자가 해당 산업의 합리적인 관행에 따라 순실현가능가치로 측정하는 농림어업과 삼림 제품, 수확한 농림어업 제품 및 광물자원과 광업 제품. 이 경우 순실현가능가치의 변동분은 변동이 발생한 기간의 손익으로 인식한다.

(2) 순공정가치(공정가치에서 매각부대원가를 차감한 금액)로 측정한 일반상품 중개기업의 재고자산. 이 경우 순공정가치의 변동분은 변동이 발생한 기간의 손익으로 인식한다.

29 1. 20×1년

① 재무상태표에 표시할 기말재고: 실제수량 × Min[취득원가, NRV] = 400개 × ₩250 = ₩100,000

② 감모손실: (장부수량 - 실제수량) × 취득원가 = (450개 - 400개) × ₩300 = ₩15,000

③ 비정상감모손실: ₩300 × 30개 = ₩9,000

④ 정상감모손실: ₩300 × 20개 = ₩6,000

⑤ 재고자산평가손실: 실제수량 × (취득원가 - Min[취득원가, NRV]) = 400개 × (₩300 - ₩250) = ₩20,000

2. 20×1년 매출원가: ₩100,000 + ₩500,000 - ₩100,000 - ₩9,000 = ₩491,000

3. 20×1년

상품

기초재고	₩100,000	판매된 부분	₩465,000	
당기순매입	₩500,000	재고자산평가손실	₩20,000	➡ 매출원가
		정상감모손실	₩6,000	
		비정상감모손실	₩9,000	➡ 기타비용
		기말상품	₩100,000	
판매가능재고	₩600,000		₩600,000	

4. 20×2년

① 재무상태표에 표시할 기말재고: 실제수량 × Min[취득원가, NRV] = 625개 × ₩330 = ₩206,250

② 감모손실: (장부수량 - 실제수량) × 취득원가 = (650개 - 625개) × ₩350 = ₩8,750

③ 비정상감모손실: ₩350 × 15개 = ₩5,250

④ 정상감모손실: ₩350 × 10개 = ₩3,500

⑤ 재고자산평가손실환입: 기말재고자산평가충당금 - 기초재고자산평가충당금 = ₩(7,500)

(1) 기말재고자산평가충당금: 625개 × (₩350 - ₩330) = ₩12,500

(2) 기초재고자산평가충당금: ₩20,000

5. 20×2년 매출원가: ₩100,000 + ₩600,000 - ₩206,250 - ₩5,250 = ₩488,500

6. 20×2년

상품

기초재고	₩100,000	판매된 부분	₩492,500	
당기순매입	₩600,000	재고자산평가손실환입	₩(7,500)	➡ 매출원가
		정상감모손실	₩3,500	
		비정상감모손실	₩5,250	➡ 기타비용
		기말상품	₩206,250	
판매가능재고	₩700,000		₩700,000	

정답 28 ② 29 ②

30 1. 당기순이익에 미치는 영향:

₩300,000 - ₩20,000 + (₩200,000 - ₩150,000) - ₩10,000 - ₩10,000 + ₩100,000 = ₩410,000 증가

2. 회계처리

일자	차변	금액	대변	금액
20×1년 1월 1일	(차) 생산용 식물(사과나무)	100,000	(대) 현금	100,000
20×1년 9월	(차) 수확물(사과)	300,000[1]	(대) 수확물평가이익	300,000
	(차) 비용	20,000[2]	(대) 현금	20,000
20×1년 10월	(차) 현금	200,000	(대) 매출	200,000
	(차) 매출원가	150,000	(대) 수확물(사과)	150,000
	(차) 판매비	10,000	(대) 현금	10,000
20×1년 12월 말	(차) 감가상각비	10,000	(대) 생산용 식물(사과나무)	10,000
	(차) 생물자산(사과)	100,000[3]	(대) 생물자산평가이익	100,000

[1] 10박스 × ₩30,000 = ₩300,000

[2] 매각부대원가에는 중개인이나 판매자에게 지급하는 중개수수료, 감독기구와 일반상품 거래소의 부과금, 양도세 등과 같이 매각하기 위해 반드시 발생하지만 매각하지 않는 경우에는 발생하지 않는 원가를 포함하라고 규정하고 있다. 문제의 수확비용은 매각하지 않은 경우에 발생하는 원가이므로 당기비용으로 회계처리한다.

[3] 생산용 식물에서 자라는 생산물은 생물자산이므로 순공정가치로 평가한다.

정답 30 ②

고급문제 정답 및 해설

01 1. 기초재고: 100개 × ₩200 - ₩3,000 = ₩17,000

2. 당기매입액: 200개 × ₩200 + 200개 × ₩300 = ₩100,000(9월 1일 매입계약의 경우 도착지 인도조건으로 12월 31일에 운송 중이므로 매입액에 포함하지 않아야 함)

3. 실제수량: 300개(실사수량) - 200개 × 80%(수탁재고) + 20개(위탁재고) = 160개

4. 장부상 단가: (100개 × ₩200 + 200개 × ₩200 + 200개 × ₩300) ÷ 500개 = ₩240

5. 재고자산감모손실: (200개 - 30개 - 160개) × ₩240 = ₩2,400

6. 재고자산평가손실: 160개 × (₩240 - ₩200) - ₩3,000 = ₩3,400

7. 재무상태표에 표시될 기말재고: 160개 × Min[₩240, ₩200] = ₩32,000

8. 매출원가: ₩17,000 + ₩100,000 - ₩32,000 = ₩85,000

02

구분	기말재고액	매입채무
수정 전 금액	₩1,000,000	₩1,000,000
(1) 미판매 적송품[1]	₩100,000	-
(2) 구매의사 미표시 시송품[2]	₩180,000	-
(3) 미선적 상품	-	-
(4) 담보제공 상품(타처보관)	₩200,000	-
(5) 재매입약정	₩100,000	-
(6) 도착지인도조건 판매	₩240,000	-
(7) 선적지인도조건 매입	₩100,000	₩100,000
수정 후 금액	₩1,920,000	₩1,100,000

[1] ₩300,000 × 50% ÷ 1.5 = ₩100,000

[2] ₩600,000 × 60% × 50% ₩180,000

03 1. 원재료

원재료

기초	₩0	재공품, 제품	₩40,000
매입	₩70,000	평가손실[1]	₩4,500
		감모손실[2]	₩3,000
		기말	₩22,500
계	₩70,000	계	₩70,000

[1] 평가손실: 900개 × (₩30 - ₩25) = ₩4,500

[2] 감모손실: (1,000개 - 900개) × ₩30 = ₩3,000

2. 재공품 및 제품

재공품 및 제품

기초	₩0	매출원가	₩0
원재료	₩40,000		
직접노무원가	₩60,000		
고정제조간접비[1]	₩32,000	기말	₩132,000
계	₩132,000	계	₩132,000

[1] 재료원가, 노무원가 및 기타제조원가 중 비정상적으로 낭비된 부분은 재고자산의 취득원가에 포함하지 않는다.
∴ ₩40,000 × (4,000개/5,000개) = ₩32,000

3. 단위당 제조원가: ₩132,000 ÷ 4,000개(실제조업도) = ₩33

4. 당기비용: ₩4,500(평가손실) + ₩3,000(감모손실) + ₩8,000(비정상적 낭비) = ₩15,500

정답 01 ④ 02 ① 03 ④

04

상품(원가)

차변		대변	
기초재고	x	매출원가	₩525,000
순매입	₩630,000		
		기말재고	x + ₩105,000
	x + ₩630,000		x + ₩630,000

상품(매가)

차변		대변	
기초재고	₩120,000	매출액	₩700,000
순매입	₩800,000	종업원할인	₩50,000
순인상	₩80,000		
		기말재고	₩250,000
	₩1,000,000		₩1,000,000

1. 기말재고(매가): ₩250,000

2. 기말재고(원가) = 기말재고(매가) × 원가율

$$x + ₩105,000 = ₩250,000 \times \frac{x + ₩630,000}{₩1,000,000}$$

∴ 기초재고자산(x) = ₩70,000

05 순공정가치로 측정하는 생물자산과 관련된 정부보조금에 다른 조건이 없는 경우에는 이를 수취할 수 있게 되는 시점에만 당기손익으로 인식한다. 그러나 기업이 특정 농림어업활동에 종사하지 못하게 요구하는 경우를 포함하여 순공정가치로 측정하는 생물자산과 관련된 정부보조금에 부수되는 조건이 있는 경우에는 그 조건을 충족하는 시점에만 당기손익으로 인식한다.

06 1. 재무상태표에 표시할 기말재고: 실제수량 × Min[취득원가, NRV]
10단위 × ₩1,000 + 20단위 × ₩900 + 70단위 × ₩1,900 = ₩161,000

2. 감모손실: (장부수량 - 실제수량) × 취득원가
20단위 × ₩1,000 + 30단위 × ₩2,000 = ₩80,000

3. 정상감모손실: ₩80,000 × 70% = ₩56,000

4. 비정상감모손실: ₩80,000 × 30% = ₩24,000

5. 재고자산평가손실: 실제수량 × (취득원가 - Min[취득원가, NRV])
20단위 × ₩100 + 70단위 × ₩100 = ₩9,000

6. 순매입액: 200단위 × ₩1,000 + 200단위 × ₩2,000 = ₩600,000

재고자산

차변		대변		
기초재고	₩0	판매된 부분	₩350,000	⮕ 매출원가
당기순매입	₩600,000	재고자산평가손실	₩9,000	⮕ 매출원가
		재고자산감모손실(정상)	₩56,000	⮕ 매출원가
		재고자산감모손실(비정상)	₩24,000	⮕ 기타비용
		기말재고	₩161,000	
판매가능재고	₩600,000		₩600,000	

7. 매출원가: ₩350,000 + ₩9,000 + ₩56,000 = ₩415,000

정답 04 ① 05 ⑤ 06 ③

07 1. 20×1년 재무상태표상 기말재고자산

항목	① 장부금액	② 순실현가능가치	항목별기준 기말재고자산 Min[①, ②]	조별기준 기말재고자산 Min[①, ②]
A1	110개 × ₩800 = ₩88,000	110개 × ₩700 = ₩77,000	₩77,000	
A2	200개 × ₩1,000 = ₩200,000	200개 × ₩950 = ₩190,000	₩190,000	
소계	₩288,000	₩267,000		₩267,000
B1	280개 × ₩900 = ₩252,000	280개 × ₩800 = ₩224,000	₩224,000	
B2	300개 × ₩1,050 = ₩315,000	300개 × ₩1,150 = ₩345,000	₩315,000	
소계	₩567,000	₩569,000		₩567,000
합계			₩806,000	₩834,000

2. 항목별기준 매출원가: 기초재고자산 + 당기순매입액 - 기말재고자산
₩855,000 + ₩7,500,000 - ₩806,000 = ₩7,549,000

3. 조별기준 매출원가: 기초재고자산 + 당기순매입액 - 기말재고자산
₩855,000 + ₩7,500,000 - ₩834,000 = ₩7,521,000

4. 재고자산을 순실현가능가치로 감액하는 저가법은 항목별로 적용한다. 그러나 경우에 따라서는 서로 비슷하거나 관련된 항목들을 통합하여 적용하는 것(조별기준)이 적절할 수 있다. 이러한 경우로는 재고자산 항목이 비슷한 목적 또는 최종 용도를 갖는 같은 제품군과 관련되고, 같은 지역에서 생산되어 판매되며, 실무적으로 그 제품군에 속하는 다른 항목과 구분하여 평가할 수 없는 경우를 들 수 있다. 그러나 재고자산의 분류(예 완제품)나 특정 영업부문에 속하는 모든 재고자산에 기초(총계기준)하여 저가법을 적용하는 것은 적절하지 않다.

08 1. 부채비율의 변화
(1) 전년도 기말재고자산은 ₩200 과대평가
① 수정 전 부채비율: ₩3,000/₩3,000 = 100%
② 수정 후 부채비율: ₩3,000/₩3,000 = 100%
∴ 부채비율 불변
(2) 재매입약정은 매출을 인식하지 아니하고 차입금으로 보고해야 한다.
① 수정 전 부채비율: ₩3,000/₩3,000 = 100%
② 수정 후 부채비율: (₩3,000 + ₩500)/(₩3,000 - ₩500 + ₩300) = 125%
∴ 부채비율 증가

2. 회계처리

가)

20×1년 말	(차) 이익잉여금	200	(대) 매출원가	200

나)

20×1년 말	(차) 매출	500	(대) 차입금	500
	(차) 상품	300	(대) 매출원가	300

정답 07 ① 08 ②

09 1. 당기순이익에 미치는 영향

(₩5,000,000 - ₩5,200,000) × 5마리 + ₩10,000 × 1,000리터 + (₩9,000 - ₩10,000) × 500리터 + (₩5,100,000 - ₩5,000,000) × 5마리 = ₩9,000,000 증가

2. 회계처리

20×1년 초	(차) 생물자산(젖소)	25,000,000	(대) 현금	26,000,000
	생물자산평가손실	1,000,000		
20×1년 12월 25일	(차) 수확물(우유)	10,000,000	(대) 수확물평가이익	10,000,000
20×1년 12월 27일	(차) 현금	4,500,000	(대) 매출	4,500,000
	(차) 매출원가	5,000,000	(대) 수확물(우유)	5,000,000
20×1년 말	(차) 생물자산(젖소)	500,000	(대) 생물자산평가이익	500,000

정답 09 ①

☀ 객관식 문제풀이에 앞서 각 장의 주요 주제별 중요도를 파악해볼 수 있습니다.
☀ 시험 대비를 위해 꼭 풀어보아야 하는 필수문제를 정리하여 효율적으로 학습할 수 있습니다.

1. 출제경향

주요 주제	중요도
1. 이론형 문제	★★★
2. 교환거래	★★★★
3. 복구원가	★★★★
4. 정부보조금	★★★★
5. 감가상각	★★
6. 원가모형의 손상	★★★
7. 재평가모형	★★★★★
8. 재평가모형의 손상	★★★
9. 차입원가의 자본화	★★★★★

2. 필수문제 리스트

구분		필수문제 번호
회계사	기본문제	1, 2, 4, 5, 7, 9, 10, 11, 12, 13, 14, 15, 16, 17, 18, 20, 21, 22, 23, 24, 26, 27, 28, 30, 31, 32
	고급문제	1, 2, 5, 7, 9, 11, 12, 13, 14, 15, 16
세무사	기본문제	1, 2, 4, 5, 7, 9, 10, 11, 12, 13, 14, 15, 16, 17, 18, 20, 21, 22, 23, 24, 26, 27, 28, 30, 31, 32
	고급문제	2, 3, 8, 11, 12

Chapter 6

유형자산

- 기본문제
- 고급문제
- 정답 및 해설

기본문제

01 유형자산의 최초원가와 관련된 설명 중 옳지 않은 것은?

① 안전 또는 환경상의 이유로 취득하는 유형자산은 해당 자산의 직접적인 미래경제적효익을 기대할 수 없으므로 취득 관련 원가가 발생하는 시점에서 전액 비용으로 인식한다.

② 인식기준을 적용할 때 기업의 특수한 상황을 고려하여야 한다. 금형, 공구 및 틀 등과 같이 개별적으로 경미한 항목은 통합하여 그 전체가치에 대하여 인식기준을 적용하는 것이 적절하다.

③ 유형자산의 원가는 인식시점의 현금가격상당액이다. 대금지급이 일반적인 신용기간을 초과하여 이연되는 경우, 현금가격상당액과 실제 총지급액과의 차액은 자본화하지 않는 한 신용기간에 걸쳐 이자로 인식한다.

④ 유형자산은 재화나 용역의 생산이나 제공, 타인에 대한 임대 또는 관리활동에 사용할 목적으로 보유하는 물리적 형태가 있는 자산으로서 한 회계기간을 초과하여 사용할 것이 예상되는 자산을 말하며 자산을 취득하기 위하여 자산의 취득시점이나 건설시점에서 지급한 현금 또는 현금성자산이나 제공한 기타 대가의 공정가치로 측정하는 것이 일반적이다.

⑤ 유형자산과 관련된 모든 원가는 그 발생시점에 인식원칙을 적용하여 평가한다. 이러한 원가에는 유형자산을 매입하거나 건설할 때 최초로 발생하는 원가뿐만 아니라 후속적으로 증설, 대체 또는 수선 · 유지와 관련하여 발생하는 원가를 포함한다.

02 유형자산의 원가와 관련된 회계처리 중 옳은 것은? [2015 세무사 1차]

① 안전 또는 환경상의 이유로 취득하는 유형자산은 당해 유형자산을 취득하지 않았을 경우보다 관련 자산으로부터 미래경제적효익을 더 많이 얻을 수 있게 해주기 때문에 자산으로 인식할 수 있다.

② 특정기간 동안 재고자산을 생산하기 위해 유형자산을 사용한 결과로 동 기간에 발생한 그 유형자산을 해체, 제거하거나 부지를 복구할 의무의 원가는 유형자산의 원가에 포함한다.

③ 유형자산을 사용하거나 이전하는 과정에서 발생하는 원가는 당해 유형자산의 장부금액에 포함하여 인식한다.

④ 자가건설에 따른 내부이익과 자가건설 과정에서 원재료, 인력 및 기타 자원의 낭비로 인한 비정상적인 원가는 자산의 원가에 포함한다.

⑤ 대금지급이 일반적인 신용기간을 초과하여 이연되는 경우, 현금가격상당액과 실제 총지급액과의 차액은 자본화하지 않아도 유형자산의 원가에 포함한다.

03 ㈜대한은 철강제조공장을 신축하기 위하여 토지를 취득하였는데 이 토지에는 철거예정인 창고가 있었다. 다음 자료를 고려하여 토지의 취득원가를 계산하면 얼마인가? [2014 세무사 1차]

• 토지 취득가격	₩700,000
• 토지 취득세 및 등기비용	₩50,000
• 토지 중개수수료	₩10,000
• 공장신축 전 토지를 임시주차장으로 운영함에 따른 수입	₩40,000
• 창고 철거비용	₩30,000
• 창고 철거 시 발생한 폐자재 처분수입	₩20,000
• 영구적으로 사용가능한 하수도 공사비	₩15,000
• 토지의 구획정리비용	₩10,000

① ₩775,000　② ₩780,000　③ ₩795,000
④ ₩815,000　⑤ ₩835,000

04 ㈜세무와 ㈜한국은 다음과 같은 기계장치를 서로 교환하였다. 교환과정에서 ㈜세무는 ㈜한국에게 현금 ₩20,000을 지급하였다.

구분	㈜세무	㈜한국
취득원가	₩500,000	₩350,000
감가상각누계액	₩220,000	₩20,000
공정가치	₩270,000	₩300,000

동 거래에 관한 설명으로 옳은 것은? [2019 세무사 1차]

① 교환거래에 상업적 실질이 있으며, 각 기계장치의 공정가치가 신뢰성 있게 측정된 금액이라면 ㈜세무가 교환취득한 기계장치의 취득원가는 ₩300,000이다.
② 교환거래에 상업적 실질이 있으며, 각 기계장치의 공정가치가 신뢰성 있게 측정된 금액이라면 ㈜한국이 교환취득한 기계장치의 취득원가는 ₩290,000이다.
③ 교환거래에 상업적 실질이 있으며, ㈜세무가 사용하던 기계장치의 공정가치가 명백하지 않을 경우 ㈜세무가 교환취득한 기계장치의 취득원가는 ₩280,000이다.
④ 교환거래에 상업적 실질이 없으면 ㈜세무만 손실을 인식한다.
⑤ 교환거래에 상업적 실질이 있으며, 각 기계장치의 공정가치가 신뢰성 있게 측정된 금액이라면 ㈜세무와 ㈜한국 모두 손실을 인식한다.

05 ㈜대전은 사용 중인 기계장치 A(장부금액 ₩600,000, 공정가치 ₩300,000)를 ㈜세종의 기계장치 B(장부금액 ₩700,000, 공정가치 ₩500,000)와 교환하면서, 공정가치 차액에 대하여 현금 ₩200,000을 지급하였다. 해당 교환거래에 대한 설명으로 옳지 않은 것은?

[2013 세무사 1차]

① 상업적 실질이 존재하는 경우, ㈜대전이 인식할 기계장치 B의 취득원가는 ₩500,000이다.
② 상업적 실질이 결여된 경우, ㈜대전이 인식할 기계장치 B의 취득원가는 ₩800,000이다.
③ 상업적 실질이 존재하는 경우, ㈜세종이 인식할 기계장치 A의 취득원가는 ₩300,000이다.
④ 상업적 실질이 결여된 경우, ㈜세종이 인식할 기계장치 A의 취득원가는 ₩700,000이다.
⑤ 상업적 실질이 결여된 경우, ㈜대전과 ㈜세종은 모두 교환과 관련된 손익을 인식하지 않는다.

06 20×1년 1월 1일 ㈜대한은 ㈜민주로부터 축사를 구입하면서 5년 동안 매년 말 ₩100,000씩 지급하기로 했다. ㈜대한의 내재이자율 및 복구충당부채의 할인율은 연 10%이다. 축사의 내용연수는 5년이고 잔존가치는 없으며 정액법으로 감가상각한다. 축사는 내용연수 종료 후 주변 환경을 원상회복하는 조건으로 허가받아 취득한 것이며, 내용연수 종료시점의 원상회복비용은 ₩20,000으로 추정된다. ㈜대한은 축사의 내용연수 종료와 동시에 원상회복을 위한 복구공사를 하였으며, 복구비용으로 ₩17,000을 지출하였다.

[현가계수표]

할인율 / 기간	단일금액 ₩1의 현재가치	정상연금 ₩1의 현재가치
	10%	10%
5년	0.6209	3.7908

위의 거래에 대하여 옳지 않은 설명은? 필요시 소수점 첫째 자리에서 반올림하고, 단수 차이로 오차가 있는 경우 ₩10 이내의 차이는 무시한다.

[2017 공인회계사 1차]

① 축사의 취득원가는 ₩391,498이다.
② 축사의 20×1년 감가상각비는 ₩78,300이다.
③ 축사의 20×2년 복구충당부채 증가액은 ₩1,366이다.
④ 축사의 20×3년 말 복구충당부채 장부금액은 ₩16,529이다.
⑤ 축사의 20×5년 복구공사손실은 ₩3,000이다.

07 ㈜대한은 20×1년 초 해양구조물을 ₩974,607에 취득하여 20×3년 말까지 사용한다. ㈜대한은 관련 법률에 따라 사용 종료시점에 해양구조물을 철거 및 원상복구하여야 한다. 20×3년 말 철거 및 원상복구시점에서 ₩300,000이 지출될 것으로 예상되며, 이는 인플레이션, 시장위험프리미엄 등을 고려한 금액이다. ㈜대한의 신용위험 등을 고려하여 산출된 할인율은 10%이며, ㈜대한은 해양구조물을 연수합계법(내용연수 3년, 잔존가치 ₩0)으로 감가상각한다. ㈜대한은 20×3년 말에 이 해양구조물을 철거하였으며, 총 ₩314,000의 철거 및 원상복구비용이 발생되었다. ㈜대한이 해양구조물과 관련한 비용을 자본화하지 않는다고 할 때, 20×3년도 포괄손익계산서에 계상할 비용총액은 얼마인가? (단, 10%의 단일금액 현가계수(3년)는 0.75131이다. 계산금액은 소수점 첫째 자리에서 반올림하며, 이 경우 단수차이로 인해 약간의 오차가 있으면 가장 근사치를 선택한다) [2011 세무사 1차 수정]

① ₩300,275 ② ₩314,275 ③ ₩418,275
④ ₩427,275 ⑤ ₩241,275

08 정부보조금의 회계처리에 관한 설명으로 옳지 않은 것은? [2016 세무사 1차]

① 정부보조금에 부수되는 조건의 준수와 보조금 수취에 대한 합리적인 확신이 있을 경우에만 정부보조금을 인식한다.
② 자산의 취득과 이와 관련된 보조금의 수취는 재무상태표에 보조금이 관련 자산에서 차감하여 표시되는지와 관계없이 현금흐름표에 별도 항목으로 표시한다.
③ 정부보조금을 인식하는 경우, 비상각자산과 관련된 정부보조금이 일정한 의무의 이행도 요구한다면 그 의무를 충족시키기 위한 원가를 부담하는 기간에 그 정부보조금을 당기손익으로 인식한다.
④ 정부보조금을 인식하는 경우, 수익관련보조금은 당기손익의 일부로 별도의 계정이나 기타수익과 같은 일반계정으로 표시한다. 대체적인 방법으로 관련 비용에서 보조금을 차감할 수도 있다.
⑤ 정부보조금을 인식한 후에 상환의무가 발생하면 회계정책의 변경으로 회계처리한다.

09 ㈜한국은 20×1년 1월 1일 기계장치를 ₩50,000,000에 취득(내용연수 5년, 잔존가치 ₩5,000,000)하고 연수합계법으로 감가상각한다. ㈜한국은 동 기계장치를 취득하면서 정부로부터 ₩9,000,000을 보조받아 기계장치 취득에 전액 사용하였으며, 이에 대한 상환의무는 없다. ㈜한국이 20×3년 12월 31일 동 기계장치를 ₩10,000,000에 처분하였다면, 유형자산처분손익은 얼마인가? (단, 원가모형을 적용하며, 기계장치의 장부금액을 결정할 때 취득원가에서 정부보조금을 차감하는 원가차감법을 사용한다) [2014 세무사 1차]

① ₩3,200,000 이익 ② ₩2,000,000 이익 ③ ₩0
④ ₩2,000,000 손실 ⑤ ₩2,200,000 손실

10 ㈜성서전자는 정부의 전략산업육성지침에 따라 기계장치 구입자금의 일부를 정부로부터 보조받았다. ㈜성서전자는 국고보조금 ₩20,000,000을 이용하여 20×1년 1월 1일에 취득원가 ₩100,000,000의 기계장치를 구입하였다. 정부보조금에 부수되는 조건은 이미 충족되었고 상환의무가 없으며 국고보조금은 기계장치 구입 당일에 수취하였다. 동 기계장치의 잔존가치는 없으며, 내용연수는 10년, 감가상각방법은 정액법으로 결정되었다. ㈜성서전자는 동 기계장치를 20×5년 12월 31일에 ₩35,000,000에 처분하였다. 다음 중 동 기계장치와 관련된 기록을 설명한 것으로 맞는 것은 어느 것인가? 단, 법인세효과는 고려하지 않는다.

[2011 공인회계사 1차]

① 자산관련정부보조금은 재무상태표에 이연수익으로 표시(이연수익법)하거나 자산의 장부금액을 결정할 때 차감하여 표시(원가차감법)하는 방법이 있는데 한국채택국제회계기준에서는 이연수익법을 허용하지 않고 있다.

② 이연수익법을 적용하면 20×1년 12월 31일 현재 재무상태표에 보고되는 유형자산의 순장부금액이 ₩90,000,000으로 원가차감법을 적용했을 때의 ₩72,000,000보다 크다.

③ 이연수익법과 원가차감법 모두 20×1년도 포괄손익계산서상 정부보조금수익은 ₩2,000,000이다.

④ 이연수익법을 적용하면 20×5년도 포괄손익계산서상 유형자산처분이익 ₩5,000,000이 당기손익에 반영되지만, 원가차감법을 적용하면 유형자산처분손실 ₩5,000,000이 당기손익에 반영된다.

⑤ 이연수익법과 원가차감법 모두 20×1년 12월 31일 현재 재무상태표에 동 거래와 관련하여 부채가 보고되지 않는다.

11 ㈜대한은 20×1년 1월 1일 정부로부터 자금을 전액 차입하여 기계장치를 ₩400,000에 구입하였다. 정부로부터 수령한 차입금은 20×4년 12월 31일에 일시 상환해야 하며, 매년 말 차입금의 연 3% 이자를 지급하는 조건이다. ㈜대한은 구입한 기계장치에 대해서 원가모형을 적용하며, 추정내용연수 4년, 잔존가치 ₩0, 정액법으로 감가상각한다. 20×1년 1월 1일 차입 시 ㈜대한에 적용되는 시장이자율은 연 8%이다. 정부로부터 수령한 차입금과 관련하여 ㈜대한의 20×1년 말 재무상태표상에 표시될 기계장치의 장부금액은 얼마인가? 단, 정부보조금은 자산의 취득원가에서 차감하는 원가(자산)차감법을 사용하여 표시한다. 단수차이로 인해 오차가 있다면 가장 근사치를 선택한다.

[2022 공인회계사 1차]

할인율 / 기간	8%	
	단일금액 ₩1의 현재가치	정상연금 ₩1의 현재가치
4년	0.7350	3.3121

① ₩242,309　② ₩244,309　③ ₩246,309　④ ₩248,309　⑤ ₩250,309

12 유형자산의 감가상각에 관한 설명으로 옳은 것은? [2021 세무사 1차]

① 감가상각이 완전히 이루어지기 전이라도 유형자산이 운휴 중이거나 적극적인 사용상태가 아니라면 상각방법과 관계없이 감가상각을 중단해야 한다.

② 유형자산의 잔존가치와 내용연수는 매 3년이나 5년마다 재검토하는 것으로 충분하다.

③ 유형자산의 전체원가에 비교하여 해당 원가가 유의적이지 않은 부분은 별도로 분리하여 감가상각할 수 없다.

④ 자산의 사용을 포함하는 활동에서 창출되는 수익에 기초한 감가상각방법은 적절하지 않다.

⑤ 유형자산의 공정가치가 장부금액을 초과하는 상황이 발생하면 감가상각액을 인식할 수 없다.

13 ㈜용암은 20×1년 10월 1일에 기계장치를 현금으로 구입하여 즉시 제품생산에 투입하였다. 취득시점에서 이 기계장치의 내용연수는 3년, 잔존가치는 ₩12,000으로 추정하였다. ㈜용암은 이 기계장치에 대해 원가모형을 적용하여 연수합계법으로 감가상각을 하고 있는데, 20×1년 말에 인식한 감가상각비는 ₩60,000이었다. 20×2년 12월 31일 기계장치의 장부금액은 얼마인가? 단, 감가상각비는 월할계산하며, 이 기계장치에 대한 취득시점 이후 자산손상은 없었다.

[2010 공인회계사 1차]

① ₩160,000
② ₩200,000
③ ₩212,000
④ ₩260,000
⑤ ₩272,000

14 ㈜대한은 20×1년 9월 1일 내용연수 5년의 기계장치를 취득하였다. 이 기계장치는 정률법을 사용하여 감가상각하며, 감가상각률은 36%이다. 20×2년도에 인식한 감가상각비는 ₩253,440이다. 20×3년도에 인식할 기계장치의 감가상각비는 얼마인가? 단, 계산 방식에 따라 단수차이로 인해 오차가 있는 경우, 가장 근사치를 선택한다. [2014 공인회계사 1차]

① ₩85,899
② ₩91,238
③ ₩102,005
④ ₩103,809
⑤ ₩162,202

15 유형자산의 회계처리에 관한 다음 설명 중 옳지 않은 것은? [2018 공인회계사 1차]

① 손상된 유형자산에 대해 제3자로부터 보상금을 받는 경우, 이 보상금은 수취한 시점에 당기손익으로 반영한다.
② 생산용식물은 유형자산으로 회계처리하지만, 생산용식물에서 자라는 생산물은 생물자산으로 회계처리한다.
③ 유형자산을 다른 비화폐성자산과 교환하여 취득하는 경우, 교환 거래에 상업적 실질이 결여되었다면 취득한 유형자산의 원가를 제공한 자산의 장부금액으로 측정한다.
④ 유형자산의 제거로 인하여 발생하는 손익은 순매각금액과 장부금액의 차이로 결정한다.
⑤ 유형자산의 감가상각방법과 잔존가치 및 내용연수는 적어도 매 회계연도 말에 재검토한다.

16 유형자산의 회계처리에 관한 설명으로 옳지 않은 것은? [2018 세무사 1차 수정]

① 토지의 원가에 해체, 제거 및 복구원가가 포함된 경우에는 그러한 원가를 관련 경제적 효익이 유입되는 기간에 감가상각한다.
② 사용정도에 따라 감가상각하는 경우가 아니라면, 감가상각은 자산이 매각예정자산으로 분류되는 날과 제거되는 날 중 이른 날에 중단한다.
③ 손상, 소실 또는 포기된 유형자산에 대해 제3자로부터 받을 보상금은 취득시점의 추정금액을 취득원가에 조정한다.
④ 유형자산의 장부금액은 처분하는 때 또는 사용이나 처분을 통하여 미래경제적효익이 기대되지 않을 때 제거한다.
⑤ 감가상각방법, 내용연수, 잔존가치의 변경은 회계추정치의 변경으로 회계처리한다.

17 ㈜국세는 20×1년 1월 1일에 기계장치를 ₩1,000,000에 취득하여 제품생산에 사용하였다. 동 기계장치의 내용연수는 5년, 잔존가치는 ₩0이며, 정액법으로 감가상각한다. ㈜국세는 20×1년 말 동 기계장치의 순공정가치가 ₩500,000, 사용가치가 ₩600,000임을 확인하고 기계장치에 대하여 손상차손을 인식하였다. 20×2년도에는 추가적인 자산손상이나 손상차손환입을 시사하는 징후가 나타나지 않았다. 그러나 20×3년 말에는 기계장치의 회수가능액이 ₩700,000으로 상승하였다. ㈜국세가 기계장치와 관련하여 20×3년도에 인식할 손상차손환입액은 얼마인가? (단, ㈜국세는 기계장치에 대하여 원가모형을 선택하고 있으며, 손상차손과 손상차손환입은 감가상각 후에 인식된다고 가정한다) [2010 세무사 1차]

① ₩100,000 ② ₩200,000 ③ ₩250,000
④ ₩300,000 ⑤ ₩400,000

18 ㈜국세는 20×1년 1월 1일 기계장치를 ₩2,000,000에 취득(내용연수 5년, 잔존가치는 ₩0)하였다. 동 기계장치는 원가모형을 적용하며 정액법으로 감가상각한다. 매 회계연도 말 기계장치에 대한 회수가능액은 다음과 같으며 회수가능액 변동은 기계장치의 손상 또는 그 회복에 따른 것이다.

연도	20×1년 말	20×2년 말	20×3년 말	20×4년 말
회수가능액	₩1,600,000	₩900,000	₩600,000	₩1,000,000

20×4년도 말 재무상태표에 인식될 기계장치의 손상차손누계액은 얼마인가? [2014 세무사 1차]

① ₩0　② ₩100,000　③ ₩200,000
④ ₩300,000　⑤ ₩400,000

19 ㈜세무는 20×1년 1월 1일 기계장치(취득원가 ₩550,000, 잔존가치 ₩10,000, 내용연수 10년)를 취득하여 정액법으로 감가상각하고, 원가모형을 적용하고 있다. 20×2년 말 동 기계장치의 회수가능액이 ₩300,000으로 추정되어 손상을 인식하였다. 20×4년 말 동 기계장치의 회수가능액이 ₩340,000으로 회복되었다. 다음 설명 중 옳지 않은 것은? [2018 세무사 1차]

① 20×2년 말 장부금액은 ₩300,000이다.
② 20×2년에 인식하는 손상차손은 ₩142,000이다.
③ 20×3년에 인식하는 감가상각비는 ₩36,250이다.
④ 20×4년 말 감가상각누계액은 ₩180,500이다.
⑤ 20×4년에 인식하는 손상차손환입액은 ₩112,500이다.

20 ㈜국세는 20×2년 7월 1일에 토지(장부금액: ₩60,000)를 매각하면서 20×3년 6월 30일부터 20×5년 6월 30일까지 매년 6월 30일에 ₩40,000씩을 수령하기로 하였다. 20×2년 7월 1일 유효이자율이 연 10%일 때 동 토지매각과 관련하여 ㈜국세가 20×3년도 포괄손익계산서에 인식해야 할 이자수익은 얼마인가? (단, 현가계수는 아래의 표를 이용하며, 이자는 월할계산한다. 계산금액은 소수점 첫째 자리에서 반올림하며, 단수차이로 인한 오차가 있으면 가장 근사치를 선택한다) [2012 세무사 1차]

할인율 / 기간	기간 말 단일금액 ₩1의 현재가치	정상연금 ₩1의 현재가치
	10%	10%
1	0.90909	0.90909
2	0.82645	1.73554
3	0.75131	2.48685

① ₩6,000　② ₩6,942　③ ₩8,445
④ ₩9,947　⑤ ₩12,000

21 다음은 ㈜봉명이 20×1년 초에 취득한 토지에 관한 자료이다. ㈜봉명은 토지 취득 후에 재평가모형에 의해서 토지에 대한 회계처리를 한다. 토지의 취득원가와 각 보고기간 말 현재 토지의 공정가치는 아래와 같다.

구분	취득원가	각 보고기간 말 공정가치		
	20×1년 초	20×1년	20×2년	20×3년
토지	₩3,000	₩3,500	₩3,200	₩2,900

토지의 재평가와 관련하여 ㈜봉명이 20×3년도에 인식할 당기손실과 총포괄손실은 각각 얼마인가? 단, 법인세효과는 고려하지 않는다. [2010 공인회계사 1차]

	당기손실	총포괄손실		당기손실	총포괄손실
①	₩300	₩300	②	₩0	₩300
③	₩200	₩500	④	₩100	₩200
⑤	₩100	₩300			

22 ㈜통일은 20×1년 초 기계장치를 ₩5,000,000(내용연수 5년, 잔존가치 없음)에 취득하고 정액법으로 감가상각하고 있다. ㈜통일은 모든 유형자산을 재평가모형으로 측정하고 있으며, 20×1년 말, 20×2년 말 기계장치의 공정가치는 각각 ₩4,500,000과 ₩2,500,000이다. 자산의 사용에 따라 재평가잉여금을 이익잉여금으로 대체하는 경우와 대체하지 않는 경우 각각 20×2년도 당기손익에 미치는 영향은 얼마인가? 단, 법인세효과는 고려하지 않으며, 연도별 공정가치 변동은 중요한 것으로 가정한다.

	대체하는 경우	대체하지 않는 경우		대체하는 경우	대체하지 않는 경우
①	₩1,500,000	₩1,425,000	②	₩1,400,000	₩1,625,000
③	₩1,500,000	₩1,500,000	④	₩1,625,000	₩1,625,000
⑤	₩1,625,000	₩1,500,000			

23 ㈜대한은 20×1년 초 기계장치를 ₩1,000,000(내용연수 5년, 잔존가치 없음)에 취득하고 정액법으로 감가상각하고 있다. ㈜대한은 모든 유형자산을 재평가모형으로 측정하고 있으며, 20×1년 말, 20×2년 말 기계장치의 공정가치는 각각 ₩600,000과 ₩900,000이다. 자산의 사용에 따라 재평가잉여금을 이익잉여금으로 대체하지 않는 경우에 20×2년도 총포괄손익에 미치는 영향은 얼마인가? 단, 법인세효과는 고려하지 않으며, 연도별 공정가치 변동은 중요한 것으로 가정한다.

① ₩250,000 ② ₩280,000 ③ ₩300,000
④ ₩320,000 ⑤ ₩340,000

24 ㈜세무는 20×1년 1월 1일에 기계장치(내용연수 4년, 잔존가치 ₩0, 정액법 상각, 원가모형 적용)를 ₩240,000에 취득하여 기계장치가 정상적으로 작동되는지 여부를 시험한 후 즉시 사용하고 있다. 시험하는 과정에서 시운전비 ₩40,000이 발생하였고, 시험하는 과정에서 생산된 시제품은 시험 종료 후 즉시 전부 판매하고 ₩20,000을 현금으로 수취하였다. ㈜세무는 20×1년 7월 1일 동 기계장치를 재배치하기 위해 운반비 ₩50,000과 설치원가 ₩50,000을 추가 지출하였다. 20×1년 말 기계장치에 대한 순공정가치와 사용가치는 각각 ₩150,000과 ₩120,000으로 손상이 발생하였으며, 20×2년 말 순공정가치와 사용가치는 각각 ₩160,000과 ₩170,000으로 회복되었다. 위 거래와 관련하여 ㈜세무의 기계장치 회계처리에 관한 설명으로 옳은 것은? (단, 감가상각은 월할 계산한다) [2022 세무사 1차]

① 20×1년 손상차손은 ₩45,000이다.
② 20×1년 감가상각비는 ₩65,000이다.
③ 20×2년 감가상각비는 ₩40,000이다.
④ 20×2년 말 장부금액은 ₩140,000이다.
⑤ 20×2년 손상차손환입액은 ₩30,000이다.

25 ㈜브룩은 20×1년 1월 1일 기계장치를 ₩1,000,000에 취득하고 재평가모형을 적용하기로 하였다. 동 기계장치의 내용연수는 5년, 잔존가치는 ₩0이며 정액법으로 감가상각한다. 기계장치의 20×1년 말 공정가치는 ₩780,000이며, 20×2년 말 공정가치는 ₩650,000이다. 동 기계장치와 관련하여 20×2년도 포괄손익계산서상 당기순이익과 기타포괄이익에 미치는 영향은 각각 얼마인가? 단, 재평가잉여금은 이익잉여금으로 대체하지 않으며, 감가상각비 중 자본화한 금액은 없다. 또한 법인세효과는 고려하지 않는다. [2013 공인회계사 1차]

	당기순이익	기타포괄이익
①	₩195,000 감소	₩65,000 증가
②	₩180,000 감소	₩50,000 증가
③	₩175,000 감소	₩45,000 증가
④	₩20,000 증가	₩65,000 감소
⑤	영향 없음	₩65,000 증가

26 유형자산과 관련된 한국채택국제회계기준의 내용으로 다음 중 옳지 않은 것은?

① 유형자산에 대하여 재평가모형을 적용할 경우에 동일한 유형 내의 유형자산에 대해 모두 적용해야 한다.

② 유형자산의 재평가잉여금은 당해 유형자산이 제거될 때 처분손익에 가감한다.

③ 유형자산의 회수가능액이 장부금액에 미달하는 경우 손상차손을 인식하는데, 이때 회수가능액은 순공정가치와 사용가치 중 큰 금액이다.

④ 유형자산을 원가모형으로 평가한 경우, 손상차손을 인식한 유형자산의 회수가능액이 장부금액을 초과한다면, 그 초과액을 손상차손을 인식하지 않았을 경우의 장부금액을 한도로 당기이익으로 인식한다.

⑤ 재평가모형으로 평가된 유형자산의 손상차손은 재평가잉여금과 우선 상계 후 잔액은 당기손실로 인식한다.

27 차량운반구에 대해 재평가모형을 적용하고 있는 ㈜대한은 20×1년 1월 1일에 영업용으로 사용할 차량운반구를 ₩2,000,000(잔존가치: ₩200,000, 내용연수: 5년, 정액법 상각)에 취득하였다. 동 차량운반구의 20×1년 말 공정가치와 회수가능액은 각각 ₩1,800,000으로 동일하였으나, 20×2년 말 공정가치는 ₩1,300,000이고 회수가능액은 ₩1,100,000으로 자산손상이 발생하였다. 동 차량운반구와 관련하여 ㈜대한이 20×2년 포괄손익계산서에 당기비용으로 인식할 총금액은 얼마인가? 단, 차량운반구의 사용기간 동안 재평가잉여금을 이익잉여금으로 대체하지 않는다.

[2021 공인회계사 1차]

① ₩200,000　② ₩360,000　③ ₩400,000
④ ₩540,000　⑤ ₩600,000

28 차입원가 회계처리에 관한 설명으로 옳지 않은 것은? [2016 세무사 1차 수정]

① 일반적인 목적으로 차입한 자금을 적격자산 취득에 사용하였다면 관련 차입원가를 자본화하되, 동 차입금과 관련하여 자본화기간 내에 발생한 일시적 투자수익을 자본화가능차입원가에서 차감한다.

② 일반적인 목적으로 차입한 자금의 자본화가능차입원가를 결정할 때 적용되는 자본화이자율은 회계기간 동안 차입한 자금으로부터 발생된 차입원가를 가중평균하여 산정한다. 그러나 어떤 적격자산을 의도된 용도로 사용 가능하게 하는 데 필요한 대부분의 활동이 완료되기 전까지는, 그 적격자산을 취득하기 위해 특정 목적으로 차입한 자금에서 생기는 차입원가는 자본화이자율 산정에서 제외한다.

③ 적격자산과 관련하여 수취하는 정부보조금과 건설 등의 진행에 따라 수취하는 금액은 적격자산에 대한 지출액에서 차감한다.

④ 적격자산에 대한 적극적인 개발활동을 중단한 기간에는 차입원가의 자본화를 중단한다.

⑤ 적격자산을 의도된 용도로 사용하거나 판매가능한 상태에 이르게 하는 데 필요한 대부분의 활동이 완료된 시점에 차입원가의 자본화를 종료한다.

29 ㈜세무는 20×1년 7월 1일 공장건물 신축을 시작하여 20×2년 12월 31일에 공사를 완료하였다. 동 공장건물은 차입원가를 자본화하는 적격자산이다. 공장건물 신축을 위해 20×1년 7월 1일에 ₩12,000,000 그리고 20×2년에 ₩10,000,000을 각각 지출하였다. ㈜세무는 20×1년 7월 1일 공장건물 신축을 위한 특정차입금 ₩2,000,000(이자율 연 5%, 2년 후 일시 상환)을 차입하였다. ㈜세무는 특정차입금 중 ₩1,000,000을 연 2% 이자지급조건의 정기예금에 20×1년 8월 1일부터 20×1년 10월 31일까지 예치하였다. ㈜세무가 20×1년에 공정건물 신축과 관련하여 자본화한 차입원가는 ₩150,000일 때, 20×1년 일반차입금에 대한 자본화이자율은? (단, 특정차입금으로 사용되지 않은 지출액은 일반차입금으로 지출되었으며, 20×1년도에 일반차입금에서 발생한 실제차입원가는 ₩520,000이다. 연평균 지출액과 이자비용은 월할계산한다)

[2022 세무사 1차]

① 2% ② 3% ③ 4%
④ 5% ⑤ 6%

30 ㈜국세는 20×1년 1월 1일에 건물을 신축하기 시작하였으며, 동 건물은 차입원가 자본화의 적격자산에 해당된다. 총 건설비는 ₩200,000이며, 20×1년 1월 1일에 ₩100,000, 10월 1일에 ₩50,000, 그리고 20×2년 7월 1일에 ₩50,000을 각각 지출하였다. 동 건물은 20×2년 9월 30일에 완공될 예정이며, ㈜국세의 차입금 내역은 다음과 같다.

차입금	A	B	C
	₩30,000	₩50,000	₩100,000
차입일	20×1년 1월 1일	20×0년 1월 1일	20×1년 7월 1일
상환일	20×2년 9월 30일	20×2년 12월 31일	20×3년 6월 30일
이자율	연 8%	연 10%	연 6%

차입금 중 A는 동 건물의 취득을 위한 목적으로 특정하여 차입한 자금(특정차입금)이며, 나머지는 일반목적으로 차입하여 건물의 취득을 위하여 사용하는 자금(일반차입금)이다. 이자율은 모두 단리이며, 이자는 매년 말에 지급한다. 20×1년도에 자본화할 차입원가는 얼마인가? (단, 평균지출액과 이자는 월할계산한다)

[2012 세무사 1차]

① ₩2,400 ② ₩6,800 ③ ₩9,000
④ ₩11,400 ⑤ ₩15,600

31 ㈜대한은 20×1년 7월 1일에 차입원가 자본화 적격자산에 해당하는 본사 사옥 신축공사를 시작하였으며, 본 공사는 20×2년 9월 말에 완료될 것으로 예상된다. 동 공사와 관련하여 20×1년에 지출한 공사비는 다음과 같다.

일자	20×1. 7. 1.	20×1. 10. 1.	20×1. 12. 1.
지출액	₩500,000	₩600,000	₩1,200,000

㈜대한의 차입금 내역은 아래와 같다.

구분	차입금액	차입일	상환일	연 이자율
특정차입금	₩800,000	20×1. 7. 1.	20×3. 6. 30.	5%
일반차입금	₩1,000,000	20×1. 1. 1.	20×3. 12. 31.	?

모든 차입금은 매년 말 이자지급조건이며, 특정차입금 중 50%는 20×1년 9월 말까지 3개월간 연 3% 수익률을 제공하는 투자처에 일시적으로 투자하였다. ㈜대한이 동 공사와 관련하여 20×1년 말에 건설중인자산(유형자산)으로 ₩2,333,000을 보고하였다면, 일반차입금의 연 이자율은 몇 퍼센트(%)인가? 단, 연평균지출액, 이자수익 및 이자비용은 월할로 계산한다.

[2021 공인회계사 1차]

① 1.6% ② 3% ③ 5%
④ 8% ⑤ 10.5%

32 ㈜갑은 20×1년 초에 기계장치 제작을 개시하였으며, 동 기계장치는 차입원가를 자본화하는 적격자산이다. 기계장치는 20×2년 말에 완성될 예정이다. ㈜갑은 기계장치 제작을 위해 20×1년 초에 ₩60,000과 20×1년 7월 1일에 ₩40,000을 각각 지출하였다.

㈜갑의 차입금 내역은 다음과 같다.

차입금	차입일	차입금액	상환일	이자율	이자지급조건
A	20×1. 1. 1.	₩40,000	20×1. 12. 31.	8%	단리/매년 말 지급
B	20×1. 1. 1.	₩10,000	20×1. 12. 31.	12%	단리/매년 말 지급
C	20×1. 7. 1.	₩30,000	20×2. 6. 30.	10%	단리/매년 말 지급

이들 차입금 중에서 차입금 A는 기계장치 제작을 위한 특정차입금이다. 차입금 B와 C는 일반목적 차입금이다. 한편 ㈜갑은 20×1년 1월 1일에 ₩10,000의 정부보조금을 수령하여 이를 기계장치 제작에 사용하였다.

제작 중인 동 기계장치에 대하여 20×1년에 자본화할 차입원가는 얼마인가? 단, 정부보조금은 원가차감법으로 회계처리한다.

[2012 공인회계사 1차]

① ₩5,600 ② ₩5,700 ③ ₩5,900
④ ₩6,440 ⑤ ₩7,400

고급문제

01 ㈜대한은 20×1년 1월 1일에 장부금액이 ₩700,000인 기계장치를 ㈜민국의 기계장치(장부금액: ₩800,000, 공정가치: ₩900,000)와 교환하면서 현금 ₩50,000을 추가로 지급하였으며, 유형자산처분손실로 ₩100,000을 인식하였다. ㈜대한은 교환으로 취득한 기계장치와 관련하여 설치장소 준비원가 ₩50,000과 설치원가 ₩50,000을 20×1년 1월 1일에 지출하고 즉시 사용하였다. 한편, ㈜대한은 취득한 기계장치의 잔존가치와 내용연수를 각각 ₩50,000과 5년으로 추정하였으며, 정액법으로 감가상각한다. ㈜대한이 동 기계장치와 관련하여 20×1년 감가상각비로 인식할 금액은 얼마인가? 단, 동 자산의 교환은 상업적 실질이 있으며, ㈜대한의 기계장치 공정가치는 신뢰성 있게 측정가능하고 ㈜민국의 기계장치 공정가치보다 명백하다고 가정한다.

[2021 공인회계사 1차]

① ₩130,000 ② ₩140,000 ③ ₩160,000
④ ₩212,500 ⑤ ₩250,000

02 ㈜세무는 20×1년 7월 1일 관리부서에서 사용할 설비를 ₩1,000,000에 취득하였다. 동 설비는 복구의무가 있으며, 내용연수 종료 후 원상복구를 위해 지출할 복구비용은 ₩300,000으로 추정된다. ㈜세무는 동 설비에 대해 원가모형을 적용하고 있으며, 연수합계법(잔존가치 ₩200,000, 내용연수 4년)으로 감가상각한다. 동 설비와 관련하여 ㈜세무가 20×2년도 당기비용으로 인식할 금액은? (단, 현재가치에 적용할 할인율은 연 10%이며, 이후 할인율의 변동은 없다. 10%, 4기간 단일금액 ₩1의 현재가치는 0.6830이다. 계산금액은 소수점 첫째 자리에서 반올림하며, 감가상각비와 이자비용은 월할로 계산한다)

[2021 세무사 1차]

① ₩301,470 ② ₩322,985 ③ ₩351,715
④ ₩373,230 ⑤ ₩389,335

03 ㈜세무는 20×1년 초 친환경 영업용 차량(내용연수 5년, 잔존가치 ₩0)을 공정가치 ₩10,000,000에 취득하면서, 자산취득에 따른 정부보조금으로 ₩5,000,000을 수취하였다. 동 차량을 중도처분할 경우 내용연수 미사용 기간에 비례하여 정부보조금 잔액을 즉시 상환한다. 감가상각방법은 정액법(월할상각)을 적용하였으며, 20×3년도 7월 1일에 동 자산을 ₩4,000,000에 처분하였다. 자산관련 정부보조금의 표시방법으로 장부금액에서 차감 표시하는 방법을 사용할 때, 동 차량의 회계처리에 관한 설명으로 옳지 않은 것은? [2017 세무사 1차]

① 20×1년 말 차량의 장부금액은 ₩4,000,000이다.
② 20×2년 말 정부보조금 잔액은 ₩3,000,000이다.
③ 20×2년도의 동 차량과 관련하여 인식할 당기손익은 (−)₩2,000,000이다.
④ 20×3년 처분에 따른 유형자산처분이익은 ₩1,500,000이다.
⑤ 20×3년 정부보조금 상환금액은 ₩2,500,000이다.

04 ㈜대한은 20×1년 1월 1일 국가로부터 설비자산 취득목적으로 만기 5년(일시상환), 표시이자율 연 2%(매년 말 지급)로 ₩1,000,000을 차입하여 설비자산(내용연수 5년, 잔존가치 ₩0, 정액법 상각)을 구입하였다. 20×1년 1월 1일 설비자산 구입 당시 ㈜대한이 금전대차거래에서 부담해야 할 시장이자율은 연 10%이다. ㈜대한은 정부보조금을 자산의 취득원가에서 차감하는 원가(자산)차감법을 사용하여 회계처리하고 있다. ㈜대한이 설비자산과 관련하여 20×1년 포괄손익계산서에 인식할 당기비용은? 단, 20×1년에 발생한 비용 중 자본화된 금액은 없다. 10%의 현가계수는 아래 표와 같으며, 단수차이로 인해 오차가 있다면 가장 근사치를 선택한다.

[2018 공인회계사 1차]

기간	단일금액 ₩1의 현재가치	정상연금 ₩1의 현재가치
5년	0.6209	3.7908

① ₩139,343
② ₩169,671
③ ₩200,000
④ ₩209,015
⑤ ₩248,036

05 ㈜한국은 스마트폰을 제조 · 판매하는 중견벤처회사이다. ㈜한국은 현재 스마트폰 생산에 이용된 첨단기술을 활용하여 차세대 첨단로봇을 개발하는 연구를 진행하고 있다. ㈜한국은 로봇의 연구개발에 필요한 기계장치를 취득할 때 정부의 정책적 목적에 따라 구입자금의 일부를 보조받았다. ㈜한국은 정부보조금을 자산의 취득원가에서 차감하는 원가차감법을 사용한다. 아래의 자료를 기초로 하여 20×1년 12월 31일 현재 ㈜한국의 재무상태표상에 보고되는 기계장치의 장부금액 및 20×4년도에 취득한 특허권의 취득원가를 구하면 각각 얼마인가? 단, 동 기계장치는 연구개발활동이 종료된 이후에도 계속 사용된다고 가정한다. [2016 공인회계사 1차 수정]

(1) 기계장치의 취득원가는 ₩500,000이다. (취득일: 20×1년 1월 1일)
(2) 정부보조금은 ₩100,000이다. (20×1년 1월 1일에 상환의무가 없는 보조금 전액 수령)
(3) ㈜한국은 기계장치를 취득하면서 관련 법규에 따라 정부가 발행하는 현재가치 ₩40,000인 공채를 액면금액 ₩60,000에 의무적으로 매입하여 상각후원가측정금융자산으로 분류하였다.
(4) ㈜한국은 20×1년 12월 31일 차세대 첨단로봇의 연구활동이 종료되어 20×2년 1월 1일부터 개발단계가 시작되었다. 개발단계에서 지출된 금액 ₩50,000은 자산의 인식요건을 충족하여 이를 개발비로 계상하고 있다.
(5) ㈜한국은 20×2년 12월 31일 개발활동을 종료하였고 20×4년 4월 말에 동 첨단로봇의 제조기술 및 판매에 대해 개발활동의 산출물에서 특허권을 취득하였으며, 특허권 취득과 직접 관련하여 ₩20,000을 지출하였다.
(6) ㈜한국은 유형자산 및 무형자산의 상각방법으로 정액법을 사용하며, 추정내용연수는 5년, 추정잔존가치는 ₩0이다.

	기계장치의 장부금액	특허권의 취득원가
①	₩436,000	₩20,000
②	₩416,000	₩20,000
③	₩346,000	₩70,000
④	₩336,000	₩20,000
⑤	₩316,000	₩20,000

06 ㈜대한은 친환경회사로서 20×1년 1월 1일 기계설비를 취득하면서 최소 2년간 생산에 사용하는 조건으로 설비자금의 일부를 정부로부터 보조받았다. 해당 유형자산 취득 및 보조금의 정보는 다음과 같다.

구분	내용
취득원가	₩2,000
정부보조금	₩500
추정내용연수	5년
추정잔존가치	₩0
감가상각방법	정액법(월할상각)

20×3년 1월 1일 ㈜대한은 해당 기계설비를 현금 ₩400과 함께 제공하는 조건으로 ㈜민국의 토지와 교환하였다. ㈜대한은 수익성 악화로 교환을 결정했으며, 토지는 새로운 사업의 공장 부지로 사용될 예정이다. 교환시점에 해당 토지의 공정가치는 ₩1,400이다. 위 거래로 ㈜대한이 20×3년도 포괄손익계산서에 인식할 당기손익은? [2017 공인회계사 1차]

① ₩0　② ₩100 이익　③ ₩100 손실
④ ₩200 이익　⑤ ₩200 손실

07 ㈜송화는 20×0년 1월 1일에 기계장치를 ₩21,000,000에 취득하였다. 취득 당시 동 기계장치의 내용연수는 10년, 잔존가치는 ₩1,000,000, 감가상각방법은 정액법을 적용하였다. 그런데 20×6년 1월 1일에 동 기계장치를 당초의 내용연수보다 몇 년간 더 쓸 수 있음을 알고 내용연수 연장과 함께 감가상각방법을 연수합계법으로, 잔존가치를 ₩0으로 변경하였다. ㈜송화가 20×8년도에 동 기계장치에 대하여 ₩1,500,000의 감가상각비를 인식하였다면, 20×9년 1월 1일 현재 동 기계장치의 감가상각누계액 차감 후 장부금액은 얼마인가? (단, 위의 변경사항은 정당성이 입증되었으며, 법인세효과는 고려하지 않는다) [2011 공인회계사 1차]

① ₩250,000　② ₩2,500,000　③ ₩3,750,000
④ ₩5,250,000　⑤ ₩7,000,000

08 ㈜세무는 20×1년 1월 1일 기계장치를 ₩1,000,000(내용연수 5년, 잔존가치 ₩0, 정액법 감가상각, 원가모형적용)에 취득하여 제품생산에 사용하였다. 매 회계연도 말 기계장치에 대한 회수가능액은 다음과 같으며, 회수가능액 변동은 기계장치의 손상 또는 그 회복에 따른 것이다. 동 거래가 20×3년도 ㈜세무의 당기순이익에 미치는 영향은? [2016 세무사 1차]

구분	20×1년 말	20×2년 말	20×3년 말
회수가능액	₩700,000	₩420,000	₩580,000

① ₩120,000 감소　② ₩20,000 감소　③ ₩20,000 증가
④ ₩120,000 증가　⑤ ₩160,000 증가

09 ㈜한국은 20×5년 1월 1일에 기계장치 1대를 ₩300,000에 취득하여 생산에 사용하였다. 동 기계장치의 내용연수는 5년, 잔존가치는 ₩0이며, 정액법으로 감가상각한다. ㈜한국은 동 기계장치에 대하여 재평가모형을 적용하여 매년 말 감가상각 후 주기적으로 재평가하고 있다. 동 기계장치의 각 회계연도 말 공정가치는 다음과 같다.

구분	20×5년 말	20×6년 말	20×7년 말
공정가치	₩250,000	₩150,000	₩130,000

㈜한국이 위 거래와 관련하여 20×6년도에 인식할 재평가손실과 20×7년도에 인식할 재평가잉여금은 각각 얼마인가? 단, 손상차손은 고려하지 않으며, 재평가잉여금을 이익잉여금으로 대체하지 않는다. 또한 기존의 감가상각누계액 전부를 제거하는 방법을 적용한다.

[2015 공인회계사 1차]

	20×6년도 재평가손실	20×7년도 재평가잉여금
①	₩10,000	₩2,500
②	₩27,500	₩2,500
③	₩27,500	₩10,000
④	₩37,500	₩2,500
⑤	₩37,500	₩10,000

10 ㈜서락은 20×1년 1월 1일에 기계장치 1대(내용연수 10년, 잔존가치 ₩0, 정액법으로 감가상각)를 ₩40,000,000에 구입하였다. 동 기계장치를 이용하여 생산하는 제품에 대한 수요가 급증한 반면, 동일한 기계장치에 대한 공급이 제한되어 있어서 동 기계장치의 가치가 증가하였다. 20×3년 12월 31일 동 기계장치는 ₩35,000,000으로 재평가되었고, 20×6년 1월 1일에 ㈜서락은 공정개선으로 인하여 더 이상 필요가 없게 된 동 기계장치를 ₩28,000,000에 처분하였다. 다음 중 동 기계장치 처분시점에서의 기록과 관련한 사항으로 맞지 않는 것은 어느 것인가? (단, 동 기계장치와 관련하여 위의 자산재평가 이외에는 다른 자산재평가 또는 자산손상이 없고, 법인세효과는 고려하지 않는다) [2011 공인회계사 1차]

① 기계장치처분에 따른 유형자산처분이익 ₩3,000,000이 당기손익에 반영된다.
② ₩7,000,000의 자산재평가이익이 이익잉여금으로 대체되어 반영될 수 있다.
③ ₩5,000,000의 자산재평가이익이 이익잉여금으로 대체되어 반영될 수 있다.
④ ₩7,000,000의 자산재평가이익이 당기손익으로 대체되어 반영될 수 있다.
⑤ 처분된 기계장치와 관련한 감가상각누계액 ₩25,000,000이 제거되어 차변에 나타날 수 있다.

11 ㈜대한은 20×1년 초 기계장치를 ₩1,000,000(내용연수 5년, 잔존가치 없음)에 취득하고 정액법으로 감가상각하고 있다. ㈜대한은 모든 유형자산을 재평가모형으로 측정하고 있으며, 20×1년 말, 20×2년 말 기계장치의 공정가치는 각각 ₩900,000과 ₩500,000이다. ㈜대한은 자산의 사용에 따라 재평가잉여금을 이익잉여금으로 대체하고 있다. ㈜대한의 20×2년 말 기계장치의 감가상각누계액은 얼마인가? (단, ㈜대한은 자산 장부금액의 재평가와 일치하는 방식으로 자산의 총장부금액을 조정한다)

① ₩200,000 ② ₩225,000 ③ ₩333,333
④ ₩400,000 ⑤ ₩500,000

12 ㈜세무는 20×1년 1월 1일 소유하고 있는 장부금액 ₩1,000,000(공정가치 ₩900,000)인 기계장치를 ㈜대한이 소유하고 있는 기계장치와 교환하면서 ㈜대한의 기계장치와의 공정가치 차이 ₩100,000을 현금으로 수취하였다. 동 자산의 교환은 상업적 실질이 있다. ㈜세무는 ㈜대한과의 교환으로 취득하여 사용하고 있는 기계장치에 대해 내용연수 4년과 잔존가치 ₩0을 적용하여 정액법으로 상각하고 재평가모형(매년 말 평가)을 적용하고 있다. 재평가모형을 적용하여 장부금액을 조정할 때 기존의 감가상각누계액을 전부 제거하는 방법을 사용하며, 재평가잉여금을 이익잉여금으로 대체하지 않는다. 20×1년 말과 20×2년 말의 공정가치는 각각 ₩570,000과 ₩420,000이다. 위 거래가 ㈜세무의 20×2년 포괄손익계산서상 당기순이익에 미치는 영향은? (단, 감가상각은 월할계산하며 감가상각비 중 자본화한 금액은 없다) [2022 세무사 1차]

① ₩130,000 감소 ② ₩160,000 감소 ③ ₩190,000 감소
④ ₩220,000 감소 ⑤ ₩250,000 감소

13 ㈜대한은 20×1년 초 기계장치를 ₩1,000,000(내용연수 5년, 잔존가치 없음)에 취득하고 정액법으로 감가상각하고 있다. ㈜대한은 모든 유형자산을 재평가모형으로 측정하고 있다.

> (1) 20×1년 말 동 기계장치의 공정가치는 ₩840,000으로 평가되었고, 처분부대원가는 무시해도 될 정도로 판단되며, 사용가치는 ₩850,000으로 추정되었다.
> (2) 20×2년 말 동 기계장치의 공정가치는 ₩600,000으로 평가되었고, 처분부대원가는 ₩150,000이고 사용가치는 ₩480,000으로 추정되었다.
> (3) 20×3년 말 동 기계장치의 공정가치는 ₩500,000으로 평가되었고, 처분부대원가는 ₩80,000이고 사용가치는 ₩430,000으로 추정되었다.

㈜대한의 20×3년 포괄손익계산서의 당기손익에 미치는 영향을 계산하시오. (단, ㈜대한은 장부금액이 재평가금액과 일치하도록 총장부금액에서 기존의 감가상각누계액을 제거하는 방법을 사용하고 있으며, 재평가잉여금을 이익잉여금으로 대체하지 않고 있다)

① ₩(10,000) ② ₩(20,000) ③ ₩(30,000)
④ ₩(40,000) ⑤ ₩(50,000)

14 ㈜한국은 20×5년 5월 1일부터 공장건물 신축공사를 시작하여 20×6년 9월 30일에 완공하였다. 관련 자료는 다음과 같다.

구분	20×5. 5. 1.	20×5. 11. 1.	20×6. 1. 1.	20×6. 7. 1.
공사대금지출액	₩800,000	₩400,000	₩500,000	₩400,000

차입금 종류	차입금액	차입기간	연 이자율
특정차입금 A	₩700,000	20×5. 5. 1. ~ 20×6. 9. 30.	6%
일반차입금 B	₩300,000	20×5. 5. 1. ~ 20×6. 8. 31.	9%
일반차입금 C	₩400,000	20×5. 10. 1. ~ 20×6. 3. 31.	12%

특정차입금 A ₩700,000 중 ₩100,000을 20×5년에 5개월간 연 3% 투자수익률로 일시투자하였다. 20×5년도와 20×6년도의 일반차입금 자본화이자율은 연 10%로 동일하다. 20×5년도에 자본화할 차입원가와 20×6년도에 자본화할 차입원가는 각각 얼마인가? 단, 전기 이전에 자본화한 차입원가는 연평균지출액 계산 시 포함하지 아니한다. 또한 연평균지출액과 이자비용 등은 월할계산하며, 단수차이로 인해 오차가 있는 경우 가장 근사치를 선택한다.

[2015 공인회계사 1차 수정]

	20×5년도에 자본화할 차입원가	20×6년도에 자본화할 차입원가
①	₩44,250	₩61,500
②	₩44,250	₩116,500
③	₩45,500	₩126,500
④	₩56,750	₩61,500
⑤	₩56,750	₩116,500

15 ㈜대한은 건물(유형자산)에 대해서 원가모형을 선택하여 회계처리하고 있고 관련 자료는 다음과 같다.

(1) ㈜대한은 20×1년 초에 본사 건물(유형자산)을 ₩600,000에 취득하였으며, 내용연수는 6년, 잔존가치는 없고, 감가상각방법은 정액법을 사용한다.
(2) ㈜대한은 20×1년 말 보유중인 건물에 대해서 손상징후를 검토한 결과 손상징후가 존재하여 이를 회수가능액으로 감액하고 해당 건물에 대해서 손상차손을 인식하였다.
(3) 20×1년 말 건물을 처분하는 경우 처분금액은 ₩370,000, 처분부대원가는 ₩10,000이 발생할 것으로 추정되었다. 20×1년 말 건물을 계속 사용하는 경우 20×2년 말부터 내용연수 종료시점까지 매년 말 ₩80,000의 순현금유입이 있을 것으로 예상되며, 잔존가치는 없을 것으로 예상된다. 미래 순현금유입액의 현재가치 측정에 사용될 할인율은 연 8%이다.
(4) 20×2년 초 건물의 일상적인 수선 및 유지비용(수익적지출)과 관련하여 ₩20,000이 발생하였다.
(5) 20×2년 말 건물이 손상회복의 징후가 있는 것으로 판단되었고, 회수가능액은 ₩450,000으로 추정되고 있다.

기간 \ 할인율	8%	
	단일금액 ₩1의 현재가치	정상연금 ₩1의 현재가치
4년	0.7350	3.3121
5년	0.6806	3.9927

㈜대한의 건물 관련 회계처리가 20×2년도 포괄손익계산서의 당기순이익에 미치는 영향은 얼마인가? 단, 단수차이로 인해 오차가 있다면 가장 근사치를 선택한다. [2020 공인회계사 1차]

① ₩20,000 증가 ② ₩40,000 증가 ③ ₩80,000 증가
④ ₩92,000 증가 ⑤ ₩100,000 증가

16 ㈜대한은 20×1년 1월 1일에 기계장치(내용연수 5년, 잔존가치 ₩100,000, 정액법 사용)를 ₩1,500,000에 취득하였다. 해당 기계장치에 대해 매년 말 감가상각 후 재평가를 실시하고 있으며, 재평가모형 적용 시 감가상각누계액을 모두 제거하는 방법으로 장부금액을 조정하고 있다. ㈜대한은 20×2년 1월 1일에 기계장치의 성능향상을 위해 ₩300,000을 지출하였으며, 이로 인하여 잔존가치는 ₩20,000 증가하였고 잔존내용연수는 2년 연장되었다. 동 기계장치의 매년 말 공정가치는 다음과 같다.

구분	20×1년 말	20×2년 말
공정가치	₩1,020,000	₩1,350,000

㈜대한의 기계장치에 대한 회계처리가 20×1년도와 20×2년도 당기순이익에 미치는 영향은 얼마인가? 단, 재평가잉여금을 이익잉여금으로 대체하지 않으며, 손상차손은 고려하지 않는다.

[2023 공인회계사 1차]

	20×1년도	20×2년도
①	₩480,000 감소	₩0(영향 없음)
②	₩480,000 감소	₩30,000 감소
③	₩480,000 감소	₩200,000 감소
④	₩280,000 감소	₩30,000 감소
⑤	₩280,000 감소	₩200,000 감소

기본문제 정답 및 해설

01 안전 또는 환경상의 이유로 취득하는 유형자산은 그 자체로는 직접적인 미래경제적효익을 얻을 수 없지만, 다른 자산에서 미래경제적효익을 얻기 위하여 필요할 수 있다. 이러한 유형자산은 당해 유형자산을 취득하지 않았을 경우보다 관련 자산으로부터 미래경제적효익을 더 많이 얻을 수 있게 해주기 때문에 자산으로 인식할 수 있다. 예를 들면, 화학제품 제조업체가 위험한 화학물질의 생산과 저장에 관한 환경규제요건을 충족하기 위하여 새로운 화학처리공정설비를 설치하는 경우가 있다. 이때 이러한 설비 없이는 화학제품을 제조 및 판매할 수 없기 때문에 관련 증설원가를 자산으로 인식한다.

02 ② 특정기간 동안 재고자산을 생산하기 위해 유형자산을 사용한 결과로 동 기간에 발생한 그 유형자산을 해체, 제거하거나 부지를 복구할 의무의 원가는 해당 재고자산의 원가에 포함한다.
③ 유형자산을 사용하거나 이전하는 과정에서 발생하는 원가는 당해 유형자산의 장부금액에 포함하여 인식하지 아니하고 당기에 비용처리한다.
④ 자가건설에 따른 내부이익과 자가건설 과정에서 원재료, 인력 및 기타 자원의 낭비로 인한 비정상적인 원가는 자산의 원가에 포함하지 아니한다.
⑤ 대금지급이 일반적인 신용기간을 초과하여 이연되는 경우, 현금가격상당액과 실제 총지급액과의 차액은 자본화하여야만 유형자산의 원가에 포함한다.

03 1. **토지와 창고를 취득한 이후 창고를 철거하고 새로운 철강제조공장을 건설하기 위하여 취득한 경우 창고의 취득원가는 토지를 취득하기 위하여 불가피하게 발생한 지출이므로 토지와 창고의 일괄구입금액을 모두 토지의 원가로 처리하여야 한다. 다만, 새로운 철강제조공장을 건설하기 위한 기존 창고의 철거비용과 토지정지비(구획정리비용)는 토지의 원가에 가산하고 철거 시 고철과 콘크리트 등 부산물 매각대금은 토지의 원가에서 차감하여야 한다.**

2. 토지의 취득원가

토지 취득가격	₩700,000
취득세 및 등기비용	₩50,000
중개수수료	₩10,000
임시주차장을 운영함에 따른 수입[1]	-
창고 철거비용	₩30,000
폐자재 처분수입	₩(20,000)
하수도 공사비(영구적)[2]	₩15,000
토지 구획정리비용	₩10,000
토지의 취득원가	₩795,000

[1] 유형자산을 경영진이 의도하는 방식으로 가동하는 데 필요한 장소와 상태에 이르게 하기 위해 필요한 활동은 아니지만, 유형자산의 건설 또는 개발과 관련하여 영업활동이 이루어질 수 있다. 이러한 부수적인 영업활동은 건설이나 개발이 진행되는 동안 또는 그 이전 단계에서 이루어질 수 있다. 예를 들어 건설이 시작되기 전에 건설용지를 주차장 용도로 사용함에 따라 수익이 획득될 수 있다. 부수적인 영업활동은 유형자산을 경영진이 의도하는 방식으로 가동하는 데 필요한 장소와 상태에 이르게 하기 위해 필요한 활동이 아니므로 그러한 수익과 관련 비용은 당기손익으로 인식하고 각각 수익과 비용항목으로 구분하여 표시한다.

[2] 배수공사비, 조경관리비, 진입도로공사비와 상하수도공사비는 내용연수와 유지보수책임에 따라서 분류하여야 한다. 만약 위의 발생한 지출들이 내용연수가 영구적이거나 정부나 지방자치단체가 유지보수를 수행한다면 토지의 원가에 포함하여 감가상각을 수행하지 않지만, 내용연수가 영구적이지 않거나 회사가 유지보수를 수행한다면 구축물로 분류하여 내용연수 동안 감가상각을 통하여 당기비용으로 인식한다.

정답 01 ① 02 ① 03 ③

04 ① 교환거래에 상업적 실질이 있으며, 각 기계장치의 공정가치가 신뢰성 있게 측정된 금액이라면 ㈜세무가 교환취득한 기계장치의 취득원가는 ₩290,000이다.

(1) ㈜세무가 교환취득한 기계장치의 취득원가: ₩270,000 + ₩20,000 = ₩290,000

(2) 회계처리

교환일	(차) 감가상각누계액	220,000	(대) 기계장치(구)	500,000
	기계장치(신)	290,000	현금	20,000
	유형자산처분손실	10,000		

② 교환거래에 상업적 실질이 있으며, 각 기계장치의 공정가치가 신뢰성 있게 측정된 금액이라면 ㈜한국이 교환취득한 기계장치의 취득원가는 ₩280,000이다.

(1) ㈜한국이 교환취득한 기계장치의 취득원가: ₩300,000 - ₩20,000 = ₩280,000

(2) 회계처리

교환일	(차) 감가상각누계액	20,000	(대) 기계장치(구)	350,000
	기계장치(신)	280,000		
	현금	20,000		
	유형자산처분손실	30,000		

③ 교환거래에 상업적 실질이 있으며, ㈜세무가 사용하던 기계장치의 공정가치가 명백하지 않을 경우 ㈜세무가 교환취득한 기계장치의 취득원가는 ₩300,000이다.

(1) ㈜세무가 교환취득한 기계장치의 취득원가: ₩300,000(취득한 자산의 공정가치)

(2) 회계처리

교환일	(차) 감가상각누계액	220,000	(대) 기계장치(구)	500,000
	기계장치(신)	300,000	현금	20,000

④ 교환거래에 상업적 실질이 없으면 양사 모두 유형자산처분손익은 없다.

⑤ 교환거래에 상업적 실질이 있으며, 각 기계장치의 공정가치가 신뢰성 있게 측정된 금액이라면 ㈜세무와 ㈜한국 모두 손실을 인식한다. ㈜세무는 ₩10,000, ㈜한국은 ₩30,000의 유형자산처분손실을 인식한다.

05 ① 상업적 실질이 존재하는 경우, 기계장치 B의 취득원가
₩300,000(제공한 자산의 공정가치) + ₩200,000(현금지급액) = ₩500,000

② 상업적 실질이 결여된 경우, 기계장치 B의 취득원가
₩600,000(제공한 자산의 장부금액) + ₩200,000(현금지급액) = ₩800,000

③ 상업적 실질이 존재하는 경우, 기계장치 A의 취득원가
₩500,000(제공한 자산의 공정가치) - ₩200,000(현금수수액) = ₩300,000

④ 상업적 실질이 결여된 경우, 기계장치 A의 취득원가
₩700,000(제공한 자산의 장부금액) - ₩200,000(현금수수액) = ₩500,000

⑤ 상업적 실질이 결여된 경우, ㈜대전과 ㈜세종이 인식할 유형자산처분손익은 ₩0이다.

06 ① 축사의 취득원가: (1) + (2) = ₩391,498

(1) 축사의 구입가격의 현재가치: ₩100,000 × 3.7908 = ₩379,080

(2) 20×1년 초 복구충당부채: ₩20,000 × 0.6209 = ₩12,418

② 20×1년 감가상각비: (₩391,498 - ₩0) ÷ 5년 = ₩78,300

③ 20×2년 복구충당부채 증가액: ₩1,366

(1) 20×1년 말 복구충당부채: ₩12,418 × 1.1 - ₩0 = ₩13,660

(2) 20×2년 복구충당부채 증가액: ₩13,660 × 10% = ₩1,366

④ 20×3년 말 복구충당부채 장부금액: (₩13,660 × 1.1 - ₩0) × 1.1 - ₩0 = ₩16,529

⑤ 20×5년 복구공사이익: ₩20,000 - ₩17,000 = ₩3,000(복구공사이익)

정답 04 ⑤ 05 ④ 06 ⑤

07 1. 해양구조물의 취득원가

(1) 구입가격		₩974,607
(2) 복구원가의 PV: ₩300,000 × 0.75131 =		₩225,393
(3) 취득원가		₩1,200,000

2. 20×3년도 포괄손익계산서에 계상할 총비용

(1) 감가상각비: (₩1,200,000[1] - ₩0) × 1/6 =	₩200,000
(2) 이자비용: ₩300,000/1.1 × 10% =	₩27,275[2]
(3) 복구공사손실: ₩314,000 - ₩300,000 =	₩14,000
계	₩241,275

1) 해양구조물의 취득원가: ₩974,607 + ₩300,000 × 0.75131 = ₩1,200,000

2) 단수차이조정

3. 회계처리

20×1년 초	(차) 구축물	1,200,000	(대) 현금	974,607
			복구충당부채	225,393
20×1년 말	(차) 감가상각비[1]	600,000	(대) 감가상각누계액	600,000
	(차) 이자비용[2]	22,539	(대) 복구충당부채	22,539
20×2년 말	(차) 감가상각비[3]	400,000	(대) 감가상각누계액	400,000
	(차) 이자비용[4]	24,793	(대) 복구충당부채	24,793
20×3년 말	(차) 감가상각비[5]	200,000	(대) 감가상각누계액	200,000
	(차) 이자비용[6]	27,275	(대) 복구충당부채	27,275
	(차) 복구충당부채	300,000	(대) 현금	314,000
	복구공사손실	14,000		

1) (₩1,200,000 - ₩0) × 3/6 = ₩600,000

2) ₩225,393 × 10% = ₩22,539

3) (₩1,200,000 - ₩0) × 2/6 = ₩400,000

4) (₩225,393 + ₩22,539) × 10% = ₩24,793

5) (₩1,200,000 - ₩0) × 1/6 = ₩200,000

6) (₩225,393 + ₩22,539 + ₩24,793) × 10% = ₩27,275(단수차이조정)

08 ① 정부보조금에 부수되는 조건의 준수와 보조금 수취에 대한 합리적인 확신이 있을 경우에만 정부보조금을 인식한다. 보조금의 수취 자체가 보조금에 부수되는 조건이 이행되었거나 이행될 것이라는 결정적인 증거를 제공하지는 않는다.

② 자산의 취득과 이와 관련된 보조금의 수취는 기업의 현금흐름에 중요한 변동을 일으킨다. 따라서 재무상태표에 보조금이 관련 자산에서 차감하여 표시되는지와 관계없이 자산의 총투자를 보여주기 위해 이러한 변동을 현금흐름표에 별도 항목으로 표시한다.

③ 비상각자산과 관련된 정부보조금이 일정한 의무의 이행도 요구한다면 그 의무를 충족시키기 위한 원가를 부담하는 기간에 그 정부보조금을 당기손익으로 인식한다. 예를 들어 건물을 건설하는 조건으로 토지를 보조금으로 받은 경우 건물의 내용연수 동안 보조금을 당기손익으로 인식하는 것이 적절할 수 있다.

④ 수익관련보조금은 당기손익의 일부로 별도의 계정이나 '기타수익'과 같은 일반계정으로 표시한다. 대체적인 방법으로 관련 비용에서 보조금을 차감할 수도 있다. 두 가지 모두 수익관련보조금의 표시방법으로 인정된다.

⑤ 상환의무가 발생하게 된 정부보조금은 회계추정치의 변경으로 회계처리한다. 수익관련보조금을 상환하는 경우 보조금과 관련하여 인식된 미상각 이연계정에 먼저 적용한다. 이러한 이연계정을 초과하거나 이연계정이 없는 경우에는 초과금액 또는 상환금액을 즉시 당기손익으로 인식한다. 자산관련보조금을 상환하는 경우는 상환금액만큼 자산의 장부금액을 증가시키거나 이연수익에서 차감하여 기록한다. 보조금이 없었더라면 현재까지 당기손익으로 인식했어야 하는 추가 감가상각누계액은 즉시 당기손익으로 인식한다.

정답 07 ⑤ 08 ⑤

09 처분대가 ₩10,000,000
장부금액: ₩50,000,000 - ₩36,000,000[1] - ₩1,800,000[2] = ₩(12,200,000)
유형자산처분손실 ₩(2,200,000)

[1] 감가상각누계액: (₩50,000,000 - ₩5,000,000) × (5 + 4 + 3)/15 = ₩36,000,000
[2] 정부보조금: ₩9,000,000 - ₩36,000,000 × ₩9,000,000/(₩50,000,000 - ₩5,000,000) = ₩1,800,000

별해

처분대가 ₩10,000,000
장부금액: ₩41,000,000 - (₩41,000,000 - ₩5,000,000) × (5 + 4 + 3)/15 = ₩(12,200,000)
유형자산처분손실 ₩(2,200,000)

10 ① 한국채택국제회계기준에서는 이연수익법과 원가차감법 중 하나를 선택하여 회계처리하도록 규정하고 있다.

② 이연수익법을 적용하면 20×1년 12월 31일 현재 재무상태표에 보고되는 유형자산의 순장부금액이 ₩90,000,000으로 원가차감법을 적용했을 때의 ₩72,000,000보다 크다.

(1) 이연수익법의 장부금액: 취득원가 - 감가상각누계액
₩100,000,000 - ₩100,000,000 × 1/10 = ₩90,000,000

(2) 원가차감법의 장부금액: 취득원가 - 감가상각누계액 - 정부보조금 미상각잔액
₩100,000,000 - ₩100,000,000 × 1/10 - ₩20,000,000 × 9/10 = ₩72,000,000

③ 이연수익법의 경우 정부보조금수익으로 회계처리하나, 원가차감법의 경우 감가상각비를 상계하는 회계처리를 한다.

④ 이연수익법을 적용하면 20×5년도 포괄손익계산서상 유형자산처분손실 ₩15,000,000이 당기손익에 반영되지만, 원가차감법을 적용하면 유형자산처분손실 ₩5,000,000이 당기손익에 반영된다.

(1) 이연수익법의 유형자산처분손실: 처분대가 - 장부금액
₩35,000,000 - (₩100,000,000 - ₩100,000,000 × 5/10) = ₩(15,000,000)

20×5년 말	(차) 현금	35,000,000	(대) 기계장치	100,000,000
	감가상각누계액	50,000,000		
	유형자산처분손실	15,000,000		
	(차) 이연정부보조금수익	10,000,000	(대) 정부보조금수익	10,000,000

(2) 원가차감법의 유형자산처분손실: 처분대가 - 장부금액
₩35,000,000 - (₩100,000,000 - ₩100,000,000 × 5/10 - ₩20,000,000 × 5/10) = ₩(5,000,000)

20×5년 말	(차) 현금	35,000,000	(대) 기계장치	100,000,000
	감가상각누계액	50,000,000		
	정부보조금	10,000,000		
	유형자산처분손실	5,000,000		

⑤ 이연수익법의 경우 이연수익을 부채로 인식하고 관련자산의 내용연수에 걸쳐 체계적인 기준으로 정부보조금을 당기손익으로 인식한다. 따라서 20×1년 말 ₩18,000,000(= ₩20,000,000 × 9/10)이 부채로 보고된다.

정답 09 ⑤ 10 ②

11 **1. 20×1년 1월 1일에 정부보조금으로 인식할 금액**

정부보조금: 취득금액 - 현재가치 = ₩400,000 - (₩400,000 × 0.7350 + ₩12,000 × 3.3121) = ₩66,255

2. 20×1년 12월 31일 현재 기계장치의 장부금액

기계장치	₩400,000
감가상각누계액	₩(100,000)[1]
정부보조금	₩(49,691)[2]
장부금액	₩250,309

[1] (₩400,000 - ₩0) ÷ 4년 = ₩100,000

[2] ₩66,255 - ₩100,000 × ₩66,255/(₩400,000 - ₩0) = ₩49,691

3. 회계처리

20×1년 초	(차) 현금	400,000	(대) 정부보조금	66,255
			차입금	333,745
	(차) 기계장치	400,000	(대) 현금	400,000
20×1년 말	(차) 감가상각비	100,000	(대) 감가상각누계액	100,000
	(차) 정부보조금[1]	16,564	(대) 감가상각비	16,564
	(차) 이자비용[2]	26,700	(대) 현금	12,000
			차입금	14,700

[1] ₩100,000 × ₩66,255/(₩400,000 - ₩0) = ₩16,564

[2] ₩333,745 × 8% = ₩26,700

4. 시장이자율보다 낮은 이자율의 정부대여금의 효익은 정부보조금으로 처리한다.

5. 대여금은 K-IFRS 제1109호 '금융상품'에 따라 인식하고 측정한다.

6. 시장이자율보다 낮은 이자율의 효익은 K-IFRS 제1109호 '금융상품'에 따라 산정되는 정부대여금의 최초 장부금액과 수취한 대가의 차이로 측정하고 이를 정부보조금으로 인식한다.

12 ① 감가상각은 자산이 매각예정자산으로 분류되는(또는 매각예정으로 분류되는 처분자산집단에 포함되는) 날과 자산이 제거되는 날 중 이른 날에 중지한다. 따라서 유형자산이 운휴 중이거나 적극적인 사용상태가 아니어도, 감가상각이 완전히 이루어지기 전까지는 감가상각을 중단하지 않는다. 그러나 유형자산의 사용정도에 따라 감가상각을 하는 경우에는 생산활동이 이루어지지 않을 때 감가상각액을 인식하지 않을 수 있다.

② 유형자산의 잔존가치와 내용연수는 적어도 매 회계연도 말에 재검토한다. 재검토결과 추정치가 종전 추정치와 다르다면 그 차이는 회계추정치의 변경으로 회계처리한다.

③ 유형자산을 구성하는 일부의 원가가 당해 유형자산의 전체원가에 비교하여 유의적이라면, 해당 유형자산을 감가상각할 때 그 부분은 별도로 구분하여 감가상각한다. 유형자산의 원가는 그 유형자산을 구성하고 있는 유의적인 부분에 배분하여 각 부분별로 감가상각한다. 예를 들면, 항공기를 소유하고 있는지 금융리스하고 있는지에 관계없이, 항공기 동체와 엔진을 별도로 구분하여 감가상각하는 것이 적절할 수 있다. 또한, 유형자산의 전체원가에 비교하여 해당 원가가 유의적이지 않은 부분도 별도로 분리하여 감가상각할 수 있다.

⑤ 유형자산의 공정가치가 장부금액을 초과하더라도 잔존가치가 장부금액을 초과하지 않는 한 감가상각액을 계속 인식한다.

13 **1. 취득원가를 x라고 하면,**

20×1년 감가상각비: (x - ₩12,000) × 3/6 × 3/12 = ₩60,000

∴ 취득원가(x) = ₩492,000

2. 20×2년 감가상각비: (₩492,000 - ₩12,000) × 3/6 × 9/12 + (₩492,000 - ₩12,000) × 2/6 × 3/12 = ₩220,000

3. 20×2년 말 장부금액: ₩492,000 - (₩60,000 + ₩220,000) = ₩212,000

정답 11 ⑤ 12 ④ 13 ③

14 **1. 취득원가를 x라고 하면,**

• 20×1년 감가상각비: $x \times 0.36 \times 4/12 = 0.12x$
• 20×2년 감가상각비: $(x - 0.12x) \times 0.36$ = ₩253,440
∴ 취득원가(x): ₩800,000

2. 20×3년 감가상각비: (₩800,000 - ₩800,000 × 0.12 - ₩253,440) × 0.36 = ₩162,202

별해
20×3년 감가상각비: 20×2년 감가상각비 ₩253,440 × (1 - 0.36) = ₩162,202

15 손상, 소실 또는 포기된 유형자산에 대해 제3자로부터 보상금을 받는 경우가 있다. 이 경우 보상금은 수취할 권리가 발생하는 시점에 당기손익으로 반영한다.

16 손상, 소실 또는 포기된 유형자산에 대해 제3자로부터 보상금을 받는 경우가 있다. 이 경우 보상금은 수취할 권리가 발생하는 시점에 당기손익으로 반영한다.

17 **1. 20×1년 말 손상차손**

(1) 기계장치 장부금액: ₩1,000,000 - ₩1,000,000 × 1/5 =	₩800,000
(2) 기계장치 회수가능액: Max[₩500,000, ₩600,000] =	₩(600,000)
(3) 유형자산손상차손	₩200,000

2. 20×3년 말 손상차손환입

(1) 기계장치 회수가능액: Min[₩700,000, ₩400,000[1)]] =	₩400,000
(2) 기계장치 장부금액: ₩600,000 - ₩600,000 × 2/4 =	₩(300,000)
(3) 유형자산손상차손환입	₩100,000

1) 손상되지 않았을 경우의 장부금액: ₩1,000,000 - ₩1,000,000 × 3/5 = ₩400,000

별해

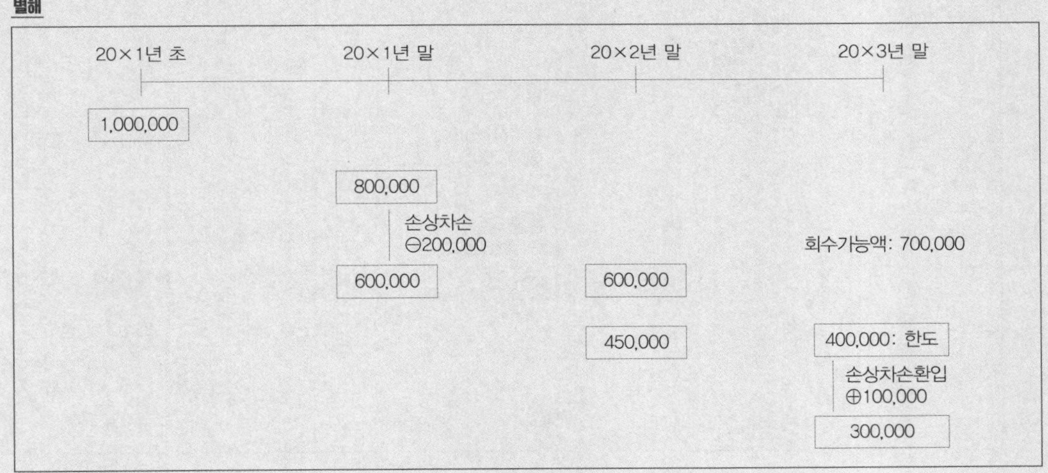

정답 14 ⑤ 15 ① 16 ③ 17 ①

18

연도	장부금액		회수가능액	손상차손(환입)
20×1년	₩2,000,000 - ₩2,000,000 × 1/5 =	₩1,600,000	₩1,600,000	₩0
20×2년	₩2,000,000 - ₩2,000,000 × 2/5 =	₩1,200,000	₩900,000	₩300,000
20×3년	₩900,000 - ₩900,000 × 1/3 =	₩600,000	₩600,000	₩0
20×4년	₩900,000 - ₩900,000 × 2/3 =	₩300,000	₩400,000[1]	₩(100,000)
			손상차손누계액	₩200,000

[1] 회수가능액 = Min {₩1,000,000, ₩2,000,000 - ₩2,000,000 × 4/5 = ₩400,000} = ₩400,000

19 ① **20×2년 말 장부금액: ₩300,000**

(1) 20×1년 감가상각비: (₩550,000 - ₩10,000) ÷ 10년 = ₩54,000

(2) 20×2년 감가상각비: (₩550,000 - ₩10,000) ÷ 10년 = ₩54,000

(3) 20×2년 손상차손: (₩550,000 - ₩54,000 - ₩54,000) - ₩300,000 = ₩142,000

(4) 20×2년 말 장부금액: ₩550,000 - ₩108,000 - ₩142,000 = ₩300,000

② **20×2년에 인식하는 손상차손: ₩142,000**

③ **20×3년에 인식하는 감가상각비: (₩300,000 - ₩10,000) ÷ 8년 = ₩36,250**

④ **20×4년 말 감가상각누계액: ₩54,000 + ₩54,000 + ₩36,250 + ₩36,250 = ₩180,500**

⑤ **20×4년에 인식하는 손상차손환입액**

(1) 기계장치 회수가능액: Min[₩340,000, ₩334,000[1]] =	₩334,000
(2) 기계장치 장부금액: ₩300,000 - ₩36,250 × 2 =	₩(227,500)
(3) 유형자산손상차손환입	₩106,500

[1] 손상되지 않았을 경우의 장부금액: ₩550,000 - (₩550,000 - ₩10,000) × 4/10 = ₩334,000

별해

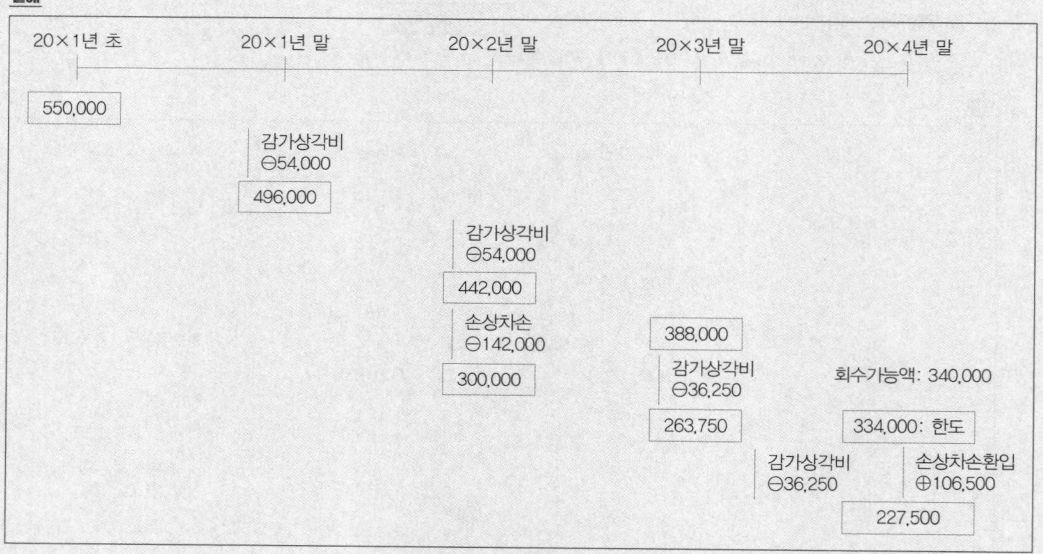

20 1. 미수금의 현재가치: ₩40,000 × 2.48685 = ₩99,474

2. 20×3년도 이자수익: ₩99,474 × 10% × 6/12 + (₩99,474 × 1.1 - ₩40,000) × 10% × 6/12 = ₩8,445

정답 18 ③ 19 ⑤ 20 ③

21 1. 당기손실 : (₩3,200 − ₩2,900) − ₩200 = ₩100

2. 총포괄손실

재평가잉여금감소액: ₩3,200 − ₩3,000 =	₩200
재평가손실: ₩3,000 − ₩2,900 =	₩100
계	₩300

3. 회계처리

20×1년 초	(차) 토지	3,000	(대) 현금	3,000
20×1년 말	(차) 토지	500	(대) 재평가잉여금(OCI)	500
20×2년 말	(차) 재평가잉여금(OCI)	300	(대) 토지	300
20×3년 말	(차) 재평가잉여금(OCI) 재평가손실(NI)	200 100	(대) 토지	300

별해

1. 20×3년도에 인식할 당기손실: ₩2,900(공정가치) − ₩3,000(취득원가) = ₩(100)

2. 20×3년도에 인식할 총포괄손실: ₩2,900(기말장부금액) − ₩3,200(기초장부금액) = ₩(300)

22 1. 사용하면서 재평가잉여금을 이익잉여금으로 대체하는 경우: (1) + (2) = ₩1,625,000

(1) 감가상각비: (₩4,500,000 − ₩0) ÷ 4년 = ₩1,125,000

(2) 재평가손실: (₩3,375,000 − ₩2,500,000) − ₩375,000 = ₩500,000

2. 대체하는 경우 회계처리

(1)

20×1년 초	(차) 기계장치	5,000,000	(대) 현금	5,000,000

(2)

20×1년 말 ① 감가상각	(차) 감가상각비(NI)[1]	1,000,000	(대) 감가상각누계액	1,000,000
② 재평가	(차) 감가상각누계액	1,000,000	(대) 기계장치 재평가잉여금(OCI)	500,000 500,000

[1] (₩5,000,000 − ₩0) ÷ 5년 = ₩1,000,000

(3)

20×2년 말 ① 감가상각	(차) 감가상각비(NI)[1]	1,125,000	(대) 감가상각누계액	1,125,000
② 대체	(차) 재평가잉여금(자본)[2]	125,000	(대) 이익잉여금[5]	125,000
③ 재평가	(차) 감가상각누계액 재평가잉여금(OCI)[3] 재평가손실(NI)[4]	1,125,000 375,000 500,000	(대) 기계장치	2,000,000

[1] (₩4,500,000 − ₩0) ÷ 4년 = ₩1,125,000

[2] ₩1,125,000(재평가기준 감가상각비) − ₩1,000,000(최초 취득원가기준 감가상각비) = ₩125,000[5]

[3] ₩500,000(전기 말 재평가잉여금) − ₩125,000(이익잉여금대체금액) = ₩375,000

[4] ₩2,500,000(당기 말 공정가치) − (₩5,000,000 − ₩5,000,000 × 2/5)(최초 취득원가기준 장부금액) = ₩(500,000)

[5] 감가상각방법이 정액법일 경우 ₩500,000(전기 말 재평가잉여금 잔액)/4년(잔존내용연수)으로 계산하여도 된다.

정답 21 ⑤ 22 ⑤

3. 대체하는 경우(그림풀이)

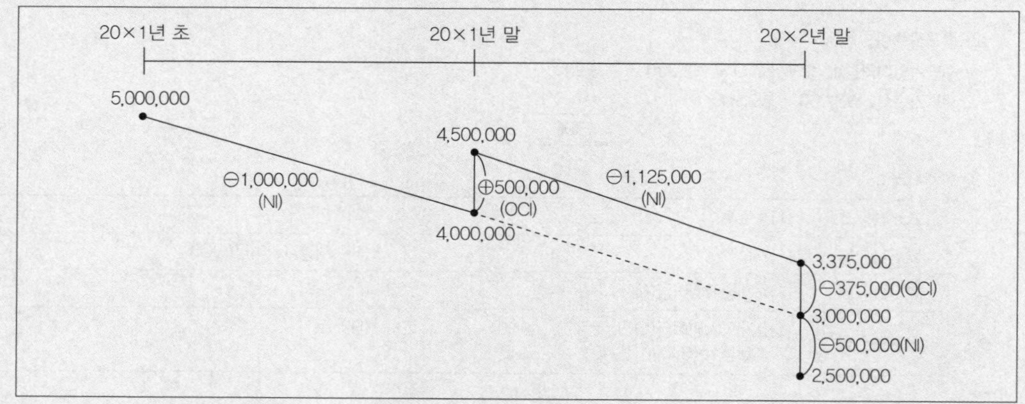

4. 사용하면서 재평가잉여금을 이익잉여금으로 대체하지 않는 경우: (1) + (2) = ₩1,500,000

(1) 감가상각비: (₩4,500,000 - ₩0) ÷ 4년 = ₩1,125,000

(2) 재평가손실: (₩3,375,000 - ₩2,500,000) - ₩500,000 = ₩375,000

5. 대체하지 않는 경우 회계처리

(1)

20×1년 초	(차) 기계장치	5,000,000	(대) 현금	5,000,000

(2)

20×1년 말 ① 감가상각	(차) 감가상각비(NI)[1]	1,000,000	(대) 감가상각누계액	1,000,000
② 재평가	(차) 감가상각누계액	1,000,000	(대) 기계장치 재평가잉여금(OCI)	500,000 500,000

[1] (₩5,000,000 - ₩0) ÷ 5년 = ₩1,000,000

(3)

20×2년 말 ① 감가상각	(차) 감가상각비(NI)[1]	1,125,000	(대) 감가상각누계액	1,125,000
② 대체		N/A		
③ 재평가	(차) 감가상각누계액 재평가잉여금(OCI)[2] 재평가손실(NI)[3]	1,125,000 500,000 375,000	(대) 기계장치	2,000,000

[1] (₩4,500,000 - ₩0) ÷ 4년 = ₩1,125,000

[2] ₩500,000(전기 말 재평가잉여금)

[3] ₩875,000(장부금액감소분) - ₩500,000(전기 말 재평가잉여금) = ₩375,000

6. 대체하지 않는 경우(그림풀이)

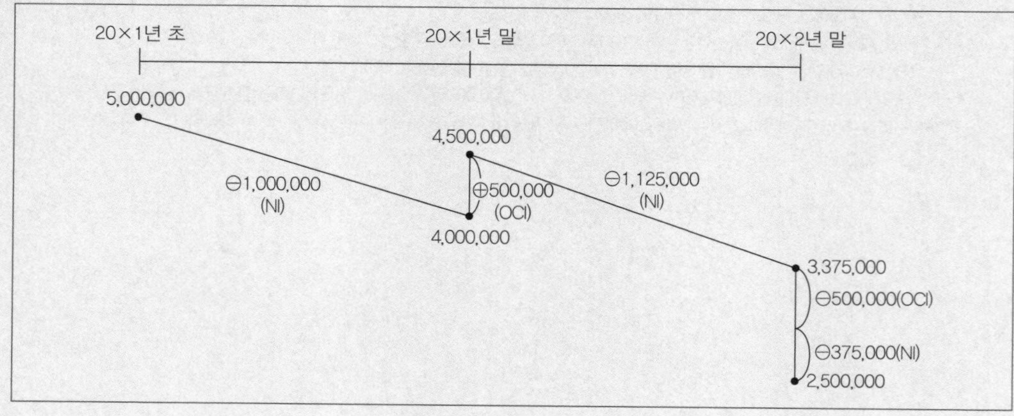

23 1. 20×2년도 당기손익에 미치는 영향: ① + ② = ₩50,000
① 감가상각비: (₩600,000 - ₩0) ÷ 4년 = ₩(150,000)
② 재평가이익: ₩200,000

2. 20×2년도 기타포괄손익에 미치는 영향: ₩250,000
재평가잉여금의 증가: ₩450,000 - ₩200,000 = ₩250,000

3. 20×2년도 총포괄손익에 미치는 영향: ₩50,000 + ₩250,000 = ₩300,000

4. 재평가잉여금을 이익잉여금으로 대체하지 않는 경우(그림풀이)

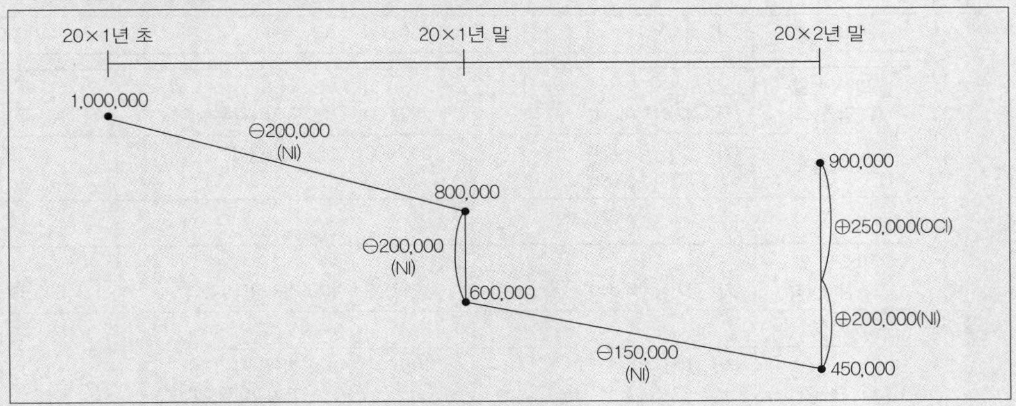

24 ① **20×1년 손상차손은 ₩60,000이다.**
(1) 20×1년 초 기계장치 취득원가: ₩240,000 + ₩40,000 = ₩280,000
(2) 20×1년 말 기계장치 장부금액: ₩280,000 × 3/4 = ₩210,000
(3) 20×1년 말 회수가능액: Max[₩150,000, ₩120,000] = ₩150,000
(4) 20×1년 손상차손: ₩210,000 - ₩150,000 = ₩60,000
(5) 경영진이 의도한 방식으로 가동할 수 있는 장소와 상태에 이르게 하는 동안에 재화(자산이 정상적으로 작동되는지를 시험할 때 생산되는 시제품)가 생산될 수 있다. 그러한 재화를 판매하여 얻은 매각금액과 그 재화의 원가는 적용 가능한 기준서에 따라 당기손익으로 인식한다. 즉, 시제품의 순매각금액은 당기손익으로 인식한다.
(6) 유형자산이 경영진이 의도하는 방식으로 가동될 수 있는 장소와 상태에 이른 후에는 원가를 더 이상 인식하지 않는다. 따라서 유형자산을 사용하거나 이전하는 과정에서 발생하는 원가는 당해 유형자산의 장부금액에 포함하여 인식하지 아니한다. 예를 들어 다음과 같은 원가는 유형자산의 장부금액에 포함하지 아니한다.
a. 유형자산이 경영진이 의도하는 방식으로 가동될 수 있으나 아직 실제로 사용되지는 않고 있는 경우 또는 가동수준이 완전조업도 수준에 미치지 못하는 경우에 발생하는 원가
b. 유형자산과 관련된 산출물에 대한 수요가 형성되는 과정에서 발생하는 가동손실과 같은 초기 가동손실
c. 기업의 영업 전부 또는 일부를 재배치하거나 재편성하는 과정에서 발생하는 원가

② **20×1년 감가상각비는 ₩70,000이다.**
20×1년 감가상각비: ₩280,000 × 1/4 = ₩70,000

③ **20×2년 감가상각비는 ₩50,000이다.**
20×2년 감가상각비: ₩150,000 × 1/3 = ₩50,000

④ **20×2년 말 장부금액은 ₩140,000이다.**
20×2년 말 장부금액: Min[₩170,000, ₩140,000(= ₩280,000 × 2/4)] = ₩140,000

⑤ **20×2년 손상차손환입액은 ₩40,000이다.**
(1) 20×2년 말 회수가능액: Min[₩170,000, ₩140,000(= ₩280,000 × 2/4)] = ₩140,000
(2) 20×2년 말 장부금액: ₩150,000 × 2/3 = ₩100,000
(3) 20×2년 손상차손환입액: ₩140,000 - ₩100,000 - ₩40,000

정답 **23** ③ **24** ④

25 1. 20×2년도 당기손익에 미치는 영향: (1) + (2) = ₩(175,000)

(1) 감가상각비: (₩780,000 - ₩0) ÷ 4년 = ₩(195,000)

(2) 재평가이익: ₩20,000

2. 20×2년도 기타포괄손익에 미치는 영향: ₩45,000

(1) 재평가증가액: ₩650,000 - (₩780,000 - ₩195,000) = ₩65,000

(3) 과거에 인식한 재평가손실: ₩20,000

(3) 재평가잉여금의 증가: (1) - (2) = ₩45,000

3. 회계처리

(1)

20×1년 초	(차) 기계장치	1,000,000	(대) 현금	1,000,000

(2)

20×1년 말				
① 감가상각	(차) 감가상각비(NI)[1]	200,000	(대) 감가상각누계액	200,000
② 재평가	(차) 감가상각누계액 재평가손실(NI)	200,000 20,000	(대) 기계장치	220,000

1) (₩1,000,000 - ₩0) ÷ 5년 = ₩200,000

(3)

20×2년 말				
① 감가상각	(차) 감가상각비(NI)[1]	195,000	(대) 감가상각누계액	195,000
② 대체	N/A			
③ 재평가	(차) 감가상각누계액	195,000	(대) 기계장치 재평가이익(NI)[2] 재평가잉여금(OCI)[3]	130,000 20,000 45,000

1) (₩780,000 - ₩0) ÷ 4년 = ₩195,000

2) ₩20,000(전기에 인식한 재평가손실)

3) ₩65,000(장부금액증가분) - ₩20,000(전기에 인식한 재평가손실) = ₩45,000

별해

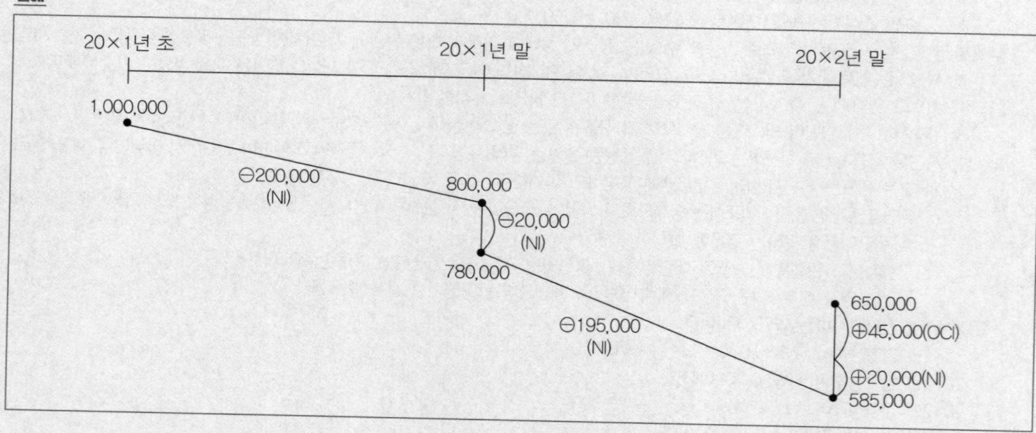

26 유형자산의 재평가잉여금은 당해 유형자산이 제거될 때 직접 이익잉여금으로 대체할 수 있다.

정답 25 ③ 26 ②

27 1. 20×2년 포괄손익계산서에 당기비용으로 인식할 총금액: (1) + (2) = ₩540,000

(1) 감가상각비: (₩1,800,000 - ₩200,000) ÷ 4년 = ₩400,000

(2) 유형자산손상차손: ₩200,000(손상차손총액) - ₩60,000(재평가잉여금잔액) = ₩140,000

2. 회계처리

(1)

20×1년 초	(차) 차량운반구	2,000,000	(대) 현금	2,000,000

(2)

20×1년 말 ① 감가상각	(차) 감가상각비(NI)[1]	360,000	(대) 감가상각누계액	360,000
② 재평가	(차) 감가상각누계액	360,000	(대) 차량운반구 재평가잉여금(OCI)	200,000 160,000

[1] (₩2,000,000 - ₩200,000) ÷ 5년 = ₩360,000

(3)

20×2년 말 ① 감가상각	(차) 감가상각비(NI)[1]	400,000	(대) 감가상각누계액	400,000
② 대체	N/A			
③ 재평가	(차) 감가상각누계액 재평가잉여금(OCI)[2]	400,000 100,000	(대) 차량운반구	500,000
④ 손상차손	(차) 재평가잉여금(OCI)[3] 유형자산손상차손(NI)[4]	60,000 140,000	(대) 손상차손누계액[5]	200,000

[1] (₩1,800,000 - ₩200,000) ÷ 4년 = ₩400,000

[2] ₩1,400,000 - ₩1,300,000 = ₩100,000

[3] ₩160,000 - ₩100,000 = ₩60,000(재평가잉여금잔액)

[4] ₩200,000(손상차손총액) - ₩60,000(재평가잉여금잔액) = ₩140,000

[5] 손상차손누계액

장부금액	₩1,300,000
회수가능액	(1,100,000)
손상차손누계액	₩200,000

별해

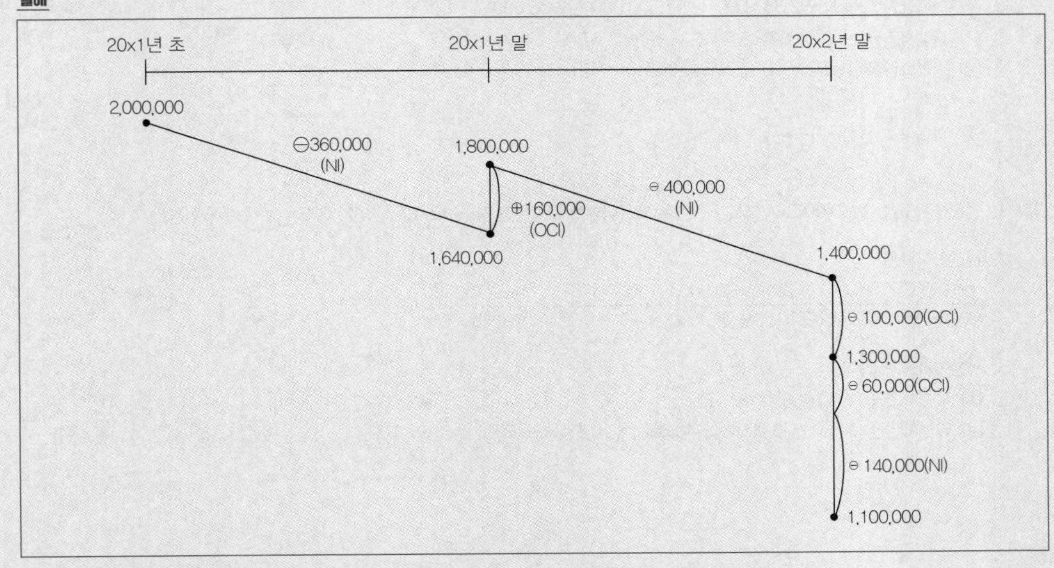

정답 27 ④

28 일반차입금의 경우 종류와 수가 많아 일시적 운용으로부터 획득한 투자수익을 추적하기가 실무상 어렵기 때문에 일시적 투자수익을 차감하지 아니한다.

29 **일반차입금 자본화이자율을 x라고 하면,**

1. **연평균지출액: ₩12,000,000 × 6/12 = ₩6,000,000**

2. **자본화이자율: x**

3. **자본화가능차입원가**

특정차입금: ₩2,000,000 × 5% × 6/12 - ₩1,000,000 × 2% × 3/12 =	₩45,000
일반차입금: (₩6,000,000 - [₩2,000,000 × 6/12 - ₩1,000,000 × 3/12]) × x =	₩105,000
계	₩150,000

∴ 일반차입금 자본화이자율 (x) = 2%

30 1. **연평균지출액: ₩100,000 × 12/12 + ₩50,000 × 3/12 = ₩112,500**

2. **자본화이자율**

$$\frac{₩50,000 \times 10\% \times 12/12 + ₩100,000 \times 6\% \times 6/12}{₩50,000 \times 12/12 + ₩100,000 \times 6/12} = \frac{₩8,000}{₩100,000} = 8\%$$

3. **자본화가능차입원가**

(1) 특정차입금: ₩30,000 × 8% × 12/12 =	₩2,400
(2) 일반차입금: (₩112,500 - ₩30,000 × 12/12) × 8% = ₩6,600(한도: ₩8,000) =	₩6,600
계	₩9,000

31 1. **연평균지출액: ₩500,000 × 6/12 + ₩600,000 × 3/12 + ₩1,200,000 × 1/12 = ₩500,000**

2. **자본화이자율: x**

3. **자본화가능차입원가: ₩2,333,000 - ₩2,300,000 = ₩33,000**

(1) 특정차입금: ₩800,000 × 5% × 6/12 - ₩400,000 × 3% × 3/12 =	₩17,000
(2) 일반차입금: (₩500,000 - [₩800,000 × 6/12 - ₩400,000 × 3/12]) × x =	₩16,000
계	₩33,000

∴ 일반차입금 자본화이자율(x) = 8%

32 1. **연평균지출액: ₩60,000 × 12/12 - ₩10,000(정부보조금 수령액) × 12/12 + ₩40,000 × 6/12 = ₩70,000**

2. **자본화이자율**

$$\frac{₩10,000 \times 12\% \times 12/12 + ₩30,000 \times 10\% \times 6/12}{₩10,000 \times 12/12 + ₩30,000 \times 6/12} = \frac{₩2,700}{₩25,000} = 10.8\%$$

3. **자본화가능차입원가**

(1) 특정차입금: ₩40,000 × 8% × 12/12 =	₩3,200
(2) 일반차입금: Min[(₩70,000 - ₩40,000) × 10.8%, ₩2,700] =	₩2,700
계	₩5,900

정답 **28** ① **29** ① **30** ③ **31** ④ **32** ③

고급문제 정답 및 해설

01 1. 상업적 실질이 있는 경우

(1) 신기계의 취득원가: ₩600,000(= ₩700,000 - ₩100,000) + ₩50,000 + ₩50,000 + ₩50,000 = ₩750,000

(2) 유형자산처분손실: ₩100,000

(3) 감가상각비: (₩750,000 - ₩50,000) × 1/5 = ₩140,000

2. 회계처리

20×1. 1. 1.	(차) 신기계	650,000	(대) 구기계	700,000
	유형자산처분손실	100,000	현금	50,000
	(차) 신기계	100,000	(대) 현금	100,000
20×1. 12. 31.	(차) 감가상각비[1]	140,000	(대) 감가상각누계액	140,000

[1] (₩750,000 - ₩50,000) × 1/5 = ₩140,000

02 1. 20×1년 7월 1일 설비의 취득원가: ₩1,000,000 + ₩300,000 × 0.6830 = ₩1,204,900

2. 20×1년 당기비용인식금액: (1) + (2) = ₩211,225

(1) 감가상각비: (₩1,204,900 - ₩200,000) × 4/10 × 6/12 = ₩200,980

(2) 이자비용: ₩204,900 × 10% × 6/12 = ₩10,245

3. 20×2년 당기비용인식금액: (1) + (2) = ₩373,230

(1) 감가상각비: (₩1,204,900 - ₩200,000) × 4/10 × 6/12 + (₩1,204,900 - ₩200,000) × 3/10 × 6/12 = ₩351,715

(2) 이자비용: ₩204,900 × 10% × 6/12 + ₩204,900 × 1.1 × 10% × 6/12 = ₩21,515

03 1. 20×1년 말 차량의 장부금액: ₩4,000,000

구분	계산근거	금액
차량운반구		₩10,000,000
감가상각누계액	₩10,000,000 × 1/5 =	₩(2,000,000)
정부보조금	₩5,000,000 × 4/5 =	₩(4,000,000)
장부금액		₩4,000,000

2. 20×2년 말 정부보조금 잔액: ₩5,000,000 × 3/5 = ₩3,000,000

3. 20×2년도 인식할 당기손익: (1) + (2) = ₩(1,000,000)

(1) 20×2년 감가상각비: ₩10,000,000 × 1/5 = ₩(2,000,000)

(2) 20×2년 감가상각비와 상계할 정부보조금: ₩2,000,000 × ₩5,000,000/₩10,000,000 = ₩1,000,000

4. 20×3년 유형자산처분이익: ₩1,500,000

구분	계산근거	금액
처분대가		₩4,000,000
장부금액	₩10,000,000 - ₩10,000,000 × 2.5/5 - ₩5,000,000 × 2.5/5 =	₩(2,500,000)
유형자산처분이익		₩1,500,000

5. 20×3년 정부보조금 상환금액: ₩5,000,000 × 2.5/5 = ₩2,500,000

정답 01 ② 02 ④ 03 ③

6. 원가차감법에 의한 회계처리

① 20×1년 초	(차) 현금	5,000,000	(대) 정부보조금 (자산차감항목)	5,000,000
	(차) 차량운반구	10,000,000	(대) 현금	10,000,000
② 20×1년 말	(차) 감가상각비[1]	2,000,000	(대) 감가상각누계액	2,000,000
	(차) 정부보조금[2]	1,000,000	(대) 감가상각비	1,000,000
③ 20×2년 말	(차) 감가상각비[3]	2,000,000	(대) 감가상각누계액	2,000,000
	(차) 정부보조금[4]	1,000,000	(대) 감가상각비	1,000,000
④ 20×3년 7월 1일	(차) 감가상각비[5]	1,000,000	(대) 감가상각누계액	1,000,000
	(차) 정부보조금[6]	500,000	(대) 감가상각비	500,000
	(차) 현금	4,000,000	(대) 차량운반구	10,000,000
	감가상각누계액	5,000,000	유형자산처분이익	1,500,000
	정부보조금	2,500,000		
	(차) 감가상각비	2,500,000	(대) 현금	2,500,000

[1] (₩10,000,000 - ₩0) ÷ 5년 = ₩2,000,000
[2] ₩2,000,000 × ₩5,000,000/₩10,000,000 = ₩1,000,000
[3] (₩10,000,000 - ₩0) ÷ 5년 = ₩2,000,000
[4] ₩2,000,000 × ₩5,000,000/₩10,000,000 = ₩1,000,000
[5] (₩10,000,000 - ₩0) ÷ 5년 × 6/12 = ₩1,000,000
[6] ₩1,000,000 × ₩5,000,000/₩10,000,000 = ₩500,000

04 1. 20×1년 1월 1일에 정부보조금으로 인식할 금액

정부보조금: 취득금액 - 현재가치
= ₩1,000,000 - (₩1,000,000 × 0.6209 + ₩20,000 × 3.7908) = ₩303,284

2. 20×1년 감가상각비: ₩1,000,000 ÷ 5년 - ₩200,000 × ₩303,284/₩1,000,000 = ₩139,343

3. 차입금의 현재가치: ₩1,000,000 × 0.6209 + ₩20,000 × 3.7908 = ₩696,716

4. 20×1년 이자비용: ₩696,716 × 10% = ₩69,672

5. 20×1년 포괄손익계산서에 인식할 당기비용: ₩139,343 + ₩69,672 = ₩209,015

6. 회계처리

① 20×1년 초	(차) 현금	1,000,000	(대) 정부보조금	303,284
			차입금	696,716
	(차) 기계장치	1,000,000	(대) 현금	1,000,000
② 20×1년 말	(차) 감가상각비	200,000	(대) 감가상각누계액	200,000
	(차) 정부보조금[1]	60,657	(대) 감가상각비	60,657
	(차) 이자비용	69,672	(대) 현금	20,000
			차입금	49,672

[1] ₩200,000 × ₩303,284/₩1,000,000 = 60,657

정답 04 ④

05 1. 20×1년 말 재무상태표에 기계장치의 장부금액

기계장치[1]	₩520,000
감가상각누계액[2]	₩(104,000)
정부보조금[3]	₩(80,000)
장부금액	₩336,000

[1] 상각후원가측정금융자산의 액면금액과 현재가치의 차이는 유형자산의 취득원가에 가산함
[2] (₩520,000 - ₩0) ÷ 5년 = ₩104,000
[3] ₩100,000 - ₩104,000 × ₩100,000/(₩520,000 - ₩0) = ₩80,000

2. 20×4년 특허권의 취득원가[1]: ₩20,000

[1] 특허권 취득을 위하여 직접 사용된 금액만을 특허권의 취득원가로 계상하고, 개발비 미상각잔액을 특허권으로 대체하지 않는다.

06 1. 기계설비의 취득원가: ₩2,000

2. 20×2년 말 감가상각누계액: ₩2,000 × 2/5 = ₩800

3. 20×2년 말 정부보조금 잔액: ₩500 × 3/5 = ₩300

4. 20×3년 초 기계설비의 장부금액: ₩2,000 - ₩800 - ₩300 = ₩900

5. 20×3년 초 유형자산처분이익: (₩1,400 - ₩400) - ₩900 = ₩100

6. 회계처리

20×3년 초	(차) 토지	1,400	(대) 기계설비	2,000
	감가상각누계액	800	현금	400
	정부보조금	300	유형자산처분이익	100

해설

1. 기계설비와 토지의 교환거래는 상업적 실질이 있는 교환거래에 해당한다.

2. 신자산의 취득원가는 제공한 자산의 공정가치를 원칙으로 하나, 취득한 자산의 공정가치가 더 명백하다면 취득한 자산의 공정가치를 취득원가로 한다. 본 문제에서는 취득한 자산의 공정가치가 제시되어 있으므로 취득한 자산의 공정가치를 취득원가로 회계처리하여 풀이하였다.

07 1. 20×6년 초 장부금액: ₩21,000,000 - (₩21,000,000 - ₩1,000,000) × 6/10 = ₩9,000,000

2. 잔존내용연수: ₩9,000,000 × (n - 2)/{n × (1 + n)/2} = ₩1,500,000
n = 3년 or 8년(잔존내용연수가 연장되었다고 문제에서 제시하고 있으므로 잔존내용연수는 8년)

3. 20×9년 초 장부금액: ₩9,000,000 - ₩9,000,000 × (8 + 7 + 6)/36 = ₩3,750,000

정답 05 ④ 06 ② 07 ③

08 1. 20×1년 당기순이익에 미치는 영향: (1) + (2) = ₩(300,000)

(1) 20×1년 감가상각비: (₩1,000,000 - ₩0) ÷ 5년 = ₩(200,000)

(2) 20×1년 말 손상차손: ₩(100,000)

① 기계장치 장부금액: ₩1,000,000 - ₩1,000,000 × 1/5 =	₩800,000
② 기계장치 회수가능액	₩(700,000)
③ 유형자산손상차손	₩100,000

2. 20×2년 당기순이익에 미치는 영향: ₩(280,000)

(1) 20×2년 감가상각비: (₩700,000 - ₩0) ÷ 4년 = ₩(175,000)

(2) 20×2년 말 손상차손: ₩(105,000)

① 기계장치 장부금액: ₩700,000 - ₩700,000 × 1/4 =	₩525,000
② 기계장치 회수가능액	₩(420,000)
③ 유형자산손상차손	₩105,000

3. 20×3년 당기순이익에 미치는 영향: (1) + (2) = ₩(20,000)

(1) 20×3년 감가상각비: (₩420,000 - ₩0) ÷ 3년 = ₩(140,000)

(2) 20×3년 말 손상차손환입: ₩120,000

① 기계장치 회수가능액: Min[₩580,000, ₩400,000[1)]] =	₩400,000
② 기계장치 장부금액: ₩420,000 - ₩420,000 × 1/3 =	₩(280,000)
③ 유형자산손상차손환입	₩120,000

[1)] 손상되지 않았을 경우의 장부금액: ₩1,000,000 - ₩1,000,000 × 3/5 = ₩400,000

4. 20×3년 당기순이익에 미치는 영향은 다음과 같이 풀이할 수도 있다.

20×3년 말 장부금액 - 20×2년 말 장부금액 = ₩400,000 - ₩420,000 = ₩(20,000)

별해

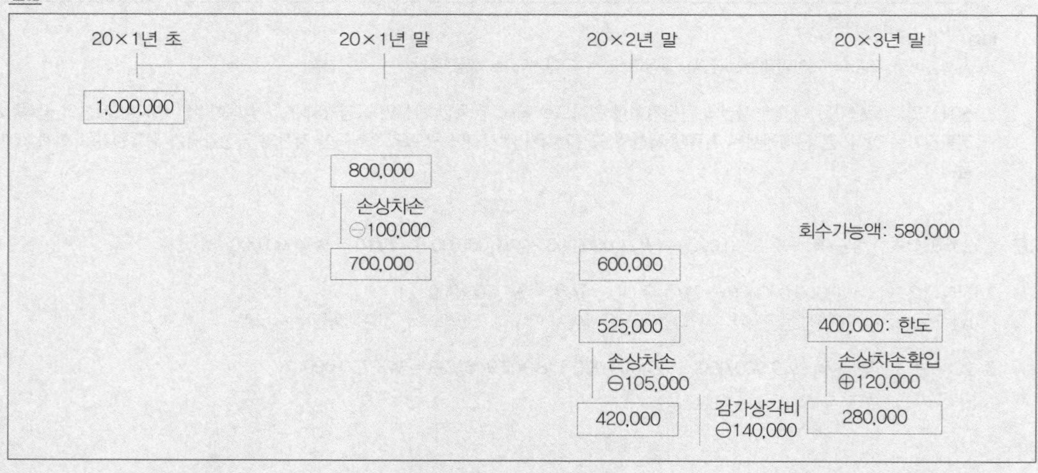

정답 08 ②

09 1. 20×5년도에 인식할 재평가잉여금: ₩250,000 - ₩300,000 × 4/5 = ₩10,000

2. 20×6년도에 인식할 재평가손실: (₩250,000 × 3/4 - ₩150,000) - ₩10,000 = ₩27,500

3. 20×7년도에 인식할 재평가잉여금: (₩130,000 - ₩150,000 × 2/3) - ₩27,500 = ₩2,500

4. 회계처리

구분	차변	금액	대변	금액
20×5년 초	(차) 기계장치	300,000	(대) 현금	300,000
20×5년 말 ① 감가상각	(차) 감가상각비(NI)[1]	60,000	(대) 감가상각누계액	60,000
② 재평가	(차) 감가상각누계액	60,000	(대) 기계장치 재평가잉여금(OCI)	50,000 10,000
20×6년 말 ① 감가상각	(차) 감가상각비(NI)[2]	62,500	(대) 감가상각누계액	62,500
② 대체	N/A			
③ 재평가	(차) 감가상각누계액 재평가잉여금(OCI)[3] 재평가손실(NI)[4]	62,500 10,000 27,500	(대) 기계장치	100,000
20×7년 말 ① 감가상각	(차) 감가상각비(NI)[5]	50,000	(대) 감가상각누계액	50,000
② 대체	N/A			
③ 재평가	(차) 감가상각누계액	50,000	(대) 기계장치 재평가이익(NI)[6] 재평가잉여금(OCI)[7]	20,000 27,500 2,500

[1] (₩300,000 - ₩0) ÷ 5년 = ₩60,000
[2] (₩250,000 - ₩0) ÷ 4년 = ₩62,500
[3] ₩10,000(전기에 인식한 재평가잉여금)
[4] ₩37,500(장부금액감소분) - ₩10,000(전기에 인식한 재평가잉여금) = ₩27,500
[5] (₩150,000 - ₩0) ÷ 3년 = ₩50,000
[6] ₩27,500(전기에 인식한 재평가손실)
[7] ₩30,000(장부금액증가분) - ₩27,500(전기에 인식한 재평가손실) = ₩2,500

별해

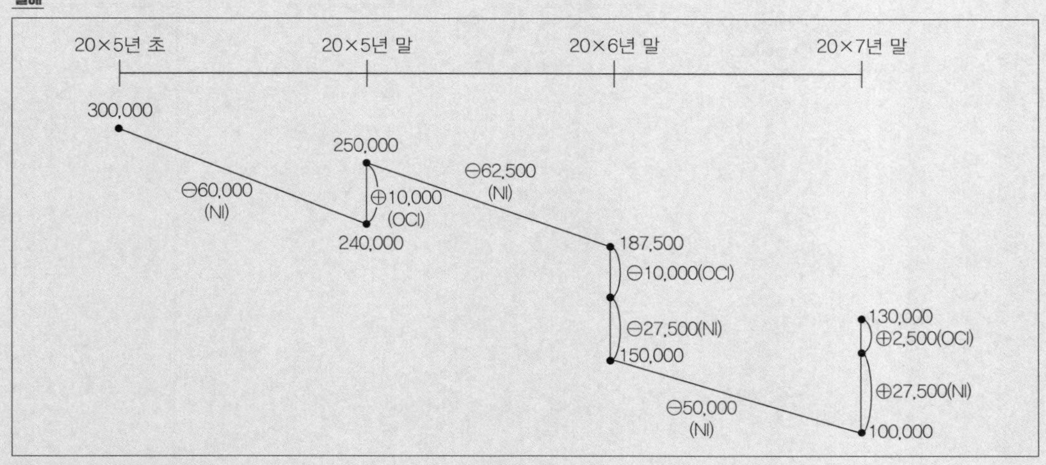

정답 09 ②

10 ① 20×6년 초 유형자산처분이익: ₩28,000,000 - ₩35,000,000 × 5/7 = ₩3,000,000

② 20×3년 말 재평가잉여금: ₩35,000,000 - ₩40,000,000 × 7/10 = ₩7,000,000
재평가잉여금을 사용하는 기간 동안 대체하지 않는 경우 처분시점에 일시에 대체되어 반영될 수 있다.

③ 재평가잉여금을 사용하는 기간 동안 대체하는 경우 20×6년 초 재평가잉여금
₩7,000,000 - ₩7,000,000 × 2/7 = ₩5,000,000
재평가잉여금을 사용하는 기간 동안 대체하는 경우 20×6년 초 재평가잉여금 잔액이 처분시점에 일시에 대체되어 반영될 수 있다.

④ 유형자산을 제거할 때 당해 유형자산과 관련된 재평가잉여금은 당기손익으로 재분류조정할 수 없다.

⑤ 재평가의 회계처리는 비례법과 감가상각누계액제거법이 있다. 비례법으로 회계처리한다면 감가상각누계액은 ₩25,000,000이 제거될 수 있다.

(1) 20×3년 말 재평가

	재평가 전		재평가		재평가 후
기계장치	₩40,000,000	+	₩10,000,000	=	₩50,000,000
감가상각누계액	₩(12,000,000)	+	₩(3,000,000)	=	₩(15,000,000)
장부금액	₩28,000,000	+	₩7,000,000	=	₩35,000,000

(2) 20×4년과 20×5년 감가상각누계액의 증가: ₩35,000,000 × 2/7 = ₩10,000,000

(3) 20×6년 초 감가상각누계액 잔액: ₩15,000,000 + ₩10,000,000 = ₩25,000,000

11 1. 20×1년 초 회계처리

20×1년 초	(차) 기계장치	1,000,000	(대) 현금	1,000,000

2. 20×1년 말 회계처리

20×1년 말				
① 감가상각	(차) 감가상각비(NI)[1]	200,000	(대) 감가상각누계액	200,000
② 재평가	(차) 기계장치	125,000	(대) 감가상각누계액	25,000
			재평가잉여금(OCI)	100,000

[1] (₩1,000,000 - ₩0) ÷ 5년 = ₩200,000

<u>참고</u> 20×1년 말 기계장치 장부금액

구분	재평가 전		재평가		재평가 후
기계장치	₩1,000,000	+	₩125,000	=	③ ₩1,125,000
감가상각누계액	₩(200,000)	+	₩(25,000)	=	② ₩(225,000)
장부금액	₩800,000	+	₩100,000	=	① ₩900,000

① ₩800,000 × 1.125 = ₩900,000
② ₩(200,000) × 1.125 = ₩(225,000)
③ ₩1,000,000 × 1.125 = ₩1,125,000

정답 10 ④ 11 ③

3. 20×2년 말 회계처리

구분	차변	금액	대변	금액
20×2년 말 ① 감가상각	(차) 감가상각비(NI)[1]	225,000	(대) 감가상각누계액	225,000
② 대체	(차) 재평가잉여금(자본)[2]	25,000	(대) 이익잉여금	25,000
③ 재평가	(차) 감가상각누계액 재평가잉여금(OCI)[3] 재평가손실(NI)[4]	116,667 75,000 100,000	(차) 기계장치	291,667

[1] (₩900,000 - ₩0) ÷ 4년 = ₩225,000

[2] ₩225,000(재평가기준 감가비) - ₩200,000(최초 취득원가기준 감가비) = ₩25,000

[3] ₩100,000(전기 말 재평가잉여금) - ₩25,000(이익잉여금대체금액) = ₩75,000

[4] ₩500,000(당기 말 공정가치) - (₩1,000,000 - ₩1,000,000 × 2/5)(최초 취득원가기준 장부금액) = ₩(100,000)

참고 20×2년 말 기계장치 장부금액

구분	재평가 전		재평가		재평가 후
기계장치	₩1,125,000	+	₩(291,667)	=	③ ₩833,333
감가상각누계액	₩(450,000)	+	₩116,667	=	② ₩(333,333)
장부금액	₩675,000	+	₩(175,000)	=	① ₩500,000

① ₩675,000 × (₩500,000/₩675,000) = ₩500,000
② ₩(450,000) × (₩500,000/₩675,000) = ₩(333,333)
③ ₩1,125,000 × (₩500,000/₩675,000) = ₩833,333

12 1. 20×2년도 당기손익에 미치는 영향: (1) + (2) = ₩(160,000)

(1) 감가상각비: (₩570,000 - ₩0) ÷ 3년 = ₩(190,000)

(2) 재평가이익: ₩30,000

2. 회계처리

구분	차변	금액	대변	금액
20×1년 초	(차) 기계장치(신) 현금 유형자산처분손실	800,000 100,000 100,000	(대) 기계장치(구)	1,000,000
20×1년 말 ① 감가상각	(차) 감가상각비(NI)[1]	200,000	(대) 감가상각누계액	200,000
② 재평가	(차) 감가상각누계액 재평가손실(NI)	200,000 30,000	(대) 기계장치	230,000
20×2년 말 ① 감가상각	(차) 감가상각비(NI)[2]	190,000	(대) 감가상각누계액	190,000
② 대체	N/A			
③ 재평가	(차) 감가상각누계액	190,000	(대) 기계장치 재평가이익(NI)[3] 재평가잉여금(OCI)[4]	150,000 30,000 10,000

[1] (₩800,000 - ₩0) ÷ 4년 = ₩200,000

[2] (₩570,000 - ₩0) ÷ 3년 = ₩190,000

[3] ₩30,000(전기에 인식한 재평가손실)

[4] ₩40,000(장부금액증가분) - ₩30,000(전기에 인식한 재평가손실) = ₩10,000

정답 12 ②

13 1. 20×1년 초 회계처리

20×1년 초	(차) 기계장치	1,000,000	(대) 현금	1,000,000

2. 20×1년 말 회계처리

구분	차변	금액	대변	금액
① 감가상각	(차) 감가상각비(NI)[1]	200,000	(대) 감가상각누계액	200,000
② 재평가	(차) 감가상각누계액	200,000	(대) 기계장치	160,000
			재평가잉여금(OCI)	40,000

1) (₩1,000,000 - ₩0) ÷ 5년 = ₩200,000

• 20×1년 말 기계장치 장부금액

구분	재평가 전		재평가		재평가 후
기계장치	₩1,000,000	+	₩(160,000)	=	₩840,000
감가상각누계액	₩(200,000)	+	₩200,000	=	₩0
장부금액	₩800,000	+	₩40,000	=	₩840,000

3. 20×2년 말 회계처리

구분	차변	금액	대변	금액
① 감가상각	(차) 감가상각비(NI)[1]	210,000	(대) 감가상각누계액	210,000
② 대체	N/A			
③ 재평가	(차) 감가상각누계액	210,000	(대) 기계장치	240,000
	재평가잉여금(OCI)	30,000		
④ 손상차손	(차) 재평가잉여금(OCI)[2]	10,000	(대) 손상차손누계액[4]	120,000
	유형자산손상차손(NI)[3]	110,000		

1) (₩840,000 - ₩0) ÷ 4년 = ₩210,000

2) ₩40,000 - ₩30,000 = ₩10,000(재평가잉여금잔액)

3) ₩120,000(손상차손총액) - ₩10,000(재평가잉여금잔액) = ₩110,000

4) 손상차손누계액

장부금액	₩600,000
회수가능액: Max[₩600,000 - ₩150,000, ₩480,000] =	₩(480,000)
손상차손누계액	₩120,000

• 20×2년 말 기계장치 장부금액(손상차손 인식 전)

구분	재평가 전		재평가		재평가 후
기계장치	₩840,000	+	₩(240,000)	=	₩600,000
감가상각누계액	₩(210,000)	+	₩210,000	=	₩0
장부금액	₩630,000	+	₩(30,000)	=	₩600,000

4. 20×3년 말 회계처리

구분	차변	금액	대변	금액
① 감가상각	(차) 감가상각비(NI)[1]	160,000	(대) 감가상각누계액	160,000
② 대체	N/A			
③ 손상차손환입	(차) 손상차손누계액[2]	110,000	(대) 유형자산손상차손환입(NI)[3]	110,000
④ 재평가	(차) 감가상각누계액	160,000	(대) 기계장치	100,000
	손상차손누계액	10,000	재평가잉여금(OCI)	70,000

1) (₩480,000 - ₩0) ÷ 3년 = ₩160,000

2) 손상차손환입

회수가능액: Max[₩500,000 - ₩80,000, ₩430,000] =	₩430,000
장부금액: ₩600,000 - ₩160,000 - ₩120,000 =	₩(320,000)
손상차손환입	₩110,000

3) 전기에 인식한 손상차손금액을 한도로 당기이익으로 인식하고 초과분은 기타포괄손익으로 인식함

정답 13 ⑤

• 20×3년 말 기계장치 장부금액

구분	재평가 전		재평가		재평가 후
기계장치	₩600,000	+	₩(100,000)	=	₩500,000
감가상각누계액	₩(160,000)	+	₩160,000	=	₩0
손상차손누계액	₩(10,000)		₩10,000		₩0
장부금액	₩430,000	+	₩70,000	=	₩500,000

5. 20×3년 당기손익에 미치는 영향: ₩(160,000) + ₩110,000 = ₩(50,000)

별해

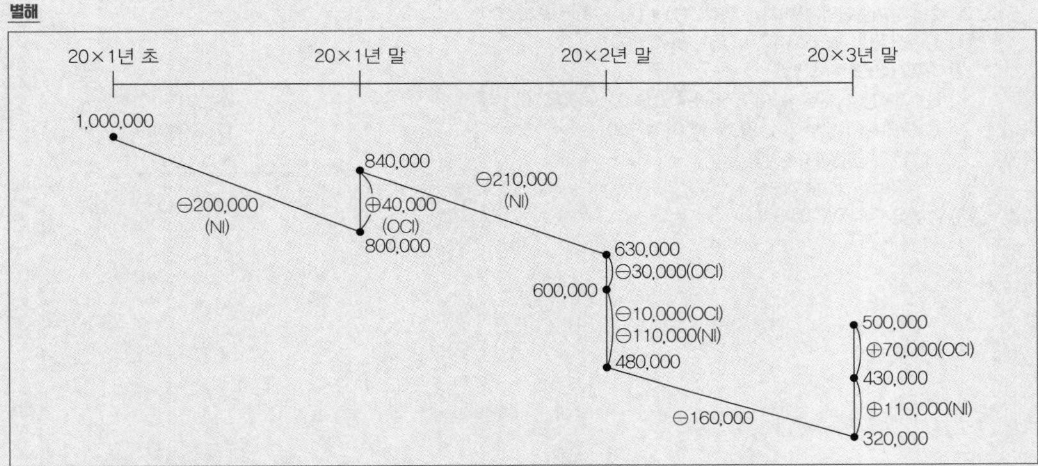

14 1. 20×5년

(1) 연평균지출액: ₩800,000 × 8/12 + ₩400,000 × 2/12 = ₩600,000

(2) 자본화이자율

$$\frac{₩300,000 \times 9\% \times 8/12 + ₩400,000 \times 12\% \times 3/12}{₩300,000 \times 8/12 + ₩400,000 \times 3/12} = \frac{₩30,000}{₩300,000} = 10\%$$

(3) 자본화가능차입원가

① 특정차입금: ₩700,000 × 6% × 8/12 − ₩100,000 × 3% × 5/12 = ₩26,750

② 일반차입금: (₩600,000 − ₩425,000[1]) × 10% = ₩17,500(한도: ₩30,000) = ₩17,500

계 ₩44,250

[1] ₩700,000 × 8/12 − ₩100,000 × 5/12 = ₩425,000

2. 20×6년

(1) 연평균지출액: ₩1,200,000 × 9/12 + ₩500,000 × 9/12 + ₩400,000 × 3/12 = ₩1,375,000

(2) 자본화이자율

$$\frac{₩300,000 \times 9\% \times 8/12 + ₩400,000 \times 12\% \times 3/12}{₩300,000 \times 8/12 + ₩400,000 \times 3/12} = \frac{₩30,000}{₩300,000} = 10\%$$

(3) 자본화가능차입원가

① 특정차입금: ₩700,000 × 6% × 9/12 = ₩31,500

② 일반차입금: (₩1,375,000 − ₩525,000[1]) × 10% = ₩85,000(한도: ₩30,000) = ₩30,000

계 ₩61,500

[1] ₩700,000 × 9/12 = ₩525,000

정답 14 ①

15 **1. 20×1년 당기순이익에 미치는 영향: (1) + (2) = ₩(240,000)**

(1) 감가상각비: ₩600,000 × 1/6 = ₩(100,000)

(2) 유형자산손상차손

① 건물 장부금액: ₩600,000 - ₩600,000 × 1/6 =	₩500,000
② 건물 회수가능액: Max[₩360,000[1)], ₩319,416[2)]] =	(360,000)
③ 유형자산손상차손	₩140,000

1) 순공정가치: ₩370,000 - ₩10,000 = ₩360,000

2) 사용가치: ₩80,000 × 3.9927 = ₩319,416

2. 20×2년 당기순이익에 미치는 영향: (1) + (2) + (3) = ₩20,000

(1) 감가상각비: ₩360,000 × 1/5 = ₩(72,000)

(2) 유형자산손상차손환입

① 기계장치 회수가능액: Min[₩450,000, ₩400,000[1)]] =	₩400,000
② 기계장치 장부금액: ₩360,000 - ₩360,000 × 1/5 =	(288,000)
③ 유형자산손상차손환입	₩112,000

1) 손상되지 않았을 경우의 장부금액: ₩600,000 - ₩600,000 × 2/6 = ₩400,000

(3) 수선유지비: ₩(20,000)

정답 15 ①

16 1. 20×1년도 당기순이익에 미치는 영향: (1) + (2) = ₩(480,000) 감소
(1) 감가상각비: (₩1,500,000 - ₩100,000) × 1/5 = ₩(280,000)
(2) 재평가손실: ₩1,020,000 - ₩1,220,000 = ₩(200,000)

2. 20×2년도 당기순이익에 미치는 영향: (1) + (2) = ₩0(영향 없음)
(1) 감가상각비: (₩1,020,000 + ₩300,000 - ₩120,000) × 1/6 = ₩(200,000)
(2) 재평가이익: ₩200,000

3. 회계처리

20×1년 초	(차) 기계장치	1,500,000	(대) 현금	1,500,000
20×1년 말	(차) 감가상각비(NI)	280,000[1]	(대) 감가상각누계액	280,000
	(차) 감가상각누계액	280,000	(대) 기계장치	480,000
	재평가손실(NI)	200,000		
20×2년 초	(차) 기계장치	300,000	(대) 현금	300,000
20×2년 말	(차) 감가상각비(NI)	200,000[2]	(대) 감가상각누계액	200,000
	(차) 감가상각누계액	200,000	(대) 재평가이익(NI)	200,000
	기계장치	30,000	재평가잉여금(OCI)	30,000

[1] (₩1,500,000 - ₩100,000) × 1/5 = ₩280,000
[2] (₩1,020,000 + ₩300,000 - ₩120,000) × 1/6 = ₩200,000

별해

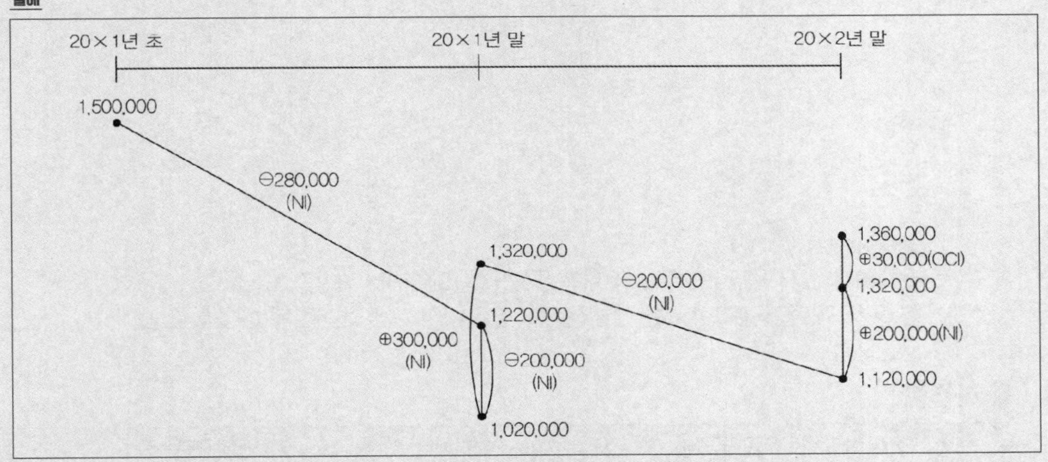

정답 16 ①

☀ 객관식 문제풀이에 앞서 각 장의 주요 주제별 중요도를 파악해볼 수 있습니다.
☀ 시험 대비를 위해 꼭 풀어보아야 하는 필수문제를 정리하여 효율적으로 학습할 수 있습니다.

1. 출제경향

주요 주제	중요도
1. 이론형 문제	★★★★★
2. 내부적으로 창출한 무형자산	★★★★
3. 원가모형의 손상	★★★
4. 재평가모형	★★

2. 필수문제 리스트

구분		필수문제 번호
회계사	기본문제	1, 2, 4, 5, 6, 7, 8, 9, 10, 11, 12, 14
	고급문제	4, 5, 6, 7, 8
세무사	기본문제	1, 2, 4, 5, 6, 7, 8, 9, 10, 11, 12, 13
	고급문제	1, 2, 5

Chapter 7

무형자산

■ 기본문제

■ 고급문제

■ 정답 및 해설

기본문제

01 무형자산의 정의 및 인식기준에 관한 설명으로 옳지 않은 것은? [2014 세무사 1차]

① 무형자산을 최초로 인식할 때에는 원가로 측정한다.
② 무형자산의 미래경제적효익에 대한 통제능력은 일반적으로 법원에서 강제할 수 있는 법적 권리에서 나오나, 권리의 법적 집행가능성이 통제의 필요조건은 아니다.
③ 계약상 권리 또는 기타 법적 권리는 그러한 권리가 이전가능하거나 또는 기업에서 분리가능한 경우 무형자산 정의의 식별가능성 조건을 충족한 것으로 본다.
④ 미래경제적효익이 기업에 유입될 가능성은 무형자산의 내용연수 동안의 경제적 상황에 대한 경영자의 최선의 추정치를 반영하는 합리적이고 객관적인 가정에 근거하여 평가하여야 한다.
⑤ 무형자산으로부터의 미래경제적효익은 제품의 매출, 용역수익, 원가절감 또는 자산의 사용에 따른 기타 효익의 형태로 발생할 수 있다.

02 무형자산의 인식 및 측정에 관한 설명으로 옳은 것은? [2013 세무사 1차]

① 개별 취득하는 무형자산은 자산에서 발생하는 미래경제적효익이 기업에 유입될 가능성이 높다는 발생가능성 인식기준을 항상 충족하는 것으로 본다.
② 새로운 지역에서 또는 새로운 계층의 고객을 대상으로 사업을 수행하는 데서 발생하는 원가는 무형자산 원가에 포함한다.
③ 내부적으로 창출한 브랜드, 제호, 출판표제, 고객 목록은 개발하는 데 발생한 원가를 전체 사업과 구별할 수 없더라도 무형자산으로 인식한다.
④ 무형자산에 대한 대금지급기간이 일반적인 신용기간보다 긴 경우 무형자산의 원가는 실제 총지급액이 된다.
⑤ 새롭거나 개선된 재료, 장치, 제품, 공정, 시스템이나 용역에 대한 여러 가지 대체안을 최종 선택하는 활동은 개발활동의 예로서 해당 지출은 무형자산으로 인식한다.

03 무형자산에 관한 설명으로 옳지 않은 것은? [2010 세무사 1차]

① 사업결합으로 취득한 연구 · 개발프로젝트의 경우 사업결합 전에 그 자산을 피취득자가 인식하였는지 여부에 관계없이 취득일에 무형자산의 정의를 충족한다면 취득자는 영업권과 분리하여 별도의 무형자산으로 인식한다.
② 내부적으로 창출한 브랜드, 제호, 출판표제, 고객 목록은 무형자산으로 인식하지 않는다.
③ 자산을 운용하는 직원의 교육훈련과 관련된 지출은 내부적으로 창출한 무형자산의 원가에 포함한다.
④ 무형자산을 창출하기 위한 내부프로젝트를 연구단계와 개발단계로 구분할 수 없는 경우에는 그 프로젝트에서 발생한 지출은 모두 연구단계에서 발생한 것으로 본다.
⑤ 교환거래(사업결합과정에서 발생한 것이 아닌)로 취득한 동일하거나 유사한, 비계약적 고객관계는 고객관계를 보호할 법적 권리가 없는 경우에도 무형자산의 정의를 충족한다.

04 무형자산의 회계처리에 대한 옳은 설명은? [2017 공인회계사 1차]

① 무형자산을 최초로 인식할 때에는 공정가치로 측정한다.
② 내부적으로 창출한 브랜드, 제호, 출판표제, 고객 목록과 이와 실질이 유사한 항목은 무형자산으로 인식한다.
③ 연구결과를 최종 선택, 응용하는 활동과 관련된 지출은 내부적으로 창출된 무형자산의 취득원가에 포함한다.
④ 무형자산을 창출하기 위한 내부 프로젝트를 연구단계와 개발단계로 구분할 수 없는 경우에는 그 프로젝트에서 발생한 지출은 모두 개발단계에서 발생한 것으로 본다.
⑤ 내용연수가 유한한 무형자산의 상각방법은 자산의 경제적 효익이 소비될 것으로 예상되는 형태를 반영한 방법이어야 한다. 다만, 그 형태를 신뢰성 있게 결정할 수 없는 경우에는 정액법을 사용한다.

05 무형자산과 관련된 다음의 설명 중 옳지 않은 것은? [2014 공인회계사 1차]

① 무형자산을 최초로 인식할 때에는 원가로 측정한다.
② 최초의 비용으로 인식한 무형자산에 대한 지출은 그 이후에 무형자산의 인식요건을 만족하게 된 경우에 한하여 무형자산의 원가로 다시 인식할 수 있다.
③ 무형자산을 창출하기 위한 내부 프로젝트를 연구단계와 개발단계로 구분할 수 없는 경우에는 그 프로젝트에서 발생한 지출은 모두 연구단계에서 발생한 것으로 본다.
④ 내부적으로 창출한 브랜드, 제호, 출판표제, 고객 목록과 이와 실질이 유사한 항목은 무형자산으로 인식하지 않는다.
⑤ 계약상 권리 또는 기타 법적 권리로부터 발생하는 무형자산의 내용연수는 그러한 계약상 권리 또는 기타 법적 권리의 기간을 초과할 수는 없지만, 자산의 예상사용기간에 따라 더 짧을 수는 있다.

06 기업회계기준서 제1038호 '무형자산'에 관한 다음 설명 중 옳지 않은 것은? [2021 공인회계사 1차]

① 개별 취득하는 무형자산의 원가는 그 자산을 경영자가 의도하는 방식으로 운용될 수 있는 상태에 이를 때까지 인식하므로 무형자산을 사용하거나 재배치하는 데 발생하는 원가도 자산의 장부금액에 포함한다.
② 미래경제적효익이 기업에 유입될 가능성은 무형자산의 내용연수 동안의 경제적 상황에 대한 경영자의 최선의 추정치를 반영하는 합리적이고 객관적인 가정에 근거하여 평가하여야 한다.
③ 자산의 사용에서 발생하는 미래경제적효익의 유입에 대한 확실성 정도에 대한 평가는 무형자산을 최초로 인식하는 시점에서 이용 가능한 증거에 근거하며, 외부 증거에 비중을 더 크게 둔다.
④ 무형자산의 미래경제적효익은 제품의 매출, 용역수익, 원가절감 또는 자산의 사용에 따른 기타 효익의 형태로 발생할 수 있다.
⑤ 내부적으로 창출한 영업권은 원가를 신뢰성 있게 측정할 수 없고 기업이 통제하고 있는 식별가능한 자원이 아니기 때문에 자산으로 인식하지 아니한다.

07 다음은 제약회사인 ㈜갑의 20×1년도 독감 치료용 신약을 위한 연구, 개발 및 생산과 관련된 자료이다.

구분	연구 및 개발활동 지출 내역	금액
(1)	독감의 원인이 되는 새로운 바이러스를 찾기 위한 지출	₩300,000
(2)	바이러스 규명에 필요한 동물실험을 위한 지출	₩10,000
(3)	상업용 신약 생산에 필요한 설비 취득을 위한 지출	₩400,000
(4)	신약을 개발하는 시험공장 건설을 위한 지출 (상업적 생산목적으로 실현가능한 경제적 규모가 아님)	₩500,000
(5)	신약의 상업화 전 최종 임상실험을 위한 지출	₩60,000
(6)	신약 생산 전 시제품을 시험하기 위한 지출	₩20,000
(7)	바이러스 동물실험결과의 평가를 위한 지출	₩30,000

㈜갑이 20×1년에 당기손익으로 인식할 연구비와 자산으로 인식할 개발비는 각각 얼마인가? 단, 개발비로 분류되는 지출의 경우 20×1년 말 시점에 개발비 자산인식요건을 충족한다고 가정한다.

[2012 공인회계사 1차]

	연구비	개발비
①	₩340,000	₩580,000
②	₩340,000	₩980,000
③	₩740,000	₩580,000
④	₩740,000	₩80,000
⑤	₩840,000	₩80,000

08 다음은 ㈜국세의 20×1년도 연구 및 개발활동 지출 내역이다. 이를 이용하여 물음에 답하시오.

(1) 새로운 지식을 얻고자 하는 활동: ₩100,000
(2) 생산이나 사용 전의 시제품과 모형을 제작하는 활동: ₩150,000
(3) 상업적 생산 목적으로 실현가능한 경제적 규모가 아닌 시험공장을 건설하는 활동 : ₩200,000
(4) 연구결과나 기타 지식을 응용하는 활동: ₩300,000

㈜국세가 20×1년도 연구활동으로 분류해야 하는 금액은 얼마인가? [2010 세무사 1차]

① ₩100,000 ② ₩250,000 ③ ₩400,000
④ ₩450,000 ⑤ ₩750,000

09 무형자산에 관한 다음 설명 중 옳은 것은? [2018 공인회계사 1차]

① 무형자산을 최초로 인식할 때에는 공정가치로 측정한다.
② 내용연수가 비한정인 무형자산은 상각하지 않는다.
③ 내용연수가 비한정인 무형자산을 유한 내용연수로 재평가하는 경우에는 자산손상의 징후에 해당되지 않으므로 손상차손을 인식하지 않는다.
④ 내용연수가 유한한 무형자산의 잔존가치는 내용연수 종료시점에 제3자가 자산을 구입하기로 한 약정이 있다고 하더라도 영(0)으로 본다.
⑤ 미래경제적효익 창출에 대해 식별 가능하고 해당 원가를 신뢰성 있게 결정할 수 있는 경우에는 내부적으로 창출한 영업권이라도 무형자산으로 인식할 수 있다.

10 내용연수가 유한한 무형자산과 유형자산의 감가상각에 대한 설명으로 옳지 않은 것은? [2013 세무사 1차 수정]

① 내용연수가 유한한 무형자산과 유형자산의 잔존가치는 해당 자산의 장부금액보다 큰 금액으로 증가할 수 없다.
② 내용연수가 유한한 무형자산과 유형자산의 감가상각방법은 변경될 수 있으며, 이러한 변경은 회계추정치의 변경으로 회계처리한다.
③ 내용연수가 유한한 무형자산과 유형자산의 감가상각방법에는 정액법, 체감잔액법 및 생산량비례법이 있다.
④ 내용연수가 유한한 무형자산과 유형자산의 감가상각방법은 자산의 미래경제적효익이 소비되는 형태를 반영한다.
⑤ 내용연수가 유한한 무형자산과 유형자산의 감가상각방법은 적어도 매 회계연도 말에 재검토한다.

11 ㈜한국은 제품 공정 A를 연구개발하고 있으며 20×5년 동안에 공정 A 연구개발을 위해 지출한 금액은 ₩100,000이었다. 이 금액 중 ₩70,000은 20×5년 10월 1일 이전에 지출되었고, ₩30,000은 20×5년 10월 1일부터 12월 31일까지 지출되었다. 공정 A는 20×5년 10월 1일에 무형자산 인식기준을 충족하게 되었다. 또한 ㈜한국은 20×6년 중 공정 A를 위해 추가로 ₩30,000을 지출하였다. 공정 A가 갖는 노하우의 회수가능액(그 공정이 사용가능하기 전에 해당 공정을 완료하기 위한 미래 현금유출액 포함)은 다음과 같다.

구분	20×5년 말	20×6년 말
회수가능액	₩20,000	₩70,000

㈜한국의 20×5년도와 20×6년도의 순이익에 미치는 영향은 각각 얼마인가? 단, 무형자산에 대해 상각하지 않으며, 원가모형을 적용한다. 또한, 20×5년도는 손상 조건을 충족하고, 20×6년도는 손상회복 조건을 충족한다. [2015 공인회계사 1차]

	20×5년도	20×6년도
①	₩80,000 감소	₩20,000 감소
②	₩80,000 감소	₩10,000 증가
③	₩70,000 감소	₩20,000 감소
④	₩70,000 감소	₩10,000 감소
⑤	₩70,000 감소	₩10,000 증가

12 ㈜강내는 신제품에 대한 새로운 생산공정을 개발하고 있는데, 동 생산공정 개발은 20×1년 10월 1일부터 무형자산의 인식기준을 충족한다. 이와 관련하여 20×1년 동안 발생한 지출은 ₩100,000이었고, 그 중 ₩60,000은 20×1년 10월 1일 전에 발생하였으며, ₩40,000은 20×1년 10월 1일과 20×1년 12월 31일 사이에 발생했다. 20×1년 말 동 생산공정 개발비의 공정가치는 ₩45,000이며, 손상은 없었다. 20×2년 말 동 생산공정 개발비의 공정가치는 20×1년 말 대비 변동이 없었으나, 동 무형자산이 속해 있는 사업부의 손상으로 배부받은 ₩9,000을 손상차손으로 인식했다. 취득시점 이후에 동 무형자산을 재평가모형으로 평가할 때 20×2년도에 인식할 당기손실은 얼마인가? (단, 동 무형자산은 상각하지 않으며, 법인세효과는 고려하지 않는다)

[2010 공인회계사 1차]

① ₩9,000 ② ₩6,000 ③ ₩5,000
④ ₩4,000 ⑤ ₩0

13 ㈜세무는 신제품 개발활동으로 연구개발비가 다음과 같이 발생하였다. 차입원가는 연구개발활동과 관련된 특정차입금에서 발생한 이자비용이다. 20×1년은 연구단계이고, 20×2년은 개발단계(무형자산의 인식요건을 충족함)에 속하는데, 20×2년 7월 1일에 프로젝트가 완료되어 제품생산에 사용되었다. 무형자산(개발비)은 내용연수 5년, 잔존가치 ₩0, 정액법 상각(월할상각)하며, 원가모형을 적용한다. 20×2년 12월 31일 무형자산(개발비)의 장부금액은? [2017 세무사 1차]

내역	20×1년 1월 1일 ~ 20×1년 12월 31일	20×2년 1월 1일 ~ 20×2년 6월 30일
연구원 급여	₩40,000	₩30,000
시험용 원재료 사용액	₩25,000	₩20,000
시험용 기계장치 감가상각비	₩10,000	₩5,000
차입원가	₩5,000	₩5,000

① ₩49,500 ② ₩50,000 ③ ₩54,000
④ ₩55,000 ⑤ ₩60,000

14 다음 무형자산과 노천광산 생산단계의 박토원가의 회계처리에 대한 설명 중 옳은 것은? [2016 공인회계사 1차]

① 무형자산을 창출하기 위한 내부 프로젝트를 연구단계와 개발단계로 구분할 수 없는 경우에는 그 프로젝트에서 발생한 지출은 모두 개발단계에서 발생한 것으로 본다.
② 내부적으로 창출한 브랜드, 제호, 출판표제, 고객 목록과 이와 실질이 유사한 항목은 무형자산으로 인식한다.
③ 개별 취득하는 무형자산이라도 자산에서 발생하는 미래경제적효익이 기업에 유입될 가능성이 높다는 발생가능성 기준을 항상 충족하는 것은 아니라고 본다.
④ 박토활동자산의 원가와 생산된 재고자산의 원가를 별도로 식별할 수 없는 경우, 관련된 생산측정치를 기초로 한 배분 기준을 이용하여 생산 관련 박토원가를 생산된 재고자산과 박토활동자산에 배분한다.
⑤ 박토활동의 결과로 보다 더 접근하기 쉬워진, 광체의 식별된 구성요소에 예상내용연수에 걸쳐 체계적인 방법에 따라 박토활동자산을 감가상각하거나 상각하는 데, 다른 방법이 더 적절하지 않다면 정액법을 적용한다.

고급문제

01 무형자산의 회계처리에 관한 설명으로 옳은 것은? [2022 세무사 1차]

① 내용연수가 비한정인 무형자산의 비한정 내용연수를 유한 내용연수로 변경하는 것은 회계정책의 변경이다.

② 자산을 운용하는 직원의 교육훈련과 관련된 지출은 내부적으로 창출한 내용연수가 비한정인 무형자산의 원가에 포함한다.

③ 내부적으로 창출한 브랜드, 제호, 출판표제, 고객 목록과 이와 실질이 유사한 항목은 내용연수가 비한정인 무형자산으로 인식한다.

④ 내용연수가 유한한 무형자산을 내용연수 종료 시점에 제3자가 구입하기로 약정한 경우 잔존가치는 영(0)으로 보지 않는다.

⑤ 경제적 효익이 소비될 것으로 예상되는 형태를 신뢰성 있게 결정할 수 없는 내용연수가 비한정인 무형자산은 정액법을 적용하여 상각한다.

02 무형자산의 회계처리에 관한 설명으로 옳지 않은 것은? [2019 세무사 1차 수정]

① 사업결합 과정에서 피취득자가 진행하고 있는 연구 · 개발 프로젝트가 무형자산의 정의를 충족한다면 사업결합 전에 그 자산을 피취득자가 인식하였는지 여부에 관계없이, 취득자는 피취득자의 무형자산을 영업권과 분리하여 인식한다.

② 무형자산의 인식기준을 충족하지 못하여 비용으로 인식한 지출은 그 이후에 무형자산의 원가로 인식할 수 없다.

③ 내용연수가 비한정인 무형자산을 유한 내용연수로 재평가하는 것은 그 자산의 손상을 시사하는 징후에 해당하지 않으므로 손상차손을 인식하지 않는다.

④ 상각하지 않는 무형자산에 대하여 사건과 상황이 그 자산의 내용연수가 비한정이라는 평가를 계속하여 정당화하는지를 매 회계기간에 검토하며, 사건과 상황이 그러한 평가를 정당화하지 않는 경우에 비한정 내용연수를 유한 내용연수로 변경하는 것은 회계추정치의 변경으로 회계처리한다.

⑤ 내부적으로 창출한 브랜드, 제호, 출판표제, 고객 목록과 이와 실질이 유사한 항목은 무형자산으로 인식하지 않는다.

03 ㈜대한은 20×1년부터 연구·개발하기 시작한 신기술이 20×2년 7월 1일에 완료되어 즉시 동 신기술을 사용하기 시작하였다. 동 신기술 연구·개발과 관련하여 20×1년 연구단계에서 지출한 금액은 ₩25,000이고 개발단계에서 지출한 금액은 ₩10,000이며, 20×2년 1월 1일부터 6월 30일까지의 개발단계에서 지출한 금액은 ₩30,000이다. 개발단계의 지출은 모두 무형자산의 인식요건을 충족한다. ㈜대한은 개발된 무형자산의 내용연수를 8년으로 추정하였으며, 정액법(잔존가치 ₩0)으로 상각한다. ㈜대한은 특허권 획득과 직접 관련하여 ₩1,000을 지출하고, 20×2년 10월 1일에 동 신기술에 대해 특허권을 획득하였다. 특허권의 내용연수는 5년으로 추정하였으며, 정액법(잔존가치 ₩0)으로 상각한다. 무형자산으로 인식한 개발비는 20×3년 말에 손상사유가 발생하여 회수가능금액 ₩25,000으로 평가되었고, 내용연수는 3년이 축소된 것으로 평가되었다. ㈜대한이 위 무형자산과 관련한 비용을 자본화하지 않는다고 할 때, 20×3년도 포괄손익계산서에 인식할 비용총액은 얼마인가? (단, 무형자산상각은 월할상각한다) [2011 세무사 1차]

① ₩5,000　② ₩5,200　③ ₩7,500
④ ₩12,500　⑤ ₩12,700

04 다음은 ㈜대한의 무형자산과 관련된 자료이다.

- ㈜대한은 탄소배출량을 혁신적으로 감소시킬 수 있는 신기술에 대해서 연구 및 개발활동을 수행하고 있다. ㈜대한의 20×1년과 20×2년의 연구 및 개발활동에서 발생한 지출내역을 요약하면 다음과 같다.

구분	20×1년	20×2년
연구활동	₩900,000	₩300,000
개발활동	-	₩3,500,000

- ㈜대한의 개발활동과 관련된 지출은 모두 무형자산의 인식요건을 충족한다.
- ㈜대한의 탄소배출량 감소와 관련된 신기술은 20×2년 중에 개발이 완료되었으며, 20×2년 10월 1일부터 사용가능하게 되었다.
- ㈜대한은 신기술 관련 무형자산에 대해서 원가모형을 적용하며 추정내용연수 20년, 잔존가치 ₩0, 정액법으로 상각한다.
- 20×3년 말 상기 신기술의 사업성이 매우 낮은 것으로 판명되었고, 신기술의 회수가능가액은 ₩2,000,000으로 평가되었다.

동 신기술 관련 무형자산 회계처리가 ㈜대한의 20×3년도 포괄손익계산서상 당기순이익에 미치는 영향은 얼마인가? [2022 공인회계사 1차]

① ₩1,496,250 감소　② ₩1,486,250 감소　③ ₩1,480,250 감소
④ ₩1,456,250 감소　⑤ ₩1,281,250 감소

05 ㈜갑이 20×1년 초에 취득한 무형자산과 관련된 자료는 다음과 같다.

구분	취득원가	내용연수	20×1년 말 회수가능액	20×2년 말 회수가능액
상표권	₩20,000	비한정적	₩21,000	₩18,000
특허권	₩80,000	4년	₩78,000	₩45,000

특허권은 정액법으로 상각하며, 잔존가치는 ₩0이다. 20×2년 말에는 상기 무형자산에 대해 손상징후가 발생하였다. ㈜갑은 무형자산에 대하여 재평가모형을 적용하며, 무형자산을 사용하면서 관련 재평가잉여금을 이익잉여금으로 대체하는 방법은 선택하지 않고 있다. ㈜갑이 20×2년도에 인식할 상표권 관련 손상차손과 20×2년 말 재무상태표에 표시할 특허권 관련 재평가잉여금은 각각 얼마인가? [2012 공인회계사 1차]

	손상차손	재평가잉여금
①	₩1,000	₩7,000
②	₩3,000	₩11,000
③	₩2,000	₩7,000
④	₩3,000	₩7,000
⑤	₩2,000	₩11,000

06 다음 중 웹 사이트 원가와 관련된 내용으로 옳지 않은 것은?

① 웹 사이트에서 내부 또는 외부 접근을 위한 기업 자체의 웹사이트의 개발과 운영에 내부 지출을 웹 사이트 원가(Web Site Costs)라고 한다.

② 기업이 내부 또는 외부 접근을 위해 개발한 자체의 웹 사이트는 내부적으로 창출한 무형자산이다.

③ 자체적으로 개발한 웹 사이트는 무형자산의 인식기준과 내부적으로 창출된 무형자산의 자산인식요건을 모두 충족하는 경우에만 무형자산으로 인식한다.

④ 계획단계는 연구단계와 성격이 유사하므로 계획단계에서의 지출은 발생시점에 당기비용으로 인식한다.

⑤ 콘텐츠 개발단계에서 발생한 지출은, 콘텐츠가 기업 자체의 재화와 용역을 광고하고 판매를 촉진하기 위하여 개발되었다면 무형자산으로 인식한다.

07 다음 중 탐사평가자산과 관련된 내용으로 옳지 않은 것은?

① 광물자원의 탐사와 평가활동 전에 발생한 지출은 어떠한 특정 광물자산과 관련될 수 없으므로 발생한 기간에 당기비용으로 처리하고 탐사평가자산으로 인식하지 않는다.

② 광물자원의 개발과 관련된 지출은 무형자산에서 살펴본 내부적으로 창출된 무형자산의 개발단계에서 발생한 예와 유사하므로 탐사평가자산으로 인식하지 아니하고, 무형자산의 인식기준에 따라 회계처리한다.

③ 광물자원 추출에 대한 기술적 실현가능성과 상업화가능성을 제시할 수 있는 시점에는 더 이상 탐사평가자산으로 분류하지 아니한다. 이 경우 탐사평가자산은 적절한 과목의 유형자산이나 무형자산으로 재분류하며, 탐사평가자산을 재분류하기 전에 손상을 검토하여 손상차손을 인식한다.

④ 광물자원 추출에 대한 기술적 실현가능성과 상업화가능성을 제시할 수 있는 시점 이후에 발생한 지출은 해당 탐사평가자산으로 처리한다.

⑤ 광물자원의 탐사와 평가를 수행한 결과로 특정기간에 제거와 복구 의무가 발생한 때에는 K-IFRS 제1037호 '충당부채, 우발부채, 우발자산'에 따라 의무를 복구충당부채로 인식한다.

08 무형자산의 인식과 측정에 대한 다음 설명 중 옳지 않은 것은? [2023 공인회계사 1차]

① 개별 취득하는 무형자산과 사업결합으로 취득하는 무형자산은 무형자산 인식조건 중 자산에서 발생하는 미래경제적효익이 기업에 유입될 가능성이 높다는 조건을 항상 충족하는 것은 아니다.

② 무형자산을 최초로 인식할 때에는 원가로 측정하며, 사업결합으로 취득하는 무형자산의 원가는 취득일 공정가치로 한다.

③ 사업결합으로 취득하는 자산이 분리가능하거나 계약상 또는 기타 법적 권리에서 발생한다면, 그 자산의 공정가치를 신뢰성 있게 측정하기에 충분한 정보가 존재한다.

④ 내부적으로 창출한 영업권과 내부 프로젝트의 연구단계에서 발생한 지출은 자산으로 인식하지 않는다.

⑤ 내부적으로 창출한 무형자산의 원가는 그 자산의 창출, 제조 및 경영자가 의도하는 방식으로 운영될 수 있게 준비하는데 필요한 직접 관련된 모든 원가를 포함한다.

기본문제 정답 및 해설

01 무형자산의 식별가능성은 기업실체나 다른 자산으로부터 분리될 수 있거나 계약상 또는 법적 권리로부터 발생함을 의미한다. 따라서 자산이 계약상 또는 기타 법적 권리로부터 발생한 경우 그러한 권리가 기업실체 또는 기타 권리와 의무로부터 이전될 수 있거나 분리가능한지는 고려하지 않는다.

02 ② 새로운 지역에서 또는 새로운 계층의 고객을 대상으로 사업을 수행하는 데서 발생하는 원가(교육훈련비를 포함)는 무형자산의 원가에 포함하지 않는 지출의 예이다.
③ 내부적으로 창출한 브랜드, 제호, 출판표제, 고객 목록과 이와 실질이 유사한 항목은 무형자산으로 인식하지 아니한다.
④ 무형자산에 대한 대금지급기간이 일반적인 신용기간보다 긴 경우 무형자산의 원가는 현금가격상당액이 된다. 현금가격상당액과 실제 총지급액과의 차액은 한국채택국제회계기준 제1023호 '차입원가'에 따라 자본화하지 않는 한 신용기간에 걸쳐 이자비용으로 인식한다.
⑤ 새롭거나 개선된 재료, 장치, 제품, 공정, 시스템이나 용역에 대한 여러 가지 대체안을 제안, 설계, 평가, 최종 선택하는 활동은 연구활동의 예이며, 이러한 연구단계에서 발생한 지출은 발생시점에 비용으로 인식한다.

03 기업은 숙련된 종업원이나 교육훈련으로부터 발생하는 미래경제적효익에 대해서 일반적으로 무형자산의 정의를 충족하기에 충분한 통제를 가지고 있지 않기 때문에 무형자산의 원가에 포함할 수 없다.

04 ① 무형자산을 최초로 인식할 때에는 원가로 측정한다.
② 내부적으로 창출한 브랜드, 제호, 출판표제, 고객 목록과 이와 실질이 유사한 항목은 사업을 전체적으로 개발하는 데 발생한 원가와 구별할 수 없으므로 무형자산으로 인식하지 않는다.
③ 연구결과를 최종 선택, 응용하는 활동과 관련된 지출은 연구단계에서 발생한 지출이며, 발생시점에 비용으로 인식하고 무형자산으로 인식하지 않는다.
④ 무형자산을 창출하기 위한 내부 프로젝트를 연구단계와 개발단계로 구분할 수 없는 경우에는 그 프로젝트에서 발생한 지출은 모두 연구단계에서 발생한 것으로 본다.

05 내부적으로 창출한 무형자산의 취득원가는 무형자산의 인식기준이 모두 충족된 이후에 발생한 지출만을 포함한다. 따라서 과거 보고기간에 이미 비용으로 인식한 지출은 그 이후의 기간에 무형자산 취득원가의 일부로 인식할 수 없다.

06 **무형자산 원가의 인식은 그 자산을 경영자가 의도하는 방식으로 운용될 수 있는 상태에 이르면 중지하므로 다음의 원가는 무형자산의 장부금액에 포함하지 아니한다.**
① 경영자가 의도하는 방식으로 운용될 수 있으나 아직 사용하지 않고 있는 기간에 발생한 원가
② 자산의 산출물에 대한 수요가 확립되기 전까지 발생하는 손실과 같은 초기 영업손실
③ 무형자산을 사용하거나 재배치하는 데 발생하는 원가

정답 01 ③ 02 ① 03 ③ 04 ⑤ 05 ② 06 ①

07

구분	연구비	개발비
독감바이러스를 찾기 위한 지출	₩300,000	
동물실험을 위한 지출	₩10,000	
신약 생산을 위한 설비취득비용[1]	-	-
시험공장의 건설을 위한 지출		₩500,000
상업화 전 최종 임상실험을 위한 지출		₩60,000
시제품의 시험을 위한 지출		₩20,000
실험결과의 평가를 위한 지출	₩30,000	
	₩340,000	₩580,000

[1] 유형자산의 취득원가로 인식함

08

구분	연구비	개발비
새로운 지식을 얻고자 하는 활동	₩100,000	
생산이나 사용 전의 시제품과 모형을 제작하는 활동		₩150,000
상업적 생산 목적으로 실현가능한 경제적 규모가 아닌 시험공장을 건설하는 활동		₩200,000
연구결과나 기타 지식을 응용하는 활동	₩300,000	
	₩400,000	₩350,000

09 ① 무형자산을 최초로 인식할 때에는 원가로 측정한다.

③ 상각하지 않는 무형자산에 대하여 사건과 상황이 그 자산의 내용연수가 비한정이라는 평가를 계속하여 정당화하는지를 매 회계기간에 검토한다. 사건과 상황이 그러한 평가를 정당화하지 않는 경우에 비한정 내용연수를 유한 내용연수로 변경하여 상각해야 하며, 이러한 변경은 회계추정치의 변경으로 회계처리한다.

④ 내용연수가 유한한 무형자산의 잔존가치는 다음 중 하나에 해당하는 경우를 제외하고는 영(0)으로 본다.

(1) 내용연수 종료시점에 제3자가 자산을 구입하기로 한 약정이 있다.

(2) 무형자산의 활성시장이 있고 다음을 모두 충족한다.

a. 잔존가치를 그 활성시장에 기초하여 결정할 수 있다.

b. 그러한 활성시장이 내용연수 종료시점에 존재할 가능성이 높다.

⑤ 내부적으로 창출한 영업권은 자산으로 인식하지 아니한다. 내부적으로 창출한 영업권은 원가를 신뢰성 있게 측정할 수 없고 기업이 통제하고 있는 식별 가능한 자원이 아니기 때문에 자산으로 인식하지 아니한다.

10 1. 유형자산의 잔존가치는 해당 자산의 장부금액과 같거나 큰 금액으로 증가할 수도 있다. 이 경우에는 자산의 잔존가치가 장부금액보다 작은 금액으로 감소될 때까지는 유형자산의 감가상각액은 영(0)이 된다.

2. 무형자산의 잔존가치는 해당 자산의 장부금액과 같거나 큰 금액으로 증가할 수도 있다. 이 경우에는 자산의 잔존가치가 이후에 장부금액보다 작은 금액으로 감소될 때까지는 무형자산의 상각액은 영(0)이 된다.

11 1. 20×5년 순이익에 미치는 영향

(1) 개발비: ₩30,000

(2) 경상개발비: ₩(70,000)

(3) 20×5년 말 손상차손

회수가능액	₩20,000
장부금액	₩(30,000)
손상차손	₩(10,000)

∴ 20×5년 순이익에 미치는 영향: ₩(70,000) + ₩(10,000) = ₩(80,000)

정답 **07** ① **08** ③ **09** ② **10** ① **11** ②

2. 20×6년 순이익에 미치는 영향

20×6년 말 손상차손환입액

회수가능액: Min[60,000[1), 70,000] =	₩60,000
장부금액: ₩30,000 + ₩20,000 =	₩(50,000)
손상차손환입	₩10,000

1) 회수가능액의 한도(손상을 인식하기 전 장부금액): ₩30,000 + ₩30,000 = ₩60,000

∴ 20×6년 순이익에 미치는 영향: ₩10,000

3. 회계처리

20×5년 중	(차) 경상개발비 개발비	70,000 30,000	(대) 현금	100,000
20×5년 말	(차) 무형자산손상차손	10,000	(대) 손상차손누계액(개발비)	10,000
20×6년 중	(차) 개발비	30,000	(대) 현금	30,000
20×6년 말	(차) 손상차손누계액(개발비)	10,000	(대) 무형자산손상차손환입	10,000

12 1. 20×1년 인식할 당기손실: ₩4,000

(1) 손상차손배부액	₩9,000
(2) 재평가잉여금: ₩45,000 - ₩40,000 =	₩(5,000)
(3) 무형자산손상차손	₩4,000

* 무형자산에 배부된 현금창출단위의 손상차손 ₩9,000은 먼저 재평가잉여금 ₩5,000과 상계하고 잔액 ₩4,000을 당기손실로 인식한다.

2. 회계처리

20×1년 말	(차) 개발비	5,000	(대) 재평가잉여금(OCI)	5,000
20×2년 말	(차) 재평가잉여금(OCI) 무형자산손상차손(NI)	5,000 4,000	(대) 개발비	9,000

13 1. 개발활동 관련 원가: ₩30,000 + ₩20,000 + ₩5,000 + ₩5,000 = ₩60,000

2. 20×2년 12월 31일 무형자산(개발비)의 장부금액

취득원가	₩60,000
상각누계액: ₩60,000 × 1년/5년 × 6/12 =	₩(6,000)
장부금액	₩54,000

14 ① 무형자산을 창출하기 위한 내부 프로젝트를 연구단계와 개발단계로 구분할 수 없는 경우에는 그 프로젝트에서 발생한 지출은 모두 연구단계에서 발생한 것으로 본다.

② 내부적으로 창출한 브랜드, 제호, 출판표제, 고객 목록과 이와 실질이 유사한 항목은 무형자산으로 인식하지 아니한다.

③ 자산에서 발생하는 미래경제적효익이 기업에 유입될 가능성이 높고, 자산의 원가를 신뢰성 있게 측정할 수 있는 경우에만 무형자산을 인식한다. 미래경제적효익의 유입가능성은 개별 취득하는 무형자산과 사업결합으로 취득하는 무형자산에 대하여 항상 충족되는 것으로 본다.

⑤ 박토활동의 결과로 보다 더 접근하기 쉬워진, 광체의 식별된 구성요소에 예상내용연수에 걸쳐 체계적인 방법에 따라 박토활동자산을 감가상각하거나 상각하는 데, 다른 방법이 더 적절하지 않다면 생산량비례법을 적용한다.

정답 12 ④ 13 ③ 14 ④

고급문제 정답 및 해설

01 ① 상각하지 않는 무형자산에 대하여 사건과 상황이 그 자산의 내용연수가 비한정이라는 평가를 계속하여 정당화하는지를 매 회계기간에 검토한다. 사건과 상황이 그러한 평가를 정당화하지 않는 경우에 비한정 내용연수를 유한 내용연수로 변경하여 상각해야 하며, 이러한 변경은 회계추정치의 변경으로 회계처리한다.

② 다음 항목은 내부적으로 창출한 무형자산의 원가에 포함하지 아니한다.

(1) 판매비, 관리비 및 기타 일반경비 지출. 다만, 자산을 의도한 용도로 사용할 수 있도록 준비하는 데 직접 관련된 경우는 제외한다.

(2) 자산이 계획된 성과를 달성하기 전에 발생한 명백한 비효율로 인한 손실과 초기 영업손실

(3) 자산을 운용하는 직원의 교육훈련과 관련된 지출

③ 내부적으로 창출한 브랜드, 제호, 출판표제, 고객 목록과 이와 실질이 유사한 항목은 사업을 전체적으로 개발하는 데 발생한 원가와 구별할 수 없으므로 무형자산으로 인식하지 않는다.

⑤ 내용연수가 비한정인 무형자산은 상각하지 아니한다. 내용연수가 비한정인 무형자산은 매년 또는 무형자산의 손상을 시사하는 징후가 있을 경우에 회수가능액과 장부금액을 비교하여 손상검사를 수행하여야 한다.

02 비한정 내용연수를 유한 내용연수로 재평가하는 것은 그 자산의 손상을 시사하는 하나의 징후가 된다. 따라서 회수가능액과 장부금액을 비교하여 그 자산에 대한 손상검사를 하고, 회수가능액을 초과하는 장부금액을 손상차손으로 인식한다.

03 **1. 무형자산과 관련하여 20×3년에 포괄손익계산서에 인식할 비용총액**

(1) 개발비상각비: (₩40,000 - ₩2,500 - ₩0) × 1년/4.5년[1) = ₩8,333

1) 내용연수가 8년에서 5년으로 변경되었으나 기존의 0.5년이 경과되었으므로 잔존내용연수는 4.5년이며, 내용연수의 변경은 회계추정치의 변경이므로 전진적으로 적용한다.

(2) 특허권상각비: (₩1,000 - ₩0) × 1년/5년 = ₩200

(3) 개발비손상차손

장부금액: (₩40,000 - ₩2,500 - ₩8,333) =	₩29,167
회수가능액	₩(25,000)
무형자산손상차손	₩4,167

∴ 20×3년에 포괄손익계산서에 인식할 비용총액: ₩8,333 + ₩200 + ₩4,167 = ₩12,700

2. 회계처리

일자	차변	금액	대변	금액
20×1년	(차) 연구비 개발비	25,000 10,000	(대) 현금	35,000
20×2. 6. 30.	(차) 개발비	30,000	(대) 현금	30,000
20×2. 10. 1.	(차) 특허권	1,000	(대) 현금	1,000
20×2. 12. 31.	(차) 무형자산상각비[1) (차) 무형자산상각비[2)	2,500 50	(대) 상각누계액(개발비) (대) 상각누계액(특허권)	2,500 50
20×3. 12. 31.	(차) 무형자산상각비[3) (차) 무형자산상각비[4) (차) 무형자산손상차손[5)	8,333 200 4,167	(대) 상각누계액(개발비) (대) 상각누계액(특허권) (대) 손상차손누계액	8,333 200 4,167

1) (₩40,000 - ₩0) × 1년/8년 × 6/12 = ₩2,500

2) (₩1,000 - ₩0) × 1년/5년 × 3/12 = ₩50

3) (₩40,000 - ₩2,500 - ₩0) × 1년/4.5년 = ₩8,333

4) (₩1,000 - ₩0) × 1년/5년 = ₩200

5) (₩40,000 - ₩2,500 - ₩8,333) - ₩25,000 = ₩4,167

정답 01④ 02③ 03⑤

04 1. 20×2년 10월 1일 무형자산의 장부금액: ₩3,500,000

2. 20×2년 12월 31일 무형자산의 장부금액: ₩3,500,000 - ₩3,500,000 × 1/20 × 3/12 = ₩3,456,250

3. 20×3년도 포괄손익계산서상 당기순이익에 미치는 영향: (1) + (2) = ₩1,456,250 감소
   (1) 무형자산상각비: ₩3,500,000 × 1/20 = ₩(175,000)
   (2) 무형자산손상차손: ₩3,500,000 × 225/240 - ₩2,000,000 = ₩(1,281,250)

05 1. 20×2년도에 인식할 상표권 관련 손상차손: (₩21,000 - ₩1,000) - ₩18,000 = ₩2,000

2. 20×2년 말 재무상태표상 재평가잉여금: ₩18,000 - ₩7,000 = ₩11,000

해설

1. 재평가모형을 적용하는 무형자산의 손상차손은 당해 무형자산에서 발생한 재평가잉여금에 해당하는 금액까지 기타포괄손익으로 인식하고 부족한 경우 당기손익(무형자산손상차손)으로 처리한다.

2. 손상차손의 금액이 재평가잉여금의 잔액보다 작은 경우 손상차손을 인식한 직후의 재평가잉여금은 당해 손상차손 금액을 차감한 잔액이 된다.

3. 이와 관련된 회계처리는 다음과 같다.
   (1) 상표권 관련 손상차손

일자	차변	금액	대변	금액
20×1. 1. 1.	(차) 상표권	20,000	(대) 현금	20,000
20×1. 12. 31.	(차) 상표권	1,000	(대) 재평가잉여금(OCI)[1]	1,000
20×2. 12. 31.	(차) 재평가잉여금(OCI) 무형자산손상차손(NI)[2]	1,000 2,000	(대) 손상차손누계액	3,000

[1] ₩21,000 - ₩20,000 = ₩1,000
[2] (₩21,000 - ₩1,000) - ₩18,000 = ₩2,000

(2) 특허권 관련 재평가잉여금

일자	차변	금액	대변	금액
20×1. 1. 1.	(차) 특허권	80,000	(대) 현금	80,000
20×1. 12. 31. ① 상각	(차) 무형자산상각비(NI)[1]	20,000	(대) 상각누계액	20,000
② 재평가	(차) 상각누계액	20,000	(대) 특허권 재평가잉여금(OCI)[2]	2,000 18,000
20×2. 12. 31. ① 상각	(차) 무형자산상각비(NI)[3]	26,000	(대) 상각누계액	26,000
② 손상차손	(차) 재평가잉여금(OCI)[4]	7,000	(대) 손상차손누계액	7,000

[1] (₩80,000 - ₩0) ÷ 4년 = ₩20,000
[2] ₩78,000 - (₩80,000 - ₩20,000) = ₩18,000
[3] (₩78,000 - ₩0) ÷ 3년 = ₩26,000
[4] (₩78,000 - ₩26,000) - ₩45,000 = ₩7,000

정답 04 ④ 05 ⑤

06 콘텐츠 개발단계에서 발생한 지출은, 콘텐츠가 기업 자체의 재화와 용역을 광고하고 판매를 촉진하기 위하여 개발되었다면(예 재화의 디지털 사진), 발생시점에 당기비용으로 인식한다.

07 광물자원 추출에 대한 기술적 실현가능성과 상업화가능성을 제시할 수 있는 시점 이후에 발생한 지출은 해당 재고자산의 원가로 처리한다.

08 개별 취득하는 무형자산은 미래경제적효익의 유입이 있을 것으로 기대하고 있어, 미래경제적효익이 유입될 가능성이 높다는 인식기준을 항상 충족하는 것으로 본다. 사업결합으로 취득하는 무형자산은 미래경제적효익의 유입의 시기와 금액이 불확실하더라도 '자산에서 발생하는 미래경제적효익이 기업에 유입될 가능성이 높다'는 발생가능성이 인식기준을 항상 충족하는 것으로 본다.

정답 **06** ⑤ **07** ④ **08** ①

☀ 객관식 문제풀이에 앞서 각 장의 주요 주제별 중요도를 파악해볼 수 있습니다.
☀ 시험 대비를 위해 꼭 풀어보아야 하는 필수문제를 정리하여 효율적으로 학습할 수 있습니다.

1. 출제경향

주요 주제	중요도
1. 이론형 문제	★★★★★
2. 원가모형	★
3. 공정가치모형	★★★
4. 계정대체	★★★★★

2. 필수문제 리스트

구분		필수문제 번호
회계사	기본문제	1, 2, 3, 4, 5, 6, 7, 8, 9, 10
	고급문제	1, 2, 3, 4, 5, 6, 7
세무사	기본문제	1, 2, 3, 4, 5, 6, 7, 8, 9, 10
	고급문제	6

Chapter 8

투자부동산

- 기본문제
- 고급문제
- 정답 및 해설

기본문제

01 다음 중 투자부동산으로 분류되지 않는 것은 어느 것인가? [2011 공인회계사 1차 수정]

① 금융리스로 제공한 부동산
② 장래 용도를 결정하지 못한 채로 보유하고 있는 토지
③ 직접 소유하고 운용리스로 제공하고 있는 건물
④ 운용리스로 제공하기 위하여 보유하고 있는 미사용 건물
⑤ 미래에 투자부동산으로 사용하기 위하여 건설 또는 개발 중인 부동산

02 투자부동산의 분류에 관한 설명으로 옳지 않은 것은? [2018 세무사 1차]

① 통상적인 영업과정에서 단기간에 판매하기 위하여 보유하지 않고 장기 시세차익을 얻기 위하여 보유하고 있는 토지는 투자부동산으로 분류한다.
② 종업원으로부터 시장가격에 해당하는 임차료를 받고 있는 경우에도 종업원이 사용하는 부동산은 자가사용부동산이며 투자부동산으로 분류하지 않는다.
③ 장래 자가사용할지 또는 통상적인 영업과정에서 단기간에 판매할지를 결정하지 못한 토지는 자가사용부동산이며 투자부동산으로 분류하지 않는다.
④ 건물의 소유자가 그 건물 전체를 사용하는 리스이용자에게 보안과 관리용역을 제공하는 경우에는 당해 건물을 투자부동산으로 분류한다.
⑤ 투자부동산을 개발하지 않고 처분하기로 결정하는 경우에는 그 부동산이 제거될 때까지 투자부동산으로 계속 분류한다.

03 투자부동산의 회계처리에 관한 설명으로 옳지 않은 것은? [2010 세무사 1차 수정]

① 부동산 중 일부는 시세차익을 얻기 위하여 보유하고, 일부분은 재화의 생산에 사용하기 위하여 보유하고 있으나, 이를 부분별로 나누어 매각할 수 없다면, 재화의 생산에 사용하기 위하여 보유하는 부분이 중요하다고 하더라도 전체부동산을 투자부동산으로 분류한다.
② 호텔을 소유하고 직접 경영하는 경우, 투숙객에게 제공하는 용역은 전체계약에서 유의적인 비중을 차지하는 경우 소유자가 직접 경영하는 호텔은 투자부동산이 아니며 자가사용부동산이다.
③ 사무실 건물의 소유자가 그 건물을 사용하는 리스이용자에게 경미한 보안과 관리용역을 제공하는 경우 당해 부동산은 투자부동산으로 분류한다.
④ 운용리스로 제공하기 위하여 직접 소유하고 있는 미사용 건물은 투자부동산에 해당된다.
⑤ 지배기업이 보유하고 있는 건물을 종속기업에게 리스하여 종속기업의 본사 건물로 사용하는 경우 그 건물은 지배기업의 연결재무제표상에서 투자부동산으로 분류할 수 없다.

04 ㈜국세는 20×2년 1월 1일에 임대수익을 얻을 목적으로 건물 A를 ₩150,000,000에 취득하였다. 건물 A의 내용연수는 10년이고, 잔존가치는 없는 것으로 추정하였다. 20×2년 12월 31일 건물 A의 공정가치는 ₩140,000,000이다. ㈜국세가 건물 A에 대해 공정가치모형을 적용하는 경우 20×2년도에 평가손익으로 인식할 금액은 얼마인가? (단, ㈜국세는 통상적으로 건물을 정액법으로 감가상각한다) [2012 세무사 1차]

① ₩0
② ₩5,000,000 평가이익
③ ₩5,000,000 평가손실
④ ₩10,000,000 평가이익
⑤ ₩10,000,000 평가손실

05 유통업을 영위하는 ㈜대한은 20×1년 1월 1일 건물을 ₩10,000에 취득하였다. 건물의 내용연수는 10년, 잔존가치는 ₩0이며, 정액법으로 상각한다. 다음은 20×1년 초부터 20×2년 말까지의 동 건물에 관한 공정가치 정보이다.

20×1년 초	20×1년 말	20×2년 말
₩10,000	₩10,800	₩8,800

㈜대한이 동 건물을 다음과 같은 방법(A ~ C)으로 회계처리하는 경우, 20×2년도 당기순이익 크기 순서대로 올바르게 나열한 것은? 단, 손상차손은 고려하지 않으며, 동 건물의 회계처리를 반영하기 전의 20×2년도 당기순이익은 ₩10,000이라고 가정한다. [2018 공인회계사 1차]

A. 원가모형을 적용하는 유형자산
B. 재평가모형을 적용하는 유형자산
(단, 재평가잉여금은 건물을 사용함에 따라 이익잉여금에 대체한다고 가정함)
C. 공정가치모형을 적용하는 투자부동산

① A > B > C
② A > C > B
③ B > A > C
④ C > B > A
⑤ A > B = C

06 ㈜한국은 20×1년 말에 취득한 건물(취득원가 ₩1,000,000, 내용연수 12년, 잔존가치 ₩0)을 투자부동산으로 분류하고 공정가치모형을 적용하기로 하였다. 그러나 20×2년 7월 1일에 ㈜한국은 동 건물을 유형자산으로 계정대체하고 즉시 사용하였다. 20×2년 7월 1일 현재 동 건물의 잔존내용연수는 10년이고, 잔존가치는 ₩0이며, 정액법(월할상각)으로 감가상각한다. 각 일자별 건물의 공정가치는 다음과 같다.

20×1. 12. 31.	20×2. 7. 1.	20×2. 12. 31.
₩1,000,000	₩1,100,000	₩1,200,000

㈜한국이 유형자산으로 계정대체된 건물에 대하여 원가모형을 적용한다고 할 때, 동 건물과 관련한 회계처리가 20×2년도 ㈜한국의 당기순이익에 미치는 영향은 얼마인가?

[2015 공인회계사 1차]

① ₩100,000 감소 ② ₩55,000 감소 ③ ₩10,000 감소
④ ₩45,000 증가 ⑤ ₩200,000 증가

07 ㈜세무는 20×1년 1월 1일에 투자목적으로 건물(취득원가 ₩2,000,000, 잔존가치 ₩0, 내용연수 4년, 공정가치모형 적용)을 구입하였다. 20×2년 7월 1일부터 ㈜세무는 동 건물을 업무용으로 전환하여 사용하고 있다. ㈜세무는 동 건물을 잔여내용연수 동안 정액법으로 감가상각(잔존가치 ₩0)하며, 재평가모형을 적용한다. 공정가치의 변동내역이 다음과 같을 때, 동 거래가 20×2년도 ㈜세무의 당기순이익에 미치는 영향은? (단, 감가상각은 월할상각한다)

[2016 세무사 1차]

구분	20×1년 말	20×2년 7월 1일	20×2년 말
공정가치	₩2,200,000	₩2,400,000	₩2,500,000

① ₩480,000 감소 ② ₩280,000 감소 ③ ₩200,000 증가
④ ₩300,000 증가 ⑤ ₩580,000 증가

08 투자부동산에 대한 다음의 설명 중 옳은 것을 모두 열거한 것은? [2013 공인회계사 1차 수정]

(가) 투자부동산의 폐기나 처분으로 발생하는 손익은 순처분금액과 장부금액의 차액이며 폐기나 처분이 발생한 기간에 당기손익으로 인식한다.
(나) 공정가치모형을 적용하는 경우, 투자부동산의 공정가치 변동으로 발생하는 손익은 발생한 기간의 당기손익에 반영한다.
(다) 재고자산을 공정가치로 평가하는 투자부동산으로 대체하는 경우, 재고자산의 장부금액과 대체시점의 공정가치의 차액은 당기손익으로 인식한다.
(라) 투자부동산의 손상, 멸실 또는 포기로 제3자에게서 받는 보상은 받을 수 있게 되는 시점에 당기손익으로 인식한다.

① (가), (나) ② (나), (다) ③ (가), (다), (라)
④ (나), (다), (라) ⑤ (가), (나), (다), (라)

09 투자부동산의 회계처리에 대하여 옳지 않은 설명은? [2017 공인회계사 1차 수정]

① 투자부동산을 공정가치로 측정해 온 경우라면 비교할 만한 시장의 거래가 줄어들거나 시장가격 정보를 쉽게 얻을 수 없게 되더라도, 당해 부동산을 처분할 때까지 또는 자가사용부동산으로 대체하거나 통상적인 영업과정에서 판매하기 위하여 개발을 시작하기 전까지는 계속하여 공정가치로 측정한다.
② 공정가치로 평가하게 될 자가건설 투자부동산의 건설이나 개발이 완료되면 해당 일의 공정가치와 기존 장부금액의 차액은 당기손익으로 인식한다.
③ 운용리스로 제공하기 위하여 직접 소유하고 있는 미사용 건물은 투자부동산에 해당된다.
④ 지배기업이 보유하고 있는 건물을 종속기업에게 리스하여 종속기업의 본사 건물로 사용하는 경우 그 건물은 지배기업의 연결재무제표에서 투자부동산으로 분류할 수 없다.
⑤ 투자부동산의 손상, 멸실 또는 포기로 제3자에게서 받는 보상은 보상금을 수취한 시점에서 당기손익으로 인식한다.

10 투자부동산에 관한 설명으로 옳은 것은? [2015 세무사 1차 수정]

① 공정가치모형에 의하여 측정하는 투자부동산은 감가상각을 수행한 후 공정가치와 장부금액과의 차액을 당기손익으로 인식한다.
② 투자부동산을 공정가치로 측정해 온 경우라면 비교할 만한 시장의 거래가 줄어들거나 시장가격 정보를 쉽게 얻을 수 없게 된다면, 원가모형을 적용하여 측정한다.
③ 투자부동산을 재개발하여 미래에도 투자부동산으로 사용하고자 하는 경우에도 재개발기간 동안 자가사용부동산으로 대체한다.
④ 건설 중인 투자부동산의 공정가치가 신뢰성 있게 측정될 수 있다는 가정은 오직 최초 인식시점 이후에만 반박될 수 있다.
⑤ 재고자산을 공정가치로 평가하는 투자부동산으로 대체하는 경우, 재고자산의 장부금액과 대체시점의 공정가치의 차액은 당기손익으로 인식한다.

고급문제

01 기업회계기준서 제1040호 '투자부동산'에 대한 다음 설명 중 옳지 않은 것은?

[2020 공인회계사 1차]

① 소유 투자부동산은 최초 인식시점에 원가로 측정하며, 거래원가는 최초 측정치에 포함한다.
② 계획된 사용수준에 도달하기 전에 발생하는 부동산의 운영손실은 투자부동산의 원가에 포함한다.
③ 투자부동산을 후불조건으로 취득하는 경우의 원가는 취득시점의 현금가격상당액으로 하고, 현금가격상당액과 실제 총지급액의 차액은 신용기간 동안의 이자비용으로 인식한다.
④ 투자부동산을 공정가치로 측정해 온 경우라면 비교할만한 시장의 거래가 줄어들거나 시장가격 정보를 쉽게 얻을 수 없게 되더라도, 당해 부동산을 처분할 때까지 또는 자가사용부동산으로 대체하거나 통상적인 영업과정에서 판매하기 위하여 개발을 시작하기 전까지는 계속하여 공정가치로 측정한다.
⑤ 공정가치모형을 적용하는 경우 투자부동산의 공정가치 변동으로 발생하는 손익은 발생한 기간의 당기손익에 반영한다.

※ 다음은 **02** ~ **05**과 관련된 자료이다. 다음 자료를 읽고 물음에 답하시오.

㈜동화는 20×1년 초 영업활동에 사용할 목적으로 건물을 ₩2,000,000(내용연수 10년, 잔존가치 ₩0, 정액법으로 상각)에 취득하여 원가모형으로 평가하고 있다. 20×1년 말 건물의 공정가치는 ₩1,820,000(처분부대원가는 ₩200,000이며, 사용가치는 ₩1,600,000)이고 손상차손의 인식요건을 충족하였다. 20×2년 말 공정가치는 ₩2,400,000(회수가능액은 ₩2,500,000)이었다. ㈜동화는 20×2년 말에 상기 건물을 투자부동산으로 대체하였으며, 투자부동산에 대하여 공정가치모형을 적용한다.

02 ㈜동화가 20×1년에 위 거래와 관련하여 당기손익으로 인식할 금액은 얼마인가?

① ₩(180,000) ② ₩(200,000) ③ ₩(380,000)
④ ₩(400,000) ⑤ ₩(420,000)

03 ㈜동화가 20×2년에 위 거래와 관련하여 당기손익으로 인식할 금액은 얼마인가?

① ₩(20,000) ② ₩(180,000) ③ ₩160,000
④ ₩(140,000) ⑤ ₩340,000

04 ㈜동화가 20×2년 말 자본항목에 계상할 재평가잉여금은 얼마인가?

① ₩560,000　② ₩600,000　③ ₩1,260,000
④ ₩800,000　⑤ ₩700,000

05 ㈜동화가 투자부동산 계정대체의 회계처리를 수행한 후 20×2년 말 재무상태표에 투자부동산의 잔액은 얼마인가?

① ₩1,600,000　② ₩2,400,000　③ ₩2,500,000
④ ₩2,700,000　⑤ ₩2,800,000

06 제조업을 영위하는 ㈜세무는 20×1년 4월 1일 시세차익을 위하여 건물을 ₩2,000,000에 취득하였다. 그러나 ㈜세무는 20×2년 4월 1일 동 건물을 자가사용으로 용도를 전환하고 동 일자에 영업지점으로 사용하기 시작하였다. 20×2년 4월 1일 현재 동 건물의 잔존내용연수는 5년 잔존가치는 ₩200,000이며, 정액법으로 감가상각(월할상각)한다. 동 건물의 일자별 공정가치는 다음과 같다.

20×1. 12. 31.	20×2. 4. 1.	20×2. 12. 31.
₩2,400,000	₩2,600,000	₩2,200,000

동 건물 관련 회계처리가 ㈜세무의 20×2년도 당기순이익에 미치는 영향은? (단, ㈜세무는 투자부동산에 대해서는 공정가치모형을 적용하고 있으며, 유형자산에 대해서는 원가모형을 적용하고 있다) [2021 세무사 1차]

① ₩70,000 감소　② ₩160,000 감소　③ ₩200,000 감소
④ ₩40,000 증가　⑤ ₩240,000 증가

07 ㈜대한은 20×1년 1월 1일에 취득하여 본사 사옥으로 사용하고 있던 건물(취득원가 ₩2,000,000, 내용연수 20년, 잔존가치 ₩200,000, 정액법 상각)을 20×3년 7월 1일에 ㈜민국에게 운용리스 목적으로 제공하였다. ㈜대한은 투자부동산에 대해서 공정가치모형을 적용하고 있으며, 유형자산에 대해서는 원가모형을 적용하고 있다. 건물의 공정가치는 다음과 같다.

20×2년 말	20×3년 7월 1일	20×3년 말
₩2,000,000	₩2,500,000	₩3,000,000

㈜대한의 건물에 대한 회계처리가 20×3년도 당기순이익에 미치는 영향은 얼마인가? 단, 감가상각비는 월할로 계산한다. [2023 공인회계사 1차]

① ₩45,000 감소 ② ₩455,000 증가 ③ ₩500,000 증가
④ ₩600,000 증가 ⑤ ₩1,180,000 증가

기본문제 정답 및 해설

01 금융리스로 제공한 부동산은 자산의 처분이므로 투자부동산이 아니라 리스채권으로 분류된다.

02 장래 자가사용할지 또는 통상적인 영업과정에서 단기간에 판매할지를 결정하지 못한 토지는 투자부동산으로 분류한다. 만약 토지를 자가사용할지 또는 통상적인 영업과정에서 단기간에 판매할지를 결정하지 못한 경우 당해 토지는 시세차익을 얻기 위하여 보유하고 있는 것으로 본다.

03 부동산 중 일부는 시세차익을 얻기 위하여 보유하고, 일부분은 재화의 생산에 사용하기 위하여 보유하고 있으나, 이를 부분별로 나누어 매각할 수 없다면, 재화의 생산에 사용하기 위하여 보유하는 부분이 중요하다면 유형자산으로 분류해야 한다.

04 20×2년 투자부동산평가손실: ₩140,000,000(공정가치) - ₩150,000,000(장부금액) = ₩(10,000,000)

05 A. 원가모형을 적용하는 유형자산
(1) 20×2년 감가상각비: (₩10,000 - ₩0) ÷ 10년 = ₩(1,000)
(2) 20×2년 당기순이익: ₩10,000 + ₩(1,000) = ₩9,000

B. 재평가모형을 적용하는 유형자산
(1) 20×1년 기타포괄이익으로 인식할 재평가잉여금: ₩10,800 - ₩10,000 × 9년/10년 = ₩1,800
(2) 20×2년 이익잉여금으로 대체할 재평가잉여금: ₩1,800 ÷ 9년 = ₩200
(3) 20×2년 기타포괄손실로 인식할 재평가잉여금: ₩8,800 - ₩10,800 × 8년/9년 = ₩(800)
(4) 20×2년 당기손익으로 인식할 감가상각비: ₩10,800 ÷ 9년 = ₩(1,200)
(5) 20×2년 당기순이익: ₩10,000 + ₩(1,200) = ₩8,800

C. 공정가치모형을 적용하는 투자부동산
(1) 20×2년 투자부동산평가손실: ₩8,800 - ₩10,800 = ₩(2,000)
(2) 20×2년 당기순이익: ₩10,000 + ₩(2,000) = ₩8,000

∴ A > B > C

06 1. 당기순이익에 미치는 영향: (1) + (2) = ₩45,000
(1) 투자부동산평가이익: ₩1,100,000 - ₩1,000,000 = ₩100,000
(2) 감가상각비: (₩1,100,000 - ₩0)/10년 × 6/12 = ₩(55,000)

2. 회계처리

20×1년 말	(차) 투자부동산	1,000,000	(대) 현금	1,000,000
20×2년 7월 1일 ① 평가	(차) 투자부동산[1]	100,000	(대) 투자부동산평가이익(NI)	100,000
② 계정대체	(차) 건물	1,100,000	(대) 투자부동산	1,100,000
20×2년 말 ① 감가상각	(차) 감가상각비[2]	55,000	(대) 감가상각누계액	55,000

[1] ₩1,100,000 - ₩1,000,000 = ₩100,000
[2] (₩1,100,000 - ₩0) ÷ 10년 × 6/12 = ₩55,000

정답 01 ① 02 ③ 03 ① 04 ⑤ 05 ① 06 ④

07 1. 20×2년도 ㈜세무의 당기순이익에 미치는 영향: (1) + (2) = ₩(280,000)

(1) 투자부동산평가이익: ₩2,400,000 - ₩2,200,000 = ₩200,000

(2) 감가상각비: (₩2,400,000 - ₩0) × 6/30 = ₩(480,000)

2. 회계처리

20×1년 초	(차) 투자부동산	2,000,000	(대) 현금	2,000,000
20×1년 말	(차) 투자부동산[1]	200,000	(대) 투자부동산평가이익(NI)	200,000
20×2년 7월 1일 ① 평가	(차) 투자부동산[2]	200,000	(대) 투자부동산평가이익(NI)	200,000
② 계정대체	(차) 건물	2,400,000	(대) 투자부동산	2,400,000
20×2년 말 ① 감가상각	(차) 감가상각비[3]	480,000	(대) 감가상각누계액	480,000
② 재평가	(차) 감가상각누계액 건물	480,000 100,000	(대) 재평가잉여금(OCI)	580,000

[1] ₩2,200,000 - ₩2,000,000 = ₩200,000

[2] ₩2,400,000 - ₩2,200,000 = ₩200,000

[3] (₩2,400,000 - ₩0) × 6/30 = ₩480,000

08 (가), (나), (다), (라) 모두 옳은 지문이다.

09 투자부동산의 손상, 멸실 또는 포기로 제3자에게서 받는 보상은 받을 수 있게 되는 시점에 당기손익으로 인식한다.

10 ① 공정가치모형에 의하여 측정하는 투자부동산은 감가상각을 하지 않는다.

② 투자부동산을 공정가치로 측정해 온 경우라면 비교할 만한 시장의 거래가 줄어들거나 시장가격 정보를 쉽게 얻을 수 없게 되더라도, 당해 부동산을 처분할 때까지 또는 자가사용부동산으로 대체하거나 정상적인 영업과정에서 판매하기 위하여 개발을 시작하기 전까지는 계속하여 공정가치로 측정한다.

③ 투자부동산을 재개발하여 미래에도 투자부동산으로 사용하고자 하는 경우에도 재개발기간 동안 계속 투자부동산으로 분류하며 자가사용부동산으로 대체하지 않는다.

④ 건설 중인 투자부동산의 공정가치가 신뢰성 있게 측정될 수 있다는 가정은 오직 최초 인식시점에만 반박될 수 있다.

정답 07 ② 08 ⑤ 09 ⑤ 10 ⑤

고급문제 정답 및 해설

01 1. 투자부동산이 경영진이 의도하는 방식으로 가동될 수 있는 장소와 상태에 이른 후에는 원가를 더 이상 인식하지 않는다. 예를 들어 다음과 같은 원가는 투자부동산의 장부금액에 포함하지 아니한다.
(1) 경영진이 의도하는 방식으로 부동산을 운영하는 데 필요한 상태에 이르게 하는 데 직접 관련이 없는 초기원가
(2) 계획된 사용수준에 도달하기 전에 발생하는 부동산의 운영손실
(3) 건설이나 개발 과정에서 발생한 비정상인 원재료, 인력 및 기타 자원의 낭비 금액

02 20×1년 당기손익에 미치는 영향: ₩(200,000) + ₩(180,000) = ₩(380,000)
(1) 감가상각비: (₩2,000,000 - ₩0) ÷ 10년 = ₩200,000
(2) 손상차손

① 장부금액: (₩2,000,000 - ₩0) × 9년/10년 =	₩1,800,000
② 회수가능액: Max[₩1,620,000, ₩1,600,000] =	₩(1,620,000)
계	₩180,000

03 20×2년 당기손익에 미치는 영향: ₩(180,000) + ₩160,000 = ₩(20,000)
(1) 감가상각비: (₩1,620,000 - ₩0) ÷ 9년 = ₩180,000
(2) 손상차손환입

① 회수가능액: Min[₩1,600,000[1], ₩2,500,000] =	₩1,600,000
② 장부금액: ₩1,620,000 - ₩180,000[2] =	₩(1,440,000)
계	₩160,000

[1] 회수가능액의 한도(손상되지 않았을 경우의 장부금액): ₩2,000,000 - (₩2,000,000 - ₩0) × 2년/10년 = ₩1,600,000
[2] (₩1,620,000 - ₩0) ÷ 9년 = ₩180,000

04 20×2년 말 재평가잉여금

공정가치	₩2,400,000
장부금액(최초 취득원가기준)[1]	₩(1,600,000)
계	₩800,000

[1] ₩2,000,000 - (₩2,000,000 - ₩0) × 2/10 = ₩1,600,000

05 1. 20×2년 말 투자부동산: 20×2년 말 공정가치 = ₩2,400,000

2. 회계처리

구분	차변	금액	대변	금액
20×1년 초	(차) 건물	2,000,000	(대) 현금	2,000,000
20×1년 말 ① 감가상각	(차) 감가상각비(NI)	200,000	(대) 감가상각누계액	200,000
② 손상차손	(차) 유형자산손상차손(NI)	180,000	(대) 손상차손누계액	180,000
20×2년 말 ① 감가상각	(차) 감가상각비(NI)	180,000	(대) 감가상각누계액	180,000
② 손상차손환입	(차) 손상차손누계액	160,000	(대) 유형자산손상차손환입(NI)	160,000
③ 계정대체	(차) 감가상각누계액 손상차손누계액 투자부동산	380,000 20,000 1,600,000	(대) 건물	2,000,000
④ 공정가치평가	(차) 투자부동산	800,000	(대) 재평가잉여금(OCI)	800,000

정답 01 ② 02 ③ 03 ① 04 ④ 05 ②

3. 그림풀이

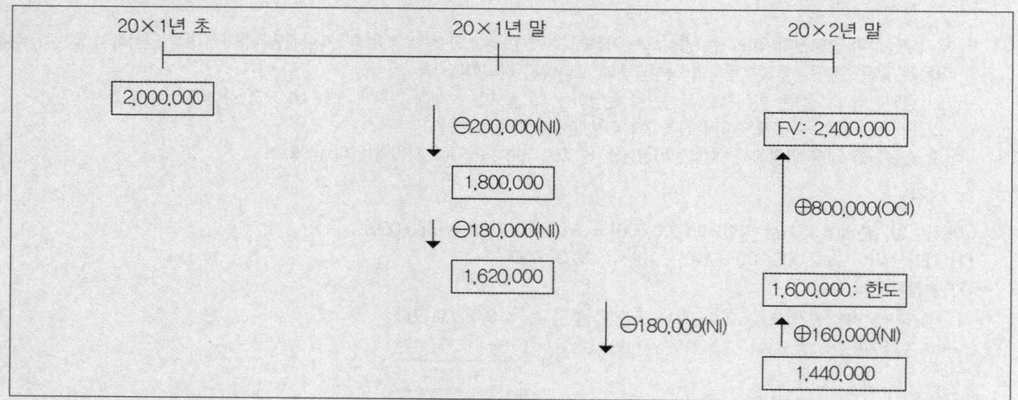

06 **1. 20×2년 당기순이익에 미치는 영향: (1) + (2) = ₩(160,000) 감소**

(1) 투자부동산평가이익: ₩2,600,000 - ₩2,400,000 = ₩200,000

(2) 감가상각비: (₩2,600,000 - ₩200,000) × 1/5 × 9/12 = ₩(360,000)

2. 회계처리

20×1. 4. 1.	(차) 투자부동산	2,000,000	(대) 현금	2,000,000
20×1년 말	(차) 투자부동산[1]	400,000	(대) 투자부동산평가이익(NI)	400,000
20×2. 4. 1. **① 공정가치평가**	(차) 투자부동산[2]	200,000	(대) 투자부동산평가이익(NI)	200,000
② 계정대체	(차) 건물	2,600,000	(대) 투자부동산	2,600,000
20×2년 말	(차) 감가상각비[3]	360,000	(대) 감가상각누계액	360,000

1) ₩2,400,000 - ₩2,000,000 = ₩400,000

2) ₩2,600,000 - ₩2,400,000 = ₩200,000

3) (₩2,600,000 - ₩200,000) × 1/5 × 9/12 = ₩360,000

정답 06 ②

07 1. 20×3년도 ㈜대한의 당기순이익에 미치는 영향: ① + ② = ₩455,000 증가

① 감가상각비: (₩2,000,000 - ₩200,000) × 1/20 × 6/12 = ₩(45,000)

② 투자부동산평가이익: ₩3,000,000 - ₩2,500,000 = ₩500,000

2. 회계처리

20×1년 초	(차) 건물	2,000,000	(대) 현금	2,000,000
20×1년 말	(차) 감가상각비(NI)	90,000[1]	(대) 감가상각누계액	90,000
20×2년 말	(차) 감가상각비(NI)	90,000[2]	(대) 감가상각누계액	90,000
20×3. 7. 1				
① 감가상각	(차) 감가상각비(NI)	45,000[3]	(대) 감가상각누계액	45,000
② 계정대체	(차) 감가상각누계액	225,000	(대) 건물	2,000,000
	투자부동산	1,775,000		
③ 공정가치평가	(차) 투자부동산	725,000	(대) 재평가잉여금(OCI)	725,000
20×3년 말	(차) 투자부동산	500,000[4]	(대) 투자부동산평가이익(NI)	500,000

1) (₩2,000,000 - ₩200,000) × 1/20 = ₩90,000

2) (₩2,000,000 - ₩200,000) × 1/20 = ₩90,000

3) (₩2,000,000 - ₩200,000) × 1/20 × 6/12 = ₩45,000

4) ₩3,000,000 - ₩2,500,000 = ₩500,000

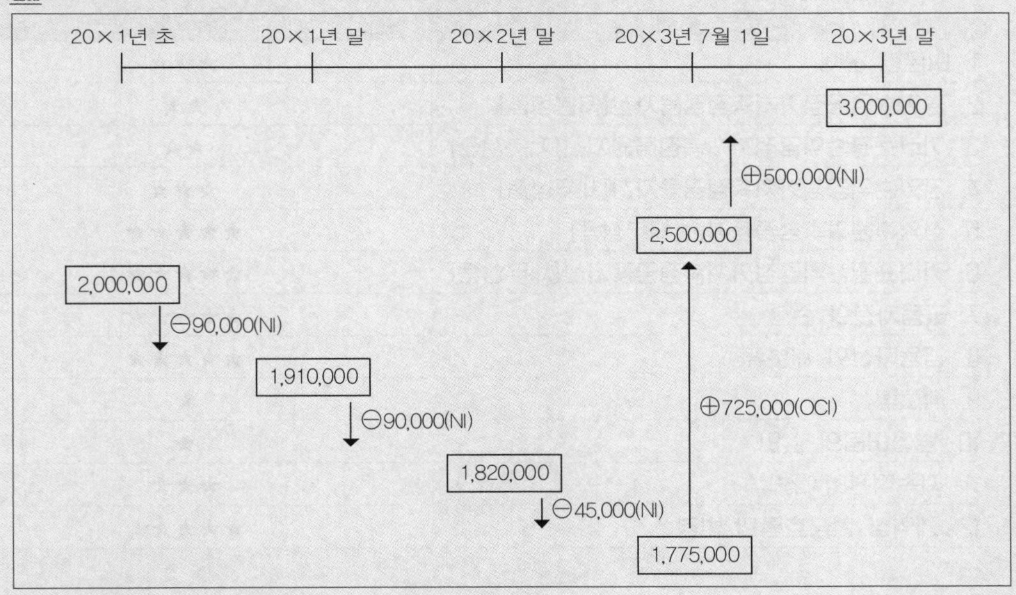

정답 07 ②

※ 객관식 문제풀이에 앞서 각 장의 주요 주제별 중요도를 파악해볼 수 있습니다.
※ 시험 대비를 위해 꼭 풀어보아야 하는 필수문제를 정리하여 효율적으로 학습할 수 있습니다.

1. 출제경향

주요 주제	중요도
1. 이론형 문제	★★★
2. 당기손익공정가치측정금융자산(지분상품)	★★
3. 기타포괄손익공정가치측정금융자산(지분상품)	★★
4. 당기손익공정가치측정금융자산(채무상품)	★★★
5. 상각후원가측정금융자산(채무상품)	★★★★★
6. 기타포괄손익공정가치측정금융자산(채무상품)	★★★★★
7. 금융자산의 손상	★★★★★
8. 금융자산의 재분류	★★★★★
9. 팩토링	★
10. 받을어음의 할인	★
11. 지속적관여자산	★★★
12. 계약상 현금흐름의 변경	★★★★★

2. 필수문제 리스트

구분		필수문제 번호
회계사	기본문제	1, 2, 3, 4, 5, 7, 8, 9, 10, 11, 12, 13, 14, 15, 16, 17, 19, 20, 21, 22, 23, 24, 25, 26, 27, 28, 29, 30, 31, 32, 33, 34, 35, 36, 37
	고급문제	1, 3, 4, 5, 6, 7, 9, 10
세무사	기본문제	1, 2, 3, 4, 5, 7, 8, 9, 10, 11, 12, 13, 14, 15, 16, 17, 19, 20, 21, 22, 23, 24, 25, 26, 27, 28, 29, 30, 31, 32, 33, 34, 35, 36
	고급문제	3, 4, 5, 6, 7, 9

Chapter 9

금융자산

- 기본문제
- 고급문제
- 정답 및 해설

기본문제

01 K-IFRS에서 언급하고 있는 금융상품과 관련된 설명으로 올바르지 못한 것은?

① 금융상품은 거래상대방 어느 한쪽에게는 금융자산이 생기게 하고 거래상대방에게 금융부채나 지분상품이 생기게 하는 모든 계약을 말한다.

② 다른 기업의 지분상품은 금융자산(보유자)과 지분상품(발행자)을 발생시키는 계약의 결과로 발생하는 금융상품이다.

③ 선급비용 및 선수수익과 같은 성격의 자산과 부채는 미래에 재화나 용역을 주고 받을 권리나 의무이며, 금융자산이나 금융부채를 발생시키는 계약상 권리나 의무가 아니므로 금융자산과 금융부채로 보지 않는다.

④ 금융보증과 같은 조건부 권리 또는 의무는 이에 관련되는 자산과 부채가 항상 재무제표에 인식될 수도 없으며, 금융자산과 금융부채의 정의를 충족하지 못한다.

⑤ 현금은 그 자체로 금융자산으로 분류된다.

02 기업회계기준서 제1109호 '금융상품'에 관한 다음 설명 중 옳은 것은? [2018 공인회계사 1차]

① 회계불일치 상황이 아닌 경우의 금융자산은 금융자산의 관리를 위한 사업모형과 금융자산의 계약상 현금흐름 특성 모두에 근거하여 상각후원가, 기타포괄손익-공정가치, 당기손익-공정가치로 측정되도록 분류한다.

② 당기손익-공정가치로 측정되는 지분상품에 대한 특정 투자의 후속적인 공정가치 변동은 최초 인식시점이라도 기타포괄손익으로 표시하는 것을 선택할 수 없다.

③ 금융자산의 전체나 일부의 회수를 합리적으로 예상할 수 없는 경우에도 해당 금융자산의 총장부금액을 직접 줄일 수는 없다.

④ 기타포괄손익-공정가치측정금융자산의 손상차손은 당기손실로 인식하고, 손상차손환입은 기타포괄손익으로 인식한다.

⑤ 회계불일치를 제거하거나 유의적으로 줄이는 경우에는 최초 인식시점에 해당 금융자산을 기타포괄손익-공정가치측정항목으로 지정할 수 있으며, 지정 후 이를 취소할 수 있다.

03 다음은 금융자산의 분류 및 재분류 등에 관한 설명이다. 옳은 설명을 모두 고른 것은?

[2022 세무사 1차]

> ㄱ. 계약상 현금흐름을 수취하기 위해 보유하는 것이 목적인 사업모형하에서 금융자산을 보유하고, 금융자산의 계약 조건에 따라 특정일에 원금과 원금잔액에 대한 이자 지급만으로 구성되어 있는 현금흐름이 발생하는 금융자산은 상각후원가로 측정한다.
> ㄴ. 계약상 현금흐름의 수취와 금융자산의 매도 둘 다를 통해 목적을 이루는 사업모형하에서 금융자산을 보유하고, 금융자산의 계약 조건에 따라 특정일에 원금과 원금잔액에 대한 이자 지급만으로 구성되어 있는 현금흐름이 발생하는 금융자산은 당기손익-공정가치로 측정한다.
> ㄷ. 서로 다른 기준에 따라 자산이나 부채를 측정하거나 그에 따른 손익을 인식한 결과로 발생한 인식이나 측정의 불일치를 제거하거나 유의적으로 줄이는 경우에는 최초 인식 시점에 해당 금융자산을 당기손익-공정가치 측정 항목으로 지정할 수 있다.
> ㄹ. 금융자산을 기타포괄손익-공정가치 측정 범주에서 당기손익-공정가치 측정 범주로 재분류하는 경우, 재분류 전에 인식한 기타포괄손익누계액은 재분류일에 자본의 다른 항목으로 직접 대체한다.

① ㄱ, ㄴ ② ㄱ, ㄷ ③ ㄴ, ㄷ
④ ㄴ, ㄹ ⑤ ㄷ, ㄹ

04 ㈜코리아는 20×1년 12월 31일 A사 주식을 100주 보유하고 있었으며, 취득원가는 ₩10,000이고, 기말 주당 공정가치는 ₩80이었다. 20×2년 거래와 관련된 자료는 다음과 같다.

> (1) 20×2년 4월 1일 A사의 주식 20주를 주당 ₩104에 매입하였으며, 매입수수료는 ₩240이었다.
> (2) 20×2년 10월 28일 A사의 주식 60주를 주당 ₩106에 매각하였으며, 그와 관련된 수수료는 ₩60이었다.
> (3) 단가산정은 이동평균법에 의하며, 20×2년 12월 31일 A사 주식의 1주당 공정가치는 ₩120이다.

A사 주식을 당기손익공정가치측정금융자산으로 분류하였다면, A사 주식과 관련하여 20×2년 ㈜코리아의 포괄손익계산서상 당기손익에 미치는 영향은 얼마인가?

① ₩3,180 이익 ② ₩3,200 이익 ③ ₩3,340 이익
④ ₩3,420 이익 ⑤ ₩3,720이익

05 ㈜세무는 20×1년 12월 31일 A사 주식을 100주 보유하고 있었으며, 취득원가는 ₩25,000이고, 기말 주당 공정가치는 ₩200이었다. 20×2년 거래와 관련된 자료는 다음과 같다.

> (1) 20×2년 4월 1일 A사의 주식 20주를 주당 ₩260에 매입하였으며, 매입수수료는 ₩600이었다.
> (2) 20×2년 10월 28일 A사의 주식 60주를 주당 ₩265에 매각하였으며, 그와 관련된 수수료는 ₩150이었다.
> (3) 단가산정은 이동평균법에 의하며, 20×2년 12월 31일 A사 주식의 1주당 공정가치는 ₩300이다.

A사 주식을 기타포괄손익공정가치측정금융자산으로 분류하였다면, A사 주식과 관련하여 20×2년 ㈜세무의 포괄손익계산서상 기타포괄손익에 미치는 영향은 얼마인가? (단, ㈜세무는 처분시점의 자본내에서 누적손익을 이익잉여금으로 대체하지 않고 있다)

① ₩7,950 이익　② ₩8,000 이익　③ ₩8,100 이익
④ ₩8,550 이익　⑤ ₩9,300 이익

06 ㈜세무는 ㈜대한의 주식 A를 취득하고, 이를 기타포괄손익-공정가치측정 금융자산으로 '선택'(이하 "FVOCI") 지정분류하였다. 동 주식 A의 거래와 관련된 자료가 다음과 같고, 다른 거래가 없을 경우 설명으로 옳은 것은? (단, 동 FVOCI 취득과 처분은 공정가치로 한다)

[2020 세무사 1차]

구분	20×1년 기중	20×1년 기말	20×2년 기말	20×3년 기중
회계처리	취득	후속평가	후속평가	처분
공정가치	₩100,000	₩110,000	₩98,000	₩99,000
거래원가	₩500	-	-	₩200

① 20×1년 기중 FVOCI 취득원가는 ₩100,000이다.
② 20×1년 기말 FVOCI 평가이익은 ₩10,000이다.
③ 20×2년 기말 FVOCI 평가손실이 ₩3,000 발생된다.
④ 20×3년 처분 직전 FVOCI 평가손실 잔액은 ₩2,000이다.
⑤ 20×3년 처분 시 당기손실 ₩200이 발생된다.

07 ㈜갑은 20×1년 7월 1일 주식 A 10주를 수수료 ₩100을 포함한 ₩1,100에 취득하여 당기손익-공정가치측정금융자산으로 분류하였다. 또한 ㈜갑은 20×1년 10월 1일에 주식 B 10주를 수수료 ₩200을 포함한 ₩2,200에 취득하여 기타포괄손익-공정가치측정금융자산으로 분류하였다. 각 주식의 1주당 공정가치는 다음과 같다.

구분	20×1년 말	20×2년 말	20×3년 말
주식 A	₩120	-	-
주식 B	₩230	₩200	₩250

㈜갑은 20×2년 2월 5일에 주식 A를 주당 ₩130에 전부 처분하였으며, 20×4년 1월 5일에 주식 B를 주당 ₩240에 전부 처분하였다.

주식 A와 관련하여 인식할 20×1년도의 당기손익 및 20×2년 2월 5일의 처분이익과, 주식 B와 관련하여 인식할 20×1년도의 기타포괄손익 및 20×4년 1월 5일의 처분이익은 얼마인가? 단, 손상차손은 없다. [2012 공인회계사 1차 수정]

	주식 A		주식 B	
	당기손익	처분이익	기타포괄손익	처분이익
①	₩100	₩100	₩300	₩400
②	₩100	₩100	₩100	₩0
③	₩200	₩300	₩0	₩300
④	₩200	₩100	₩0	₩200
⑤	₩200	₩100	₩100	₩0

08 ㈜한국은 20×3년 10월 7일 상장회사인 ㈜대한의 보통주식을 ₩3,000,000에 취득하고, 취득에 따른 거래비용 ₩30,000을 지급하였다. 20×3년 말 ㈜대한의 보통주식 공정가치는 ₩3,500,000이었다. ㈜한국은 20×4년 1월 20일 ㈜대한의 보통주식을 ₩3,400,000에 매도하였으며, 매도와 관련하여 부대비용 ₩50,000을 지급하였다. ㈜대한의 보통주식을 당기손익-공정가치측정금융자산 혹은 기타포괄손익-공정가치측정금융자산으로 분류한 경우, ㈜한국의 회계처리에 관한 설명으로 옳은 것은? [2014 세무사 1차 수정]

① 당기손익-공정가치측정금융자산으로 분류한 경우나 기타포괄손익-공정가치측정금융자산으로 분류한 경우 취득원가는 동일하다.
② 기타포괄손익-공정가치측정금융자산으로 분류한 경우나 당기손익-공정가치측정금융자산으로 분류한 경우 20×3년 말 공정가치 변화가 당기손익에 미치는 영향은 동일하다.
③ 당기손익-공정가치측정금융자산으로 분류한 경우 20×4년 당기손익-공정가치측정금융자산처분손실은 ₩200,000이다.
④ 당기손익-공정가치측정금융자산으로 분류한 경우 20×3년 총포괄이익은 기타포괄손익-공정가치측정금융자산으로 분류한 경우보다 ₩30,000 더 크다.
⑤ 기타포괄손익-공정가치측정금융자산으로 분류한 경우 20×4년 기타포괄손익-공정가치측정금융자산처분손실은 ₩50,000이다.

09 ㈜국세는 20×1년 7월 1일에 동 일자로 발행된 ㈜대한의 사채(액면가액 ₩200,000, 3년 만기, 이자는 매년 6월 말과 12월 말에 지급)를 단기매매차익을 얻기 위하여 ₩190,173에 취득하였다. 동 사채의 액면이자율은 연 10%, 시장이자율은 연 12%이다. 동 사채의 20×1년 말 이자지급 후 공정가치는 ₩195,000이다. ㈜국세가 동 사채 취득 및 보유로 인해 20×1년도에 인식할 당기이익은 얼마인가? (단, 사채취득과 관련한 거래비용은 없으며, 사채이자는 월수를 기준으로 계산한다. 또한 계산금액은 소수점 첫째 자리에서 반올림하며, 이 경우 단수차이로 인해 약간의 오차가 있으면 가장 근사치를 선택한다) [2010 세무사 1차]

① ₩12,827 ② ₩14,827 ③ ₩16,827
④ ₩24,827 ⑤ ₩28,827

10 다음은 보고기간이 1월 1일부터 12월 31일까지인 ㈜한국의 단기매매목적으로 취득한 채무상품과 관련된 자료이다.

(1) ㈜한국은 20×1년 5월 1일에 A사의 액면금액 ₩100,000인 사채를 발생이자를 포함하여 ₩96,000에 매입하였으며, 매입과 관련된 수수료는 ₩1,000이었다. 사채의 액면이자율은 연 12%이며 이자지급일은 매년 12월 31일이다.
(2) ㈜한국은 20×1년 10월 1일에 A사의 사채를 발생이자를 포함하여 ₩98,000에 처분하였으며, 처분과 관련된 수수료 ₩1,500을 지급하였다.

㈜한국의 20×1년에 포괄손익계산서의 당기손익에 미치는 영향을 계산하시오.

① ₩0 ② ₩(500) ③ ₩(1,000)
④ ₩(3,000) ⑤ ₩(5,000)

※ 다음 자료를 이용하여 **11 ~ 13**에 답하시오.

20×1년 4월 1일 A회사는 20×1년 1월 1일 B회사가 발행한 사채를 발생이자를 포함하여 ₩97,402에 취득하였으며, 20×1년 4월 1일에 시장이자율(유효이자율)은 연 10%이다. A회사의 보고기간은 1월 1일부터 12월 31일까지이다. 다음 자료를 이용하여 물음에 답하시오. 단, 법인세효과는 고려하지 않는다.

(1) B회사는 20×1년 1월 1일에 다음과 같은 조건으로 사채를 발행하였다.

- 액면금액: ₩100,000
- 표시이자율: 연 8%
- 이자지급방법: 매년 말 후급
- 만기일: 20×3년 12월 31일

(2) 현가요소는 다음과 같다.

구분	연 10%	연 12%
단일금액(3년)	0.75131	0.71178
연금(3년)	2.48685	2.40183

11 사채 취득시점에서 A회사가 계약상 현금흐름 수취목적인 사업모형으로 금융자산을 보유할 경우, 20×1년 4월 1일 A회사가 인식할 상각후원가측정금융자산의 장부금액은 얼마인가?

① ₩95,402 ② ₩96,529 ③ ₩98,182
④ ₩100,000 ⑤ ₩97,000

12 사채 취득시점에서 A회사가 계약상 현금흐름 수취목적인 사업모형으로 금융자산을 보유할 경우, 20×3년 중 A회사의 포괄손익계산서에 이자수익으로 보고될 금액은 얼마인가?

① ₩9,503 ② ₩9,653 ③ ₩9,818
④ ₩10,000 ⑤ ₩9,700

13 사채 취득시점에서 A회사가 계약상 현금흐름 수취목적인 사업모형으로 금융자산을 보유할 경우, A회사가 20×2년 7월 1일에 B사 사채의 50%를 발생이자를 포함하여 ₩49,000에 처분한 경우 B사 사채가 20×2년 당기순손익에 영향을 미치는 금액은 얼마인가? (단, 법인세효과는 고려하지 않는다)

① ₩5,562 ② ₩(1,678) ③ ₩7,240
④ ₩5,351 ⑤ ₩4,800

※ 다음 자료를 이용하여 **14 ~ 17**에 답하시오.

20×1년 1월 1일 A회사는 20×1년 1월 1일 B회사가 발행한 사채를 ₩95,026에 취득하였으며 사채 취득 시 유효이자율은 연 10%이다. A회사의 보고기간은 1월 1일부터 12월 31일까지이다. 다음 자료를 이용하여 물음에 답하시오. 단, 법인세효과는 고려하지 않는다.

(1) B회사는 20×1년 1월 1일에 다음과 같은 조건으로 사채를 발행하였다.

- 액면금액: ₩100,000
- 표시이자율: 연 8%
- 이자지급방법: 매년 말 후급
- 만기일: 20×3년 12월 31일

(2) B회사의 사채의 20×1년 말 공정가치는 ₩99,000, 20×2년 말 공정가치는 ₩95,000이다.

14 사채 취득시점에서 기타포괄손익-공정가치측정금융자산으로 분류할 경우, 20×1년 12월 31일 A회사의 재무상태표에 기타포괄손익-공정가치측정금융자산의 장부금액은 얼마인가?

① ₩95,026 ② ₩96,529 ③ ₩98,182
④ ₩99,000 ⑤ ₩97,000

15 사채 취득시점에서 기타포괄손익-공정가치측정금융자산으로 분류할 경우, 20×2년 12월 31일 A회사의 재무상태표에 기타포괄손익-공정가치측정금융자산평가손익의 잔액은 얼마인가?

① ₩1,367 이익 ② ₩(3,182) 손실 ③ ₩3,182 이익
④ ₩(4,724) 손실 ⑤ ₩4,724 이익

16 **14**에 관계없이 사채 취득시점에서 기타포괄손익-공정가치측정금융자산으로 분류할 경우, A회사가 20×2년 7월 1일에 B사 사채의 50%를 발생이자를 포함하여 ₩49,000에 처분한 경우 B사 사채가 20×2년 당기순손익에 영향을 미치는 금액은 얼마인가? (단, 법인세효과는 고려하지 않는다)

① ₩5,562 ② ₩(1,678) ③ ₩7,240
④ ₩5,351 ⑤ ₩4,800

17 **14**에 관계없이 사채 취득시점에서 기타포괄손익-공정가치측정금융자산으로 분류할 경우, A회사가 20×2년 7월 1일에 B사 사채의 50%를 발생이자를 포함하여 ₩49,000에 처분한 경우 B사 사채가 20×2년 기타포괄손익에 영향을 미치는 금액은 얼마인가? (단, 법인세효과는 고려하지 않는다)

① ₩5,562 ② ₩(4,062) ③ ₩7,240
④ ₩(5,351) ⑤ ₩2,471

18 20×1년 1월 1일에 ㈜대한은 ㈜한국이 동 일자에 발행한 액면가액 ₩1,000,000, 표시이자율 연 8%(이자는 매년 말 후급)의 3년 만기 사채를 ₩950,220에 취득하였다. 취득 당시 유효이자율은 연 10%이었다. 동 사채의 20×1년 말 공정가치는 ₩970,000이었으며, 20×2년 초에 ₩975,000에 처분하였다. ㈜대한의 동 사채에 대한 회계처리로서 옳지 않은 것은?

[2014 공인회계사 1차 수정]

① 당기손익-공정가치측정금융자산으로 분류되었다면, 20×1년 당기순이익은 ₩99,780 증가한다.
② 기타포괄손익-공정가치측정금융자산으로 분류되었다면, 20×1년 당기순이익은 ₩95,022 증가한다.
③ 상각후원가측정금융자산으로 분류되었다면, 20×1년 당기순이익은 ₩95,022 증가한다.
④ 기타포괄손익-공정가치측정금융자산으로 분류되었다면, 20×2년 당기순이익은 ₩5,000 증가한다.
⑤ 상각후원가측정금융자산으로 분류되었다면, 20×2년 당기순이익은 ₩9,758 증가한다.

19 ㈜대한은 20×1년 1월 1일에 ㈜민국이 발행한 사채(액면금액 ₩1,000,000, 만기 3년, 표시이자율 연 6%(매년 12월 31일에 이자지급), 만기 일시상환, 사채발행시점의 유효이자율 연 10%)를 ₩900,508에 취득(취득 시 신용이 손상되어 있지 않음)하여 기타포괄손익-공정가치로 측정하는 금융자산(FVOCI 금융자산)으로 분류하였다. 20×1년 말과 20×2년 말 동 금융자산의 공정가치는 각각 ₩912,540과 ₩935,478이며, 손상이 발생하였다는 객관적인 증거는 없다. 한편 ㈜대한은 20×3년 1월 1일에 동 금융자산 전부를 ₩950,000에 처분하였다. ㈜대한의 동 금융자산이 20×2년도 포괄손익계산서의 기타포괄이익과 20×3년도 포괄손익계산서의 당기순이익에 미치는 영향은 각각 얼마인가? 단, 단수차이로 인해 오차가 있다면 가장 근사치를 선택한다.

[2020 공인회계사 1차]

	20×2년도 기타포괄이익에 미치는 영향	20×3년도 당기순이익에 미치는 영향
①	₩10,118 감소	₩13,615 감소
②	₩10,118 감소	₩14,522 증가
③	₩18,019 감소	₩13,615 감소
④	₩18,019 감소	₩14,522 증가
⑤	₩18,019 감소	₩49,492 증가

20 기업회계기준서 제1109호 '금융상품'의 손상과 관련된 설명 중 옳지 않은 것은?

① 손상차손은 상각후원가로 측정하는 금융자산과 기타포괄손익-공정가치로 측정하는 채무상품의 경우 당기손익으로 인식한다.

② 신용손실을 측정할 때 현금 부족액의 현재가치를 최초 유효이자율로 할인한 금액을 사용한다. 다만, 취득 시 신용이 손상되어 있는 금융자산은 신용조정 유효이자율로 할인한다.

③ 최초 인식 후에 금융상품의 신용위험이 유의적으로 증가한 경우에는 매 보고기간 말에 전체기간 기대신용손실에 해당하는 금액으로 손실충당금을 측정한다.

④ 한국채택국제회계기준에서는 신용위험이 유의적으로 증가하지 아니한 경우에는 어떠한 경우에도 전체기간 기대신용에 해당하는 금액으로 손실충당금을 측정할 수 없다.

⑤ 취득 시 신용이 손상되어 있는 금융자산은 아니지만 후속적으로 신용이 손상된 금융자산의 경우에는 후속 보고기간에 상각후원가에 유효이자율을 적용한다.

21 ㈜대한은 20×1년 초에 만기 20×3년 말, 액면금액 ₩1,000,000, 액면이자율 연 8%이며, 이자를 매년 말 지급하는 ㈜민국의 사채를 ₩950,260에 취득하였다. ㈜대한은 동 사채를 계약상 현금흐름 수취목적으로 취득하였다. 사채를 취득한 시점의 시장이자율은 연 10%이다.

(1) ㈜대한은 20×1년 말 액면이자 ₩80,000을 수취하였으며, 신용위험이 유의적으로 증가하지 아니하였다. 20×1년 말 추정한 12개월 기대신용손실과 전체기간 기대신용손실은 다음과 같다.

12개월 기대신용손실	전체기간 기대신용손실
₩30,000	₩50,000

(2) ㈜대한은 20×2년 말 액면이자 ₩80,000을 수취하였으나. 신용위험이 유의적으로 증가하였다. 따라서 전체기간 기대신용손실 ₩100,000을 손실충당금으로 추정하였다.

(3) ㈜대한은 20×3년 말에 원금 ₩1,000,000과 액면이자 ₩80,000을 모두 회수하였다.

㈜대한이 20×1년과 20×2년의 포괄손익계산서에 당기순이익에 미치는 영향은 각각 얼마인가?

	20×1년	20×2년
①	₩65,026	₩96,529
②	₩95,026	₩96,529
③	₩65,026	₩26,529
④	₩95,026	₩26,529
⑤	₩(30,000)	₩(70,000)

22 ㈜세무는 20×1년 초에 만기 20×4년 말, 액면금액 ₩1,000,000, 액면이자율 연 8%이며, 이자를 매년 말 지급하는 ㈜민국의 사채를 ₩936,600에 취득하였다. ㈜세무는 동 사채를 계약상 현금흐름 수취목적으로 취득하였다. 사채를 취득한 시점의 시장이자율은 연 10%이다.

(1) ㈜세무는 20×1년 말 액면이자 ₩80,000을 수취하였고 신용위험이 유의적으로 증가하지 아니하였다. 20×1년 말 현재 12개월 기대신용손실과 전체기간 기대신용손실은 다음과 같다.

구분	20×1년 말
12개월 기대신용손실	₩50,000
전체기간 기대신용손실	₩100,000

(2) ㈜세무는 20×2년 말 액면이자 ₩80,000을 수취하였으나. ㈜민국의 신용이 손상되어, 원금 ₩500,000과 향후 기간동안 액면이자 ₩40,000을 수령할 수 있을 것으로 추정하였다.

(3) ㈜세무는 20×3년 말에 액면이자 ₩40,000을 수취하였다. ㈜민국의 신용이 일부 회복되어 20×4년 말에 원금 ₩900,000과 액면이자 ₩72,000을 수령할 수 있을 것으로 추정하였다.

(4) 현가요소는 다음과 같다.

기간	단일금액의 ₩1의 현가계수(10%)	정상연금의 ₩1의 현가계수(10%)
1년	0.90909	0.90909
2년	0.82645	1.73554
3년	0.75131	2.48685
4년	0.68301	3.16987

㈜세무가 포괄손익계산서상 20×2년에 금융자산손상차손으로 인식할 금액과 20×3년에 금융자산손상차손환입으로 인식할 금액은 얼마인가?

	20×2년 금융자산손상차손	20×3년 금융자산손상차손환입
①	₩50,000	₩432,639
②	₩432,639	₩432,639
③	₩50,000	₩100,000
④	₩432,639	₩392,723
⑤	₩482,639	₩392,723

23 ㈜대한은 ㈜민국이 발행한 사채(발행일 20×1년 1월 1일, 액면금액 ₩3,000,000으로 매년 12월 31일에 연 8% 이자지급, 20×4년 12월 31일에 일시상환)를 20×1년 1월 1일에 사채의 발행가액으로 취득하였다(취득 시 신용이 손상되어 있지 않음). ㈜대한은 취득한 사채를 상각후원가로 측정하는 금융자산으로 분류하였으며, 사채발행시점의 유효이자율은 연 10%이다. ㈜대한은 ㈜민국으로부터 20×1년도 이자 ₩240,000은 정상적으로 수취하였으나 20×1년 말에 상각후원가로 측정하는 금융자산의 신용이 손상되었다고 판단하였다. ㈜대한은 채무불이행확률을 고려하여 20×2년부터 20×4년까지 다음과 같은 현금흐름을 추정하였다.

- 매년 말 수취할 이자: ₩150,000
- 만기에 수취할 원금: ₩2,000,000

또한 ㈜대한은 ㈜민국으로부터 20×2년도 이자 ₩150,000을 수취하였으며, 20×2년 말에 상각후원가로 측정하는 금융자산의 채무불이행확률을 합리적으로 판단하여 20×3년부터 20×4년까지 다음과 같은 현금흐름을 추정하였다.

- 매년 말 수취할 이자: ₩210,000
- 만기에 수취할 원금: ₩2,000,000

㈜대한이 20×2년도에 인식할 손상차손환입은 얼마인가? 단, 단수차이로 인해 오차가 있다면 가장 근사치를 선택한다. [2019 공인회계사 1차]

할인율 / 기간	단일금액 ₩1의 현재가치		정상연금 ₩1의 현재가치	
	8%	10%	8%	10%
1년	0.9259	0.9091	0.9259	0.9091
2년	0.8573	0.8264	1.7832	1.7355
3년	0.7938	0.7513	2.5770	2.4868
4년	0.7350	0.6830	3.3120	3.1698

① ₩0
② ₩104,073
③ ₩141,635
④ ₩187,562
⑤ ₩975,107

※ 다음은 **24 ~ 25**에 관련된 자료이다.

㈜대한은 20×1년 초에 만기 20×4년 말, 액면금액 ₩1,000,000, 액면이자율 연 8%이며, 이자를 매년 말 지급하는 ㈜민국의 사채를 ₩936,600에 취득하였다. ㈜대한은 동 사채를 계약상 현금흐름 수취목적 및 매도목적으로 취득하여 기타포괄손익-공정가치측정금융자산으로 분류하였다. 사채를 취득한 시점의 시장이자율은 연 10%이다.

(1) ㈜대한은 20×1년 말 액면이자 ₩80,000을 수취하였고 신용위험이 유의적으로 증가하지 아니하였으며 12개월 기대신용손실 ₩30,000이며, 전체기간 기대손실을 ₩50,000으로 추정하였다.
(2) ㈜대한은 20×2년 말 액면이자 ₩80,000을 수취하였으나. ㈜민국의 신용이 손상되어, 원금 ₩500,000과 향후 기간 동안 액면이자 ₩40,000을 수령할 수 있을 것으로 추정하였다.
(3) ㈜대한은 20×3년 말에 액면이자 ₩40,000을 수취하였다. ㈜민국의 신용이 일부 회복되어 20×4년 말에 원금 ₩800,000과 액면이자 ₩64,000을 수령할 수 있을 것으로 추정하였다.
(4) 20×1년 말, 20×2년 말, 20×3년 말 금융자산의 공정가치는 각각 ₩920,000, ₩450,000, ₩830,000이다.
(5) 현가요소는 다음과 같다.

기간	단일금액의 ₩1의 현가계수(10%)	정상연금의 ₩1의 현가계수(10%)
1년	0.90909	0.90909
2년	0.82645	1.73554
3년	0.75131	2.48685
4년	0.68301	3.16987

24 ㈜대한이 20×2년에 금융자산손상차손으로 인식할 금액과 20×3년에 금융자산손상차손환입으로 인식할 금액은 얼마인가?

	20×2년 금융자산손상차손	20×3년 금융자산손상차손환입
①	₩30,000	₩294,542
②	₩452,639	₩30,000
③	₩30,000	₩70,000
④	₩452,639	₩294,542
⑤	₩482,639	₩377,540

25 ㈜대한의 20×2년 기타포괄손익에 미치는 영향은 얼마인가?

① ₩(260)　② ₩(32,387)　③ ₩77,193
④ ₩(10,000)　⑤ ₩48,265

26 ㈜대한은 ㈜민국이 다음과 같이 발행한 사채를 20×1년 1월 1일에 발행가액으로 현금취득(취득 시 신용이 손상되어 있지 않음)하고, 기타포괄손익-공정가치로 측정하는 금융자산(FVOCI 금융자산)으로 분류하였다.

> (1) 사채발행일: 20×1년 1월 1일
> (2) 액면금액: ₩1,000,000
> (3) 만기일: 20×3년 12월 31일(일시상환)
> (4) 표시이자율: 연 10%(매년 12월 31일에 지급)
> (5) 사채발행시점의 유효이자율: 연 12%

20×1년 말 ㈜대한은 동 금융자산의 이자를 정상적으로 수취하였으나, ㈜민국의 신용이 손상되어 만기일에 원금은 회수가능 하지만 20×2년부터는 연 6%(표시이자율)의 이자만 매년 말 수령할 것으로 추정하였다. 20×1년 말 현재 동 금융자산의 공정가치가 ₩800,000인 경우, ㈜대한의 20×1년도 포괄손익계산서의 당기순이익과 기타포괄이익에 미치는 영향은 각각 얼마인가? 단, 단수차이로 인해 오차가 있다면 가장 근사치를 선택한다. [2020 공인회계사 1차]

할인율 / 기간	단일금액 ₩1의 현재가치			정상연금 ₩1의 현재가치		
	6%	10%	12%	6%	10%	12%
1년	0.9434	0.9091	0.8929	0.9434	0.9091	0.8929
2년	0.8900	0.8264	0.7972	1.8334	1.7355	1.6901
3년	0.8396	0.7513	0.7118	2.6730	2.4868	2.4019

	당기순이익에 미치는 영향	기타포괄이익에 미치는 영향
①	₩67,623 감소	₩14,239 감소
②	₩67,623 감소	₩98,606 감소
③	₩67,623 감소	₩166,229 감소
④	₩46,616 증가	₩98,606 감소
⑤	₩46,616 증가	₩166,229 감소

※ 다음은 **27 ~ 28**에 관련된 자료이다.

㈜치악산의 외상매출금과 대손에 관한 자료는 다음과 같다.

(1) 20×1년 초 대손충당금의 대변잔액은 ₩15,000이다.
(2) 20×1년 2월, 전기에 매출한 ₩20,000의 외상매출금이 회수불가능하다고 판명되어 장부에서 제거하였다. 이 금액 중 ₩15,000은 전기 말에 손상차손을 인식한 금액이다.
(3) 20×1년 3월, 당기에 매출한 ₩7,000의 외상매출금이 회수불가능하다고 판명되어 장부에서 제거하였다.
(4) 20×1년 7월, 전기에 손상차손을 인식한 외상매출금 ₩3,000이 회수되었다.
(5) 20×1년 9월, 3월에 손상차손을 인식한 외상매출금 중 ₩4,000이 회수되었다.
(6) 20×1년 12월 31일 외상매출금잔액은 ₩500,000이며, 이 금액 중 ₩49,000이 회수불가능하다고 추정되었다.

27 상기 거래가 20×1년의 ㈜치악산의 당기손익에 미치는 영향은 얼마인가? (단, 법인세효과는 무시한다)

① ₩49,000 손실 ② ₩52,000 손실 ③ ₩53,000 손실
④ ₩50,000 손실 ⑤ ₩54,000 손실

28 20×1년 말 재무상태표에 ㈜치악산이 보고할 매출채권 장부금액은 얼마인가?

① ₩500,000 ② ₩49,000 ③ ₩451,000
④ ₩476,000 ⑤ ₩502,000

29 금융자산의 재분류 시 회계처리에 대한 설명으로 옳지 않은 것은? [2018 세무사 1차]

① 상각후원가측정금융자산을 당기손익-공정가치측정금융자산으로 재분류할 경우 재분류일의 공정가치로 측정하고, 재분류 전 상각후원가와의 공정가치의 차이를 당기손익으로 인식한다.
② 상각후원가측정금융자산을 기타포괄손익-공정가치측정금융자산으로 재분류할 경우 재분류일의 공정가치로 측정하고, 재분류 전 상각후원가와의 공정가치의 차이를 기타포괄손익으로 인식하며, 재분류에 따라 유효이자율과 기대신용손실 측정치는 조정하지 않는다.
③ 기타포괄손익-공정가치측정금융자산을 당기손익-공정가치측정금융자산으로 재분류할 경우 계속 공정가치로 측정하고, 재분류 전에 인식한 기타포괄손익누계액은 재분류일에 이익잉여금으로 대체한다.
④ 기타포괄손익-공정가치측정금융자산을 상각후원가측정금융자산으로 재분류할 경우 재분류일의 공정가치로 측정하고, 재분류 전에 인식한 기타포괄손익누계액은 자본에서 제거하고 재분류일의 금융자산 공정가치에서 조정하며, 재분류에 따라 유효이자율과 기대신용손실 측정치는 조정하지 않는다.
⑤ 당기손익-공정가치측정금융자산을 기타포괄손익-공정가치측정금융자산으로 재분류할 경우 계속 공정가치로 측정하고, 재분류일의 공정가치에 기초하여 유효이자율을 다시 계산한다.

30 ㈜대한은 ㈜민국이 20×1년 1월 1일에 발행한 액면금액 ₩50,000(만기 5년(일시상환), 표시이자율 연 10%, 매년 말 이자지급)인 사채를 동 일자에 액면금액으로 취득하고, 상각후원가로 측정하는 금융자산(AC금융자산)으로 분류하여 회계처리하였다. 그러나 ㈜대한은 20×2년 중 사업모형의 변경으로 동 사채를 당기손익-공정가치로 측정하는 금융자산(FVPL금융자산)으로 재분류하였다. 20×2년 말 현재 동 사채와 관련하여 인식한 손실충당금은 ₩3,000이다. 동 사채의 20×3년 초와 20×3년 말의 공정가치는 각각 ₩45,000과 ₩46,000이다. 동 사채가 ㈜대한의 20×3년 포괄손익계산서상 당기순이익에 미치는 영향은 얼마인가? (단, 동 사채의 20×3년 말 공정가치는 이자수령 후 금액이다) [2021 공인회계사 1차]

① ₩2,000 감소 ② ₩1,000 감소 ③ ₩4,000 증가
④ ₩5,000 증가 ⑤ ₩6,000 증가

31 다음 중 금융자산의 양도와 제거에 대한 설명으로 틀린 것은? [2012 공인회계사 1차]

① 금융자산의 정형화된 매도 시 당해 금융자산을 매매일 또는 결제일에 제거한다.
② 금융자산의 현금흐름에 대한 계약상 권리가 소멸한 경우에는 당해 금융자산을 제거한다.
③ 금융자산의 현금흐름에 대한 계약상 권리를 양도하고 위험과 보상의 대부분을 이전하면 당해 금융자산을 제거한다.
④ 금융자산의 현금흐름에 대한 계약상 권리를 양도하고 위험과 보상의 대부분을 보유하지도 않고 이전하지도 않으면서 당해 금융자산을 통제하고 있지 않다면 당해 금융자산을 제거한다.
⑤ 금융자산의 현금흐름에 대한 계약상 권리는 양도하였지만 양도자가 매도 후에 미리 정한 가격으로 당해 금융자산을 재매입하기로 한 경우에는 당해 금융자산을 제거한다.

32 다음은 양도자가 금융자산의 소유에 따른 위험과 보상의 대부분을 보유하고 있는 사례이다. 위험과 보상의 대부분을 보유하고 있는 경우가 아닌 것은?

① 양도자가 매도 후에 미리 정한 가격 또는 매도가격에 양도자에게 금전을 대여하였더라면 그 대가로 받았을 이자수익을 더한 금액으로 양도자산을 재매입하는 거래의 경우
② 유가증권대여계약을 체결한 경우
③ 시장위험을 다시 양도자에게 이전하는 총수익스왑과 함께 금융자산을 매도한 경우
④ 양도자가 매도한 금융자산에 대한 콜옵션을 보유하고 있거나 양수자가 당해 금융자산에 대한 풋옵션을 보유하고 있지만 당해 콜옵션이나 풋옵션이 깊은 외가격 상태이기 때문에 만기 이전에 당해 옵션이 내가격 상태가 될 가능성이 매우 낮은 경우
⑤ 양도자가 양수자에게 발생가능성이 높은 대손의 보상을 보증하면서 단기 수취채권을 매도한 경우

33 20×1년 1월 1일 ㈜대한은 판매대금으로 만기가 20×1년 6월 30일인 액면금액 ₩100,000의 어음을 거래처로부터 수취하였다. ㈜대한은 20×1년 3월 1일 동 어음을 은행에서 할인하였으며, 은행의 할인율은 연 12%였다. 동 어음이 무이자부어음인 경우와 연 10% 이자부어음인 경우로 구분하여 어음할인 시 ㈜대한이 인식할 매출채권처분손실을 계산하면 각각 얼마인가? (단, 어음할인은 금융자산의 제거조건을 충족하는 거래이며, 이자는 월할계산한다)

	무이자부어음	연 10% 이자부어음
①	처분손실 ₩8,000	처분손실 ₩4,200
②	처분손실 ₩8,000	처분손실 ₩867
③	처분손실 ₩4,000	처분손실 ₩2,760
④	처분손실 ₩4,000	처분손실 ₩867
⑤	처분손실 ₩5,000	처분손실 ₩4,200

34 ㈜한국은 20×1년 10월 1일에 총 ₩1,000,000의 매출채권을 금융기관에 팩토링하였는데, 모든 매출채권의 만기일은 20×1년 12월 31일이고 채권에 따르는 권리와 의무를 전부 이전하는 조건으로 이루어졌다. 그러나 매출할인과 매출에누리 및 환입에 대한 책임은 ㈜한국이 부담하기로 하고, 상환청구권은 없으며, 매출채권 금액의 5%를 차후에 정산하기로 하였다. 금융기관은 1년 미만의 팩토링거래에 대해서는 연 12%의 수수료를 부과하면서, 수수료의 계산은 월할계산 방식을 채택하고 있다. 실제로 만기일에 이르기까지 다음과 같은 거래가 발생하였다면, ㈜한국이 상기의 팩토링 거래로 인하여 금융기관으로부터 수취하는 총현금액은 얼마가 되겠는가?

• 매출할인: ₩12,000　　• 매출에누리: ₩8,000

① ₩920,000　② ₩930,000　③ ₩940,000
④ ₩950,000　⑤ ₩960,000

35 12월 31일이 결산일인 ㈜간섭은 액면이자율과 유효이자율이 10%이고, 원금과 상각후원가가 ₩10,000이며, 중도상환이 가능한 만기 2년인 대여금 포트폴리오를 20×1년 1월 1일 현재 보유하고 있다.

> (1) ㈜간섭은 20×1년 1월 1일 ₩9,115을 받고 양수자에게 원금회수액 중 ₩9,000과 ₩9,000의 10% 이자에 대한 권리를 부여하는 계약을 체결하였다. 이 대여금 포트폴리오에 대한 활성시장은 존재하지 않는다.
> (2) ㈜간섭은 원금회수액 중 ₩1,000과 ₩1,000의 10% 이자에 대한 권리를 보유한다. 거래일에 당해 대여금의 공정가치는 ₩10,100이다.
> (3) 상환에 따른 회수액은 1 : 9의 비율로 ㈜간섭과 양수자에게 배분되지만, 채무불이행이 생기면 ㈜간섭의 지분인 ₩1,000이 소멸될 때까지 ₩1,000에서 차감하여 그 손실을 반영한다. 즉, ㈜간섭은 최대 ₩1,000까지 보증을 제공하기로 하였다.

20×1년 1월 1일 금융자산의 양도의 회계처리와 관련하여 금융자산처분손익으로 인식할 금액은 얼마인가?

① ₩90 이익　② ₩100 이익　③ ₩110 이익
④ ₩120 이익　⑤ ₩130 이익

36 ㈜세무는 20×1년 1월 1일에 금융회사인 ㈜대한에 장부금액 ₩500,000의 매출채권을 양도하였다. ㈜세무는 동 매출채권의 위험과 보상의 대부분을 이전하지도 않고 보유하지도 않으며, ㈜대한은 양도받은 동 매출채권을 제3자에게 매도할 수 있는 능력이 없다. 한편 ㈜세무는 매출채권 양도 후 5개월간 동 매출채권의 손상발생에 대해 ₩100,000까지 지급을 보증하기로 하였으며, 동 보증의 공정가치(보증의 대가로 수취한 금액)는 ₩20,000이다. ㈜세무가 동 매출채권을 양도하면서 ㈜대한으로부터 보증의 대가를 포함하여 ₩480,000을 수령하였다면, ㈜세무가 20×1년 1월 1일 매출채권 양도 시 부채로 인식할 금액은? [2021 세무사 1차]

① ₩20,000　② ₩40,000　③ ₩80,000
④ ₩100,000　⑤ ₩120,000

37 ㈜대한은 ㈜민국이 20×1년 1월 1일에 발행한 사채를 발행일에 취득하였으며, 취득 시 동 사채를 기타포괄손익-공정가치 측정 금융자산(FVOCI 금융자산)으로 분류하였다. ㈜민국의 사채는 다음과 같은 조건으로 발행되었다.

- 액면금액: ₩1,000,000
- 만기일: 20×3년 12월 31일(일시상환)
- 표시이자율: 연 4%, 매년 말 지급
- 유효이자율: 연 6%

㈜대한은 ㈜민국으로부터 20×1년도 표시이자는 정상적으로 수취하였으나, 20×1년 말에 상기 사채의 신용이 손상되어 향후 표시이자 수령 없이 만기일에 원금의 80%만 회수가능할 것으로 추정하였다. ㈜대한은 20×2년에 예상대로 이자는 회수하지 못하였으나, 20×2년 말 현재 상황이 호전되어 사채의 만기일에 원금의 100%를 회수할 수 있을 것으로 추정하였다(이자는 회수불가능). 상기 사채의 20×1년 말과 20×2년 말 현재 공정가치는 각각 ₩700,000과 ₩820,000이다. ㈜대한의 상기 금융자산이 (1) 20×1년도 총포괄이익에 미치는 영향과 (2) 20×2년도 당기순이익에 미치는 영향은 각각 얼마인가? 단, 단수차이로 인해 오차가 있다면 가장 근사치를 선택한다.

[2023 공인회계사 1차]

할인율 / 기간	단일금액 ₩1의 현재가치		정상연금 ₩1의 현재가치	
	4%	6%	4%	6%
1년	0.9615	0.9434	0.9615	0.9434
2년	0.9246	0.8900	1.8861	1.8334
3년	0.8890	0.8396	2.7751	2.6730

	(1) 20×1년도 총포괄이익	(2) 20×2년도 당기순이익
①	₩206,520 감소	₩213,200 증가
②	₩206,520 감소	₩231,400 증가
③	₩186,520 감소	₩213,200 증가
④	₩186,520 감소	₩231,400 증가
⑤	₩186,520 감소	₩121,200 증가

고급문제

01 ㈜한국의 자금팀장은 연초에 회사의 자금여력이 충분하다고 판단하여 ㈜나무의 3년 만기 회사채(표시이자율 연 6%, 매년 말 이자지급, 시장이자율 연 8%, 액면금액 ₩100,000)를 ₩94,846에 취득하였다. 이에 대해 회계팀장은 해당 회사채를 당기손익-공정가치측정금융자산, 기타포괄손익-공정가치측정금융자산, 상각후원가측정금융자산 중 어느 것으로 분류할 것인지에 대해 고민하고 있다. 자금팀장의 예측에 따르면 연말 이자율이 전반적으로 하락하여 ㈜나무의 사채 이자율이 연 6%로 낮아질 것으로 예상된다. 상기 예상정보에 근거하여 보고기간 말 ㈜나무 회사채의 가격이 형성된다고 가정했을 때, 위 세가지 분류에 따른 ㈜한국의 당기순이익의 크기를 가장 적절하게 표시한 것은?

① 당기손익-공정가치측정금융자산 > 기타포괄손익-공정가치측정금융자산 > 상각후원가측정금융자산
② 당기손익-공정가치측정금융자산 > 기타포괄손익-공정가치측정금융자산 = 상각후원가측정금융자산
③ 기타포괄손익-공정가치측정금융자산 = 상각후원가측정금융자산 > 당기손익-공정가치측정금융자산
④ 기타포괄손익-공정가치측정금융자산 > 당기손익-공정가치측정금융자산 > 상각후원가측정금융자산
⑤ 상각후원가측정금융자산 > 기타포괄손익-공정가치측정금융자산 > 당기손익-공정가치측정금융자산

02 ㈜대한은 ㈜민국이 20×1년 1월 1일 발행한 액면 ₩1,000,000의 사채(액면이자율 10%, 이자는 매년 6월 말, 12월 말 2회 지급, 만기 3년)를 20×1년 5월 1일에 계약상 현금흐름 수취목적으로 구입하였다. 20×1년 초 시장이자율 10%, 취득 당시 시장이자율은 12%이었다고 가정할 때 20×1년에 인식할 이자수익은 얼마인가?

기간(이자율)	3년(12%)	6년(6%)	3년(10%)	6년(5%)
₩1의 현재가치	0.71178	0.70496	0.75131	0.74622
₩1의 연금의 현재가치	2.40183	4.91732	2.48685	5.07569

① ₩76,490　② ₩97,296　③ ₩100,000
④ ₩114,522　⑤ ₩135,867

03 ㈜대한은 20×1년 초에 만기 20×4년 말, 액면금액 ₩1,000,000, 액면이자율 연 8%이며, 이자를 매년 말 지급하는 ㈜민국의 사채를 ₩936,600에 취득하였다. ㈜대한은 동 사채를 계약상 현금흐름 수취목적으로 취득하였다. 사채를 취득한 시점의 시장이자율은 연 10%이다.

(1) ㈜대한은 20×1년 중 사업모형을 변경하기로 결정하였다.
(2) ㈜대한은 20×1년 말 신용위험이 유의적으로 증가하지 아니하여 12개월 기대신용손실 ₩30,000으로 추정하였다. 20×1년 말과 20×2년 초 ㈜민국의 사채의 공정가치는 ₩930,000이다.
(3) ㈜대한은 20×2년 말 정상적으로 액면이자 ₩80,000을 수취하였으며, 신용위험이 유의적으로 증가하지 아니하여 12개월 기대신용손실 ₩40,000으로 추정하였다. 20×2년 말 ㈜민국의 사채의 공정가치는 ₩970,000이다.
(4) 현가요소는 다음과 같다.

기간	단일금액의 ₩1의 현가계수(10%)	정상연금의 ₩1의 현가계수(10%)
1년	0.90909	0.90909
2년	0.82645	1.73554
3년	0.75131	2.48685
4년	0.68301	3.16987

㈜대한이 ㈜민국의 사채를 당기손익-공정가치측정금융자산으로 재분류할 경우 ㈜대한의 20×2년 당기손익에 미치는 영향은 얼마인가?

① ₩40,000　② ₩49,740　③ ₩120,000
④ ₩129,740　⑤ ₩130,000

04 ㈜대한은 20×1년 초에 만기 20×4년 말, 액면금액 ₩1,000,000, 액면이자율 연 8%이며, 이자를 매년 말 지급하는 ㈜민국의 사채를 ₩936,600에 취득하였다. ㈜대한은 동 사채를 계약상 현금흐름 수취목적으로 취득하였다. 사채를 취득한 시점의 시장이자율은 연 10%이다.

> (1) ㈜대한은 20×1년 중 사업모형을 변경하기로 결정하였다.
> (2) ㈜대한은 20×1년 말 신용위험이 유의적으로 증가하지 아니하여 12개월 기대신용손실 ₩30,000으로 추정하였다. 20×1년 말과 20×2년 초 ㈜민국의 사채의 공정가치는 ₩930,000이다.
> (3) ㈜대한은 20×2년 말 정상적으로 액면이자 ₩80,000을 수취하였으며, 신용위험이 유의적으로 증가하지 아니하여 12개월 기대신용손실 ₩40,000으로 추정하였다. 20×2년 말 ㈜민국의 사채의 공정가치는 ₩970,000이다.
> (4) 현가요소는 다음과 같다.

기간	단일금액의 ₩1의 현가계수(10%)	정상연금의 ₩1의 현가계수(10%)
1년	0.90909	0.90909
2년	0.82645	1.73554
3년	0.75131	2.48685
4년	0.68301	3.16987

㈜대한이 ㈜민국의 사채를 기타포괄손익-공정가치측정금융자산으로 재분류할 경우, ㈜대한의 20×2년 당기손익에 미치는 영향은 얼마인가?

① ₩40,000
② ₩85,026
③ ₩120,000
④ ₩129,740
⑤ ₩130,000

05 ㈜대한은 20×1년 초에 만기 20×4년 말, 액면금액 ₩1,000,000, 액면이자율 연 8%이며, 이자를 매년 말 지급하는 ㈜민국의 사채를 ₩936,600에 취득하였다. ㈜대한은 동 사채를 당기손익-공정가치측정금융자산으로 분류하였다. 사채를 취득한 시점의 시장이자율은 연 10%이다.

(1) ㈜대한은 20×1년 중 사업모형을 변경하기로 결정하였다.
(2) ㈜대한은 20×1년 말 신용위험이 유의적으로 증가하지 아니하여 12개월 기대신용손실 ₩30,000으로 추정하였다. 20×1년 말과 20×2년 초 ㈜민국의 사채의 공정가치는 ₩903,927이며 현행 시장이자율은 12%이다.
(3) ㈜대한은 재분류일에 신용위험을 재추정하였다. 그 결과 신용위험이 유의적으로 증가하지 아니하여 12개월 기대신용손실 ₩30,000이며 20×1년 말의 추정과 변동되지 않았다.
(4) ㈜대한은 20×2년 말 정상적으로 액면이자 ₩80,000을 수취하였으며, 신용위험이 유의적으로 증가하지 아니하여 12개월 기대신용손실 ₩40,000으로 추정하였다. 20×2년 말 ㈜민국의 사채의 공정가치는 ₩970,000이다.
(5) 현가요소는 다음과 같다.

기간	단일금액의 ₩1의 현가계수		정상연금의 ₩1의 현가계수	
	10%	12%	10%	12%
1년	0.90909	0.89286	0.90909	0.89286
2년	0.82645	0.79719	1.73554	1.69005
3년	0.75131	0.71178	2.48685	2.40183
4년	0.68301	0.63552	3.16987	3.03735

㈜대한이 ㈜민국의 사채를 기타포괄손익-공정가치측정금융자산으로 재분류할 경우, ㈜대한의 20×2년 당기손익에 미치는 영향은 얼마인가?

① ₩40,000
② ₩85,026
③ ₩68,471
④ ₩129,740
⑤ ₩130,000

06 ㈜대한은 20×1년 초에 만기 20×4년 말, 액면금액 ₩1,000,000, 액면이자율 연 8%이며, 이자를 매년 말 지급하는 ㈜민국의 사채를 ₩936,600에 취득하였다. ㈜대한은 동 사채를 기타포괄손익-공정가치측정금융자산으로 분류하였다. 사채를 취득한 시점의 시장이자율은 연 10%이다.

(1) ㈜대한은 20×1년 중 사업모형을 변경하기로 결정하였다.

(2) ㈜대한은 20×1년 말 신용위험이 유의적으로 증가하지 아니하여 12개월 기대신용손실 ₩30,000으로 추정하였다. 20×1년 말과 20×2년 초 ㈜민국의 사채의 공정가치는 ₩903,927이며 현행 시장이자율은 12%이다.

(3) ㈜대한은 재분류일에 신용위험을 재추정하였다. 그 결과 신용위험이 유의적으로 증가하지 아니하여 12개월 기대신용손실 ₩30,000이며 20×1년 말의 추정과 변동되지 않았다.

(4) ㈜대한은 20×2년 말 정상적으로 액면이자 ₩80,000을 수취하였으며, 신용위험이 유의적으로 증가하지 아니하여 12개월 기대신용손실 ₩40,000으로 추정하였다. 20×2년 말 ㈜민국의 사채의 공정가치는 ₩970,000이다.

(5) 현가요소는 다음과 같다.

기간	단일금액의 ₩1의 현가계수		정상연금의 ₩1의 현가계수	
	10%	12%	10%	12%
1년	0.90909	0.89286	0.90909	0.89286
2년	0.82645	0.79719	1.73554	1.69005
3년	0.75131	0.71178	2.48685	2.40183
4년	0.68301	0.63552	3.16987	3.03735

㈜대한이 ㈜민국의 사채를 상각후원가측정금융자산으로 재분류할 경우, ㈜대한의 20×2년 당기손익에 미치는 영향은 얼마인가?

① ₩40,000
② ₩85,026
③ ₩98,471
④ ₩129,740
⑤ ₩130,000

07 20×1년 1월 1일 ㈜세무는 ㈜대한이 동 일자에 발행한 사채(액면금액 ₩1,000,000, 만기 3년, 표시이자율 연 8%, 매년 말 이자지급)를 ₩950,252에 취득하였다. 취득 당시의 유효이자율은 연 10%이며, ㈜세무는 동 사채를 기타포괄손익-공정가치측정 금융자산으로 분류하였다. 한편, ㈜세무는 20×1년 중 사업모형을 변경하여 동 사채를 당기손익-공정가치측정 금융자산으로 재분류하였다. 20×1년 말 동 사채의 신용위험은 유의적으로 증가하지 않았으며, 12개월 기대신용손실은 ₩10,000이다. ㈜세무는 20×1년 말과 20×2년 말에 표시이자를 정상적으로 수령하였다. 동 사채의 각 연도 말의 공정가치는 다음과 같으며, 재분류일의 공정가치는 20×1년 말의 공정가치와 동일하다.

구분	20×1. 12. 31.	20×2. 12. 31.
공정가치	₩932,408	₩981,828

㈜세무의 동 사채 관련 회계처리가 20×2년도 당기순이익에 미치는 영향은? (단, 계산금액은 소수점 이하 첫째 자리에서 반올림한다) [2021 세무사 1차]

① ₩16,551 감소 ② ₩22,869 감소 ③ ₩26,551 증가
④ ₩96,551 증가 ⑤ ₩106,551 증가

08 ㈜한국은 발행일이 20×5년 1월 1일이고, 액면금액이 ₩1,000,000이며, 액면이자율이 연 3%(매년 말 후급조건)이고, 3년 만기인 ㈜경기의 약속어음을 발행일에 ₩825,920(유효이자율 연 10%)에 취득하고, 이를 수취채권으로 분류하였다. ㈜한국은 당해 금융자산을 20×6년 1월 1일에 ₩847,895(유효이자율 연 12%)에 양도하였는데, 여기에는 양수자가 어느 때라도 ㈜한국에게 ₩1,000,000에 매도할 수 있는 풋옵션 조건이 붙어 있다. 20×7년 1월 1일 풋옵션이 행사되었을 때, 풋옵션 행사에 따라 ㈜한국이 인식할 당기손실은 얼마인가? 단, 손상차손은 고려하지 않으며, 단수차이로 인해 오차가 있는 경우 가장 근사치를 선택한다. [2015 공인회계사 1차]

① ₩52,592 ② ₩57,851 ③ ₩63,636
④ ₩71,747 ⑤ ₩80,357

09 ㈜대한은 ㈜민국이 20×1년 1월 1일 발행한 사채를 발행일에 취득하였으며, 취득 시 상각후원가로 측정하는 금융자산(AC금융자산)으로 분류하였다. ㈜민국의 사채는 다음과 같은 조건으로 발행되었다.

- 액면금액: ₩500,000
- 표시이자율: 연 6%
- 이자지급일: 매년 말
- 유효이자율: 연 8%
- 만기일: 20×3년 12월 31일

20×2년 12월 31일 ㈜대한과 ㈜민국은 다음과 같은 조건으로 재협상하여 계약상 현금흐름을 변경하였다. 변경시점의 현행시장이자율은 연 10%이다.

- 만기일을 20×4년 12월 31일로 연장
- 표시이자율을 연 4%로 인하

위 계약상 현금흐름의 변경이 금융자산의 제거조건을 충족하지 않는 경우 ㈜대한이 인식할 변경손익은 얼마인가? 단, 단수차이로 인해 오차가 있다면 가장 근사치를 선택한다.

[2022 공인회계사 1차]

할인율 / 기간	단일금액 ₩1의 현재가치			정상연금 ₩1의 현재가치		
	6%	8%	10%	6%	8%	10%
1년	0.9434	0.9259	0.9091	0.9434	0.9259	0.9091
2년	0.8900	0.8573	0.8264	1.8334	1.7832	1.7355
3년	0.8396	0.7938	0.7513	2.6730	2.5770	2.4868

① 변경이익 ₩42,809
② 변경이익 ₩26,405
③ ₩0
④ 변경손실 ₩26,405
⑤ 변경손실 ₩42,809

10 ㈜대한은 ㈜민국이 20×1년 1월 1일에 발행한 사채를 동 일자에 ₩950,244에 취득하였으며, 이를 상각후원가로 측정하는 금융자산(AC 금융자산)으로 분류하였다. ㈜민국의 사채는 다음과 같은 조건으로 발행되었다.

- 액면금액: ₩1,000,000
- 만기일: 20×3년 12월 31일(일시상환)
- 표시이자율: 연 8%, 매년 말 지급
- 유효이자율: 연 10%

20×1년 12월 31일에 ㈜대한과 ㈜민국은 다음과 같은 조건으로 재협상하여 계약상 현금흐름을 변경하였다.

- 만기일: 20×4년 12월 31일로 1년 연장(일시상환)
- 표시이자율: 20×2년부터 연 5%로 인하, 매년 말 지급
- 변경시점의 현행시장이자율: 연 12%

계약상 현금흐름의 변경과 관련하여 발생한 수수료 ₩124,360은 ㈜대한이 부담하였다. ㈜대한은 재협상을 통한 계약상 현금흐름의 변경이 금융자산의 제거조건을 충족하지 않는 것으로 판단하였다.

상기 금융자산과 관련하여 ㈜대한이 20×2년도에 인식할 이자수익은 얼마인가? 단, 단수차이로 인해 오차가 있다면 가장 근사치를 선택한다. [2023 공인회계사 1차]

할인율 / 기간	단일금액 ₩1의 현재가치		정상연금 ₩1의 현재가치	
	10%	12%	10%	12%
1년	0.9091	0.8929	0.9091	0.8929
2년	0.8264	0.7972	1.7355	1.6901
3년	0.7513	0.7118	2.4868	2.4019

① ₩50,000 ② ₩87,564 ③ ₩89,628
④ ₩95,024 ⑤ ₩96,527

11 다음의 <자료>를 이용하여 계산한 ㈜대한의 대여금 이자 양도 시 회계처리가 당기순이익에 미치는 영향은 얼마인가?

> <자료>
>
> 1. ㈜대한은 20×1년 10월 1일 현재 장부금액 ₩500,000의 대여금(만기일인 20×4년 9월 30일에 원금 일시 상환 및 매년 9월 30일에 연 이자율 6% 이자 수령)을 보유하고 있다.
> 2. ㈜대한은 20×1년 10월 1일 보유하고 있는 동 대여금에서 발생하는 만기까지 수령할 이자를 이자수령액의 공정가치로 양도하였다. 동 양도는 금융자산 제거요건을 충족한다.
> 3. 20×1년 10월 1일의 유효이자율은 8%이다. 기간 3, 8%에 대한 단일금액 ₩1과 정상연금 ₩1의 현가계수는 각각 0.7938과 2.5770이다.

① ₩4,204 감소 ② ₩5,348 감소 ③ ₩6,794 감소
④ ₩8,684 감소 ⑤ ₩9,747 감소

12 기업회계기준서 제1109호 '금융상품' 중 금융자산의 제거에 대한 다음 설명 중 옳지 않은 것은? [2020 공인회계사 1차]

① 양도자가 양도자산의 소유에 따른 위험과 보상의 대부분을 보유하지도 이전하지도 않고, 양도자가 양도자산을 통제하고 있다면, 그 양도자산에 지속적으로 관여하는 정도까지 그 양도자산을 계속 인식한다.

② 양도자가 확정가격이나 매도가격에 대여자의 이자수익을 더한 금액으로 재매입하기로 하고 금융자산을 매도한 경우, 양도자는 금융자산의 소유에 따른 위험과 보상의 대부분을 보유하고 있는 것이다.

③ 금융자산 전체가 제거 조건을 충족하는 양도로 금융자산을 양도하고, 수수료를 대가로 해당 양도자산의 관리용역을 제공하기로 한다면 관리용역제공계약과 관련하여 자산이나 부채를 인식하지 않는다.

④ 양도자가 금융자산의 일부에만 지속적으로 관여하는 경우에 양도하기 전 금융자산의 장부금액을 지속적 관여에 따라 계속 인식하는 부분과 제거하는 부분에 양도일 현재 각 부분의 상대적 공정가치를 기준으로 배분한다.

⑤ 양도의 결과로 금융자산 전체를 제거하지만 새로운 금융자산을 획득하거나 새로운 금융부채나 관리용역부채를 부담한다면, 그 새로운 금융자산, 금융부채, 관리용역부채를 공정가치로 인식한다.

기본문제 정답 및 해설

01 금융보증의 예와 같은 조건부 권리 또는 의무는 이에 관련되는 자산과 부채가 항상 재무제표에 인식되지 않더라도, 금융자산과 금융부채의 정의를 충족한다.

02 ② 지분상품의 투자로서 단기매매항목이 아니고 사업결합에서 취득자가 인식하는 조건부대가가 아닌 지분상품에 대한 투자의 후속적인 공정가치 변동을 기타포괄손익으로 표시할 수 있다. 이러한 선택은 최초 인식시점에만 가능하며 이후에 취소할 수 없다.
③ 금융자산의 전체나 일부의 회수를 합리적으로 예상할 수 없는 경우에도 해당 금융자산의 총장부금액을 직접 줄인다.
④ 기타포괄손익-공정가치측정금융자산의 손상차손은 당기손실로 인식하고, 손상차손환입은 당기이익으로 인식한다.
⑤ 회계불일치를 제거하거나 유의적으로 줄이는 경우에는 최초 인식시점에 해당 금융자산을 당기손익-공정가치측정항목으로 지정할 수 있으며, 지정 후 이를 취소할 수 없다.

03 ㄴ. 계약상 현금흐름의 수취와 금융자산의 매도 둘 다를 통해 목적을 이루는 사업모형하에서 금융자산을 보유하고, 금융자산의 계약 조건에 따라 특정일에 원금과 원금잔액에 대한 이자 지급만으로 구성되어 있는 현금흐름이 발생하는 금융자산은 기타포괄손익-공정가치로 측정한다.
ㄹ. 금융자산을 기타포괄손익-공정가치 측정 범주에서 당기손익-공정가치 측정 범주로 재분류하는 경우, 재분류 전에 인식한 기타포괄손익누계액은 재분류일에 재분류조정으로 자본에서 당기손익으로 재분류한다.

04 **1. 20×2년에 포괄손익계산서의 당기손익에 미치는 영향은 다음과 같이 계산할 수 있다.**

(1) 최초 인식 시 수수료비용: ₩(240)

(2) 금융자산처분손익

처분금액: 60주 × ₩106 - ₩60 =	₩6,300
장부금액: ₩84[1] × 60주 =	(5,040)
처분이익	₩1,260

[1] 1주당 장부금액: (100주 × ₩80 + 20주 × ₩104) ÷ 120주 = ₩84

(3) 당기손익공정가치측정금융자산평가이익: 60주 × (₩120 - ₩84) = ₩2,160

∴ 당기손익에 미치는 영향: ₩(240) + ₩1,260 + ₩2,160 = ₩3,180 이익

2. 회계처리

일자	차변	금액	대변	금액
20×2. 4. 1.	(차) 당기손익공정가치측정금융자산[1]	2,080	(대) 현금	2,320
	수수료비용(NI)	240		
20×2. 10. 28.	(차) 현금[2]	6,300	(대) 당기손익공정가치측정금융자산[3]	5,040
			금융자산처분이익(NI)	1,260
20×2. 12. 31.	(차) 당기손익공정가치측정금융자산[4]	2,160	(대) 당기손익공정가치측정금융자산평가이익(NI)	2,160

[1] 20주 × ₩104 = ₩2,080
[2] 60주 × ₩106 - ₩60 = ₩6,300
[3] (100주 × ₩80 + 20주 × ₩104) × 60주/120주 = ₩5,040
[4] 60주 × (₩120 - ₩84) = ₩2,160
1주당 장부금액: (100주 × ₩80 + 20주 × ₩104) ÷ 120주 = ₩84

정답 01④ 02① 03② 04①

05 1. 20×2년에 포괄손익계산서의 기타포괄손익에 미치는 영향은 다음과 같이 계산할 수 있다.
기타포괄손익공정가치측정금융자산평가손익: ₩8,100 이익

구분	기말보유주식	처분주식	합계
공정가치	60주 × ₩300 = ₩18,000	60주 × ₩265 = ₩15,900	
장부금액	60주 × ₩215[1] = ₩(12,900)	60주 × ₩215[1] = ₩(12,900)	
기타포괄손익	₩5,100	₩3,000	₩8,100

[1] 1주당 장부금액: (₩20,000 + 20주 × ₩260 + ₩600) ÷ 120주 = ₩215

∴ 기타포괄손익에 미치는 영향: ₩8,100 이익

2. 회계처리

일자	차변	금액	대변	금액
20×2. 4. 1.	(차) 기타포괄손익공정가치측정금융자산[1]	5,800	(대) 현금	5,800
20×2. 10. 28. ① 선평가	(차) 기타포괄손익공정가치측정금융자산[2]	3,000	(대) 기타포괄손익공정가치측정금융자산평가손실(OCI)	3,000
② 처분	(차) 현금[3]	15,750	(대) 기타포괄손익공정가치측정금융자산	15,900
	금융자산처분손실(NI)	150		
20×2. 12. 31.	(차) 기타포괄손익공정가치측정금융자산[4]	5,100	(대) 기타포괄손익공정가치측정금융자산평가손실(OCI)	2,000
			기타포괄손익공정가치측정금융자산평가이익(OCI)	3,100

[1] 20주 × ₩260 + ₩600 = ₩5,800

[2] 60주 × ₩265 - (100주 × ₩200 + ₩5,800) × 60주/120주 = ₩3,000

[3] 60주 × ₩265 - ₩150 = ₩15,750

[4] 60주 × (₩300 - ₩215) = ₩5,100
1주당 장부금액: (100주 × ₩200 + 20주 × ₩260 + ₩600) ÷ 120주 = ₩215

06 1. 20×1년 기중 FVOCI 취득원가: ₩100,000 + ₩500 = ₩100,500

2. 20×1년 기말 FVOCI 평가이익: ₩110,000 - ₩100,500 = ₩9,500

3. 20×2년 기말 FVOCI 평가손실: ₩98,000 - ₩110,000 = ₩12,000

4. 20×3년 처분 직전 FVOCI 평가손실 잔액: ₩99,000 - ₩100,500 = ₩1,500

5. 20×3년 처분 시 금융자산처분손실(당기손실): ₩200(거래원가)

6. 회계처리

일자	차변	금액	대변	금액
20×1년 중	(차) 기타포괄손익-공정가치측정금융자산	100,500	(대) 현금	100,500
20×1년 말	(차) 기타포괄손익-공정가치측정금융자산	9,500	(대) 기타포괄손익-공정가치측정금융자산평가이익(OCI)	9,500
20×2년 말	(차) 기타포괄손익-공정가치측정금융자산평가이익(OCI)	9,500	(대) 기타포괄손익-공정가치측정금융자산	12,000
	기타포괄손익-공정가치측정금융자산평가손실(OCI)	2,500		
20×3년 중 ① 선평가	(차) 기타포괄손익-공정가치측정금융자산	1,000	(대) 기타포괄손익-공정가치측정금융자산평가손실(OCI)	1,000
② 처분	(차) 현금	98,800	(대) 기타포괄손익-공정가치측정금융자산	99,000
	금융자산처분손실(NI)	200		
③ 이익잉여금대체	(차) 이익잉여금(자본)	1,500	(대) 기타포괄손익-공정가치측정금융자산평가손실(자본)	1,500

정답 05 ③ 06 ⑤

07 1. 주식 A 관련 손익

(1) 20×1년 당기손익효과: 평가이익 ₩200(공정가치 ₩1,200 - 취득원가 ₩1,000) - 수수료비용 ₩100 = ₩100 이익

(2) 20×2년 2월 5일 처분손익: 처분금액 ₩1,300 - 장부금액 ₩1,200 = ₩100 이익

2. 주식 B 관련 손익

(1) 기타포괄손익: 공정가치 ₩2,300 - 취득원가 ₩2,200 = ₩100 이익

(2) 처분손익: ₩0

08 ① 당기손익-공정가치측정금융자산은 거래원가를 당기손익으로 처리하고 기타포괄손익-공정가치측정금융자산은 거래원가를 공정가치에 가산하여 회계처리한다. 따라서 거래원가 ₩30,000만큼 취득원가가 차이가 난다.

② 기타포괄손익-공정가치측정금융자산은 공정가치 변화를 기타포괄손익으로 인식하며, 당기손익-공정가치측정금융자산은 공정가치 변화를 당기손익으로 인식하므로 20×3년 말 공정가치 변화가 당기손익에 미치는 영향은 차이가 난다.

③ 당기손익-공정가치측정금융자산처분손실: (₩3,400,000 - ₩50,000) - ₩3,500,000 = ₩(150,000)

④ 당기손익-공정가치측정금융자산으로 분류한 경우와 기타포괄손익-공정가치측정금융자산으로 분류한 경우의 20×3년 총포괄이익은 ₩470,000으로 동일하다.

(1) 20×3년 당기손익-공정가치측정금융자산 총포괄손익: a + b = ₩470,000

a. 수수료비용: ₩(30,000)

b. 당기손익-공정가치측정금융자산평가이익: ₩3,500,000 - ₩3,000,000 = ₩500,000

(2) 20×3년 기타포괄손익-공정가치측정금융자산 총포괄손익: ₩470,000

기타포괄손익-공정가치측정금융자산평가이익: ₩3,500,000 - ₩3,030,000 = ₩470,000

⑤ 20×4년 기타포괄손익-공정가치측정금융자산처분손실: ₩50,000(거래원가)

09 1. 유효이자율법(방법 1)

(1) 회계처리

20×1. 7. 1.	(차) 당기손익-공정가치측정금융자산	190,173	(대) 현금	190,173
20×1. 12. 31. ① 유효이자인식	(차) 현금[1)] 당기손익-공정가치측정금융자산	10,000 1,410	(대) 이자수익(NI)[2)]	11,410
② 기말평가	(차) 당기손익-공정가치측정금융자산[3)]	3,417	(대) 당기손익-공정가치측정금융자산평가이익(NI)	3,417

[1)] ₩200,000 × 10% × 6/12 = ₩10,000

[2)] ₩190,173 × 12% × 6/12 = ₩11,410

[3)] ₩195,000 - (₩190,173 + ₩1,410) = ₩3,417

(2) 20×1년도에 인식할 당기이익: 이자수익 ₩11,410 + 평가이익 ₩3,417 = ₩14,827

2. 액면이자인식법(방법 2)

(1) 회계처리

20×1. 7. 1.	(차) 당기손익-공정가치측정금융자산	190,173	(대) 현금	190,173
20×1. 12. 31. ① 액면이자인식	(차) 현금[1)]	10,000	(대) 이자수익(NI)	10,000
② 기말평가	(차) 당기손익-공정가치측정금융자산[2)]	4,827	(대) 당기손익-공정가치측정금융자산평가이익(NI)	4,827

[1)] ₩200,000 × 10% × 6/12 = ₩10,000

[2)] ₩195,000 - ₩190,173 = ₩4,827

(2) 20×1년도에 인식할 당기이익: 이자수익 ₩10,000 + 평가이익 ₩4,827 = ₩14,827

해설

투자채무상품의 경우 보유기간 동안 이자수익이 발생한다. K-IFRS에서 투자채무상품은 유효이자율법에 의하여 보유기간 동안에 이자수익을 당기손익으로 인식하도록 규정하고 있다. 그러나 일반적으로 당기손익-공정가치측정금융자산의 경우 액면이자를 이자수익으로 인식하는 간편법을 사용한다. 왜냐하면 당기손익-공정가치측정금융자산의 경우 유효이자율법에 의하여 이자수익을 인식하고 기말시점에 공정가치로 측정한 경우와 액면이자를 이자수익으로 인식하고 기말시점에 공정가치로 측정한 경우의 당기손익에 미치는 효과가 동일하므로 간편법으로 액면이자를 이자수익으로 인식한다.

정답 07 ② 08 ⑤ 09 ②

10 1. 20×1년 당기손익에 미치는 영향: (1) + (2) + (3) = ₩(500)

(1) 수수료비용: ₩(1,000)

(2) 이자수익: ₩100,000 × 12% × 5/12 = ₩5,000

(3) 금융자산처분손실: ₩(4,500)

처분금액: ₩98,000 - ₩1,500 =	₩96,500
장부금액: ₩92,000 + ₩9,000[1] =	(101,000)
처분손실:	₩(4,500)

1) ₩100,000 × 12% × 9/12 = ₩9,000

2. 회계처리

일자	차변	금액	대변	금액
20×1. 5. 1.	(차) 당기손익공정가치측정금융자산	92,000	(대) 현금	97,000
	미수이자[1]	4,000		
	수수료비용	1,000		
20×1. 10. 1.	(차) 미수이자[2]	5,000	(대) 이자수익	5,000
	(차) 현금[3]	96,500	(대) 당기손익공정가치측정금융자산	92,000
	금융자산처분손실	4,500	미수이자[4]	9,000

1) ₩100,000 × 12% × 4/12 = ₩4,000

2) ₩100,000 × 12% × 5/12 = ₩5,000

3) ₩98,000 - ₩1,500 = ₩96,500

4) ₩100,000 × 12% × 9/12 = ₩9,000

11 20×1년 4월 1일 상각후원가측정금융자산: ₩95,026[1] + 1,503 × 3/12 = ₩95,402

1) ₩8,000 × 2.48685 + ₩100,000 × 0.75131 = ₩95,026

12 20×3년 이자수익: ₩108,000 ÷ 1.1 × 0.1 = ₩9,818

13 1. 상각표

일자	장부금액	유효이자(10%)	액면이자(8%)	상각액
20×1년 초	₩95,026			
20×1년 말	₩96,529	₩9,503	₩8,000	₩1,503
20×2년 말	₩98,182	₩9,653	₩8,000	₩1,653
20×3년 말	₩100,000	₩9,818	₩8,000	₩1,818
		₩28,974	₩24,000	₩4,974

2. 당기순손익에 미치는 영향

(1) 금융자산처분손익

처분금액(발생이자 포함)	₩49,000
장부금액(발생이자 포함): (₩96,529 + ₩9,653 × 6/12) × 50% =	₩(50,678)
금융자산처분손실	₩(1,678)

(2) 이자수익: ₩9,653 × 6/12 × 50% + ₩9,653 × 50% = ₩7,240

∴ 20×2년 당기순손익에 영향을 미치는 금액: (1) + (2) = ₩5,562

14 20×1년 말 기타포괄손익-공정가치측정금융자산: 공정가치 = ₩99,000

정답 10 ② 11 ① 12 ③ 13 ① 14 ④

15 20×2년 말 기타포괄손익-공정가치측정금융자산평가손익: 공정가치 - 상각후원가
= ₩95,000 - (₩108,000 ÷ 1.1) = ₩(3,182)

16 1. 유효이자율법에 의한 상각표

일자	장부금액	유효이자(10%)	액면이자(8%)	상각액
20×1년 초	₩95,026			
20×1년 말	₩96,529	₩9,503	₩8,000	₩1,503
20×2년 말	₩98,182	₩9,653	₩8,000	₩1,653
20×3년 말	₩100,000	₩9,818	₩8,000	₩1,818
		₩28,974	₩24,000	₩4,974

2. 당기순손익에 미치는 영향

(1) 금융자산처분손익

처분금액(발생이자 포함)	₩49,000
장부금액(발생이자 포함): (₩96,529 + ₩9,653 × 6/12) × 50% =	₩(50,678)
금융자산처분손실	₩(1,678)

(2) 이자수익: ₩9,653 × 6/12 × 50% + ₩9,653 × 50% = ₩7,240

∴ 20×2년 당기순손익에 영향을 미치는 금액[(1) + (2)] = ₩(1,678) + ₩7,240 = ₩5,562

17 20×2년 기타포괄손익에 미치는 영향

구분	공정가치		상각후원가		
기말 기타포괄손익누계액(20×2년 말)	₩95,000 × 50%	-	₩98,182 × 50%	=	₩(1,591)
-기초 기타포괄손익누계액(20×1년 말)	₩99,000	-	₩96,529	=	₩2,471
20×2년 기타포괄손실					₩(4,062)

18 ① 당기손익-공정가치측정금융자산으로 분류된 경우 20×1년 당기손익의 영향

이자수익: ₩1,000,000 × 8% =	₩80,000
금융자산평가이익: ₩970,000 - ₩950,220 =	₩19,780
계	₩99,780 증가

② 기타포괄손익-공정가치측정금융자산으로 분류된 경우 20×1년 당기손익의 영향
이자수익: ₩950,220 × 10% = ₩95,022 증가

③ 상각후원가측정금융자산으로 분류된 경우 20×1년 당기손익의 영향
이자수익: ₩950,220 × 10% = ₩95,022 증가

④ 기타포괄손익-공정가치측정금융자산으로 분류된 경우 20×2년 당기손익의 영향
금융자산처분손익: ₩975,000 - (₩975,000 - ₩9,758[1)]) = ₩9,758 증가

1) 20×2년 초 기타포괄손익-공정가치측정금융자산평가손익: ₩975,000 - (₩950,220 × 1.1 - ₩80,000) = ₩9,758

⑤ 상각후원가측정금융자산으로 분류된 경우 20×2년 당기손익의 영향
금융자산처분손익: ₩975,000 - (₩950,220 × 1.1 - ₩80,000) = ₩9,758 증가

19 1. 20×2년도 기타포괄이익에 미치는 영향: (1) - (2) = ₩(10,118) 감소

(1) 20×2년 말 기타포괄손익누계액
₩935,478(공정가치) - (₩930,559 × 1.1 - ₩60,000)(상각후원가) = ₩(28,137)

(2) 20×1년 말 기타포괄손익누계액
₩912,540(공정가치) - (₩900,508 × 1.1 - ₩60,000)(상각후원가) = ₩(18,019)

2. 20×3년도 당기순이익에 미치는 영향: ₩(13,615) 감소
금융자산처분이익: ₩950,000 - (₩930,559 × 1.1 - ₩60,000) = ₩(13,615)

정답 15 ② 16 ① 17 ② 18 ④ 19 ①

20 K-IFRS에서는 신용위험이 유의적으로 증가하지 아니한 경우라도 다음의 경우에는 전체기간 기대신용손실에 해당하는 금액으로 손실충당금을 측정하도록 규정하고 있다.

1. 취득 시 신용이 손상되어 있는 금융자산
   취득 시 신용이 손상되어 있는 금융자산은 보고기간 말에 최초 인식 이후 전체기간 기대신용손실의 누적변동분만을 손실충당금으로 인식한다.

2. 매출채권, 계약자산, 리스채권에 대한 간편법
   다음 항목은 항상 전체기간 기대신용손실에 해당하는 금액으로 손실충당금을 측정한다.
   (1) 다음 중 하나를 충족하는, 기업회계기준서 제1115호 '고객과의 계약에서 생기는 수익'의 적용범위에 포함되는 거래에서 생기는 매출채권이나 계약자산
      ① 유의적인 금융요소를 포함하고 있지 않은 경우
      ② 유의적인 금융요소가 있으나, 전체기간 기대신용손실에 해당하는 금액으로 손실충당금을 측정하는 것을 회계정책으로 선택한 경우
   (2) 기업회계기준서 제1116호 '리스'의 적용범위에 포함되는 거래에서 생기는 리스채권으로서, 전체기간 기대신용손실에 해당하는 금액으로 손실충당금을 측정하는 것을 회계정책으로 선택한 경우

21 1. 20×1년과 20×2년의 당기순이익에 미치는 영향
   (1) 20×1년의 당기순이익에 미치는 영향: ① + ② = ₩65,026
      ① 20×1년 이자수익: ₩950,260 × 10% = ₩95,026
      ② 20×1년 금융자산손상차손: ₩30,000(당기 말 손실충당금) - ₩0(전기 말 손실충당금) = ₩(30,000)
   (2) 20×2년의 당기순이익에 미치는 영향: ① + ② = ₩26,529
      ① 20×1년 이자수익: (₩950,260 × 1.1 - ₩80,000) × 10% = ₩96,529
      ② 20×2년 금융자산손상차손: ₩100,000(당기 말 손실충당금) - ₩30,000(전기 말 손실충당금) = ₩(70,000)

2. 유효이자율법에 의한 상각표

일자	총장부금액	유효이자 (장부금액 × 10%)	액면이자 (액면금액 × 8%)	상각액 (유효이자 - 액면이자)
20×1년 초	₩950,260			
20×1년 말	₩965,286	₩95,026	₩80,000	₩15,026
20×2년 말	₩981,815	₩96,529	₩80,000	₩16,529
20×3년 말	₩1,000,000	₩98,185[1]	₩80,000	₩18,185
계		₩289,740	₩240,000	₩49,740

1) 단수차이조정

3. 20×1년 회계처리

20×1년 初	(차) 상각후원가측정금융자산	950,260	(대) 현금	950,260
20×1년 말	(차) 현금	80,000	(대) 이자수익	95,026
	상각후원가측정금융자산	15,026		
	(차) 금융자산손상차손[1]	30,000	(대) 손실충당금	30,000

1) ₩30,000(당기 말 손실충당금) - ₩0(전기 말 손실충당금) = ₩30,000

20×1년 말 재무상태표

상각후원가측정금융자산	₩965,286	
손실충당금	₩(30,000)	
	₩935,286	

20×1년 포괄손익계산서

이자수익	₩95,026
금융자산손상차손	₩(30,000)

정답 20 ④ 21 ③

4. 20×2년 회계처리

20×2년 말	(차) 현금	80,000	(대) 이자수익	96,529
	상각후원가측정금융자산	16,529		
	(차) 금융자산손상차손[1]	70,000	(대) 손실충당금	70,000

[1] ₩100,000(당기 말 손실충당금) - ₩30,000(전기 말 손실충당금) = ₩70,000

20×2년 말 재무상태표

상각후원가측정금융자산	₩981,815
손실충당금	₩(100,000)
	₩881,815

20×2년 포괄손익계산서

이자수익	₩96,529
금융자산손상차손	₩(70,000)

22 1. 20×1년과 20×2년 금융자산손상차손

(1) 20×1년 금융자산손상차손: ₩50,000(당기 말 손실충당금) - ₩0(전기 말 손실충당금) = ₩50,000

(2) 20×2년 금융자산손상차손

구분	계산근거	금액
총장부금액	₩950,260 × 1.1 - ₩80,000 =	₩965,286
상각후원가	₩40,000 × 1.73554 + ₩500,000 × 0.82645 =	₩(482,647)
당기 말 기대신용손실		₩482,639
전기 말 기대신용손실		₩(50,000)
금융자산손상차손		₩432,639

2. 20×3년 금융자산손상차손환입

구분	계산근거	금액
상각후원가	(₩900,000 + ₩72,000) × 0.90909 =	₩883,635
장부금액	₩482,647 × 1.1 - ₩40,000 =	₩(490,912)
금융자산손상차손환입		₩392,723

3. 유효이자율법 상각표

일자	총장부금액	유효이자 (장부금액 × 10%)	액면이자 (액면금액 × 8%)	상각액 (유효이자 - 액면이자)
20×1년 초	₩936,600			
20×1년 말	₩950,260	₩93,660	₩80,000	₩13,660
20×2년 말	₩965,286	₩95,026	₩80,000	₩15,026

(이하 생략)

4. 20×1년 회계처리

20×1년 초	(차) 상각후원가측정금융자산	936,600	(대) 현금	936,600
20×1년 말	(차) 현금	80,000	(대) 이자수익	93,660
	상각후원가측정금융자산	13,660		
	(차) 금융자산손상차손[1]	50,000	(대) 손실충당금	50,000

[1] ₩50,000(당기 말 손실충당금) - ₩0(전기 말 손실충당금) = ₩50,000(12개월 기대신용손실)

20×1년 말 재무상태표

상각후원가측정금융자산	₩950,260
손실충당금	₩(50,000)
	₩900,260

20×1년 포괄손익계산서

이자수익	₩93,660
금융자산손상차손	₩(50,000)

정답 22 ④

5. 20×2년 회계처리

20×2년 말	(차) 현금	80,000	(대) 이자수익	95,026
	상각후원가측정금융자산	15,026		
	(차) 금융자산손상차손[1]	432,639	(대) 손실충당금	432,639

[1] ₩482,639(당기 말 손실충당금) - ₩50,000(전기 말 손실충당금) = ₩432,639

20×2년 말 재무상태표

상각후원가측정금융자산	₩965,286	
손실충당금	₩(482,639)	
	₩482,647	

20×2년 포괄손익계산서

이자수익	₩95,026
금융자산손상차손	₩(432,639)

6. 20×3년 회계처리

20×3년 말	(차) 현금	40,000	(대) 이자수익[1]	48,265
	상각후원가측정금융자산	8,265		
	(차) 손실충당금	392,723	(대) 금융자산손상차손환입	392,723

[1] ₩482,647 × 10% = 48,265

20×3년 말 재무상태표

상각후원가측정금융자산	₩973,551	
손실충당금	₩(89,916)	
	₩883,635	

20×3년 포괄손익계산서

이자수익	₩48,265
금융자산손상차손환입	₩392,723

23 1. 20×1년 초 취득금액: ₩240,000 × 3.1698 + ₩3,000,000 × 0.6830 = ₩2,809,752

2. 20×1년 손상차손

구분	계산근거	금액
총장부금액	₩2,809,752 × 1.1 - ₩240,000 =	₩2,850,727
상각후원가	₩150,000 × 2.4868 + ₩2,000,000 × 0.7513 =	₩(1,875,620)
당기 말 기대신용손실		₩975,107
전기 말 기대신용손실		-
금융자산손상차손		₩975,107

3. 20×2년 금융자산손상차손환입

구분	계산근거	금액
상각후원가	₩210,000 × 1.7355 + ₩2,000,000 × 0.8264 =	₩2,017,255
장부금액	₩1,875,620 × 1.1 - ₩150,000 =	₩(1,913,182)
금융자산손상차손환입		₩104,073

24 1. 20×1년과 20×2년 금융자산손상차손

(1) 20×1년 금융자산손상차손: ₩30,000(당기 말 기대신용손실) - ₩0(전기 말 기대신용손실) = ₩30,000

(2) 20×2년 금융자산손상차손

구분	계산근거	금액
총장부금액	₩950,260 × 1.1 - ₩80,000 =	₩965,286
상각후원가	₩40,000 × 1.73554 + ₩500,000 × 0.82645 =	₩(482,647)
당기 말 기대신용손실		₩482,639
전기 말 기대신용손실		₩(30,000)
금융자산손상차손		₩452,639

정답 23 ② 24 ④

2. 20×3년 금융자산손상차손환입

구분	계산근거	금액
상각후원가	(₩800,000 + ₩64,000) × 0.90909 =	₩785,454
장부금액	₩482,647 × 1.1 - ₩40,000 =	₩(490,912)
금융자산손상차손환입		₩294,542

3. 유효이자율법에 의한 상각표

일자	총장부금액	유효이자 (장부금액 × 10%)	액면이자 (액면금액 × 8%)	상각액 (유효이자 - 액면이자)
20×1년 초	₩936,600			
20×1년 말	₩950,260	₩93,660	₩80,000	₩13,660
20×2년 말	₩965,286	₩95,026	₩80,000	₩15,026
		(이하 생략)		

4. 20×1년 회계처리

20×1년 초	(차) 기타포괄손익-공정가치측정금융자산	936,600	(대) 현금	936,600
20×1년 말	(차) 현금	80,000	(대) 이자수익(NI)	93,660
	기타포괄손익-공정가치측정금융자산	13,660		
	(차) 금융자산손상차손(NI)[2]	30,000	(대) 기타포괄손익-공정가치측정금융자산[1]	30,260
	기타포괄손익-공정가치측정금융자산평가손실(OCI)[3]	260		

[1] ₩920,000 - (₩936,600 + ₩13,660) = ₩(30,260)

[2] ₩30,000(당기 말 손실충당금) - ₩0(전기 말 손실충당금) = ₩30,000(12개월 기대신용손실)

[3] ₩(260)(당기 말 누계액) - ₩0(전기 말 누계액) = ₩(260)

20×1년 말 재무상태표

기타포괄손익-공정가치측정금융자산	₩920,000		
		기타포괄손익-공정가치측정금융자산평가손실	₩(260)

20×1년 포괄손익계산서

이자수익	₩93,660
금융자산손상차손	₩(30,000)
기타포괄손익-공정가치측정금융자산평가손실	₩(260)

5. 20×2년 회계처리

20×2년 말	(차) 현금	80,000	(대) 이자수익(NI)	95,026
	기타포괄손익-공정가치측정금융자산	15,026		
	(차) 금융자산손상차손(NI)[2]	452,639	(대) 기타포괄손익-공정가치측정금융자산[1]	485,026
	기타포괄손익-공정가치측정금융자산평가손실(OCI)[3]	32,387		

[1] ₩450,000 - (₩920,000 + ₩15,026) = ₩(485,026)

[2] ₩482,639(당기 말 손실충당금) - ₩30,000(전기 말 손실충당금) = ₩452,639

[3] ₩(32,647)(당기 말 누계액) - ₩(260)(전기 말 누계액) = ₩(32,387)

20×2년 말 재무상태표

기타포괄손익-공정가치측정금융자산	₩450,000		
		기타포괄손익-공정가치측정금융자산평가손실	₩(32,647)

20×2년 포괄손익계산서

이자수익	₩95,026
금융자산손상차손	₩(452,639)
기타포괄손익-공정가치측정금융자산평가손실	₩(32,387)

6. 20×3년 회계처리

20×3년 말	(차) 현금	40,000	(대) 이자수익(NI)[1]	48,265
	기타포괄손익-공정가치측정금융자산	8,265		
	(차) 기타포괄손익-공정가치측정금융자산[2]	371,735	(대) 금융자산손상차손환입(NI)[3]	294,542
			기타포괄손익-공정가치측정금융자산평가손실(OCI)[4]	32,647
			기타포괄손익-공정가치측정금융자산평가이익(OCI)[5]	44,546

[1] ₩482,647 × 10% = ₩48,265
[2] ₩830,000 - (₩450,000 + ₩8,265) = ₩371,735
[3] [물음 1] 계산근거 참조
[4] 전기 말 누계액
[5] 당기 말 누계액

20×3년 말 재무상태표

기타포괄손익-공정가치측정금융자산	₩830,000		
		기타포괄손익-공정가치측정금융자산평가이익	₩44,546

20×3년 포괄손익계산서

이자수익	₩48,265
금융자산손상차손환입	₩294,542
기타포괄손익-공정가치측정금융자산평가이익	₩77,193

25 각 보고기간의 당기손익과 기타포괄손익에 미치는 영향은 다음과 같이 계산할 수 있다.

구분	20×1년 초	20×1년 말	20×2년 말	20×3년 말
① 공정가치	936,600	920,000	450,000	830,000
② 총장부금액	936,600	950,260	965,286	973,551
③ 기대신용손실	-	(30,000)	(482,639)	(188,097)
④ 상각후원가 (②-③)	936,600	920,260	482,647	785,454
이자수익(NI) (② × 10%)		93,660	95,026	48,265
기대신용손실	0	(30,000)	(482,639)	(188,097)
손상차손(환입)(NI)		(30,000)	(452,639)	294,542
기타포괄손익누계액(①-④)	0	(260)	(32,647)	44,546
기타포괄손익(OCI)		(260)	(32,387)	77,193

26 1. 당기순이익에 미치는 영향: (1) + (2) = ₩46,616 증가

(1) 20×1년 이자수익: (₩100,000 × 2.4019 + ₩1,000,000 × 0.7118) × 12% = ₩951,990 × 12% = ₩114,239

(2) 20×1년 금융자산손상차손

구분	계산근거	금액
총장부금액	₩951,990 × 1.12 - ₩100,000 =	₩966,229
상각후원가	₩60,000 × 1.6901 + ₩1,000,000 × 0.7972 =	₩(898,606)
당기 말 기대신용손실		₩67,623
전기 말 기대신용손실		₩(0)
금융자산손상차손		₩67,623

2. 기타포괄손익에 미치는 영향: (1) - (2) = ₩(98,606) 감소

(1) 20×1년 말 기타포괄손익누계액: ₩800,000(공정가치) - ₩898,606(상각후원가) = ₩(98,606)

(2) 20×0년 말 기타포괄손익누계액: ₩0

정답 25 ② 26 ④

27

구분	당기손익에 미치는 영향
기말 대손충당금	₩49,000
- 기초 대손충당금	-₩15,000
+ 대손판명액	+₩20,000 + ₩7,000
- 현금회수액	-₩3,000 - ₩4,000
합계	₩54,000 손실

28

구분	금액
매출채권	₩500,000
- 대손충당금	-₩49,000
매출채권의 장부금액	₩451,000

29 기타포괄손익-공정가치측정금융자산을 당기손익-공정가치측정금융자산으로 재분류할 경우 계속 공정가치로 측정하고, 재분류 전에 인식한 기타포괄손익누계액은 재분류일에 당기손익으로 재분류한다.

30 1. 20×1년 회계처리

20×1년 초	(차) 상각후원가측정금융자산	50,000	(대) 현금	50,000
20×1년 말	(차) 현금	5,000	(대) 이자수익	5,000

20×1년 말 재무상태표		20×1년 포괄손익계산서	
상각후원가측정금융자산	₩50,000	이자수익	₩5,000

2. 20×2년 회계처리

20×2년 말	(차) 현금	5,000	(대) 이자수익	5,000
	(차) 금융자산손상차손[1)]	3,000	(대) 손실충당금	3,000

[1)] ₩3,000(당기 말 손실충당금) - ₩0(전기 말 손실충당금) = ₩3,000

20×2년 말 재무상태표		20×2년 포괄손익계산서	
상각후원가측정금융자산	₩50,000	이자수익	₩5,000
손실충당금	₩(3,000)	금융자산손상차손	₩(3,000)
	₩47,000		

3. 20×3년 회계처리

20×3년 초	(차) 손실충당금	3,000	(대) 상각후원가측정금융자산	50,000
	당기손익-공정가치측정금융자산	45,000		
	당기손익-공정가치측정금융자산평가손실(NI)[1)]	2,000		
20×3년 말	(차) 현금	5,000	(대) 이자수익	5,000
	(차) 당기손익-공정가치측정금융자산[2)]	1,000	(대) 당기손익-공정가치측정금융자산평가이익(NI)	1,000

[1)] ₩45,000(공정가치) - ₩47,000(전기 말 상각후원가) = ₩(2,000)
[2)] ₩46,000 - ₩45,000 = ₩1,000

20×3년 말 재무상태표		20×3년 포괄손익계산서	
당기손익-공정가치측정금융자산	₩46,000	이자수익	₩5,000
		당기손익-공정가치측정금융자산평가손실	₩(1,000)

4. 20×3년 당기손익에 미치는 영향: ₩5,000 + ₩(1,000) = ₩4,000

정답 27 ⑤ 28 ③ 29 ③ 30 ③

31 금융자산의 현금흐름에 대한 계약상 권리는 양도하였지만 양도자가 매도 후에 미리 정한 가격으로 당해 금융자산을 재매입하기로 한 경우는 양도자가 소유에 따른 위험과 보상의 대부분을 보유하는 경우이므로 이는 차입거래에 해당하므로 금융자산을 제거해서는 안 된다.

32 양도자가 매도한 금융자산에 대한 콜옵션을 보유하고 있거나 양수자가 당해 금융자산에 대한 풋옵션을 보유하고 있으며 당해 콜옵션이나 풋옵션이 깊은 내가격 상태이기 때문에 만기 이전에 당해 옵션이 외가격 상태가 될 가능성이 매우 낮은 경우가 위험과 보상의 대부분을 보유하는 경우의 예이다.

33 1. 무이자부어음

(1) 금융자산처분손실

현금수령액 (만기금액[1)] - 할인액[2)]):	₩96,000
장부금액:	₩100,000
금융자산처분손실	₩(4,000)

[1)] 만기금액: ₩100,000
[2)] 할인액: ₩100,000 × 12% × 4/12 = ₩4,000

별해

1. 금융자산처분손실: ₩1,200,000 × 12% × 1/12 = ₩(12,000)
2. 무이자부어음의 매출채권처분손실은 할인액과 언제나 일치한다.

(2) 회계처리

20×1. 3. 1.	(차) 현금	96,000	(대) 매출채권	100,000
	매출채권처분손실	4,000		

2. 이자부어음

(1) 금융자산처분손실

현금수령액 (만기금액[1)] - 할인액[2)]):	₩100,800
장부금액: ₩100,000 + 100,000 × 10% × 2/12 =	₩101,667
금융자산처분손실	₩(867)

[1)] 만기금액: ₩100,000 + ₩100,000 × 10% × 6/12 = ₩105,000
[2)] 할인액: ₩105,000 × 12% × 4/12 = ₩4,200

(2) 회계처리

20×1. 3. 1.	(차) 미수이자	1,667	(대) 이자수익	1,667
	(차) 현금	100,800	(대) 매출채권	100,000
	금융자산처분손실	867	미수이자	1,667

정답 31 ⑤ 32 ④ 33 ④

34 1. 현금수령액

현금수령액	
매출채권총액	₩1,000,000
매출할인	₩(12,000)
매출에누리와 환입	₩(8,000)
수수료: ₩1,000,000 × 12% × 3/12 =	₩(30,000)
현금수령액	₩950,000

2. 회계처리

일자	차변	금액	대변	금액
20×1.10. 1.	(차) 현금	920,000	(대) 매출채권	1,000,000
	팩토링미수금[1]	50,000		
	금융자산처분손실[2]	30,000		
20×1. 12. 31.	(차) 매출(에누리와 환입)	12,000	(대) 팩토링미수금	50,000
	매출(할인)	8,000		
	현금	30,000		

[1] ₩1,000,000 × 5% = ₩50,000

[2] ₩1,000,000 × 12% × 3/12 = ₩30,000

35 1. 공정가치의 배분

현금흐름의 90% 매도에 대하여 손익을 계산하기 위하여 양도시점에서 양도한 90%와 보유하는 10% 각각에 대한 공정가치가 존재하지 아니한다. 따라서 상대적 공정가치비율에 의하여 다음과 같이 해당 자산의 장부금액을 배분해야 한다.

구분	공정가치	비율	배분한 장부금액
양도한 부분	₩9,090	90%	₩9,000
보유하는 부분	₩1,010	10%	₩1,000
계	₩10,100		₩10,000

2. 해당 금액

구분	내용
금융자산처분손익	① 양도자산의 공정가치 - 양도자산의 장부금액 = ₩10,100 × 90% - ₩10,000 × 90% = ₩90
보증의 대가	② 총양도대가 - 양도자산의 공정가치 = ₩9,115 - ₩10,100 × 90% = ₩25
지속적관여자산	③ Min[양도자산의 장부금액, 보증금액] = Min[₩10,000 × 90%, ₩1,000] = ₩1,000
관련부채	④ 지속적관여자산 ± 보증의 대가: ₩1,000 + ₩25 = ₩1,025

3. 회계처리

일자	차변	금액	대변	금액
20×1. 1. 1.	(차) 현금	9,115	(대) 대여금	9,000
	지속적관여자산	1,000	관련부채[1]	1,025
			금융자산처분이익	90

[1] ₩1,000 + ₩25 = ₩1,025

정답 34 ④ 35 ①

4. 위의 문제를 그림으로 분석하면 다음과 같다.

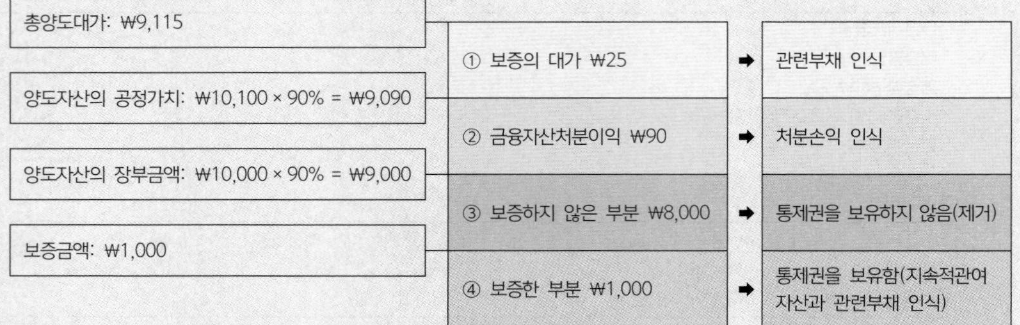

위의 그림을 통하여 아래와 같이 각 금액을 계산할 수 있다.

(1) 보증의 대가: ① ₩25
(2) 금융자산처분손익: ② ₩90
(3) 지속적관여자산: ④ ₩1,000
(4) 관련부채: ① + ④ = ₩1,025

36 1. 매출채권 양도 시 부채로 인식할 금액: 지속적관여자산 ± 보증의 대가

Min[₩500,000, ₩100,000] + ₩20,000 = ₩120,000

2. 회계처리

20×1. 1. 1.	(차) 현금	480,000	(대) 매출채권	500,000
	지속적관여자산	100,000	관련부채[1)	120,000
	금융자산처분손실	40,000		

1) ₩100,000 + ₩20,000 = ₩120,000

37 1. 20×1년도 총포괄이익에 미치는 영향: (1) + (2) + (3) = ₩(206,520) 감소

(1) 20×1년 이자수익: (₩40,000 × 2.6730 + ₩1,000,000 × 0.8396) × 6% = ₩946,520 × 6% = ₩56,791

(2) 20×1년 금융자산손상차손

구분	계산근거	금액
총장부금액	₩946,520 × 1.06 - ₩40,000 =	₩963,311
상각후원가	₩800,000 × 0.8900 =	₩(712,000)
당기 말 기대신용손실		₩251,311
전기 말 기대신용손실		₩(0)
금융자산손상차손		₩251,311

(3) 기타포괄손익에 미치는 영향: ① - ② = ₩(12,000)

① 20×1년 말 기타포괄손익누계액: ₩700,000(공정가치) - ₩712,000(상각후원가) = ₩(12,000)

② 20×0년 말 기타포괄손익누계액: ₩0

2. 20×2년도 당기순이익에 미치는 영향: (1) + (2) = ₩231,400

(1) 20×2년 이자수익: ₩712,000 × 6% = ₩42,720

(2) 20×2년 손상차손환입

구분	계산근거	금액
상각후원가	₩1,000,000 × 0.9434 =	₩943,400
장부금액	₩712,000 × 1.06 =	₩(754,720)
금융자산손상차손환입		₩188,680

정답 36 ⑤ 37 ②

고급문제 정답 및 해설

01 시장이자율이 낮아진다면 ㈜나무가 발행한 회사채의 공정가치는 상승하게 되고, ㈜한국은 평가이익이 발생한다. 이 경우 공정가치평가로 인한 평가손익을 당기손익-공정가치측정금융자산일 경우 당기손익으로, 기타포괄손익-공정가치측정금융자산일 경우 기타포괄손익으로 회계처리한다. 하지만 상각후원가측정금융자산일 경우에는 상각후원가로 측정하기 때문에 공정가치를 고려하지 않는다. 따라서 각각의 분류에 따른 당기순이익의 크기는 다음과 같다.

∴ 당기손익-공정가치측정금융자산 > 기타포괄손익-공정가치측정금융자산 = 상각후원가측정금융자산

02 1. 20×1. 1. 1. 사채의 현재가치

₩1,000,000 × 0.70496 + ₩1,000,000 × 5% × 4.91732 = ₩950,826

2. 유효이자율법에 의한 상각표

일자	장부금액	유효이자(6%)	액면이자(5%)	상각액
20×1. 1. 1.	₩950,826			
20×1. 6. 30.	₩957,876	₩57,050	₩50,000	₩7,050
20×1. 12. 31.	₩965,349	₩57,473	₩50,000	₩7,473

3. 이자수익: ₩57,050 × 2/6 + ₩57,473 = ₩76,490

03 1. 유효이자율법에 의한 상각표

일자	총장부금액	유효이자 (장부금액 × 10%)	액면이자 (액면금액 × 8%)	상각액 (유효이자 - 액면이자)
20×1년 초	₩936,600			
20×1년 말	₩950,260	₩93,660	₩80,000	₩13,660
20×2년 말	₩965,286	₩95,026	₩80,000	₩15,026

(이하 생략)

2. 20×1년 회계처리

20×1년 초	(차) 상각후원가측정금융자산	936,600	(대) 현금	936,600
20×1년 말	(차) 현금	80,000	(대) 이자수익	93,660
	상각후원가측정금융자산	13,660		
	(차) 금융자산손상차손[1]	30,000	(대) 손실충당금	30,000

[1] ₩30,000(당기 말 손실충당금) - ₩0(전기 말 손실충당금) = ₩30,000(12개월 기대신용손실)

20×1년 말 재무상태표

상각후원가측정금융자산	₩950,260		
손실충당금	₩(30,000)		
	₩920,260		

20×1년 포괄손익계산서

이자수익	₩93,660
금융자산손상차손	₩(30,000)

정답 01 ② 02 ① 03 ④

3. 20×2년 회계처리

20×2년 초	(차) 손실충당금	30,000	(대) 상각후원가측정금융자산	950,260
	당기손익-공정가치측정금융자산	930,000	당기손익-공정가치측정금융자산평가이익(NI)[1]	9,740
20×2년 말	(차) 현금	80,000	(대) 이자수익	80,000
	(차) 당기손익-공정가치측정금융자산[2]	40,000	(대) 당기손익-공정가치측정금융자산평가이익(NI)	40,000

1) ₩930,000(공정가치) - ₩920,260(전기 말 상각후원가) = ₩9,740
2) ₩970,000 - ₩930,000 = ₩40,000

20×2년 말 재무상태표

당기손익-공정가치측정금융자산	₩970,000		

20×2년 포괄손익계산서

이자수익	₩80,000
당기손익-공정가치측정금융자산평가이익	₩49,740

4. 20×2년 당기손익에 미치는 영향: ₩80,000 + ₩49,740 = ₩129,740

04 1. 20×1년 회계처리

20×1년 초	(차) 상각후원가측정금융자산	936,600	(대) 현금	936,600
20×1년 말	(차) 현금	80,000	(대) 이자수익	93,660
	상각후원가측정금융자산	13,660		
	(차) 금융자산손상차손[1]	30,000	(대) 손실충당금	30,000

1) ₩30,000(당기 말 손실충당금) - ₩0(전기 말 손실충당금) = ₩30,000(12개월 기대신용손실)

20×1년 말 재무상태표

상각후원가측정금융자산	₩950,260		
손실충당금	₩(30,000)		
	₩920,260		

20×1년 포괄손익계산서

이자수익	₩93,660
금융자산손상차손	₩(30,000)

2. 20×2년 회계처리

20×2년 초	(차) 손실충당금	30,000	(대) 상각후원가측정금융자산	950,260
	기타포괄손익-공정가치측정금융자산	930,000	기타포괄손익-공정가치측정금융자산평가이익(OCI)[1]	9,740
20×2년 말	(차) 현금	80,000	(대) 이자수익[2]	95,026
	기타포괄손익-공정가치측정금융자산	15,026		
	(차) 기타포괄손익-공정가치측정금융자산[3]	24,974	(대) 기타포괄손익-공정가치측정금융자산평가이익(OCI)[5]	34,974
	금융자산손상차손[4]	10,000		

1) ₩930,000(공정가치) - ₩920,260(전기 말 상각후원가) = ₩9,740
2) ₩950,260 × 10% = ₩95,026
3) ₩970,000 - (₩930,000 + ₩15,026) = ₩24,974
4) ₩40,000(당기 말 기대신용손실) - ₩30,000(전기 말 기대신용손실) = ₩10,000
5) ₩44,714(당기 말 누계액) - ₩9,740(기초 누계액) = ₩34,974

20×2년 말 재무상태표

기타포괄손익-공정가치측정금융자산	₩970,000		
		기타포괄손익-공정가치측정금융자산평가이익	₩44,714

20×2년 포괄손익계산서

이자수익	₩95,026
금융자산손상차손	₩(10,000)
기타포괄손익-공정가치측정금융자산평가이익	₩44,714

3. 20×2년 당기손익에 미치는 영향: ₩95,026 + ₩(10,000) = ₩85,026

정답 04 ②

05 1. 20×1년 회계처리

20×1년 초	(차) 당기손익-공정가치측정금융자산	936,600	(대) 현금	936,600
20×1년 말	(차) 현금	80,000	(대) 이자수익	80,000
	(차) 당기손익-공정가치측정금융자산평가손실(NI)[1]	32,673	(대) 당기손익-공정가치측정금융자산	32,673

[1] ₩903,927 - ₩936,600 = ₩(32,673)

20×1년 말 재무상태표

당기손익-공정가치측정금융자산	₩903,927		

20×1년 포괄손익계산서

이자수익	₩80,000
당기손익-공정가치측정금융자산평가손실	₩(32,673)

2. 20×2년 회계처리

20×2년 초	(차) 기타포괄손익-공정가치측정금융자산	903,927	(대) 당기손익-공정가치측정금융자산	903,927
	금융자산손상차손(NI)[1]	30,000	기타포괄손익-공정가치측정금융자산평가이익(OCI)	30,000
20×2년 말	(차) 현금	80,000	(대) 이자수익[2]	108,471
	기타포괄손익-공정가치측정금융자산	28,471		
	(차) 기타포괄손익-공정가치측정금융자산[3]	37,602	(대) 기타포괄손익-공정가치측정금융자산평가이익(OCI)[5]	47,602
	금융자산손상차손(NI)[4]	10,000		

[1] ₩30,000(12개월 기대신용손실)

[2] ₩903,927 × 12% = ₩108,471

[3] ₩970,000 - (₩903,927 + ₩28,471) = ₩37,602

[4] ₩40,000(당기 말 기대신용손실) - ₩30,000(기초 기대신용손실) = ₩10,000

[5] ₩77,602(당기 말 누계액) - ₩30,000(기초 누계액) = ₩47,602

20×2년 말 재무상태표

기타포괄손익-공정가치측정금융자산	₩970,000		
		기타포괄손익-공정가치측정금융자산평가이익	₩77,602

20×2년 포괄손익계산서

이자수익	₩108,471
금융자산손상차손	₩(40,000)
기타포괄손익-공정가치측정금융자산평가이익	₩77,602

3. 20×2년 당기손익에 미치는 영향: ₩108,471 + ₩(40,000) = ₩68,471

정답 05 ③

06 1. 유효이자율법에 의한 상각표

일자	총장부금액	유효이자 (장부금액 × 10%)	액면이자 (액면금액 × 8%)	상각액 (유효이자 - 액면이자)
20×1년 초	₩936,600			
20×1년 말	₩950,260	₩93,660	₩80,000	₩13,660
20×2년 말	₩965,286	₩95,026	₩80,000	₩15,026
		(이하 생략)		

2. 20×1년 회계처리

20×1년 초	(차) 기타포괄손익-공정가치측정금융자산	936,600	(대) 현금	936,600
20×1년 말	(차) 현금	80,000	(대) 이자수익	93,660
	기타포괄손익-공정가치측정금융자산	13,660		
	(차) 금융자산손상차손(NI)[2]	30,000	(대) 기타포괄손익-공정가치측정금융자산[1]	46,333
	기타포괄손익-공정가치측정금융자산평가손실(OCI)[3]	16,333		

[1] ₩903,927-(₩936,600 + ₩13,660) = ₩(46,333)

[2] ₩30,000(12개월 기대신용손실)

[3] ₩(16,333)(당기 말 누계액) - ₩0(전기 말 누계액) = ₩(16,333)

20×1년 말 재무상태표

기타포괄손익-공정가치측정금융자산	₩903,927		
		기타포괄손익-공정가치측정금융자산평가손실	₩(16,333)

20×1년 포괄손익계산서

이자수익	₩93,660
금융자산손상차손	₩(30,000)
기타포괄손익-공정가치측정금융자산평가손실	₩(16,333)

3. 20×2년 회계처리

20×2년 초	(차) 상각후원가측정금융자산[1]	950,260	(대) 기타포괄손익-공정가치측정금융자산	903,927
			손실충당금[2]	30,000
			기타포괄손익-공정가치측정금융자산평가손실(OCI)[3]	16,333
20×2년 말	(차) 현금	80,000	(대) 이자수익[4]	95,026
	상각후원가측정금융자산	15,026		
	(차) 금융자산손상차손(NI)[5]	10,000	(대) 손실충당금	10,000

[1] 최초로 상각후원가로 인식했을 경우의 총장부금액

[2] ₩30,000(12개월 기대신용손실)

[3] ₩(16,333)(전기 말 누계액)

[4] ₩950,260 × 10% = ₩95,026

[5] ₩40,000(당기 말 손실충당금) - ₩30,000(기초 손실충당금) = ₩10,000

20×2년 말 재무상태표

상각후원가측정금융자산	₩965,286	
손실충당금	₩(40,000)	
	₩925,286	

20×2년 포괄손익계산서

이자수익	₩95,026
금융자산손상차손	₩(10,000)
기타포괄손익-공정가치측정금융자산평가이익	₩16,333

4. 20×2년 당기손익에 미치는 영향: ₩95,026 + ₩(10,000) = ₩85,026

정답 06 ②

07 1. 유효이자율법에 의한 상각표

일자	총장부금액	유효이자 (장부금액 × 10%)	액면이자 (액면금액 × 8%)	상각액 (유효이자 - 액면이자)
20×1년 초	₩950,252			
20×1년 말	965,277	₩95,025	₩80,000	₩15,025
		(이하 생략)		

2. 20×1년 회계처리

20×1년 초	(차) 기타포괄손익 - 공정가치측정금융자산	950,252	(대) 현금	950,252
20×1년 말	(차) 현금	80,000	(대) 이자수익	95,025
	기타포괄손익 - 공정가치측정금융자산	15,025		
	(차) 금융자산손상차손(NI)[2]	10,000	(대) 기타포괄손익 - 공정가치측정금융자산[1]	32,869
	기타포괄손익-공정가치측정금융자산평가손실(OCI)[3]	22,869		

[1] ₩932,408 - (₩950,252 + ₩15,025) = ₩(32,869)
[2] ₩10,000(12개월 기대신용손실)
[3] ₩(22,869)(당기 말 누계액) - ₩0(전기 말 누계액) = ₩(22,869)

20×1년 말 재무상태표

기타포괄손익- 공정가치측정금융자산	₩932,408		
		기타포괄손익-공정가치측정금융자산평가손실	₩(22,869)

20×1년 포괄손익계산서

이자수익	₩95,025
금융자산손상차손	₩(10,000)
기타포괄손익-공정가치측정금융자산평가손실	₩(22,869)

3. 20×2년 회계처리

20×2년 초	(차) 당기손익-공정가치측정금융자산	932,408	(대) 기타포괄손익-공정가치측정금융자산	932,408
	당기손익-공정가치측정금융자산평가손실(NI)	22,869	기타포괄손익-공정가치측정금융자산평가손실(OCI)[1]	22,869
20×2년 말	(차) 현금	80,000	(대) 이자수익	80,000
	(차) 당기손익-공정가치측정금융자산[2]	49,420	(대) 당기손익-공정가치측정금융자산평가이익NI)	49,420

[1] ₩(22,869)(전기 말 누계액)
[2] ₩981,828 - ₩932,408 = ₩49,420

20×2년 말 재무상태표

당기손익 - 공정가치측정금융자산	₩981,828		

20×2년 포괄손익계산서

이자수익	₩80,000
당기손익-공정가치측정금융자산평가이익	₩26,551
기타포괄손익-공정가치측정금융자산평가이익	₩22,869

4. 20×2년 당기손익에 미치는 영향: ₩80,000 + ₩(22,869) +₩49,420 = ₩106,551

정답 07 ⑤

08 1. 20×7년 1월 1일 인식할 당기손실

상환손실: (₩847,895 × 1.12 - ₩30,000) - ₩1,000,000 = ₩(80,358)

2. 각 일자별 회계처리

(1) 수취채권의 상각표

일자	장부금액	유효이자(10%)	액면이자(3%)	상각액
20×5년 초	₩825,920			
20×5년 말	₩878,512	₩82,592	₩30,000	₩52,592
20×6년 말	₩936,363	₩87,851	₩30,000	₩57,851
		(이하 생략)		

(2) 양도금융부채의 상각표

일자	장부금액	유효이자(12%)	액면이자(3%)	상각액
20×6년 초	₩847,895			
20×6년 말	₩919,642	₩101,747	₩30,000	₩71,747
		(이하 생략)		

(3) 회계처리

일자	차변	금액	대변	금액
20×6. 1. 1.	(차) 현금[1]	847,895	(대) 관련부채	847,895
20×6. 12. 31.	(차) 상각후원가측정금융자산[2]	57,851	(대) 이자수익	57,851
	(차) 이자비용[3]	71,747	(대) 관련부채	71,747
20×7. 1. 1.	(차) 관련부채	919,642	(대) 현금	1,000,000
	상환손실	80,358		

[1] 원가로 관련부채 측정함

[2] 지속적관여자산은 계속하여 상각후원가로 측정함

[3] 양도금융부채는 원가와 옵션만기일의 양도자산의 상각후원가의 차이를 유효이자율법으로 상각함

3. 상각후원가로 측정하는 금융자산에 콜옵션 또는 풋옵션이 존재하는 경우에는 양도자산은 계속하여 상각후원가로 측정하고 관련부채는 원가(양도에서 수취한 대가)로 측정하되, 원가와 옵션만기일의 양도자산의 상각후원가의 차이를 유효이자율법으로 상각한 상각후원가로 측정하고 상각액은 당기손익에 반영한다.

09 변경손익

변경 전 총장부금액 : ₩500,000 × 0.9259 + ₩30,000 × 0.9259 =	₩490,727	
변경 후 총장부금액 : ₩500,000 × 0.8573 + ₩20,000 × 1.7832 =	₩464,314	
변경손실	₩26,413	(단수차이)

10 1. 변경손익

변경 전 총장부금액 : ₩950,244 × 1.1 - ₩80,000 =	₩965,268
변경 후 총장부금액 : ₩1,000,000 × 0.7513 + ₩50,000 × 2.4868 =	₩875,640
변경손실	₩89,628

2. 20×1년 12월 31일 상각후원가측정금융자산의 장부금액: ₩875,640 + ₩124,360 = ₩1,000,000

3. 20×2년도에 인식할 이자수익: ₩1,000,000 × 5% = ₩50,000

4. 이 문제는 계약상 현금흐름의 변경 이후의 유효이자율이 제시되지 않았으나 수수료를 가산하면 액면금액이 된다. 따라서 액면이자율과 유효이자율이 동일해지므로 액면이자가 해답이 되는 문제이다.

5. 금융자산의 계약상 현금흐름이 재협상되거나 변경되었으나 그 금융자산이 제거되지 아니하는 경우에는 해당 금융자산의 총 장부금액을 재계산하고 변경손익을 당기손익으로 인식한다. 해당 금융자산의 총 장부금액은 재협상되거나 변경된 계약상 현금흐름을 해당 금융자산의 최초 유효이자율로 할인한 현재가치로 재계산한다. 발생한 원가나 수수료는 변경된 금융자산의 장부금액에 반영하여 해당 금융자산의 남은 존속기간에 상각한다.

정답 08 ⑤ 09 ④ 10 ①

11 1. 당기순이익에 미치는 영향: ₩77,313 - ₩81,517 = ₩(4,204) 감소

2. 공정가치
   (1) 금융자산 전체의 공정가치: ₩30,000 × 2.57710 + ₩500,000 × 0.7938 = ₩474,213
   (2) 원금의 공정가치: ₩500,000 × 0.7938 = ₩396,900
   (3) 이자의 공정가치: ₩30,000 × 2.57710 = ₩77,313

3. 이자부분의 장부금액: ₩500,000 × ₩77,313/₩474,213 = ₩81,517

4. 회계처리

20×1. 10. 1.	(차) 현금	77,313	(대) 대여금	81,517
	금융자산처분손실	4,204		

12 금융자산 전체가 제거 조건을 충족하는 양도로 금융자산을 양도하고, 수수료를 대가로 해당 양도자산의 관리용역을 제공하기로 한다면 관리용역제공계약과 관련하여 자산이나 부채를 인식한다.

정답 11 ① 12 ③

☀ 객관식 문제풀이에 앞서 각 장의 주요 주제별 중요도를 파악해볼 수 있습니다.
☀ 시험 대비를 위해 꼭 풀어보아야 하는 필수문제를 정리하여 효율적으로 학습할 수 있습니다.

1. 출제경향

주요 주제	중요도
1. 이론형 문제	★★★
2. 자산손상	★★★★★
3. 매각예정비유동자산	★
4. 중단영업	★

2. 필수문제 리스트

구분		필수문제 번호
회계사	기본문제	1, 2, 3, 4, 6, 7, 9, 10, 11
	고급문제	3
세무사	기본문제	1, 2, 3, 4, 6, 7, 10, 11
	고급문제	- 해당사항 없음 -

Chapter 10

자산손상과 매각예정비유동자산

■ 기본문제

■ 고급문제

■ 정답 및 해설

01 다음 중 자산손상 회계처리에 대한 설명으로 옳은 것은 어느 것인가? [2011 공인회계사 1차]

① 내용연수가 비한정인 무형자산 또는 아직 사용할 수 없는 무형자산에 대해서는 매년 손상검사를 한다. 손상검사는 연차 회계기간 중 어느 때라도 할 수 있으며 매년 같은 시기에 실시한다. 서로 다른 무형자산에 대해서도 매년 같은 시점에서 손상검사를 해야 한다. 다만, 회계연도 중에 이러한 무형자산을 최초로 인식한 경우에는 당해 회계연도 말 전에 손상검사를 한다.
② 회수가능액을 측정할 때에 항상 순공정가치와 사용가치 모두를 추정하여 비교하여야 한다.
③ 손상차손은 항상 당기손익으로 인식한다.
④ 현금창출단위(또는 영업권이나 공동자산이 배분된 최소 현금창출단위집단)의 회수가능액이 장부금액에 미달하는 경우에는 손상차손을 인식한다. 손상차손은 현금창출단위(또는 현금창출단위집단)에 속하는 모든 자산의 공정가치에 비례하여 각각 배분한다.
⑤ 영업권에 대해 인식한 손상차손은 후속기간에 환입할 수 없다.

02 자산손상에 대한 설명으로 옳지 않은 것은? [2013 세무사 1차]

① 재평가금액을 장부금액으로 하는 경우 재평가되는 자산의 손상차손은 당기손익으로 인식한다.
② 자산의 장부금액이 회수가능액을 초과할 때 자산은 손상된 것이다. 이때 회수가능액은 자산의 순공정가치와 사용가치 중 큰 금액이다.
③ 내용연수 비한정 무형자산과 아직 사용할 수 없는 무형자산 및 사업결합으로 취득한 영업권은 자산손상을 시사하는 징후가 있는지에 관계없이 매년 손상검사를 한다.
④ 현금창출단위의 손상차손은 우선 현금창출단위에 배분된 영업권의 장부금액을 감소시킨 후 현금창출단위에 속하는 다른 자산에 각각 장부금액에 비례하여 배분한다.
⑤ 자산손상의 징후를 검토할 때는 시장이자율, 시가총액 등의 외부정보뿐만 아니라 구조조정계획 등 내부정보와 종속기업, 공동기업 또는 관계기업으로부터의 배당금도 고려해야 한다.

※ 다음은 **03 ~ 04**에 관련된 자료이다. 다음 자료를 읽고 물음에 답하시오.

[2010 공인회계사 1차 수정]

㈜한국은 20×1년 1월 1일에 A사업부문과 B사업부문 두 개의 현금창출단위를 가진 ㈜동일을 ₩4,500,000에 100% 취득했다. 이전대가는 각 사업부문별 식별가능한 자산의 공정가치에 따라 배분되며, 20×1년 1월 1일 현재 A사업부문과 B사업부문에 관련된 식별가능한 자산의 공정가치와 배분된 영업권은 다음과 같다.

구분	식별가능한 유형자산의 공정가치			영업권
	토지	기계장치	차량운반구	
A사업부문	₩900,000	₩1,200,000	₩300,000	₩300,000
B사업부문	₩600,000	₩400,000	₩600,000	₩200,000
합계	₩1,500,000	₩1,600,000	₩900,000	₩500,000
잔존내용연수		4년	3년	
잔존가치		₩0	₩0	
상각방법		정액법	정액법	

20×1년 말 수출규제로 인해 A사업부문의 생산물에 대한 수요가 급감할 것으로 예상되어 ㈜한국이 A사업부문의 회수가능액을 추정한 결과 ₩1,900,000으로 추정되었으며, 따라서 손상차손을 인식했다.

03 20×1년 말 ㈜한국의 재무상태표에 표시될 A사업부문의 차량운반구의 장부금액은 얼마인가? (단, ㈜한국은 유형자산에 대하여 원가모형을 적용하고 있다. 또한 20×1년 말 개별자산의 순공정가치와 사용가치는 결정할 수 없다고 가정한다)

① ₩190,000　② ₩200,000　③ ₩290,000
④ ₩300,000　⑤ ₩590,000

04 **03**과 달리, 20×1년 말 토지의 회수가능액을 ₩866,000으로 결정할 수 있다고 한다면 ㈜한국의 재무상태표에 표시될 A사업부문의 차량운반구의 장부금액은 얼마인가? (단, ㈜한국은 유형자산에 대하여 원가모형을 적용하고 있다)

① ₩190,000　② ₩200,000　③ ₩188,000
④ ₩300,000　⑤ ₩590,000

05 ㈜대한은 모든 유형자산에 대하여 원가모형을 적용하며, 매 결산일에 손상발생의 여부를 검토한다. 다음 자료를 이용하여 ㈜대한이 20×0년 말 재무상태표에 인식하여야 할 기계장치의 장부금액을 계산하면 얼마인가? [2012 세무사 1차]

- ㈜대한은 보유하고 있는 유형자산 중 건물과 기계장치에 대해 개별적으로 회수가능액을 추정하기 어려워 현금창출단위로 구분하고 있다.
- 동 현금창출단위에는 사업결합으로 취득한 영업권의 배분액이 포함되어 있다.
- 20×0년 말 감가상각 반영 후 손상차손 인식 전 현금창출단위를 구성하는 개별자산인 건물, 기계장치 및 영업권의 장부금액은 각각 ₩9,000,000, ₩3,000,000 및 ₩1,000,000이다.
- ㈜대한은 현금창출단위에 대해 20×0년 말의 회수가능액을 ₩11,000,000으로 추정하였다. 이는 가치의 현저한 하락으로서 손상차손의 인식요건을 충족하며, ㈜대한은 손상차손을 인식하기로 하였다.

① ₩2,000,000 ② ₩2,250,000 ③ ₩2,500,000
④ ₩2,538,462 ⑤ ₩2,750,000

06 ㈜국세는 20×1년 말에 다음과 같은 자산집단을 매각방식으로 처분하기로 하였고, 이는 매각예정 분류기준을 충족한다. 처분자산집단에 속한 자산을 매각예정으로 분류하기 전 12월 말 장부금액과 매각예정으로 분류하기 직전에 각 자산에 대한 K-IFRS의 측정기준에 근거하여 재측정한 장부금액은 다음과 같다.

구분	매각예정 분류 전 12월 말 장부금액	매각예정 분류 직전 재측정한 장부금액
영업권	₩5,000	₩5,000
유형자산(원가모형)	₩20,000	₩18,000
무형자산(재평가모형)	₩10,000	₩9,000
투자부동산(공정가치모형)	₩10,000	₩10,000
재고자산	₩5,000	₩4,000
합계	₩50,000	₩46,000

㈜국세는 매각예정으로 분류하는 시점에서 처분자산집단의 순공정가치를 ₩38,000으로 추정하였으며, 따라서 처분자산집단에 대한 손상차손을 인식하고자 한다. 손상차손배분 후 유형자산의 장부금액은 얼마인가? [2010 공인회계사 1차]

① ₩16,000 ② ₩8,000 ③ ₩10,000
④ ₩4,000 ⑤ ₩38,000

07 ㈜한국은 20×1년 12월 말에 다음의 자산집단을 매각방식으로 처분하기로 하였고, 이는 매각예정의 분류기준을 충족한다. 처분자산집단에 속한 자산은 다음과 같이 측정한다.

구분	매각예정으로 분류하기 전 12월 말의 장부금액	매각예정으로 분류하기 직전에 재측정한 장부금액
영업권	₩100,000	₩100,000
유형자산 Ⅰ(재평가액으로 표시)	₩1,200,000	₩1,000,000
유형자산 Ⅱ(원가로 표시)	₩2,000,000	₩2,000,000
재고자산	₩1,100,000	₩1,050,000
기타포괄손익-공정가치측정금융자산	₩1,300,000	₩1,250,000
합계	₩5,700,000	₩5,400,000

한편, ㈜한국은 매각예정으로 분류하는 시점에서 처분자산집단의 순공정가치를 ₩5,000,000으로 추정하였다. 20×1년 12월 말에 ㈜한국이 처분자산집단에 대하여 인식할 총포괄손익(A)과 손상차손배분 후 유형자산 Ⅰ의 장부금액(B)은 각각 얼마인가? [2016 공인회계사 1차 수정]

	처분자산집단에 대하여 인식할 총포괄손익(A)	손상차손배분 후 유형자산 Ⅰ의 장부금액(B)
①	₩(300,000)	₩800,000
②	₩(400,000)	₩800,000
③	₩(400,000)	₩900,000
④	₩(700,000)	₩800,000
⑤	₩(700,000)	₩900,000

08 매각예정자산에 대한 옳지 않은 설명은? [2017 공인회계사 1차]

① 비유동자산의 장부금액이 계속사용이 아닌 매각거래를 통하여 회수될 것이라면 매각예정자산으로 분류한다.

② 경영자가 특정 비유동자산에 대해서 매각할 의사를 갖고 매각을 추진하고 있다면 해당 비유동자산은 매각예정자산으로 분류한다.

③ 기업이 통제할 수 없는 사건으로 인하여 매각예정자산에 대한 매각을 완료하는 데 소요되는 기간이 연장되어 1년을 초과하는 경우, 해당 자산을 매각예정자산으로 분류하기 위해서는 기업이 여전히 해당 자산의 매각계획을 확약한다는 근거가 필요하다.

④ 기업이 확약한 매각계획이 종속기업에 대한 지배력의 상실을 포함하고 매각예정자산의 분류조건을 충족하는 경우, 기업은 매각 후 종전 종속기업에 대한 비지배지분의 보유 여부에 관계없이 그 종속기업의 모든 자산과 부채를 매각예정으로 분류한다.

⑤ 비유동자산 간의 교환거래를 통하여 비유동자산의 매각거래를 계획하고 있는 경우, 해당 거래의 상업적 실질이 없다면 매각예정자산으로 분류할 수 없다.

09 기업회계기준서 제1105호 '매각예정비유동자산과 중단영업'에 대한 다음 설명 중 옳지 않은 것은? [2021 공인회계사 1차]

① 비유동자산의 장부금액이 계속사용이 아닌 매각거래를 통하여 주로 회수될 것이라면 이를 매각예정으로 분류한다.

② 매각예정비유동자산으로 분류하기 위한 요건이 보고기간 후에 충족된 경우 당해 비유동자산은 보고기간 후 발행되는 당해 재무제표에서 매각예정으로 분류할 수 없다.

③ 매각예정으로 분류된 비유동자산은 공정가치에서 처분부대원가를 뺀 금액과 장부금액 중 작은 금액으로 측정한다.

④ 비유동자산이 매각예정으로 분류되거나 매각예정으로 분류된 처분자산집단의 일부이면 그 자산은 감가상각(또는 상각)하지 아니하며, 매각예정으로 분류된 처분자산집단의 부채와 관련된 이자와 기타 비용 또한 인식하지 아니한다.

⑤ 과거 재무상태표에 매각예정으로 분류된 비유동자산 또는 처분자산집단에 포함된 자산과 부채의 금액은 최근 재무상태표의 분류를 반영하기 위하여 재분류하거나 재작성하지 아니한다.

10 매각예정비유동자산과 중단영업에 관한 설명으로 옳지 않은 것은? [2013 세무사 1차]

① 처분자산집단에 대하여 인식한 손상차손은 우선 영업권을 감소시키고 나머지 금액은 유동자산에 배분한다.

② 매각예정으로 분류하였으나 중단영업의 정의를 충족하지 않는 비유동자산(또는 처분자산집단)을 재측정하여 인식하는 평가손익은 계속영업손익에 포함한다.

③ 비유동자산이 매각예정으로 분류되거나 매각예정으로 분류된 처분자산집단의 일부이면 그 자산은 감가상각(또는 상각)하지 아니한다.

④ 매각예정으로 분류된 비유동자산(또는 처분자산집단)은 순공정가치와 장부금액 중 작은 금액으로 측정한다.

⑤ 매각예정으로 분류된 비유동자산(또는 처분자산집단)과 관련하여 기타포괄손익으로 인식한 손익누계액은 별도로 표시한다.

11 중단영업에 관한 설명으로 옳은 것은? [2019 세무사 1차]

① 매각만을 목적으로 취득한 종속기업의 경우에는 이미 처분한 경우에만 중단영업에 해당한다.

② '세후 중단영업손익'과 '중단영업에 포함된 자산이나 처분자산집단을 순공정가치로 측정하거나 처분함에 따른 세후 손익'을 구분하여 포괄손익계산서에 별도로 표시한다.

③ 중단영업의 영업활동, 투자활동 및 재무활동으로부터 발생한 순현금흐름은 주석으로 공시해야 하며, 재무제표 본문에 표시할 수 없다.

④ 기업의 구분단위를 매각예정으로 더 이상 분류할 수 없는 경우, 중단영업으로 표시하였던 당해 구분단위의 영업성과를 비교표시되는 모든 회계기간에 재분류하여 계속영업손익에 포함하고 과거기간에 해당하는 금액이 재분류되었음을 주석으로 기재한다.

⑤ 중단영업의 정의를 충족하지 않더라도 매각예정으로 분류된 처분자산집단과 관련하여 발생한 평가손익은 중단영업손익에 포함한다.

※ 다음은 **01** ~ **02**과 관련된 자료이다. 다음 자료를 읽고 물음에 답하시오.

㈜한국이 20×1년 초에 ㈜일본과의 합병을 통해서 A사업부와 B사업부를 취득하였으며 영업권 ₩500,000을 재무제표에 인식하였다. 개별 사업부는 독립된 현금을 창출하는 현금창출단위로서 20×1년 초 현재 다음의 식별가능한 유형자산으로 구성되어 있으며 관련 자료는 다음과 같다. 해당 유형자산의 잔존가치는 없으며 회사의 감가상각방법은 정액법이다.

구분	A사업부	B사업부	비고
토지	₩900,000	₩600,000	-
기계장치	₩1,200,000	₩400,000	내용연수 4년
차량운반구	₩300,000	₩600,000	내용연수 3년

20×1년 말 주요 수출국과의 무역마찰로 인하여 A사업부의 생산물에 대한 수요가 급감할 것으로 예상되어 그 결과 A사업부의 회수가능액은 ₩1,900,000으로 추정되었다. 회사는 해당 유형자산에 대하여 원가모형을 적용하고 있다. 영업권에 대한 A사업부의 배분비율은 60%이며 A사업부의 개별자산에 대한 회수가능액은 결정할 수 없다고 한다.

01 20×1년 말 A사업부의 기계장치에 대한 장부금액(손상인식 후)은 얼마인가?

① ₩0 ② ₩855,000 ③ ₩190,000
④ ₩1,900,000 ⑤ ₩900,000

02 20×2년 말 수출국과의 무역마찰 해소로 인하여 A사업부의 회수가능액은 ₩2,000,000으로 추정되었다고 할 때, 회사가 인식할 손상차손환입은 얼마인가?

① ₩0 ② ₩80,000 ③ ₩480,000
④ ₩450,000 ⑤ ₩900,000

03 ㈜대한은 20×1년 초 두 개의 현금창출단위(A사업부, B사업부)를 보유하고 있는 ㈜민국을 흡수합병(사업결합)하였으며, 이전대가로 지급한 ₩30,000은 각 현금창출단위에 다음과 같이 배분되었다.

구분	이전대가	식별가능한 순자산의 공정가치
A사업부	₩22,000	₩19,000
B사업부	₩8,000	₩6,000
합계	₩30,000	₩25,000

20×1년 말 현재 강력한 경쟁기업의 등장으로 인해 A사업부의 매출이 상당히 위축될 것으로 예상되자, ㈜대한은 A사업부(현금창출단위)의 회수가능액을 ₩13,500으로 추정하였다. 손상차손을 인식하기 전 A사업부에 속하는 모든 자산의 20×1년 말 장부금액과 추가정보는 다음과 같다.

구분	손상 전 장부금액	추가정보
토지	₩5,000	순공정가치는 ₩5,500임
건물	₩8,000	순공정가치는 ₩6,800이며, 사용가치는 ₩7,200임
기계장치	₩2,000	회수가능액을 측정할 수 없음
영업권	?	

손상차손을 인식한 후, ㈜대한의 20×1년 말 재무상태표에 보고되는 A사업부의 기계장치 장부금액은 얼마인가? (단, ㈜대한은 유형자산에 대해 원가모형을 적용하고 있다)

[2022 공인회계사 1차]

① ₩1,700
② ₩1,300
③ ₩1,200
④ ₩800
⑤ ₩500

04 ㈜여수는 A, B, C 3개의 부문을 가지고 있는데, ㈜여수의 경영진은 C부문이 장기적으로 수익성이 악화될 것으로 판단하고 C부문을 매각하기로 결정하였다. 관련 자료는 다음과 같다.

> (1) 20×1년 12월 31일 현재 C부문의 순자산장부금액은 ₩2,800,000(자산 ₩4,700,000, 부채 ₩1,900,000)이며, 자산의 순공정가치는 ₩4,000,000으로서 매각계획발표 이후 ₩700,000의 손상차손이 발생하였다.
> (2) C부문의 세전이익(손상차손 반영 전)은 ₩200,000(수익 ₩1,500,000, 비용 ₩1,300,000)이며, 20×1년의 법인세율은 20%이다.

㈜여수가 20×1년 포괄손익계산서에 계상할 중단영업손익(세후)은 얼마인가?

① ₩500,000 손실 ② ₩700,000 손실 ③ ₩400,000 손실
④ ₩1,000,000 손실 ⑤ ₩1,200,000 손실

05 다음은 자산손상에 대한 설명이다. 틀린 것은?

① 자산손상을 시사하는 징후가 있다면 개별자산별로 회수가능액을 추정하고 개별자산의 회수가능액을 추정할 수 없다면 그 자산이 속하는 현금창출단위의 회수가능액을 추정한다.
② 사업결합으로 취득한 영업권과 여러 현금창출단위의 현금흐름에 기여하는 공동자산은 손상검사목적상 현금창출단위에 배분해야 한다.
③ 영업권이 배분된 현금창출단위에 대해서는 매 보고기간마다, 그리고 손상을 시사하는 징후가 있을 때마다 손상을 검사해야 한다.
④ 순공정가치는 공정가치에서 처분부대원가를 차감한 금액을 말하며, 금융비용과 법인세비용은 고려하지 않는다.
⑤ 사용가치는 자산의 사용으로 예상되는 미래현금흐름의 현재가치를 말하므로, 미래현금흐름 추정 시 미래의 구조조정이나 자산 성능의 향상 등을 반영한다.

기본문제 정답 및 해설

01 ① 서로 다른 무형자산에 대해서는 각기 다른 시점에서 손상검사를 할 수 있다.
② 회수가능액을 측정할 때에 항상 순공정가치와 사용가치 모두를 추정할 필요는 없다. 순공정가치나 사용가치 중 하나의 금액이 장부금액을 초과한다면 자산이 손상되지 않았으므로 다른 금액을 추정할 필요가 없다.
③ 재평가되지 않는 자산의 손상차손은 당기손익으로 인식한다. 재평가되는 자산의 손상차손은 당해 자산에서 발생한 재평가잉여금에 해당하는 금액까지는 기타포괄손익으로 인식한다.
④ 손상차손이 발생한 경우 먼저 현금창출단위(또는 현금창출단위집단)에 배분된 영업권의 장부금액을 감소시킨 후, 현금창출단위(또는 현금창출단위집단)를 구성하는 다른 자산들에 각각 장부금액에 비례하여 배분한다.

02 재평가되지 않는 자산의 손상차손은 당기손익으로 인식한다. 그러나 재평가자산의 손상차손은 해당 자산에서 생긴 재평가잉여금에 해당하는 금액까지는 기타포괄손익으로 인식한다. 기타포괄손익으로 인식하는 재평가자산의 손상차손은 그 자산의 재평가잉여금을 감액한다.

03 1. 손상차손의 계산

(1) A사업부문의 장부금액

식별가능한 자산(유형자산)

토지	₩900,000	
기계장치: ₩1,200,000 - ₩1,200,000 × 1/4 =	₩900,000	
차량운반구: ₩300,000 - ₩300,000 × 1/3 =	₩200,000	
영업권	₩300,000	₩2,300,000
(2) A사업부문 회수가능액		₩(1,900,000)
(3) A사업부문의 손상차손		₩400,000

2. 손상차손의 배분

구분	20×1년 말 장부금액	손상차손배분		배분 후 장부금액
영업권	₩300,000	<1순위>	₩(300,000)	₩0
토지	₩900,000	<2순위>	₩(45,000)[1]	₩855,000
기계장치	₩900,000	<2순위>	₩(45,000)[2]	₩855,000
차량운반구	₩200,000	<2순위>	₩(10,000)[3]	₩190,000
합계	₩2,300,000		₩(400,000)	₩1,900,000

1) ₩(100,000) × ₩900,000/₩2,000,000 = ₩(45,000)
2) ₩(100,000) × ₩900,000/₩2,000,000 = ₩(45,000)
3) ₩(100,000) × ₩200,000/₩2,000,000 = ₩(10,000)

3. 차량운반구의 장부금액

₩200,000 - (₩400,000 - ₩300,000) × ₩200,000/₩2,000,000 = ₩200,000 - ₩10,000 = ₩190,000

정답 01 ⑤ 02 ① 03 ①

04 1. 손상차손의 배분

구분	장부금액	1차배분		1차배분 후 장부금액	2차배분	2차배분 후 장부금액
영업권	₩300,000	<1순위>	₩(300,000)	-	-	
토지	₩900,000	<2순위>	₩(45,000)[1)]	₩855,000	₩11,000	₩866,000
기계장치	₩900,000	<2순위>	₩(45,000)[2)]	₩855,000	₩(9,000)[4)]	₩846,000
차량운반구	₩200,000	<2순위>	₩(10,000)[3)]	₩190,000	₩(2,000)[5)]	₩188,000
합계	₩2,300,000		₩(400,000)	₩1,900,000	-	₩1,900,000

1) ₩(100,000) × ₩900,000/₩2,000,000 = ₩(45,000)
2) ₩(100,000) × ₩900,000/₩2,000,000 = ₩(45,000)
3) ₩(100,000) × ₩200,000/₩2,000,000 = ₩(10,000)
4) ₩(11,000) × ₩900,000/₩1,100,000 = ₩(9,000)
5) ₩(11,000) × ₩200,000/₩1,100,000 = ₩(2,000)

2. 차량운반구의 장부금액: ₩190,000(1차배분 후 장부금액) - ₩2,000 = ₩188,000

해설

1. 현금창출단위의 손상차손은 먼저 영업권의 장부금액을 감소시킨 후 잔액은 개별자산의 장부금액에 비례하여 배분한다.
2. 현금창출단위(현금창출단위집단)의 손상차손을 배분할 때 개별자산의 장부금액은 순공정가치, 사용가치, 영(0) 중 가장 큰 금액 이하로 감액할 수 없다. 위의 제약 때문에 특정 자산에 배분하지 않은 손상차손은 현금창출단위(현금창출단위집단) 내의 다른 자산에 각각의 장부금액에 비례하여 배분한다.

05 1. 손상차손의 계산

(1) 현금창출단위의 장부금액

식별가능한 자산(유형자산)		
건물	₩9,000,000	
기계장치	₩3,000,000	
영업권	₩1,000,000	₩13,000,000
(2) 현금창출단위 회수가능액		₩(11,000,000)
(3) 현금창출단위의 손상차손		₩2,000,000

2. 손상차손의 배분

구분	20×0년 말 장부금액	손상차손배분		배분 후 장부금액
영업권	₩1,000,000	<1순위>	₩(1,000,000)	₩0[1)]
건물	₩9,000,000	<2순위>	₩(750,000)	₩8,250,000[2)]
기계장치	₩3,000,000	<2순위>	₩(250,000)	₩2,750,000[3)]
합계	₩13,000,000		₩(2,000,000)	₩11,000,000

1) ₩1,000,000 - ₩1,000,000 = ₩0
2) ₩9,000,000 - ₩1,000,000 × ₩9,000,000/₩12,000,000 = ₩8,250,000
3) ₩3,000,000 - ₩1,000,000 × ₩3,000,000/₩12,000,000 = ₩2,750,000

정답 04 ③ 05 ⑤

06

구분	매각예정 분류 직전 재측정한 장부금액	손상차손배분		손상차손배분 후 장부금액
영업권	₩5,000	<1순위>	₩(5,000)	-
유형자산(원가모형)	₩18,000	<2순위>	₩(2,000)[2]	₩16,000
무형자산(재평가모형)	₩9,000	<2순위>	₩(1,000)[3]	₩8,000
투자부동산(공정가치모형)[1]	₩10,000	배부하지 않음	-	₩10,000
재고자산[1]	₩4,000	배부하지 않음	-	₩4,000
합계	₩46,000		₩(8,000)	₩38,000

1) 공정가치모형을 적용하는 투자부동산, 재고자산은 매각예정비유동자산의 측정속성을 적용하지 않는다. 따라서 투자부동산과 재고자산에는 배분되지 않으며, 현금창출단위손상의 배분순서에 따라 영업권을 먼저 감액하고 남은 잔액은 다른 자산의 장부금액에 비례하여 배분한다.

2) ₩(3,000) × ₩18,000/(₩18,000 + ₩9,000) = ₩(2,000)

3) ₩(3,000) × ₩9,000/(₩18,000 + ₩9,000) = ₩(1,000)

07 1. 손상차손배분 후 장부금액

구분	매각예정 분류 직전 재측정한 장부금액	손상차손배분		손상차손배분 후 장부금액
영업권	₩100,000	<1순위>	₩(100,000)	-
유형자산 Ⅰ(재평가모형)	₩1,000,000	<2순위>	₩(100,000)	₩900,000
유형자산 Ⅱ(원가모형)	₩2,000,000	<2순위>	₩(200,000)	₩1,800,000
재고자산[1]	₩1,050,000	배부하지 않음	-	₩1,050,000
기타포괄손익-공정가치측정금융자산[1]	₩1,250,000	배부하지 않음	-	₩1,250,000
합계	₩5,400,000		₩(400,000)	₩5,000,000

1) 재고자산과 금융자산은 매각예정비유동자산의 측정속성을 적용하지 않는다. 따라서 재고자산과 기타포괄손익-공정가치측정금융자산에는 배분되지 않으며, 현금창출단위손상의 배분순서에 따라 영업권을 먼저 감액하고 남은 잔액은 다른 자산의 장부금액에 비례하여 배분한다.

2. 총포괄손익: (1) + (2) = ₩(700,000)
   (1) 매각예정분류 전: ₩5,700,000 - ₩5,400,000 = ₩300,000 손실
   (2) 매각예정분류 후: ₩5,400,000 - ₩5,000,000 = ₩400,000 손실

3. 유형자산 Ⅰ의 장부금액: ₩900,000

08 매각예정으로 분류하기 위해서는 당해 자산(또는 처분자산집단)은 현재의 상태에서 통상적이고 관습적인 거래조건만으로 즉시 매각가능하여야 하며 매각될 가능성이 매우 높아야 한다. 매각될 가능성이 매우 높으려면 적절한 지위의 경영진이 자산(또는 처분자산집단)의 매각계획을 확약하고, 매수자를 물색하고 매각계획을 이행하기 위한 적극적인 업무진행을 이미 시작하였어야 한다.

09 비유동자산이 매각예정으로 분류되거나 매각예정으로 분류된 처분자산집단의 일부이면 그 자산은 감가상각 또는 상각하지 아니한다. 한편, 매각예정으로 분류된 처분자산집단의 부채와 관련된 이자와 기타 비용은 계속해서 인식한다.

10 처분자산집단의 손상차손은 다음 순서로 인식한다.
(1) 처분자산집단을 매각예정으로 분류하기 직전에 적용가능한 한국채택국제회계기준에 따라 측정한다.
(2) 매각예정으로 분류된 비유동자산의 손상차손은 먼저 영업권을 감소시키고, 비유동자산의 장부금액에 비례하여 배분한다.

정답 06 ① 07 ⑤ 08 ② 09 ④ 10 ①

11 ① 이미 처분되었거나 매각예정으로 분류되면서 매각만을 목적으로 취득한 종속기업은 중단영업에 해당한다.

② 중단영업손익은 (1) 세후 중단영업손익과 (2) 중단영업에 포함된 자산이나 처분자산집단을 순공정가치로 측정하거나 처분함에 따른 세후 손익의 합계를 포괄손익계산서 단일금액으로 표시한다.

③ 중단영업의 영업활동, 투자활동 및 재무활동으로부터 발생한 순현금흐름은 주석이나 재무제표 본문에 표시한다. 처분자산집단이 취득 당시 매각예정분류기준을 충족한 신규로 취득한 종속기업인 경우 위의 내용을 반드시 공시할 필요는 없다.

⑤ 매각예정으로 분류하였으나 중단영업의 정의를 충족하지 않는 비유동자산 또는 처분자산집단을 재측정하여 인식하는 평가손익은 계속영업손익에 포함한다.

정답 11 ④

01 1. 20×1년 말 손상차손배분 전 장부금액
(1) 영업권: ₩500,000 × 60% = ₩300,000
(2) 토지: ₩900,000
(3) 기계장치: ₩1,200,000 - ₩1,200,000 × 1/4 = ₩900,000
(4) 차량운반구: ₩300,000 - ₩300,000 × 1/3 = ₩200,000

2. 손상차손의 배분

구분	20×1년 말 장부금액	손상차손배분		배분 후 장부금액
영업권	₩300,000	<1순위>	₩(300,000)	₩0
토지	₩900,000	<2순위>	₩(45,000)[1]	₩855,000
기계장치	₩900,000	<2순위>	₩(45,000)[2]	₩855,000
차량운반구	₩200,000	<2순위>	₩(10,000)[3]	₩190,000
합계	₩2,300,000		₩(400,000)	₩1,900,000

[1] ₩(100,000) × ₩900,000/₩2,000,000 = ₩(45,000)
[2] ₩(100,000) × ₩900,000/₩2,000,000 = ₩(45,000)
[3] ₩(100,000) × ₩200,000/₩2,000,000 = ₩(10,000)

02 1. 20×2년 말 손상차손환입 배분 전 장부금액
(1) 영업권: ₩0
(2) 토지: ₩855,000
(3) 기계장치: ₩855,000 - ₩855,000 × 1/3 = ₩570,000
(4) 차량운반구: ₩190,000 - ₩190,000 × 1/2 = ₩95,000

2. 손상차손환입의 배분

구분	20×2년 말 장부금액	손상차손환입 1차배분		한도	손상차손환입 실제배분	배분 후 장부금액
영업권	₩0	환입불가	-	-	-	-
토지	₩855,000	<1순위>	₩270,000[1]	₩900,000[4]	₩45,000	₩900,000
기계장치	₩570,000	<1순위>	₩180,000[2]	₩600,000[5]	₩30,000	₩600,000
차량운반구	₩95,000	<1순위>	₩30,000[3]	₩100,000[6]	₩5,000	₩100,000
합계	₩1,520,000		₩480,000	₩1,600,000	₩80,000	₩1,600,000

[1] ₩480,000 × ₩855,000/₩1,520,000 = ₩270,000
[2] ₩480,000 × ₩570,000/₩1,520,000 = ₩180,000
[3] ₩480,000 × ₩95,000/₩1,520,000 = ₩30,000
[4] ₩900,000(한도: 손상되지 않았을 경우의 장부금액)
[5] ₩1,200,000 - ₩1,200,000 × 2/4 = ₩600,000(한도: 손상되지 않았을 경우의 장부금액)
[6] ₩300,000 - ₩300,000 × 2/3 = ₩100,000(한도: 손상되지 않았을 경우의 장부금액)

3. 손상차손환입
₩1,600,000 - ₩1,520,000 = ₩80,000

정답 01 ② 02 ②

해설

1. 현금창출단위의 손상차손은 먼저 영업권의 장부금액을 감소시킨 후 잔액은 개별자산의 장부금액에 비례하여 배분한다.

2. 현금창출단위(현금창출단위집단)의 손상차손을 배분할 때 개별자산의 장부금액은 순공정가치, 사용가치, 영(0) 중 가장 큰 금액 이하로 감액할 수 없다. 위의 제약 때문에 특정 자산에 배분하지 않은 손상차손은 현금창출단위(현금창출단위집단) 내의 다른 자산에 각각의 장부금액에 비례하여 배분한다.

3. 현금창출단위의 손상차손환입은 영업권을 제외한 자산들의 장부금액비례로 배분하고 이러한 장부금액의 증가는 개별자산에 대한 손상차손환입으로 회계처리한다. 이 경우 현금창출단위의 손상차손환입을 배분할 때 개별자산의 장부금액은 회수가능액과 손상되지 않았을 경우의 장부금액 중 적은 금액을 초과하여 증가시킬 수 없다.

03 1. 손상차손의 배분: ₩17,200 - ₩13,500 = ₩3,700

구분	장부금액	손상차손 배분		배분 후 장부금액
영업권	₩3,000	<1순위>	₩(3,000)	-
토지	₩5,000	<2순위>	₩0[1]	₩5,000
건물	₩7,200	<2순위>	₩0[1]	₩7,200
기계장치	₩2,000	<2순위>	₩(700)	₩1,300
합계	₩17,200		₩(3,700)	₩13,500

[1] 현금창출단위(현금창출단위집단)의 손상차손을 배분할 때 개별 자산의 장부금액은 순공정가치, 사용가치, 영(0) 중 가장 큰 금액 이하로 감액할 수 없다. 위의 제약 때문에 특정 자산에 배분하지 않은 손상차손은 현금창출단위(현금창출단위집단) 내의 다른 자산에 각각의 장부금액에 비례하여 배분한다.

2. 기계장치의 장부금액: ₩1,300

04 1. 20×1년 C부문의 세전이익 ₩200,000
2. 중단영업자산손상차손 (700,000)
계 ₩(500,000)
3. 법인세효과 100,000
4. 중단영업손실(세후) ₩(400,000)

05 ① 서로 다른 무형자산에 대해서는 각기 다른 시점에서 손상검사를 할 수 있다.
② 회수가능액을 측정할 때에 항상 순공정가치와 사용가치 모두를 추정할 필요는 없다. 순공정가치나 사용가치 중 하나의 금액이 장부금액을 초과한다면 자산이 손상되지 않았으므로 다른 금액을 추정할 필요가 없다.
③ 재평가되지 않는 자산의 손상차손은 당기손익으로 인식한다. 재평가되는 자산의 손상차손은 당해 자산에서 발생한 재평가잉여금에 해당하는 금액까지는 기타포괄손익으로 인식한다.
④ 손상차손이 발생한 경우 먼저 현금창출단위(또는 현금창출단위집단)에 배분된 영업권의 장부금액을 감소시킨 후, 현금창출단위(또는 현금창출단위집단)를 구성하는 다른 자산들에 각각 장부금액에 비례하여 배분한다.

정답 03 ② 04 ③ 05 ⑤

☀ 객관식 문제풀이에 앞서 각 장의 주요 주제별 중요도를 파악해볼 수 있습니다.
☀ 시험 대비를 위해 꼭 풀어보아야 하는 필수문제를 정리하여 효율적으로 학습할 수 있습니다.

1. 출제경향

주요 주제	중요도
1. 사채의 최초인식	★★★
2. 사채의 상환	★★★★★
3. 연속상환사채	★★
4. 금융부채의 조건변경	★★★★★

2. 필수문제 리스트

구분		필수문제 번호
회계사	기본문제	1, 2, 4, 6, 8, 9, 10
	고급문제	1, 2, 4, 5, 6, 7
세무사	기본문제	1, 2, 4, 6, 8, 9, 10
	고급문제	1, 2, 4, 5

Chapter 11

금융부채

■ 기본문제

■ 고급문제

■ 정답 및 해설

01 K-IFRS에서 언급하고 있는 금융부채와 관련된 설명으로 옳지 않은 것은?

① 금융부채는 당기손익-공정가치측정금융부채와 특수한 금융부채를 제외하고는 모든 금융부채를 상각후원가로 측정해야 한다.
② 모든 금융부채는 최초 인식 시 공정가치로 측정한다.
③ 당기손익-공정가치측정금융부채를 제외한 금융부채의 발행시점에 거래원가가 발생하는 경우 발행과 직접 관련된 거래원가는 최초 인식하는 금융부채의 공정가치에 차감하여 인식한다.
④ 당기손익-공정가치측정금융부채와 관련된 거래원가는 최초 인식하는 금융부채의 공정가치에 차감하여 인식한다.
⑤ 상각후원가측정금융부채는 유효이자율법에 의하여 상각후원가로 측정하며, 당기손익-공정가치측정금융부채는 후속적으로 공정가치로 측정하여 평가손익을 당기손익으로 인식한다.

02 ㈜한국은 권면상 발행일이 20×1년 1월 1일이며 만기는 20×3년 12월 31일, 액면금액 ₩1,000,000, 표시이자율 연 6%(매년 말 지급)인 사채를 20×1년 4월 1일에 발행하고, 사채발행비용 ₩10,000을 지출하였다. 20×1년 1월 1일 사채에 적용되는 시장이자율은 연 8%이지만, 실제 발행일인 20×1년 4월 1일의 시장이자율은 연 10%이다. 20×1년 4월 1일에 동 사채를 당기손익-공정가치측정금융부채로 분류했을 때의 당기손익-공정가치측정금융부채 장부금액(A)과 상각후원가측정금융부채로 분류했을 때의 상각후원가측정금융부채 장부금액(B)을 구하면 각각 얼마인가? 단, 현가계수는 아래의 현가계수표를 이용하며, 단수차이로 인해 오차가 있는 경우 가장 근사치를 선택한다. [2016 공인회계사 1차 수정]

할인율	단일금액 ₩1의 현가			정상연금 ₩1의 현가		
	1년	2년	3년	1년	2년	3년
8%	0.9259	0.8573	0.7938	0.9259	1.7832	2.5770
10%	0.9091	0.8264	0.7513	0.9091	1.7355	2.4868

	당기손익-공정가치측정금융부채로 분류했을 때의 장부금액(A)	상각후원가측정금융부채로 분류했을 때의 장부금액(B)
①	₩898,021	₩898,021
②	₩898,021	₩908,021
③	₩908,021	₩898,021
④	₩942,388	₩942,388
⑤	₩952,388	₩942,388

03 ㈜민국은 20×1년 1월 1일 액면금액 ₩1,000,000, 액면이자율 연 5%(매년 말 이자지급), 3년 만기인 회사채를 발행하고 상각후원가측정금융부채로 분류하였다. 사채발행 당시 시장이자율은 연 8%이었으며, 사채할인발행차금에 대하여 유효이자율법으로 상각한다. 한편, ㈜민국이 동 사채를 발행하는 과정에서 직접적인 사채발행비 ₩47,015이 발생하였으며, ㈜민국은 동 사채와 관련하여 20×1년도 포괄손익계산서상 이자비용으로 ₩87,564을 인식하였다. 동 사채와 관련하여 ㈜민국이 20×2년도 포괄손익계산서상 이자비용으로 인식할 금액은 얼마인가? 단, 8%, 3기간 기간 말 단일금액 ₩1의 현가계수는 0.7938이며, 8%, 3기간 정상연금 ₩1의 현가계수는 2.5771이다. 계산금액은 소수점 첫째 자리에서 반올림하며, 단수차이로 인해 약간의 오차가 있으면 가장 근사치를 선택한다. 또한 법인세효과는 고려하지 않는다. [2011 공인회계사 1차]

① ₩91,320 ② ₩92,076 ③ ₩93,560
④ ₩94,070 ⑤ ₩95,783

04 ㈜한국은 20×1년 1월 1일 액면금액 ₩1,000,000, 액면이자율 연 8%(매년 말 이자지급), 3년 만기인 회사채를 발행하고 상각후원가측정금융부채로 분류하였다. 사채발행 당시 시장이자율은 연 10%이었으며, 사채발행차금에 대하여 유효이자율법으로 상각한다. ㈜한국은 20×2년 7월 1일에 동 사채를 모두 ₩1,000,000(경과이자 포함)에 매입하였으며, 이 중 액면금액 ₩400,000은 매입 즉시 소각하고, 나머지 액면금액 ₩600,000은 20×2년 12월 31일에 재발행하였다. 20×2년 7월 1일의 시장이자율은 연 8%이고, 20×2년 12월 31일의 시장이자율은 연 10%이다. 동 사채와 관련된 회계처리가 ㈜한국의 20×2년 당기순이익에 미치는 영향은 얼마인가? 단, 현가계수는 아래의 현가계수표를 이용하며, 계산과정에서 소수점 이하는 첫째 자리에서 반올림하고, 단수차이로 인해 오차가 있는 경우 가장 근사치를 선택한다. [2015 공인회계사 1차]

할인율	단일금액 ₩1의 현가			정상연금 ₩1의 현가		
	1년	2년	3년	1년	2년	3년
8%	0.9259	0.8573	0.7938	0.9259	1.7832	2.5770
10%	0.9091	0.8264	0.7513	0.9091	1.7355	2.4868

① ₩95,024 감소 ② ₩76,988 감소 ③ ₩34,732 감소
④ ₩1,680 증가 ⑤ ₩18,206 증가

05 ㈜국세는 아래와 같은 조건으로 사채를 발행하였다.

- 사채권면에 표시된 발행일은 20×0년 1월 1일이며, 실제발행일은 20×0년 8월 1일이다.
- 사채의 액면금액은 ₩3,000,000이며, 이자지급일은 매년 12월 31일이고 만기는 4년이다.
- 사채의 액면이자율은 연 6%이며, 동 사채에 적용되는 유효이자율은 연 12%이다.
- 사채권면에 표시된 발행일과 실제발행일 사이의 발생이자는 실제발행일의 사채 발행금액에 포함되어 있다.

위 사채의 회계처리에 관한 다음 설명 중 옳지 않은 것은? (단, 현가계수는 아래의 표를 이용한다. 이자는 월할계산하며, 소수점 첫째 자리에서 반올림한다) [2012 세무사 1차]

할인율 / 기간	기간 말 단일금액 ₩1의 현재가치		정상연금 ₩1의 현재가치	
	6%	12%	6%	12%
1	0.94340	0.89286	0.94340	0.89286
2	0.89000	0.79719	1.83340	1.69005
3	0.83962	0.71178	2.67302	2.40183
4	0.79209	0.63552	3.46511	3.03735

① 실제발행일의 순수 사채발행금액은 ₩2,520,013이다.
② 20×0년도에 상각되는 사채할인발행차금은 ₩122,664이다.
③ 20×0년 12월 31일 현재 사채할인발행차금 잔액은 ₩432,323이다.
④ 사채권면상 발행일과 실제발행일 사이의 액면발생이자는 ₩105,000이다.
⑤ 사채권면상 발행일과 실제발행일 사이의 사채가치의 증가분(경과이자 포함)은 ₩171,730이다.

06 ㈜세무는 20×1년 1월 1일에 액면금액 ₩1,200,000, 표시이자율 연 5%, 매년 말 이자를 지급하는 조건의 사채(매년 말에 액면금액 ₩400,000씩을 상환하는 연속상환사채)를 발행하였다. 20×1년 12월 31일 사채의 장부금액은? (단, 사채발행 당시의 유효이자율은 연 6%, 계산금액은 소수점 첫째 자리에서 반올림, 단수차이로 인한 오차는 가장 근사치를 선택한다) [2016 세무사 1차]

기간	단일금액 ₩1의 현재가치		정상연금 ₩1의 현재가치	
	5%	6%	5%	6%
1	0.9524	0.9434	0.9524	0.9434
2	0.9070	0.8900	1.8594	1.8334
3	0.8638	0.8396	2.7232	2.6730

① ₩678,196　② ₩778,196　③ ₩788,888
④ ₩795,888　⑤ ₩800,000

07 ㈜대경은 20×1년 1월 1일 액면금액 ₩1,000,000, 액면이자율 연 7%(매년 말 이자지급), 3년 만기인 회사채를 발행하고 상각후원가측정금융부채로 분류하였다. 사채발행 당시 시장이자율은 연 9%이었으며, 사채할인발행차금에 대하여 유효이자율법으로 상각한다. 한편, ㈜대경이 동 사채를 발행하는 과정에서 직접적인 사채발행비 ₩24,011이 발생하였다. ㈜대경은 동 사채와 관련하여 20×1년도 포괄손익계산서상 이자비용으로 ₩92,538을 인식하였다. ㈜대경이 20×2년 5월 31일에 상기 사채를 ₩1,050,000(미지급이자 포함)에 매입하였다면, 사채상환손실은 얼마인가? (계산과정에서 소수점 이하는 첫째 자리에서 반올림한다. 그러나 계산방식에 따라 단수차이로 인해 오차가 있는 경우, 가장 근사치를 선택한다. 또한 법인세효과는 고려하지 않는다)

[2014 공인회계사 1차]

할인율	단일금액 ₩1의 현재가치			정상연금 ₩1의 현재가치		
	1년	2년	3년	1년	2년	3년
7%	0.9346	0.8734	0.8163	0.9346	1.8080	2.6243
9%	0.9174	0.8417	0.7722	0.9174	1.7591	2.5313

① ₩12,045　② ₩39,254　③ ₩50,000
④ ₩62,585　⑤ ₩76,136

08 ㈜한국은 액면금액 ₩1,000,000(표시이자율 연 8%, 사채권면상 발행일 20×1년 1월 1일, 만기 3년, 매년 말 이자지급)인 사채를 20×1년 4월 1일에 발행하였다. 권면상 발행일인 20×1년 1월 1일의 시장이자율은 연 10%이며, 실제 발행일(20×1년 4월 1일)의 시장이자율은 연 12%이다. 현가계수는 아래 표를 이용한다.

할인율 / 기간	단일금액 ₩1의 현재가치			정상연금 ₩1의 현재가치		
	8%	10%	12%	8%	10%	12%
3년	0.7938	0.7513	0.7118	2.5771	2.4868	2.4018

㈜한국이 사채발행으로 20×1년 4월 1일 수취하는 금액은? 단, 단수차이로 인해 오차가 있다면 가장 근사치를 선택한다.

[2014 공인회계사 1차]

① ₩911,062　② ₩931,062　③ ₩938,751
④ ₩958,751　⑤ ₩978,751

09 ㈜한국은 20×1년 1월 1일 액면금액 ₩1,000,000, 액면이자율 연 8%(매년 말 이자지급), 만기 3년인 회사채를 ₩950,244에 발행하였다. 발행 당시 유효이자율은 연 10%이었으며, 사채할인발행차금에 대하여 유효이자율법으로 상각하고 있다. 한편, ㈜한국은 자산매각을 통해 발생한 자금으로 20×1년 7월 1일에 동 사채 액면금액의 50%를 ₩500,000(경과이자 포함)에 조기상환하였다. 동 사채와 관련하여 20×1년도에 발생한 거래가 ㈜한국의 20×1년도 포괄손익계산서상 당기순이익에 미치는 영향은 얼마인가? 단, 법인세효과는 고려하지 않으며, 이자는 월할계산한다. 또한 계산금액은 소수점 첫째 자리에서 반올림하며, 단수차이로 인해 약간의 오차가 있으면 가장 근사치를 선택한다. [2011 공인회계사 1차]

① ₩47,512 감소 ② ₩48,634 감소 ③ ₩58,638 감소
④ ₩71,268 감소 ⑤ ₩72,390 감소

10 ㈜대한은 20×1년 1월 1일 다음과 같은 사채를 발행하고 상각후원가로 측정하는 금융부채로 분류하였다.

(1) 발행일: 20×1년 1월 1일
(2) 액면금액: ₩1,000,000
(3) 이자지급: 연 8%를 매년 12월 31일에 지급
(4) 만기일: 20×3년 12월 31일(일시상환)
(5) 사채발행시점의 유효이자율: 연 10%

㈜대한은 20×2년 초 사채의 만기일을 20×4년 12월 31일로 연장하고 표시이자율을 연 3%로 조건을 변경하였다. 20×2년 초 현재 유효이자율은 연 12%이다. 사채의 조건변경으로 인해 ㈜대한이 20×2년도에 인식할 조건변경이익(A)과 조건변경 후 20×2년도에 인식할 이자비용(B)은 각각 얼마인가? 단, 단수차이로 인해 오차가 있다면 가장 근사치를 선택한다.

[2018 공인회계사 1차]

기간	단일금액 ₩1의 현재가치		정상연금 ₩1의 현재가치	
	10%	12%	10%	12%
1년	0.9091	0.8928	0.9091	0.8928
2년	0.8264	0.7972	1.7355	1.6900
3년	0.7513	0.7118	2.4868	2.4018

	20×2년도 조건변경이익(A)	20×2년도 이자비용(B)
①	₩139,364	₩94,062
②	₩139,364	₩82,590
③	₩139,364	₩78,385
④	₩181,414	₩82,590
⑤	₩181,414	₩94,062

고급문제

01 ㈜대한은 20×1년 1월 1일 사채(액면금액 ₩5,000,000, 표시이자율 연 6%, 매년 말 이자지급, 3년 만기)를 발행하였으며, 동 사채를 상각후원가로 측정하는 금융부채로 분류하였다. 사채발행일의 시장이자율은 연 8%이며, 사채발행비 ₩50,000이 지급되었다. 20×1년 12월 31일 사채의 장부금액이 ₩4,814,389일 경우 ㈜대한이 동 사채와 관련하여 20×2년에 인식할 이자비용은 얼마인가? (단, 단수차이로 인해 오차가 있다면 가장 근사치를 선택한다)

[2022 공인회계사 1차]

기간 \ 할인율	단일금액 ₩1의 현재가치		정상연금 ₩1의 현재가치	
	6%	8%	6%	8%
1년	0.9434	0.9259	0.9434	0.9259
2년	0.8900	0.8573	1.8334	1.7832
3년	0.8396	0.7938	2.6730	2.5770

① ₩394,780　② ₩404,409　③ ₩414,037
④ ₩423,666　⑤ ₩433,295

02 ㈜대한은 20×1년 1월 1일 만기가 2년을 초과하는 사채를 발행하였으며, 이는 회사의 유일한 사채이다. 동 사채는 액면이자를 매년 12월 31일에 지급하며, 액면금액을 만기일에 일시상환하는 조건이다. 사채 발행 이후 발행조건의 변경은 없다. 동 사채에 대한 20×1년도와 20×2년도의 관련 이자 정보는 다음과 같다.

구분	20×1년도	20×2년도
연도 말 액면이자 지급액	₩120,000	₩120,000
포괄손익계산서상 연간 이자비용	₩148,420	₩152,400

상기 사채의 발행시점의 유효이자율은 얼마인가? (단, 사채발행비와 조기상환, 차입원가 자본화는 발생하지 않았으며, 단수차이로 인해 오차가 있다면 가장 근사치를 선택한다)

[2019 공인회계사 1차]

① 14%　② 15%　③ 16%
④ 17%　⑤ 18%

03 ㈜세무는 20×1년 초 5년 만기 사채를 발행하여 매년 말 액면이자를 지급하고 유효이자율법에 의하여 이자비용을 인식하고 있다. 20×2년 말 이자와 관련하여 다음과 같은 회계처리 후 사채의 장부금액이 ₩84,000이 되었다면, 20×3년 말 사채의 장부금액은? [2018 세무사 1차]

(차) 이자비용	8,200	(대) 사채할인발행차금	2,000
		현금	6,200

① ₩86,200 ② ₩86,600 ③ ₩87,000 ④ ₩87,200 ⑤ ₩87,600

※ 다음은 **04** ~ **05**에 관련된 자료이다.

㈜한국은 20×1년 1월 1일 사채(액면 ₩100,000, 만기 3년, 액면이자율 8%, 이자 매년 말 지급)를 발행하였으며, ㈜미국이 이를 20×1년 1월 1일에 ₩95,026에 취득하여 보유중이다. 20×1년 초의 시장이자율은 10%로 동 사채는 ₩95,026으로 발행되었다.

(1) 20×1년 말 액면이자는 정상적으로 수취되었으나, 20×1년 중 ㈜한국의 경쟁업체의 등장으로 재무상태가 악화되어 ㈜한국과 ㈜미국은 20×2년 초 다음과 같이 계약조건을 변경하기로 합의하였다.

구분	변경 전 계약조건	변경 후 계약조건
액면이자	8%	2%
잔여만기	2년	3년

(2) 금융부채의 조건변경을 합의한 20×2년 초의 현행 시장이자율은 12%이며, 조건변경일에 대여자와 차입자 사이에 거래원가 ₩1,000이 발생하였다.

(3) 관련된 현가계수는 다음과 같다.

할인율	단일금액 ₩1의 현가			정상연금 ₩1의 현가		
	1년	2년	3년	1년	2년	3년
10%	0.9091	0.8264	0.7513	0.9091	1.7355	2.4868
12%	0.8929	0.7972	0.7118	0.8929	1.6901	2.4019

04 ㈜한국이 20×2년 초에 인식할 조건변경이익이 얼마인지 계산하시오.

① ₩4,976 ② ₩18,896 ③ ₩19,545
④ ₩20,545 ⑤ ₩26,648

05 04와 달리 변경 후 계약조건이 액면이자 6%라고 가정한다면, ㈜한국이 20×2년 초에 인식할 조건변경이익이 얼마인지 계산하시오.

① ₩6,478 ② ₩18,896 ③ ₩19,545
④ ₩20,545 ⑤ ₩26,648

※ ㈜대한이 발행한 상각후원가(AC)로 측정하는 금융부채(사채)와 관련된 다음 <자료>를 이용하여 **06** ~ **07**에 대해 답하시오. [2021 공인회계사 1차]

<자료>

액면금액	₩3,000,000
사채권면상 발행일	20×1년 1월 1일
사채 실제 발행일	20×1년 3월 1일
표시이자율	연 6%(매년 12월 31일에 지급)
사채권면상 발행일의 유효이자율	연 6%
상환만기일	20×3년 12월 31일(만기 일시상환)

현가계수표

할인율 / 기간	단일금액 ₩1의 현재가치			정상연금 ₩1의 현재가치		
	6%	7%	8%	6%	7%	8%
1년	0.9434	0.9346	0.9259	0.9434	0.9346	0.9259
2년	0.8900	0.8734	0.8573	1.8334	1.8080	1.7832
3년	0.8396	0.8163	0.7938	2.6730	2.6243	2.5770

06 다음 (A) 또는 (B)의 조건으로 사채를 발행하는 경우, ㈜대한이 20×1년 3월 1일에 사채발행으로 수취하는 금액에 대한 설명으로 옳은 것은? 단, 이자는 월할로 계산하며, 단수차이로 인해 오차가 있다면 가장 근사치를 선택한다.

(A) 사채 실제 발행일의 유효이자율이 연 8%인 경우
(B) 사채 실제 발행일의 유효이자율이 연 7%인 경우

① (A)가 (B)보다 수취하는 금액이 ₩76,014만큼 많다.
② (A)가 (B)보다 수취하는 금액이 ₩72,159만큼 많다.
③ (A)가 (B)보다 수취하는 금액이 ₩76,014만큼 적다.
④ (A)가 (B)보다 수취하는 금액이 ₩72,159만큼 적다.
⑤ (A)와 (B)의 수취하는 금액은 동일하다.

07 ㈜대한은 20×3년 4월 1일에 사채액면금액 중 30%를 경과이자를 포함하여 현금 ₩915,000에 조기상환하였다. 위 <자료>에서 사채 실제 발행일(20×1년 3월 1일)의 유효이자율이 연 8%인 경우, ㈜대한이 조기상환시점에 사채상환손실로 인식할 금액은 얼마인가? 단, 이자는 월할로 계산하며, 단수차이로 인해 오차가 있다면 가장 근사치를 선택한다.

① ₩9,510 ② ₩14,030 ③ ₩15,000
④ ₩31,700 ⑤ ₩46,800

08 다음의 <자료>를 이용하여 계산한 ㈜대한의 미수금 양도 시의 회계처리가 자산총액에 미치는 영향은 얼마인가?

> <자료>
>
> 1. ㈜대한은 20×1년 1월 1일 미수금 ₩5,000,000(20×1년 4월 1일 회수예정)을 ㈜민국에 양도하고 ₩4,800,000을 수령하였다.
> 2. ㈜대한은 미수금과 관련된 신용위험을 ㈜민국에 이전하였으나, 미수금의 회수가 지연되는 경우 최대 5개월 동안의 지연이자(연 6%)를 즉시 지급하기로 약정하였다. ㈜민국은 ㈜대한으로부터 양도받은 미수금을 제3자에게 매도할 수 있는 능력이 없다.
> 3. 미수금 양도일 현재 회수지연 위험에 대한 보증의 공정가치는 ₩50,000이다.

① ₩75,000 감소　② ₩100,000 감소　③ ₩125,000 감소
④ ₩150,000 감소　⑤ ₩200,000 감소

기본문제 정답 및 해설

01 당기손익-공정가치측정금융부채와 관련된 거래원가는 당기손익으로 인식하여야 한다.

02 1. 20×1년 1월 1일 사채의 현재가치
₩60,000 × 2.4868 + ₩1,000,000 × 0.7513 = ₩900,508

2. 20×1년 4월 1일 순수한 사채의 가치
₩900,508 + ₩900,508 × 10% × 3/12(유효이자) - ₩60,000 × 3/12(액면이자) = ₩908,021

3. 당기손익-공정가치측정금융부채 장부금액(A): ₩908,021

4. 상각후원가측정금융부채 장부금액(B): ₩908,021 - ₩10,000 = ₩898,021
* 당기손익-공정가치측정금융부채의 경우 사채발행비는 당기비용으로 인식하지만 상각후원가측정금융부채의 경우에는 부채의 발행가액에서 차감한다.

5. 당기손익-공정가치측정금융부채인 경우의 회계처리

20×1. 4. 1.	(차) 현금	923,021	(대) 미지급이자	15,000
			당기손익-공정가치측정금융부채	908,021
	(차) 수수료비용	10,000	(대) 현금	10,000

6. 상각후원가측정금융부채인 경우의 회계처리

20×1. 4. 1.	(차) 현금	923,021	(대) 미지급이자	15,000
			상각후원가측정금융부채	908,021
	(차) 상각후원가측정금융부채	10,000	(대) 현금	10,000

03 1. 20×1년 초 사채발행금액
₩50,000 × 2.5771 + ₩1,000,000 × 0.7938 = ₩922,655

2. 20×1년 초 사채장부금액
₩922,655 - ₩47,015(사채발행비) = ₩875,640

3. 유효이자율
₩87,564(20×1년 이자비용)/₩875,640(20×1년 초 장부금액) = 10%

4. 유효이자율법에 의한 상각표

일자	장부금액 (상각후원가)	유효이자 (장부금액 × 10%)	액면이자 (액면금액 × 5%)	상각액 (유효이자 - 액면이자)
20×1년 초	₩875,640			
20×1년 말	₩913,204	₩87,564	₩50,000	₩37,564
20×2년 말	₩954,524	₩91,320	₩50,000	₩41,320
		(이하 생략)		

5. 20×2년 이자비용: ₩91,320

정답 01 ④ 02 ③ 03 ①

04 1. 20×1년 초 사채의 발행금액: ₩1,000,000 × 0.7513 + ₩80,000 × 2.4868 = ₩950,244

2. 20×2년 초 사채의 장부금액: ₩950,244 × 1.1 - ₩80,000 = ₩965,268

3. 20×2년 7월 초 사채상환손익

장부금액(미지급이자 포함): ₩965,268 × (1 + 0.1 × 6/12) =	₩1,013,531
상환금액(미지급이자 포함)	₩(1,000,000)
사채상환이익	₩13,531

4. 20×2년 이자비용: ₩965,268 × 0.1 × 6/12 = ₩(48,263)

5. 20×2년 당기순이익에 미치는 영향: ₩13,531 + ₩(48,263) = ₩(34,732)

6. 회계처리

일자		차변	금액		대변	금액
20×2. 7. 1.	(차)	이자비용	48,263	(대)	미지급이자	40,000
					사채할인발행차금	8,263
	(차)	미지급이자	40,000	(대)	현금	1,000,000
		사채	1,000,000		사채할인발행차금[1)]	26,469
					사채상환이익	13,531
20×2. 12. 31.	(차)	현금[2)]	589,097	(대)	사채	600,000
		사채할인발행차금	10,903			

1) ₩1,000,000 - [₩965,268 × (1 + 0.1 × 6/12) - ₩40,000] = ₩26,469

2) (₩600,000 + ₩48,000) × 0.9091 = ₩589,097

05 1. 20×0년 1월 1일 사채발행금액

원금의 현재가치: ₩3,000,000 × 0.63552 =	₩1,906,560
이자의 현재가치: ₩180,000 × 3.03735 =	₩546,723
계	₩2,453,283

2. 유효이자율법에 의한 상각표

일자	장부금액	유효이자(12%)	액면이자(6%)	상각액
20×0. 1. 1.	₩2,453,283			
20×0. 12. 31.	₩2,567,677	₩294,394	₩180,000	₩114,394
		(이하 생략)		

3. 지문해설

① 실제발행일의 순수 사채발행금액: ₩2,453,283 + ₩114,394 × 7/12 = ₩2,520,013
② 20×0년도에 상각되는 사채할인발행차금: ₩114,394 × 5/12 = ₩47,664
③ 20×0년 12월 31일 사채할인발행차금 잔액: ₩3,000,000 - ₩2,567,677 = ₩432,323
④ 사채권면상 발행일과 실제발행일 사이의 액면발생이자: ₩180,000 × 7/12 = ₩105,000
⑤ 사채권면상 발행일과 실제발행일 사이의 사채가치의 증가분(경과이자 포함): ₩294,394 × 7/12 = ₩171,730

06 1. 20×1년 1월 1일 사채의 발행금액

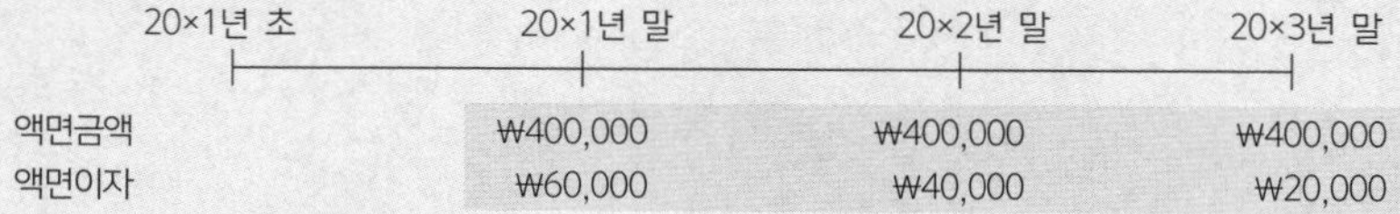

20×1년 초 사채 발행금액
: (₩400,000 + ₩1,200,000 × 5%) × 0.9434(1년, 6%, 현가)
+ (₩400,000 + ₩800,000 × 5%) × 0.8900(2년, 6%, 현가)
+ (₩400,000 + ₩400,000 × 5%) × 0.8396(3년, 6%, 현가) = ₩1,178,196

2. 20×1년 12월 31일 사채의 장부금액: ₩1,178,196 × 1.06 - ₩460,000 = ₩788,888

정답 04 ③ 05 ② 06 ③

07 1. 20×1년 초 사채의 발행금액
₩70,000 × 2.5313 + ₩1,000,000 × 0.7722 − ₩24,011 = ₩925,380

2. 유효이자율
₩925,380 × 유효이자율(x) = ₩92,538
∴ 유효이자율(x): 10%

3. 20×2년 5월 말 사채상환손익

장부금액(미지급이자 포함): ₩947,918[1] × (1 + 0.1 × 5/12) =	₩987,415
상환금액(미지급이자 포함)	₩(1,050,000)
사채상환손실	₩(62,585)

[1] 20×1년 말 장부금액: ₩925,380 × 1.1 − ₩70,000 = ₩947,918

08 1. 20×1년 1월 1일 현재가치(12%): ₩1,000,000 × 0.7118 + ₩80,000 × 2.4018 = ₩903,944

2. 20×1년 4월 1일 현금 수취금액: 20×1년 초 현재가치 + 유효이자
₩903,944 + ₩903,944 × 12% × 3/12 = ₩931,062

09 20×1년 당기순이익에 미치는 영향: (1) + (2) = ₩(72,390) 감소
(1) 사채상환손실: 장부금액 − 상환금액 = ₩(1,122)
• 장부금액: (₩950,244 + ₩950,244 × 10% × 6/12) × 50% = ₩498,878
• 상환금액: ₩500,000
(2) 이자비용: ₩950,244 × 10% × 6/12 × 50% + ₩950,244 × 10% × 12/12 × 50% = ₩(71,268)

10 1. 20×1년 초 사채의 발행금액
₩1,000,000 × 0.7513 + ₩80,000 × 2.4868 = ₩950,244

2. 실질적 조건변경인지 여부의 판단
(1) 조정 전 금융부채의 현재가치(최초 유효이자율 적용): ₩950,244 × 1.1 − ₩80,000 = ₩965,268
(2) 조정 후 미래현금흐름의 현재가치(최초 유효이자율 적용)

원금의 현재가치: ₩1,000,000 × 0.7513(3년, 10% 현가) =	₩751,300	
이자의 현재가치: ₩30,000 × 2.4868(3년, 10% 연금현가) =	₩74,604	₩(825,904)
(3) (1)과 (2)의 차액		₩139,364

∴ ₩139,364/₩965,268(= 14.44%) ≥ 10%이므로 실질적 조건변경에 해당된다.

3. 20×2년 조건변경이익

(1) 조정 전 금융부채의 장부금액		₩965,268
(2) 조정 후 미래현금흐름의 현재가치(조건변경시점의 유효이자율 적용)		
원금의 현재가치: ₩1,000,000 × 0.7118(3년, 12% 현가) =	₩711,800	
이자의 현재가치: ₩30,000 × 2.4018(3년, 12% 연금현가) =	₩72,054	₩(783,854)
(3) (1)과 (2)의 차액		₩181,414

4. 20×2년 이자비용: ₩783,854 × 12% = ₩94,062

5. 회계처리(사채할인발행차금을 사용하지 않는 방법)

20×2년 초	(차) 사채(구)	965,268	(대) 사채(신)	783,854
			조건변경이익	181,414
20×2년 말	(차) 이자비용	94,062	(대) 현금	30,000
			사채	64,062

정답 07 ④ 08 ② 09 ⑤ 10 ⑤

고급문제 정답 및 해설

01 **1. 20×1년 1월 1일 사채의 장부금액**

(1) 20×1년 1월 1일 사채의 발행금액: ₩5,000,000 × 0.7938 + ₩300,000 × 2.5770 = ₩4,742,100

(2) 20×1년 1월 1일 사채의 장부금액: ₩4,742,100 - ₩50,000 = ₩4,692,100

2. 유효이자율의 계산

유효이자율을 x라고 하면,

₩4,692,100 + ₩4,692,100 × x - ₩300,000 = ₩4,814,389

유효이자율(x) = 9%

3. 20×2년 이자비용: ₩4,814,389 × 9% = ₩433,295

02 **1. 20×1년 상각액: 유효이자 - 액면이자 = ₩148,420 - ₩120,000 = ₩28,420**

2. 20×2년 상각액: 유효이자 - 액면이자 = ₩152,400 - ₩120,000 = ₩32,400

3. 20×2년 상각액 ÷ 20×1년 상각액 = (1 + 유효이자율)

₩32,400 ÷ ₩28,420 = (1 + 유효이자율)

∴ 유효이자율 = 14%

03 **1. 20×1년 말 사채의 장부금액: ₩84,000 - ₩2,000 = ₩82,000**

2. 유효이자율: ₩8,200/₩82,000 = 10%

3. 20×3년 말 사채의 장부금액: ₩84,000 × 1.1 - ₩6,200 = ₩86,200

04 **1. 실질적 조건변경인지 여부의 판단**

(1) 조정 전 금융부채의 현재가치(최초 유효이자율 적용) = ₩95,026 × 1.1 - ₩8,000 =		₩96,529
(2) 조정 후 미래현금흐름의 현재가치(최초 유효이자율 적용)		
원금의 현재가치: ₩100,000 × 0.7513(3년, 10% 현가) =	₩75,130	
이자의 현재가치: ₩2,000 × 2.4868(3년, 10% 연금현가) =	₩4,974	
수수료비용	₩1,000	₩(81,104)
(3) (1)과 (2)의 차액		₩15,425

∴ ₩15,425/₩96,529(15.98%) ≥ 10%이므로 실질적 조건변경에 해당된다.

2. 조건변경이익

(1) 조정 전 금융부채의 장부금액		₩96,529
(2) 조정 후 미래현금흐름의 현재가치(조건변경시점의 유효이자율 적용)		
원금의 현재가치: ₩100,000 × 0.7118(3년, 12% 현가) =	₩71,180	
이자의 현재가치: ₩2,000 × 2.4019(3년, 12% 연금현가) =	₩4,804	
새로운 금융부채의 최초 공정가치	₩75,984	
수수료비용	₩1,000	₩(76,984)
(3) (1)과 (2)의 차액		₩19,545

3. 20×2년 초 회계처리

20×2년 초	(차) 사채(구)	100,000	(대) 사채(신)	100,000
	사채할인발행차금	20,545	조건변경이익	20,545
	(차) 조건변경이익	1,000	(대) 현금	1,000

정답 **01** ⑤ **02** ① **03** ① **04** ③

05 1. 실질적 조건변경인지 여부의 판단

(1) 조정 전 금융부채의 현재가치(최초 유효이자율 적용) = ₩95,026 × 1.1 - ₩8,000 = ₩96,529

(2) 조정 후 미래현금흐름의 현재가치(최초 유효이자율 적용)

원금의 현재가치: ₩100,000 × 0.7513(3년, 10% 현가) =	₩75,130	
이자의 현재가치: ₩6,000 × 2.4868(3년, 10% 연금현가) =	₩14,921	
수수료비용	₩1,000	₩(91,051)
(3) (1)과 (2)의 차액		₩5,478

∴ ₩5,478/₩96,529(5.67%) < 10%이므로 실질적 조건변경에 해당하지 않는다.

2. 조건변경이익

(1) 조정 전 금융부채의 장부금액		₩96,529
(2) 조정 후 미래현금흐름의 현재가치(최초 유효이자율 적용)		
원금의 현재가치: ₩100,000 × 0.7513(3년, 10% 현가) =	₩75,130	
이자의 현재가치: ₩6,000 × 2.4868(3년, 10% 연금현가) =	₩14,921	₩(90,051)
(3) (1)과 (2)의 차액		₩6,478

3. 20×2년 초 회계처리

20×2년 초	(차) 사채할인발행차금	6,478	(대) 조건변경이익	6,478
	(차) 사채할인발행차금	1,000	(대) 현금	1,000

06 1. 사채 실제 발행일의 유효이자율이 연 8%인 경우(A)

(1) 20×1년 1월 1일 사채의 현재가치: ₩3,000,000 × 0.7938 + ₩180,000 × 2.5770 = ₩2,845,260

(2) 20×1년 3월 1일 현금수취액: 20×1년 1월 1일 사채의 현재가치 + 유효이자
= ₩2,845,260 + ₩2,845,260 × 8% × 2/12 = ₩2,883,197

2. 사채 실제 발행일의 유효이자율이 연 7%인 경우(B)

(1) 20×1년 1월 1일 사채의 현재가치: ₩3,000,000 × 0.8163 + ₩180,000 × 2.6243 = ₩2,921,274

(2) 20×1년 3월 1일 현금수취액: 20×1년 1월 1일 사채의 현재가치 + 유효이자
= ₩2,921,274 + ₩2,921,274 × 7% × 2/12 = ₩2,955,356

3. (A)가 (B)보다 수취하는 금액이 ₩72,159(= ₩2,883,197 - ₩2,955,356)만큼 적다.

07 1. 20×1년 초 사채의 상각후원가: ₩3,000,000 × 0.7938 + ₩180,000 × 2.5770 = ₩2,845,260

2. 20×2년 초 사채의 상각후원가: ₩2,845,260 × 1.08 - ₩180,000 = ₩2,892,881

3. 20×3년 초 사채의 상각후원가: ₩2,892,881 × 1.08 - ₩180,000 = ₩2,944,311

4. 20×3년 4월 초 사채상환손익

장부금액(미지급이자포함): (₩2,944,311 + ₩2,944,311 × 8% × 3/12) × 30% =	₩900,959
상환금액(미지급이자포함)	₩(915,000)
사채상환손실(단수차이)	₩(14,041)

정답 05 ① 06 ④ 07 ②

08 1. 자산총액에 미치는 영향: ₩4,800,000 + ₩125,000 − ₩5,000,000 = (−)₩75,000 감소

2. 양도자가 양도자산의 소유에 따른 위험과 보상의 대부분을 보유하지도 이전하지도 않고, 양도자가 양도자산을 통제하고 있다면, 그 양도자산에 지속적으로 관여하는 정도까지 그 양도자산을 계속 인식한다. 이때 지속적 관여 정도는 양도자산의 가치 변동에 양도자가 노출되는 정도를 말한다. 예를 들면 다음과 같다.
양도자가 양도자산에 보증을 제공하는 형태로 지속적으로 관여하는 경우에 지속적 관여 정도는 (1) 양도자산의 장부금액과 (2) 수취한 대가 중 상환을 요구받을 수 있는 최대 금액(보증금액) 중 적은 금액이다.

3. 본 문제에서 수취한 대가 중 상환을 요구받을 수 있는 최대 금액(보증금액)은 미수금의 회수가 지연되는 경우 최대 5개월 동안의 지연이자 ₩125,000(= ₩5,000,000 × 6% × 5/12)이다.

4. 해당 금액

금융자산처분손익	① 양도자산의 공정가치 − 양도자산의 장부금액 = (₩4,800,000 − ₩50,000) − ₩5,000,000 × 100% = ₩(250,000)
보증의 대가	② 총양도대가 − 양도자산의 공정가치 = ₩50,000
지속적관여자산	③ Min[양도자산의 장부금액, 보증금액] = Min[₩5,000,000 × 100%, ₩5,000,000 × 6% × 5/12] = ₩125,000
관련부채	지속적관여자산 ± 보증의 대가: ₩125,000 + ₩50,000 = ₩175,000

5. 회계처리

20×1. 1. 1.	(차) 현금	4,800,000	(대) 미수금	5,000,000
	지속적관여자산	125,000	관련부채	175,000[1]
	금융자산처분손실	250,000		

[1] ₩125,000 + ₩50,000 = ₩175,000

정답 08 ①

- 객관식 문제풀이에 앞서 각 장의 주요 주제별 중요도를 파악해볼 수 있습니다.
- 시험 대비를 위해 꼭 풀어보아야 하는 필수문제를 정리하여 효율적으로 학습할 수 있습니다.

1. 출제경향

주요 주제	중요도
1. 이론형 문제	★★★★★
2. 손실부담계약충당부채	★★
3. 보고기간 후 사건	★★

2. 필수문제 리스트

구분		필수문제 번호
회계사	기본문제	1, 2, 3, 4, 5, 7, 8, 9, 10, 11
	고급문제	1, 2, 3, 5
세무사	기본문제	1, 2, 3, 4, 5, 7, 8, 9, 10, 11, 12
	고급문제	1, 2, 3

Chapter 12

충당부채

- 기본문제
- 고급문제
- 정답 및 해설

기본문제

01 다음 중 충당부채, 우발부채 및 우발자산에 대한 설명으로 옳지 않은 것은?

[2011 공인회계사 1차 수정]

① 충당부채로 인식되기 위해서는 과거사건으로 인한 의무가 기업의 미래행위와 독립적이어야 한다. 따라서 불법적인 환경오염으로 인한 범칙금의 경우에는 충당부채로 인식한다.

② 충당부채는 부채로 인식하는 반면, 우발부채와 우발자산은 부채와 자산으로 인식하지 않는다.

③ 당초에 다른 목적으로 인식된 충당부채를 어떤 지출에 대하여 사용하게 되면 다른 두 사건의 영향이 적절하게 표시되지 않으므로 당초 충당부채에 관련된 지출에 대해서만 그 충당부채를 사용한다.

④ 의무발생사건이 되기 위해서는 당해 사건으로부터 발생된 의무를 이행하는 것 외에는 실질적인 대안이 없어야 한다. 이러한 경우는 의무의 이행을 법적으로 강제할 수 있거나 기업이 당해 의무를 이행할 것이라는 정당한 기대를 상대방이 가지는 경우에만 해당한다.

⑤ 재무제표는 재무제표이용자들의 현재 및 미래 의사결정에 유용한 정보를 제공하는 데에 그 목적이 있다. 따라서 미래영업을 위하여 발생하게 될 원가에 대해서 충당부채로 인식한다.

02 다음은 각 기업의 사례이다. 이 중 20×1년 말 재무제표에 충당부채를 인식해야 하는 사례는 무엇인가? 단, 모든 사례에 대하여 예상되는 유출금액은 중요하며, 그 금액을 신뢰성 있게 추정할 수 있다고 가정한다.

[2010 공인회계사 1차]

① ㈜항공은 고객충성제도를 운영하고 있다. 이 제도의 회원이 당 회사의 여객기를 이용하면 ㈜항공은 마일리지를 부여한다. 회원은 마일리지를 이용하여 무료로 항공기에 탑승할 수 있다. 20×1년 중 회원들은 1억마일을 적립하였다. 이 마일리지의 유효기간은 없으며 이 중 80%가 사용될 것으로 예상한다.

② ㈜세계는 법률이 요구하는 경우에만 오염된 토지를 정화하는 정책을 가지고 있다. 이제까지는 오염된 토지를 정화해야 한다는 법규가 없었고, 따라서 ㈜세계는 지난 몇 년에 걸쳐 토지를 오염시켜 왔다. 그런데 이미 오염된 토지를 정화하는 것을 의무화하는 관계 법률이 연말 후에 곧 제정될 것이 20×1년 12월 31일 현재 거의 확실하다. 제정될 법률에 따라 오염된 토지를 정화하기 위한 추가 금액이 필요할 것으로 예상한다.

③ 20×1년 12월 28일 ㈜부산은 한 사업부를 폐쇄하기로 결정하였고 이를 고객과 폐쇄되는 사업부의 종업원들에게 공표하였다. 그러나 20×1년 12월 31일까지 이 사업부의 폐쇄와 관련한 지출이나 폐쇄 결정의 구체적인 이행시기에 대해서는 계획을 확정하지 못하였다.

④ ㈜서울은 외부용역에 의존하여 20×1년까지 K-IFRS을 적용해왔다. 그러나 20×2년부터 회사 자체적으로 K-IFRS을 적용하기 위하여, 회계 관련 분야의 기존 종업원들을 교육훈련하고 기존의 회계처리 시스템을 수정 · 보완할 계획이며, 이를 위하여 외부용역비보다 더 큰 지출이 필요함을 알고 있다. ㈜서울은 20×1년 말까지 회사 내부의 회계시스템의 개선을 위하여 어떠한 비용도 지출하지 않았다.

⑤ ㈜클린은 기존의 법규에 따라 적정한 폐수처리시설을 운용하고 있다. 그런데 기존의 법규상 기준치보다 더 강화된 새로운 폐수처리에 대한 법규가 연말 이후에 곧 제정될 것이 20×1년 12월 31일 현재 거의 확실하다. 개정될 법규에 따라 추가 시설투자가 필요할 것으로 예상한다.

03 충당부채 및 우발부채와 관련된 다음의 회계처리 중 옳은 것은? [2013 공인회계사 1차]

① ㈜민국은 ㈜나라와 공동으로 사용하는 토지의 환경정화에 대하여 연대하여 의무를 부담한다. 이에 ㈜민국은 ㈜나라가 이행할 것으로 기대되는 ₩1,000,000을 우발부채로 처리하였다.

② ㈜한국은 토지의 환경정화와 관련하여 3년 후 지급하게 될 미래현금흐름을 ₩1,000,000으로 추정하고, 동 미래현금흐름 추정 시 고려한 위험을 반영한 할인율을 적용하여 계산한 현재가치를 충당부채로 인식하였다.

③ ㈜대한은 토지의 환경정화원가를 ₩2,000,000으로 추정하고, 법인세율 20%를 고려하여 ₩1,600,000을 충당부채로 인식하였다.

④ ㈜충청은 예상되는 토지의 환경정화원가 ₩2,000,000을 위하여 ㈜경상보험에 보험을 가입하였다. 동 보험약정에 의해 ㈜경상보험은 ㈜충청이 환경정화를 실시하면 ₩1,000,000을 보전해주기로 하여 ㈜충청은 토지의 환경정화와 관련된 충당부채로 ₩1,000,000을 인식하였다.

⑤ ㈜전라는 토지환경정화와 유전복구를 위해 각각 충당부채를 인식하였으나 토지환경정화에 대한 지출은 ₩500,000이 과소 발생하였고, 유전복구에 대한 지출은 ₩500,000이 과다 발생하였다. 이에 ㈜전라는 토지환경정화와 관련된 충당부채를 유전복구지출에 사용하였다.

04 다음 사례는 ㈜대한의 20×1년과 20×2년에 발생한 사건으로, 금액은 신뢰성 있게 추정이 가능하다고 가정한다.

사례 A	석유산업에 속한 ㈜대한은 오염을 일으키고 있지만 사업을 영위하는 특정 국가의 법률에서 요구하는 경우에만 오염된 토지를 정화한다. ㈜대한은 20×1년부터 토지를 오염시켰으나, 이러한 사업이 운영되는 어떤 국가에서도 오염된 토지를 정화하도록 요구하는 법률이 20×1년 말까지 제정되지 않았다. 20×2년 말 현재 ㈜대한이 사업을 영위하는 국가에서 이미 오염된 토지를 정화하도록 요구하는 법안이 연말 후에 곧 제정될 것이 거의 확실하다.
사례 B	20×1년 초 새로운 법률에 따라 ㈜대한은 20×1년 말까지 매연 여과장치를 공장에 설치해야 하고, 해당 법률을 위반할 경우 벌과금이 부과될 가능성이 매우 높다. ㈜대한은 20×2년 말까지 매연 여과장치를 설치하지 않아 20×2년 말 관계 당국으로부터 벌과금 납부서(납부기한: 20×3년 2월 말)를 통지받았으나 아직 납부하지 않았다.
사례 C	20×1년 12월 12일 해외사업부를 폐쇄하기 위한 구체적인 계획에 대하여 이사회 동의를 받았다. 20×1년 말이 되기 전에 이러한 의사결정의 영향을 받는 대상자들에게 그 결정을 알리지 않았고 실행을 위한 어떠한 절차도 착수하지 않았다. 20×2년 말이 되어서야 해당 사업부의 종업원들에게 감원을 통보하였다.

위 사례 중 ㈜대한의 20×1년 말과 20×2년 말 재무상태표에 충당부채로 인식해야 하는 사항을 모두 고른다면? [2018 공인회계사 1차]

	20×1년 말	20×2년 말
①	A, B	B, C
②	B, C	A, B, C
③	B	A, C
④	B	A, B, C
⑤	C	B, C

05 충당부채, 우발부채 및 우발자산에 관한 설명으로 옳은 것은? [2015 세무사 1차]

① 우발자산은 경제적 효익의 유입가능성이 높아지더라도 공시하지 않는다.

② 손실부담계약을 체결하고 있는 경우에는 관련된 현재의무를 충당부채로 인식하지 않는다.

③ 충당부채를 현재가치로 평가하는 경우 적용될 할인율은 부채의 특유위험과 화폐의 시간가치에 대한 현행 시장의 평가를 반영한 세후 이율이다.

④ 충당부채와 관련하여 포괄손익계산서에 인식된 비용은 제3자의 변제와 관련하여 인식한 금액과 상계하여 표시할 수 있다.

⑤ 화폐의 시간가치 효과가 중요한 경우에도 충당부채는 현재가치로 평가하지 않는다.

06 다음은 충당부채에 대한 설명이다. 옳지 않은 것은?

① 경제적 효익의 유출될 가능성이 높고 금액을 신뢰성 있게 추정할 수 있다 하더라도 의무의 이행대상이 정확히 누구인지 모를 경우에는 충당부채를 인식할 수 없다.

② 과거에 우발부채로 처리하였더라도 그 이후 상황변화로 인하여 미래경제적효익의 유출가능성이 높아지고 금액을 신뢰성 있게 추정할 수 있는 경우에는 그러한 변화가 발생한 기간에 충당부채로 인식한다.

③ 법에서 정하는 환경기준을 충족시키기 위해서 공장에 특정 정화장치를 설치하기 위한 비용지출을 계획하고 있는 경우 충당부채를 인식하지 아니한다.

④ 어떤 의무에 대하여 제3자와 연대하여 보증의무를 지는 경우에는 이행할 의무 중 제3자가 이행할 부분은 우발부채로 처리한다.

⑤ 구조조정과 관련된 자산의 처분이익, 구조조정을 완료하는 날까지 발생할 것으로 예상되는 영업손실은 충당부채로 인식될 금액에 반영하지 아니한다.

07 ㈜갑은 20×1년 초에 한정 생산판매한 제품에 대하여 3년 동안 품질을 보증하기로 하였다. 20×1년 중 실제 발생한 품질보증비는 ₩210이다. ㈜갑은 기대가치를 계산하는 방식으로 최선의 추정치 개념을 사용하여 충당부채를 인식한다. ㈜갑은 이 제품의 품질보증과 관련하여 20×1년 말에 20×2년 및 20×3년에 발생할 것으로 예상되는 품질보증비 및 예상확률을 다음과 같이 추정하였다.

20×2년		20×3년	
품질보증비	예상확률	품질보증비	예상확률
₩144	10%	₩220	40%
₩296	60%	₩300	50%
₩640	30%	₩500	10%

㈜갑은 20×2년 및 20×3년에 발생할 것으로 예상되는 품질보증비에 대해 설정하는 충당부채를 20%의 할인율을 적용하여 현재가치로 측정하기로 하였다. ㈜갑의 20×1년 말 재무상태표에 보고될 제품보증충당부채는 얼마인가? 단, 20×2년과 20×3년에 발생할 것으로 예상되는 품질보증비는 각 회계연도 말에 발생한다고 가정한다. [2012 공인회계사 1차]

① ₩310 ② ₩320 ③ ₩520 ④ ₩560 ⑤ ₩730

08 충당부채의 변동과 변제에 관한 설명으로 옳지 않은 것은? [2017 세무사 1차]

① 어떤 의무를 제3자와 연대하여 부담하는 경우에 이행하여야 하는 전체 의무 중에서 제3자가 이행할 것으로 예상되는 정도까지만 충당부채로 처리한다.

② 의무를 이행하기 위하여 경제적 효익이 있는 자원을 유출할 가능성이 높지 않게 된 경우에는 관련 충당부채를 환입한다.

③ 충당부채를 현재가치로 평가하여 표시하는 경우에는 장부금액을 기간 경과에 따라 증액하고 해당 증가금액은 차입원가로 인식한다.

④ 충당부채를 결제하기 위하여 필요한 지출액의 일부나 전부를 제3자가 변제할 것으로 예상되는 경우에는 기업이 의무를 이행한다면 변제를 받을 것이 거의 확실하게 되는 때에만 변제금액을 별도의 자산으로 인식하고 회계처리한다.

⑤ 보고기간 말마다 충당부채의 잔액을 검토하고, 보고기간 말 현재 최선의 추정치를 반영하여 조정한다.

09 미래의 예상 영업손실과 손실부담계약에 대한 설명으로 옳지 않은 것은? [2013 세무사 1차]

① 미래의 예상손실은 충당부채로 인식하지 아니한다.

② 손실부담계약은 계약상의 의무에 따라 발생하는 회피불가능한 원가가 당해 계약에 의하여 얻을 것으로 기대되는 경제적 효익을 초과하는 계약이다.

③ 손실부담계약을 체결하고 있는 경우에는 관련된 현재의무를 충당부채로 인식하고 측정한다.

④ 손실부담계약에 대한 충당부채를 인식하기 전에 당해 손실부담계약을 이행하기 위하여 사용하는 자산에서 발생한 손상차손을 먼저 인식한다.

⑤ 손실부담계약의 경우 계약상 의무에 따른 회피불가능한 원가는 계약을 해지하기 위한 최소순원가로서 계약을 이행하기 위하여 소요되는 원가와 계약을 이행하지 못하였을 때 지급하여야 할 보상금(또는 위약금) 중에서 큰 금액을 말한다.

10 ㈜태평은 20×1년 말 현재 다음과 같은 사항에 대한 회계처리를 고심하고 있다.

> 가. 20×1년 12월 15일에 이사회에서 회사의 조직구조 개편을 포함한 구조조정계획이 수립되었으며, 이를 수행하는 데 ₩250,000의 비용이 발생할 것으로 추정하였다. 그러나 20×1년 말까지 회사는 동 구조조정계획에 착수하지 않았다.
> 나. 회사는 경쟁업체가 제기한 특허권 무단 사용에 대한 소송에 제소되어 있다. 만약 동 소송에서 패소한다면 ㈜태평이 배상하여야 하는 손해배상금액은 ₩100,000으로 추정된다. ㈜태평의 자문 법무법인에 따르면 이러한 손해배상이 발생할 가능성은 높지 않다고 한다.
> 다. 회사가 사용 중인 공장 구축물의 내용연수가 종료되면 이를 철거하고 구축물이 정착되어 있던 토지를 원상으로 회복하여야 한다. 복구비용은 ₩200,000으로 추정되며 그 현재가치 금액은 ₩140,000이다.
> 라. 회사가 판매한 제품에 제조상 결함이 발견되어 이에 대한 보증비용이 ₩200,000으로 예상되고, 그 지출 가능성이 높다. 한편, 회사는 동 예상비용을 보험사에 청구하였으며 50%만큼 변제받기로 하였다.

㈜태평이 20×1년 말 재무상태표에 계상하여야 할 충당부채의 금액은 얼마인가? 단, 위에서 제시된 금액은 모두 신뢰성 있게 측정되었다. [2014 공인회계사 1차]

① ₩240,000 ② ₩340,000 ③ ₩440,000
④ ₩590,000 ⑤ ₩690,000

11 재무제표에 인식된 금액을 수정할 필요가 없는 보고기간 후 사건의 예로 옳은 것은?

① 보고기간 말에 존재하였던 현재의무가 보고기간 후에 소송사건의 확정에 의해 확인되는 경우
② 보고기간 말에 이미 자산손상이 발생되었음을 나타내는 정보를 보고기간 후에 입수하는 경우나 이미 손상차손을 인식한 자산에 대하여 손상차손금액의 수정이 필요한 정보를 보고기간 후에 입수하는 경우
③ 보고기간 말 이전 사건의 결과로서 보고기간 말에 종업원에게 지급하여야 할 법적 의무나 의제의무가 있는 이익분배나 상여금지급 금액을 보고기간 후에 확정하는 경우
④ 보고기간 말과 재무제표 발행승인일 사이에 투자자산의 공정가치 하락이 중요하여 정보이용자의 의사결정에 영향을 줄 수 있는 경우
⑤ 보고기간 말 이전에 구입한 자산의 취득원가나 매각한 자산의 대가를 보고기간 후에 결정하는 경우

12 충당부채와 우발부채에 관한 설명으로 옳지 않은 것은? [2023 세무사 1차]

① 현재의무를 이행하기 위하여 필요한 지출 금액에 영향을 미치는 미래 사건이 일어날 것이라는 충분하고 객관적인 증거가 있는 경우에는 그 미래 사건을 고려하여 충당부채 금액을 추정한다.

② 우발부채는 의무를 이행하기 위하여 경제적 효익이 있는 자원을 유출할 가능성이 희박하지 않다면 주석으로 공시한다.

③ 충당부채와 관련하여 포괄손익계산서에 인식한 비용은 제삼자의 변제와 관련하여 인식한 금액과 상계하여 표시할 수 있다.

④ 당초에 다른 목적으로 인식된 충당부채를 그 목적이 아닌 다른 지출에 사용할 수 있다.

⑤ 충당부채를 현재가치로 평가하여 표시하는 경우에는 장부금액을 기간 경과에 따라 증액하고 해당 증가 금액은 차입원가로 인식한다.

고급문제

01 다음 중 충당부채를 인식할 수 없는 상황은? (단, 금액은 모두 신뢰성 있게 측정할 수 있다)
[2022 세무사 1차]

① 법률에 따라 항공사의 항공기를 3년에 한 번씩 정밀하게 정비하도록 하고 있는 경우
② 법적규제가 아직 없는 상태에서 기업이 토지를 오염시켰지만 이에 대한 법률 제정이 거의 확실한 경우
③ 보고기간 말 전에 사업부를 폐쇄하기 위한 구체적인 계획에 대하여 이사회의 동의를 받았고, 고객들에게 다른 제품 공급처를 찾아야 한다고 알리는 서한을 보냈으며, 사업부의 종업원들에게는 감원을 통보한 경우
④ 기업이 토지를 오염시킨 후 법적의무가 없음에도 불구하고 오염된 토지를 정화한다는 방침을 공표하고 준수하는 경우
⑤ 관련 법규가 제정되어 매연여과장치를 설치하여야 하나, 당해 연도 말까지 매연여과장치를 설치하지 않아 법규위반으로 인한 벌과금이 부과될 가능성이 그렇지 않은 경우보다 높은 경우

※ 아래 주어진 자료를 이용하여 다음 **02 ~ 03**에 답하시오.

㈜한국은 거래처와 개당 ₩1,000으로 600개의 재고자산을 판매하기로 하는 확정계약을 체결한 상태이다. ㈜한국의 장부상 개당 원가는 ₩1,100이며, 개당 순실현가능가치는 ₩900이다. 확정판매로 계약된 재고자산과 동일한 재고자산 구매 시 개당 원가는 ₩1,200으로 예상된다. 확정판매계약 이행을 위한 판매비용은 발생하지 않는다.

02 20×1년 말 현재 기말재고 보유수량은 1,000개라고 가정할 때, 20×1년 ㈜한국의 당기순이익에 미치는 영향은 얼마인가?

① ₩60,000　② ₩80,000　③ ₩100,000
④ ₩120,000　⑤ ₩140,000

03 20×1년 말 현재 기말재고 보유수량은 400개라고 가정할 때, 20×1년 ㈜한국의 당기순이익에 미치는 영향은 얼마인가?

① ₩60,000　② ₩80,000　③ ₩100,000
④ ₩120,000　⑤ ₩140,000

04 12월 말 결산법인인 ㈜여수는 20×1년 초에 ㈜부실의 차입금 ₩3,000,000에 대해서 ㈜파주와 함께 연대보증(보증비율 50 : 50)을 제공하였다. 관련 자료는 다음과 같다.

> (1) ㈜부실은 20×1년 중에 재무상태가 악화되어 20×1년 9월 13일에 법원에 화의를 신청하였다.
> (2) ㈜여수는 연대보증을 하면서 채무불이행에 대한 위험에 대비하기 위하여 보증보험에 가입하였으며, 보증보험회사로부터 ₩500,000을 지급받을 수 있다. 또한 ㈜여수는 ㈜부실에 대한 미지급금 ₩100,000은 지급하지 않을 예정이다.
> (3) ㈜부실에 연대보증을 함께 제공한 ㈜파주도 재무상태가 악화되어 ㈜파주가 부담해야 하는 부분 중 ₩300,000에 대해서는 ㈜여수가 부담할 가능성이 높다.

㈜여수가 ㈜부실의 채무보증과 관련하여 20×1년 말 재무상태표에 충당부채로 공시할 금액은 얼마인가?

① ₩900,000　② ₩1,200,000　③ ₩1,500,000
④ ₩1,800,000　⑤ ₩3,000,000

05 충당부채, 우발부채, 우발자산과 관련된 다음의 회계처리 중 옳은 것은? 단, 각 설명에 제시된 금액은 최선의 추정치라고 가정한다. [2020 공인회계사 1차]

① 항공업을 영위하는 ㈜대한은 3년에 한 번씩 항공기에 대해 정기점검을 수행한다. 20×1년 말 현재 ㈜대한은 동 항공기를 1년 동안 사용하였으며, 20×1년 말 기준으로 측정한 2년 후 정기점검 비용 ₩10,000을 20×1년에 충당부채로 인식하였다.
② ㈜민국은 새로운 법률에 따라 20×1년 6월까지 매연 여과장치를 공장에 설치해야 하며 미설치 시 벌과금이 부과된다. ㈜민국은 20×1년 말까지 매연 여과장치를 설치하지 않아 법규 위반으로 인한 벌과금이 부과될 가능성이 그렇지 않을 가능성보다 높으며, 벌과금은 ₩20,000으로 예상된다. ㈜민국은 20×1년에 동 벌과금을 우발부채로 주석공시하였다.
③ ㈜민국이 판매한 제품의 폭발로 소비자가 크게 다치는 사고가 발생하였다. 해당 소비자는 ㈜민국에 손해배상청구소송을 제기하였으며, 20×1년 말까지 재판이 진행 중에 있다. ㈜민국의 담당 변호사는 20×1년 재무제표 발행승인일까지 기업에 책임이 있다고 밝혀질 가능성이 높으나, ㈜민국이 부담할 배상금액은 법적 다툼의 여지가 남아 있어 신뢰성 있게 추정하기가 어렵다고 조언하였다. ㈜민국은 동 소송사건을 20×1년에 우발부채로 주석공시하였다.
④ 제조업을 영위하는 ㈜대한은 20×1년 12월 고객에게 제품을 판매하면서 1년간 확신유형의 제품보증을 하였다. 제조상 결함이 명백할 경우 ㈜대한은 제품보증계약에 따라 수선이나 교체를 해준다. 과거 경험에 비추어 볼 때, 제품보증에 따라 일부가 청구될 가능성이 청구되지 않을 가능성보다 높을 것으로 예상된다. 20×1년 말 현재 ₩5,000의 보증비용이 발생할 것으로 추정되었으며, ㈜대한은 동 제품보증을 20×1년에 우발부채로 주석공시하였다.
⑤ ㈜대한은 20×1년 말 보유 중인 토지가 정부에 의해 강제 수용될 가능성이 높다고 판단하였다. 20×1년 말 현재 보유 중인 토지의 장부금액은 ₩10,000이며 수용금액은 ₩14,000일 것으로 예상된다. ㈜대한은 ₩4,000을 20×1년에 우발자산으로 인식하였다.

기본문제 정답 및 해설

01 재무제표는 미래 시점의 예상 재무상태가 아니라 보고기간 말 현재의 재무상태를 표시하는 것이므로 미래영업을 위하여 발생하게 될 비용 또는 손실에 대해서는 충당부채를 인식하지 아니한다. 즉, 재무상태표에 인식되는 부채는 보고기간 말 현재 도래하는 의무에 국한한다.

02 ① 고객충성제도의 경우 보상점수를 부여한 매출거래(최초거래)를 보상점수와 재화나 용역의 매출거래로 구분하여 회계처리하여야 한다.
③ 구조조정충당부채의 경우 구조조정계획의 이행시기를 확인할 수 있어야 충당부채로 인식할 수 있다.
④ 미래의 회계시스템의 개선을 위하여 지출될 비용은 과거사건의 결과로 인한 비용이 아니므로 충당부채로 인식하지 아니한다.
⑤ 폐수처리시설에 대한 지출은 공장운영시설을 바꾼다든지 또는 폐수가 발생하는 사업을 중단하는 등 기업의 의사결정에 따라 미래의 지출을 회피할 수 있기 때문에 충당부채로 처리하지 아니한다.

03 ② 충당부채에 대한 최선의 추정치를 구할 때에는 관련된 사건과 상황에 대한 불가피한 위험과 불확실성을 고려하여야 한다. 그러나 할인율에 반영되는 위험에는 미래현금흐름을 추정할 때 고려된 위험은 반영하지 아니한다.
③ 충당부채의 법인세효과 및 변동은 한국채택국제회계기준 '제1012호 법인세'에 따라 회계처리하므로 충당부채는 세전금액으로 측정한다.
④ 대부분의 경우 기업은 전체 의무에 대하여 책임이 있으므로 제3자 변제할 수 없게 될 경우 전체 금액을 이행해야 할 책임을 진다. 이 경우 전체 의무금액을 충당부채로 인식하고 기업이 의무를 이행한다면 변제를 받을 것이 거의 확실하게 되는 때에 한하여 예상변제금액을 별도의 자산으로 인식한다.
⑤ 충당부채는 최초 인식과 관련 있는 지출에만 사용하여야 한다. 따라서 당초 충당부채에 관련된 지출에 대해서만 그 충당부채를 사용하여야 하는 것이다. 보기의 경우 유전복구와 관련된 지출에 토지환경정화와 관련된 충당부채를 사용할 수 없다.

04 1. **사례 A**
어떤 사건은 발생 당시에는 현재의무를 생기게 하지 않지만 나중에 의무를 생기게 할 수 있다. 법률이 제정 · 개정되면서 의무가 생기거나 기업의 행위(예 충분할 정도로 구체적인 공표)에 따라 나중에 의제의무가 생기는 경우가 있기 때문이다. 따라서 20×2년 말 현재 ㈜대한이 사업을 영위하는 국가에서 이미 오염된 토지를 정화하도록 요구하는 법안이 연말 후에 곧 제정될 것이 거의 확실하므로 20×2년 말에 충당부채를 인식한다.

2. **사례 B**
20×1년 초 새로운 법률에 따라 ㈜대한은 20×1년 말까지 매연 여과장치를 공장에 설치해야 하고, 해당 법률을 위반할 경우 벌과금이 부과될 가능성이 매우 높으므로 이는 법적의무이며 미래경제적효익의 유출가능성이 높으므로 20×1년 말에 충당부채를 인식한다. 20×2년 말에는 벌과금 납부서를 통지 받았으므로 충당부채를 확정부채(미지급금)로 대체하여야 한다. 따라서 20×2년 말에는 충당부채로 인식하지 아니한다. 회계처리는 다음과 같다.

구분	차변	금액	대변	금액
20×1년 말	(차) 벌과금	×××	(대) 충당부채	×××
20×2년 말	(차) 충당부채	×××	(대) 미지급금(확정부채)	×××

3. **사례 C**
구조조정에 대한 의제의무는 다음의 요건을 모두 충족하는 경우에만 발생한다.
(1) 기업이 구조조정에 대한 구체적인 공식 계획을 가지고 있다.
(2) 기업이 구조조정 계획의 실행에 착수하였거나 구조조정의 주요 내용을 공표함으로써 구조조정의 영향을 받을 당사자가 기업이 구조조정을 실행할 것이라는 정당한 기대를 갖게 한다.
∴ 20×2년 말이 되어서야 해당 사업부의 종업원들에게 감원을 통보하였으므로 20×2년 말에 충당부채를 인식한다.

05 ① 우발자산은 경제적 효익의 유입가능성이 높은 경우에 주석사항으로 공시한다.
② 손실부담계약을 체결하고 있는 경우에는 관련된 현재의무를 충당부채로 인식하고 측정한다.
③ 충당부채를 측정할 때 할인율은 부채의 특유한 위험과 화폐의 시간가치에 대한 현행 시장의 평가를 반영한 세전 이율이다.
⑤ 화폐의 시간가치 영향이 중요한 경우에 충당부채는 의무를 이행하기 위하여 예상되는 지출액의 현재가치로 평가한다.

06 의무는 상대방이 누구인지 반드시 알아야 하는 것은 아니며, 경우에 따라서는 일반 대중이 될 수도 있다.

정답 01 ⑤ 02 ② 03 ① 04 ③ 05 ④ 06 ①

07

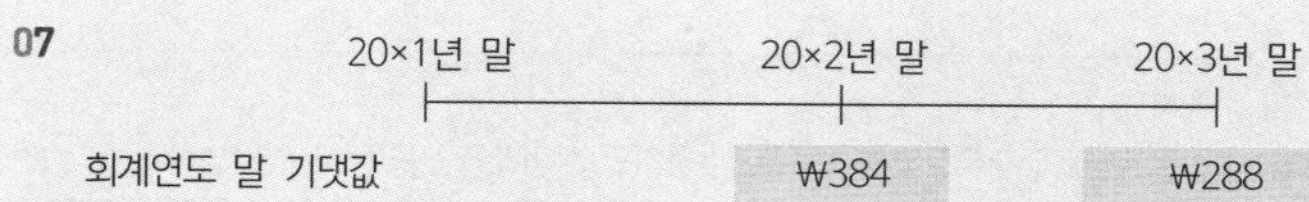

회계연도 말 기댓값		₩384	₩288

현재가치 ₩520 = ₩384 ÷ 1.2 + ₩288 ÷ 1.2^2

1. 20×2년 말 기댓값: ₩144 × 10% + ₩296 × 60% + ₩640 × 30% = ₩384

2. 20×3년 말 기댓값: ₩220 × 40% + ₩300 × 50% + ₩500 × 10% = ₩288

3. 20×1년 말 재무상태표에 보고될 제품보증충당부채: ₩384 ÷ 1.2 + ₩288 ÷ 1.2^2 = ₩520

해설

측정하고자 하는 충당부채가 다수의 항목과 관련되는 경우 당해 의무는 모든 가능한 결과와 그와 관련된 확률을 가중평균하여 추정하고, 화폐의 시간가치 효과가 중요한 경우에는 의무를 이행하기 위하여 예상되는 지출액의 현재가치로 평가한다. 따라서 주어진 충당부채는 20×2년 말과 20×3년 말 지출액을 산출한 후 이의 확률 가중평균값의 현재가치로 측정한다.

08 제3자와 연대하여 의무를 지는 경우에는 이행할 전체 의무 중 제3자가 이행할 것으로 예상되는 부분을 우발부채로 처리한다. 신뢰성 있게 추정할 수 없는 극히 드문 경우를 제외하고는 해당 의무 중에서 경제적 효익이 있는 자원의 유출 가능성이 높은 부분에 대하여 충당부채를 인식한다.

09 손실부담계약의 경우 계약상 의무에 따른 회피불가능한 원가는 계약을 해지하기 위한 최소순원가로서 계약을 이행하기 위하여 소요되는 원가와 계약을 이행하지 못하였을 때 지급하여야 할 보상금(또는 위약금) 중에서 작은 금액을 말한다.

10

가. 구조조정충당부채	₩0
나. 손해배상손실충당부채	₩0
다. 복구충당부채	₩140,000
라. 제품보증충당부채	₩200,000
계	₩340,000

해설

가. 구조조정충당부채를 인식하기 위해서는 기업이 구조조정계획의 이행에 착수하였거나 구조조정의 주요 내용을 공표함으로써 구조조정의 영향을 받을 당사자가 기업이 구조조정을 이행할 것이라는 정당한 기대를 가져야 한다.
나. 손해배상이 발생할 가능성이 높지 않은 경우(발생가능성이 50% 이하)에는 충당부채로 인식하지 않고 우발부채로 주석기재한다.
다. 복구충당부채의 경우 최선의 추정치를 측정할 때 현재가치로 인식한다.
라. 제품보증충당부채와 보험회사로부터 수령할 미수금은 상계하지 않는다.

11 1. **수정을 요하지 않는 보고기간후사건은 재무상태표일 현재 존재하지 않았으나 재무상태표일 후에 발생한 상황에 대한 증거를 제공하는 사건을 말한다. 따라서 수정을 요하지 않는 보고기간후사건을 반영하기 위하여 재무제표에 인식된 금액을 수정하지 아니한다.**

2. **수정을 요하지 않는 보고기간후사건의 예를 들면 다음과 같다.**
① 보고기간 말과 재무제표 발행승인일 사이에 투자자산의 공정가치 하락을 들 수 있다. 공정가치의 하락은 일반적으로 보고기간 말의 상황과 관련된 것이 아니라 보고기간 후에 발생한 상황이 반영된 것이다. 따라서 그 투자자산에 대해서 재무제표에 인식된 금액을 수정하지 아니한다.
② 보고기간 후에 지분상품 보유자에 대해 배당을 선언한 경우, 그 배당금을 보고기간 말의 부채로 인식하지 아니한다. 보고기간 후부터 재무제표 발행승인일 전 사이에 배당을 선언한 경우, 보고기간 말에 어떠한 의무도 존재하지 않으므로 보고기간 말에 부채로 인식하지 아니한다.

12 충당부채는 최초 인식과 관련 있는 지출에만 사용한다. 즉, 본래의 충당부채와 관련된 지출에만 그 충당부채를 사용한다. 왜냐하면 당초에 다른 목적으로 인식된 충당부채를 그 목적이 아닌 지출에 사용하면 서로 다른 두 사건의 영향이 적절하게 표시되지 않기 때문이다.

정답 07 ③ 08 ① 09 ⑤ 10 ② 11 ④ 12 ④

고급문제 정답 및 해설

01 항공기 정비원가를 충당부채로 인식하지 않는다. 정밀 정비를 하도록 한 법률 규정이 있더라도 정밀 정비원가가 부채를 생기게 하지 않는데, 이는 기업의 미래 행위와 상관없이 항공기의 정밀 정비의무가 있는 것은 아니기 때문이다. 예를 들면, 기업이 항공기를 팔아버리면 그러한 지출을 하지 않아도 될 것이다. 항공기의 미래 유지원가에 상당하는 금액은 충당부채로 인식하는 대신에 감가상각에 반영된다. 즉, 예상되는 유지원가와 동일한 금액을 3년에 걸쳐 감가상각한다.

02 1. 20×1년 ㈜한국의 당기순이익에 미치는 영향
(1) 재고자산평가손실(확정계약): 600개 × (₩1,100 - ₩1,000) = (-)₩60,000
(2) 재고자산평가손실(일반판매분): 400개 × (₩1,100 - ₩900) = (-)₩80,000
∴ 당기순이익에 미치는 영향: (-)₩60,000 + (-)₩80,000 = (-)₩140,000

2. 20×1년 말 ㈜한국이 해야 할 회계처리

20×1년 말	(차) 매출원가	140,000	(대) 재고자산평가충당금	140,000

03 1. 20×1년 ㈜한국의 당기순이익에 미치는 영향
(1) 재고자산평가손실(확정계약): 400개 × (₩1,100 - ₩1,000) = (-)₩40,000
(2) 손실부담계약손실: 200개 × (₩1,200 - ₩1,000) = (-)₩40,000
∴ 당기순이익에 미치는 영향: (-)₩40,000 + (-)₩40,000 = (-)₩80,000

2. 20×1년 말 ㈜한국이 해야 할 회계처리

20×1년 말	(차) 매출원가	40,000	(대) 재고자산평가충당금	40,000
	(차) 손실부담계약손실	40,000	(대) 손실부담계약충당부채	40,000

해설

1. 순실현가능가치를 추정할 때 재고자산의 보유 목적도 고려하여야 한다. 예를 들어 확정판매계약 또는 용역계약을 이행하기 위하여 보유하는 재고자산의 순실현가능가치는 계약가격에 기초한다.

2. 보유하고 있는 재고자산의 수량이 확정판매계약의 이행에 필요한 수량을 초과하는 경우에는 그 초과 수량의 순실현가능가치는 일반 판매가격에 기초한다.

3. 재고자산 보유 수량을 초과하는 확정판매계약에 따른 충당부채나 확정매입계약에 따른 충당부채는 K-IFRS 제1037호 '충당부채, 우발부채, 우발자산'의 손실부담계약에 따라 회계처리한다.

04

20×1년 말	(차) 채무보증손실	1,500,000	(대) 채무보증충당부채	1,500,000
	미수금	500,000	채무보증손실	500,000
	미지급금	100,000	채무보증손실	100,000
	(차) 채무보증손실	300,000	(대) 채무보증충당부채	300,000

∴ 20×1년 말 채무보증충당부채: ₩1,800,000

05 ① 항공기 정기점검원가를 충당부채로 인식하지 않는다. 기업의 미래 행위와 상관없이 항공기 정기점검의무가 있는 것이 아니기 때문이다. 예를 들면 ㈜대한이 항공기를 팔아버리면 그러한 지출을 하지 않아도 될 것이다.
② ㈜민국의 벌과금은 법적의무에 해당하므로 20×1년에 동 벌과금을 충당부채로 인식하여야 한다.
④ 확신유형의 제품보증이 미래경제적자원의 유출가능성이 높으며 금액을 신뢰성 있게 측정할 수 있으므로 20×1년 말 현재 ₩5,000의 보증비용을 제품보증충당부채로 인식하여야 한다.
⑤ 우발자산은 자산으로 인식하지 아니한다. 단, 우발자산은 경제적 효익의 유입가능성이 높은 경우에 주석사항으로 공시한다.

정답 01 ① 02 ⑤ 03 ② 04 ④ 05 ③

※ 객관식 문제풀이에 앞서 각 장의 주요 주제별 중요도를 파악해볼 수 있습니다.
※ 시험 대비를 위해 꼭 풀어보아야 하는 필수문제를 정리하여 효율적으로 학습할 수 있습니다.

1. 출제경향

주요 주제	중요도
1. 자본에 미치는 영향(모든 회계처리)	★★★★★
2. 자기주식	★★★★★
3. 이익배당우선주	★★
4. 자본변동표	★★
5. 이익잉여금처분계산서	★★★
6. 금융부채와 지분상품의 구분	★★★★★
7. 상환우선주	★★★★★

2. 필수문제 리스트

구분		필수문제 번호
회계사	기본문제	1, 2, 4, 5, 7, 8, 12, 13, 14, 16, 17, 18, 19, 20
	고급문제	1
세무사	기본문제	1, 2, 4, 5, 7, 8, 12, 14, 16, 17, 18, 19, 20
	고급문제	1

Chapter 13

자본

기본문제

01 20×1년 1월 1일에 주식을 발행하고 영업을 개시한 ㈜국세의 20×3년 12월 31일 현재 재무상태표상 보통주자본금과 우선주자본금은 각각 ₩5,000,000과 ₩3,000,000이고, 그동안 자본금의 변동은 없었다. 보통주 및 우선주의 주당 액면금액은 ₩5,000으로 동일하며, 우선주는 배당률 3%의 누적적 · 부분참가적(6%까지) 주식이다. 영업을 개시한 이래 한 번도 배당을 실시하지 않은 ㈜국세가 20×4년 1월에 총 ₩600,000의 현금배당을 선언하였다. 보통주와 우선주에 배분될 배당금은 각각 얼마인가? 단, 현금배당액에 대한 법정적립금은 적립하지 않는 것으로 가정한다. [2011 세무사 1차]

	보통주	우선주
①	₩240,000	₩360,000
②	₩262,500	₩337,500
③	₩284,300	₩315,700
④	₩306,400	₩293,600
⑤	₩420,000	₩180,000

02 20×1년 1월 1일에 ㈜대한은 보통주와 우선주(배당률 2%)를 발행하여 영업을 개시하였다. 설립 이후 자본금의 변동은 없으며, 배당결의와 지급은 없었다. 20×3년 12월 31일 현재 ㈜대한의 보통주자본금과 우선주자본금의 내역은 다음과 같다.

구분	1주당 액면금액	자본금
보통주	₩1,000	₩10,000,000
우선주	₩1,000	₩6,000,000

20×4년 2월, 주주총회에서 총 ₩1,080,000의 현금배당이 결의되었다. ㈜대한의 우선주가 (1) 누적적, 5% 부분참가적인 경우와 (2) 비누적적, 완전참가적인 경우, 보통주에 배분될 배당금은 각각 얼마인가? 단, ㈜대한의 배당가능이익은 충분하며 자기주식은 취득하지 않았다고 가정한다. [2023 공인회계사 2차]

	(1)	(2)
①	₩525,000	₩475,000
②	₩525,000	₩675,000
③	₩540,000	₩405,000
④	₩540,000	₩675,000
⑤	₩555,000	₩405,000

03 20×1년 말 ㈜세무의 자산총액은 기초 대비 ₩4,000,000 증가하였고, 부채총액은 기초 대비 ₩2,000,000 감소하였다. 20×1년 중에 유상증자를 하고 그 대가 전액 ₩500,000을 토지 취득에 사용하였으며, 이후 무상증자 ₩1,000,000을 실시하였다. 또한 현금배당 ₩800,000과 주식배당 ₩500,000을 결의 · 지급하였고, 자기주식을 ₩600,000에 취득하였다. 기타포괄손익-공정가치측정금융자산 기말 공정가치가 기초 대비 ₩400,000 증가하였다면, 20×1년도 당기순이익은? [2017 세무사 1차 수정]

① ₩5,000,000 ② ₩5,500,000 ③ ₩6,000,000
④ ₩6,500,000 ⑤ ₩7,000,000

04 ㈜세무의 20×1년 초 자본총계는 ₩3,000,000이었다. 20×1년 중 자본과 관련된 자료가 다음과 같을 때 20×1년 말 자본총계는? [2022 세무사 1차]

(1) 4월 1일: 1주당 액면금액 ₩5,000인 보통주 100주를 1주당 ₩12,000에 발행하였다.
(2) 7월 30일: 이사회에서 총 ₩200,000의 중간배당을 결의하고 즉시 현금으로 지급하였다.
(3) 10월 1일: 20주의 보통주(자기주식)를 1주당 ₩11,000에 취득하였다.
(4) 11월 30일: 10월 1일에 취득하였던 보통주(자기주식) 중에서 10주는 1주당 13,000에 재발행하였고, 나머지 10주는 소각하였다.
(5) 12월 31일: 20×1년도의 당기순이익과 기타포괄이익으로 각각 ₩850,000과 ₩130,000을 보고하였다.

① ₩4,040,000 ② ₩4,470,000 ③ ₩4,690,000
④ ₩4,760,000 ⑤ ₩4,890,000

05 ㈜백두의 20×1년 1월 1일의 자산과 부채의 총계는 각각 ₩3,500,000과 ₩1,300,000이었으며, ㈜백두의 20×1년 중 발생한 모든 자본거래는 다음과 같다.

- 3월 8일: 20×0년도 정기주주총회(2월 28일 개최)에서 결의한 배당을 지급하였다. 구체적으로 현금배당으로 ₩130,000을 지급하였으며, 주식배당으로 보통주 100주(주당 액면금액 ₩500, 주당 공정가치 ₩550)를 발행하였다. ㈜백두는 현금배당액의 10%를 상법상의 이익준비금으로 적립하였다.
- 5월 8일: 보통주 200주(주당 액면금액 ₩500)를 주당 ₩600에 발행하였으며, 이와 관련하여 직접적인 주식발행비용 ₩30,000이 발생하였다.
- 10월 9일: 20×0년에 취득한 자기주식(취득원가 ₩70,000)을 ₩80,000에 재발행하였다.

㈜백두가 20×1년도 포괄손익계산서상 당기순이익과 총포괄이익으로 ₩130,000과 ₩40,000을 보고하였다면, ㈜백두가 20×1년 말 현재 재무상태표상 자본의 총계로 보고할 금액은 얼마인가? (단, 법인세효과는 고려하지 않는다) [2011 공인회계사 1차]

① ₩2,280,000 ② ₩2,283,000 ③ ₩2,293,000
④ ₩2,390,000 ⑤ ₩2,410,000

06 ㈜세무의 20×1년 중 자본 관련 자료가 다음과 같을 때, 20×1년도 자본 증가액은? (단, ㈜세무는 주당 액면금액이 ₩1,000인 보통주만을 발행하고 있다) [2017 세무사 1차]

> (1) 2월 1일: 보통주 200주를 주당 ₩1,500에 유상증자
> (2) 3월 31일: 자기주식 50주를 주당 ₩1,000에 취득
> (3) 5월 10일: 3월 31일에 취득한 자기주식 중 20주를 소각
> (4) 7월 1일: 상장기업 A사 주식 150주를 주당 ₩1,500에 취득하여 기타포괄손익-공정가치측정금융자산으로 분류
> (5) 8월 25일: 보통주 50주를 무상감자
> (6) 9월 1일: 보통주 100주를 주당 ₩800에 유상감자
> (7) 12월 31일: 상장기업 A사 주식 공정가치 주당 ₩1,200

① ₩55,000 ② ₩105,000 ③ ₩115,000
④ ₩125,000 ⑤ ₩235,000

07 다음은 20×1년 중에 발생한 ㈜여수의 자본거래 내역이다.

> (1) 2월 28일: 주총에서 현금배당 ₩100,000, 주식배당 ₩100,000, 이익준비금 ₩10,000 적립, 감자차손 ₩20,000을 처분하기로 결의하였다.
> (2) 3월 3일: 주총에서 결의된 배당금을 지급하고 주식(주식배당)을 교부하였다.
> (3) 6월 11일: 회사가 발행한 보통주식(주당 액면금액 ₩5,000, 주당 발행가액 ₩5,000) 중 100주를 주당 ₩10,000에 취득하였다.
> (4) 7월 11일: 위 주식 중 50주를 주당 ₩12,000에 매각하였다.
> (5) 9월 5일: 위 주식 중 20주를 주당 ₩9,000에 매각하였다.
> (6) 12월 12일: 위 주식 중 나머지 30주를 모두 소각하였다.

상기 거래가 ㈜여수의 자본에 미치는 영향은 얼마인가?

① ₩680,000 ② ₩(500,000) ③ ₩(320,000)
④ ₩(220,000) ⑤ ₩(1,100,000)

08 ㈜대한은 20×1년 1월 1일에 주당 액면금액 ₩5,000인 보통주 1,000주를 주당 ₩15,000에 발행하여 설립되었다. 20×2년 중 다음과 같은 자기주식 거래가 발생하였다.

3월 1일	100주의 보통주를 주당 ₩14,000에 재취득
6월 1일	60주의 자기주식을 주당 ₩18,000에 재발행
9월 1일	40주의 보통주를 주당 ₩16,000에 재취득
12월 1일	60주의 자기주식을 주당 ₩10,000에 재발행
12월 31일	20주의 자기주식을 소각

20×1년 중 자기주식 거래는 없었으며, ㈜대한은 자기주식의 회계처리에 선입선출법에 따른 원가법을 적용하고 있다. 20×2년도 위 거래의 회계처리 결과로 옳은 설명은?

[2017 공인회계사 1차]

① 자본총계 ₩360,000이 감소한다.
② 포괄손익계산서에 자기주식처분손실 ₩40,000을 보고한다.
③ 포괄손익계산서에 자기주식처분이익 ₩240,000과 자기주식처분손실 ₩280,000을 각각 보고한다.
④ 20×2년 말 자본금 ₩5,000,000을 보고한다.
⑤ 감자차손 ₩320,000을 보고한다.

09 ㈜승리의 20×1년 기초자본과 기말자본 그리고 20×1년에 발생한 자본거래가 다음과 같을 때, 포괄손익계산서에 인식할 총포괄이익과 당기순이익은 각각 얼마인가?

(1) 재무상태표

구분	20×1년 초	20×1년 말
자산	₩200,000,000	₩300,000,000
부채	₩140,000,000	₩160,000,000

(2) 기중 자본거래
- 20×1년 2월: 현금배당 ₩2,000,000을 주주에게 지급하였다.
- 20×1년 4월: 보통주 1,000주를 ₩10,000,000에 현금 발행하였다.
- 20×1년 7월: 주가안정을 위해 자기주식을 ₩7,000,000에 취득하였다.
- 20×1년 10월: 취득한 자기주식 전부를 ₩8,000,000에 처분하였다.

(3) 회사는 다음과 같은 회계처리를 20×1년 12월 31일에 수행하였다.

(차) 토지(유형자산)	4,000,000	(대) 재평가잉여금	4,000,000
(차) 기타포괄손익-공정가치측정금융자산평가손실	900,000	(대) 기타포괄손익-공정가치측정금융자산	900,000

	총포괄이익	당기순이익
①	₩71,000,000	₩67,900,000
②	₩72,000,000	₩67,400,000
③	₩72,500,000	₩70,000,000
④	₩74,000,000	₩72,400,000
⑤	₩75,500,000	₩74,000,000

10 다음 중 자본항목에 대한 설명으로 옳지 않은 것은?

① 금융상품 발행자는 거래상대방에게 현금 등의 금융자산을 이전할 계약상의 의무의 존재 유무에 따라 금융부채 또는 지분상품으로 분류해야 한다.
② 상환우선주를 발행한 경우 자본이 아닌 부채로 분류될 수 있다.
③ 주식배당과 무상증자는 기존주주에게 회사의 신주가 무상으로 교부된다는 것이 공통점이지만, 주식배당의 경우 이익의 처분에 해당하므로 회사의 순자산이 감소하고 무상증자의 경우 회사의 순자산이 불변이라는 점에서 차이가 있다.
④ 감자는 사업규모를 줄이거나 결손을 보전하기 위하여 자본금을 감소시키는 것으로 실질적 감자에서는 감자차손익이, 형식적 감자에서는 감자차익만이 발생한다.
⑤ 회사가 주식분할을 실시한 경우 주식 수는 증가하지만 주당 액면금액이 감소하므로 어떠한 자본구성요소에도 변화를 초래하지 않는다.

11 ㈜세무의 20×1년 초 자본잉여금은 ₩100,000이고 20×1년 기중 거래내역이 다음과 같을 때, 20×1년 12월 31일 자본잉여금은? [2020 세무사 1차]

일자	거래내역
2월 1일	보통주 600주(주당액면 ₩500)를 주당 ₩700에 발행하고, 주식발행비용 ₩30,000이 발생하였다.
3월 10일	이월결손금 ₩250,000을 보전하기 위하여 기발행주식 수 3,000주(주당 액면금액 ₩500)를 1주당 0.8주로 교부하는 주식병합을 실시하였다(20×1년 초 감자차손 없음).
5월 2일	화재발생으로 유형자산(장부금액 ₩400,000)이 전소되고, 보험회사로부터 ₩40,000의 화재보험금을 수령하였다.
8월 23일	이익준비금 ₩200,000을 재원으로 하여 보통주 400주(주당액면 ₩500)를 무상증자하였다.
9월 30일	신제품 생산용 기계장치 구입을 위해 정부보조금 ₩80,000을 수령하였다.
11월 17일	보유 중인 자기주식 500주(재취득가 주당 ₩650)를 주당 ₩700에 재발행하였다(20×1년 초 자기주식처분손실은 없으며, 자기주식은 원가법으로 회계처리함).

① ₩215,000 ② ₩235,000 ③ ₩240,000
④ ₩245,000 ⑤ ₩265,000

12 다음은 ㈜대한의 자본과 관련된 자료이다.

(1) 20×1년 초 현재 보통주 발행주식 수는 1,000주이고 주당 액면금액은 ₩500이다. 다음은 ㈜대한의 20×1년 초 현재의 자본 내역이다.

• 보통주 자본금	₩500,000	• 감자차익	₩1,000
• 주식발행초과금	₩40,000	• 재평가잉여금	₩30,000
• 자기주식	₩35,000	• 미처분이익잉여금	₩10,000

(2) 20×1년 중 다음의 거래가 발생하였다.

A	20×1년 초 현재 보유하고 있는 자기주식 수량은 50주이다. 자기주식은 원가법으로 회계처리하며 자기주식 취득원가는 주당 ₩700이다. 20×1년 3월 초 자기주식 10주를 소각하였다.
B	20×1년 초 현재 보유하고 있는 토지는 ₩70,000에 취득하였는데 재평가잉여금은 토지의 재평가로 발생한 것이다. 20×1년 말 토지는 ₩80,000으로 재평가되었다.
C	20×1년 3월 말 자기주식 20주를 주당 ₩800에 재발행하였다.
D	20×1년 5월 초 현물출자방식으로 보통주 300주를 발행하여 건물을 취득하였다. 현물출자시점에 건물의 공정가치는 ₩200,000이고, 원가모형을 적용한다.
E	20×1년 7월 초 이사회에서 중간배당으로 총 ₩1,500을 지급하기로 결의하고 7월 말에 지급하였다. 20×1년 당기순이익으로 ₩10,000을 보고하였다.

상기 A부터 E까지의 거래가 반영된 20×1년 말 자본총계를 구하면? [2018 공인회계사 1차]

① ₩740,500 ② ₩742,500 ③ ₩747,500
④ ₩750,500 ⑤ ₩757,500

13 20×1년 2월 개최된 주주총회 결의일 직후 작성된 ㈜대경의 20×0년 말 재무상태표상 자본은 다음과 같다.

• 보통주 자본금	₩30,000,000
• 이익준비금	₩1,000,000
• 사업확장적립금	₩500,000
• 감채기금적립금	₩600,000
• 미처분이익잉여금	₩800,000

㈜대경의 20×1년도 당기순이익은 ₩1,200,000이고, 당기 이익잉여금 처분 예정은 다음과 같다.

• 감채기금적립금 이입	₩300,000
• 현금배당	₩400,000
• 주식배당	₩100,000
• 사업확장적립금 적립	₩250,000
• 이익준비금 적립	법정최소금액 적립

위 사항들이 20×2년 2월 15일 개최된 주주총회에서 원안대로 승인되었다. 한국채택국제회계기준에 따라 20×1년도 이익잉여금처분계산서를 작성할 때 차기이월미처분이익잉여금은 얼마인가?

[2014 공인회계사 1차]

① ₩1,510,000 ② ₩1,550,000 ③ ₩1,610,000
④ ₩1,650,000 ⑤ ₩1,800,000

14 다음의 [사례 A] ~ [사례 E] 내용을 20×1년 ㈜한국의 자본변동표에 표시하는 방법으로 옳지 않은 것은? 단, ㈜한국이 발행한 주식의 단위당 액면금액은 ₩500으로 일정하다.

[2015 공인회계사 1차 수정]

- 사례 A: 20×1년 2월 초에 자기주식 10주를 주당 ₩800에 취득하였다.
- 사례 B: 20×1년 3월 말에 토지를 취득하고 이에 대한 대가로 주식 100주를 발행, 교부하였다. 토지의 공정가치는 알 수 없으나, 주식 교부일 현재 주식의 단위당 공정가치는 ₩700이다. 신주발행비용 ₩1,000은 현금으로 지급하였다.
- 사례 C: 20×1년 7월 초에 ₩100,000에 취득한 상품의 20×1년 말 순실현가능가치는 ₩120,000이다. 단, 동 상품은 기말 현재 보유하고 있다.
- 사례 D: 20×1년 8월 초에 중간배당으로 ₩50,000을 지급하였으며, 20×1년도 결산배당으로 ₩200,000(현금배당 ₩100,000, 주식배당 ₩100,000)을 20×2년 3월 3일 주주총회에서 의결하였다.
- 사례 E: 20×1년 말에 기타포괄손익-공정가치측정금융자산으로 회계처리하고 있는 투자주식에 대하여 기타포괄손익-공정가치측정금융자산평가이익 ₩20,000을 인식하였다.

자본변동표(관련 내역만 표시됨)

㈜한국 20×1. 1. 1. ~ 20×1. 12. 31. (단위: ₩)

	사례	납입자본	이익잉여금	기타자본요소	총계
①	A	-	-	(8,000)	(8,000)
②	B	69,000	-	-	69,000
③	C	-	-	-	-
④	D	-	(250,000)	100,000	(150,000)
⑤	E	-	-	20,000	20,000

15 다음 중 각 거래결과로 인한 자본변동의 방향이 다른 하나는 어느 것인가? 단, 각 사건들은 서로 독립적이라고 가정한다. [2003 공인회계사 1차]

① 보유하고 있던 자기주식(취득원가 ₩450) 15주를 ₩500에 처분하였다.
② 지분율 25%인 피투자회사로부터 당기순이익 ₩220,000이 발생했음을 보고 받았고, 동시에 현금배당액 ₩55,000을 받았다.
③ 주주총회 결과, 기존 주주들에게 12%의 주식배당을 실시하기로 하고 즉시 신주를 발행하여 교부하였다. 주식배당 직전시점의 자본금은 ₩10,000,000이며, 이익잉여금도 충분하다.
④ 수정전시산표상 ₩21,000으로 기록되어 있는 기타포괄손익-공정가치측정금융자산의 기말 현재 공정가치는 ₩21,500이다.
⑤ 액면금액이 주당 ₩10,000인 주식 300주를 주당 ₩8,000에 할인발행하였다.

16 다음은 금융상품의 발행자 입장에서 자본과 금융부채의 구분에 대한 설명이다. 틀린 것은?

① 액면금액에 대하여 매년 확정이자를 영구적으로 지급하는 금융상품의 발행자는 이를 지분상품으로 분류한다.

② 금융상품의 보유자가 발행자에게 당해 금융상품의 환매를 요구하여 현금 등 금융자산을 수취할 권리가 부여된 금융상품('풋가능 금융상품')은 금융부채이다.

③ 기업이 확정 금액의 현금 등 금융자산을 대가로 확정 수량의 자기지분상품을 수취하거나 인도하여 결제되는 계약은 지분상품으로 분류한다.

④ 기업이 현금 등 금융자산으로 자기지분상품을 매입할 의무가 포함된 계약의 경우 상환금액의 현재가치를 금융부채로 인식해야 한다.

⑤ 현금 등 금융자산의 인도를 회피할 수 있는 무조건적인 권리를 기업이 가지고 있지 않은 경우, 이러한 의무는 금융부채이다.

17 금융상품의 발행자가 금융상품을 금융부채(Financial Liability)와 지분상품(Equity Instrument)으로 분류할 때, 다음의 설명 중 타당하지 않은 것은? [2010 공인회계사 1차]

① 잠재적으로 불리한 조건으로 거래상대방과 금융자산이나 금융부채를 교환하기로 한 계약상 의무는 금융부채로 분류한다.

② 향후 금 100온스의 가치에 해당하는 확정되지 않은 금액의 현금을 대가로 자기지분상품 100주를 인도하는 계약은 지분상품으로 분류하지 않는다.

③ 발행자가 보유자에게 미래의 시점에 확정된 금액을 의무적으로 상환해야 하는 의무가 있는 우선주는 금융부채로 분류한다.

④ 100원과 동일한 공정가치에 해당하는 자기지분상품을 인도할 계약은 인도할 자기지분상품의 수량이 확정되지 않았으므로 금융부채로 분류한다.

⑤ 자기지분상품을 현금 등 금융자산으로 매입할 의무가 포함된 계약의 경우 그 의무가 상대방의 권리행사 여부에 따라 결정되는 경우에는 지분상품으로 분류한다.

18 ㈜한국은 20×1년 초 주당 액면금액이 ₩500인 우선주 1,000주를 발행하였고, 20×2년 말 주당 ₩700에 상환하여야 한다. 동 우선주는 약정배당률이 액면금액의 5%인 비누적적 우선주이다. 우선주 발행 시 유효이자율이 연 8%일 때, 동 우선주와 관련된 20×1년 당기비용은? (단, ㈜한국은 20×1년 말에 배당금을 지급하였으며, 연 8%, 2년 단일금액 ₩1의 현재가치는 0.8573이고, 2년 정상연금의 ₩1의 현재가치는 1.7833이다) [2015 세무사 1차]

① ₩25,000 ② ₩41,575 ③ ₩48,009
④ ₩51,575 ⑤ ₩73,009

19 ㈜리비는 20×1년 1월 1일 다음과 같이 두 종류의 비참가적 우선주를 발행하였으며, 이 시점의 적절한 할인율은 연 5%이다.

- A우선주: 주당 액면금액은 ₩5,000이고 연 배당률이 3%인 누적적 우선주 100주 발행. ㈜리비는 동 우선주를 상환할 수 있는 권리를 가짐
- B우선주: 주당 액면금액은 ₩5,000이고 연 배당률이 4%인 비누적적 우선주 100주 발행. ㈜리비는 20×5년 1월 1일 주당 ₩5,000에 동 우선주를 의무적으로 상환해야 함

기간	5% 기간 말 단일금액 ₩1의 현재가치	5% 정상연금 ₩1의 현재가치
4	0.8227	3.5460

20×1년도에는 배당가능이익이 부족하여 우선주에 대해 배당을 하지 못했으나, 20×2년도에는 배당을 현금으로 전액 지급하였다. 단, 해당 연도 배당금은 매 연도 말에 지급된다고 가정한다. 위의 두 종류 우선주와 관련하여 20×1년도와 20×2년도의 당기순이익에 미치는 영향의 합계액은 얼마인가? 단, 차입원가는 모두 당기비용으로 인식하며, 법인세효과는 고려하지 않는다. 또한 계산결과 단수차이로 인해 답안과 오차가 있는 경우 근사치를 선택한다. [2013 공인회계사 1차]

① ₩72,164 감소 ② ₩62,164 감소 ③ ₩57,164 감소
④ ₩42,164 감소 ⑤ 영향 없음

20 ㈜대한은 20×1년 1월 1일에 상환우선주 200주(1주당 액면금액 ₩500)를 공정가치로 발행하였다. 동 상환우선주와 관련된 자료는 다음과 같다.

- ㈜대한은 상환우선주를 20×2년 12월 31일에 1주당 ₩600에 의무적으로 상환해야 한다.
- 상환우선주의 배당률은 액면금액기준 연 3%이며, 배당은 매년 말에 지급한다. 배당이 지급되지 않는 경우에는 상환금액에 가산하여 지급한다.
- 20×1년 1월 1일 현재 상환우선주에 적용되는 유효이자율은 연 6%이며, 그 현가계수는 아래 표와 같다.

할인율 / 기간	6%	
	단일금액 ₩1의 현재가치	정상연금 ₩1의 현재가치
2년	0.8900	1.8334

- 20×1년 말에 ㈜대한은 동 상환우선주의 보유자에게 배당을 결의하고 지급하였다.

㈜대한이 동 상환우선주와 관련하여 20×1년 포괄손익계산서상 이자비용으로 인식해야 할 금액은 얼마인가? 단, 단수차이로 인해 오차가 있다면 가장 근사치를 선택한다.

[2021 공인회계사 1차]

① ₩0　② ₩3,000　③ ₩3,600
④ ₩6,408　⑤ ₩6,738

고급문제

01 다음은 ㈜민국의 20×1년 12월 31일 현재 재무상태표의 자본내역과 이와 관련된 추가정보이다. 20×2년도 자본변동표상에 나타날 20×2년 12월 31일 현재의 이익잉여금, 자본총계, 그리고 20×2년도 포괄손익계산서상의 총포괄이익은 각각 얼마인가? (단, 법인세효과는 고려하지 않는다)

[2010 공인회계사 1차 수정]

<20×1년 말 자본내역>

자본금	₩2,000,000
기타포괄손익-공정가치측정금융자산평가이익	₩30,000
해외사업장외화환산이익	₩50,000
이익잉여금	₩500,000
자본총계	₩2,580,000

<추가정보>

(가) 20×2년 중 주당 액면금액 ₩500의 주식 1,000주를 주당 ₩800에 발행하였다.

(나) 20×2년 중 자기주식 50주를 주당 ₩900에 취득하였다.

(다) 기타포괄손익-공정가치측정금융자산평가이익과 해외사업장외화환산이익은 각각 자산의 공정가치 및 환율의 변동에 기인한 것이다. 20×2년 12월 31일 현재 재무상태표상 잔액은 각각 ₩40,000과 ₩10,000이다.

(라) 20×1년에 비용화해야 할 지출을 자산으로 회계처리한 중요한 오류를 20×2년도 장부를 마감한 후 재무제표 발행승인일 전에 발견하였다. 이 오류로 인하여 20×1년의 비용이 ₩400,000 과소계상되었고, 20×2년의 비용은 ₩100,000 과대계상되었다. 이 오류가 반영되기 전 20×2년도 당기순이익은 ₩400,000이다.

(마) 20×1년에 취득하여 사용해 오던 기계장치의 감가상각방법을 20×2년 중에 변경하였다. 이 회계변경의 20×2년도에 대한 효과는 재무제표에 이미 반영되었다. 그러나 이 회계변경을 소급적용하면 20×1년도의 비용은 ₩40,000 감소한다.

	이익잉여금	자본총계	총포괄이익
①	₩600,000	₩2,580,000	₩400,000
②	₩600,000	₩3,405,000	₩470,000
③	₩640,000	₩3,405,000	₩470,000
④	₩640,000	₩3,445,000	₩400,000
⑤	₩700,000	₩3,965,000	₩370,000

02 20×1년 1월 1일의 ㈜양화의 재무상태표 및 추가자료는 다음과 같다.

재무상태표

유동자산	30,000,000	부채	20,000,000
유형자산	30,000,000	자본금	10,000,000
		자본잉여금	20,000,000
		이익잉여금	10,000,000
	60,000,000		60,000,000

<추가자료>

(1) ㈜양화는 20×0년 1월 1일에 액면가 ₩5,000인 보통주 2,000주를 주당 ₩15,000에 발행하여 설립됨

(2) 20×1년 4월 1일에 ㈜양화의 경영진은 급격하게 주가가 하락하자 주가를 안정시키기 위해 총발행주식의 50%에 달하는 보통주 1,000주를 주당 ₩10,000에 취득. 이에 따라 부채비율은 50%에서 67%로 증가함

(3) 20×1년 12월 1일에 주가가 다시 ₩15,000으로 회복되었으므로 경영진은 취득한 자기주식을 매각 또는 소각할 것인가를 신중히 검토하고 있음

매각과 소각의 경우 20×1년 12월 1일 ㈜양화의 부채비율은 각각 얼마인가? (단, 상기 거래 이외에는 추가적인 거래가 없으며, 부채비율은 부채를 주주지분으로 나눈 값으로 정의한다)

[2001 공인회계사 1차]

	매각의 경우	소각의 경우
①	44%	44%
②	44%	50%
③	44%	67%
④	50%	67%
⑤	67%	67%

03 ㈜대한의 20×1년 1월 1일 현재 자본 관련 자료는 다음과 같다.

보통주-자본금	₩5,000,000
(주당 액면금액 ₩5,000, 발행주식 수 1,000주)	
보통주-주식발행초과금	₩3,000,000
이익잉여금	₩1,500,000
자본총계	₩9,500,000

20×1년에 발생한 ㈜대한의 자기주식거래는 다음과 같다.

(1) 20×1년 3월 1일: 자기주식 60주를 주당 ₩6,000에 취득하였다.
(2) 20×1년 5월 10일: 자기주식 20주를 주당 ₩7,500에 처분하였다.
(3) 20×1년 7월 25일: 자기주식 10주를 주당 ₩5,000에 처분하였다.
(4) 20×1년 9월 15일: 자기주식 20주를 주당 ₩4,500에 처분하였다.
(5) 20×1년 10월 30일: 자기주식 10주를 소각하였다.
(6) 20×1년 11월 20일: 대주주로부터 보통주 20주를 무상으로 증여받았으며, 수증 시 시가는 주당 ₩8,000이었다.

㈜대한의 20×1년도 당기순이익은 ₩300,000이다. ㈜대한은 선입선출법에 따른 원가법을 적용하여 자기주식거래를 회계처리한다. ㈜대한의 20×1년 12월 31일 재무상태표에 표시되는 자본총계는 얼마인가? [2019 공인회계사 1차]

① ₩9,710,000 ② ₩9,730,000 ③ ₩9,740,000
④ ₩9,820,000 ⑤ ₩9,850,000

04 다음은 부채와 자본에 대한 설명이다. 다음의 설명 중 옳지 않은 것은?

① 우선주의 발행자가 보유자에게 확정되었거나 결정가능한 미래의 시점에 확정되었거나 결정가능한 금액을 의무적으로 상환해야 하는 우선주는 금융부채이다.
② 상환우선주라 하더라도 현금으로 상환할 수 있는 권리가 발행자에게 있는 경우 발행자가 주식의 보유자에게 금융자산을 이전해야 할 현재의무가 없으므로 자본으로 분류한다.
③ 금융상품의 보유자가 발행자에게 당해 금융상품의 환매를 요구하여 현금 등 금융자산을 수취할 권리가 부여된 풋가능 금융상품은 금융부채이다.
④ 기업이 변동가능한 수량의 자기지분상품을 인도하여 결제하기로 한 계약은 지분상품 즉, 자본이다.
⑤ 기업이 확정 금액의 현금 등 금융자산을 대가로 확정 수량의 자기지분상품을 수취하거나 인도하여 결제되는 계약은 지분상품(자본)으로 분류한다.

05 다음은 유통업을 영위하는 ㈜대한의 자본과 관련된 자료이다. 20×2년도 포괄손익계산서의 당기순이익은 얼마인가?

[부분재무상태표(20×1년 12월 31일)]

(단위: ₩)

Ⅰ. 자본금	2,000,000
Ⅱ. 주식발행초과금	200,000
Ⅲ. 이익잉여금	355,000
이익준비금	45,000
사업확장적립금	60,000
미처분이익잉여금	250,000
자본총계	2,555,000

(1) ㈜대한은 재무상태표의 이익잉여금에 대한 보충정보로서 이익잉여금처분계산서를 주석으로 공시하고 있다.

(2) ㈜대한은 20×2년 3월 정기 주주총회 결의를 통해 20×1년도 이익잉여금을 다음과 같이 처분하기로 확정하고 실행하였다.
- ₩100,000의 현금배당과 ₩20,000의 주식배당
- 사업확장적립금 ₩25,000 적립
- 현금배당의 10%를 이익준비금으로 적립

(3) 20×3년 2월 정기 주주총회 결의를 통해 확정될 20×2년도 이익잉여금 처분내역은 다음과 같으며, 동 처분내역이 반영된 20×2년도 이익잉여금처분계산서의 차기이월미처분이익잉여금은 ₩420,000이다.
- ₩200,000의 현금배당
- 현금배당의 10%를 이익준비금으로 적립

(4) 상기 이익잉여금 처분과 당기순이익 외 이익잉여금 변동은 없다.

① ₩545,000　② ₩325,000　③ ₩340,000
④ ₩220,000　⑤ ₩640,000

기본문제 정답 및 해설

01 배당금의 배분

구분	우선주	보통주
연체배당	₩3,000,000 × 3% × 2년 = ₩180,000	-
기본배당	₩3,000,000 × 3% = ₩90,000	₩5,000,000 × 3% = ₩150,000
잔여배당	₩67,500[1)]	₩180,000 - ₩67,500 = ₩112,500
계	₩337,500	₩262,500

1) Min { ₩180,000 × ₩3,000,000/₩8,000,000 = ₩67,500 / 한도: ₩3,000,000 × (6% - 3%) = ₩90,000 } = ₩67,500

02 1. 누적적, 5% 부분참가적인 경우

구분	우선주	보통주	합계
과거분 배당	₩6,000,000 × 2% × 2년 = ₩240,000	-	₩240,000
당기분 배당	₩6,000,000 × 2% = ₩120,000	₩10,000,000 × 2% = ₩200,000	₩320,000
참가분 배당	Min[①, ②] = ₩180,000 ① ₩520,000 × 6/16 = ₩260,000 ② ₩6,000,000 × (5% - 2%) = ₩180,000	₩1,080,000 - ₩740,000 = ₩340,000	₩520,000
합계	₩540,000	₩540,000	₩1,080,000

2. 비누적적, 완전참가적인 경우

구분	우선주	보통주	합계
과거분 배당	-	-	-
당기분 배당	₩6,000,000 × 2% = ₩120,000	₩10,000,000 × 2% = ₩200,000	₩320,000
참가분 배당	₩760,000 × 6/16 = ₩285,000	₩760,000 × 10/16 = ₩475,000	₩760,000
합계	₩405,000	₩675,000	₩1,080,000

03 1. 20×1년도 당기순이익

기초순자산 + (유상증자 - 현금배당 - 자기주식 취득) + (당기순이익 + 기타포괄손익) = 기말순자산
기말순자산 - 기초순자산 = (유상증자 - 현금배당 - 자기주식 취득) + (당기순이익 + 기타포괄손익)
자산 증가 - 부채 감소 = (유상증자 - 현금배당 - 자기주식 취득) + (당기순이익 + 기타포괄손익)
₩4,000,000 - ₩(2,000,000) = (₩500,000 - ₩800,000 - ₩600,000) + (당기순이익 + ₩400,000)
∴ 당기순이익 = ₩6,500,000

2. 무상증자, 주식배당은 자본에 미치는 영향이 없으므로 고려하지 않는다.

04 20×1년 말 자본총계

20×1년 기초자본	₩3,000,000
4월 1일 유상증자: 100주 × ₩12,000 =	₩1,200,000
7월 30일 중간배당	₩(200,000)
10월 1일 자기주식 취득: 20주 × ₩11,000 =	₩(220,000)
11월 30일 자기주식 재발행: 10주 × ₩13,000 =	₩130,000
11월 30일 자기주식 소각	-
12월 31일 당기순이익	₩850,000
12월 31일 기타포괄이익	₩130,000
20×1년 말 자본총계	₩4,890,000

정답 01 ② 02 ④ 03 ④ 04 ⑤

05 1. 20×1년 말 자본의 총계로 보고할 금액

20×1년 기초자본	₩2,200,000
3월 8일(현금배당)	₩(130,000)
5월 8일(유상증자): 200주 × ₩600 - ₩30,000 =	₩90,000
10월 9일(자기주식 재발행)	₩80,000
총포괄이익	₩40,000
20×1년 기말자본	₩2,280,000

2. 회계처리

20×1. 3. 8.	(차) 이익잉여금	193,000	(대) 현금	130,000
			자본금	50,000
			법정적립금	13,000
20×1. 5. 8.	(차) 현금	90,000[1]	(대) 자본금	100,000[2]
	주식할인발행차금	10,000		
20×1. 10. 9.	(차) 현금	80,000	(대) 자기주식	70,000
			자기주식처분이익	10,000
20×1. 12. 31.	(차) 집합손익	130,000	(대) 이익잉여금	130,000
	(차) 기타포괄손익누계액	90,000	(대) 기타포괄손실	90,000

1) 200주 × ₩600 - ₩30,000 = ₩90,000

2) 200주 × ₩500 = ₩100,000

06 1. 자본 증가액

2월 1일 유상증자: 200주 × ₩1,500 =	₩300,000
3월 31일 자기주식 취득: 50주 × ₩1,000 =	₩(50,000)
5월 10일 자기주식 소각[1]	-
7월 1일 주식 취득[1]	-
8월 25일 무상감자[1]	-
9월 1일 유상감자: 100주 × ₩800 =	₩(80,000)
12월 31일 기타포괄손익-공정가치측정금융자산평가손실: (₩1,200 - ₩1,500) × 150주 =	₩(45,000)
20×1년도 자본증가액	₩125,000

1) 자기주식 소각, 주식 취득 및 무상감자의 경우 자본에 미치는 영향이 없다.

2. 회계처리

20×1. 2. 1.	(차) 현금	300,000	(대) 자본금	200,000
			주식발행초과금	100,000
20×1. 3. 31.	(차) 자기주식	50,000	(대) 현금	50,000
20×1. 5. 10.	(차) 자본금	20,000	(대) 자기주식	20,000
20×1. 7. 1.	(차) 기타포괄손익공정가치측정금융자산	2,250,000	(대) 현금	2,250,000
20×1. 8. 25.	(차) 자본금	50,000	(대) 결손금	50,000
20×1. 9. 1.	(차) 자본금	100,000	(대) 현금	80,000
			감자차익	20,000
20×1. 12. 31.	(차) 기타포괄손익공정가치측정금융자산평가손실	45,000	(대) 기타포괄손익공정가치측정금융자산	45,000

정답 05 ① 06 ④

07

일자	회계처리						자본 영향
2월 28일	(차)	이익잉여금	230,000	(대)	미지급배당금	100,000	(100,000)
					미교부주식배당금	100,000	
					법정적립금	10,000	
					감자차손	20,000	
3월 3일	(차)	미지급배당금	100,000	(대)	현금	100,000	-
		미교부주식배당금	100,000		자본금	100,000	
6월 11일	(차)	자기주식	1,000,000	(대)	현금	1,000,000	(1,000,000)
7월 11일	(차)	현금	600,000	(대)	자기주식	500,000	600,000
					자기주식처분이익	100,000	
9월 5일	(차)	현금	180,000	(대)	자기주식	200,000	180,000
		자기주식처분이익	20,000				
12월 12일	(차)	자본금	150,000	(대)	자기주식	300,000	-
		감자차손	150,000				
합계							(320,000)

08 1. 회계처리

20×2. 3. 1.	(차)	자기주식[1]	1,400,000	(대)	현금	1,400,000
20×2. 6. 1.	(차)	현금[2]	1,080,000	(대)	자기주식[3]	840,000
					자기주식처분이익	240,000
20×2. 9. 1.	(차)	자기주식[4]	640,000	(대)	현금	640,000
20×2. 12. 1.	(차)	현금[5]	600,000	(대)	자기주식[6]	880,000
		자기주식처분이익	240,000			
		자기주식처분손실	40,000			
20×2. 12. 31.	(차)	자본금[7]	100,000	(대)	자기주식[8]	320,000
		감자차손	220,000			

[1] 100주 × ₩14,000 = ₩1,400,000
[2] 60주 × ₩18,000 = ₩1,080,000
[3] 60주 × ₩14,000 = ₩840,000
[4] 40주 × ₩16,000 = ₩640,000
[5] 60주 × ₩10,000 = ₩600,000
[6] 40주 × ₩14,000 + 20주 × ₩16,000 = ₩880,000
[7] 20주 × ₩5,000 = ₩100,000
[8] 20주 × ₩16,000 = ₩320,000

2. 지문해설

① 자본총계 ₩360,000이 감소한다.
₩(1,400,000) + ₩1,080,000 + ₩(640,000) + ₩600,000 = ₩(360,000)
② 자기주식처분손실은 자본거래에서 발생하였으므로 자본항목에 직접 차감하여 표시한다.
③ 자기주식처분손익은 자본거래에서 발생하였으므로 자본항목에 직접 가감하여 표시한다.
④ 20×2년 말 자본금 ₩4,900,000(= ₩5,000,000 - ₩100,000)을 보고한다.
⑤ 감자차손 ₩220,000을 보고한다.

정답 07 ③ 08 ①

09 1. 총포괄이익을 x, 당기순이익은 y라고 하면,
기초순자산 + (자본거래)순자산증가 - (자본거래)순자산감소 + 총포괄이익(x) = 기말순자산
₩60,000,000 - ₩2,000,000 + ₩10,000,000 - ₩7,000,000 + ₩8,000,000 + x = ₩140,000,000
∴ x = ₩71,000,000(포괄손익계산서를 경유하여 귀속되는 순자산증가액)

2. 총포괄이익 = 당기순이익(y) + 기타포괄이익 - 기타포괄손실
₩71,000,000 = y + ₩4,000,000 - ₩900,000
∴ y = ₩67,900,000

10 주식배당의 경우에도 회사의 순자산은 불변이다.

11 1. 20×1년 12월 31일 자본잉여금: ₩100,000 + ₩90,000 + ₩50,000 + ₩25,000 = ₩265,000

2. 회계처리

일자		차변	금액		대변	금액
20×1. 2. 1.	(차)	현금[1]	390,000	(대)	자본금	300,000
					주식발행초과금	90,000
20×1. 3. 10.	(차)	자본금[2]	300,000	(대)	결손금	250,000
					감자차익	50,000
20×1. 5. 2.	(차)	현금	40,000	(대)	유형자산	400,000
		재해손실	360,000			
20×1. 8. 23.	(차)	법정적립금	200,000	(대)	자본금	200,000
20×1. 9. 30.	(차)	현금	80,000	(대)	정부보조금	80,000
20×1. 11. 17.	(차)	현금[3]	350,000	(대)	자기주식[4]	325,000
					자기주식처분이익	25,000

[1] 600주 × ₩700 - ₩30,000 = ₩390,000
[2] 600주 × ₩500 = ₩300,000
[3] 500주 × ₩700 = ₩350,000
[4] 500주 × ₩650 = ₩325,000

정답 09 ① 10 ③ 11 ⑤

12 1. 20×1년 기초자본: ₩500,000 + ₩1,000 + ₩40,000 + ₩30,000 - ₩35,000 + ₩10,000 = ₩546,000

2. 20×1년 말 자본총계

20×1년 기초자본	₩546,000
A. 자기주식의 소각	-
B. 재평가잉여금의 감소: ₩80,000 - (₩70,000 + ₩30,000) =	₩(20,000)
C. 자기주식의 재발행: 20주 × ₩800 =	₩16,000
D. 현물출자	₩200,000
E. 중간배당	₩(1,500)
F. 당기순이익	₩10,000
20×1년 말 자본총계	₩750,500

3. 회계처리

A	(차) 자본금	5,000	(대)	자기주식	7,000
	감자차익	1,000			
	감자차손	1,000			
B	(차) 재평가잉여금	20,000[1]	(대)	토지	20,000
C	(차) 현금	16,000	(대)	자기주식	14,000
				자기주식처분이익	2,000
D	(차) 건물	200,000	(대)	자본금	150,000
				주식발행초과금	50,000
E	(차) 이익잉여금	1,500	(대)	현금	1,500
F	(차) 집합손익	10,000	(대)	이익잉여금	10,000

[1] ₩80,000 - (₩70,000 + ₩30,000) = ₩(20,000)

정답 12 ④

13 1. 이익잉여금처분계산서

이익잉여금처분계산서

20×1년 1월 1일부터 20×1년 12월 31일까지

㈜대경 처분예정일: 20×2년 2월 15일

Ⅰ. 미처분이익잉여금		₩2,000,000
1. 전기이월미처분이익잉여금	₩800,000	
2. 당기순이익	₩1,200,000	
Ⅱ. 임의적립금 이입액		₩300,000
1. 감채기금적립금 이입	₩300,000	
Ⅲ. 이익잉여금 처분액		₩(790,000)
1. 연차배당액(현금배당, 주식배당 및 현물배당)	₩500,000	
2. 법정적립금(이익준비금)의 적립	₩40,000	
3. 임의적립금의 적립	₩250,000	
Ⅳ. 차기이월미처분이익잉여금		₩1,510,000

2. 회계처리

20×1. 12. 31.	(차) 집합손익	1,200,000	(대) 미처분이익잉여금	1,200,000
20×2. 2. 15.	(차) 임의적립금	300,000	(대) 미처분이익잉여금	300,000
	(차) 미처분이익잉여금	790,000	(대) 미지급배당금	400,000
			미교부주식배당금	100,000
			법정적립금	40,000
			임의적립금	250,000

14 1. 사례 A

20×1년 2월 초	(차) 자기주식[1)]	8,000	(대) 현금	8,000

1) 10주 × ₩800 = ₩8,000

2. 사례 B

20×1년 3월 말	(차) 토지[1)]	70,000	(대) 자본금[2)]	50,000
			주식발행초과금	20,000
	(차) 주식발행초과금	1,000	(대) 현금	1,000

1) 100주 × ₩700 = ₩70,000

2) 100주 × ₩500 = ₩50,000

3. 사례 C

회계처리 없음

4. 사례 D

20×1년 8월 초	(차) 이익잉여금	50,000	(대) 현금	50,000

5. 사례 E

20×1년 12월 말	(차) 기타포괄손익-공정가치측정금융자산	20,000	(대) 기타포괄손익-공정가치측정금융자산평가이익	20,000

15 ① 순자산증가 ∴ 자본 증가

② 순자산증가 ∴ 자본 증가

③ 순자산불변 ∴ 자본 불변

④ 순자산증가 ∴ 자본 증가

⑤ 순자산증가 ∴ 자본 증가

정답 13 ① 14 ④ 15 ③

16 액면금액에 대하여 매년 확정이자를 영구적으로 지급하는 금융상품의 발행자는 이를 금융부채로 분류한다.

17 자기지분상품을 현금 등 금융자산으로 매입할 의무가 포함된 계약의 경우 매입의무가 상대방의 권리행사 여부에 따라 결정되는 경우라고 하더라도 그 매입금액의 현재가치를 금융부채로 인식한다.

18 1. 20×1년 초 상환우선주 부채요소의 현재가치

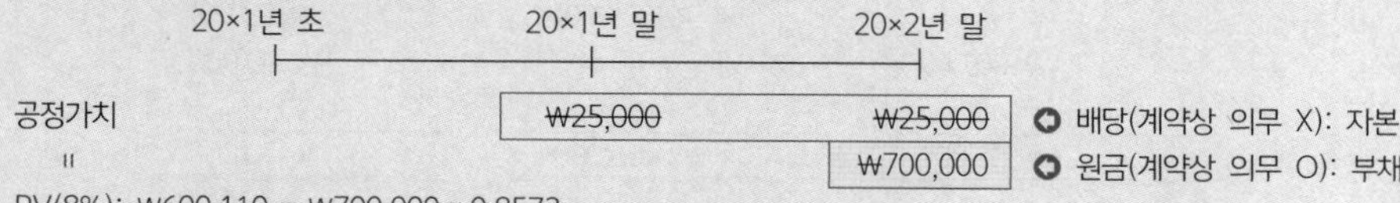

PV(8%): ₩600,110 = ₩700,000 × 0.8573

2. 20×1년 당기비용: ₩700,000 × 0.8573 × 8% = ₩48,009

3. 회계처리

20×1년 초	(차) 현금	600,110	(대) 상환우선주(금융부채)	600,110
20×1년 말	(차) 이자비용	48,009	(대) 상환우선주(금융부채)	48,009
	이익잉여금	25,000	현금	25,000

19 1. A사 우선주: 회사는 계약상 의무가 없으므로 지분상품으로 분류함

2. B사 우선주: 회사는 계약상 의무가 있으므로 금융부채로 분류하지만 비누적적이므로 원금의 현재가치만 부채에 해당하며, 배당은 이익의 처분으로 회계처리함

3. 20×1년과 20×2년의 당기손익에 미치는 영향: ₩20,568 + ₩21,596 = ₩42,164 감소

(1) 20×1년 초 부채의 장부금액: ₩500,000 × 0.8227 = ₩411,350

(2) 상각표

일자	장부금액	유효이자(5%)	상환액	상각액
20×1년 초	₩411,350			
20×1년 말	₩431,918	₩20,568	₩0	₩20,568
20×2년 말	₩453,514	₩21,596	₩0	₩21,596
		(이하 생략)		

20 1. 20×1년 초 상환우선주 부채요소의 현재가치

PV(6%): ₩112,300 = ₩120,000 × 0.8900 + ₩3,000 × 1.8334

2. 20×1년 이자비용: ₩112,300 × 6% = ₩6,738

3. 회계처리

20×1년 초	(차) 현금	112,300	(대) 상환우선주(금융부채)	112,300
20×1년 말	(차) 이자비용	6,738	(대) 상환우선주(금융부채)	3,738
			현금	3,000

정답 16 ① 17 ⑤ 18 ③ 19 ④ 20 ⑤

고급문제 정답 및 해설

01 1. 이익잉여금, 자본총계 및 총포괄이익

구분	이익잉여금	자본총계	총포괄이익
기초	₩500,000	₩2,580,000	-
(가)	-	₩800,000	-
(나)	-	₩(45,000)	-
(다)	-	₩(30,000)	₩(30,000)[1]
(라)	₩100,000[2]	₩100,000[2]	₩500,000[3]
(마)	-	-	-
계	₩600,000	₩3,405,000	₩470,000

[1] 기타포괄손익-공정가치측정금융자산평가이익 증가 ₩10,000 + 해외사업장외화환산이익 감소 ₩(40,000) = ₩(30,000)

[2] 전기오류수정손실 ₩(400,000) + 당기순이익 ₩400,000 + 비용과대 수정 ₩100,000 = ₩100,000

[3] 당기순이익 ₩400,000 + 비용과대 수정 ₩100,000 = ₩500,000

2. 회계처리

구분	차변	금액	대변	금액
(가)	(차) 현금	800,000	(대) 자본금	500,000
			주식발행초과금	300,000
(나)	(차) 자기주식	45,000	(대) 현금	45,000
(다)	(차) 기타포괄손익공정가치측정금융자산	10,000	(대) 기타포괄손익공정가치측정금융자산평가이익	10,000
	(차) 자산	×××	(대) 부채	×××
	해외사업환산이익	40,000		
(라)	(차) 이익잉여금	400,000	(대) 관련계정	400,000
	(차) 관련계정	100,000	(대) 비용	100,000
	(차) 집합손익	400,000	(대) 이익잉여금	400,000
(마)	N/A			

02 1. 자기주식 매각의 경우

(1) 자기주식을 매각한 경우 자본총계는 처분금액 ₩15,000,000(= ₩15,000 × 1,000주)만큼 증가한다.

(2) 부채비율: ₩20,000,000/(₩40,000,000 - ₩10,000,000 + ₩15,000,000) = 44%

2. 자기주식 소각의 경우

(1) 자기주식을 소각한 경우에는 자본총계에 영향을 미치지 아니하므로 부채비율이 불변한다.

(2) 부채비율: ₩20,000,000/(₩40,000,000 - ₩10,000,000) = 67%

03 1. 20×1년 말 현재 재무상태표상 자본의 총계

20×1년 기초자본	₩9,500,000
3월 1일(자기주식 취득): 60주 × ₩6,000 =	₩(360,000)
5월 10일(자기주식 처분): 20주 × ₩7,500 =	₩150,000
7월 25일(자기주식 처분): 10주 × ₩5,000 =	₩50,000
9월 15일(자기주식 처분): 20주 × ₩4,500 =	₩90,000
10월 30일(자기주식 소각)	-
11월 20일(자기주식 수증)	-
당기순이익	₩300,000
20×1년 기말자본	₩9,730,000

정답 01 ② 02 ③ 03 ②

2. 회계처리

20×1. 3. 1.	(차) 자기주식[1]	360,000	(대) 현금	360,000
20×1. 5. 10.	(차) 현금[2]	150,000	(대) 자기주식[3]	120,000
			자기주식처분이익	30,000
20×1. 7. 25.	(차) 현금[4]	50,000	(대) 자기주식[5]	60,000
	자기주식처분이익	10,000		
20×1. 9. 15.	(차) 현금[6]	90,000	(대) 자기주식[7]	120,000
	자기주식처분이익	20,000		
	자기주식처분손실	10,000		
20×1. 10. 30.	(차) 자본금[8]	50,000	(대) 자기주식[9]	60,000
	감자차손	10,000		
20×1. 11. 20.	N/A			
20×1. 12. 31.	(차) 집합손익	300,000	(대) 이익잉여금	300,000

[1] 60주 × ₩6,000 = ₩360,000
[2] 20주 × ₩7,500 = ₩150,000
[3] 20주 × ₩6,000 = ₩120,000
[4] 10주 × ₩5,000 = ₩50,000
[5] 10주 × ₩6,000 = ₩60,000
[6] 20주 × ₩4,500 = ₩90,000
[7] 20주 × ₩6,000 = ₩120,000
[8] 10주 × ₩5,000 = ₩50,000
[9] 10주 × ₩6,000 = ₩60,000

3. 자기주식을 주주로부터 증여받은 경우에는 회계처리를 하지 않는다. 왜냐하면 자본은 평가의 대상이 아니므로 주주로부터 증여받은 금액을 신뢰성 있게 측정할 수 없으며, 자기주식을 차기하고 자산수증이익(자본잉여금)을 대기하면 자본의 총계에 미치는 영향이 없으므로 회계처리의 실익이 없기 때문이다.

04 기업이 변동가능한 수량의 자기지분상품을 인도하여 결제하기로 한 계약은 금융부채이다. 즉, 이러한 계약은 기업이 자기지분상품을 수취하거나 인도하여 당해 계약을 결제해야 하거나 결제할 수 있더라도 특정금액(확정 금액 또는 자기지분상품의 시장가격이 아닌 다른 변수의 변동에 따라 변동하는 금액)에 대한 계약상 권리 및 의무가 존재하므로 금융부채로 분류해야 한다.

05

이익잉여금처분계산서

20×2년 1월 1일부터 20×2년 12월 31일까지

㈜대한 처분예정일: 20×3년 2월

Ⅰ. 미처분이익잉여금		₩95,000 + x
1. 전기이월미처분이익잉여금: ₩250,000 - ₩155,000 =	₩95,000	
2. 당기순이익	₩x	
Ⅱ. 임의적립금 이입액		-
Ⅲ. 이익잉여금 처분액		₩(220,000)
1. 연차배당액(현금배당, 주식배당 및 현물배당)	₩200,000	
2. 법정적립금(이익준비금)의 적립	₩20,000	
3. 임의적립금이 적립	-	
Ⅳ. 차기이월미처분이익잉여금		₩420,000

∴ x (당기순이익) = ₩545,000

정답 04 ④ 05 ①

☀ 객관식 문제풀이에 앞서 각 장의 주요 주제별 중요도를 파악해볼 수 있습니다.
☀ 시험 대비를 위해 꼭 풀어보아야 하는 필수문제를 정리하여 효율적으로 학습할 수 있습니다.

1. 출제경향

주요 주제	중요도
1. 전환사채의 발행과 행사	★★★★★
2. 전환사채의 유도전환	★★★★
3. 전환사채의 조기상환	★★★★
4. 전환사채의 거래원가	★★★
5. 신주인수권사채의 발행과 행사	★★★★★

2. 필수문제 리스트

구분		필수문제 번호
회계사	기본문제	3, 4, 6, 7, 8, 9, 12, 13, 14, 15
	고급문제	1, 2, 3, 4, 5
세무사	기본문제	1, 2, 3, 4, 5, 7, 8, 9, 10, 11
	고급문제	2, 3, 4, 5

Chapter 14

복합금융상품

■ 기본문제
■ 고급문제
■ 정답 및 해설

기본문제

01 전환사채에 대한 K-IFRS의 내용 중 가장 타당하지 않은 것은?

① 전환사채 발행 시 전환사채의 발행금액에서 전환권이 없는 일반사채의 공정가치를 차감하여 전환권가치를 분리 인식하는데, 이때 전환권의 미래 행사가능성 여부는 고려하지 않는다.

② 전환권이 만기까지 행사되지 않아 전환사채를 만기상환한 경우에도 자본항목에 남아 있는 전환권대가는 당기손익으로 대체하지 않는다.

③ 전환권대가는 자본항목으로 분류한 후 전환권이 행사되어 추가로 주식을 발행한 시점에서 주식발행초과금으로 대체할 수 있다.

④ 전환사채를 발행한 이후에 전환권을 행사할 가능성이 변동하는 경우에는 전환사채의 부채요소와 자본요소를 수정하여야 한다.

⑤ 전환사채 발행 시 부채요소와 자본요소에 배분된 금액의 합계는 항상 전환사채의 공정가치와 일치하여야 한다. 즉, 최초 인식시점에서는 어떠한 손익도 발생하지 않는다.

02 전환사채에 대한 K-IFRS의 내용 중 가장 타당한 것은?

① 유도전환의 경우 조건이 변경되는 시점에서 변경된 조건하에서 전환으로 인하여 보유자가 수취하게 되는 대가의 공정가치와 원래의 조건하에서 전환으로 인하여 보유자가 수취하였을 대가의 공정가치의 차액을 자본항목으로 인식한다.

② 조기상환이나 재매입을 위하여 지급한 대가와 거래원가를 거래 발생시점의 부채요소와 자본요소에 배분한다. 이때 부채요소와 자본요소의 상대적 공정가치에 따라 배분한다.

③ 조기상환대가를 부채요소에 배분한 금액이 부채 관련 장부금액을 초과하는 경우 사채상환이익을 인식한다.

④ 조기상환대가를 배분한 결과 자본요소에 관련되는 손익은 자본항목에 반영한다.

⑤ 전환사채의 조기상환으로 인하여 발생하는 손익은 전환사채의 상환시점에 즉시 당기손익으로 인식한다.

※ 다음 자료는 **03** ~ **04**와 관련된 자료이다. [2010 공인회계사 1차]

㈜한국은 20×1년 1월 1일에 3년 만기의 전환사채 ₩1,000,000을 액면발행했다. 전환사채의 표시이자율은 연 10%이고, 이자는 매년 말에 지급한다. 전환사채는 20×1년 7월 1일부터 보통주로 전환이 가능하며, 사채액면 ₩10,000당 1주의 보통주(주당액면 ₩5,000)로 전환될 수 있다. 사채발행일에 전환권이 부여되지 않은 일반사채의 시장이자율은 연 15%이다. (단, 사채발행과 관련한 거래비용은 없으며, 현가계수는 아래 표를 이용하라. 또한 계산금액은 소수점 첫째 자리에서 반올림하며, 이 경우 단수차이로 인해 약간의 오차가 있으면 가장 근사치를 선택한다)

기간	단일금액 ₩1의 현재가치			정상연금 ₩1의 현재가치		
	10%	12%	15%	10%	12%	15%
1년	0.9091	0.8929	0.8696	0.9091	0.8929	0.8696
2년	0.8264	0.7972	0.7561	1.7355	1.6901	1.6257
3년	0.7513	0.7118	0.6575	2.4868	2.4018	2.2832

03 20×2년 1월 1일에 전환사채의 70%가 전환되었다면 동 전환거래로 인하여 ㈜한국의 자본총액은 얼마나 증가하는가? (단, 전환권대가는 전환 시 주식발행초과금으로 대체한다)

① ₩350,000 ② ₩527,671 ③ ₩643,085
④ ₩700,000 ⑤ ₩723,011

04 **03**과는 독립적으로, 20×2년 1월 1일에 ㈜한국은 전환사채의 조기전환을 유도하기 위하여 20×2년 6월 30일까지 전환사채를 전환하면 사채액면 ₩10,000당 2주의 보통주(주당액면 ₩5,000)로 전환할 수 있도록 조건을 변경했다. 조건변경일의 ㈜한국의 보통주 1주당 공정가치가 ₩7,000이라면 ㈜한국이 전환조건의 변경으로 ㈜한국이 인식하게 될 손실은 얼마인가? (단, 전환조건을 변경하기 전까지 전환청구가 없었으며, 법인세효과는 고려하지 않는다)

① ₩400,000 ② ₩500,000 ③ ₩600,000
④ ₩700,000 ⑤ ₩800,000

05 ㈜국세는 만기 3년, 액면금액 ₩300,000인 전환사채를 20×1년 1월 1일에 액면발행하였다. 전환사채의 액면이자율은 연 8%, 유효이자율은 연 10%이고, 이자지급일은 매년 12월 31일이다. 동 전환사채는 20×2년 1월 1일부터 사채액면 ₩10,000당 보통주 1주(주당 액면금액 ₩5,000)로 전환이 가능하다. 20×3년 1월 1일 전환사채의 50%가 전환되었으며 나머지는 만기에 상환하였다. 동 전환사채의 회계처리에 대한 다음 설명 중 옳지 않은 것은? (단, 사채발행과 관련한 거래비용은 없으며, 현가요소는 아래 표를 이용한다. 또한 계산금액은 소수점 첫째 자리에서 반올림하며, 이 경우 단수차이로 인해 약간의 오차가 있으면 가장 근사치를 선택한다)

[2010 세무사 1차]

기간	기간 말 ₩1의 현재가치(단일금액)			정상연금 ₩1의 현재가치		
	10%	12%	15%	10%	12%	15%
1년	0.9091	0.8929	0.8696	0.9091	0.8929	0.8696
2년	0.8264	0.7972	0.7561	1.7355	1.6901	1.6257
3년	0.7513	0.7118	0.6575	2.4868	2.4018	2.2832

① 20×1년 1월 1일 전환사채와 관련하여 ㈜국세가 부채로 인식할 금액은 ₩285,073이다.
② ㈜국세가 전환사채와 관련하여 20×2년도에 인식할 이자비용은 ₩28,958이다.
③ 20×2년 12월 31일 ㈜국세의 재무상태표상 자본계정(전환권대가)은 ₩5,462이다.
④ 20×3년 1월 1일 전환사채의 전환으로 인해 ㈜국세의 자본증가액은 ₩147,269이다.
⑤ ㈜국세가 전환사채와 관련하여 20×3년도에 인식할 이자비용은 ₩14,731이다.

06 ㈜갑은 20×1년 1월 1일 1매당 액면금액이 ₩1,000인 전환사채 1,000매(만기 3년, 표시이자율 연 8%, 매년 말 이자지급)를 ₩950,352에 할인발행하였다. 발행된 전환사채는 만기 전 1매당 1주의 보통주로 전환될 수 있다. 전환사채 발행시점에서 자본요소가 결합되지 않은 유사한 일반사채의 시장이자율은 연 12%이다. 전환사채 발행시점에서 전환권 1매의 공정가치는 활성시장에서 ₩55이다. ㈜갑이 20×1년 말 재무상태표에 표시할 전환권대가 및 전환사채의 장부금액과 가장 가까운 것은?

[2012 공인회계사 1차]

기간	기간 말 단일금액 ₩1의 현재가치		정상연금 ₩1의 현재가치	
	8%	12%	8%	12%
1년	0.9259	0.8929	0.9259	0.8929
2년	0.8573	0.7972	1.7833	1.6901
3년	0.7938	0.7118	2.5771	2.4018

	전환권대가	전환사채 장부금액
①	₩46,408	₩932,417
②	₩48,402	₩932,417
③	₩46,408	₩930,184
④	₩55,000	₩922,794
⑤	₩48,402	₩930,184

07 ㈜ABC는 20×1년 1월 1일 액면금액이 ₩1,000,000이며, 상환기일이 20×3년 12월 31일, 만기 3년의 전환사채를 액면발행하였다. 동 사채의 액면이자율은 연 5%로 매년 말 이자를 지급한다. 이 전환사채와 동일한 일반사채의 시장이자율은 연 12%이며 만기까지 전환되지 않은 전환사채에 대한 연 보장수익률은 액면금액의 10%이다. 20×1년 1월 1일 전환사채 발행 시 계상되는 전환권대가는 얼마인가? (단, 계산과정에서 소수점 이하는 첫째 자리에서 반올림한다. 그러나 계산방식에 따라 단수차이로 인해 오차가 있는 경우, 가장 근사치를 선택한다)

[2014 공인회계사 1차]

3년 기준	5%	10%	12%
단일금액 ₩1 현재가치	0.8638	0.7513	0.7118
정상연금 ₩1 현재가치	2.7232	2.4868	2.4018
정상연금 ₩1 미래가치	3.1525	3.3100	3.3744

① ₩50,307 ② ₩40,307 ③ ₩30,307
④ ₩90,397 ⑤ ₩170,397

08 ㈜코리아는 20×1년 1월 1일 액면금액 ₩1,000,000의 전환사채를 ₩900,000에 발행하였다. 전환사채 발행과 관련된 중개수수료, 인쇄비 등 거래비용으로 ₩10,000을 지출하였다. 이자는 매년 말 액면금액의 4%를 지급하며 만기는 5년이다. 전환사채는 20×1년 7월 1일부터 만기일까지 액면금액 ₩5,000당 액면금액 ₩1,000의 보통주 1주로 전환이 가능하다. 전환사채 발행 당시 전환권이 없는 일반사채의 시장이자율은 연 10%이며, 만기일까지 전환권을 행사하지 않을 경우에는 액면금액의 106%를 지급한다. 동 사채발행일에 ㈜코리아의 부채 및 자본이 증가한 금액은 각각 얼마인가? (단, 현가계수는 아래의 표를 이용하며 소수점 첫째 자리에서 반올림한다. 계산결과 단수차이로 인한 약간의 오차가 있으면 가장 근사치를 선택한다)

[2015 공인회계사 1차]

이자율	기간	단일금액 ₩1의 현가	정상연금 ₩1의 현가
4%	5년	0.8219	4.4518
10%	5년	0.6209	3.7908

	부채증가액	자본증가액
①	₩800,788	₩89,212
②	₩809,786	₩90,214
③	₩809,786	₩88,518
④	₩809,786	₩89,505
⑤	₩836,226	₩89,505

09 ㈜국세는 20×1년 1월 1일 액면금액 ₩3,000,000인 전환사채를 상환할증금 지급조건 없이 액면발행하였다. 전환사채의 액면이자율은 8%(매년 말 이자지급), 사채발행일 현재 일반사채의 유효이자율은 10%이다. 전환사채의 상환기일은 20×3년 12월 31일이며, 전환청구기간은 20×1년 6월 1일부터 20×3년 11월 30일까지이다. 동 전환사채는 사채액면 ₩10,000당 1주의 보통주(주당액면 ₩5,000)로 전환이 가능하다. ㈜국세가 20×2년 1월 1일 동 전환사채 전부를 공정가치인 ₩2,960,000에 재구매하였다면, 동 전환사채의 재구매 거래가 20×2년도 ㈜국세의 포괄손익계산서상 당기순이익에 미치는 영향은 얼마인가? (단, 재구매일 현재 일반사채의 유효이자율은 9%이며, 현가계수는 아래 표를 이용한다. 계산금액은 소수점 첫째 자리에서 반올림하며, 이 경우 단수차이로 인해 약간의 오차가 있으면 가장 근사치를 선택한다) [2011 세무사 1차]

기간	기간 말 단일금액 ₩1의 현재가치			정상연금 ₩1의 현재가치		
	8%	9%	10%	8%	9%	10%
1년	0.92592	0.91743	0.90909	0.92592	0.91743	0.90909
2년	0.85733	0.84168	0.82645	1.78325	1.75911	1.73554
3년	0.79383	0.77218	0.75131	2.57708	2.53129	2.48685

① ₩38,601 감소
② ₩51,375 감소
③ ₩64,149 감소
④ ₩12,774 증가
⑤ ₩91,375 증가

10 ㈜세무는 20×1년 초 다음과 같은 전환사채를 액면발행하였으며, 20×2년 초 전환사채 전부를 ₩1,070,000(상환시점의 공정가치)에 조기 상환하였다. 이 전환사채의 회계처리에 관한 설명으로 옳지 않은 것은? (단, 주어진 현가계수표를 이용하며, 현가계산 시 소수점 이하는 첫째 자리에서 반올림한다) [2018 세무사 1차]

(1) 액면금액: ₩1,000,000
(2) 표시이자율: 연 4%
(3) 일반사채 시장수익률: 연 8%
(4) 이자지급일: 매년 12월 31일
(5) 만기상환일: 20×3년 12월 31일
(6) 조기상환일 일반사채의 시장수익률: 연 15%
(7) 상환할증금: 없음
(8) 발행 시 주식전환 옵션은 전환 조건이 확정되어 있음
(9) 현가계수

기간	기간 말 단일금액 ₩1의 현재가치		정상연금 ₩1의 현재가치	
	8%	15%	8%	15%
2년	0.85733	0.75614	1.78326	1.62571
3년	0.79383	0.65752	2.57710	2.28323

① 발행 당시 전환권대가는 ₩103,086이다.
② 20×1년도 전환권조정 상각액은 ₩31,753이다.
③ 20×2년 초 장부금액은 ₩928,667이다.
④ 20×2년 전환사채의 조기상환일에 부채요소의 공정가치는 ₩821,168이다.
⑤ 20×2년 전환사채의 조기상환과 관련하여 당기손익에 반영되는 사채상환손실은 ₩38,247이다.

11 ㈜대한은 20×1년 1월 1일에 다음과 같은 상환할증금 미지급조건의 비분리형 신주인수권부사채를 액면발행하였다.

(1) 사채의 액면금액은 ₩1,000,000이고 만기는 20×3년 12월 31일이다.
(2) 액면금액에 대하여 연 10%의 이자를 매년 말에 지급한다.
(3) 신주인수권의 행사기간은 발행일로부터 1개월이 경과한 날부터 상환기일 30일 전까지이다.
(4) 행사비율은 사채액면금액의 100%로 행사금액은 ₩20,000(사채액면금액 ₩20,000당 보통주 1주(주당 액면금액 ₩5,000)를 인수)이다.
(5) 원금상환방법은 만기에 액면금액의 100%를 상환한다.
(6) 신주인수권부사채 발행시점에 일반사채의 시장수익률은 연 12%이다.

㈜대한은 신주인수권부사채 발행 시 인식한 자본요소(신주인수권대가) 중 행사된 부분은 주식발행초과금으로 대체하는 회계처리를 한다. 20×3년 1월 1일에 ㈜대한의 신주인수권부사채 액면금액 중 40%에 해당하는 신주인수권이 행사되었다. 다음 설명 중 옳은 것은? (단, 단수차이로 인해 오차가 있다면 가장 근사치를 선택한다) [2019 공인회계사 1차]

기간 \ 할인율	단일금액 ₩1의 현재가치		정상연금 ₩1의 현재가치	
	10%	12%	10%	12%
1년	0.9091	0.8929	0.9091	0.8929
2년	0.8264	0.7972	1.7355	1.6901
3년	0.7513	0.7118	2.4868	2.4019

① 20×1년 1월 1일 신주인수권부사채 발행시점의 자본요소(신주인수권대가)는 ₩951,990이다.
② 20×2년도 포괄손익계산서에 인식할 이자비용은 ₩114,239이다.
③ 20×2년 말 재무상태표에 부채로 계상할 신주인수권부사채의 장부금액은 ₩966,229이다.
④ 20×3년 1월 1일 신주인수권의 행사로 증가하는 주식발행초과금은 ₩319,204이다.
⑤ 20×3년도 포괄손익계산서에 인식할 이자비용은 ₩70,694이다.

12 ㈜무등은 20×1년 1월 1일 신주인수권부사채를 발행하였으며, 이와 관련된 사항은 다음과 같다.

- 액면금액: ₩2,000,000
- 발행금액: ₩1,903,960
- 액면이자율: 연 8%(매년 말 이자지급)
- 원금상환: 20×3년 12월 31일에 일시상환
- 행사기간: 20×1년 3월 1일 ~ 20×3년 9월 30일
- 행사금액: ₩10,000(행사비율은 100%로 사채액면 ₩10,000당 주당 액면금액이 ₩5,000인 보통주 1주 인수 가능)
- 납입방법: 주금납입은 현금으로만 가능하며 대용납입은 인정되지 않음
- 기타: 신주인수권부사채 발행 시 동일조건을 가진 일반사채의 유효이자율은 연 12%이고, 동 사채와 관련하여 상기 사항을 제외한 약정사항은 없음

기간	기간 말 ₩1의 현재가치(단일금액)			정상연금 ₩1의 현재가치		
	8%	10%	12%	8%	10%	12%
1년	0.9259	0.9091	0.8929	0.9259	0.9091	0.8929
2년	0.8573	0.8264	0.7972	1.7833	1.7355	1.6901
3년	0.7938	0.7513	0.7118	2.5771	2.4868	2.4018

20×2년 1월 1일에 신주인수권부사채 액면 ₩500,000에 대하여 신주인수권이 행사되었다. 동 신주인수권부사채와 관련하여 ㈜무등이 20×2년도 포괄손익계산서에 인식할 이자비용과 20×2년 말 재무상태표에 인식할 신주인수권대가는 얼마인가? (단, 신주인수권대가는 행사 시 주식발행초과금으로 대체하며, 현가요소는 위 표를 이용하라. 또한 계산금액은 소수점 첫째 자리에서 반올림하며, 단수차이로 인해 약간의 오차가 있으면 가장 근사치를 선택한다)

[2011 공인회계사 1차]

	이자비용	신주인수권대가
①	₩167,835	₩72,054
②	₩167,835	₩96,072
③	₩223,780	₩72,054
④	₩223,780	₩96,072
⑤	₩223,780	₩98,086

13 ㈜코리아는 20×1년 1월 1일 신주인수권부사채를 ₩960,000에 발행하였는데, 이와 관련된 구체적인 내역은 다음과 같다.

> (1) 액면금액은 ₩1,000,000이며 만기는 3년이다.
> (2) 액면이자율은 연 5%이며 이자는 매년 말에 후급된다.
> (3) 보장수익률은 연 8%이며 동 신주인수권부사채는 액면금액 ₩10,000당 보통주 1주(액면금액 ₩1,000)를 인수할 수 있다.
> (4) 발행 당시 신주인수권이 없는 일반사채의 시장이자율은 연 10%이다.
> (5) 20×2년 1월 1일 신주인수권부사채의 50%(액면금액 기준)에 해당하는 신주인수권이 행사되었다.

㈜코리아가 20×3년 12월 31일 만기일에 액면이자를 포함하여 사채권자에게 지급해야 할 총금액은 얼마인가? (단, 만기 전에 상환된 신주인수권부사채는 없다) [2015 공인회계사 1차]

① ₩1,018,696 ② ₩1,038,696 ③ ₩1,058,696
④ ₩1,078,696 ⑤ ₩1,098,696

14 ㈜청명은 20×1년 1월 1일 비분리형 신주인수권부사채를 ₩98,000에 발행하였다. 다음은 이 사채와 관련된 사항이다.

> (1) 사채의 액면금액은 ₩100,000이고 만기는 20×3년 12월 31일이다.
> (2) 액면금액에 대해 연 6%의 이자를 매 연도 말 지급한다.
> (3) 신주인수권의 행사기간은 20×1년 2월 1일부터 20×3년 11월 30일까지이다.
> (4) 신주인수권 행사 시 사채의 액면금액 ₩1,000당 주식 1주를 인수할 수 있으며, 행사금액은 주당 ₩8,000이다. 발행하는 주식의 주당 액면금액은 ₩5,000이다.
> (5) 신주인수권부사채의 발행 시 동일 조건을 가진 일반사채의 유효이자율은 연 10%이다.

3년 기준	6%	10%
단일금액 ₩1의 현재가치	0.8396	0.7513
정상연금 ₩1의 현재가치	2.6730	2.4869

위 신주인수권부사채의 액면금액 중 70%에 해당하는 신주인수권이 20×2년 1월 1일에 행사되었다. 신주인수권의 행사로 증가하는 주식발행초과금과 20×2년도 포괄손익계산서에 인식할 이자비용은 각각 얼마인가? (단, 신주인수권이 행사되는 시점에 신주인수권대가를 주식발행초과금으로 대체하며, 법인세효과는 고려하지 않는다. 또한 계산과정에서 소수점 이하는 첫째 자리에서 반올림한다. 그러나, 계산방식에 따라 단수차이로 인해 오차가 있는 경우, 가장 근사치를 선택한다) [2014 공인회계사 1차]

	주식발행초과금	이자비용
①	₩210,000	₩2,792
②	₩215,564	₩2,792
③	₩212,385	₩8,511
④	₩216,964	₩9,005
⑤	₩215,564	₩9,306

15 ㈜중급은 20×1년 1월 1일 다음 조건으로 비분리형 신주인수권부사채를 발행하였다.

- 액면금액: ₩2,000,000
- 발행금액: ₩1,980,000
- 표시이자율: 연 8%(매년 말 지급)
- 시장이자율: 연 11%
- 만기: 20×3년 12월 31일
- 보장수익률: 연 10%
- 신주인수권 행사조건
  : 사채액면 ₩10,000당 보통주식 1주(액면 ₩5,000)를 ₩20,000에 매입할 수 있음

신주인수권부사채의 30%가 20×2년 1월 1일에 행사되었다면 20×2년과 20×3년에 인식할 이자비용은 각각 얼마인가? (단, 현재가치 계산 시 아래의 자료를 이용한다)

구분	연 10%	연 11%
단일금액(3년)	0.75131	0.73119
연금(3년)	2.48685	2.44371

	20×2년	20×3년
①	₩220,517	₩227,179
②	₩154,362	₩159,025
③	₩216,971	₩223,243
④	₩208,697	₩214,058
⑤	₩216,971	₩214,058

01 ㈜세무는 20×1년 1월 1일에 전환사채를 발행하였다. ㈜세무의 결산일은 매년 12월 31일이며 관련된 내용은 다음과 같다.

(1) 전환사채는 액면 ₩100,000(10좌), 표시이자율 연 10%, 만기 3년, 이자는 매년 말 1회 지급조건이다.
(2) 전환사채의 발행금액은 ₩100,000이고, 전환조건은 사채액면금액 ₩10,000당 보통주식 1주(액면 ₩5,000)이며, 사채발행 당시 시장이자율은 연 13%이다.
(3) 전환사채의 보장수익률은 12%이며, 보장수익률로 계산한 금액으로 전환되지 않은 부분에 대하여 만기시점에 상환할증금을 지급한다.
(4) 현가계수는 아래 표를 이용하라.

구분	현가계수			연금현가계수		
	1년	2년	3년	1년	2년	3년
연 10%	0.90909	0.82645	0.75131	0.90909	1.73554	2.48685
연 12%	0.89286	0.79719	0.71178	0.89286	1.69005	2.40183
연 13%	0.88496	0.78315	0.69305	0.88496	1.66810	2.36115
연 14%	0.87719	0.76947	0.67497	0.87719	1.64666	2.32163

20×2년 7월 1일 전환사채의 50%가 전환되었을 경우 전환사채와 관련하여 ㈜세무의 20×2년 포괄손익계산서에 인식할 이자비용은 얼마인가? (단, 상법상 전환간주일과 관계없이 20×2년 7월 1일까지는 액면이자가 20×2년 7월 1일 이후에는 배당금이 지급된다)

① ₩9,778 ② ₩12,687 ③ ₩13,037
④ ₩13,431 ⑤ ₩14,506

※ 다음 자료를 이용하여 **02 ~ 03**에 답하시오. [2022 공인회계사 1차]

- ㈜대한은 20×1년 1월 1일 액면금액 ₩1,000,000의 전환사채를 다음과 같은 조건으로 액면발행하였다.

  - 표시이자율: 연 4%
  - 일반사채 시장이자율: 연 8%
  - 이자지급일: 매년 말
  - 만기일: 20×3년 12월 31일
  - 전환조건: 사채액면금액 ₩5,000당 1주의 보통주(1주당 액면금액 ₩3,000)로 전환되며, 후속적으로 변경되지 않는다.
  - 만기일까지 전환권을 행사하지 않으면 만기일에 액면금액의 108.6%를 지급

- 적용할 현가계수는 아래의 표와 같다.

할인율 / 기간	단일금액 ₩1의 현재가치			정상연금 ₩1의 현재가치		
	4%	8%	10%	4%	8%	10%
1년	0.9615	0.9259	0.9091	0.9615	0.9259	0.9091
2년	0.9246	0.8573	0.8264	1.8861	1.7832	1.7355
3년	0.8890	0.7938	0.7513	2.7751	2.5770	2.4868

02 20×2년 1월 1일 위 전환사채의 액면금액 40%가 전환되었을 때, ㈜대한의 자본증가액은 얼마인가? 단, 단수차이로 인해 오차가 있다면 가장 근사치를 선택한다.

① ₩365,081 ② ₩379,274 ③ ₩387,003
④ ₩400,944 ⑤ ₩414,885

03 ㈜대한은 전환되지 않고 남아있는 전환사채를 모두 20×3년 1월 1일 조기상환하였다. 조기상환 시 전환사채의 공정가치는 ₩650,000이며, 일반사채의 시장이자율은 연 10%이다. ㈜대한의 조기상환이 당기순이익에 미치는 영향은 얼마인가? 단, 단수차이로 인해 오차가 있다면 가장 근사치를 선택한다.

① ₩3,560 증가 ② ₩11,340 증가 ③ ₩14,900 증가
④ ₩3,560 감소 ⑤ ₩11,340 감소

※ **04** ~ **05**은 서로 독립적이다. ㈜대한의 전환사채와 관련된 다음 <자료>를 이용하여 **04** ~ **05**에 대해 각각 답하시오. [2020 공인회계사 1차]

<자료>

㈜대한은 20×1년 1월 1일 다음과 같은 상환할증금 미지급조건의 전환사채를 액면발행하였다.

액면금액	₩3,000,000
표시이자율	연 10%(매년 12월 31일에 지급)
일반사채 유효이자율	연 12%
상환만기일	20×3년 12월 31일
전환가격	사채액면 ₩1,000당 보통주 3주(주당 액면금액 ₩200)로 전환
전환청구기간	사채발행일 이후 1개월 경과일로부터 상환만기일 30일 이전까지

04 ㈜대한은 20×2년 1월 1일에 전환사채 전부를 동 일자의 공정가치인 ₩3,100,000에 현금으로 조기상환하였다. 만약 조기상환일 현재 ㈜대한이 표시이자율 연 10%로 매년 말에 이자를 지급하는 2년 만기 일반사채를 발행한다면, 이 사채에 적용될 유효이자율은 연 15%이다. ㈜대한의 조기상환으로 발생하는 상환손익이 20×2년도 포괄손익계산서의 당기순이익에 미치는 영향은 얼마인가? 단, 단수차이로 인해 오차가 있다면 가장 근사치를 선택한다.

할인율 / 기간	단일금액 ₩1의 현재가치			정상연금 ₩1의 현재가치		
	10%	12%	15%	10%	12%	15%
1년	0.9091	0.8929	0.8696	0.9091	0.8929	0.8696
2년	0.8264	0.7972	0.7561	1.7355	1.6901	1.6257
3년	0.7513	0.7118	0.6575	2.4868	2.4019	2.2832

① ₩76,848 증가
② ₩76,848 감소
③ ₩100,000 증가
④ ₩142,676 증가
⑤ ₩142,676 감소

05 20×2년 1월 1일에 ㈜대한의 자금팀장과 회계팀장은 위 <자료>의 전환사채 조기전환을 유도하고자 전환조건의 변경방안을 각각 제시하였다. 자금팀장은 다음과 같이 [A]를, 회계팀장은 [B]를 제시하였다. ㈜대한은 20×2년 1월 1일에 [A]와 [B] 중 하나의 방안을 채택하려고 한다. ㈜대한의 [A]와 [B] 조건변경과 관련하여 조건변경일(20×2년 1월 1일)에 발생할 것으로 예상되는 손실은 각각 얼마인가?

변경방안	내용
[A]	만기 이전 전환으로 발행되는 보통주 1주당 ₩200을 추가로 지급한다.
[B]	사채액면 ₩1,000당 보통주 3.2주(주당 액면금액 ₩200)로 전환할 수 있으며, 조건변경일 현재 ㈜대한의 보통주 1주당 공정가치는 ₩700이다.

	[A]	[B]
①	₩600,000	₩0
②	₩600,000	₩420,000
③	₩1,800,000	₩0
④	₩1,800,000	₩140,000
⑤	₩1,800,000	₩420,000

※ 다음은 **06** ~ **07**과 관련된 자료이다.

12월 말 결산법인인 ㈜부산은 20×1년 1월 1일에 액면금액 ₩1,000,000, 표시이자율 4%, 매년 말 이자지급, 만기 3년, 보장수익률 6%인 신주인수권부사채를 액면발행하였다. 발행시점에 신주인수권이 없는 일반사채의 유효이자율은 8%이다. 사채액면 ₩10,000당 보통주 1주(액면금액 ₩5,000)를 ₩7,000에 인수할 수 있다. 20×2년 12월 31일에 신주인수권부사채 중 액면금액 ₩600,000에 해당하는 신주인수권을 행사하였다. 단, 다음의 현가요소를 사용하고 모든 계산은 소수점 첫째 자리에서 반올림하며, 신주인수권대가는 신주인수권 행사 시 주식발행초과금으로 대체한다.

이자율	3년 ₩1의 현재가치	3년 정상연금 ₩1의 현재가치
4%	0.8890	2.7751
6%	0.8396	2.6730
8%	0.7938	2.5771

06 ㈜부산이 20×2년 12월 31일에 신주인수권부사채의 신주인수권 행사로 인식할 주주지분 증가액은 얼마인가?

① ₩420,000　② ₩451,544　③ ₩455,372
④ ₩486,916　⑤ ₩500,532

07 ㈜부산이 만기상환 시 지급해야 할 현금총액(이자 지급액 제외)은 얼마인가?

① ₩400,000　② ₩425,469　③ ₩1,000,000
④ ₩1,025,469　⑤ ₩1,063,672

기본문제 정답 및 해설

01 전환사채를 발행한 이후에 전환권을 행사할 가능성이 변동하는 경우에도 전환사채의 부채요소와 자본요소를 수정하지 않는다.

02 ① 유도전환의 경우 조건이 변경되는 시점에서 변경된 조건하에서 전환으로 인하여 보유자가 수취하게 되는 대가의 공정가치와 원래의 조건하에서 전환으로 인하여 보유자가 수취하였을 대가의 공정가치의 차액을 당기손익으로 인식한다.
② 조기상환이나 재매입을 위하여 지급한 대가와 거래원가를 각 요소별로 배분하는 방법은 전환사채가 발행되는 시점에 발행금액을 각 요소별로 배분한 방법과 일관성이 있어야 한다. 즉, 부채요소를 먼저 배분 후 자본요소를 차감하여 결정한다.
③ 조기상환대가를 부채요소에 배분한 금액이 부채 관련 장부금액을 초과하는 경우 사채상환손실을 인식한다.
⑤ 전환사채의 조기상환 시 부채요소의 상환손익은 당기손익으로 인식하고 자본요소의 상환손익은 자본항목으로 인식한다.

03 1. 전환권대가

(1) 전환사채의 발행금액 ₩1,000,000

(2) 전환사채의 현재가치

이자의 현재가치: ₩100,000 × 2.2832 =	₩228,320	
원금의 현재가치: ₩1,000,000 × 0.6575 =	₩657,500	₩(885,820)

(3) 전환권대가: (1) − (2) ₩114,180

(4) 그림풀이

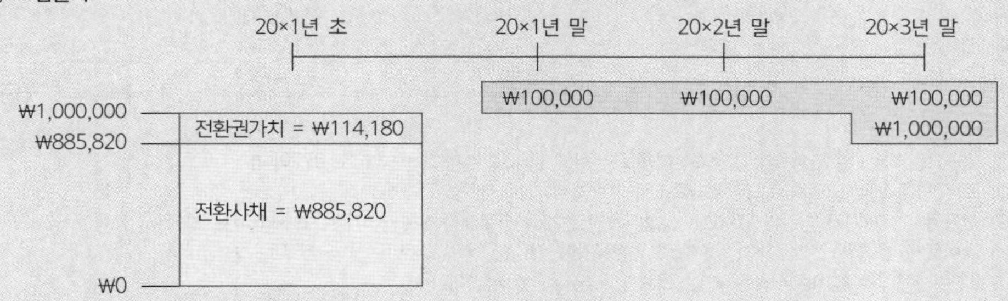

2. 유효이자율법에 의한 상각표

일자	장부금액 (상각후원가)	유효이자 (장부금액 × 15%)	액면이자 (액면금액 × 10%)	상각액 (유효이자 − 액면이자)
20×1년 초	₩885,820			
20×1년 말	₩918,693	₩132,873	₩100,000	₩32,873
20×2년 말	₩956,497	₩137,804	₩100,000	₩37,804
		(이하 생략)		

3. 20×2년 초 전환 시 자본증가액: ₩918,693 × 70% = ₩643,085

4. 회계처리(순액회계처리방법)

20×2년 초	(차) 전환사채[1]	643,085	(대) 자본금[2]	350,000
			주식발행초과금	293,085
	(차) 전환권대가[3]	79,926	(대) 주식발행초과금	79,926

[1] ₩918,693 × 70% = ₩643,085
[2] 70주 × ₩5,000 = ₩350,000
[3] ₩114,180 × 70% = ₩79,926

정답 01 ④ 02 ④ 03 ③

04 1. 전환조건의 변경에 따라 추가적으로 발행될 주식 수
(₩1,000,000 ÷ ₩10,000) × 2주 - (₩1,000,000 ÷ ₩10,000) × 1주 = 100주

2. 전환조건의 변경으로 인한 손실
100주 × ₩7,000 = ₩700,000

3. 회계처리

20×2년 초	(차) 전환사채유도전환손실(NI)	700,000	(대) 유도전환대가(자본)	700,000

05 1. 전환권가치
(1) 전환사채의 발행금액: ₩300,000
(2) 전환사채의 현재가치: ₩24,000 × 2.4868 + ₩300,000 × 0.7513 = ₩285,073
(3) 전환권가치(전환권대가): (1) - (2) = ₩300,000 - ₩285,073 = ₩14,927

2. 유효이자율법에 의한 상각표

일자	장부금액 (상각후원가)	유효이자 (장부금액 × 10%)	액면이자 (액면금액 × 8%)	상각액 (유효이자 - 액면이자)
20×1년 초	₩285,073			
20×1년 말	₩289,580	₩28,507	₩24,000	₩4,507
20×2년 말	₩294,538	₩28,958	₩24,000	₩4,958
20×3년 말	₩300,000	₩29,462	₩24,000	₩5,462
계		₩86,927	₩72,000	₩14,927

3. 지문해설
① 20×1년 1월 1일 전환사채 발행 시 부채로 인식할 금액은 부채요소인 ₩285,073이다.
② 20×2년에 인식할 이자비용은 부채요소의 20×2년 유효이자인 ₩28,958이다.
③ 전환권이 행사되기 직전인 20×2년 12월 31일 현재의 자본계정(전환권대가)은 ₩14,927로 발행 시 인식한 금액과 동일하다.
④ 20×3년 1월 1일 전환사채의 전환으로 인한 자본증가액은 ₩147,269(= ₩294,538 × 50%)이다.
⑤ 20×3년에 인식할 이자비용은 ₩14,731(= ₩29,462 × 50%)이다.

06 1. 전환권가치

(1) 전환사채의 발행가액			₩950,352
(2) 전환사채의 현재가치			
이자의 현재가치: ₩80,000 × 2.4018 =		₩192,144	
원금의 현재가치: ₩1,000,000 × 0.7118 =		₩711,800	₩(903,944)
(3) 전환권가치			₩46,408

2. 유효이자율법에 의한 상각표

일자	장부금액 (상각후원가)	유효이자 (장부금액 × 12%)	액면이자 (액면금액 × 8%)	상각액 (유효이자 - 액면이자)
20×1년 초	₩903,944			
20×1년 말	₩932,417	₩108,473	₩80,000	₩28,473
20×2년 말	₩964,307	₩111,890	₩80,000	₩31,890
20×3년 말	₩1,000,000	₩115,693[1)]	₩80,000	₩35,693
계		₩336,056	₩240,000	₩96,056

[1)] 단수차이조정

3. 20×1년 말 전환사채의 장부금액: ₩932,417

정답 04 ④ 05 ③ 06 ①

07 상환할증금 지급조건 전환사채의 전환권가치

(1) 전환사채의 발행금액: ₩1,000,000

(2) 상환할증금: ₩1,000,000 × (10% - 5%) × (1 + 1.1 + 1.1^2) = ₩165,500

(3) 전환권이 없는 일반사채의 현재가치
: ₩50,000 × 2.4018(3년, 12%, 연금현가) + ₩1,165,500 × 0.7118(3년, 12%, 현가계수) = ₩949,693

(4) 전환권가치: (1) - (3) = ₩1,000,000 - ₩949,693 = ₩50,307

(5) 그림풀이

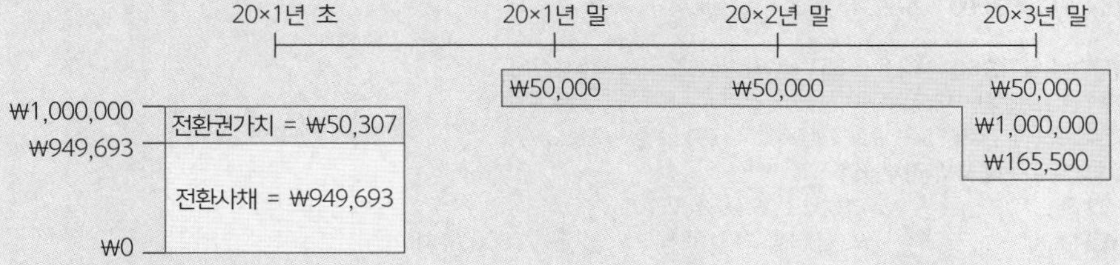

08 1. 상환할증금 지급조건 전환사채의 전환권가치

(1) 전환사채의 발행금액: ₩900,000

(2) 상환할증금: ₩1,000,000 × 6% = ₩60,000

(3) 전환권이 없는 일반사채의 현재가치
: ₩40,000 × 3.7908(5년, 10%, 연금현가) + ₩1,060,000 × 0.6209(5년, 10%, 현가계수) = ₩809,786

(4) 전환권가치: (1) - (3) = ₩900,000 - ₩809,786 = ₩90,214

2. 거래원가의 배분

(1) 부채요소: ₩10,000 × ₩809,786/₩900,000 = ₩8,998

(2) 자본요소: ₩10,000 × ₩90,214/₩900,000 = ₩1,002

3. 거래원가 배분 후 부채 및 자본증가액

(1) 부채증가액: ₩809,786 - ₩8,998 = ₩800,788

(2) 자본증가액: ₩90,214 - ₩1,002 = ₩89,212

4. 회계처리(순액회계처리방법)

20×1년 초	(차) 현금	900,000	(대) 전환사채	809,786
			전환권대가	90,214
	(차) 전환사채	8,998	(대) 현금	10,000
	전환권대가	1,002		

5. 회계처리(총액회계처리방법)

20×1년 초	(차) 현금	900,000	(대) 전환사채	1,000,000
	사채할인발행차금	100,000	사채상환할증금	60,000
	전환권조정	150,214	전환권대가	90,214
	(차) 사채할인발행차금	8,998	(대) 현금	10,000
	전환권대가	1,002		

6. 전환사채의 거래원가가 존재하는 경우 부채요소에 해당하는 부분의 이자비용을 인식하기 위한 새로운 유효이자율은 다음과 같이 계산하여야 한다.

$$₩800,788 = \frac{40,000}{(1 + r\%)^1} + \frac{40,000}{(1 + r\%)^2} + \frac{40,000}{(1 + r\%)^3} + \frac{40,000}{(1 + r\%)^4} + \frac{1,100,000}{(1 + r\%)^5}$$

∴ 유효이자율(r) = 10.26885%

정답 07 ① 08 ①

09 1. 전환사채 상환금액: ₩2,960,000

2. 부채요소(전환사채의 20×2년 초 시점의 현재가치)

이자의 현재가치: ₩240,000 × 1.75911 =	₩422,186
원금의 현재가치: ₩3,000,000 × 0.84168 =	₩2,525,040
계	₩2,947,226

3. 자본요소: ₩2,960,000 - ₩2,947,226 = ₩12,774

4. 사채상환손실(당기손익): ₩2,895,851 - ₩2,947,226 = ₩(51,375)
   (1) 20×1년 초 전환사채 장부금액
   ₩240,000 × 2.48685 + ₩3,000,000 × 0.75131 = ₩2,850,774
   (2) 20×1년 말 전환사채 장부금액
   - ₩2,850,774 × 1.1 - ₩240,000 = ₩2,895,851
   - ₩240,000 × 1.73554 + ₩3,000,000 × 0.82645 = ₩2,895,880(단수차이)

5. 전환권재매입이익(자본항목): ₩12,774 - ₩149,226[1] = ₩136,452

[1] ₩3,000,000 - 전환사채 미래현금흐름의 가치 ₩2,850,774 = ₩149,226

6. 20×2년 초 당기순이익에 미치는 영향: 사채상환손실 ₩(51,375)

10 ① 발행 당시 전환권대가: ₩103,086
   (1) 20×1년 초 전환사채: ₩1,000,000 × 0.79383 + ₩40,000 × 2.57710 = ₩896,914
   (2) 발행 당시 전환권대가: ₩1,000,000 - ₩896,914 = ₩103,086
② 20×1년도 전환권조정 상각액: ₩896,914 × 8% - ₩40,000 = ₩31,753
③ 20×2년 초 장부금액: ₩896,914 × 1.08 - ₩40,000 = ₩928,667
④ 20×2년 전환사채의 조기상환일에 부채요소의 공정가치: ₩1,000,000 × 0.75614 + ₩40,000 × 1.62571 = ₩821,168
⑤ 20×2년 초 사채상환손익: ₩928,667 - ₩821,168 = ₩107,499(사채상환이익)

11 1. 신주인수권가치
   (1) 신주인수권부사채의 발행금액: ₩1,000,000
   (2) 신수인수권부사채의 현재가치: ₩100,000 × 2.4019 + ₩1,000,000 × 0.7118 = ₩951,990
   (3) 신주인수권가치(신주인수권대가): (1) - (2) = ₩1,000,000 - ₩951,990 = ₩48,010

2. 유효이자율법에 의한 상각표

일자	장부금액 (상각후원가)	유효이자 (장부금액 × 12%)	액면이자 (액면금액 × 10%)	상각액 (유효이자 - 액면이자)
20×1년 초	₩951,990			
20×1년 말	₩966,229	₩114,239	₩100,000	₩14,239
20×2년 말	₩982,176	₩115,947	₩100,000	₩15,947
20×3년 말	₩1,000,000	₩117,824[1]	₩100,000	₩17,824
계		₩348,010	₩300,000	₩48,010

[1] 단수차이조정

3. 지문해설
   ① 20×1년 1월 1일 신주인수권부사채 발행시점의 자본요소(신주인수권대가)는 ₩48,010이다.
   ② 20×2년도 포괄손익계산서에 인식할 이자비용은 ₩115,947이다.
   ③ 20×2년 말 재무상태표에 부채로 계상할 신주인수권부사채의 장부금액은 ₩982,176이다.
   ④ 20×3년 1월 1일 신주인수권의 행사로 증가하는 주식발행초과금은 ₩319,204이다.
   (현금납입액 + 신주인수권대가 - 액면금액) × 행사비율
   = (₩1,000,000 + ₩48,010 - 50주 × ₩5,000) × 40% = ₩319,204
   ⑤ 20×3년도 포괄손익계산서에 인식할 이자비용은 ₩117,824(단수차이조정)이다.

정답 09 ② 10 ⑤ 11 ④

12 1. 일반사채의 현재가치: ₩160,000 × 2.4018 + ₩2,000,000 × 0.7118 = ₩1,807,888

2. 신주인수권대가: ₩1,903,960 - ₩1,807,888 = ₩96,072

3. 유효이자율법에 의한 상각표

일자	장부금액	유효이자(12%)	액면이자(8%)	상각액
20×1년 초	₩1,807,888			
20×1년 말	₩1,864,835	₩216,947	₩160,000	₩56,947
20×2년 말	₩1,928,615	₩223,780	₩160,000	₩63,780
		(이하 생략)		

4. 20×2년 이자비용: ₩1,864,835 × 12% = ₩223,780

5. 20×2년 말 신주인수권대가: ₩96,072 × (1 - 25%) = ₩72,054

13 1. 상환할증금: ₩30,000 × (1 + 1.08 + 1.08^2) = ₩97,392

2. 20×3년 말 사채권자에게 지급해야 할 총금액: 액면금액 + 액면이자 + 사채상환할증금(미행사분)
₩1,000,000 + ₩50,000 + ₩97,392 × (1 - 50%) = ₩1,098,696

14 1. 신주인수권대가

신주인수권부사채의 발행금액	₩98,000
신주인수권부사채의 현재가치: ₩6,000 × 2.4869 + ₩100,000 × 0.7513 =	₩(90,051)
신주인수권대가	₩7,949

2. 주식발행초과금증가액: (현금납입액 + 상환할증금의 현재가치 + 신주인수권대가 - 액면금액) × 행사비율
(₩100,000/₩1,000 × ₩8,000 + ₩0 + ₩7,949 - ₩100,000/₩1,000 × ₩5,000) × 70% = ₩215,564

3. 20×2년 이자비용: (₩90,051 × 1.1 - ₩6,000) × 10% = ₩9,306

정답 12 ③ 13 ⑤ 14 ⑤

15 1. 상환할증금

₩2,000,000 × (10% - 8%) × (1 + 1.1 + 1.1^2) = ₩132,400

2. 신주인수권부사채의 미래현금흐름의 현재가치

₩160,000 × 2.44371 + ₩2,132,400 × 0.73119 = ₩1,950,183

3. 유효이자율법에 의한 상각표

(1) 총상각표

일자	장부금액	유효이자(11%)	액면이자(8%)	상각액
20×1년 초	₩1,950,183			
20×1년 말	₩2,004,703	₩214,520	₩160,000	₩54,520
20×2년 말	₩2,065,220	₩220,517	₩160,000	₩60,517
20×3년 말	₩2,132,400	₩227,180	₩160,000	₩67,180
		₩662,217	₩480,000	₩182,217

(2) 일반사채상각표

일자	장부금액	유효이자(11%)	액면이자(8%)	상각액
20×1년 초	₩1,853,374			
20×1년 말	₩1,897,245	₩203,871	₩160,000	₩43,871
20×2년 말	₩1,945,942	₩208,697	₩160,000	₩48,697
20×3년 말	₩2,000,000	₩214,058	₩160,000	₩54,058
		₩626,626	₩480,000	₩146,626

(3) 상환할증금상각표

일자	장부금액	유효이자(11%)	액면이자(8%)	상각액
20×1년 초	₩96,809			
20×1년 말	₩107,458	₩10,649	-	₩10,649
20×2년 말	₩119,278	₩11,820	-	₩11,820
20×3년 말	₩132,400	₩13,122	-	₩13,122
		₩35,591	-	₩35,591

4. 이자비용

20×2년: ₩208,697 + ₩11,820 × (1 - 30%) = ₩216,971

20×3년: ₩214,058 + ₩13,122 × (1 - 30%) = ₩223,243

별해

20×2년 이자비용: ₩220,517 - (₩132,400 ÷ 1.11 - ₩132,400 ÷ 1.11^2) × 30% = ₩216,971

20×3년 이자비용: ₩227,179 - (₩132,400 - ₩132,400 ÷ 1.11) × 30% = ₩223,243

정답 15 ③

고급문제 정답 및 해설

01 1. 상환할증금 지급조건 전환사채의 상환할증금과 전환권가치

(1) 상환할증금: ₩100,000 × (12% - 10%) × (1 + 1.12 + 1.12^2) = ₩6,749

(2) 전환권가치: ① - ③ = ₩100,000 - ₩97,594 = ₩2,406

① 전환사채의 발행금액: ₩100,000

② 상환할증금: ₩100,000 × (12% - 10%) × (1 + 1.12 + 1.12^2) = ₩6,749

③ 전환권이 없는 일반사채의 현재가치:
₩10,000 × 2.36115(3년, 13%, 연금현가) + ₩106,749 × 0.69305(3년, 13%, 현가계수) = ₩97,594

2. 유효이자율법 상각표

일자	장부금액 (상각후원가)	유효이자 (장부금액 × 13%)	액면이자 (액면금액 × 10%)	상각액 (유효이자 - 액면이자)
20×1년 초	₩97,594			
20×1년 말	₩100,281	₩12,687	₩10,000	₩2,687
20×2년 말	₩103,318	₩13,037	₩10,000	₩3,037
20×3년 말	₩106,749	₩13,431	₩10,000	₩3,431
계		₩39,155	₩30,000	₩9,155

3. 20×2년 포괄손익계산서에 인식할 이자비용: ₩13,037 × 50% × 6/12 + ₩13,037 × 50% = ₩9,778

4. 회계처리(순액회계처리방법)

일자	차변	금액	대변	금액
20×2. 7. 1.	(차) 이자비용[1]	3,259	(대) 미지급이자[2]	2,500
			전환사채	759
	(차) 전환사채[3]	50,900	자본금	25,000
			주식발행초과금	25,900
	(차) 전환권대가	1,203	주식발행초과금	1,203
	(차) 미지급이자	2,500	현금	2,500
20×2년 말	(차) 이자비용[4]	6,519	(대) 현금[5]	5,000
			전환사채	1,519

[1] ₩13,037 × 50% × 6/12 = ₩3,259

[2] ₩10,000 × 50% × 6/12 = ₩2,500

[3] ₩100,281 × 50% + ₩759 = ₩50,900

[4] ₩13,037 × 50% = ₩6,519

[5] ₩10,000 × 50% = ₩5,000

02 1. 20×1년 1월 1일 전환사채의 장부금액: ₩40,000 × 2.5770 + ₩1,086,000 × 0.7938 = ₩965,147

2. 20×2년 1월 1일 전환사채의 장부금액: ₩965,147 × 1.08 - ₩40,000 = ₩1,002,359

3. 20×2년 1월 1일 전환 시 자본증가액: 전환사채의 장부금액 × 40% = ₩1,002,359 × 40% = ₩400,944

정답 01 ① 02 ④

03 사채상환이익

전환사채의 장부금액(PV 8%): (₩40,000 × 0.9259 + ₩1,086,000 × 0.9259) × 60% =	₩625,538
부채요소의 공정가치(PV 10%): (₩40,000 × 0.9091 + ₩1,086,000 × 0.9091) × 60% =	₩(614,188)
사채상환이익	₩11,350

04 1. 전환사채의 전환권가치

(1) 전환사채의 발행금액: ₩3,000,000
(2) 상환할증금: ₩0(상환할증금 미지급조건)
(3) 전환권이 없는 일반사채의 현재가치
₩300,000 × 2.4019(3년, 12%, 연금현가) + ₩3,000,000 × 0.7118(3년, 12%, 현가계수)
= ₩2,855,970
(4) 전환권가치: (1) - (3) = ₩3,000,000 - ₩2,855,970 = ₩144,030

2. 20×2년 1월 1일 전환사채의 장부금액: ₩2,855,970 × 1.12 - ₩300,000 = ₩2,898,686

3. 조기상환대가의 배분

(1) 조기상환대가: ₩3,100,000
(2) 상환시점의 부채요소의 공정가치
: ₩300,000 × 1.6257(2년, 15%, 연금현가) + ₩3,000,000 × 0.7561(2년, 15%, 현가계수) = ₩2,756,010
(3) 상환시점의 자본요소의 공정가치: (1) - (2) = ₩3,100,000 - ₩2,756,010 = ₩343,990

4. 사채상환이익 및 전환권대가상환손실

(1) 사채상환이익: ₩2,898,686(장부금액) - ₩2,756,010(부채요소의 공정가치) = ₩142,676
(2) 전환권대가상환손실: ₩144,030(장부금액) - ₩343,990(자본요소의 공정가치) = ₩(199,960)

별해

사채상환이익

전환사채의 장부금액(PV 12%): ₩300,000 × 1.6901 + ₩3,000,000 × 0.7972 =	₩2,898,630	
부채요소의 공정가치(PV 15%): ₩300,000 × 1.6257 + ₩3,000,000 × 0.7561 =	(2,756,010)	
사채상환이익	₩142,620	(단수차이)

05 1. [A] 전환사채유도전환손실: (1) - (2) = (₩3,000,000/₩1,000) × 3주 × ₩200 = ₩1,800,000

(1) 변경 후 조건의 공정가치: (₩3,000,000/₩1,000) × 3주 + (₩3,000,000/₩1,000) × 3주 × ₩200
(2) 변경 전 조건의 공정가치: (₩3,000,000/₩1,000) × 3주

2. [B] 전환사채유도전환손실: (1) - (2) = (₩3,000,000/₩1,000) × 0.2주 × ₩700 = ₩420,000

(1) 변경 후 조건의 공정가치: (₩3,000,000/₩1,000) × 3.2주 × ₩700
(2) 변경 전 조건의 공정가치: (₩3,000,000/₩1,000) × 3주 × ₩700

정답 03 ② 04 ④ 05 ⑤

06 1. 신주인수권부사채의 현재가치

이자의 현재가치: ₩40,000 × 2.5771 =	₩103,084
원금의 현재가치: ₩1,000,000 × 0.7938 =	₩793,800
상환할증금의 현재가치: ₩63,672[1) × 0.7938 =	₩50,543
계	₩947,427

1) ₩1,000,000 × (6% - 4%) × (1 + 1.06 + 1.06^2) = ₩63,672

2. 신주인수권대가: ₩1,000,000 - ₩947,427 = ₩52,573

3. 유효이자율법에 의한 상각표

① 일반사채상각표

일자	장부금액	유효이자(8%)	액면이자(4%)	상각액
20×1년 초	₩896,884			
20×1년 말	₩928,635	₩71,751	₩40,000	₩31,751
20×2년 말	₩962,926	₩74,291	₩40,000	₩34,291
		(이하 생략)		

② 상환할증금상각표

일자	장부금액	유효이자(8%)	액면이자(0%)	상각액
20×1년 초	₩50,543			
20×1년 말	₩54,586	₩4,043	₩0	₩4,043
20×2년 말	₩58,953	₩4,367	₩0	₩4,367
		(이하 생략)		

4. 20×2년 말 신주인수권 행사 시 회계처리(순액회계처리)

20×2년 말	(차)	현금	420,000	(대)	자본금	300,000
		신주인수권부사채[1)	35,372		주식발행초과금	155,372
	(차)	신주인수권대가[2)	31,544	(대)	주식발행초과금	31,544

1) ₩58,953 × 60% = ₩35,372

2) ₩52,573 × 60% = ₩31,544

∴ 주주지분 증가액: ₩420,000 + ₩35,372 = ₩455,372

별해

현금납입액 + 상환할증금의 PV = 60주 × ₩7,000 + ₩63,672/1.08 × 60% = ₩455,373(단수차이)

07 만기상환 시 현금지급액: ₩1,000,000(액면금액) + ₩63,672(상환할증금) × 40%(미행사비율) = ₩1,025,469

정답 06 ③ 07 ④

☀ 객관식 문제풀이에 앞서 각 장의 주요 주제별 중요도를 파악해볼 수 있습니다.
☀ 시험 대비를 위해 꼭 풀어보아야 하는 필수문제를 정리하여 효율적으로 학습할 수 있습니다.

1. 출제경향

주요 주제	중요도
1. 이론형 문제	★★★★★
2. 리스제공자의 운용리스	★★
3. 리스제공자의 금융리스	★★★★★
4. 리스이용자의 금융리스	★★★★★
5. 추정무보증잔존가치의 감소	★★★
6. 리스부채의 재평가	★★★★★
7. 판매형리스	★★★
8. 판매후리스	★★★★
9. 리스변경	★★★★★

2. 필수문제 리스트

구분		필수문제 번호
회계사	기본문제	1, 2, 3, 4, 5, 6, 7, 9, 10, 11, 12, 14, 17, 19
	고급문제	1, 2, 3, 6, 7, 8, 10, 11
세무사	기본문제	1, 2, 3, 4, 5, 6, 7, 9, 10, 11, 12, 14, 17, 19
	고급문제	1, 2, 3, 6, 7, 8

Chapter 15

리스

■ 기본문제

■ 고급문제

■ 정답 및 해설

기본문제

01 리스에 관한 한국채택국제회계기준의 내용으로 옳지 않은 것은?

① 리스란 대가와 교환하여 자산의 사용권을 일정 기간 이전하는 계약이나 계약의 일부를 말한다.
② 리스제공자가 리스이용자에게 자산의 사용권을 제공하는 리스의 대상이 되는 자산을 기초자산이라고 한다.
③ 금융리스는 기초자산의 소유에 따른 위험과 보상의 대부분을 이전하는 리스를 말한다.
④ 계약에서 대가와 교환하여, 식별되는 자산의 사용 통제권을 일정 기간 이전하게 한다면 그 계약은 리스이거나 리스를 포함한다.
⑤ 하나의 리스요소와, 하나 이상의 추가 리스요소나 비리스요소를 포함하는 계약에서 리스제공자는 리스요소의 상대적 개별가격과 비리스요소의 총개별가격에 기초하여 계약 대가를 각 리스요소에 배분한다.

02 다음은 리스와 관련된 용어에 대한 설명이다. 가장 적절하지 않은 것은?

① 리스총투자는 금융리스에서 리스제공자가 받게 될 리스료와 무보증잔존가치의 합계액을 말한다.
② 리스순투자는 리스총투자를 리스의 내재이자율로 할인한 금액을 말하며, 리스개시일 현재 기초자산의 공정가치와 리스제공자가 지출한 리스개설직접원가의 합계금액으로 구성된다.
③ 내재이자율은 리스제공자의 목표수익률을 의미하며, 내재이자율 산정 시 리스료만 고려하고 무보증잔존가치는 제외한다.
④ 고정리스료란 리스기간의 기초자산 사용권에 대하여 리스이용자가 리스제공자에게 지급하는 금액에서 변동리스료를 뺀 금액을 말한다.
⑤ 변동리스료는 리스기간에 기초자산의 사용권에 대하여 리스이용자가 리스제공자에게 지급하는 리스료의 일부로서 시간의 경과가 아닌 리스개시일 후 사실이나 상황의 변화 때문에 달라지는 부분을 말한다.

03 일반적으로 금융리스로 분류되는 상황의 예가 아닌 것은?

① 리스기간 종료시점 이전에 기초자산의 소유권이 리스이용자에게 이전되는 리스
② 리스이용자가 선택권을 행사할 수 있는 날의 공정가치보다 충분히 낮을 것으로 예상되는 가격으로 기초자산을 매수할 수 있는 선택권을 가지고 있고, 그 선택권을 행사할 것이 리스약정일 현재 상당히 확실한 경우
③ 기초자산의 소유권이 이전되지는 않더라도 리스기간이 기초자산의 경제적 내용연수의 상당 부분을 차지하는 경우
④ 리스약정일 현재, 리스료의 현재가치가 적어도 기초자산 공정가치의 대부분에 해당하는 경우
⑤ 범용성 있는 자산의 경우

04 기업회계기준서 제1116호 '리스'에 대한 다음 설명 중 옳은 것은? [2019 공인회계사 1차]

① 리스기간이 12개월 이상이고 기초자산이 소액이 아닌 모든 리스에 대하여 리스이용자는 자산과 부채를 인식하여야 한다.

② 일부 예외적인 경우를 제외하고, 단기리스나 소액 기초자산 리스를 이용하는 리스이용자는 해당 리스에 관련되는 리스료를 리스기간에 걸쳐 정액 기준이나 다른 체계적인 기준에 따라 비용으로 인식할 수 있다.

③ 리스이용자의 규모, 특성, 상황이 서로 다르기 때문에, 기초자산이 소액인지는 상대적 기준에 따라 평가한다.

④ 단기리스에 대한 리스회계처리 선택은 리스별로 적용해야 한다.

⑤ 소액 기초자산 리스에 대한 리스회계처리 선택은 기초자산의 유형별로 적용해야 한다.

05 ㈜대한리스는 ㈜민국과 20×1년 초에 기계장치를 구입하고 즉시 운용리스계약을 체결하였다. 운용리스계약과 관련된 자료는 다음과 같다.

(1) 20×1년 초에 구입한 기계장치의 취득원가는 ₩1,000,000이다. 동 기계장치의 내용연수는 10년이고 잔존가치는 ₩100,000이며, 정액법으로 감가상각한다.

(2) 동 운용리스계약서상 리스기간은 3년이며, 매년 말 수취하는 리스료의 금액은 다음과 같다.

20×1년 말	20×2년 말	20×3년 말
₩180,000	₩300,000	₩120,000

(3) ㈜대한리스는 동 리스계약과 관련하여 리스개설직접원가 ₩30,000을 지출하였다.

㈜대한리스는 정액기준으로 운용리스의 리스료를 리스기간 동안 수익으로 인식한다고 가정한다면, 위의 리스계약으로 인하여 ㈜대한리스의 20×1년 포괄손익계산서의 당기손익에 미치는 영향을 계산하시오.

① ₩(100,000) ② ₩100,000 ③ ₩200,000
④ ₩300,000 ⑤ ₩600,000

06 20×1년 1월 1일 ㈜한국플랜트는 ㈜대한리스회사와 다음과 같은 조건으로 금융리스계약을 체결하였다.

> (1) 리스자산(기계장치)의 공정가치: ₩500,000(경제적 내용연수 4년, 잔존가치 ₩0, 정액법 상각)
> (2) 리스기간은 3년이고 리스료는 매년 말 정액지급
> (3) ㈜한국플랜트는 리스기간 종료 시 ₩50,000을 지급하고 소유권을 이전받음
> (4) 내재이자율은 10%
> (3기간의 10% 정상연금 현가계수는 2.48685, 현가계수는 0.75131)
> (4기간의 10% 정상연금 현가계수는 3.16986, 현가계수는 0.68301)

리스기간 동안 매년 말 지급되는 고정리스료는 얼마인가? (단, 계산금액은 소수점 첫째 자리에서 반올림하며, 이 경우 단수차이로 인해 약간의 오차가 있으면 가장 근사치를 선택한다)

[2011 세무사 1차 수정]

① ₩124,350 ② ₩150,000 ③ ₩161,915 ④ ₩166,667 ⑤ ₩185,952

07 리스사업을 하고 있는 ㈜코리아리스는 ㈜서울과 다음과 같은 조건으로 해지불능 금융리스계약을 체결하였다. 아래의 자료를 기초로 리스기간개시일 현재 ㈜코리아리스가 리스채권으로 인식할 금액 및 ㈜서울이 20×1년 감가상각비로 인식해야 할 금액은 각각 얼마인가? 리스제공자인 ㈜코리아리스의 내재이자율은 연 10%이며, 양사 모두 리스자산의 감가상각방법으로 정액법을 사용한다. 10% 현가계수는 아래의 표를 이용하며, 소수점 첫째 자리에서 반올림한다. 단, 계산결과 단수차이로 인한 약간의 오차가 있으면 가장 근사치를 선택한다. [2015 공인회계사 1차 수정]

기간	단일금액 ₩1의 현가	정상연금 ₩1의 현가
4	0.6830	3.1699
5	0.6209	3.7908

> (1) 리스기간개시일: 20×1년 1월 1일
> (2) 리스기간: 리스기간개시일로부터 4년(리스기간 종료시점의 추정잔존가치는 ₩50,000이며, 이 중에서 리스이용자가 ₩30,000을 보증하였으며, 잔존가치 보증에 따라 리스이용자가 지급할 것으로 예상한 금액은 없다)
> (3) 리스자산의 내용연수: 5년
> (4) 연간리스료: 매 연도 말에 ₩4,000,000씩 지급함
> (5) 리스개설직접원가: ㈜코리아리스가 지출한 리스개설직접원가는 ₩0이며, ㈜서울이 지출한 리스개설직접원가는 ₩80,000임
> (6) 소유권이전약정: 리스기간 종료 시까지 소유권이전약정 없음

	리스채권	감가상각비
①	₩12,713,750	₩2,550,018
②	₩12,713,750	₩3,189,900
③	₩12,713,750	₩3,187,523
④	₩15,181,827	₩3,046,365
⑤	₩15,194,245	₩2,550,018

08 ㈜대한리스는 ㈜민국과 리스개시일인 20×1년 1월 1일에 운용리스에 해당하는 리스계약(리스기간 3년)을 체결하였으며, 관련 정보는 다음과 같다.

- ㈜대한리스는 리스개시일인 20×1년 1월 1일에 기초자산인 기계장치를 ₩40,000,000(잔존가치 ₩0, 내용연수 10년)에 신규 취득하였다. ㈜대한리스는 동 기초자산에 대해 원가모형을 적용하며, 정액법으로 감가상각한다.
- 정액 기준 외 기초자산의 사용으로 생기는 효익의 감소형태를 보다 잘 나타내는 다른 체계적인 기준은 없다.
- ㈜대한리스는 리스기간 종료일인 20×3년 12월 31일에 기초자산을 반환받으며, 리스종료일에 리스이용자가 보증한 잔존가치는 없다.
- ㈜대한리스는 ㈜민국으로부터 각 회계연도 말에 다음과 같은 고정리스료를 받는다.

20×1년 말	20×2년 말	20×3년 말
₩6,000,000	₩8,000,000	₩10,000,000

- ㈜대한리스와 ㈜민국은 20×1년 1월 1일 운용리스 개설과 관련한 직접원가로 ₩600,000과 ₩300,000을 각각 지출하였다.
- ㈜민국은 사용권자산에 대해 원가모형을 적용하며, 정액법으로 감가상각한다.
- 동 거래는 운용리스거래이기 때문에 ㈜민국은 ㈜대한리스의 내재이자율을 쉽게 산정할 수 없으며, 리스개시일 현재 ㈜민국의 증분차입이자율은 연 8%이다.
- 적용할 현가계수는 아래의 표와 같다.

기간 \ 할인율	8%	
	단일금액 ₩1의 현재가치	정상연금 ₩1의 현재가치
1년	0.9259	0.9259
2년	0.8573	1.7832
3년	0.7938	2.5770

동 운용리스 거래가 리스제공자인 ㈜대한리스와 리스이용자인 ㈜민국의 20×1년도 포괄손익계산서상 당기순이익에 미치는 영향은 각각 얼마인가? 단, 감가상각비의 자본화는 고려하지 않으며, 단수차이로 인해 오차가 있다면 가장 근사치를 선택한다. [2022 공인회계사 1차]

	㈜대한리스	㈜민국
①	₩1,400,000 증가	₩8,412,077 감소
②	₩3,400,000 증가	₩8,412,077 감소
③	₩3,400,000 증가	₩8,512,077 감소
④	₩3,800,000 증가	₩8,412,077 감소
⑤	₩3,800,000 증가	₩8,512,077 감소

※ 다음은 **09 ~ 11**과 관련된 자료이다.

리스제공자인 ㈜대한리스는 20×1년 초 리스이용자인 ㈜민국과 기계장치에 대하여 금융리스계약을 체결하였다. 리스개시일은 20×1년 초이며, ㈜대한리스와 ㈜민국의 결산일은 모두 12월 31일이다.

(1) ㈜대한리스는 기초자산인 기계장치를 20×1년 초의 공정가치 ₩250,000에 취득하였으며, 리스계약과 관련하여 리스개설직접원가 ₩6,198을 지출하였다. 또한 ㈜민국은 동 리스계약과 관련하여 리스개설직접원가 ₩3,315을 지출하였다.

(2) 기초자산의 내용연수는 4년이고 잔존가치는 ₩16,198으로 추정되며, 정액법으로 감가상각한다.

(3) ㈜대한리스와 ㈜민국이 체결한 금융리스의 계약서상 리스기간은 3년이며, 매년 말 동일한 고정리스료를 ₩100,000을 수취하도록 되어있다.

(4) ㈜대한리스는 리스기간 종료 시 추정잔존가치는 ₩10,000이며, 이 중 리스이용자가 보증한 부분은 ₩5,000이고 리스기간 종료시점에 리스이용자가 잔존가치 보증에 따라 지급할 것으로 예상한 금액이 ₩3,000으로 추정되었다.

(5) ㈜대한리스의 내재이자율은 10%이며, 10%의 현가계수는 다음과 같다.

할인율	단일금액 ₩1의 현가			정상연금 ₩1의 현가		
	1년	2년	3년	1년	2년	3년
10%	0.90909	0.82645	0.75131	0.90909	1.73554	2.48685

09 ㈜대한리스가 리스개시일인 20×1년 초에 리스채권으로 인식할 금액은 얼마인가?

① ₩124,350 ② ₩150,000 ③ ₩161,915
④ ₩250,000 ⑤ ₩256,198

10 ㈜민국이 리스개시일인 20×1년 초에 사용권자산과 리스부채로 인식할 금액은 얼마인가?

	사용권자산	리스부채
①	₩250,939	₩250,939
②	₩250,939	₩303,000
③	₩254,254	₩250,939
④	₩254,254	₩303,000
⑤	₩303,000	₩250,939

11 리스 종료시점에 리스자산의 실제잔존가치가 ₩4,000인 경우 ㈜민국이 위 리스계약에 따라 20×3년 포괄손익계산서의 당기손익에 미치는 영향은 얼마인가?

① ₩(52,116) ② ₩(62,116) ③ ₩(72,116)
④ ₩(82,116) ⑤ ₩(92,116)

12 ㈜대한리스는 20×1년 1월 1일 ㈜민국과 다음과 같은 금융리스계약을 약정과 동시에 체결하였다.

(1) 리스개시일: 20×1년 1월 1일
(2) 리스기간: 20×1년 1월 1일 ~ 20×3년 12월 31일(3년)
(3) 연간 정기리스료: 매년 말 ₩500,000 후급
(4) 리스자산의 공정가치는 ₩1,288,530이고 내용연수는 4년이다. 내용연수 종료시점에 잔존가치는 없으며, ㈜민국은 정액법으로 감가상각한다.
(5) ㈜민국은 리스기간 종료시점에 ₩100,000에 리스자산을 매수할 수 있는 선택권을 가지고 있고, 그 선택권을 행사할 것이 리스약정일 현재 상당히 확실하다. 동 금액은 선택권을 행사할 수 있는 날(리스기간 종료시점)의 공정가치보다 충분히 낮을 것으로 예상되는 가격이다.
(6) ㈜대한리스와 ㈜민국이 부담한 리스개설직접원가는 각각 ₩30,000과 ₩20,000이다.
(7) ㈜대한리스는 상기 리스를 금융리스로 분류하고, ㈜민국은 리스개시일에 사용권자산과 리스부채를 인식한다.
(8) 리스의 내재이자율은 연 10%이며, 그 현가계수는 아래 표와 같다.

기간	단일금액 ₩1의 현재가치	정상연금 ₩1의 현재가치
3년	0.7513	2.4868
4년	0.6830	3.1698

상기 리스거래가 ㈜대한리스와 ㈜민국의 20×1년도 당기순이익에 미치는 영향은? (단, 단수차이로 인해 오차가 있다면 가장 근사치를 선택한다) [2019 공인회계사 1차]

	㈜대한리스	㈜민국
①	₩131,853 증가	₩466,486 감소
②	₩131,853 증가	₩481,486 감소
③	₩131,853 증가	₩578,030 감소
④	₩134,853 증가	₩466,486 감소
⑤	₩134,853 증가	₩481,486 감소

13 20×0년 11월 1일 ㈜세무는 ㈜대한리스로부터 업무용 컴퓨터 서버(기초자산)를 리스하는 계약을 체결하였다. 리스기간은 20×1년 1월 1일부터 3년이며, 고정리스료는 리스개시일에 지급을 시작하여 매년 ₩500,000씩 총 3회 지급한다. 리스계약에 따라 ㈜세무는 연장선택권(리스기간을 1년 연장할 수 있으며 동시에 기초자산의 소유권도 리스이용자에게 귀속)을 20×3년 12월 31일에 행사할 수 있으며, 연장된 기간의 리스료 ₩300,000은 20×4년 1월 1일에 지급한다. 리스개시일 현재 ㈜세무가 연장선택권을 행사할 것은 상당히 확실하다. 20×1년 1월 1일 기초자산인 업무용 컴퓨터 서버(내용연수 5년, 잔존가치 ₩0, 정액법으로 감가상각)가 인도되어 사용개시되었으며, ㈜세무는 리스개설과 관련된 법률비용 ₩30,000을 동 일자에 지출하였다. ㈜세무의 증분차입이자율은 10%이며, 리스 관련 내재이자율은 알 수 없다. 이 리스거래와 관련하여 ㈜세무가 20×1년에 인식할 이자비용과 사용권자산 상각비의 합계액은? [2019 세무사 1차]

기간	단일금액 ₩1의 현재가치(할인율 10%)	정상연금 ₩1의 현재가치(할인율 10%)
1년	0.9091	0.9091
2년	0.8264	1.7355
3년	0.7513	2.4869
4년	0.6830	3.1699

① ₩408,263　② ₩433,942　③ ₩437,942
④ ₩457,263　⑤ ₩481,047

14 20×1년 1월 1일 ㈜강원리스는 제조사로부터 공정가치 ₩600,000인 기계장치를 구입하여 ㈜원주에게 금융리스계약을 통하여 리스하였다. 리스약정일과 리스기간개시일은 동일하며, 경제적 내용연수와 리스기간도 동일하다. 리스료는 20×1년부터 5년간 매년도 말 ₩150,000을 수취한다. 리스기간 종료 후 그 잔존가치는 ₩50,540이며, ㈜원주가 이 중 ₩30,000을 보증한다. 동 금융리스에 적용되는 유효이자율(내재이자율)은 연 10%이며, 현가요소는 다음과 같다.

기간	기간 말 ₩1의 현재가치(10%)	정상연금 ₩1의 현재가치(10%)
4년	0.6830	3.1699
5년	0.6209	3.7908

20×1년 말에 이 리스자산의 잔존가치가 ₩50,540에서 ₩30,540으로 감소하였다. 이 리스계약이 리스제공자인 ㈜강원리스의 20×1년도 당기순이익에 미치는 영향은 얼마인가? (단, 소수점 이하는 반올림하며, 이 경우 단수차이로 인해 약간의 오차가 있으면 가장 근사치를 선택한다) [2010 공인회계사 1차]

① ₩40,500　② ₩42,340　③ ₩44,500
④ ₩46,340　⑤ ₩60,000

15 다음은 한국채택국제회계기준의 리스부채의 재평가와 관련된 내용이다. 옳지 않은 것은?

① 리스이용자는 리스개시일 후에 리스료에 생기는 변동을 반영하기 위하여 리스부채를 다시 측정한다.
② 리스개시일 후에 리스료에 생기는 변동을 반영하기 위하여 리스이용자는 사용권자산을 조정하여 리스부채의 재측정금액을 인식한다.
③ 만약 사용권자산의 장부금액이 영(0)으로 줄어들고 리스부채 측정치가 그보다 많이 줄어드는 경우에 리스이용자는 나머지 재측정금액을 당기손익으로 인식한다.
④ 리스료를 산정할 때 사용한 지수나 요율(이율)의 변동으로 생기는 미래 리스료에 변동이 있는 경우는 당기손익으로 인식한다.
⑤ 리스이용자는 리스기간에 변경이 있는 경우 또는 기초자산을 매수하는 선택권 평가에 변동이 있는 경우 수정 할인율로 수정 리스료를 할인하여 리스부채를 다시 측정한다.

16 다음은 리스와 관련된 한국채택국제회계기준의 내용이다. 옳지 않은 것은?

① 판매형리스란 제조자 또는 판매자가 취득 또는 제조한 자산을 고객에게 금융리스방식으로 판매하는 경우의 리스계약을 말한다.
② 제조자나 판매자인 리스제공자는 일반판매에 대하여 리스개시일에 매출액을 인식하는데, 기초자산의 공정가치와 리스제공자에게 귀속되는 리스료를 시장이자율로 할인한 현재가치 중 적은 금액으로 수익을 인식한다.
③ 제조자 또는 판매자인 리스제공자는 리스개시일에 매출원가를 인식하는데, 매출원가는 기초자산의 원가에서 무보증잔존가치의 현재가치를 차감한 금액으로 매출원가를 인식한다.
④ 판매후리스란 판매자인 리스이용자가 구매자인 리스제공자에게 자산을 이전하고, 그 구매자인 리스제공자에게서 그 자산을 다시 리스하는 경우를 말한다.
⑤ 판매자인 리스이용자가 행한 자산 이전이 자산의 판매로 회계처리하게 하는 K-IFRS 제1115호 '고객과의 계약에서 생기는 수익'의 요구사항을 충족한다면 판매자인 리스이용자는 이전한 자산을 계속 인식하고, 이전금액과 같은 금액으로 금융부채를 인식한다.

17 에어컨제조사인 ㈜태풍은 20×1년 1월 1일 직접 제조한 추정내용연수가 5년인 에어컨을 ㈜여름에게 금융리스 방식으로 판매하는 계약을 체결하였다. 동 에어컨의 제조원가는 ₩9,000,000이고, 20×1년 1월 1일의 공정가치는 ₩12,500,000이다. 리스기간은 20×1년 1월 1일부터 20×4년 12월 31일까지이며, ㈜여름은 리스기간 종료 시 에어컨을 반환하기로 하였다. ㈜여름은 매년 말 리스료로 ₩3,500,000을 지급하며, 20×4년 12월 31일의 에어컨 예상잔존가치 ₩1,000,000 중 ₩600,000은 ㈜여름이 보증하기로 하였다. ㈜태풍은 20×1년 1월 1일 ㈜여름과의 리스계약을 체결하는 과정에서 ₩350,000의 직접비용이 발생하였다. ㈜태풍이 동 거래로 인하여 리스기간 개시일인 20×1년 1월 1일에 인식할 수익과 비용의 순액(수익에서 비용을 차감한 금액)은 얼마인가? (단, 20×1년 1월 1일 현재 시장이자율과 ㈜태풍이 제시한 이자율은 연 8%로 동일하다)

[2013 공인회계사 1차]

기간	8% 기간 말 단일금액 ₩1의 현재가치	8% 정상연금 ₩1의 현재가치
4	0.7350	3.3121

① ₩2,575,250 ② ₩2,683,250 ③ ₩2,977,350
④ ₩3,327,350 ⑤ ₩3,444,000

18 ㈜대한은 기계장치를 제조 및 판매하는 기업이다. 20×1년 1월 1일 ㈜대한은 ㈜민국에게 원가(장부금액) ₩100,000의 재고자산(기초자산)을 아래와 같은 조건으로 판매하였는데, 이 거래는 금융리스에 해당한다.

- 리스개시일은 20×1년 1월 1일이며, 리스개시일 현재 재고자산(기초자산)의 공정가치는 ₩130,000이다.
- ㈜대한은 20×1년부터 20×3년까지 매년 12월 31일에 ㈜민국으로부터 ₩50,000의 고정리스료를 받는다.
- ㈜대한은 동 금융리스 계약의 체결과 관련하여 리스개시일에 ₩1,000의 수수료를 지출하였다.
- ㈜민국은 리스기간 종료일인 20×3년 12월 31일에 리스자산을 해당 시점의 공정가치보다 충분히 낮은 금액인 ₩8,000에 매수할 수 있는 선택권을 가지고 있으며, 20×1년 1월 1일 현재 ㈜민국이 이를 행사할 것이 상당히 확실하다고 판단된다.
- 20×1년 1월 1일에 ㈜대한의 증분차입이자율은 연 8%이며, 시장이자율은 연 12%이다.
- 적용할 현가계수는 아래의 표와 같다.

기간 \ 할인율	단일금액 ₩1의 현재가치		정상연금 ₩1의 현재가치	
	8%	12%	8%	12%
1년	0.9259	0.8929	0.9259	0.8929
2년	0.8573	0.7972	1.7832	1.6901
3년	0.7938	0.7118	2.5770	2.4019

위 거래가 ㈜대한의 20×1년도 포괄손익계산서상 당기순이익에 미치는 영향은 얼마인가? 단, 단수차이로 인해 오차가 있다면 가장 근사치를 선택한다. [2022 공인회계사 1차]

① ₩24,789 증가　② ₩25,789 증가　③ ₩39,884 증가
④ ₩40,884 증가　⑤ ₩42,000 증가

19 20×1년 초 판매자-리스이용자인 ㈜강남이 구매자-리스제공자인 ㈜강북캐피탈에 건물을 ₩2,000,000에 판매하였다. 거래 직전 건물의 장부금액은 ₩1,000,000이며, 동시에 ㈜강남은 ㈜강북캐피탈과 18년간 연간 리스료를 매년 말에 ₩120,000씩 지급하기로 하는 건물 사용권 계약을 체결하였다. 거래의 조건에 따르면, ㈜강남의 건물 이전은 K-IFRS 제1115호 '고객과의 계약에서 생기는 수익'의 수행의무 이행시기 판단에 대한 요구사항을 충족하였다. 관련된 내용은 다음과 같다.

(1) 판매일에 건물의 공정가치는 ₩1,800,000이다. 따라서 초과 판매가격은 ₩200,000 (= ₩2,000,000 - ₩1,800,000)이다.
(2) 리스의 내재이자율은 연 4.5%이고 ㈜강남이 이를 쉽게 산정할 수 있다. 연간 리스료의 현재가치(연 4.5%로 할인한 ₩120,000씩 18회의 지급액)는 추가 금융에 관련되는 ₩200,000과 리스에 관련되는 ₩1,259,200(각각 ₩16,447과 ₩103,553씩인 18회의 연간 지급액에 대응함)을 더한 ₩1,459,200이다.
(3) ㈜강북캐피탈은 그 건물 리스를 운용리스로 분류한다. 건물의 내용연수는 18년이며, 잔존가치는 없으며, 양쪽 회사 모두 정액법으로 감가상각한다.

㈜강남이 리스개시일에 사용권자산으로 측정할 금액과 건물의 판매차익을 계산하시오.

	사용권자산	건물의 판매차익
①	₩699,555	₩240,355
②	₩699,555	₩800,000
③	₩1,000,000	₩240,355
④	₩1,000,000	₩800,000
⑤	₩1,258,200	₩240,355

20 리스부채의 측정에 관한 설명으로 옳지 않은 것은? [2022 세무사 1차]

① 리스부채의 최초 측정 시 리스료의 현재가치는 리스이용자의 증분차입이자율을 사용하여 산정한다. 다만, 증분차입이자율을 쉽게 산정할 수 없는 경우에는 리스의 내재이자율로 리스료를 할인한다.
② 리스개시일에 리스부채의 측정치에 포함되는 리스료는 리스기간에 걸쳐 기초자산을 사용하는 권리에 대한 지급액 중 그날 현재 지급되지 않은 금액으로 구성된다.
③ 리스가 리스기간 종료시점 이전에 리스이용자에게 기초자산의 소유권을 이전하는 경우에, 리스이용자는 리스개시일부터 기초자산의 내용연수 종료시점까지 사용권자산을 감가상각한다.
④ 리스이용자는 리스개시일 후에 리스부채에 대한 이자를 반영하여 리스부채의 장부금액을 증액하고, 지급한 리스료를 반영하여 리스부채의 장부금액을 감액한다.
⑤ 리스개시일 후 리스료에 변동이 생기는 경우, 리스이용자는 사용권자산을 조정하여 리스부채의 재측정 금액을 인식하지만, 사용권자산의 장부금액이 영(0)으로 줄어들고 리스부채 측정치가 그보다 많이 줄어드는 경우에는 나머지 재측정 금액을 당기손익으로 인식한다.

01 기업회계기준서 제1116호 '리스'에 관한 다음 설명 중 옳지 않은 것은?

[2021 공인회계사 1차]

① 리스개설직접원가는 리스를 체결하지 않았더라면 부담하지 않았을 리스체결의 증분원가이다. 다만, 금융리스와 관련하여 제조자 또는 판매자인 리스제공자가 부담하는 원가는 제외한다.

② 포괄손익계산서에서 리스이용자는 리스부채에 대한 이자비용을 사용권자산의 감가상각비와 구분하여 표시한다.

③ 리스이용자는 리스부채의 원금에 해당하는 현금 지급액은 현금흐름표에 재무활동으로 분류하고, 리스부채 측정치에 포함되지 않은 단기리스료, 소액자산 리스료, 변동리스료는 현금흐름표에 영업활동으로 분류한다.

④ 무보증잔존가치는 리스제공자가 실현할 수 있을지 확실하지 않거나 리스제공자의 특수관계자만이 보증한, 기초자산의 잔존가치 부분이다.

⑤ 리스이용자는 하나 이상의 기초자산 사용권이 추가되어 리스의 범위가 넓어진 경우 또는 개별 가격에 적절히 상응하여 리스대가가 증액된 경우에 리스변경을 별도 리스로 회계처리한다.

02 ㈜세무는 20×1년 1월 1일에 ㈜한국리스로부터 기초자산 A와 기초자산 B를 리스하는 계약을 체결하였다. 리스개시일은 20×1년 1월 1일로 리스기간은 3년이며, 리스료는 매년 초 지급한다. 리스 내재이자율은 알 수 없으며, ㈜세무의 20×1년 초와 20×2년 초 증분차입이자율은 각각 8%와 10%이다. 리스계약은 다음의 변동리스료 조건을 포함한다.

(1) 변동리스료 조건

기초자산 A	• 리스개시일 1회차 리스료: ₩50,000 • 변동조건: 기초자산 사용으로 발생하는 직전 연도 수익의 1%를 매년 초 추가지급
기초자산 B	• 리스개시일 1회차 리스료: ₩30,000 • 변동조건: 직전 연도 1년간의 소비자물가지수 변동에 기초하여 2회차 리스료부터 매년 변동

(2) 시점별 소비자물가지수

구분	20×0년 12월 31일	20×1년 12월 31일
소비자물가지수	120	132

20×1년 기초자산 A의 사용으로 ₩200,000의 수익이 발생하였다. 리스료 변동으로 인한 20×1년 말 리스부채 증가금액은? [2019 세무사 1차]

기간	단일금액 ₩1의 현재가치(할인율 8%)	단일금액 ₩1의 현재가치(할인율 10%)
1년	0.9259	0.9091
2년	0.8573	0.8264
3년	0.7938	0.7513

① ₩5,527 ② ₩5,727 ③ ₩5,778
④ ₩7,727 ⑤ ₩7,778

03 20×1년 초에 판매자-리스이용자인 ㈜대한이 구매자-리스제공자인 ㈜민국캐피탈에 건물을 ₩1,200,000(공정가치 ₩1,000,000)에 판매하였다. 거래 직전 건물의 장부금액은 ₩600,000이며, 동시에 ㈜대한은 ㈜민국캐피탈과 3년간 연간 리스료를 매년 말에 ₩241,269씩 지급하기로 하는 건물 사용권 계약을 체결하였다. 거래의 조건에 따르면, ㈜대한의 건물 이전은 K-IFRS 제1115호 '고객과의 계약에서 생기는 수익'의 수행의무 이행시기 판단에 대한 요구사항을 충족하였다. 관련된 내용은 다음과 같다.

> (1) 리스의 내재이자율은 연 10%이고 ㈜대한이 이를 쉽게 산정할 수 있다. 10% 3기간 현가계수는 0.75131이며, 10% 3기간 연금현가계수는 2.48685이다.
> (2) ㈜민국캐피탈은 그 건물 리스를 운용리스로 분류한다. 건물의 잔존내용연수는 6년이며, 잔존가치는 없으며, 양쪽 회사 모두 정액법으로 감가상각한다.

㈜대한이 리스개시일인 20×1년 초에 인식할 유형자산처분이익은 얼마인가?

① ₩160,000　② ₩200,000　③ ₩240,000
④ ₩280,000　⑤ ₩320,000

04 20×1년 초에 판매자-리스이용자인 ㈜대한이 구매자-리스제공자인 ㈜민국캐피탈에 건물을 ₩800,000(공정가치 ₩1,000,000)에 판매하였다. 거래 직전 건물의 장부금액은 ₩600,000이며, 동시에 ㈜대한은 ㈜민국캐피탈과 3년간 연간 리스료를 매년 말에 ₩241,269씩 지급하기로 하는 건물 사용권 계약을 체결하였다. 거래의 조건에 따르면, ㈜대한의 건물 이전은 K-IFRS 제1115호 '고객과의 계약에서 생기는 수익'의 수행의무 이행시기 판단에 대한 요구사항을 충족하였다. 관련된 내용은 다음과 같다.

> (1) 리스의 내재이자율은 연 10%이고 ㈜대한이 이를 쉽게 산정할 수 있다. 10% 3기간 현가계수는 0.75131이며, 10% 3기간 연금현가계수는 2.48685이다.
> (2) ㈜민국캐피탈은 그 건물 리스를 운용리스로 분류한다. 건물의 잔존내용연수는 6년이며, 잔존가치는 없으며, 양쪽 회사 모두 정액법으로 감가상각한다.

㈜대한이 리스개시일인 20×1년 초에 인식할 유형자산처분이익은 얼마인가?

① ₩80,000　② ₩100,000　③ ₩120,000
④ ₩140,000　⑤ ₩160,000

05 리스제공자인 ㈜대한리스는 20×1년 초 리스이용자인 ㈜민국과 기계장치에 대하여 금융리스계약을 체결하였다. 리스개시일은 20×1년 초이며, ㈜대한리스와 ㈜민국의 결산일은 모두 12월 31일이다.

(1) ㈜대한리스는 기초자산인 기계장치를 20×1년 초의 공정가치 ₩250,000에 취득하였으며, 리스계약과 관련하여 리스개설직접원가 ₩6,198을 지출하였다. 또한 ㈜민국은 동 리스계약과 관련하여 리스개설직접원가 ₩3,315을 지출하였다. 기초자산의 내용연수는 4년이고 잔존가치는 ₩16,198으로 추정되며, 정액법으로 감가상각한다. ㈜대한리스와 ㈜민국이 체결한 금융리스의 계약서상 리스기간은 3년이며, 매년 말 동일한 고정리스료 ₩100,000을 수취하도록 되어있다. ㈜대한리스는 리스기간 종료 시 추정잔존가치는 ₩10,000이며, 이 중 리스이용자가 보증한 부분은 ₩5,000이다. 잔존가치 보증에 따라 리스이용자가 지급할 것으로 예상한 금액은 없다고 추정하였다.

(2) 20×2년 초에 ㈜민국은 잔존가치 보증에 따라 리스이용자가 지급할 것으로 예상한 금액을 ₩3,000으로 추정을 변경하였다.

(3) 리스의 내재이자율을 쉽게 산정할 수 없으며, 리스개시일 현재 리스이용자의 증분차입이자율은 10%이며, 20×2년 초 리스이용자의 증분차입이자율은 8%이다.

할인율	단일금액 ₩1의 현가			정상연금 ₩1의 현가		
	1년	2년	3년	1년	2년	3년
8%	0.92593	0.85734	0.81630	0.92593	1.78326	2.57710
10%	0.90909	0.82645	0.75131	0.90909	1.73554	2.48685

위의 리스계약과 관련하여 ㈜민국의 20×2년 포괄손익계산서상 당기손익에 미치는 영향은 얼마인가?

① ₩(17,603)　② ₩(85,240)　③ ₩(102,843)
④ ₩(122,843)　⑤ ₩(132,843)

06 리스이용자인 ㈜대한은 리스제공자인 ㈜민국리스와 리스개시일인 20×1년 1월 1일에 다음과 같은 조건의 리스계약을 체결하였다.

- 기초자산(생산공정에 사용할 기계장치)의 리스기간은 20×1년 1월 1일부터 20×3년 12월 31일까지이다.
- 기초자산의 내용연수는 4년으로 내용연수 종료시점의 잔존가치는 없으며, 정액법으로 감가상각한다.
- ㈜대한은 리스기간 동안 매년 말 ₩3,000,000의 고정리스료를 지급한다.
- 사용권자산은 원가모형을 적용하여 정액법으로 감가상각하고, 잔존가치는 없다.
- 20×1년 1월 1일에 동 리스의 내재이자율은 연 8%로 리스제공자와 리스이용자가 이를 쉽게 산정할 수 있다.
- ㈜대한은 리스기간 종료시점에 기초자산을 현금 ₩500,000에 매수할 수 있는 선택권을 가지고 있으나, 리스개시일 현재 동 매수선택권을 행사하지 않을 것이 상당히 확실하다고 판단하였다. 그러나 20×2년 말에 ㈜대한은 유의적인 상황변화로 인해 동 매수선택권을 행사할 것이 상당히 확실하다고 판단을 변경하였다.
- 20×2년 말 현재 ㈜대한은 남은 리스기간의 내재이자율을 쉽게 산정할 수 없으며, ㈜대한의 증분차입이자율은 연 10%이다.
- 적용할 현가계수는 아래의 표와 같다.

할인율 / 기간	단일금액 ₩1의 현재가치		정상연금 ₩1의 현재가치	
	8%	10%	8%	10%
1년	0.9259	0.9091	0.9259	0.9091
2년	0.8573	0.8264	1.7832	1.7355
3년	0.7938	0.7513	2.5770	2.4868

㈜대한이 20×3년에 인식할 사용권자산의 감가상각비는 얼마인가? 단, 단수차이로 인해 오차가 있다면 가장 근사치를 선택한다. [2021 공인회계사 1차]

① ₩993,804 ② ₩1,288,505 ③ ₩1,490,706
④ ₩2,577,003 ⑤ ₩2,981,412

07 20×1년 초 리스이용자인 ㈜대한은 사무실 공간 5,000제곱미터를 3년간 리스하는 계약을 체결하였다. 연간 리스료는 매년 말에 ₩100,000씩 지급해야 한다. 리스의 내재이자율은 쉽게 산정할 수 없으며, 리스개시일에 리스이용자의 증분차입이자율은 연 10%이다.

(1) 20×2년 초에 리스이용자인 ㈜대한과 리스제공자는 기존 리스를 수정하여 20×2년 초부터 기존 공간의 2,500제곱미터만으로 공간을 줄이기로 합의한다. 연간 고정리스료(2차 연도부터 3차 연도까지)는 ₩60,000씩이다. 20×2년 초에 리스이용자의 증분차입이자율은 연 8%이다.

(2) 현가계수는 아래와 같다.

할인율	단일금액 ₩1의 현가			정상연금 ₩1의 현가		
	1년	2년	3년	1년	2년	3년
8%	0.92593	0.85734	0.81630	0.92593	1.78326	2.57710
10%	0.90909	0.82645	0.75131	0.90909	1.73554	2.48685

리스이용자인 ㈜대한이 20×2년 초에 인식할 리스변경이익은 얼마인가?

① ₩3,882 ② ₩4,882 ③ ₩5,882
④ ₩6,882 ⑤ ₩0

08 20×1년 초 리스이용자인 ㈜대한은 사무실 공간 5,000제곱미터를 3년간 리스하는 계약을 체결하였다. 연간 리스료는 매년 말에 ₩100,000씩 지급해야 한다. 리스의 내재이자율은 쉽게 산정할 수 없으며, 리스개시일에 리스이용자의 증분차입이자율은 연 10%이다.

(1) 20×2년 초에 리스이용자인 ㈜대한과 리스제공자는 기존 리스를 수정하여 남은 연간 고정리스료(2차 연도부터 3차 연도까지)를 ₩60,000으로 줄이기로 합의하였다. 20×2년 초에 리스이용자의 증분차입이자율은 연 8%이다.

(2) 현가계수는 아래와 같다.

할인율	단일금액 ₩1의 현가			정상연금 ₩1의 현가		
	1년	2년	3년	1년	2년	3년
8%	0.92593	0.85734	0.81630	0.92593	1.78326	2.57710
10%	0.90909	0.82645	0.75131	0.90909	1.73554	2.48685

리스이용자인 ㈜대한이 20×2년 초에 인식할 리스변경이익은 얼마인가?

① ₩3,882 ② ₩4,882 ③ ₩5,882
④ ₩6,882 ⑤ ₩0

09 20×1년 1월 1일 ㈜세무는 ㈜한국리스로부터 건물 3개층 모두를 5년 동안 리스하는 계약을 체결하였다. ㈜세무는 리스료로 매년 말 ₩30,000씩 지급하며, 리스 관련 내재이자율은 알 수 없고 증분차입이자율은 5%이다. 20×4년 1월 1일 ㈜세무는 건물 3개층 중 2개층만 사용하기로 ㈜한국리스와 합의하였으며, 남은 기간 동안 매년 말에 ₩23,000씩 지급하기로 하였다. 20×4년 1월 1일 리스 관련 내재이자율은 알 수 없으며, 증분차입이자율은 8%이다. ㈜세무의 리스변경으로 인한 20×4년 말 사용권자산의 장부금액은? (단, 계산금액은 소수점이하 첫째자리에서 반올림하며 ㈜세무의 감가상각방법은 정액법이다) [2021 세무사 1차 수정]

기간	단일금액 ₩1의 현재가치		정상연금 ₩1의 현재가치	
	5%	8%	5%	8%
2년	0.9070	0.8573	1.8594	1.7833
5년	0.7835	0.6806	4.3295	3.9927

① ₩17,318 ② ₩19,232 ③ ₩24,063
④ ₩25,977 ⑤ ₩27,891

10 ㈜대한은 ㈜민국과 다음과 같은 조건으로 사무실에 대한 리스계약을 체결하였다.

- 리스기간: 20×1년 1월 1일 ~ 20×3년 12월 31일(3년)
- 연장선택권: ㈜대한은 리스기간을 3년에서 5년으로 2년 연장할 수 있는 선택권이 있으나 리스개시일 현재 동 선택권을 행사할 의도는 전혀 없다.
- 리스료: ㈜대한은 리스기간 동안 매년 말에 ₩2,000,000의 고정리스료를 ㈜민국에게 지급하며, 연장선택권을 행사하면 20×4년 말과 20×5년 말에는 각각 ₩2,200,000을 지급하기로 약정하였다.
- 내재이자율: ㈜대한은 동 리스에 적용되는 ㈜민국의 내재이자율은 쉽게 산정할 수 없다.
- ㈜대한의 증분차입이자율: 연 8%(20×1. 1. 1.), 연 10%(20×3. 1. 1.)
- 리스개설직접원가: ㈜대한은 리스계약과 관련하여 ₩246,000을 수수료로 지급하였다.
- 리스계약 당시 ㈜민국이 소유하고 있는 사무실의 잔존내용연수는 20년이다.
- 적용할 현가계수는 아래의 표와 같다.

할인율 / 기간	단일금액 ₩1의 현재가치		정상연금 ₩1의 현재가치	
	8%	10%	8%	10%
1년	0.9259	0.9091	0.9259	0.9091
2년	0.8573	0.8264	1.7832	1.7355
3년	0.7938	0.7513	2.5770	2.4868

㈜대한은 모든 유형자산에 대해 원가모형을 적용하며, 감가상각은 잔존가치 없이 정액법을 사용한다. 20×3년 1월 1일에 영업환경의 변화 때문에 연장선택권을 행사할 것이 상당히 확실해졌다면 ㈜대한의 20×3년 말 재무상태표에 보고할 사용권자산의 장부금액은 얼마인가? 단, 단수차이로 인해 오차가 있다면 가장 근사치를 선택한다. [2023 공인회계사 1차]

① ₩3,436,893　② ₩3,491,560　③ ₩3,526,093
④ ₩3,621,613　⑤ ₩3,760,080

11 금융업을 영위하는 ㈜대한리스는 20×1년 1월 1일에 ㈜민국과 다음과 같은 조건으로 리스계약을 체결하였다.

- ㈜대한리스는 ㈜민국이 지정하는 기계설비를 제조사인 ㈜만세로부터 신규 취득하여 20×1년 1월 1일부터 ㈜민국이 사용할 수 있는 장소로 배송한다.
- 리스기간: 20×1년 1월 1일 ~ 20×3년 12월 31일(리스기간 종료 후 반환조건)
- 잔존가치 보증: ㈜대한리스는 리스기간 종료 시 리스자산의 잔존가치를 ₩10,000,000으로 예상하며, ㈜민국은 ₩7,000,000을 보증하기로 약정하였다.
- 리스개설직접원가: ㈜대한리스와 ㈜민국이 각각 ₩300,000과 ₩200,000을 부담하였다.
- ㈜대한리스는 상기 리스를 금융리스로 분류하였고, 동 리스에 대한 내재이자율로 연 10%를 산정하였다.
- 연간 정기리스료: 매년 말 ₩3,000,000 지급
- 할인율이 10%인 경우 현가계수는 아래의 표와 같다.

기간	단일금액 ₩1의 현재가치	정상연금 ₩1의 현재가치
3년	0.7513	2.4868

㈜대한리스의 (1) 기계설비 취득원가(공정가치)와 (2) 리스기간 종료 시 회수된 기계설비의 실제 잔존가치가 ₩5,000,000인 경우의 손실금액은 각각 얼마인가? 단, 단수차이로 인해 오차가 있다면 가장 근사치를 선택한다. [2023 공인회계사 1차]

	(1) 취득원가	(2) 회수 시 손실금액
①	₩14,673,400	₩3,000,000
②	₩14,673,400	₩5,000,000
③	₩14,973,400	₩2,000,000
④	₩14,973,400	₩3,000,000
⑤	₩14,973,400	₩5,000,000

12 ㈜세무의 리스거래 관련 자료는 다음과 같다. ㈜세무의 리스 회계처리가 20×2년 당기순이익에 미치는 영향은? (단, 현재가치 계산 시 다음에 제시된 현가계수표를 이용한다)

(1) 리스기간: 20×1. 1. 1. ~ 20×4. 12. 31.
(2) 고정리스료: 리스기간 매년 말 ₩100,000 지급
(3) 리스계약 체결시점의 내재이자율은 연 8%이며, 리스기간 종료 시 추정 잔존가치는 ₩5,000이고, 보증잔존가치는 없다.
(4) 리스자산의 경제적 내용연수는 5년, 잔존가치 ₩0, 정액법으로 상각한다.
(5) 20×1년 말 현재 사용권자산과 리스부채는 각각 ₩248,408과 ₩257,707이다.
(6) 20×2년 1월 1일 ㈜세무는 잔여 리스기간을 3년에서 2년으로 단축하는 리스계약 조건 변경에 합의하였다. 변경된 계약은 별도 리스로 회계처리할 수 있는 요건을 충족하지 않는다. 리스계약 변경시점의 새로운 내재이자율은 연 10%이다.

기간	단일금액 ₩1의 현재가치		정상연금 ₩1원의 현재가치	
	8%	10%	8%	10%
1	0.9259	0.9091	0.9259	0.9091
2	0.8573	0.8265	1.7833	1.7355
3	0.7938	0.7513	2.5771	2.4869
4	0.7350	0.6830	3.3121	3.1699

[2023 세무사 1차]

① ₩62,730 감소 ② ₩74,389 감소 ③ ₩97,770 감소
④ ₩101,194 감소 ⑤ ₩116,357 감소

기본문제 정답 및 해설

01 하나의 리스요소와, 하나 이상의 추가 리스요소나 비리스요소를 포함하는 계약에서 리스이용자는 리스요소의 상대적 개별가격과 비리스요소의 총개별가격에 기초하여 계약 대가를 각 리스요소에 배분한다.

02 내재이자율이라 함은 리스료 및 무보증잔존가치의 현재가치 합계액을, 기초자산의 공정가치와 리스제공자의 리스개설직접원가의 합계액과 동일하게 하는 할인율을 말한다. 따라서 내재이자율은 리스제공자의 목표수익률을 의미하며, 내재이자율 산정 시 리스료와 무보증잔존가치 모두를 고려해야 한다.

03 기초자산이 특수하여 해당 리스이용자만이 주요한 변경 없이 사용할 수 있는 경우는 금융리스로 분류한다.

04 ① 단기리스는 리스개시일에, 리스기간이 12개월 이하인 리스를 말한다. 따라서, 리스기간이 12개월을 초과하고 기초자산이 소액이 아닌 모든 리스에 대하여 리스이용자는 자산과 부채를 인식하여야 한다.
② 단기리스나 소액 기초자산 리스에 사용권자산과 리스부채를 인식하지 않기로 선택한 경우에 리스이용자는 해당 리스에 관련되는 리스료를 리스기간에 걸쳐 정액 기준이나 다른 체계적인 기준에 따라 비용으로 인식한다. 다른 체계적인 기준이 리스이용자의 효익의 형태를 더 잘 나타내는 경우에는 그 기준을 적용한다.
③ 기초자산이 소액인지는 절대적 기준에 따라 평가한다. 소액자산 리스는 그 리스가 리스이용자에게 중요한지와 관계없이 그 평가는 리스이용자의 규모, 특성, 상황에 영향을 받지 않는다. 따라서 서로 다른 리스이용자라도 특정한 기초자산이 소액인지에 대해서는 같은 결론에 이를 것으로 예상된다.
④ 단기리스에 대한 선택은 사용권이 관련되어 있는 기초자산의 유형별로 한다. 기초자산의 유형은 기업의 영업에서 특성과 용도가 비슷한 기초자산의 집합이다.
⑤ 소액 기초자산 리스에 대한 선택은 리스별로 할 수 있다.

05 **1. 20×1년 포괄손익계산서의 당기손익에 미치는 영향: (1) + (2) = ₩100,000**
(1) 운용리스료수익: (₩180,000 + ₩300,000 + ₩120,000) ÷ 3년 = ₩200,000
(2) 감가상각비: (₩1,000,000 − ₩100,000) ÷ 10년 + ₩30,000 ÷ 3년 = ₩(100,000)

2. 회계처리

구분	차변	금액	대변	금액
20×1년 초	(차) 운용리스자산[1]	1,030,000	(대) 현금	1,030,000
20×1년 말	(차) 현금	180,000	(대) 운용리스료수익	200,000
	미수리스료	20,000		
	(차) 감가상각비[2]	100,000	(대) 감가상각누계액	100,000

[1] ₩1,000,000(취득원가) + ₩30,000(리스개설직접원가) = ₩1,030,000
[2] (₩1,000,000 − ₩100,000) ÷ 10년 + ₩30,000 ÷ 3년 = ₩100,000

06 **1. 리스순투자와 리스총투자**

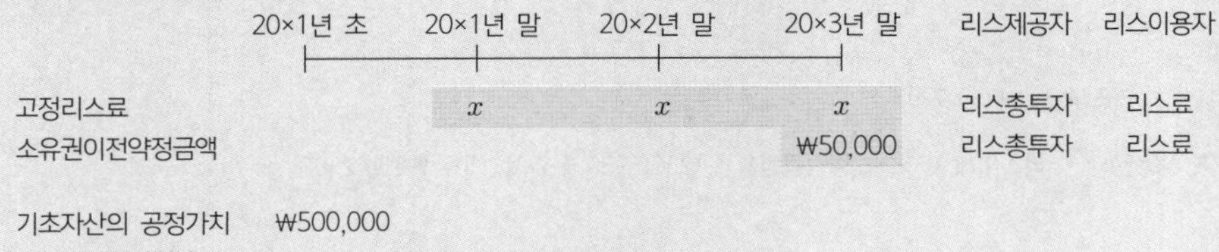

기초자산의 공정가치 ₩500,000
리스개설직접원가 -
리스순투자 ₩500,000 = 리스총투자(고정리스료 + 소유권이전약정금액)의 현재가치

2. 고정리스료
리스순투자 = 리스총투자의 현재가치
기초자산의 공정가치 + 리스개설직접원가 = 고정리스료의 현재가치 + 소유권이전약정금액의 현재가치
₩500,000 = x × 2.48685 + ₩50,000 × 0.75131
∴ x(고정리스료) = ₩185,952

정답 01 ⑤ 02 ③ 03 ⑤ 04 ② 05 ② 06 ⑤

07 1. 리스채권(20×1년 초): ₩4,000,000 × 3.1699 + ₩50,000 × 0.6830 = ₩12,713,750

2. 리스부채(20×1년 초): ₩4,000,000 × 3.1699 = ₩12,679,600

3. 사용권자산(20×1년 초): ₩12,679,600 + ₩80,000 = ₩12,759,600

4. 감가상각비(20×1년): ₩12,759,600 × 1/4 = ₩3,189,900

08 1. **리스제공자인 ㈜대한리스의 20×1년도 포괄손익계산서상 당기순이익에 미치는 영향**
   (1) 운용리스료수익: (₩6,000,000 + ₩8,000,000 + ₩10,000,000) ÷ 3년 = ₩8,000,000
   (2) 감가상각비(취득원가): (₩40,000,000 - ₩0) ÷ 10년 = ₩(4,000,000)
   (3) 감가상각비(리스개설직접원가): ₩600,000 ÷ 3년 = ₩(200,000)
   ∴ 당기순이익에 미치는 영향: ₩8,000,000 + ₩(4,000,000) + ₩(200,000) = ₩3,800,000 증가

2. **리스이용자인 ㈜민국의 20×1년도 포괄손익계산서상 당기순이익에 미치는 영향**
   (1) 이자비용: (₩6,000,000 × 0.9259 + ₩8,000,000 × 0.8573 + ₩10,000,000 × 0.7938) × 8% = ₩(1,628,144)
   (2) 감가상각비: (₩20,351,800 + ₩300,000 - ₩0) ÷ 3년 = ₩(6,883,933)
   ∴ 당기순이익에 미치는 영향: ₩(1,628,144) + ₩(6,883,933) = ₩(8,512,077) 감소

09 1. **리스순투자와 리스총투자**

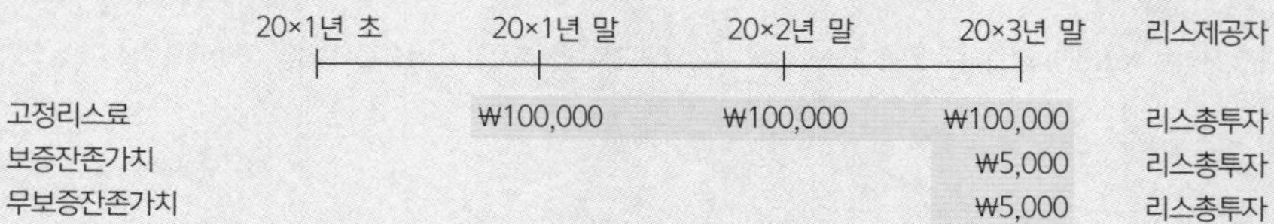

	20×1년 초	20×1년 말	20×2년 말	20×3년 말	리스제공자
고정리스료		₩100,000	₩100,000	₩100,000	리스총투자
보증잔존가치				₩5,000	리스총투자
무보증잔존가치				₩5,000	리스총투자

기초자산의 공정가치	₩250,000
리스개설직접원가	₩6,198
리스순투자	**₩256,198** = ₩100,000 × 2.48685 + ₩10,000 × 0.75131

2. 20×1년 초 리스채권: ₩256,198

10 1. **20×1년 초 리스부채**
   (1) **리스료의 현재가치**

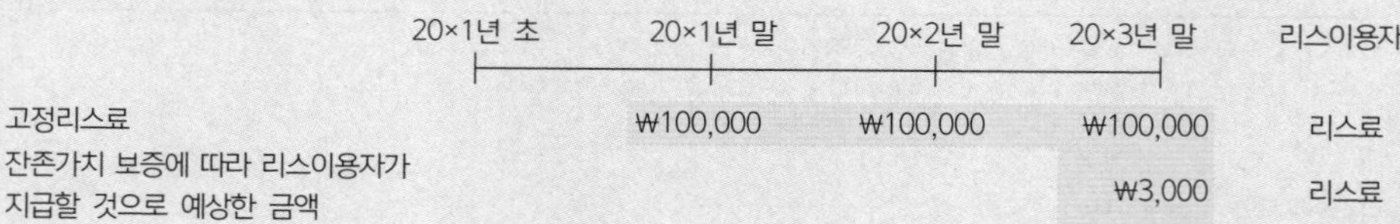

	20×1년 초	20×1년 말	20×2년 말	20×3년 말	리스이용자
고정리스료		₩100,000	₩100,000	₩100,000	리스료
잔존가치 보증에 따라 리스이용자가 지급할 것으로 예상한 금액				₩3,000	리스료

   ∴ 리스료의 현재가치: ₩250,939 = ₩100,000 × 2.48685 + ₩3,000 × 0.75131
   (2) **20×1년 초 리스부채: ₩250,939**

2. **20×1년 초 사용권자산: 리스부채 + 리스개설직접원가 = ₩250,939 + ₩3,315 = ₩254,254**

정답 07 ② 08 ⑤ 09 ⑤ 10 ③

11 1. 리스상각표(리스이용자)

일자	장부금액	유효이자 (장부금액 × 10%)	리스료	리스부채 지급액
20×1년 초	₩250,939			
20×1년 말	₩176,033	₩25,094	₩100,000	₩74,906
20×2년 말	₩93,636	₩17,603	₩100,000	₩82,397
20×3년 말	₩3,000[1]	₩9,364	₩100,000	₩90,636
계		₩52,061	₩300,000	₩247,939

[1] 잔존가치보증에 따라 지급이 예상되는 금액

2. 20×3년 회계처리

20×3년 말	(차) 이자비용	9,364	(대) 현금	100,000
	리스부채	90,636		
	(차) 감가상각비[1]	84,752	(대) 감가상각누계액	84,752
	(차) 리스부채	3,000	(대) 현금[2]	1,000
			리스보증이익	2,000
	(차) 감가상각누계액	254,254	(대) 사용권자산	254,254

[1] ₩254,254 ÷ 3년(리스기간) = ₩84,752(단수차이조정)

[2] ₩5,000(보증잔존가치) - ₩4,000(실제잔존가치) = ₩1,000

20×3년 말 재무상태표

사용권자산	-	리스부채	-
감가상각누계액	-		
	-		

20×3년 포괄손익계산서

이자비용	₩(9,364)
감가상각비	₩(84,752)
리스보증이익	₩2,000

3. 20×3년 포괄손익계산서의 당기손익에 미치는 영향: ₩(9,364) + ₩(84,752) + ₩2,000 = ₩(92,116)

12 1. ㈜대한리스의 20×1년도 당기순이익에 미치는 영향: (2) = ₩131,853

(1) 20×1년 초 리스채권: ₩1,288,530 + ₩30,000 = ₩1,318,530

(2) 20×1년 이자수익: ₩1,318,530 × 10% = ₩131,853

2. ㈜민국의 20×1년도 당기순이익에 미치는 영향: (3) + (4) = ₩(466,486)

(1) 20×1년 초 리스부채: ₩500,000 × 2.4868 + ₩100,000 × 0.7513 = ₩1,318,530

(2) 20×1년 초 사용권자산: ₩1,318,530 + ₩20,000 = ₩1,338,530

(3) 20×1년 이자비용: ₩1,318,530 × 10% = ₩(131,853)

(4) 20×1년 감가상각비: ₩1,338,530 ÷ 4년(내용연수) = ₩(334,633)

13 1. 리스료

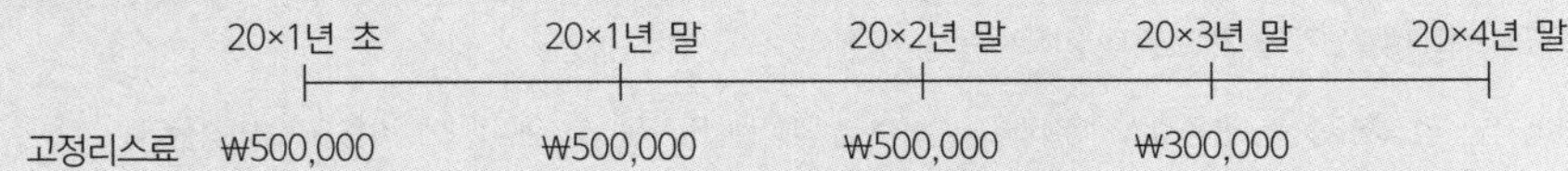

2. 20×1년 초 리스부채: ₩500,000 + ₩500,000 × 1.7355 + ₩300,000 × 0.7513 = ₩1,593,140

3. 20×1년 초 사용권자산: ₩1,593,140 + ₩30,000 = ₩1,623,140

4. 20×1년 이자비용: (₩1,593,140 - ₩500,000) × 10% = ₩109,314

5. 20×1년 감가상각비: (₩1,623,140 - ₩0) ÷ 5년 = ₩324,628

6. 20×1년에 인식할 이자비용과 사용권자산 상각비의 합계액: ₩109,314 + ₩324,628 = ₩433,942

정답 11 ⑤ 12 ① 13 ②

14 1. 20×1년도 당기순이익에 미치는 영향

이자수익: ₩600,000[1] × 10% = ₩60,000
리스채권손상차손: ₩20,000[2] × 0.6830 = ₩(13,660)
계 ₩46,340

[1] 20×1년 초 리스채권: (₩150,000 × 3.7908 + ₩50,540 × 0.6209) = ₩600,000
[2] 무보증잔존가치감소액: (₩50,540 - ₩30,000) - (₩30,540 - ₩30,000) = ₩20,000

2. 회계처리

20×1년 초	(차) 선급리스자산	600,000	(대) 현금	600,000
	리스채권	600,000	선급리스자산	600,000
20×1년 말	(차) 현금	150,000	(대) 이자수익	60,000
			리스채권	90,000
	(차) 리스채권손상차손[1]	13,660	(대) 리스채권	13,660

[1] ₩20,000 × 0.6830 = ₩13,660

3. 리스기간 종료시점에 리스자산을 리스제공자가 반환받는 조건으로 리스계약을 체결하였다면 리스제공자는 리스순투자에 K-IFRS 제1009호 '금융상품'의 제거 및 손상의 요구사항을 적용하여 리스제공자는 리스총투자를 계산할 때 사용한 추정 무보증잔존가치를 정기적으로 검토한다. 만약, 추정 무보증잔존가치가 줄어든 경우에 리스제공자는 리스기간에 걸쳐 수익 배분액을 조정하고 발생된 감소액을 즉시 당기비용(리스채권손상차손)으로 인식한다.

15 리스료를 산정할 때 사용한 지수나 요율(이율)의 변동으로 생기는 미래 리스료에 변동이 있는 경우는 리스부채를 다시 측정하지만, 미래 성과나 기초자산의 사용에 연동되는 변동리스료는 모두 당기손익으로 인식한다.

16 판매자인 리스이용자가 행한 자산 이전이 자산의 판매로 회계처리하게 하는 K-IFRS 제1115호 '고객과의 계약에서 생기는 수익'의 요구사항을 충족한다면 판매자인 리스이용자는 계속 보유하는 사용권에 관련되는 자산의 종전 장부금액에 비례하여 판매후리스에서 생기는 사용권자산을 측정한다.

17 1. 매출액: Min[₩3,500,000 × 3.3121 + ₩600,000 × 0.7350, ₩12,500,000] = ₩12,033,350

2. 매출원가: ₩9,000,000 - ₩400,000 × 0.7350 = ₩8,706,000

3. 순이익: ₩12,033,350 - ₩8,706,000 - ₩350,000(판매비) = ₩2,977,350

해설

1. 제조자나 판매자인 리스제공자는 일반판매에 대하여 리스개시일에 매출액을 인식하는데, 기초자산의 공정가치와 리스제공자에게 귀속되는 리스료를 시장이자율로 할인한 현재가치 중 적은 금액으로 수익(매출액)을 인식하여야 한다.

2. 제조자 또는 판매자인 리스제공자는 리스개시일에 매출원가를 인식하는데, 매출원가는 기초자산의 원가에서 무보증잔존가치의 현재가치를 차감한 금액으로 매출원가를 인식한다.

3. 제조자 또는 판매자인 리스제공자는 금융리스 체결과 관련하여 부담하는 원가를 리스개시일에 비용으로 인식한다.

18 1. 매출액: Min[리스료의 현재가치, 기초자산의 공정가치] = Min[₩125,789[1], ₩130,000] = ₩125,789
[1] ₩50,000 × 2.4019 + ₩8,000 × 0.7118 = ₩125,789

2. 매출원가: ₩(100,000)

3. 판매비(리스개설직접원가): ₩(1,000)

4. 이자수익: ₩125,789 × 12% = ₩15,095
∴ 당기순이익에 미치는 영향: ₩125,789 + ₩(100,000) + ₩(1,000) + ₩15,095 = ₩39,884 증가

정답 14 ④ 15 ④ 16 ⑤ 17 ③ 18 ③

19 1. 사용권자산

$$\text{사용권자산의 장부금액} \times \frac{\text{사용권자산에 대한 할인된 리스료}}{\text{건물의 공정가치}} = ₩1,000,000 \times \frac{₩1,259,200}{₩1,800,000} = ₩699,555$$

2. 건물의 판매차익

$$(\text{공정가치} - \text{장부금액}) \times \frac{\text{건물의 공정가치} - \text{사용권자산에 대한 할인된 리스료}}{\text{건물의 공정가치}}$$

$$= (₩1,800,000 - ₩1,000,000) \times \frac{(₩1,800,000 - ₩1,259,200)}{₩1,800,000} = ₩240,355$$

3. ㈜강남의 회계처리

구분	차변	금액	대변	금액
20×1년 초	(차) 현금	2,000,000	(대) 건물	1,000,000
	사용권자산	699,555	리스부채	1,259,200
			금융부채	200,000
			유형자산처분이익	240,355
20×1년 말	(차) 이자비용[1]	56,664	(대) 현금	103,553
	리스부채	46,889		
	(차) 이자비용[2]	9,000	(대) 현금	16,447
	금융부채	7,447		
	(차) 감가상각비[3]	38,864	(대) 감가상각누계액	38,864

[1] ₩1,259,200 × 4.5% = ₩56,664
[2] ₩200,000 × 4.5% = ₩9,000
[3] ₩699,555 ÷ 18년 = ₩38,864

4. ㈜강남의 회계처리는 금융부채와 리스부채를 리스부채로 합산하여 다음과 같이 수행할 수도 있다.

구분	차변	금액	대변	금액
20×1년 초	(차) 현금	2,000,000	(대) 건물	1,000,000
	사용권자산	699,555	리스부채	1,459,200
			유형자산처분이익	240,355
20×1년 말	(차) 이자비용[1]	65,664	(대) 현금	120,000
	리스부채	54,336		
	(차) 감가상각비[2]	38,864	(대) 감가상각누계액	38,864

[1] ₩1,459,200 × 4.5% = ₩65,664
[2] ₩699,555 ÷ 18년 = ₩38,864

20 리스이용자는 리스개시일에 그날 현재 지급되지 않은 리스료의 현재가치로 리스부채를 측정한다. 이때 리스의 내재이자율을 쉽게 산정할 수 있는 경우에는 그 이자율로 리스료를 할인한다. 그 이자율을 쉽게 산정할 수 없는 경우에는 리스이용자의 증분차입이자율을 사용한다.

정답 19 ① 20 ①

고급문제 정답 및 해설

01 **리스제공자는 다음 조건을 모두 충족하는 금융리스의 변경을 별도 리스로 회계처리한다.**
① 하나 이상의 기초자산 사용권이 추가되어 리스의 범위가 넓어진다.
② 넓어진 리스 범위의 개별 가격에 상응하는 금액과 특정한 계약의 상황을 반영하여 그 개별 가격에 적절히 조정하는 금액만큼 리스대가가 증액된다.

02 1. 기초자산 A
(1) 리스료를 산정할 때 사용한 지수나 요율(이율)의 변동으로 생기는 미래 리스료에 변동이 있는 경우는 리스부채를 다시 측정하지만, 미래 성과나 기초자산의 사용에 연동되는 변동리스료는 모두 당기손익으로 인식한다.
(2) 리스료 변동으로 인한 20×1년 말 리스부채 증가금액: ₩0

2. 기초자산 B
(1) 리스이용자는 다음 중 어느 하나에 해당하는 경우에 수정 리스료를 변경되지 않은 할인율로 할인하여 리스부채를 다시 측정함
① 잔존가치보증에 따라 지급할 것으로 예상되는 금액에 변동이 있는 경우
② 리스료를 산정할 때 사용한 지수나 요율(이율)의 변동으로 생기는 미래 리스료에 변동이 있는 경우
(2) 리스료 변동으로 인한 20×1년 말 리스부채 증가금액: ③ - ② = ₩63,555 - ₩57,776 = ₩5,779(단수차이)
① 20×1년 초 리스부채: ₩30,000 × (0.9259 + 0.8573) = ₩53,496
② 20×1년 말 리스부채 장부금액: ₩53,496 × 1.08 = ₩57,776
③ 20×1년 말 리스부채 재측정금액: ₩30,000 × 132/120 × (1 + 0.9259) = ₩63,555

03 **1. 판매후리스에서 시장조건을 웃도는 부분(₩200,000)은 구매자인 리스제공자가 판매자인 리스이용자에 제공한 추가 금융으로 회계처리한다.**

2. 상환금액의 현재가치: ₩241,269 × 2.48685 = ₩600,000

3. 리스료의 현재가치: ₩600,000 - ₩200,000 = ₩400,000

4. 사용권자산

$$\text{사용권자산의 장부금액} \times \frac{\text{사용권자산에 대한 할인된 리스료}}{\text{건물의 공정가치}} = ₩600,000 \times \frac{₩400,000}{₩1,000,000} = ₩240,000$$

5. 건물의 판매차익

$$(\text{공정가치} - \text{장부금액}) \times \frac{\text{건물의 공정가치} - \text{사용권자산에 대한 할인된 리스료}}{\text{건물의 공정가치}}$$

$$= (₩1,000,000 - ₩600,000) \times \frac{(₩1,000,000 - ₩400,000)}{₩1,000,000} = ₩240,000$$

6. ㈜대한의 회계처리

20×1년 초	(차) 현금	1,200,000	(대) 건물	600,000
	사용권자산	240,000	리스부채	400,000
			금융부채	200,000
			유형자산처분이익	240,000

정답 01 ⑤ 02 ③ 03 ③

04 1. 판매후리스에서 시장조건을 밑도는 부분(₩200,000)은 리스료의 선급으로 회계처리한다.

2. 리스료의 현재가치: ₩200,000 + ₩241,269 × 2.48685 = ₩800,000

3. 사용권자산

$$사용권자산의\ 장부금액 \times \frac{사용권자산에\ 대한\ 할인된\ 리스료}{건물의\ 공정가치} = ₩600,000 \times \frac{₩800,000}{₩1,000,000} = ₩480,000$$

4. 건물의 판매차익

$$(공정가치 - 장부금액) \times \frac{건물의\ 공정가치 - 사용권자산에\ 대한\ 할인된\ 리스료}{건물의\ 공정가치}$$

$$= (₩1,000,000 - ₩600,000) \times \frac{(₩1,000,000 - ₩800,000)}{₩1,000,000} = ₩80,000$$

5. ㈜대한의 회계처리

20×1년 初	(차) 현금	800,000	(대) 건물	600,000
	사용권자산	480,000	리스부채	600,000
			유형자산처분이익	80,000

05 1. 20×1년 초 리스부채

(1) 리스료의 현재가치

	20×1년 초	20×1년 말	20×2년 말	20×3년 말	리스제공자	리스이용자
고정리스료		₩100,000	₩100,000	₩100,000	리스총투자	리스료
보증잔존가치				₩5,000	리스총투자	N/A
무보증잔존가치				₩5,000	리스총투자	N/A

∴ 리스료의 현재가치: ₩248,685 = ₩100,000 × 2.48685

(2) 20×1년 초 리스부채: ₩248,685

2. 20×1년 초 사용권자산: 리스부채 + 리스개설직접원가 = ₩248,685 + ₩3,315 = ₩252,000

3. 20×1년 말 리스부채(10%): ₩248,685 × 1.1 - ₩100,000 = ₩173,554

4. 20×1년 말 사용권자산: ₩252,000 × 2/3 = ₩168,000

5. 20×2년 초 리스부채(10%): ₩100,000 × 1.73554 + ₩3,000 × 0.82645 = ₩176,033

6. 20×2년 초 리스부채와 사용권자산 증가액: ₩176,033 - ₩173,554 = ₩2,479

7. 20×2년 당기손익에 미치는 영향: (1) + (2) = ₩(102,843)
   (1) 이자비용: ₩176,033 × 10% = ₩(17,603)
   (2) 감가상각비: (₩168,000 + ₩2,479) ÷ 2년 = ₩(85,240)

8. 회계처리

20×2년 초	(차) 사용권자산	2,479	(대) 리스부채	2,479
20×2년 말	(차) 이자비용	17,603	(대) 현금	100,000
	리스부채	82,397		
	(차) 감가상각비	85,240	(대) 감가상각누계액	85,240

정답 04 ① 05 ③

06 1. 리스부채의 재평가 전 장부금액
(1) 20×1년 초: ₩3,000,000 × 2.5770 = ₩7,731,000
(2) 20×1년 말: ₩7,731,000 × 1.08 - ₩3,000,000 = ₩5,349,480
(3) 20×2년 말: ₩5,349,480 × 1.08 - ₩3,000,000 = ₩2,777,438

2. 20×2년 말 리스부채의 재측정금액: ₩3,000,000 × 0.9091 + ₩500,000 × 0.9091 = ₩3,181,850(수정할인율 적용)

3. 20×2년 말 리스부채의 증가액: ₩3,181,850 - ₩2,777,438 = ₩404,412

4. 사용권자산의 재평가 전 장부금액
(1) 20×1년 초: ₩7,731,000
(2) 20×1년 말: ₩7,731,000 - ₩7,731,000 × 1/3 = ₩5,154,000
(3) 20×2년 말: ₩7,731,000 - ₩7,731,000 × 2/3 = ₩2,577,000

5. 20×2년 말 재평가 후 사용권자산의 장부금액: ₩2,577,000 + ₩404,412 = ₩2,981,412

6. 20×3년 말 감가상각비: (₩2,981,412 - ₩0) × 1/2 = ₩1,490,706

07 1. 20×1년 초 리스부채(10%): ₩100,000 × 2.48685 = ₩248,685

2. 20×1년 말 리스부채: ₩248,685 × 1.1 - ₩100,000 = ₩173,554

3. 20×1년 초 사용권자산: ₩248,685

4. 20×1년 말 사용권자산: ₩248,685 × 2/3 = ₩165,790

5. 리스의 범위를 좁히는 변경
(1) 사용권자산의 장부금액 감소액: ₩165,790 × 50% = ₩82,895
(2) 리스부채의 장부금액 감소액: ₩173,554 × 50% = ₩86,777
(3) 리스변경이익(리스부채 감소액과 사용권자산 감소액의 차이): ₩86,777 - ₩82,895 = ₩3,882
(4) 리스부채 재측정금액(8%): ₩60,000 × 1.78326 = ₩106,996
(5) 리스부채의 재측정으로 인한 증감액: ₩106,996 - ₩173,554 × 50% = ₩20,219

6. 회계처리

20×2년 초	(차) 리스부채	86,777	(대) 사용권자산	82,895
			리스변경이익	3,882
	(차) 사용권자산	20,219	(대) 리스부채	20,219

7. 리스의 범위를 좁히는 리스변경: 리스의 일부나 전부의 종료를 반영하기 위하여 사용권자산의 장부금액을 줄이고, 리스이용자는 리스의 일부나 전부의 종료에 관련되는 차손익을 당기손익으로 인식한다.

정답 06 ③ 07 ①

08 1. 20×1년 초 리스부채(10%): ₩100,000 × 2.48685 = ₩248,685

2. 20×1년 말 리스부채: ₩248,685 × 1.1 - ₩100,000 = ₩173,554

3. 20×1년 초 사용권자산: ₩248,685

4. 20×1년 말 사용권자산: ₩248,685 × 2/3 = ₩165,790

5. 대가만 달라지는 변경
(1) 리스부채 재측정금액(8%): ₩60,000 × 1.78326 = ₩106,996
(2) 리스부채의 재측정으로 인한 증감액: ₩106,996 - ₩173,554 = ₩(66,558)

6. 회계처리

20×2년 초	(차) 리스부채	66,558	(대) 사용권자산	66,558

7. 리스의 범위를 좁히는 리스변경 외의 모든 리스변경: 사용권자산에 상응하는 조정을 한다.

09 1. 20×1년 초 리스부채(5%): ₩30,000 × 4.3295 = ₩129,885

2. 20×1년 말 리스부채: ₩129,885 × 1.05 - ₩30,000 = ₩106,379

3. 20×2년 말 리스부채: ₩106,379 × 1.05 - ₩30,000 = ₩81,698

4. 20×3년 말 리스부채: ₩81,698 × 1.05 - ₩30,000 = ₩55,783

5. 20×1년 초 사용권자산: ₩129,885

6. 20×3년 말 사용권자산: ₩129,885 × 2/5 = ₩51,954

7. 리스의 범위를 좁히는 변경
(1) 사용권자산의 장부금액 감소액: ₩51,954 × 1/3 = ₩17,318
(2) 리스부채의 장부금액 감소액: ₩55,783 × 1/3 = ₩18,594
(3) 리스변경이익: 리스부채 감소액과 사용권자산 감소액의 차이
₩18,594 - ₩17,318 = ₩1,276
(4) 리스부채 재측정금액(8%): ₩23,000 × 1.7833 = ₩41,016
(5) 리스부채의 재측정으로 인한 증감액: ₩41,016 - ₩55,783 × 2/3 = ₩3,827

8. 20×4년 초 회계처리

20×4년 초	(차) 리스부채	18,594	(대) 사용권자산	17,318
			리스변경이익	1,276
	(차) 사용권자산	3,827	(대) 리스부채	3,827

9. 20×4년 말 사용권자산의 장부금액: (₩51,954 × 2/3 + ₩3,827) × 1/2 = ₩19,232

10. 리스의 범위를 좁히는 리스변경: 리스의 일부나 전부의 종료를 반영하기 위하여 사용권자산의 장부금액을 줄이고, 리스이용자는 리스의 일부나 전부의 종료에 관련되는 차손익을 당기손익으로 인식한다.

11. 본 문제는 감가상각방법이 제시되지 않아 모두 정답으로 처리된 문제이다. 따라서 감가상각방법을 정액법으로 가정한다는 단서를 추가하여 수정한 문제이다.

정답 08 ⑤ 09 ②

10 1. 리스부채의 재평가 전 장부금액

(1) 20×1년 초: ₩2,000,000 × 2.5770 = ₩5,154,000

(2) 20×2년 말(= 20×3년 초): ₩2,000,000 × 0.9259 = ₩1,851,800

2. 20×3년 초 리스부채의 재측정금액

₩2,000,000 × 0.9091 + ₩2,200,000 × (2.4868 - 0.9091) = ₩5,289,140(수정할인율 적용)

3. 20×3년 초 리스부채의 증가액: ₩5,289,140 - ₩1,851,800 = ₩3,437,340

4. 사용권자산의 재평가 전 장부금액

(1) 20×1년 초: ₩5,154,000 + ₩246,000 = ₩5,400,000

(2) 20×2년 말(= 20×3년 초): ₩5,400,000 - ₩5,400,000 × 2/3 = ₩1,800,000

5. 20×3년 초 재평가 후 사용권자산의 장부금액: ₩1,800,000 + ₩3,437,340 = ₩5,237,340

6. 20×3년 말 사용권자산의 장부금액: ₩5,237,340 × 2/3 = ₩3,491,560

11 1. 기계설비 취득원가(공정가치): ₩14,673,400

(1) 리스순투자와 리스총투자

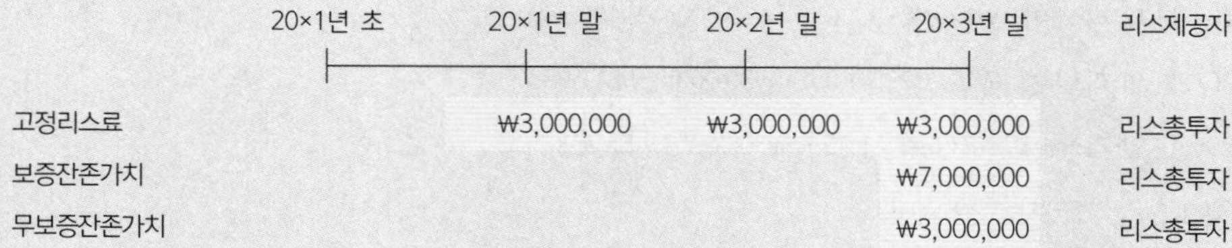

기초자산의 공정가치	x	
리스개설직접원가	₩300,000	
리스순투자	₩14,973,400	= ₩3,000,000 × 2.4868 + ₩10,000,000 × 0.7513

(2) 기초자산의 공정가치(x) = ₩14,973,400 - ₩300,000 = ₩14,673,400

2. 회수 시 손실금액: (1) + (2) = ₩(3,000,000)

(1) 리스채권손상차손: ₩5,000,000 - ₩10,000,000 = ₩(5,000,000)

(2) 리스보증이익: ₩7,000,000 - ₩5,000,000 = ₩2,000,000

정답 10 ② 11 ①

12 1. 20×1년 말 리스부채(8%): ₩257,707

2. 20×1년 말 사용권자산: ₩248,408

3. 리스의 범위를 좁히는 변경

(1) 사용권자산의 장부금액 감소액: ₩248,408 × 1/3 = ₩82,803

(2) 리스부채의 장부금액 감소액(8%): ₩257,707 − (₩100,000 × 1.7833) = ₩79,377

(3) 리스변경손실: 리스부채 감소액과 사용권자산 감소액의 차이
₩79,377 − ₩82,803 = ₩(3,426)

(4) 리스부채 재측정금액(10%): ₩100,000 × 1.7355 = ₩173,550

(5) 리스부채의 재측정으로 인한 증감액: ₩173,550 − (₩100,000 × 1.7833) = ₩(4,780)

4. 20×2년 초 회계처리

20×2년 초	(차) 리스부채	79,377	(대) 사용권자산	82,803
	리스변경손실	3,426		
	(차) 리스부채	4,780	(대) 사용권자산	4,780

5. 20×2년 당기순이익에 미치는 영향: (1) + (2) + (3) = ₩(101,194) 감소

(1) 리스변경손실: ₩(3,426)

(2) 감가상각비: (₩248,408 × 2/3 − ₩4,780) × 1/2 = ₩(80,413)

(3) 이자비용: ₩173,550 × 10% = ₩(17,355)

6. 리스의 범위를 좁히는 변경에서 리스기간의 단축의 경우 리스부채의 감소액은 변경 유효일에 변경 전 리스부채와 변경 후 연간리스료를 변경 전 할인율로 계산한 금액의 차이이다. 또한 변경 유효일에 리스이용자는 수정할인율을 반영한 나머지 리스부채의 재측정효과를 사용권자산을 조정하여 인식한다.

정답 12 ④

※ 객관식 문제풀이에 앞서 각 장의 주요 주제별 중요도를 파악해볼 수 있습니다.
※ 시험 대비를 위해 꼭 풀어보아야 하는 필수문제를 정리하여 효율적으로 학습할 수 있습니다.

1. 출제경향

주요 주제	중요도
1. 이론형 문제	★★★★★
2. 계약변경	★★★★★
3. 고객에게 지급할 대가	★★★★
4. 표시	★★★★
5. 반품권이 있는 판매	★★★★
6. 본인 대 대리인의 고려사항	★★★
7. 고객의 선택권	★★★
8. 고객이 행사하지 아니한 권리	★★
9. 환불되지 않는 선수수수료	★
10. 라이선싱	★★★★
11. 재매입약정	★★★★★
12. 미인도청구약정	★★
13. 고객의 인수	★
14. 장기할부판매	★★★
15. 고객충성제도	★★★★

2. 필수문제 리스트

구분		필수문제 번호
회계사	기본문제	1, 2, 3, 4, 5, 6, 7, 8, 9, 10, 11, 12, 13, 14, 15, 16, 20, 22, 23, 25, 26, 27, 28, 31, 32, 33, 34, 36, 37, 38, 39, 41, 42, 45
	고급문제	4, 5, 6, 7, 10, 11, 12, 13, 14
세무사	기본문제	1, 2, 3, 4, 5, 6, 7, 8, 9, 10, 11, 12, 13, 14, 15, 16, 20, 22, 23, 25, 26, 27, 28, 31, 32, 33, 34, 36, 37, 38, 39, 41, 42
	고급문제	4, 5, 6, 7, 10, 11, 12, 13, 14

Chapter 16

수익(1) 고객과의 계약에서 생기는 수익

- 기본문제
- 고급문제
- 정답 및 해설

기본문제

01 다음은 한국채택국제회계기준에 수익과 관련된 설명이다. 옳지 않은 것은?

① 수익이란 자산의 증가 또는 부채의 감소로써 자본의 증가를 가져오며, 자본청구권 보유자의 출자와 관련된 것을 제외한 것을 말한다.
② 자본청구권 보유자로부터의 출자는 수익이 아니다.
③ 한국채택국제회계기준에서 규정한 수익과 비용은 기업의 정상적인 영업활동에서 발생하는 것을 의미하여 일시적이거나 비경상적인 거래로부터 발생하는 차익과 차손은 포함하지 않는다.
④ 재무제표 이용자들은 기업의 재무상태와 재무성과에 대한 정보가 필요하므로 수익은 자산과 부채의 변동으로 정의되지만, 수익에 대한 정보는 자산과 부채에 대한 정보만큼 중요하다.
⑤ 수익의 서로 다른 특성별로 정보를 별도로 제공하면 재무제표 이용자들이 기업의 재무성과를 이해하는 데 도움이 될 수 있다.

02 수익인식 5단계 모형에 따라 수익을 인식하는 순서가 아래와 같다면 다음 빈칸에 들어갈 말로 가장 옳은 것은?

> [1단계] 고객과의 계약의 식별
> [2단계] 수행의무의 식별
> [3단계] (①)
> [4단계] (②)
> [5단계] 수행의무를 이행할 때 수익을 인식

	[3단계] (①)	[4단계] (②)
①	거래가격의 산정	거래가격의 배분
②	거래가격의 산정	통제이전
③	거래가격의 배분	거래가격의 산정
④	거래가격의 배분	통제이전
⑤	통제이전	위험과 보상의 이전

03 한국채택국제회계기준 제1115호 '고객과의 계약에서 생기는 수익'에 대한 다음 설명 중 옳지 않은 것은?

① 계약은 둘 이상의 당사자 사이에 집행 가능한 권리와 의무가 생기게 하는 합의이다.
② 계약의 각 당사자가 전혀 수행되지 않은 계약에 대해 상대방에게 보상하지 않고 종료할 수 있는 일반적이고 집행 가능한 권리를 갖는다면, 그 계약은 존재하지 않는다고 본다.
③ 고객에게서 미리 받은 대가는 수익으로 인식하기 전까지 부채로 인식한다.
④ 계약변경 시 구별되는 약속한 재화나 용역이 추가되어 계약의 범위가 확장되고 계약가격이 추가로 약속한 재화나 용역의 개별 판매가격에 특정 계약 상황을 반영하여 적절히 조정한 대가만큼 상승하는 경우에 계약변경은 별도 계약으로 회계처리한다.
⑤ 계약상 권리와 의무의 집행 가능성은 법률적인 문제이다. 따라서 계약은 서면으로 체결해야만 하며 기업의 사업 관행에 따라 암묵적으로는 체결할 수 없다.

※ 다음은 **04** ~ **05**와 관련된 자료이다.

㈜한국은 20×1년 10월 1일에 제품 120개를 고객에게 ₩60,000원(개당 ₩500)에 판매하기로 약속하였고, 제품은 6개월에 걸쳐 고객에게 이전된다.

(1) ㈜한국과 고객은 제품에 대한 통제를 한 시점에 이전한다. 20×1년 12월 31일에 ㈜한국이 제품 60개에 대한 통제를 고객에게 이전한 다음에, 추가로 제품 30개(총 150개의 동일한 제품)를 고객에게 납품하기로 계약을 변경하였다. 추가 제품 30개는 최초 계약에 포함되지 않았다.
(2) 20×2년 1월 31일에 제품 60개에 대한 통제가 고객에게 이전되었으며, 나머지 제품 30개에 대한 통제는 20×2년 3월 31일에 고객에게 이전되었다. 회사는 고객에게 제품에 대한 통제를 이전할 때 대가를 현금으로 수령하였다.

04 20×1년 12월 31일 계약을 변경할 때, 추가 제품 30개에 대한 계약변경의 가격은 추가 금액 ₩14,250이며 개당 ₩475이다. 추가 제품은 계약변경 시점에 그 제품의 개별 판매가격을 반영하여 가격이 책정되고 원래 제품과는 구별된다. ㈜한국이 20×1년과 20×2년에 수익으로 인식할 금액은 얼마인가?

	20×1년	20×2년
①	₩30,000	₩44,250
②	₩44,250	₩44,250
③	₩30,000	₩30,000
④	₩44,250	₩30,000
⑤	₩30,000	₩10,000

05 추가 제품 30개를 구매하는 협상을 진행하면서, 양 당사자는 처음에 개당 ₩400에 합의하였다. 그러나 고객은 이전받은 최초 제품 60개에 그 인도된 제품 특유의 사소한 결함이 있음을 알게 되었다. 따라서 ㈜한국은 그 제품의 낮은 질에 대한 보상으로 고객에게 개당 ₩75씩 일부 공제를 약속하였고, ㈜한국과 고객은 ㈜한국이 추가 제품 30개에 부과하는 가격에서 ₩4,500(공제 ₩75 × 제품 60개)을 공제하기로 합의하였다. 따라서 계약변경에서는 추가 제품 30개의 가격을 ₩7,500, 즉 개당 ₩250으로 정하였다. 즉, 추가 제품 30개에 대하여 ₩12,000에서 ₩4,500을 공제하기로 합의한 가격으로 구성된다. 20×2년 1월 31일과 20×2년 3월 31일에 통제를 고객에게 이전할 때, 각각 현금 ₩23,500과 ₩14,000을 수령하였다. ㈜한국이 20×1년과 20×2년에 수익으로 인식할 금액은 얼마인가?

	20×1년	20×2년
①	₩30,000	₩42,000
②	₩25,500	₩42,000
③	₩30,000	₩30,000
④	₩25,500	₩30,000
⑤	₩30,000	₩42,000

06 20×1년 1월 1일 ㈜세무는 제품 200개를 고객에게 1년에 걸쳐 개당 ₩1,000에 판매하기로 약속하였다. 각 제품에 대한 통제는 한 시점에 이전된다. ㈜세무는 20×1년 4월 1일 동일한 제품 100개를 개당 ₩800에 고객에게 추가 납품하기로 계약을 변경하였으며, 동 시점까지 기존 계약 수량 200개 가운데 30개에 대한 통제를 고객에게 이전하였다. 추가된 제품은 구별되는 재화에 해당하며, 추가 제품의 계약금액은 개별 판매가격을 반영하지 않는다. 20×1년 4월 1일부터 6월 30일까지 기존 계약 수량 중 58개와 추가 계약 수량 중 50개의 통제를 고객에게 이전하였다. 동 거래와 관련하여 ㈜세무가 20×1년 1월 1일부터 6월 30일 사이에 인식할 총수익은?

[2019 세무사 1차]

① ₩100,000 ② ₩100,800 ③ ₩118,000
④ ₩128,000 ⑤ ₩130,000

07 다음은 ㈜대한이 20×1년 1월 1일 ㈜민국과 체결한 청소용역 계약의 내용이다.

> (1) ㈜대한은 20×1년 1월 1일부터 20×2년 12월 31일까지 2년간 ㈜민국의 본사 건물을 일주일 단위로 청소하고, ㈜민국은 ㈜대한에게 연간 ₩600,000을 매 연도 말에 지급한다.
> (2) 계약 개시시점에 그 용역의 개별 판매가격은 연간 ₩600,000이다. ㈜대한은 용역을 제공한 첫 연도인 20×1년에 ₩600,000을 수령하고 이를 수익으로 인식하였다.
> (3) 20×1년 12월 31일에 ㈜대한과 ㈜민국은 계약을 변경하여 2차 연도의 용역대금을 ₩600,000에서 ₩540,000으로 감액하고 2년을 더 추가하여 계약을 연장하기로 합의하였다.
> (4) 연장기간에 대한 총 대가 ₩1,020,000은 20×3년 말과 20×4년 말에 각각 ₩510,000씩 지급하기로 하였다.
> (5) 2차 연도 개시일에 용역의 개별 판매가격은 연간 ₩540,000이며, 20×2년부터 20×4년까지 3년간 계약의 개별 판매가격의 적절한 추정치는 ₩1,620,000(연간 ₩540,000 × 3년)이다.

상기 거래에 대한 다음 설명 중 옳은 것은? 단, 유의적인 금융요소는 고려하지 않는다.

[2018 공인회계사 1차]

① 매주의 청소용역이 구별되므로, ㈜대한은 청소용역을 복수의 수행의무로 회계처리할 수 있다.
② 계약변경일에 ㈜대한이 제공할 나머지 용역은 구별되지 않는다.
③ 계약변경일에 ㈜대한이 나머지 대가로 지급받을 금액은 제공할 용역의 개별 판매가격을 반영하고 있다.
④ ㈜대한은 동 계약변경을 기존 계약의 일부인 것처럼 회계처리하여야 한다.
⑤ ㈜대한이 20×2년에 인식해야 할 수익은 ₩520,000이다.

08 한국채택국제회계기준 제1115호 '고객과의 계약에서 생기는 수익'에 대한 다음 설명 중 옳지 않은 것은?

① 수행의무란 고객과의 계약에서 구별되는 재화나 용역을 고객에게 이전하기로 한 각 약속을 말한다.
② 일반적으로 고객과의 계약에는 기업이 고객에게 이전하기로 약속하는 재화나 용역을 분명히 기재하나, 고객과의 계약에서 식별되는 수행의무는 계약에 분명히 기재한 재화나 용역에만 한정되지 않을 수 있다.
③ 계약을 이행하기 위해 수행해야 하지만 고객에게 재화나 용역을 이전하는 활동이 아니더라도 그 활동은 수행의무에 포함해야 한다.
④ 고객이 재화나 용역 그 자체에서 효익을 얻거나 고객이 쉽게 구할 수 있는 다른 자원과 함께하여 그 재화나 용역에서 효익을 얻을 수 있으며, 고객에게 재화나 용역을 이전하기로 하는 약속이 계약 내의 다른 약속과 별도로 식별해낼 수 있다는 기준을 모두 충족한다면 고객에게 약속한 재화나 용역은 구별되는 것이다.
⑤ 약속한 재화나 용역이 구별되지 않는다면, 구별되는 재화나 용역의 묶음을 식별할 수 있을 때까지 그 재화나 용역을 약속한 다른 재화나 용역과 결합한다.

09 한 시점에 이행하는 수행의무는 고객이 약속된 자산을 통제하고 기업이 의무를 이행하는 시점에 수익을 인식한다. 고객이 자산을 통제하는 시점의 예가 아닌 것은?

① 기업은 자산에 대해 현재 지급청구권이 있다.
② 고객에게 자산의 법적 소유권이 있다.
③ 기업이 자산의 물리적 점유를 이전하였다.
④ 자산의 소유에 따른 유의적인 위험과 보상이 고객에게 있다.
⑤ 고객은 기업이 수행하는 대로 기업의 수행에서 제공하는 효익을 동시에 얻고 소비한다.

10 기업회계기준서 제1115호 '고객과의 계약에서 생기는 수익'에 대한 다음 설명 중 옳은 것은?

[2019 공인회계사 1차]

① 일반적으로 고객과의 계약에는 기업이 고객에게 이전하기로 약속하는 재화나 용역을 분명히 기재한다. 따라서 고객과의 계약에서 식별되는 수행의무는 계약에 분명히 기재한 재화나 용역에만 한정된다.
② 고객에게 재화나 용역을 이전하는 활동은 아니지만 계약을 이행하기 위해 수행해야 한다면, 그 활동은 수행의무에 포함된다.
③ 수행의무를 이행할 때(또는 이행하는 대로), 그 수행의무에 배분된 거래가격(변동대가 추정치 중 제약받는 금액을 포함)을 수익으로 인식한다.
④ 거래가격은 고객에게 약속한 재화나 용역을 이전하고 그 대가로 기업이 받을 권리를 갖게 될 것으로 예상하는 금액이며, 제3자를 대신해서 회수한 금액도 포함한다.
⑤ 거래가격의 후속 변동은 계약 개시시점과 같은 기준으로 계약상 수행의무에 배분한다. 따라서 계약을 개시한 후의 개별 판매가격 변동을 반영하기 위해 거래가격을 다시 배분하지는 않는다.

11 기업회계기준서 제1115호 '고객과의 계약에서 생기는 수익'에 대한 다음 설명 중 옳지 않은 것은?

[2018 공인회계사 1차]

① 계약이란 둘 이상의 당사자 사이에 집행 가능한 권리와 의무가 생기게 하는 합의이다.
② 하나의 계약은 고객에게 재화나 용역을 이전하는 여러 약속을 포함하며, 그 재화나 용역들이 구별된다면 약속은 수행의무이고 별도로 회계처리한다.
③ 거래가격은 고객이 지급하는 고정된 금액을 의미하며, 변동대가는 포함하지 않는다.
④ 거래가격은 일반적으로 계약에서 약속한 각 구별되는 재화나 용역의 상대적 개별 판매가격을 기준으로 배분한다.
⑤ 기업이 약속한 재화나 용역을 고객에게 이전하여 수행의무를 이행할 때(또는 기간에 걸쳐 이행하는 대로) 수익을 인식한다.

12 20×1년 9월 1일에 ㈜대한은 ㈜민국에게 1년간의 하자보증조건으로 중장비 1대를 ₩500,000에 현금 판매하였다. 동 하자보증은 용역 유형의 보증에 해당한다. ㈜대한은 1년간의 하자보증을 제공하지 않는 조건으로도 중장비를 판매하고 있으며, 이 경우 중장비의 개별 판매가격은 보증조건 없이 1대당 ₩481,000이며, 1년간의 하자보증용역의 개별 판매가격은 ₩39,000이다. ㈜대한은 ㈜민국에게 판매한 중장비 1대에 대한 하자보증으로 20×1년에 ₩10,000의 원가를 투입하였으며, 20×2년 8월 말까지 추가로 ₩20,000을 투입하여 하자보증을 완료할 계획이다. 상기 하자보증조건부판매와 관련하여 ㈜대한이 20×1년에 인식할 총수익금액과 20×1년 말 재무상태표에 인식할 부채는 각각 얼마인가? [2021 공인회계사 1차]

	총수익	부채
①	₩475,000	₩25,000
②	₩475,000	₩20,000
③	₩462,500	₩37,500
④	₩462,500	₩20,000
⑤	₩500,000	₩0

13 ㈜대한은 제품 C을 생산하여 고객에게 판매한다. ㈜대한은 재고자산에 대해 계속기록법을 적용하여 회계처리하고 있으며, 20×1년 제품 C과 관련된 고객과의 거래는 다음과 같다.

- ㈜대한은 통신장비인 제품 C의 판매와 통신서비스를 모두 제공하고 있다. ㈜대한은 통상적으로 제품 C를 한 대당 ₩300,000에 현금 판매하고, 통신서비스는 월 ₩2,500씩 24개월에 총 ₩60,000의 약정으로 제공하고 있다.
- ㈜대한은 신규 고객 유치를 위한 특별 행사로 20×1년 9월 1일부터 20×1년 12월 31일까지 제품 C와 통신서비스를 결합하여 이용하는 고객에게는 현금보조금 ₩43,200을 계약체결일에 지급하고 있다.
- 이 결합상품은 20×1년 10월 1일과 12월 1일에 각각 10명과 20명의 고객에게 1인당 1개씩 판매되었다.

㈜대한이 20×1년에 특별행사로 판매한 제품 C와 통신서비스의 결합상품 판매로 인해 20×1년도와 20×2년도에 수익으로 인식할 금액은 얼마인가?

	20×1년 수익	20×2년 수익
①	₩8,030,000	₩792,000
②	₩8,030,000	₩110,000
③	₩8,030,000	₩795,000
④	₩8,000,000	₩792,000
⑤	₩8,000,000	₩822,000

14 A회사(소비재 제조업자)는 국제적인 대형 소매체인점인 고객에게 1년 동안 재화를 판매하기로 계약을 체결한다. 20×1년 초 고객은 1년 동안 적어도 ₩15,000,000어치의 제품을 사기로 약속하였다. 계약에서는 기업이 계약 개시시점에 환불되지 않는 ₩1,500,000을 고객에게 지급하도록 되어 있다. 이 ₩1,500,000의 지급액은 고객이 기업의 제품을 선반에 올리는 데 필요한 변경에 대해 고객에게 보상하는 것이다. 고객에게 재화를 이전하는 20×1년 동안 총 ₩15,000,000의 재화를 이전하였다. A회사가 20×1년 포괄손익계산서에 수익으로 인식할 금액은 얼마인가?

① ₩10,000,000 ② ₩11,500,000 ③ ₩13,500,000
④ ₩15,000,000 ⑤ ₩16,500,000

15 ㈜대한은 상업용 로봇을 제작하여 고객에게 판매한다. 20×1년 9월 1일에 ㈜대한은 청소용역업체인 ㈜민국에게 청소로봇 1대를 ₩600,000에 판매하고, ㈜민국으로부터 2개월간 청소용역을 제공받는 계약을 체결하였다. ㈜대한은 ㈜민국의 청소용역에 대한 대가로 ₩50,000을 지급하기로 하였다. ㈜대한은 20×1년 10월 1일 청소로봇 1대를 ㈜민국에게 인도하고 현금 ₩600,000을 수취하였으며, ㈜민국으로부터 20×1년 10월 1일부터 2개월간 청소용역을 제공받고 현금 ₩50,000을 지급하였다. 다음의 독립적인 2가지 상황(상황 1, 상황 2)에서 상기 거래로 인해 ㈜대한이 20×1년도에 인식할 수익은 각각 얼마인가? [2022 공인회계사 1차]

(상황 1) ㈜민국이 ㈜대한에 제공한 청소용역의 공정가치가 ₩40,000인 경우
(상황 2) ㈜민국이 ㈜대한에 제공한 청소용역의 공정가치를 합리적으로 추정할 수 없는 경우

	(상황 1)	(상황 2)
①	₩590,000	₩550,000
②	₩590,000	₩600,000
③	₩560,000	₩550,000
④	₩560,000	₩600,000
⑤	₩600,000	₩600,000

16 기업회계기준서 제1115호 '고객과의 계약에서 생기는 수익'의 측정에 대한 다음 설명 중 옳은 것은? [2020 공인회계사 1차]

① 거래가격의 후속변동은 계약 개시시점과 같은 기준으로 계약상 수행의무에 배분한다. 따라서 계약을 개시한 후의 개별 판매가격 변동을 반영하기 위해 거래가격을 다시 배분해야 한다. 이행된 수행의무에 배분되는 금액은 거래가격이 변동되는 기간에 수익으로 인식하거나 수익에서 차감한다.

② 계약을 개시할 때 기업이 고객에게 약속한 재화나 용역을 이전하는 시점과 고객이 그에 대한 대가를 지급하는 시점 간의 기간이 1년 이내일 것이라고 예상한다면 유의적인 금융요소의 영향을 반영하여 약속한 대가를 조정하지 않는 실무적 간편법을 쓸 수 있다.

③ 고객이 현금 외의 형태의 대가를 약속한 계약의 경우, 거래가격은 그 대가와 교환하여 고객에게 약속한 재화나 용역의 개별 판매가격으로 측정하는 것을 원칙으로 한다.

④ 변동대가는 가능한 대가의 범위 중 가능성이 가장 높은 금액으로 측정하며 기댓값 방식은 적용할 수 없다.

⑤ 기업이 고객에게 대가를 지급하는 경우, 고객에게 지급할 대가가 고객에게서 받은 구별되는 재화나 용역에 대한 지급이 아니라면 그 대가는 판매비로 회계처리한다.

※ 다음은 **17 ~ 19**와 관련된 자료이다.

㈜정수는 제품 A, B, C를 판매하기로 고객과 계약을 체결하였다. 각각의 물음은 독립적이며 관련된 자료는 다음과 같다.

(1) ㈜정수는 서로 다른 시점에 각 제품에 대한 수행의무를 이행할 것이며, ㈜정수는 보통 제품 A를 별도로 판매하므로 개별 판매가격을 직접 관측할 수 있으나, 제품 B와 C의 개별 판매가격은 직접 관측할 수 없다.

(2) 제품 B와 C의 개별 판매가격을 직접 관측할 수 없기 때문에, ㈜정수는 그 가격을 추정하기로 결정하였다. 개별 판매가격을 추정하기 위해, 기업은 제품 B에는 시장평가 조정 접근법을 사용하고 제품 C에는 예상원가 이윤 가산 접근법을 사용하여 다음과 같이 개별판매가격을 추정하였다.

제품	개별 판매가격	방법
제품 A	₩250	직접 관측 가능
제품 B	₩150	시장평가 조정 접근법
제품 C	₩100	예상원가 이윤 가산 접근법
합계	₩500	

17 ㈜정수가 ₩400과 교환하여 제품 A, B, C를 판매하기로 고객과 계약을 체결한 경우 거래가격을 수행의무 제품 A, B, C에 배분하면 각각 얼마인가?

	제품 A	제품 B	제품 C
①	₩200	₩120	₩80
②	₩200	₩160	₩40
③	₩160	₩120	₩120
④	₩160	₩160	₩80
⑤	₩150	₩120	₩130

18 ㈜정수는 보통 제품 A, B, C를 개별 판매하므로, 개별 판매가격을 다음과 같이 정하였고, 보통 제품 B와 제품 C를 함께 ₩200에 판매한다.

제품	개별 판매가격
제품 A	₩200
제품 B	₩150
제품 C	₩100
합계	₩450

㈜정수가 ₩400과 교환하여 제품 A, B, C를 판매하기로 고객과 계약을 체결한 경우 거래가격을 수행의무 제품 A, B, C에 배분하면 각각 얼마인가?

	제품 A	제품 B	제품 C
①	₩200	₩100	₩100
②	₩200	₩120	₩80
③	₩160	₩100	₩140
④	₩160	₩120	₩120
⑤	₩120	₩80	₩200

19 **18**에서 ㈜강남이 제품 A, B, C에 추가로 제품 D를 포함하여 ₩430에 판매하기로 고객과 계약을 체결하였다. ㈜강남은 제품 D를 넓은 범위의 금액(₩15 ~ ₩45)으로 서로 다른 고객에게 판매하며, 제품 D의 개별 판매가격의 변동성은 매우 높아서 제품 D의 개별 판매가격을 잔여접근법을 사용하여 추정하였다. ㈜강남이 ₩430과 교환하여 제품 A, B, C, D를 판매하기로 고객과 계약을 체결한 경우 거래가격을 수행의무 제품 A, B, C, D에 배분하면 각각 얼마인가?

	제품 A	제품 B	제품 C	제품 D
①	₩200	₩100	₩100	₩30
②	₩200	₩120	₩80	₩30
③	₩160	₩100	₩140	₩30
④	₩160	₩120	₩120	₩30
⑤	₩120	₩80	₩200	₩30

20 ㈜세무는 고객에게 제품을 이전하기로 한 약속을 수행의무로 식별하고, 제품을 고객에게 이전할 때 각각의 수행의무에 대한 수익을 인식하고 있다. ㈜세무는 ㈜한국에게 제품 A와 제품 B를 이전하기로 하는 계약을 20×1년 12월 1일에 체결하였고, 동 계약에 따라 받기로 한 대가는 총 ₩10,000이다. 동 계약에 따르면 제품 A를 먼저 인도한 후 제품 B를 나중에 인도하기로 하였지만, 대가 ₩10,000은 모든 제품(제품 A와 제품 B)을 인도한 이후에만 받을 권리가 생긴다. ㈜세무는 20×1년 12월 15일에 제품 A를 인도하였고, 제품 B에 대한 인도는 20×2년 1월 10일에 이루어졌으며, 20×2년 1월 15일에 대가 ₩10,000을 수령하였다. ㈜세무는 제품 A를 개별적으로 판매할 경우 ₩8,000에 판매하고 있지만, 제품 B는 판매경험 및 유사제품에 대한 시장정보가 없어 개별판매가격을 알지 못한다. 따라서 잔여접근법으로 거래가격을 배분하기로 한다. ㈜세무의 상기거래에 관한 설명으로 옳지 않은 것은? (단, 제시된 거래의 효과만 반영하기로 한다)

[2022 세무사 1차]

① 20×1년 말 ㈜세무의 재무상태표에 표시할 수취채권의 금액은 영(0)이다.
② 20×1년 말 ㈜세무의 재무상태표에 표시할 계약자산의 금액은 ₩8,000이다.
③ ㈜세무가 20×1년도 포괄손익계산서에 수익으로 인식할 금액은 ₩8,000이다.
④ 20×1년 말 ㈜세무의 재무상태표에 표시할 계약부채는 없다.
⑤ ㈜세무의 20×2년 1월 10일 회계처리로 인하여 계약자산은 ₩2,000 증가한다.

21 컨설팅 용역을 제공하는 ㈜강남은 새로운 고객인 ㈜서울에게 컨설팅 용역을 제공하는 경쟁입찰에서 이겼다.

(1) 계약을 체결하기 위하여 다음과 같은 원가가 발생하였다.

구분	금액
실사를 위한 외부 법률 수수료	₩300,000
제안서 제출을 위한 교통비	₩500,000
영업사원 수수료	₩200,000
총 발생원가	₩1,000,000

(2) 영업사원 수수료는 수주 성공에 따라 지급하기로 한 금액이며 당기 해당 영업팀장의 성과금으로 ₩100,000의 비용을 지급하였다.

㈜강남이 고객과의 계약체결 증분원가 중 자산과 비용으로 인식해야 할 금액은 얼마인가?

	자산	비용
①	₩200,000	₩900,000
②	₩200,000	₩800,000
③	₩300,000	₩800,000
④	₩300,000	₩700,000
⑤	₩500,000	₩600,000

22 다음은 ㈜대한의 20×1년과 20×2년의 수취채권, 계약자산, 계약부채에 대한 거래이다.

> (1) ㈜대한은 고객에게 제품을 이전하기로 한 약속을 수행의무로 식별하고, 제품을 고객에게 이전할 때 각 수행의무에 대한 수익을 인식한다.
> (2) ㈜대한은 20×2년 1월 31일에 ㈜민국에게 제품 A를 이전하는 취소 불가능 계약을 20×1년 10월 1일에 체결하였다. 계약에 따라 ㈜민국은 20×1년 11월 30일에 대가 ₩1,000 전액을 미리 지급하여야 하나 ₩300만 지급하였고, 20×2년 1월 15일에 잔액 ₩700을 지급하였다. ㈜대한은 20×2년 1월 31일에 제품 A를 ㈜민국에게 이전하였다.
> (3) ㈜대한은 ㈜만세에게 제품 B와 제품 C를 이전하고 그 대가로 ₩1,000을 받기로 20×1년 10월 1일에 계약을 체결하였다. 계약에서는 제품 B를 먼저 인도하도록 요구하고, 제품 B의 인도 대가는 제품 C의 인도를 조건으로 한다고 기재되어 있다. ㈜대한은 제품의 상대적 개별 판매가격에 기초하여 제품 B에 대한 수행의무에 ₩400을, 제품 C에 대한 수행의무에 ₩600을 배분한다. ㈜대한은 ㈜만세에게 20×1년 11월 30일에 제품 B를, 20×2년 1월 31일에 제품 C를 각각 이전하였다.

상기 거래에 대하여, 20×1년 12월 31일 현재 ㈜대한의 수취채권, 계약자산, 계약부채 금액은 각각 얼마인가? 단, 기초잔액은 없는 것으로 가정한다. [2019 공인회계사 1차]

	수취채권	계약자산	계약부채
①	₩0	₩400	₩0
②	₩400	₩0	₩0
③	₩700	₩400	₩1,000
④	₩1,000	₩400	₩1,000
⑤	₩1,100	₩0	₩1,000

23 ㈜세무는 20×1년 12월 31일 개당 원가 ₩150인 제품 100개를 개당 ₩200에 현금 판매하였다. ㈜세무는 판매 후 30일 이내에 고객이 반품하면 전액 환불해주고 있다. 반품률은 5%로 추정되며, 반품제품 회수비용, 반품제품 가치하락 및 판매 당일 반품은 없다. 동 거래에 관한 설명으로 옳지 않은 것은? [2019 세무사 1차]

① 20×1년 인식할 매출액은 ₩19,000이다.
② 20×1년 인식할 이익은 ₩4,750이다.
③ '환불이 발생할 경우 고객으로부터 제품을 회수할 권리'를 20×1년 말 자산으로 인식하며, 그 금액은 ₩750이다.
④ 동 거래의 거래가격은 변동대가에 해당하기 때문에 받을 권리를 갖게 될 금액을 추정하여 수익으로 인식한다.
⑤ 20×1년 말 인식할 부채는 ₩250이다.

24 ㈜강남은 20×1년에 반품조건부로 ₩100,000의 제품(100개, 판매단가 ₩1,000)을 현금판매하였다. 동 제품의 반품가능기간은 판매 후 6개월이고 20×1년 말까지 반품은 없었다. 20×1년 말에 과거의 경험으로 추정한 반품예상액은 매출액의 10%이며, 반품 관련 추정비용은 ₩500이다. 또한, 반품제품의 경우 제품원가의 10%가 손상될 것으로 추정되었다. ㈜강남의 매출원가율은 80%이다. ㈜강남이 20×1년에 반품권이 부여된 판매와 관련하여 당기손익에 미치는 영향은 얼마인가?

① ₩13,700 ② ₩14,700 ③ ₩15,700
④ ₩16,700 ⑤ ₩17,700

※ 다음 자료를 읽고 **25 ~ 26**에 답하시오.

㈜한국은 다음의 제품들을 생산하여 고객에게 판매한다. ㈜한국은 재고자산에 대해 계속기록법을 적용하여 회계처리하고 있으며, 20×1년 각 제품과 관련된 고객과의 거래는 다음과 같다.

(1) ㈜한국은 20×1년 12월 31일에 제품 A를 1개월 이내에 반품을 허용하는 조건으로 ₩300,000 (매출원가율 70%)에 판매하였다.
(2) ㈜한국은 과거 경험에 따라 이 중 5%가 반품될 것으로 예상하며, 이러한 변동대가의 추정치와 관련된 불확실성이 해소될 때(즉, 반품기한이 종료될 때) 이미 인식한 누적 수익금액 중 유의적인 부분을 되돌리지 않을 가능성이 높다고 판단하였다.
(3) 반품된 제품 A는 일부 수선만 하면 다시 판매하여 이익을 남길 수 있다. ㈜한국은 제품 A가 반품될 경우 회수 및 수선을 위해 총 ₩400이 지출될 것으로 예상하였다.
(4) 20×1년 12월 31일 매출 중 20×2년 1월 말까지 실제 반품된 제품 A의 판매가격 합계는 ₩16,000이며, 반품된 제품 A의 회수 및 수선을 위해 총 ₩500이 지출되었다.

25 ㈜한국이 20×1년에 고객에게 판매한 제품 A에 관련된 회계처리가 ㈜한국의 20×1년도 포괄손익계산서상 당기순이익에 미치는 영향은 얼마인가?

① ₩81,100 증가 ② ₩85,100 증가 ③ ₩88,100 증가
④ ₩95,100 증가 ⑤ ₩96,000 증가

26 ㈜한국이 20×1년에 고객에게 판매한 제품 A에 관련된 회계처리가 ㈜한국의 20×2년도 포괄손익계산서상 당기순이익에 미치는 영향은 얼마인가?

① ₩0 ② ₩200 감소 ③ ₩400 감소
④ ₩600 감소 ⑤ ₩800 감소

27 ㈜사과는 1월 1일부터 12월 31일까지를 보고기간으로 하는 핸드폰을 제조하여 판매하는 회사이다. 관련 자료는 다음과 같다.

> (1) ㈜사과는 20×1년 초에 신제품으로 개발된 핸드폰 100대를 대당 ₩10,000에 판매하였다.
> (2) ㈜사과는 원하는 고객에게만 핸드폰 1대당 ₩1,000을 추가로 받고 2년 동안 제품보증을 제공하기로 하는 이벤트를 진행하였다. 이러한 이벤트에서 제품보증을 구매한 고객에게 판매한 비율은 10%이다.
> (3) 보증용역의 수행의무는 2년간 동일한 금액이 이행될 것이라고 추정되어 정액기준으로 수익을 인식한다.
> (4) ㈜사과가 20×1년과 20×2년에 핸드폰 수리와 관련하여 실제로 발생한 품질보증비는 다음과 같다.

연도	20×1년	20×2년
보증비지출액	₩2,000	₩3,000

㈜사과가 20×1년에 인식할 수익은 얼마인가?

① ₩1,000,000 ② ₩1,005,000 ③ ₩1,010,000
④ ₩1,020,000 ⑤ ₩1,025,000

28 ㈜사과는 1월 1일부터 12월 31일까지를 보고기간으로 하는 핸드폰을 제조하여 판매하는 회사이다.

(1) ㈜사과의 20×1년부터 20×3년까지 매출 등 관련 자료는 다음과 같다.

연도	총매출액
20×1	₩6,000,000
20×2	₩9,000,000
20×3	₩7,200,000

(2) ㈜사과는 20×1년 1월 1일부터 판매한 제품에 대해 3년간 무상으로 제품수리보증을 해 주기로 경영방침을 확정하고 이러한 정책을 외부에 공표하였다. 총매출액의 5%에 해당되는 금액이 제품보증비로 발생된다고 추정하였고, 실제 지출한 제품보증비는 다음과 같다.

연도	20×1	20×2	20×3
보증비지출액	₩240,000	₩360,000	₩180,000

(3) ㈜사과의 고객은 고객에게 보증을 별도로 구매할 수 있는 선택권이 없으며 보증의 유형은 확신유형의 보증이다.

20×3년 ① 포괄손익계산서에 충당부채와 관련하여 인식할 비용과 ② 재무상태표에 보고할 충당부채 금액을 계산하시오. (단, 충당부채의 현재가치 평가는 고려하지 않는다)

	① 20×3년 비용	② 20×3년 말 충당부채
①	₩360,000	₩330,000
②	₩240,000	₩330,000
③	₩420,000	₩720,000
④	₩240,000	₩720,000
⑤	₩300,000	₩0

29 12월 결산법인인 동일상사는 20×1년 12월 초에 단위당 원가 ₩1,000인 상품 400개를 부산의 영도상사에 위탁판매를 위해 적송하였다. 적송운임 ₩20,000은 현금으로 지급하였다. 수탁자인 영도상사는 12월 중 위의 위탁상품 중 200개의 매출을 완료하고 20×1년 12월 28일에 다음과 같은 매출계산서와 함께 현금 ₩244,000을 동일상사에 보내왔다.

매출계산서		
매출액: 200개 × ₩1,400 =		₩280,000
판매수수료	₩21,000	
운임 및 보관료	₩15,000	₩(36,000)
송금액		₩244,000

동일상사는 재고자산을 기록하기 위한 회계시스템으로 계속기록법을 적용하고 있다. 동일상사가 위의 매출계산서를 받았을 때 인식하여야 할 매출수익과 20×1년 12월 31일 결산일에 기록할 적송품계정 잔액은 얼마인가? [2002 세무사 1차]

	매출수익	적송품계정 잔액
①	₩280,000	₩200,000
②	₩244,000	₩210,000
③	₩259,000	₩200,000
④	₩70,000	₩210,000
⑤	₩280,000	₩210,000

30 ㈜세종은 20×1년 2월 1일 액면금액 ₩50,000인 상품권 2,000매를 1매당 ₩48,000에 최초로 발행하였다. 고객은 상품권 액면금액의 60% 이상을 사용하면 잔액을 현금으로 돌려받을 수 있으며, 상품권의 만기는 발행일로부터 1년이다. 유효기간이 경과한 후에는 상품권의 액면금액의 20%만을 환급해 준다. ㈜세종은 20×1년 12월 31일까지 회수된 상품권 400매에 대해 상품 인도와 더불어 잔액 ₩1,200,000을 현금으로 지급하였다. ㈜세종이 상품권 발행에 의한 판매와 관련하여 20×1년 포괄손익계산서에 인식하게 될 수익은 얼마인가? [2014 세무사 1차 수정]

① ₩9,600,000 ② ₩10,800,000 ③ ₩18,000,000
④ ₩18,800,000 ⑤ ₩19,200,000

31 다음은 한국채택국제회계기준에 수익과 관련된 설명이다. 옳지 않은 것은?

① 반품을 예상할 수 없어도 제품을 이전할 때 수익을 인식한다.
② 반품을 예상할 수 없는 경우에는 수익을 인식할 수 없으므로 관련 매출원가를 인식하지 아니하고 고객에게 제품을 이전할 때 고객에게서 제품을 회수할 기업의 권리에 대해서 반환재고회수권의 과목으로 별도의 자산을 인식한다.
③ 고객에게 보증을 별도로 구매할 수 있는 선택권이 있다면, 그 보증은 구별되는 용역이다.
④ 고객에게 보증을 별도로 구매할 수 있는 선택권이 없는 경우에는 확신유형의 보증이라면, 이 보증을 K-IFRS 제1037호 '충당부채, 우발부채, 우발자산'에 따라 회계처리한다.
⑤ 기업이 대리인인 경우에는 수행의무를 이행할 때, 이 기업은 다른 당사자가 그 정해진 재화나 용역을 제공하도록 주선하고 그 대가로 받을 권리를 갖게 될 것으로 예상하는 보수나 수수료 금액을 수익으로 인식한다. 기업의 보수나 수수료는 다른 당사자가 제공하기로 하는 재화나 용역과 교환하여 받은 대가 가운데 그 당사자에게 지급한 다음에 남는 순액일 수 있다.

32 ㈜한국은 다음의 제품들을 생산하여 고객에게 판매한다. 20×1년 제품 A와 관련된 거래는 다음과 같다.

- ㈜한국은 20×1년 12월 1일 제품 A를 ₩1,000,000에 고객에게 판매하기로 계약을 체결하였다.
- 이 계약의 일부로 ㈜한국은 제품 A에 대한 통제권 이전 후 30일 이내에 ₩1,000,000 한도의 구매에 대해 62.5%의 할인권을 고객에게 주었다.
- ㈜한국은 고객이 추가제품을 평균 ₩500,000에 구매하고 할인권의 행사가능성을 80%로 추정한다. 할인권은 고객에게 중요한 권리를 제공한다.
- 20×1년 12월 31일 제품 A에 대한 통제권을 고객에게 이전하고 현금을 수령하였다.

㈜한국이 제품 A의 판매로 20×1년 인식해야 할 수익은 얼마인가?

① ₩600,000 ② ₩800,000 ③ ₩1,000,000
④ ₩1,200,000 ⑤ ₩1,400,000

33 커피프랜차이즈 사업을 운영하고 있는 ㈜명성은 20×1년 1월 1일 창동점과 프랜차이즈계약을 체결하였으며 관련 내용은 다음과 같다.

> (1) ㈜명성은 창동점으로부터 프랜차이즈 라이선스의 대가로 고정대가 ₩1,500,000을 계약체결과 동시에 전액 지급받았다. 또한 이는 프랜차이즈 라이선스의 대가로 부족하여 변동대가로 매출액의 10%를 매 보고기간 말에 수취하기로 하였다.
> (2) 창동점은 20×1년 1월 1일부터 3년간 프랜차이즈 라이선스를 사용할 수 있으며, 이는 라이선스 접근권에 해당한다. 창동점은 20×1년 중 총 ₩500,000의 매출액을 인식하였다.

㈜명성이 20×1년도 포괄손익계산서상 수익으로 인식할 금액은 얼마인가?

① ₩500,000 ② ₩550,000 ③ ₩600,000
④ ₩650,000 ⑤ ₩700,000

34 ㈜명성은 20×1년 1월 1일에 재고자산을 ₩1,000,000에 판매하기로 고객과 계약을 체결하였다.

> (1) 경우 A: 계약에는 20×1년 12월 31일 이전에 그 자산을 ₩1,100,000에 다시 살 권리를 기업에 부여하는 콜옵션이 포함되어 있다.
> (2) 경우 B: 계약에는 20×1년 12월 31일 이전에 그 자산을 ₩900,000에 다시 살 권리를 기업에 부여하는 콜옵션이 포함되어 있다.

경우 A와 경우 B의 회계처리에 대한 설명으로 옳지 않은 것은?

① 경우 A는 금융약정으로 회계처리한다.
② 경우 B는 리스로 회계처리한다.
③ 경우 A에서 20×1년 초에 차입금을 ₩1,000,000 인식한다.
④ 경우 A에서 20×1년 초에 수익을 ₩1,000,000 인식한다.
⑤ 경우 A에서 20×1년 말에 이자비용을 ₩100,000 인식한다.

35 ㈜세무는 20×1년 1월 1일 ㈜한국에게 원가 ₩100,000의 제품을 ₩200,000에 현금 판매하였다. 판매계약에는 20×1년 6월 30일 이전에 ㈜한국이 요구할 경우 ㈜세무가 판매한 제품을 ₩210,000에 재매입해야 하는 풋옵션이 포함된다. 풋옵션이 행사될 유인은 판매시점에서 유의적일 것으로 판단하였으나 실제로 20×1년 6월 30일까지 풋옵션이 행사되지 않은 채 권리가 소멸하였다. 동 거래에 관한 설명으로 옳지 않은 것은? (단, 20×1년 1월 1일 기준으로 재매입일 예상 시장가치는 ₩210,000 미만이다) [2019 세무사 1차]

① 20×1년 1월 1일 ㈜한국은 제품의 취득을 인식하지 못한다.
② 20×1년 1월 1일 ㈜한국은 금융자산을 인식한다.
③ 20×1년 1월 1일 ㈜세무는 금융부채 ₩200,000을 인식한다.
④ 20×1년 6월 30일 ㈜세무는 이자비용 ₩10,000을 인식한다.
⑤ 20×1년 6월 30일 ㈜세무는 매출액 ₩200,000을 인식한다.

36 ㈜대한은 20×1년 12월 1일에 ㈜민국에게 원가 ₩500,000의 제품을 ₩1,000,000에 현금 판매하였다. 판매계약에는 20×2년 3월 31일에 동 제품을 ₩1,100,000에 다시 살 수 있는 권리를 ㈜대한에게 부여하는 콜옵션이 포함되어 있다. ㈜대한은 20×2년 3월 31일에 계약에 포함된 콜옵션을 행사하지 않았으며, 이에 따라 해당 콜옵션은 동 일자에 소멸되었다. 상기 재매입약정 거래가 ㈜대한의 20×2년 당기순이익에 미치는 영향은 얼마인가? 단, 현재가치평가는 고려하지 않으며, 계산과정에 오차가 있으면 가장 근사치를 선택한다. [2021 공인회계사 1차]

① ₩100,000 감소
② ₩75,000 감소
③ ₩500,000 증가
④ ₩525,000 증가
⑤ ₩600,000 증가

37 20×1년 1월 1일에 ㈜대한은 특수프린터와 예비부품을 제작하여 판매하기로 ㈜민국과 다음과 같이 계약을 체결하였다.

> (1) 특수프린터와 예비부품의 제작 소요기간은 2년이며, 특수프린터와 예비부품을 이전하는 약속은 서로 구별된다. 제작기간 중 제작을 완료한 부분에 대해 집행가능한 지급청구권이 ㈜대한에는 없다.
> (2) 20×2년 12월 31일에 ㈜민국은 계약조건에 따라 특수프린터와 예비부품을 검사한 후, 특수프린터는 ㈜민국의 사업장으로 인수하고 예비부품은 ㈜대한의 창고에 보관하도록 요청하였다.
> (3) ㈜민국은 예비부품에 대한 법적 권리가 있고 그 부품은 ㈜민국의 소유물로 식별될 수 있다.
> (4) ㈜대한은 자기 창고의 별도 구역에 예비부품을 보관하고 그 부품은 ㈜민국의 요청에 따라 즉시 운송할 준비가 되어 있다.
> (5) ㈜대한은 예비부품을 2년에서 4년까지 보유할 것으로 예상하고 있으며, ㈜대한은 예비부품을 직접 사용하거나 다른 고객에게 넘길 능력은 없다.
> (6) ㈜민국은 특수프린터를 인수한 20×2년 12월 31일에 계약상 대금을 전부 지급하였다.

상기 미인도청구약정에 관한 다음 설명 중 옳지 않은 것은? [2018 공인회계사 1차]

① ㈜대한이 계약상 식별해야 하는 수행의무는 두 가지이다.
② 특수프린터에 대한 통제는 ㈜민국이 물리적으로 점유하는 때인 20×2년 12월 31일에 ㈜민국에게 이전된다.
③ ㈜대한은 예비부품에 대한 통제를 ㈜민국에게 이전한 20×2년 12월 31일에 예비부품 판매수익을 인식한다.
④ ㈜대한이 예비부품을 물리적으로 점유하고 있더라도 ㈜민국은 예비부품을 통제할 수 있다.
⑤ ㈜대한은 계약상 지급조건에 유의적인 금융요소가 포함되어 있는지를 고려해야 한다.

38 ㈜대한은 20×1년 1월 1일에 원가가 ₩5,000,000인 상품을 판매하면서 그 대금은 판매되는 시점에 ₩1,000,000을 수취하고 나머지 금액은 매년 말 ₩2,000,000씩 3회에 걸쳐 현금으로 수취하기로 하였다. 단, 유효이자율은 연 10%이며, 현가요소는 아래 표를 이용한다. 계산금액은 소수점 첫째 자리에서 반올림한다.

기간	기간 말 단일금액 ₩1의 현재가치(10%)	정상연금 ₩1의 현재가치(10%)
1년	0.90909	0.90909
2년	0.82645	1.73554
3년	0.75131	2.48685

동 거래로 20×1년도와 20×2년도의 포괄손익계산서상 당기순이익은 각각 얼마나 증가되는가?

[2011 세무사 1차 수정]

	20×1년도	20×2년도
①	₩1,371,070	₩497,370
②	₩1,371,070	₩347,107
③	₩1,471,070	₩497,370
④	₩1,471,070	₩347,107
⑤	₩1,500,000	₩0

39 ㈜강남은 20×1년 초에 ㈜강북에 ₩100,000을 받고 20×2년 말에 제품을 인도하는 판매 계약을 체결하였다. 증분차입이자율이 10%인 경우 ㈜강남이 20×2년에 인식할 매출액은 얼마인가?

① ₩0　② ₩100,000　③ ₩110,000
④ ₩121,000　⑤ ₩133,000

40 ㈜세무는 고객이 구매한 금액 ₩2당 포인트 1점을 보상하는 고객충성제도를 운영하고 있으며, 각 포인트는 ㈜세무의 제품을 구매할 때 ₩1의 할인과 교환할 수 있다. ㈜세무가 고객에게 포인트를 제공하는 약속은 수행의무에 해당한다. 고객으로부터 수취한 대가는 고정금액이고, 고객이 구매한 제품의 개별 판매가격은 ₩1,000,000이다. 고객은 20×1년에 제품 ₩1,000,000을 구매하였으며, 미래에 제품 구매 시 사용할 수 있는 500,000포인트를 얻었다. ㈜세무는 20×1년도에 고객에게 부여한 포인트 중 50%가 교환될 것으로 예상하여 포인트당 개별 판매가격을 ₩0.5으로 추정하였다. 20×1년과 20×2년의 포인트에 대한 자료는 다음과 같다.

구분	20×1년	20×2년
교환된 포인트	180,000	252,000
전체적으로 교환이 예상되는 포인트	450,000	480,000

㈜세무가 20×2년 12월 31일 재무상태표에 보고해야 할 계약부채는? [2021 세무사 1차]

① ₩10,000　② ₩20,000　③ ₩30,000
④ ₩40,000　⑤ ₩50,000

41 식료품소매상인 ㈜송원은 고객충성제도를 운영하고 있다. 고객이 식료품을 구입하면 충성포인트를 부여하는데, 이 기간에 50,000포인트를 부여하였다. 고객은 포인트를 사용하여 식료품을 더 구입할 수 있다.

(1) 포인트의 유효기간은 없으며 경영진은 1포인트의 공정가치는 ₩1.25으로 추정되는데 포인트 중 80%가 사용될 것으로 예상되므로, 부여된 1포인트의 공정가치 ₩1.25에서 회수될 것으로 예상되지 않는 포인트를 반영하여 감소된 ₩1(= ₩1.25 × 40,000포인트/50,000포인트)으로 계산된다.
(2) 20×1년에 ㈜송원이 ₩4,000,000의 식료품을 현금판매했고, 식료품의 개별 판매가격은 ₩4,950,000이며 보상점수의 개별 판매가격은 ₩50,000(₩1 × 50,000포인트)이다.
(3) 20×1년에 총 40,000포인트가 회수될 것으로 추정하였는데 20×1년 말까지 20,000포인트가 실제로 회수되었다.
(4) 20×2년에는 경영진이 기대치를 수정하였는데 총 45,000포인트가 회수될 것으로 추정하였다. 20×2년에 16,000포인트가 회수되어 20×2년 말까지 회수된 포인트는 36,000포인트가 되었다.
(5) 20×3년에는 9,000포인트가 회수되어 총 회수된 포인트는 45,000포인트가 되었으며, 20×3년 이후에는 더 이상 포인트가 회수되지 않을 것으로 추정하였다.

㈜송원이 20×1년, 20×2년, 20×3년에 인식할 수익금액은 각각 얼마인가?

	20×1년	20×2년	20×3년
①	₩3,960,000	₩12,000	₩8,000
②	₩3,960,000	₩14,000	₩12,000
③	₩3,980,000	₩12,000	₩8,000
④	₩3,980,000	₩14,000	₩12,000
⑤	₩4,000,000	₩12,000	₩8,000

42 전기제품소매상인 ㈜강남은 항공사와 연계한 고객충성제도를 운영하고 있다. 고객이 전기제품을 구입하면 충성포인트를 부여하는데, 이 기간에 10,000포인트를 부여하였다. 고객은 포인트를 사용하여 항공여행권을 받을 수 있다.

> (1) 포인트의 유효기간은 없으며 경영진은 1포인트의 공정가치는 ₩1으로 추정된다.
> (2) ㈜강남이 20×1년에 ₩99,000의 전기제품을 현금판매하였다. 전기제품의 개별 판매가격은 ₩90,000이다.
> (3) ㈜강남은 항공사에 각 포인트마다 ₩0.8을 지급할 예정이다.

㈜강남이 자기의 계산으로 대가를 회수하는 경우와 제3자를 대신하여 대가를 회수하는 경우 20×1년에 인식할 수익금액은 각각 얼마인가?

	자기의 계산으로 대가를 회수하는 경우	제3자를 대신하여 대가를 회수하는 경우
①	₩98,000	₩91,000
②	₩98,000	₩92,000
③	₩99,000	₩91,000
④	₩99,000	₩92,000
⑤	₩100,000	₩92,000

43 기업회계기준서 제1115호 '고객과의 계약에서 생기는 수익'에 대한 다음 설명 중 옳지 않은 것은?

[2022 공인회계사 1차]

① 일반적으로 고객과의 계약에는 기업이 고객에게 이전하기로 약속하는 재화나 용역을 분명히 기재한다. 그러나 고객과의 계약에서 식별되는 수행의무는 계약에 분명히 기재한 재화나 용역에만 한정되지 않을 수 있다.

② 계약을 이행하기 위해 해야 하지만 고객에게 재화나 용역을 이전하는 활동이 아니라면 그 활동은 수행의무에 포함되지 않는다.

③ 고객이 약속한 대가(판매대가) 중 상당한 금액이 변동될 수 있으며 그 대가의 금액과 시기가 고객이나 기업이 실질적으로 통제할 수 없는 미래 사건의 발생 여부에 따라 달라진다면 판매대가에 유의적인 금융요소는 없는 것으로 본다.

④ 적절한 진행률 측정방법에는 산출법과 투입법이 포함된다. 진행률 측정방법을 적용할 때, 고객에게 통제를 이전하지 않은 재화나 용역은 진행률 측정에서 제외하는 반면, 수행의무를 이행할 때 고객에게 통제를 이전하는 재화나 용역은 모두 진행률 측정에 포함한다.

⑤ 수익은 한 시점에 이행하는 수행의무 또는 기간에 걸쳐 이행하는 수행의무로 구분한다. 이러한 구분을 위해 먼저 통제 이전 지표에 의해 한 시점에 이행하는 수행의무인지를 판단하고, 이에 해당하지 않는다면 그 수행의무는 기간에 걸쳐 이행되는 것으로 본다.

44 ㈜세무는 고객에게 제품을 이전하기로 한 약속을 수행의무로 식별하고, 제품을 고객에게 이전할 때 각각의 수행의무에 대한 수익을 인식하고 있다. ㈜세무는 ㈜한국에게 제품 A와 제품 B를 이전하기로 하는 계약을 20×1년 12월 1일에 체결하였고, 동 계약에 따라 받기로 한 대가는 총 ₩10,000이다. 동 계약에 따르면 제품 A를 먼저 인도한 후 제품 B를 나중에 인도하기로 하였지만, 대가 ₩10,000은 모든 제품(제품 A와 제품 B)을 인도한 이후에만 받을 권리가 생긴다. ㈜세무는 20×1년 12월 15일에 제품 A를 인도하였고, 제품 B에 대한 인도는 20×2년 1월 10일에 이루어졌으며, 20×2년 1월 15일에 대가 ₩10,000을 수령하였다. ㈜세무는 제품 A를 개별적으로 판매할 경우 ₩8,000에 판매하고 있지만, 제품 B는 판매경험 및 유사제품에 대한 시장정보가 없어 개별판매가격을 알지 못한다. 따라서 잔여접근법으로 거래가격을 배분하기로 한다. ㈜세무의 상기거래에 관한 설명으로 옳지 않은 것은? (단, 제시된 거래의 효과만 반영하기로 한다)

[2022 세무사 1차]

① 20×1년 말 ㈜세무의 재무상태표에 표시할 수취채권의 금액은 영(0)이다.
② 20×1년 말 ㈜세무의 재무상태표에 표시할 계약자산의 금액은 ₩8,000이다.
③ ㈜세무가 20×1년도 포괄손익계산서에 수익으로 인식할 금액은 ₩8,000이다.
④ 20×1년 말 ㈜세무의 재무상태표에 표시할 계약부채는 없다.
⑤ ㈜세무의 20×2년 1월 10일 회계처리로 인하여 계약자산은 ₩2,000 증가한다.

45 20×1년 10월 1일에 ㈜대한은 제품 120개를 고객에게 개당 ₩1,000에 판매하기로 약속하였다. 제품은 6개월에 걸쳐 고객에게 이전되며, 각 제품에 대한 통제는 한 시점에 이전된다. ㈜대한은 20×1년 10월 31일에 제품 50개에 대한 통제를 고객에게 이전한 후, 추가로 제품 30개를 개당 ₩800에 고객에게 납품하기로 계약을 변경하였다. 추가된 제품 30개는 구별되는 재화에 해당하며, 최초 계약에 포함되지 않았다. 20×1년 11월 1일부터 20×1년 12월 31일까지 기존 계약수량 중 40개와 추가 계약수량 중 20개에 대한 통제를 고객에게 이전하였다.
계약을 변경할 때, 추가 제품의 가격(₩800/개)이 (1) 계약변경 시점의 개별 판매가격을 반영하여 책정된 경우와 (2) 계약변경 시점의 개별 판매가격을 반영하지 않은 경우, ㈜대한이 20×1년도 포괄손익계산서에 인식할 수익은 각각 얼마인가? 단, 계약변경일에 아직 이전되지 않은 약속한 제품은 계약변경일 전에 이전한 제품과 구별된다. [2023 공인회계사 1차]

	(1)	(2)
①	₩16,000	₩18,800
②	₩90,000	₩87,600
③	₩90,000	₩106,400
④	₩106,000	₩87,600
⑤	₩106,000	₩106,400

01 ㈜세무는 총 대가 ₩5,000,000에 3층 건물을 개조하고 새 엘리베이터를 설치하기로 20×2년 11월에 고객과 계약하였다. 엘리베이터 설치를 포함하여 약속된 개조 용역은 기간에 걸쳐 이행하는 단일 수행의무이다. 총 예상원가는 엘리베이터 ₩1,500,000을 포함하여 ₩4,000,000이다. ㈜세무는 엘리베이터에 대한 통제를 고객에게 이전하기 전에 획득하기 때문에 본인으로서 행동한다고 판단한다.

(1) 거래가격과 예상원가를 요약하면 다음과 같다.

거래가격	₩5,000,000
예상원가	
엘리베이터	₩1,500,000
그 밖의 원가	₩2,500,000
총 예상원가	₩4,000,000

(2) ㈜세무는 수행의무의 진행률 측정에 발생원가에 기초한 투입법을 사용한다. 기업은 엘리베이터를 조달하기 위해 들인 원가가 수행의무를 이행할 때 기업의 진행률에 비례적인지를 판단한다. 엘리베이터가 20×3년 6월까지 설치되지 않더라도, 20×2년 12월에 현장으로 인도될 때 고객은 엘리베이터를 통제한다. 엘리베이터 조달원가 ₩1,500,000은 수행의무를 완료하기 위한 총 예상원가 ₩4,000,000와 비교하면 유의적이다. ㈜세무는 엘리베이터를 설계하거나 제조하는 데 관여하지 않는다.

(3) ㈜세무는 진행률 측정에 엘리베이터 조달원가를 포함한다면 기업의 수행 정도를 과대평가할 것이라고 결론지었다. 따라서 ㈜세무는 엘리베이터 조달원가를 발생원가 측정치와 거래원가에서 제외하여 진행률을 조정한다. ㈜세무는 엘리베이터 이전에 따른 수익을 엘리베이터 조달원가와 동일한 금액으로 인식한다[즉, 이익을 영(₩0)으로 인식한다]. 20×2년 12월 31일 현재 기업은 엘리베이터를 제외한 그 밖의 발생원가는 ₩500,000이다.

위의 거래와 관련하여 ㈜세무의 포괄손익계산서에 20×2년 수익(매출)에서 매출원가를 차감한 매출총이익은 얼마인가?

① ₩50,000
② ₩100,000
③ ₩150,000
④ ₩200,000
⑤ ₩250,000

02 20×1년 ㈜세무는 반려로봇사업을 개시하였다. ㈜세무는 반려로봇과 반려로봇의 인공지능 소프트웨어를 1년간 사용할 수 있는 사용권을 판매한다. 개별적으로 판매할 경우 반려로봇은 개당 ₩80,000에 판매하고, 1년간 사용할 수 있는 인공지능 소프트웨어 사용권은 ₩10,000에 판매한다. 반려로봇을 구입한 고객은 인공지능 소프트웨어 사용권을 연간 ₩10,000에 갱신가능하다. 20×1년 9월 1일 ㈜세무는 반려로봇사업 개시 기념으로 반려로봇과 1년간 사용할 수 있는 소프트웨어 사용권을 고객에게 패키지 형태의 방식으로 패키지당 ₩72,000에 총 60개를 판매하고 대금은 현금으로 수취하였다. ㈜세무가 20×1년 패키지 판매와 관련하여 20×1년 포괄손익계산서에 인식할 총수익을 계산하시오.

① ₩3,840,000 ② ₩4,000,000 ③ ₩4,320,000
④ ₩4,500,000 ⑤ ₩5,000,000

03 ㈜민국은 20×3년 3월 1일 ㈜만세와 포장시스템을 구매하는 별도의 계약을 체결하였다. 해당 계약은 취소 불가능하다. 계약에 의하면 ㈜민국은 20×3년 5월 1일까지 ㈜만세에게 대가 ₩500,000을 지급하여야 하며, ㈜만세는 20×3년 12월 31일까지 포장시스템을 이전해야 한다. ㈜민국은 20×3년 6월 15일에 ㈜만세에게 ₩500,000을 지급하였다. 위의 거래들에 대한 ㈜만세의 회계처리로 옳지 않은 것은?

① 20×3. 3. 1.에 수행할 회계처리는 없다.
② 20×3. 5. 1.에 인식할 수취채권은 ₩500,000이다.
③ 20×3. 5. 1.에 인식할 계약부채는 ₩500,000이다.
④ 20×3. 12. 31.에 인식할 수익은 ₩500,000이다.
⑤ 20×3. 6. 15.에 인식할 수익은 ₩500,000이다.

04 ㈜강남은 제품 A를 ₩100,000에 판매하기로 계약을 체결하였다. 계약 관련 사항은 다음과 같다.

(1) 이 계약의 일부로 ㈜강남은 앞으로 30일 이내에 ₩100,000 한도의 구매에 대해 40% 할인권을 고객에게 주었다. ㈜강남은 계절 판촉활동의 일환으로 앞으로 30일 동안 모든 판매에 10% 할인을 제공할 계획이며, 10% 할인은 40% 할인권에 추가하여 사용할 수 없다.
(2) ㈜강남은 고객의 80%가 할인권을 사용하고 추가 제품을 평균 ₩50,000에 구매할 것이라고 추정하였다.

㈜강남이 제품 A를 판매하는 시점에 인식할 수익금액은 얼마인가?

① ₩89,286 ② ₩91,286 ③ ₩93,286
④ ₩95,286 ⑤ ₩100,000

05 유통업을 영위하고 있는 ㈜대한은 20×1년 1월 1일 제품 A와 제품 B를 생산하는 ㈜민국과 각 제품에 대해 다음과 같은 조건의 판매 계약을 체결하였다.

<제품 A>
- ㈜대한은 제품 A에 대해 매년 최소 200개의 판매를 보장하며, 이에 대해서는 재판매 여부에 관계없이 ㈜민국에게 매입대금을 지급한다. 다만, ㈜대한이 200개를 초과하여 제품 A를 판매한 경우 ㈜대한은 판매되지 않은 제품 A를 모두 조건 없이 ㈜민국에게 반환할 수 있다.
- 고객에게 판매할 제품 A의 판매가격은 ㈜대한이 결정한다.
- ㈜민국은 ㈜대한에 제품 A를 1개당 ₩1,350에 인도하며, ㈜대한은 판매수수료 ₩150을 가산하여 1개당 ₩1,500에 고객에게 판매한다.

<제품 B>
- ㈜대한은 제품 B에 대해 연간 최소 판매 수량을 보장하지 않으며, 매년 말까지 판매하지 못한 제품 B를 모두 조건 없이 ㈜민국에게 반환할 수 있다.
- 고객에게 판매할 제품 B의 판매가격은 ㈜민국이 결정한다.
- ㈜대한은 인도 받은 제품 B 중 제3자에게 판매한 부분에 대해서만 ㈜민국에게 관련 대금을 지급한다.
- ㈜민국은 고객에게 판매할 제품 B의 판매가격을 1개당 ₩1,000으로 결정하였으며, ㈜대한은 해당 판매가격에서 ₩50의 판매수수료를 차감한 금액을 ㈜민국에게 지급한다.

㈜민국은 위 계약을 체결한 즉시 ㈜대한에게 제품 A 250개와 제품 B 100개를 인도하였다. ㈜대한이 20×1년에 제품 A 150개와 제품 B 80개를 판매하였을 경우 동 거래로 인해 ㈜대한과 ㈜민국이 20×1년도에 인식할 수익은 각각 얼마인가? [2022 공인회계사 1차]

	㈜대한	㈜민국
①	₩26,500	₩278,500
②	₩26,500	₩305,000
③	₩229,000	₩305,000
④	₩229,000	₩350,000
⑤	₩305,000	₩278,500

06 유통업을 영위하고 있는 ㈜대한은 20×1년 1월 1일 제품 A를 생산하는 ㈜민국과 제품에 대해 다음과 같은 조건의 판매 계약을 체결하였다.

> <제품 A>
> - ㈜대한은 제품 A에 대해 매년 최소 200개의 판매를 보장하며, 이에 대해서는 재판매 여부에 관계없이 ㈜민국에게 매입대금을 지급한다. 다만, ㈜대한이 200개를 초과하여 제품 A를 판매한 경우 ㈜대한은 판매되지 않은 제품 A를 모두 조건 없이 ㈜민국에게 반환할 수 있다.
> - 고객에게 판매할 제품 A의 판매가격은 ㈜대한이 결정한다.
> - ㈜민국은 ㈜대한에 제품 A를 1개당 ₩1,350에 인도하며, ㈜대한은 판매수수료 ₩150을 가산하여 1개당 ₩1,500에 고객에게 판매한다.

㈜민국은 위 계약을 체결한 즉시 ㈜대한에게 제품 A 250개를 인도하였다. ㈜대한이 20×1년에 제품 A 220개를 판매하였을 경우 동 거래로 인해 ㈜대한과 ㈜민국이 20×1년도에 인식할 수익은 각각 얼마인가?

	㈜대한	㈜민국
①	₩303,000	₩30,000
②	₩303,000	₩300,000
③	₩300,000	₩30,000
④	₩300,000	₩300,000
⑤	₩3,000	₩270,000

07 ㈜대한은 ㈜민국 소유의 토지에 건물을 건설하기로 ㈜민국과 계약을 체결하였다. 그 계약의 내용 및 추가정보는 다음과 같다.

> (1) ㈜민국은 계약 개시일부터 30일 이내에 ㈜대한이 토지에 접근할 수 있게 한다.
> (2) 해당 토지에 ㈜대한의 접근이 지연된다면(불가항력적인 사유 포함), 지연의 직접적인 결과로 들인 실제원가에 상당하는 보상을 ㈜대한이 받을 권리가 있다.
> (3) 계약 개시 후에 생긴 그 지역의 폭풍 피해 때문에 ㈜대한은 계약 개시 후 120일이 지나도록 해당 토지에 접근하지 못하였다.
> (4) ㈜대한은 청구의 법적 기준을 검토하고, 관련 계약 조건을 기초로 집행할 수 있는 권리가 있다고 판단하였다.
> (5) ㈜대한은 계약변경에 따라 ㈜민국에게 재화나 용역을 추가로 제공하지 않고 계약변경 후에도 나머지 재화와 용역 모두 구별되지 않으며 단일 수행의무를 구성한다고 판단하였다.
> (6) ㈜대한은 계약 조건에 따라 지연의 결과로 들인 특정 직접원가를 제시할 수 있으며, 청구를 준비하고 있다.
> (7) ㈜민국은 ㈜대한의 청구에 처음에는 동의하지 않았다.

계약변경과 관련하여 상기 거래에 대한 다음 설명 중 옳지 않은 것은? [2019 공인회계사 1차]

① 계약변경은 서면이나 구두 합의, 또는 기업의 사업 관행에서 암묵적으로 승인될 수 있다.
② ㈜대한과 ㈜민국이 계약변경 범위에 다툼이 있더라도, 계약변경은 존재할 수 있다.
③ ㈜대한과 ㈜민국이 계약 범위의 변경을 승인하였지만 아직 이에 상응하는 가격 변경을 결정하지 않았다면, 계약변경은 존재할 수 없다.
④ ㈜대한과 ㈜민국은 계약변경으로 신설되거나 변경되는 권리와 의무를 집행할 수 있는지를 판단할 때 계약 조건과 그 밖의 증거를 포함하여 관련 사실 및 상황을 모두 고려한다.
⑤ ㈜대한은 계약변경에 대해 거래가격과 수행의무의 진행률을 새로 수정하여 그 계약변경은 기존 계약의 일부인 것처럼 회계처리한다.

08 연필만을 전문적으로 판매하는 ㈜대한은 홍보목적으로 고객충성제도를 운영하고 있다. 20×1년도에 포인트제도에 가입한 회원은 연필구입금액 ₩10,000당 유효기간이 4년인 1포인트를 부여받아 포인트로 연필과 무료로 교환할 수 있다. 20×1년도 중 포인트제도에 가입한 회원들은 ₩300,000,000의 연필을 구입하여 포인트를 부여받았다. ㈜대한은 1포인트로 교환가능한 연필의 공정가치를 포인트의 100% 회수를 가정하여 ₩140으로 추정하였으며, 실제로 20×1년도 말에 8,400포인트가 회수되어 연필과 교환되었다. 20×2년도에 ㈜대한은 20×1년도에 부여한 포인트 가운데 80%가 회수될 것으로 추정을 변경하였으며, 20×2년도 중 실제로 6,000포인트가 회수되어 연필과 교환되었다. 20×3년도에는 20×1년도에 부여한 포인트 가운데 90%가 회수될 것으로 추정을 다시 변경하였으며, 이를 근거로 ㈜대한은 포인트 회수를 통한 연필의 교환과 관련하여 20×3년도 포괄손익계산서에 ₩1,050,000의 수익을 인식하였다. 20×1년도에 부여한 포인트 가운데 20×3년도 중에 실제로 회수된 포인트는? (단, 20×2년도와 20×3년도에 포인트와의 교환 이외에 연필의 추가판매는 없으며, 회수율 추정의 변경에 따른 1포인트 공정가치의 변동은 없는 것으로 가정하며 연필의 개별 판매대가와 보상점수의 대가의 합은 ₩300,000,000이라고 가정한다) [2011 공인회계사 1차 수정]

① 6,750포인트 ② 7,500포인트 ③ 8,550포인트
④ 9,100포인트 ⑤ 12,600포인트

09 ㈜대한은 20×0년 5월 1일에 구별되는 제품 X와 Y를 고객에게 이전하기로 계약하였다. 제품 X는 계약 개시시점에 고객에게 이전하고 제품 Y는 20×0년 12월 1일에 이전한다. 고객이 약속한 대가는 고정대가 ₩200,000과 변동대가 ₩40,000으로 구성된다. ㈜대한은 거래가격에 변동대가 추정치를 포함한다. 두 제품의 개별 판매가격은 같다. 20×0년 10월 30일에 고객에게 인도하지 않은 제품 Y에 추가하여 제품 Z를 20×1년 3월 30일에 이전하기로 한 약속을 포함하도록 계약의 범위를 변경하였다. 이 계약변경으로 계약가격을 ₩60,000(고정대가)만큼 증액하였는데, 이 금액이 제품 Z의 개별 판매가격을 나타내지는 않는다. 제품 Z의 개별 판매가격은 제품 X와 Y의 개별 판매가격과 같다. ㈜대한은 계약변경을 하면서 변동대가 추정치를 ₩40,000에서 ₩48,000으로 수정하였다. ㈜대한은 변동대가 추정치 변경분을 거래가격에 포함하였다. ㈜대한은 제품 X, Y, Z를 약속시점에 고객에게 이전하였다. ㈜대한이 20×0년과 20×1년에 인식할 수익금액은 각각 얼마인가?

	20×0년 수익금액	20×1년 수익금액
①	₩216,000	₩92,000
②	₩218,000	₩92,000
③	₩216,000	₩94,000
④	₩218,000	₩94,000
⑤	₩226,000	₩94,000

10 다음은 유통업을 영위하고 있는 ㈜대한의 20×1년 거래를 보여준다. ㈜대한이 20×1년에 인식할 수익은 얼마인가? [2020 공인회계사 1차]

(1) ㈜대한은 20×1년 12월 1일에 고객 A와 재고자산 100개를 개당 ₩100에 판매하기로 계약을 체결하고 재고자산을 현금으로 판매하였다. 계약에 따르면, ㈜대한은 20×2년 2월 1일에 해당 재고자산을 개당 ₩120의 행사가격으로 재매입할 수 있는 콜옵션을 보유하고 있다.

(2) ㈜대한은 20×1년 12월 26일에 고객 B와 계약을 체결하고 재고자산 100개를 개당 ₩100에 현금으로 판매하였다. 고객 B는 계약 개시시점에 제품을 통제한다. 판매계약상 고객 B는 20일 이내에 사용하지 않은 제품을 반품할 수 있으며, 반품 시 전액을 환불받을 수 있다. 동 재고자산의 원가는 개당 ₩80이다. ㈜대한은 기댓값 방법을 사용하여 90개의 재고자산이 반품되지 않을 것이라고 추정하였다. 반품에 ㈜대한의 영향력이 미치지 못하지만, ㈜대한은 이 제품과 고객층의 반품 추정에는 경험이 상당히 있다고 판단한다. 그리고 불확실성은 단기간(20일 반품기간)에 해소될 것이며, 불확실성이 해소될 때 수익으로 인식한 금액 중 유의적인 부분은 되돌리지 않을 가능성이 매우 높다고 판단하였다. 단, ㈜대한은 제품의 회수 원가가 중요하지 않다고 추정하였으며, 반품된 제품은 다시 판매하여 이익을 남길 수 있다고 예상하였다. 20×1년 말까지 반품된 재고자산은 없다.

① ₩20,000 ② ₩9,000 ③ ₩10,000
④ ₩19,000 ⑤ ₩0

※ 아래 주어진 자료를 이용하여 **11 ~ 12**에 답하시오.

매입 및 매출과 관련해서는 현금 거래를 가정하고, 화폐의 시간가치는 무시하시오. ㈜세무의 20×1년부터 20×2년까지 매출 등 관련 자료는 다음과 같다.

연도	총매출액
20×1년	₩1,000,000
20×2년	₩1,500,000

㈜세무는 20×1년 1월 1일부터 판매한 제품에 대해 무상으로 제품수리보증을 해주기로 경영방침을 확정하고 이러한 정책을 외부에 공표하였다. 총매출액의 5%에 해당되는 금액이 제품보증비로 발생된다고 추정하였고, 실제 지출한 제품보증비는 다음과 같다.

연도	20×1년 보증비지출액	20×2년 보증비지출액
20×1년 매출분	₩40,000	₩5,000
20×2년 매출분		₩55,000
합계	₩40,000	₩60,000

㈜세무의 고객은 고객에게 보증을 별도로 구매할 수 있는 선택권이 없으며 보증의 유형은 확신 유형의 보증이다.

11 20×1년 1월 1일부터 판매한 제품에 대한 무상수리기간이 2년일 경우 20×2년 (1) 포괄손익계산서에 충당부채와 관련하여 인식할 비용과 (2) 재무상태표에 보고할 충당부채 금액은 얼마인가? (단, 충당부채의 현재가치 평가는 고려하지 않는다)

	(1) 20×2년 비용	(2) 20×2년 말 충당부채
①	₩65,000	₩25,000
②	₩75,000	₩25,000
③	₩75,000	₩20,000
④	₩70,000	₩25,000
⑤	₩70,000	₩20,000

12 20×1년 1월 1일부터 판매한 제품에 대한 무상수리기간이 1년일 경우 20×2년 (1) 포괄손익계산서에 충당부채와 관련하여 인식할 비용과 (2) 재무상태표에 보고할 충당부채 금액은 얼마인가? (단, 충당부채의 현재가치 평가는 고려하지 않는다)

	(1) 20×2년 비용	(2) 20×2년 말 충당부채
①	₩65,000	₩25,000
②	₩75,000	₩25,000
③	₩75,000	₩20,000
④	₩70,000	₩20,000
⑤	₩70,000	₩25,000

13 ㈜한국은 제품 A를 개당 ₩100에 판매하기로 20×1년 1월 1일에 고객과 계약을 체결하였다. 고객이 제품 A를 1년 동안 1,000개 넘게 구매하면 개당 가격을 ₩90으로 소급하여 낮추기로 계약에서 정하였다. 따라서 계약상 대가는 변동될 수 있다. 20×1년 3월 31일로 종료되는 1분기에, ㈜한국은 고객에게 제품 A 75개를 판매하였다. ㈜한국은 고객이 20×1년에 대량 할인을 받을 수 있는 1,000개의 임계치를 초과하여 구매하지는 않을 것이라고 추정하였다. ㈜한국의 고객은 20×1년 5월에 다른 회사를 취득하고, 20×1년 6월 30일로 종료되는 2분기에 ㈜한국은 추가로 제품 A 500개를 고객에게 판매하였다. 새로운 사실에 기초하여, 기업은 고객이 20×1년에 1,000개의 임계치를 초과하여 구매할 것이고, 따라서 개당 가격을 소급하여 ₩90으로 낮춰줄 것을 요구할 것으로 추정하였다. 만약 ㈜한국이 분기별로 포괄손익계산서를 작성할 경우 ㈜한국의 2분기 포괄손익계산서에 인식할 수익금액은 얼마인가?

① ₩44,250　② ₩45,000　③ ₩45,250
④ ₩50,000　⑤ ₩51,750

14 ㈜한국은 20×1년 1월 1일 주문제작 자산을 건설하기로 고객과 계약을 체결하였다. 자산을 이전하기로 한 약속은 기간에 걸쳐 이행하는 수행의무이다. 약속된 대가는 ₩2,500,000이지만, 자산의 완성 시기에 따라 증감될 것이다.

(1) 특히 20×1년 3월 31일까지 자산이 완성되지 않는다면, 약속된 대가는 그 다음 날부터 매일 ₩10,000원씩 감소한다. 20×1년 3월 31일 전에 자산이 완성되면, 약속된 대가는 그 전날부터 매일 ₩10,000원 증가한다.

자산의 완성일	확률
20×1년 3월 30일	60%
20×1년 3월 31일	20%
20×1년 4월 1일	20%

(2) 자산이 완성되면, 제3자가 그 자산을 검사하고 계약에 규정된 척도에 기초하여 평점을 매길 것이다. 자산이 특정 평점을 받으면, 기업은 장려금 ₩150,000에 대한 권리를 갖게 될 것이다. ㈜한국이 장려금에 대한 권리를 받을 가능성은 99%이다.

㈜한국이 위의 주문제작과 관련하여 산정된 거래가격은 얼마인가?

① ₩2,500,000　② ₩2,504,000　③ ₩2,654,000
④ ₩2,754,000　⑤ ₩2,800,000

15 유통업을 영위하는 ㈜대한은 20×1년 1월 1일에 액면금액 ₩10,000인 상품권 50매를 액면금액으로 발행하였다. 20×1년 1월 1일 이전까지 ㈜대한이 상품권을 발행한 사실은 없으며, 이후 20×2년 1월 1일에 추가로 100매를 액면금액으로 발행하였다. ㈜대한은 상품권 액면금액의 60% 이상 사용하고 남은 금액은 현금으로 반환하며, 상품권의 만기는 발행일로부터 1년이다. 만기까지 사용되지 않은 상품권은 만기 이후 1년 이내에는 90%의 현금으로 상환해줄 의무가 있으나, 1년이 경과하면 그 의무는 소멸한다. 20×1년도 발행 상품권 중 42매가 정상적으로 사용되었으며, 사용되지 않은 상품권 중 5매는 20×2년 중에 현금으로 상환되었고, 나머지 3매는 상환되지 않아 20×2년 12월 31일 현재 ㈜대한의 의무는 소멸하였다. 한편, 20×2년도 발행 상품권은 20×2년 중에 90매가 정상적으로 사용되었다.
상품권 사용 시 상품권 잔액을 현금으로 반환한 금액은 다음과 같다.

구분	금액
20×1년도 발행분	₩31,000
20×2년도 발행분	₩77,000

㈜대한의 상품권에 대한 회계처리와 관련하여 20×2년도 포괄손익계산서에 인식할 수익은 얼마인가? 단, ㈜대한은 고객의 미행사권리에 대한 대가를 다른 당사자에게 납부하도록 요구받지 않는다고 가정한다. [2023 공인회계사 1차]

① ₩823,000 ② ₩833,000 ③ ₩850,000
④ ₩858,000 ⑤ ₩860,000

기본문제 정답 및 해설

01 광의의 수익의 정의에는 수익과 차익이 모두 포함된다. 수익은 기업의 정상영업활동의 일환으로 발생하며 매출액, 수수료수익, 이자수익, 배당수익, 로열티수익 및 임대료수익 등 다양한 명칭으로 구분된다. 차익은 광의의 수익의 정의를 충족하는 그 밖의 항목으로 기업의 정상영업활동의 일환이나 그 이외의 활동에서 발생할 수 있다. 차익도 경제적 효익의 증가를 나타내어 본질적으로 수익과 차이가 없으므로 차익을 별개의 요소로 보지 아니한다.

02 **K-IFRS 제1115호 '고객과의 계약에서 생기는 수익'의 핵심원칙은 기업이 고객에게 약속한 재화나 용역의 이전을 나타내도록 해당 재화나 용역의 대가로 받을 권리를 갖게 될 것으로 예상하는 대가를 반영한 금액으로 수익을 인식해야 한다는 것이다. 이러한 핵심원칙에 따라 수익을 인식하기 위해서는 다음의 5단계를 적용해야 한다.**
[1단계] 고객과의 계약의 식별
[2단계] 수행의무의 식별
[3단계] 거래가격의 산정
[4단계] 거래가격을 계약 내 수행의무에 배분
[5단계] 수행의무를 이행할 때 수익을 인식

03 계약상 권리와 의무의 집행 가능성은 법률적인 문제이다. 계약은 서면으로, 구두로, 기업의 사업 관행에 따라 암묵적으로 체결할 수 있다.

04 1. **제품 30개를 추가하는 계약변경은 구별되는 약속한 재화나 용역이 추가되어 계약의 범위가 확장되고, 계약가격이 추가로 약속한 재화나 용역의 개별 판매가격에 특정 계약 상황을 반영하여 적절히 조정한 대가만큼 상승하고 있다. 따라서, 기존 계약의 회계처리에 영향을 미치지 않는, 사실상 미래 제품에 대한 별도의 새로운 계약이다.**

2. **㈜한국은 원래 계약의 제품 120개에 개당 ₩500씩 ₩60,000, 새로운 계약의 제품 30개에 개당 ₩475씩 수익을 ₩14,250, 총 ₩74,250을 수익으로 인식한다.**
   (1) 20×1년 수익으로 인식할 금액: ₩30,000
   20×1년 12월 31일: 60개 × ₩500 = ₩30,000
   (2) 20×2년 수익으로 인식할 금액: ① + ② = ₩44,250
   ① 20×2년 1월 31일: 60개 × ₩500 = ₩30,000
   ② 20×2년 3월 31일: 30개 × ₩475 = ₩14,250

3. **회계처리**

20×1. 12. 31.	(차) 현금	30,000	(대) 매출[1]	30,000
20×2. 1. 31.	(차) 현금	30,000	(대) 매출[2]	30,000
20×2. 3. 31.	(차) 현금	14,250	(대) 매출[3]	14,250

[1] 60개 × ₩500 = ₩30,000
[2] 60개 × ₩500 = ₩30,000
[3] 30개 × ₩475 = ₩14,250

정답 **01** ③ **02** ① **03** ⑤ **04** ①

05 1. 변경시점에 ㈜한국은 ₩4,500을 거래가격에서 차감하여, 최초에 이전한 제품 60개에 대한 수익에서 차감하여 인식하여야 한다. 추가 제품 30개의 판매를 회계처리할 때 ㈜한국은 개당 ₩400의 협상가격이 추가 제품의 개별 판매가격을 반영하지 않았다고 판단된다. 따라서 구별되는 약속한 재화나 용역이 추가되어 계약의 범위가 확장되고, 계약가격이 추가로 약속한 재화나 용역의 개별 판매가격에 특정 계약 상황을 반영하여 적절히 조정한 대가만큼 상승하고 있다는 별도계약으로 회계처리하는 요건을 충족하지 못하고 있다. 그러나, 인도할 나머지 제품이 이미 이전한 제품과 구별되기 때문에 계약변경을 원래 계약이 종료되고 새로운 계약이 체결된 것으로 회계처리한다.

2. 수익인식액

(1) 20×1년 수익으로 인식할 금액: ₩25,500

20×1년 12월 31일: 60개 × ₩500 - ₩4,500 = ₩25,500

(2) 20×2년 수익으로 인식할 금액: ② + ③ = ₩42,000

① 계약변경으로 인한 판매가:

[₩500 × 60개(원래 계약에서 이전하지 않은 제품) + ₩400 × 30개(계약변경에 따라 이전할 제품)] ÷ 90개 = @466.67

② 20×2년 1월 31일: 60개 × ₩466.67 = ₩28,000

③ 20×2년 3월 31일: 30개 × ₩466.67 = ₩14,000

3. 회계처리

일자	차변	금액	대변	금액
20×1. 12. 31.	(차) 현금	30,000	(대) 매출[1]	30,000
	매출	4,500	선수금[2]	4,500
20×2. 1. 31.	(차) 선수금	4,500	(대) 매출[3]	28,000
	현금	23,500		
20×2. 3. 31.	(차) 현금	14,000	(대) 매출[4]	14,000

[1] 60개 × ₩500 = ₩30,000

[2] 60개 × ₩75 = ₩4,500

[3] 60개 × ₩466.67 = ₩28,000

[4] 30개 × ₩466.67 = ₩14,000

06 1. 변경시점에 ㈜세무는 계약변경으로 이미 이전한 제품과 구별되는 제품이 추가되었다. 추가 제품 100개의 판매를 회계처리할 때 ㈜세무는 개당 ₩800의 협상가격이 추가 제품의 개별 판매가격을 반영하지 않았다고 판단된다. 따라서 구별되는 약속한 재화나 용역이 추가되어 계약의 범위가 확장되고, 계약가격이 추가로 약속한 재화나 용역의 개별 판매가격에 특정 계약 상황을 반영하여 적절히 조정한 대가만큼 상승하고 있다는 별도계약으로 회계처리하는 요건을 충족하지 못하고 있다. 그러나, 인도할 나머지 제품이 이미 이전한 제품과 구별되기 때문에 계약변경을 원래 계약이 종료되고 새로운 계약이 체결된 것으로 회계처리한다.

2. 수익인식액

(1) 20×1년 4월 1일까지 수익으로 인식할 금액: ₩30,000

20×1년 4월 1일까지 수익: 30개 × ₩1,000 = ₩30,000

(2) 20×1년 4월 1일부터 6월 30일까지 수익으로 인식할 금액: ₩100,000

① 계약변경으로 인한 판매가:

[₩1,000 × 170개(원래 계약에서 이전하지 않은 제품) + ₩800 × 100개(계약변경에 따라 이전할 제품)] ÷ 270개 = @925.93

② 20×1년 4월 1일부터 6월 30일까지 수익: 108개 × ₩925.93 = ₩100,000

(3) 20×1년 1월 1일부터 6월 30일 사이에 인식할 총수익: ₩30,000 + ₩100,000 = ₩130,000

3. 회계처리

일자	차변	금액	대변	금액
20×1. 1. 1. ~ 20×1. 3. 31.	(차) 현금	30,000	(대) 매출[1]	30,000
20×1. 4. 1. ~ 20×1. 6. 30	(차) 현금	100,000	(대) 매출[2]	100,000

[1] 30개 × ₩1,000 = ₩30,000

[2] 108개 × ₩925.93 = ₩100,000

정답 05 ② 06 ⑤

07 1. ㈜대한은 2년간 고객의 사무실을 일주일 단위로 청소하는 계약을 체결하였다. 고객은 1년에 ₩600,000을 지급하기로 하였다. 계약 개시시점에 그 용역의 개별 판매가격은 연간 ₩600,000이다. 기업은 용역을 제공한 첫 1년 동안 ₩600,000을 수익으로 인식하였다. 1차 연도 말에, 계약이 변경되었고 2차 연도의 수수료가 ₩540,000으로 감액되었다. 그리고 고객은 2년을 더 추가하여 그 계약을 연장하기로 합의하였다. 그 대가 ₩1,020,000은 3년간 동일하게 분할하여 3차·4차 연도 말에 ₩510,000씩 지급하기로 하였다. 따라서 추가용역의 가격은 ₩540,000 × 2년 = ₩1,080,000의 개별 판매가격을 반영하지 못하므로 별도의 계약으로 처리하지 못하고, 원래의 계약이 종료되고 새로운 계약이 체결된 것으로 회계처리 해야한다.

2. ㈜대한은 20×2년 초부터 20×4년 말까지 총 ₩1,560,000을 수취하는 새로운 계약이 체결된 것으로 회계처리 해야 한다. 따라서 매년 ₩520,000(= ₩1,560,000 ÷ 3년)을 수익으로 인식한다.

3. 회계처리

20×2년 말	(차) 현금	540,000	(대) 용역수익 계약부채	520,000 20,000
20×3년 말	(차) 현금 계약부채	510,000 10,000	(대) 용역수익	520,000
20×4년 말	(차) 현금 계약부채	510,000 10,000	(대) 용역수익	520,000

4. 지문해설
① 매주의 청소용역이 실질적으로 서로 같고 고객에게 이전하는 방식이 같은 용역을 기간에 걸쳐 이전하면서 진행률 측정에 같은 방법(시간기준 진행률 측정)을 사용하는 일련의 구별되는 용역이기 때문에 단일 수행의무로 회계처리한다.
② 계약변경일에 ㈜대한이 제공할 나머지 용역은 계약이 2년 더 추가되었으므로 구별된다.
③ 계약변경일에 ㈜대한이 나머지 대가로 지급받을 금액은 제공할 용역의 개별 판매가격을 반영하지 못한다.
④ ㈜대한은 동 계약변경을 원래의 계약이 종료되고 새로운 계약이 체결된 것으로 회계처리 해야한다.
⑤ ㈜대한이 20×2년에 인식해야 할 수익은 ₩520,000(= ₩1,560,000 ÷ 3년)이다.

08 계약을 이행하기 위해 수행해야 하지만 고객에게 재화나 용역을 이전하는 활동이 아니라면 그 활동은 수행의무에 포함되지 않는다.

09 1. 다음 기준 중 어느 하나를 충족하면, 기업은 재화나 용역에 대한 통제를 기간에 걸쳐 이전하므로, 기간에 걸쳐 수행의무를 이행하는 것이고 기간에 걸쳐 수익을 인식한다.
① 고객은 기업이 수행하는 대로 기업의 수행에서 제공하는 효익을 동시에 얻고 소비한다.
② 기업이 수행하여 만들어지거나 가치가 높아지는 대로 고객이 통제하는 자산(예 재공품)을 기업이 만들거나 그 자산 가치를 높인다.
③ 기업이 수행하여 만든 자산이 기업 자체에는 대체 용도가 없고, 지금까지 수행을 완료한 부분에 대해 집행 가능한 지급청구권이 기업에 있다.

2. 수행의무가 기간에 걸쳐 이행되지 않는다면, 그 수행의무는 한 시점에 이행되는 것이다. 한 시점에 해당하는 수행의무는 고객이 약속된 자산을 통제하고 기업이 수행의무를 이행하는 시점에 수익을 인식하는데, 참고로 사용되는 고객에게 통제가 이전되었음을 나타내는 지표의 예는 다음과 같다.
① 기업은 자산에 대해 현재 지급청구권이 있다.
② 고객에게 자산의 법적 소유권이 있다.
③ 기업이 자산의 물리적 점유를 이전하였다.
④ 자산의 소유에 따른 유의적인 위험과 보상이 고객에게 있다.
⑤ 고객이 자산을 인수하였다.

정답 07 ⑤ 08 ③ 09 ⑤

10 ① 일반적으로 고객과의 계약에는 기업이 고객에게 이전하기로 약속하는 재화나 용역을 분명히 기재한다. 그러나 고객과의 계약에서 식별되는 수행의무는 계약에 분명히 기재한 재화나 용역에만 한정되지 않을 수 있다. 이는 계약 체결일에 기업의 사업 관행, 공개한 경영방침, 특정 성명서에서 암시되는 약속이 기업이 재화나 용역을 고객에게 이전할 것이라는 정당한 기대를 하도록 한다면, 이러한 약속도 고객과의 계약에 포함될 수 있기 때문이다.

② 계약을 이행하기 위해 수행해야 하지만 고객에게 재화나 용역을 이전하는 활동이 아니라면 그 활동은 수행의무에 포함되지 않는다. 예를 들면 용역 제공자는 계약을 준비하기 위해 다양한 관리 업무를 수행할 필요가 있을 수 있다. 관리 업무를 수행하더라도, 그 업무를 수행함에 따라 고객에게 용역이 이전되지는 않기 때문에 그 준비 활동은 수행의무가 아니다.

③ 변동대가와 관련된 불확실성이 나중에 해소될 때, 이미 인식한 누적 수익금액 중 유의적인 부분을 되돌리지(환원하지) 않을 가능성이 매우 높은 정도까지만 추정된 변동대가의 일부나 전부를 거래가격에 포함한다. 변동대가 추정치 중 제약받는 금액은 거래가격에 포함하지 않는다.

④ 거래가격(Transaction Price)은 고객에게 약속한 재화나 용역을 이전하고 그 대가로 기업이 받을 권리를 갖게 될 것으로 예상하는 금액이며, 제3자를 대신해서 회수한 금액(예 일부 판매세)은 제외한다.

11 거래가격(Transaction Price)은 고객에게 약속한 재화나 용역을 이전하고 그 대가로 기업이 받을 권리를 갖게 될 것으로 예상하는 금액이며, 제3자를 대신해서 회수한 금액(예 일부 판매세)은 제외한다. 거래가격을 산정할 때에는 변동대가, 환불부채, 계약에 있는 유의적인 금융요소, 비현금대가, 고객에게 지급할 대가 등을 고려해야 한다.

12 1. 거래가격의 배분

제품	계산근거	배분된 거래가격
중장비판매	₩500,000 × ₩481,000/(₩481,000 + ₩39,000) =	₩462,500
하자보증	₩500,000 × ₩39,000/(₩481,000 + ₩39,000) =	₩ 37,500
합계		₩500,000

2. 20×1년에 인식할 총수익금액: (1) + (2) = ₩475,000
   (1) 중장비판매: ₩462,500
   (2) 하자보증: ₩37,500 × ₩10,000/₩30,000 = ₩12,500

3. 20×1년 말 재무상태표에 인식할 부채: ₩37,500 - ₩12,500 = ₩25,000

4. 회계처리

일자	차변	금액	대변	금액
20×1. 9. 1.	(차) 현금	500,000	(대) 매출	462,500
			계약부채	37,500
20×1. 12. 31.	(차) 계약부채	12,500	(대) 용역수익	12,500

정답 10 ⑤ 11 ③ 12 ①

13 1.

20×1년 수익	① ₩8,030,000
20×2년 수익	② ₩792,000

2. 거래가격의 배분

(1) 거래가격: ₩300,000 + ₩60,000 - ₩43,200 = ₩316,800

(2) 배분

구분	계산근거	배분된 거래가격
제품 C	₩316,800 × ₩300,000/₩360,000 =	₩264,000
통신서비스	₩316,800 × ₩60,000/₩360,000 =	₩52,800
합계		₩316,800

3. 20×1년 수익금액: (1) + (2) = ₩8,030,000

(1) 제품 C: ₩264,000 × 10명 + ₩264,000 × 20명 = ₩7,920,000

(2) 통신서비스: ₩52,800 × 10명 × 3/24 + ₩52,800 × 20명 × 1/24 = ₩110,000

4. 20×2년 수익금액: ₩792,000

통신서비스: ₩52,800 × 10명 × 12/24 + ₩52,800 × 20명 × 12/24 = ₩792,000

14 1. A회사는 기업에 이전되는 구별되는 재화나 용역의 대가로 그 지급액을 고객에게 지급한 것이 아니다. 왜냐하면 기업이 고객의 선반에 대한 어떠한 권리도 통제하지 못하기 때문이다. 따라서 기업은 ₩1,500,000의 지급액을 거래가격의 감액이라고 판단하여, 미지급대가를 기업이 재화를 이전하여 수익을 인식할 때 거래가격에서 차감하여 회계처리한다. 따라서 기업이 고객에게 재화를 이전하는 대로, 기업은 각 제품의 거래가격을 10%(= ₩1,500,000 ÷ ₩15,000,000)씩 줄인다. 만약에 고객에게 재화를 이전하는 20×1년 동안 총 ₩15,000,000의 재화를 이전하였다면 기업은 ₩13,500,000(송장금액 ₩15,000,000에서 고객에게 지급할 대가 ₩1,500,000 차감)을 수익으로 인식한다.

2. 회계처리

20×1년 초	(차) 환수자산	1,500,000	(대) 현금	1,500,000
20×1년 중	(차) 현금	15,000,000	(대) 환수자산	1,500,000
			매출	13,500,000

15 1. (상황 1)

(1) 20×1년도에 인식할 수익: ₩600,000 - (₩50,000 - ₩40,000) = ₩590,000

(2) 회계처리

20×1. 10. 1.	(차) 현금	600,000	(대) 매출	590,000
			환불부채	10,000
20×1. 11. 30.	(차) 환불부채	10,000	(대) 현금	50,000
	용역수수료비용	40,000		

2. (상황 2)

(1) 20×1년도에 인식할 수익: ₩600,000 - ₩50,000 = ₩550,000

(2) 회계처리

20×1. 10. 1.	(차) 현금	600,000	(대) 매출	550,000
			환불부채	50,000
20×1. 11. 30.	(차) 환불부채	50,000	(대) 현금	50,000
	용역수수료비용	40,000		

정답 13 ① 14 ③ 15 ①

3. 고객에게 지급할 대가

구분	내용
정의	기업이 고객에게 지급하거나 지급할 것으로 예상하는 현금 금액을 포함
재화나 용역의 대가로 지급하지 않는 경우	거래가격(수익)에서 차감하여 회계처리
재화나 용역의 대가로 지급하는 경우	① 고객에게 지급할 대가가 고객에게서 받은 구별되는 재화나 용역에 대한 지급: 다른 공급자에게서 구매한 경우와 같은 방법으로 회계처리 ② 고객에게 지급할 대가가 고객에게서 받은 구별되는 재화나 용역의 공정가치를 초과: 초과액을 거래가격에서 차감하여 회계처리 ③ 고객에게서 받은 재화나 용역의 공정가치를 합리적으로 추정할 수 없는 경우: 고객에게 지급할 대가 전액을 거래가격에서 차감하여 회계처리

16 ① 거래가격의 후속변동은 계약 개시시점과 같은 기준으로 계약상 수행의무에 배분한다. 따라서 계약을 개시한 후의 개별 판매가격 변동을 반영하기 위해 거래가격을 다시 배분하지는 않는다. 이행된 수행의무에 배분되는 금액은 거래가격이 변동되는 기간에 수익으로 인식하거나 수익에서 차감한다.

③ 고객이 현금 외의 형태의 대가를 약속한 계약의 경우에 거래가격을 산정하기 위하여 비현금대가를 공정가치로 측정한다. 만약, 비현금대가의 공정가치를 합리적으로 추정할 수 없는 경우에는 그 대가와 교환하여 고객에게 약속한 재화나 용역의 개별 판매가격을 참조하여 간접적으로 그 대가를 측정한다.

④ 변동대가는 기댓값 또는 가능성이 가장 높은 금액 중에서 기업이 받을 권리를 갖게 될 대가를 더 잘 예측할 것으로 예상하는 방법을 사용하여 추정한다.

⑤ 기업이 고객에게 대가를 지급하는 경우, 고객에게 지급할 대가가 고객에게서 받은 구별되는 재화나 용역에 대한 지급이 아니라면 그 대가는 거래가격, 즉 수익에서 차감하여 회계처리한다.

17 할인액이 모든 수행의무와 관련된 경우

제품	계산근거	배분된 거래가격
제품 A	₩400 × ₩250/₩500 =	₩200
제품 B	₩400 × ₩150/₩500 =	₩120
제품 C	₩400 × ₩100/₩500 =	₩80
합계		₩400

18 1. 할인액이 일부 수행의무와 관련된 경우

제품	계산근거	배분된 거래가격
제품 A		₩200
제품 B	₩200 × ₩150/₩250 =	₩120
제품 C	₩200 × ₩100/₩250 =	₩80
합계		₩400

2. ㈜정수가 보통 제품 B와 C를 함께 ₩200에, 제품 A를 ₩200에 판매하고 있기 때문에, 제품 B와 C를 이전하는 약속에 전체 할인액을 배분하여야 한다.

정답 16 ② 17 ① 18 ②

19 1. ㈜정수가 보통 제품 B와 제품 C를 함께 ₩200에 판매하고 제품 A를 ₩200에 판매하기 때문에 ₩400을 그 3가지 제품에 배분해야 하고 ₩50 할인액은 제품 B와 C를 이전하기로 한 약속에 배분해야 한다는 관측가능한 증거가 존재한다. 따라서 잔여접근법을 사용하여, ㈜정수는 제품 D의 개별 판매가격이 다음과 같이 ₩30이라고 추정하여야 한다.

제품	개별 판매가격	방법
제품 A	₩200	직접 관측 가능
제품 B와 C	₩200	할인, 직접 관측 가능
제품 D	₩ 30	잔여접근법
합계	₩430	

2. 잔여접근법이 적절한 경우

제품	계산근거	배분된 거래가격
제품 A		₩200
제품 B	₩200 × ₩150/₩250 =	₩120
제품 C	₩200 × ₩100/₩250 =	₩80
제품 D	₩430 - ₩400 =	₩30
합계		₩430

20 1. 제품 B의 배분 후 거래가격(잔여접근법): ₩10,000 - ₩8,000 = ₩2,000

2. 회계처리

① 20×1. 12. 1.	N/A			
② 20×1. 12.15.	(차) 계약자산	8,000	(대) 수익	8,000
③ 20×2. 1.10.	(차) 수취채권	10,000	(대) 수익 계약자산	2,000 8,000
④ 20×2. 1.15.	(차) 현금	10,000	(대) 수취채권	10,000

3. 지문해설
   ① 20×1년 말 ㈜세무의 재무상태표에 표시할 수취채권의 금액은 영(0)이다.
   ② 20×1년 말 ㈜세무의 재무상태표에 표시할 계약자산의 금액은 ₩8,000이다.
   ③ ㈜세무가 20×1년도 포괄손익계산서에 수익으로 인식할 금액은 ₩8,000이다.
   ④ 20×1년 말 ㈜세무의 재무상태표에 표시할 계약부채는 없다.
   ⑤ ㈜세무의 20×2년 1월 10일 회계처리로 인하여 계약자산은 ₩8,000 감소한다.

21 1. 계약체결 증분원가 중 자산과 비용

구분	자산	비용
실사를 위한 외부 법률 수수료		₩300,000
제안서 제출을 위한 교통비		₩500,000
영업사원 수수료	₩200,000	
영업팀장 성과금		₩100,000
총 발생원가	₩200,000	₩900,000

2. ㈜강남은 영업사원 수수료에서 생긴 계약체결 증분원가 ₩200,000을 자산으로 인식한다. 이는 컨설팅 용역에 대한 미래 수수료로 그 원가를 회수할 것으로 예상하기 때문이다.

3. ㈜강남은 재량에 따라 연간 매출 목표, 기업 전체의 수익성, 개인별 성과평가에 기초하여 영업책임자에게 연간 상여를 지급한다. 그 상여는 계약 체결에 따른 증분액이 아니기 때문에 자산으로 인식하지 않는다. 왜냐하면 금액은 재량적이고 기업의 수익성과 개인별 성과를 포함한 다른 요소에 기초하며, 식별가능한 계약이 그 상여의 직접 원인이 되지 않기 때문이다.

4. ㈜강남은 외부 법률 수수료와 교통비가 계약체결 여부와 관계없이 발생하기 때문에 그 원가가 발생하였을 때 비용으로 인식한다.

정답 19 ② 20 ⑤ 21 ①

22 1. 제품 A의 회계처리

① 20×1. 10. 1.	N/A			
② 20×1. 11. 30.	(차) 현금 수취채권	300 700	(대) 계약부채	1,000
③ 20×2. 1. 15.	(차) 현금	700	(대) 수취채권	700
④ 20×2. 1. 31.	(차) 계약부채	1,000	(대) 수익	1,000

2. 제품 B와 제품 C의 회계처리

① 20×1. 11. 30.	(차) 계약자산	400	(대) 수익	400
② 20×2. 1. 31.	(차) 수취채권	1,000	(대) 수익 계약자산	600 400

3. 수취채권: ₩700, 계약자산: ₩400, 계약부채: ₩1,000

4. 취소할 수 없는 계약의 경우 대가의 지급기일 11월 30일에 기업은 대가를 받을 무조건적인 권리를 가지고 있으므로 수취채권과 수취한 현금을 인식하고 동 금액을 계약부채로 인식한다.

5. 대가 ₩1,000은 ㈜대한이 고객에게 제품 B와 C 모두를 이전한 다음에만 받을 권리가 생긴다. 따라서 기업은 제품 A와 제품 B 모두를 고객에게 이전할 때까지 대가를 받을 무조건적인 권리(수취채권)가 없다.

23 1. 회계처리

20×1. 12. 31.	(차) 현금[1]	20,000	(대) 매출[2] 환불부채	19,000 1,000
	(차) 반환재고회수권[3] 매출원가	750 14,250	(대) 재고자산[4]	15,000

[1] 100개 × ₩200 = ₩20,000
[2] 95개 × ₩200 = ₩19,000
[3] 5개 × ₩150 = ₩750
[4] 100개 × ₩150 = ₩15,000

2. 지문해설
① 20×1년 인식할 매출액은 ₩19,000이다.
② 20×1년 인식할 이익은 ₩4,750(= ₩19,000 - ₩14,250)이다.
③ '환불이 발생할 경우 고객으로부터 제품을 회수할 권리'를 20×1년 말 자산으로 인식하며, 그 금액은 ₩750이다.
④ 동 거래의 거래가격은 변동대가에 해당하기 때문에 받을 권리를 갖게 될 금액을 추정하여 수익으로 인식한다.
(보고기간 말마다 반품될 제품에 대한 예상의 변동을 반영하여 자산의 측정치를 새로 수정하므로 변동대가에 해당한다)
⑤ 20×1년 말 인식할 부채는 ₩1,000이다.

3. 받았거나 또는 받을 금액 중 기업이 권리를 갖게 될 것으로 예상하는 부분은 수익을 인식하고 관련 매출원가를 인식한다. 반면에 받았거나 또는 받을 금액 중 기업이 권리를 갖게 될 것으로 예상하지 않는 부분은 고객에게 제품을 이전할 때 수익으로 인식하지 않고, 환불부채로 인식한다. 이후 보고기간 말마다, 기업은 제품을 이전하고 그 대가로 권리를 갖게 될 것으로 예상하는 금액을 다시 평가하고 이에 따라 거래가격과 인식된 수익금액을 조정한다.

4. 환불부채를 결제할 때 고객에게서 제품을 회수할 기업의 권리에 대해 인식하는 자산은 처음 측정할 때 제품(예 재고자산)의 이전 장부금액에서 그 제품 회수에 예상되는 원가와 반품된 제품이 기업에 주는 가치의 잠재적인 감소를 포함하여 차감한다. 또한, 보고기간 말마다 반품될 제품에 대한 예상의 변동을 반영하여 자산의 측정치를 새로 수정한다. 여기서 환불부채를 정산할 때 고객에게서 회수할 권리가 있는 자산을 반환재고회수권이라고 한다. 반환재고회수권은 환불부채와는 구분하여 표시하도록 규정하고 있다.

정답 22 ③ 23 ⑤

24 1. 20×1년 당기손익에 미치는 영향: (1) + (2) + (3) = ₩16,700

(1) 매출: ₩100,000 × (1 - 10%) = ₩90,000

(2) 매출원가: ₩90,000 × 80% = ₩(72,000)

(3) 반품비용: ₩500(반품 관련 비용) + ₩80,000 × 10% × 10%(가치감소분) = ₩(1,300)

2. 회계처리

20×1년	(차) 현금[1)]	100,000	(대) 매출[2)]	90,000
			환불부채	10,000
	(차) 반환재고회수권[3)]	6,700	(대) 재고자산[4)]	80,000
	매출원가[5)]	72,000		
	반품비용[6)]	1,300		

1) 100개 × ₩1,000 = ₩100,000

2) ₩100,000 × (1 - 10%) = ₩90,000

3) ₩10,000 × 80% - ₩500(반품 관련 비용) - ₩80,000 × 10% × 10%(가치감소분) = ₩6,700

4) ₩100,000 × 80% = ₩80,000

5) ₩90,000 × 80% = ₩72,000

6) ₩500(반품 관련 비용) + ₩80,000 × 10% × 10%(가치감소분) = ₩1,300

25 1. 20×1년 당기순이익에 미치는 영향: ₩285,000 - ₩199,500 - ₩400 = ₩85,100 증가

2. 20×1년 회계처리

20×1. 12. 31.	(차) 현금	300,000	(대) 매출[1)]	285,000
			환불부채	15,000
	(차) 반환재고회수권[2)]	10,100	(대) 재고자산[3)]	210,000
	매출원가	199,500		
	반품비용	400		

1) ₩300,000 × (1 - 5%) = ₩285,000

2) ₩15,000 × 70% - ₩400 = ₩10,100

3) ₩300,000 × 70% = ₩210,000

26 1. 20×2년 당기순이익에 미치는 영향: (-)₩1,000 - ₩100 + ₩700 = (-)₩400 감소

2. 20×2년 회계처리

20×2. 1월 말	(차) 환불부채	15,000	(대) 현금	16,000
	매출	1,000		
	(차) 재고자산	11,200	(대) 반환재고회수권	10,100
	반품비용[1)]	100	현금	500
			매출원가[2)]	700

1) ₩500 - ₩400 = ₩100

2) ₩1,000 × 70% = ₩700

정답 24 ④ 25 ② 26 ③

27 1. 20×1년에 인식할 수익: 100대 × ₩10,000 + ₩1,000 × 10대 × 12/24 = ₩1,005,000

2. 회계처리

구분	차변	금액	대변	금액
20×1년 ① 매출 시	(차) 현금	1,010,000	(대) 매출 계약부채[1]	1,000,000 10,000
② 결산 시	(차) 계약부채 (차) 보증용역원가	5,000 2,000	(대) 보증용역수익[2] (대) 현금	5,000 2,000
20×2년 ① 결산 시	(차) 계약부채 (차) 보증용역원가	5,000 3,000	(대) 보증용역수익[3] (대) 현금	5,000 3,000

[1] ₩1,000 × 10대 = ₩10,000
[2] ₩10,000 × 12/24 = ₩5,000
[3] ₩10,000 × 12/24 = ₩5,000

28 1. 20×3년에 인식할 비용(제품보증비): 당기매출액 × 보증비예상률
₩7,200,000 × 5% = ₩360,000

2. 20×3년 말 충당부채(제품보증충당부채): I/S상 보증비 예상액 - 현금지출보증비
(₩6,000,000 + ₩9,000,000 + ₩7,200,000) × 5% - (₩240,000 + ₩360,000 + ₩180,000) = ₩330,000

29 1. 매출액: ₩280,000

2. 적송품계정 잔액: (₩1,000 × 400개 + ₩20,000) × 200개/400개 = ₩210,000

3. 회계처리

구분	차변	금액	대변	금액
① 적송시점	(차) 적송품	420,000	(대) 재고자산 현금	400,000 20,000
② 판매 및 회수	(차) 현금 판매비[1] (차) 매출원가[2]	244,000 36,000 210,000	(대) 매출 (대) 적송품	280,000 210,000

[1] ₩21,000 + ₩15,000 = ₩36,000
[2] (₩1,000 × 400개 + ₩20,000) × 200개/400개 = ₩210,000

4. 매출액은 판매수수료와 운반비 등을 차감하지 않은 총액으로 보고한다.

5. 적송운임은 수익(위탁매출)을 위한 지출로서 적송품의 원가에 가산한다.

30 1. 매출액: ₩48,000 × 400매 - ₩1,200,000 = ₩18,000,000

2. 회계처리

구분	차변	금액	대변	금액
① 상품권 판매 시	(차) 현금[1] 상품권할인액	96,000,000 4,000,000	(대) 선수금(계약부채)	100,000,000
② 상품권 회수 시	(차) 선수금(계약부채)[2] (차) 매출에누리와 환입[3]	20,000,000 800,000	(대) 매출 (대) 상품권할인액	20,000,000 800,000
③ 잔액 환급 시	(차) 매출	1,200,000	(대) 현금	1,200,000

[1] 2,000매 × ₩48,000 = ₩96,000,000
[2] ₩100,000,000 × 400매/2,000매 = ₩20,000,000
[3] ₩4,000,000 × 400매/2,000매 = ₩800,000

정답 27 ② 28 ① 29 ⑤ 30 ③

31 반품을 예상할 수 없다면 제품을 이전할 때 수익으로 인식하지 않는다. 왜냐하면 이미 인식한 누적 수익금액 중 유의적인 부분을 되돌리지 않을 가능성이 매우 높다는 결론을 내릴 수 없기 때문이다. 따라서 이 경우에는 반품권과 관련된 불확실성이 해소되는 시점에 수익을 인식하고 기업은 받은 대가를 전액 환불부채로 인식해야 한다.

32 1. 추가 재화나 용역에 대한 고객의 선택권: 계약에서 추가 재화나 용역을 취득할 수 있는 선택권을 고객에게 부여하고 그 선택권이 그 계약을 체결하지 않으면 받을 수 없는 중요한 권리를 고객에게 제공하는 경우에만 그 선택권은 계약에서 수행의무가 발생하게 한다(㉨ 이 재화나 용역에 대해 그 지역이나 시장의 해당 고객층에게 일반적으로 제공하는 할인의 범위를 초과하는 할인). 선택권이 고객에게 중요한 권리를 제공한다면, 고객은 사실상 미래 재화나 용역의 대가를 기업에 미리 지급한 것이므로 기업은 그 미래 재화나 용역이 이전되거나 선택권이 만료될 때 수익을 인식한다.

2. 개별 판매가격

수행의무	개별 판매가격	계산근거
제품 A	₩1,000,000	
할인권	₩250,000	= 추가 제품 평균 구입가격 ₩500,000 × 증분할인율 62.5% × 선택권 행사가능성 80%
	₩1,250,000	

3. 거래가격의 배분

수행의무	배분된 거래가격	계산근거
제품 A	₩800,000	= ₩1,000,000 × ₩1,000,000/₩1,250,000
할인권	₩200,000	= ₩1,000,000 × ₩250,000/₩1,250,000
	₩1,000,000	

4. 20×1년 수익: ₩800,000 + ₩200,000 × 0% = ₩800,000

5. 회계처리

20×1년 말	(차) 현금	1,000,000	(대)	매출	800,000
				계약부채	200,000

33 1. 20×1년도 수익

(1) 고정대가: ₩1,500,000 × 12/36 = ₩500,000

(2) 변동대가: ₩500,000 × 10% = ₩50,000

∴ 프랜차이즈 라이선스 수익: (1) + (2) = ₩550,000

2. 회계처리

20×1년 초	(차) 현금	1,500,000	(대) 계약부채	1,500,000
20×1년 말	(차) 계약부채	500,000	(대) 프랜차이즈라이선스수익	500,000
	(차) 현금	50,000	(대) 프랜차이즈라이선스수익	50,000

정답 31 ① 32 ② 33 ②

34 1. 경우 A

㈜명성이 콜옵션을 보유하면서 기업이 자산을 원래 판매가격 이상의 금액으로 다시 살 수 있거나 다시 사야 하는 경우(재매입가격 ≥ 판매가격)이므로 금융약정으로 회계처리한다.

2. 경우 B

㈜명성이 콜옵션을 보유하면서 기업이 자산을 원래 판매가격보다는 낮은 금액으로 다시 살 수 있거나 다시 사야 하는 경우(재매입가격 < 판매가격)이므로 리스로 회계처리한다.

3. 경우 A의 회계처리

① 20×1년 초	(차) 현금	1,000,000	(대) 차입금	1,000,000
② 20×1년 말	(차) 이자비용	100,000	(대) 현금	1,100,000
	차입금	1,000,000		

35 1. 고객이 풋옵션이 있는 경우에 계약 개시시점에 고객이 그 권리를 행사할 경제적 유인이 유의적인지를 고려한다. 위의 풋옵션에서 재매입약정이 금융약정이라면, 기업은 자산을 계속 인식하고 고객에게서 받은 대가는 금융부채로 인식한다. 고객에게서 받은 대가와 고객에게 지급해야 하는 대가의 차이를 이자비용으로 인식하며, 옵션이 행사되지 않은 채 소멸된다면 부채를 제거하고 수익을 인식한다.

2. ㈜세무의 회계처리: 판매자

20×1. 1. 1.	(차) 현금	200,000	(대) 차입금	200,000
20×1. 6. 30.	(차) 이자비용	10,000	(대) 매출	210,000
	차입금	200,000		
	(차) 매출원가	100,000	(대) 재고자산	100,000

3. ㈜한국의 회계처리: 구매자

20×1. 1. 1.	(차) 대여금	200,000	(대) 현금	200,000
20×1. 6. 30.	(차) 재고자산	210,000	(대) 대여금	200,000
			이자수익	10,000

36 1. ㈜대한이 콜옵션을 보유하면서 기업이 자산을 원래 판매가격 이상의 금액으로 다시 살 수 있거나 다시 사야 하는 경우(재매입가격 ≥ 판매가격)이므로 금융약정으로 회계처리한다.

2. 회계처리

20×1. 12. 1.	(차) 현금	1,000,000	(대) 차입금	1,000,000
20×1. 12. 31.	(차) 이자비용[1]	25,000	(대) 미지급이자	25,000
20×2. 3. 31.	(차) 이자비용[2]	75,000	(대) 매출	1,100,000
	미지급이자	25,000		
	차입금	1,000,000		
	(차) 매출원가	500,000	(대) 제품	500,000

[1] ₩100,000 × 1/4 = ₩25,000

[2] ₩100,000 × 3/4 = ₩75,000

3. 20×2년 당기순이익에 미치는 영향: ₩1,100,000 - ₩500,000 - ₩75,000 = ₩525,000

정답 34 ④ 35 ⑤ 36 ④

37 기계와 예비부품을 이전하는 약속이 서로 구별되고 그 결과로 한 시점에 이행될 수행의무는 두 가지이다. 또한, ㈜대한은 보관용역이 고객에게 제공되는 용역이고 기계 및 예비부품과 구별되기 때문에 보관용역을 제공하는 약속을 하나의 수행의무로 식별한다. 따라서 ㈜대한은 계약상 세 가지 수행의무(특수프린터, 예비부품, 보관용역을 제공하는 약속)를 회계처리한다.

38 1. 20×1년의 당기손익에 미치는 영향

매출액: ₩1,000,000 + ₩2,000,000 × 2.48685 =	₩5,973,700
매출원가	₩(5,000,000)
이자수익: ₩4,973,700 × 10% =	₩497,370
계	₩1,471,070

2. 20×2년의 당기손익에 미치는 영향

이자수익: (₩4,973,700 × 1.1 − ₩2,000,000) × 10% = ₩347,107

39 1. 매출액: ₩100,000 × (1 + 0.1)^2 = ₩121,000

2. ㈜강남은 시장의 일반적인 이자율뿐만 아니라 고객이 자산에 대해 지급하는 시점과 기업이 고객에게 자산을 이전하는 시점 사이의 기간이 1년 이상이기 때문에, 계약에 유의적인 금융요소가 포함되어 있다고 판단된다.

3. 회계처리

20×1. 1. 1.	(차) 현금	100,000	(대) 계약부채	100,000
20×1. 12. 31.	(차) 이자비용[1]	10,000	(대) 계약부채	10,000
20×2. 12. 31.	(차) 이자비용[2]	11,000	(대) 계약부채	11,000
	(차) 계약부채	121,000	(대) 수익	121,000

[1] ₩100,000 × 10% = ₩10,000

[2] (₩100,000 + ₩10,000) × 10% = ₩11,000

40 1. 거래가격의 배분

구분	계산근거	배분된 거래가격
제품	₩1,000,000 × ₩1,000,000/₩1,250,000 =	₩800,000
포인트	₩1,000,000 × ₩250,000[1]/₩1,250,000 =	₩200,000
합계		₩1,000,000

[1] 500,000포인트 × ₩0.5 = ₩250,000

2. 20×1년 인식할 수익금액: ₩800,000 + ₩200,000 × 180,000포인트/450,000포인트 = ₩880,000

3. 20×2년 인식할 수익금액: ₩200,000 × 432,000포인트/480,000포인트 − ₩80,000 = ₩100,000

4. 20×2년 말 계약부채: ₩200,000 − ₩80,000 − ₩100,000 = ₩20,000

5. 회계처리

① 20×1년 판매시점	(차) 현금	1,000,000	(대) 매출	800,000
			계약부채	200,000
② 20×1년 말	(차) 계약부채	80,000	(대) 포인트매출	80,000
③ 20×2년 말	(차) 계약부채	100,000	(대) 포인트매출	100,000

정답 37 ① 38 ④ 39 ④ 40 ②

41 1. 거래가격의 배분

구분	계산근거	배분된 거래가격
식료품의 판매	₩4,000,000 × ₩4,950,000/₩5,000,000 =	₩3,960,000
보상점수	₩4,000,000 × ₩50,000[1)]/₩5,000,000 =	₩40,000
합계		₩4,000,000

1) 50,000포인트 × ₩1 = ₩50,000

2. 20×1년 인식할 수익금액: ₩3,960,000 + ₩40,000 × 20,000포인트/40,000포인트 = ₩3,980,000

3. 20×2년 인식할 수익금액: ₩40,000 × 36,000포인트/45,000포인트 - ₩20,000 = ₩12,000

4. 20×3년 인식할 수익금액: ₩40,000 × 45,000포인트/45,000포인트 - ₩32,000 = ₩8,000

5. 회계처리

구분	차변	금액	대변	금액
① 20×1년 판매시점	(차) 현금	4,000,000	(대) 매출	3,960,000
			계약부채	40,000
② 20×1년 말	(차) 계약부채	20,000	(대) 포인트매출	20,000
③ 20×2년 말	(차) 계약부채	12,000	(대) 포인트매출	12,000
④ 20×3년 말	(차) 계약부채	8,000	(대) 포인트매출	8,000

42 1. 자기의 계산으로 대가를 회수하는 경우

(1) 거래가격의 배분

구분	계산근거	배분된 거래가격
전기제품의 판매	₩99,000 × ₩90,000/₩100,000 =	₩89,100
보상점수	₩99,000 × ₩10,000[1)]/₩100,000 =	₩9,900
합계		₩99,000

1) 10,000포인트 × ₩1 = ₩10,000

(2) 20×1년 인식할 수익금액: ₩89,100 + ₩9,900 = ₩99,000

(3) 회계처리

구분	차변	금액	대변	금액
20×1년 판매시점	(차) 현금	99,000	(대) 매출	89,100
			포인트매출	9,900
	(차) 수수료비용	8,000	(대) 미지급비용	8,000

2. 제3자를 대신하여 대가를 회수하는 경우

(1) 거래가격의 배분

구분	계산근거	배분된 거래가격
전기제품의 판매	₩99,000 × ₩90,000/₩100,000 =	₩89,100
보상점수	₩99,000 × ₩10,000[1)]/₩100,000 =	₩9,900
합계		₩99,000

1) 10,000포인트 × ₩1 = ₩10,000

(2) 20×1년 인식할 수익금액: ₩89,100 + (₩9,900 - 10,000포인트 × ₩0.8) = ₩91,000

(3) 회계처리

구분	차변	금액	대변	금액
20×1년 판매시점	(차) 현금	99,000	(대) 매출	89,100
			수수료수익	1,900
			미지급비용	8,000

43 고객에게 약속한 재화나 용역, 즉 자산을 이전하여 수행의무를 이행할 때 또는 기간에 걸쳐 이행하는 대로 수익을 인식한다. 자산은 고객이 그 자산을 통제할 때 또는 기간에 걸쳐 통제하게 되는 대로 이전된다. 식별한 각 수행의무를 기간에 걸쳐 이행하는지 또는 한 시점에 이행하는지를 계약 개시시점에 판단하며, 수행의무가 기간에 걸쳐 이행되지 않는다면, 그 수행의무는 한 시점에 이행되는 것이다.

정답 41 ③ 42 ③ 43 ⑤

44 1. 제품 B의 배분 후 거래가격(잔여접근법): ₩10,000 - ₩8,000 = ₩2,000

2. 회계처리

① 20×1. 12. 1.	N/A			
② 20×1. 12. 15.	(차) 계약자산	8,000	(대) 수익	8,000
③ 20×2. 1. 10.	(차) 수취채권	10,000	(대) 수익 계약자산	2,000 8,000
④ 20×2. 1. 15.	(차) 현금	10,000	(대) 수취채권	10,000

3. 지문해설

① 20×1년 말 ㈜세무의 재무상태표에 표시할 수취채권의 금액은 영(0)이다.
② 20×1년 말 ㈜세무의 재무상태표에 표시할 계약자산의 금액은 ₩8,000이다.
③ ㈜세무가 20×1년도 포괄손익계산서에 수익으로 인식할 금액은 ₩8,000이다.
④ 20×1년 말 ㈜세무의 재무상태표에 표시할 계약부채는 없다.
⑤ ㈜세무의 20×2년 1월 10일 회계처리로 인하여 계약자산은 ₩8,000 감소한다.

45 1. 계약변경 시점의 개별 판매가격을 반영하여 책정된 경우 20×1년 수익으로 인식할 금액: ① + ② = ₩106,000

① 20×1년 10월 31일: 50개 × ₩1,000 = ₩50,000
② 20×1년 11월 1일 ~ 12월 31일: 40개 × ₩1,000 + 20개 × ₩800 = ₩56,000

2. 계약변경 시점의 개별 판매가격을 반영하지 않은 경우 20×1년 수익으로 인식할 금액: ① + ② = ₩106,400

① 20×1년 10월 31일: 50개 × ₩1,000 = ₩50,000
② 20×1년 11월 1일 ~ 12월 31일: 60개 × ₩940[1)] = ₩56,400

1) (70개 × ₩1,000 + 30개 × ₩800) ÷ 100개 = ₩940

정답 44 ⑤ 45 ⑤

고급문제 정답 및 해설

01 1. 20×2년 누적진행률: ₩500,000 ÷ ₩2,500,000 = 20%

(1) 엘리베이터를 제외한 그 밖의 발생원가: ₩500,000

(2) 엘리베이터를 제외한 총예상발생원가: ₩4,000,000 - ₩1,500,000 = ₩2,500,000

2. 20×2년 수익(매출): ₩700,000 + ₩1,500,000 = ₩2,200,000

(1) 엘리베이터를 제외한 수익: ₩3,500,000 × 20% = ₩700,000

(2) 엘리베이터의 수익: ₩1,500,000

3. 20×2년 매출원가: ₩500,000 + ₩1,500,000 = ₩2,000,000

(1) 엘리베이터를 제외한 매출원가: ₩2,500,000 × 20% = ₩500,000

(2) 엘리베이터의 매출원가: ₩1,500,000

4. 20×2년 매출총이익: ₩2,200,000 - ₩2,000,000 = ₩200,000

5. 진행률의 산정: 투입법

① 투입법은 해당 수행의무의 이행에 예상되는 총 투입물 대비 수행의무를 이행하기 위한 기업의 노력이나 투입물(예 소비한 자원, 사용한 노동시간, 발생원가, 경과한 시간, 사용한 기계시간)에 기초하여 수익을 인식하는 방법을 말한다. 기업의 노력이나 투입물을 수행기간에 걸쳐 균등하게 소비한다면, 정액법으로 수익을 인식하는 것이 적절할 수 있다.

② 투입법의 단점은 기업의 투입물과 고객에게 재화나 용역에 대한 통제를 이전하는 것 사이에 직접적인 관계가 없을 수 있다는 것이다. 그러므로 고객에게 재화나 용역에 대한 통제를 이전하는 과정에서 기업의 수행 정도를 나타내지 못하는 투입물의 영향은 투입법에서 제외한다. 예를 들면 원가기준 투입법을 사용할 때, 다음 상황에서는 진행률 측정에 조정이 필요할 수 있다.

a. 발생원가가 기업이 수행의무를 이행할 때 그 진척도에 이바지하지 않는 경우: 예를 들면 계약가격에 반영되지 않았고 기업의 수행상 유의적인 비효율 때문에 든 원가(예 수행의무를 이행하기 위해 들였으나 예상 밖으로 낭비된 재료원가, 노무원가, 그 밖의 자원의 원가)에 기초하여 수익을 인식하지 않는다.

b. 발생원가가 기업이 수행의무를 이행할 때 그 진척도에 비례하지 않는 경우: 이 상황에서 기업의 수행 정도를 나타내는 최선의 방법은 발생원가의 범위까지만 수익을 인식하도록 투입법을 조정하는 것일 수 있다. 예를 들면 계약 개시시점에 다음 조건을 모두 충족할 것이라고 예상한다면, 수행의무를 이행하기 위해 사용한 재화의 원가와 동일한 금액을 수익으로 인식하는 방법이 기업의 수행 정도를 충실하게 나타낼 수 있다.

02 1. 거래가격의 배분

구분	계산근거	배분된 거래가격
반려로봇판매	₩72,000 × 60개 × ₩80,000/₩90,000 =	₩3,840,000
소프트웨어 사용권	₩72,000 × 60개 × ₩10,000/₩90,000 =	₩480,000
합계		₩4,320,000

2. 반려로봇판매와 소프트웨어 사용권의 두 가지 수행의무에 대해서 개별 판매가격 비율로 거래가격을 배분한다.

3. 반려로봇판매는 한 시점에 이행하는 수행의무이며, 소프트웨어 사용권은 기간에 걸쳐 이행하는 수행의무이므로 반려로봇판매의 대가는 수익으로 인식하며, 소프트웨어 사용권은 계약부채로 인식한다.

4. 회계처리

일자	차변	금액	대변	금액
20×1. 9. 1.	(차) 현금	4,320,000	(대) 수익	3,840,000
			계약부채	480,000
20×1. 12. 31.	(차) 계약부채	160,000	(대) 수익[1]	160,000

[1] ₩480,000 × 4/12 = ₩160,000

5. 20×1년 포괄손익계산서에 인식할 총수익: (1) + (2) = ₩4,000,000

(1) 반려로봇판매대가: ₩3,840,000

(2) 소프트웨어 사용권: ₩480,000 × 4/12 = ₩160,000

정답 01 ④ 02 ②

03 1. 취소할 수 없는 계약의 경우 대가의 지급기일 5월 1일에 기업은 대가를 받을 무조건적 권리를 가지고 있으므로 수취채권을 인식하고 동 금액을 계약부채로 인식한다.

2. 회계처리

① 20×3. 3. 1.	N/A			
② 20×3. 5. 1.	(차) 수취채권	500,000	(대) 계약부채	500,000
③ 20×3. 6. 15.	(차) 현금	500,000	(대) 수취채권	500,000
④ 20×3. 12. 31.	(차) 계약부채	500,000	(대) 수익	500,000

04 1. 기업 할인권의 추정 개별 판매가격

₩12,000(추가 제품 평균 구입가격 ₩50,000 × 증분 할인율 30% × 선택권 행사 가능성 80%)이다.

2. 개별 판매가격

수행의무	개별 판매가격
제품 A	₩100,000
할인권	₩12,000
합계	₩112,000

3. 거래가격의 배분

수행의무	계산근거	배분된 거래가격
제품 A	₩100,000 × ₩100,000/₩112,000 =	₩89,286
할인권	₩100,000 × ₩12,000/₩112,000 =	₩10,714
합계		₩100,000

4. 수익인식

기업은 제품 A에 ₩89,286을 배분하고 제품 A에 대한 통제를 이전할 때 수익을 인식한다. 기업은 할인권에 ₩10,714을 배분하고 고객이 재화나 용역으로 교환하거나 할인권이 소멸될 때 할인권에 대해 수익을 인식한다.

05 1. **㈜대한이 20×1년도에 인식할 수익: (1) + (2) = ₩229,000**

(1) 제품 A: 150개 × ₩1,500 = ₩225,000
(고객에게 판매할 대가를 ㈜대한이 결정하므로 본인에 해당하므로 총액으로 수익을 인식하고 50개는 재고자산으로 인식함)

(2) 제품 B: 80개 × ₩50 = ₩4,000
(고객에게 판매할 대가를 ㈜민국이 결정하므로 대리인에 해당하므로 순액인 판매수수료를 수익으로 인식함)

2. **㈜민국이 20×1년도에 인식할 수익: (1) + (2) = ₩350,000**

(1) 제품 A: 200개 × ₩1,350 = ₩270,000
(200개를 초과하여 판매할 경우 판매되지 않은 제품을 조건없이 반환할 수 있으며 매년 최소 200개를 보장하므로 200개에 대해서만 수익을 인식함)

(2) 제품 B: 80개 × ₩1,000 = ₩80,000
(㈜민국의 판매는 위탁판매에 해당하므로 수탁자인 ㈜대한이 판매한 80개에 대해서 수익을 인식함)

정답 03 ⑤ 04 ① 05 ④

06 1. 정답

구분	금액
㈜대한이 20×1년도에 인식할 수익	① ₩303,000
㈜민국이 20×1년도에 인식할 수익	② ₩300,000

2. ㈜대한이 최소 200개의 판매를 보장하였으므로, 200개까지의 판매는 ㈜대한이 본인(최종고객)으로서 거래에 참여하는 것이다. 하지만 200개를 초과하는 재고자산의 경우 미판매분에 대하여 ㈜민국에게 반환이 가능하므로 ㈜대한은 대리인(위탁자)으로 거래에 참여하는 것이다. 즉 최소판매수량인 200개에 대한 통제권은 ㈜대한이 보유하는 것이며, 200개를 초과한 재고자산의 통제권은 ㈜민국이 보유하는 것이다. 따라서 ㈜민국 입장에서는 250개 중 200개는 ㈜대한에게 직접판매한 것이며, 50개는 판매를 위탁한 것이다. ㈜대한 입장에서는 200개는 ㈜민국에게 직접구매한 것이며, 50개는 판매를 위탁받은 것이다.

3. ㈜대한이 20×1년도에 인식할 수익: ₩303,000
제품 A: 200개 × ₩1,500[= ₩300,000(직접판매)] + 20개 × ₩150[= ₩3,000(수수료수익)] = ₩303,000

4. ㈜민국이 20×1년도에 인식할 수익: ₩300,000
제품 A: 200개 × ₩1,350[= ₩270,000(직접판매)] + 20개 × ₩1,500[= ₩30,000 (위탁매출)] = ₩300,000

07 계약당사자들끼리 계약변경 범위나 가격(또는 둘 다)에 다툼이 있거나, 당사자들이 계약 범위의 변경을 승인하였지만 아직 이에 상응하는 가격 변경을 결정하지 않았더라도, 계약변경은 존재할 수 있다. 계약변경으로 신설되거나 변경되는 권리와 의무를 집행할 수 있는지를 판단할 때에는 계약 조건과 그 밖의 증거를 포함하여 관련 사실 및 상황을 모두 고려한다. 계약당사자들이 계약 범위의 변경을 승인하였으나 아직 이에 상응하는 가격 변경을 결정하지 않은 경우에 계약변경으로 생기는 거래가격의 변경은 추정한다.

08 1. 20×1년 계약부채: (₩300,000,000 ÷ ₩10,000) × ₩140 = ₩4,200,000

2. 20×1년 포인트 매출수익: ₩4,200,000 × 8,400/30,000 = ₩1,176,000

3. 20×2년 포인트 매출수익: ₩4,200,000 × (8,400 + 6,000)/24,000 - ₩1,176,000 = ₩1,344,000

4. 20×3년 포인트 매출수익: ₩4,200,000 × 누적포인트(x)/27,000 - (₩1,176,000 + ₩1,344,000) = ₩1,050,000
∴ 누적포인트(x) = 22,950

5. 20×3년 실제 회수된 포인트: 22,950 - 8,400 - 6,000 = 8,550포인트

정답 06 ② 07 ③ 08 ③

09 1. 거래가격에는 고정대가 ₩200,000과 변동대가 ₩40,000을 포함해야 한다. ㈜대한은 거래가격에 변동대가 추정치를 포함하므로 변동대가와 관련된 불확실성이 나중에 해소될 때, 이미 인식한 누적 수익금액 중 유의적인 부분을 되돌리지 않을 가능성이 매우 높다고 판단되기 때문이다.

2. 별도계약으로 처리하지 않는 경우에 해당한다. 제품 Y와 제품 Z가 고객에게 이전한 제품 X와 구별되는 경우에 해당하며, 제품 Z의 대가가 개별 판매가격을 나타내지 않기 때문에 기존 계약을 종료하고 새로운 계약을 체결한 것처럼 회계처리해야 한다.

3. 20×0년과 20×1년에 인식할 수익금액

구분	제품 X	제품 Y	제품 Z
최초 계약	₩120,000[1]	₩120,000[2]	
계약변경		₩(30,000)[3]	₩90,000[4]
변동대가 추정치 변동	₩4,000[5]	₩2,000[6]	₩2,000[7]
합계	₩124,000	₩92,000	₩92,000

1) (₩200,000 + ₩40,000) × 1/2 = ₩120,000
2) (₩200,000 + ₩40,000) × 1/2 = ₩120,000
3) ₩120,000 - (₩120,000 + ₩60,000) × 1/2 = ₩(30,000)
4) (₩120,000 + ₩60,000) × 1/2 = ₩90,000
5) ₩8,000 × 1/2 = ₩4,000
6) ₩4,000 × 1/2 = ₩2,000
7) ₩4,000 × 1/2 = ₩2,000

∴ 20×0년: ₩124,000(제품 X) + ₩92,000(제품 Y) = ₩216,000
∴ 20×1년: ₩92,000(제품 Z)

10 1. 재매입약정: 콜옵션

(1) ㈜대한은 콜옵션을 보유하면서 기업이 자산을 원래 판매가격 이상의 금액으로 다시 살 수 있거나 다시 사야하는 경우(재매입가격 ≥ 판매가격)이므로 금융약정으로 회계처리 한다.

(2) 회계처리

일자	차변	금액	대변	금액
20×1. 12. 1.	(차) 현금	10,000	(대) 차입금	10,000
20×1. 12. 31.	(차) 이자비용[1]	1,000	(대) 미지급이자	1,000
20×2. 2. 1.	(차) 이자비용[2]	1,000	(대) 현금	12,000
	미지급이자	1,000		
	차입금	10,000		

1) ₩2,000 × 1/2 = ₩1,000
2) ₩2,000 × 1/2 = ₩1,000

2. 반품권이 부여된 판매

일자	차변	금액	대변	금액
20×1. 12. 26.	(차) 현금[1]	10,000	(대) 매출[2]	9,000
			환불부채	1,000
	(차) 반환재고회수권[3]	800	(대) 재고자산[4]	8,000
	매출원가	7,200		

1) 100개 × ₩100 = ₩10,000
2) 90개 × ₩100 = ₩9,000
3) 10개 × ₩80 = ₩800
4) 100개 × ₩80 = ₩8,000

3. ㈜대한이 20×1년에 인식할 수익: ₩0 + ₩9,000 = ₩9,000

정답 09 ① 10 ②

11 무상수리기간이 2년일 경우

(1) 20×2년에 인식할 비용(제품보증비): 당기매출액 × 보증비예상률
₩1,500,000 × 5% = ₩75,000

(2) 20×2년 말 충당부채(제품보증충당부채): I/S상 보증비 예상액 - 현금지출보증비
(₩1,000,000 + ₩1,500,000) × 5% - (₩40,000 + ₩60,000) = ₩25,000

(3) 20×1년 회계처리

구분	차변	금액	대변	금액
① 매출 시	(차) 현금	1,000,000	(대) 매출	1,000,000
② 보증비발생 시	(차) 제품보증비	40,000	(대) 현금	40,000
③ 결산 시	(차) 제품보증비[1)]	10,000	(대) 제품보증충당부채	10,000

[1)] ₩1,000,000 × 5% - ₩40,000 = ₩10,000

(4) 20×2년 회계처리

구분	차변	금액	대변	금액
① 매출 시	(차) 현금	1,500,000	(대) 매출	1,500,000
② 보증비발생 시	(차) 제품보증충당부채	10,000	(대) 현금	60,000
	제품보증비	50,000		
③ 결산 시	(차) 제품보증비[1)]	25,000	(대) 제품보증충당부채	25,000

[1)] ₩1,500,000 × 5% - ₩50,000 = ₩25,000

12 무상수리기간이 1년일 경우

(1) 20×2년에 인식할 비용(제품보증비): 당기매출액 × 보증비예상률 - 제품보증충당부채환입액
₩1,500,000 × 5% - ₩5,000 = ₩70,000

(2) 20×2년 말 충당부채(제품보증충당부채): I/S상 보증비 예상액 - 현금지출보증비
₩1,500,000 × 5% - ₩55,000 = ₩20,000

(3) 20×1년 회계처리

구분	차변	금액	대변	금액
① 매출 시	(차) 현금	1,000,000	(대) 매출	1,000,000
② 보증비발생 시	(차) 제품보증비	40,000	(대) 현금	40,000
③ 결산 시	(차) 제품보증비[1)]	10,000	(대) 제품보증충당부채	10,000

[1)] ₩1,000,000 × 5% - ₩40,000 = ₩10,000

(4) 20×2년 회계처리

구분	차변	금액	대변	금액
① 매출 시	(차) 현금	1,500,000	(대) 매출	1,500,000
② 보증비발생 시	(차) 제품보증충당부채	10,000	(대) 현금	60,000
	제품보증비	50,000		
③ 결산 시	(차) 제품보증비[1)]	20,000	(대) 제품보증충당부채	20,000

[1)] ₩1,500,000 × 5% - ₩55,000 = ₩20,000

정답 11 ② 12 ④

13 1. ㈜한국은 불확실성이 해소될 때, 이미 인식한 누적 수익 금액(개당 ₩100) 중 유의적인 부분을 되돌리지 않을 가능성이 매우 높다고 결론짓는다. 따라서 ㈜한국은 20×1년 3월 31일 1분기에 ₩7,500(= 75개 × 개당 ₩100)을 수익으로 인식한다.

2. ㈜한국은 20×1년 6월 30일로 종료되는 2분기에 ₩44,250을 수익으로 인식한다. 그 금액은 500개 판매액 ₩45,000(= 500개 × 개당 ₩90)에서 20×1년 3월 31일로 종료되는 분기에 판매한 갯수와 관련된 수익 차감 ₩750(= 75개 × 가격 감소 ₩10)의 거래가격 변동을 차감하여 계산한 것이다.

3. 1분기 수익: 75개 × ₩100 = ₩7,500

4. 2분기 누적 수익: 575개 × ₩90 = ₩51,750

5. 2분기 수익: ₩51,750 - ₩7,500 = ₩44,250

14 1. ㈜한국은 거래가격을 산정할 때 권리를 갖게 될 변동대가의 각 요소에 대해 별도로 추정한다.

2. ㈜한국은 매일의 위약금이나 장려금(₩2,500,000 ± ₩10,000/일)과 관련된 변동대가를 추정하기 위하여 기댓값 방법을 사용해야 한다. 기업에 특성이 비슷한 계약이 많은 경우에 기댓값은 변동대가의 적절한 추정치일 수 있다. 따라서 위약금과 장려금의 기댓값 ₩4,000(= ₩10,000 × 60% + ₩0 × 20% - ₩10,000 × 20%)을 거래가격으로 추정한다.

3. ㈜한국은 장려금과 관련된 변동대가를 추정하기 위해 가능성이 가장 높은 금액을 사용해야 한다. 이는 가능한 결과가 두 가지 [₩150,000이나 영(₩0)원]뿐이고 받을 권리를 갖게 될 대가를 더 잘 예측하는 방법이라고 예상하기 때문이다. 가능성이 99%이므로 ₩150,000으로 산정해야 한다.

4. 거래가격: ₩2,500,000 + ₩4,000 + ₩150,000 = ₩2,654,000

정답 13 ① 14 ③

15 1. 20×2년도 포괄손익계산서에 인식할 수익: (1) + (2) = ₩860,000
(1) 매출액: 90매 × ₩10,000 − ₩77,000 = ₩823,000
(2) 상품권기간경과이익: 10매 × ₩10,000 × 10% + 3매 × ₩10,000 × 90% = ₩37,000

2. 20×1년 회계처리

구분	차변	금액	대변	금액
① 상품권판매 시	(차) 현금	500,000[1)]	(대) 선수금(계약부채)	500,000
② 상품권회수 시	(차) 선수금(계약부채) (차) 매출에누리와 환입	420,000[2)] 31,000	(대) 매출 (대) 현금	420,000 31,000
③ 기간경과 시	(차) 선수금(계약부채)	8,000[3)]	(대) 상품권기간경과이익	8,000

1) 50매 × ₩10,000 = ₩500,000
2) 42매 × ₩10,000 = ₩420,000
3) 8매 × ₩10,000 × 10% = ₩8,000

3. 20×2년 회계처리

구분	차변	금액	대변	금액
① 상품권판매 시	(차) 현금	1,000,000[1)]	(대) 선수금(계약부채)	1,000,000
② 상품권회수 시	(차) 선수금(계약부채) (차) 매출에누리와 환입	900,000[2)] 77,000	(대) 매출 (대) 현금	900,000 77,000
③ 환급 시	(차) 선수금(계약부채)	45,000[3)]	(대) 현금	45,000
④ 기간경과 시	(차) 선수금(계약부채) (차) 선수금(계약부채)	10,000[4)] 27,000[5)]	(대) 상품권기간경과이익 (대) 상품권기간경과이익	10,000 27,000

1) 100매 × ₩10,000 = ₩1,000,000
2) 90매 × ₩10,000 = ₩900,000
3) 5매 × ₩10,000 × 90% = ₩45,000
4) 10매 × ₩10,000 × 10% = ₩10,000
5) 3매 × ₩10,000 × 90% = ₩27,000

정답 15 ⑤

☀ 객관식 문제풀이에 앞서 각 장의 주요 주제별 중요도를 파악해볼 수 있습니다.
☀ 시험 대비를 위해 꼭 풀어보아야 하는 필수문제를 정리하여 효율적으로 학습할 수 있습니다.

1. 출제경향

주요 주제	중요도
1. 건설계약 일반	★★★
2. 미래예상손실이 발생하는 경우	★★★★★
3. 건설계약의 결합과 분할	★
4. 건설계약의 결과를 신뢰성 있게 추정할 수 없는 경우	★★★★

2. 필수문제 리스트

구분		필수문제 번호
회계사	기본문제	2, 3, 4, 5, 6, 7
	고급문제	3, 4
세무사	기본문제	2, 3, 4, 5, 6, 7
	고급문제	3

Chapter 17

수익(2) 건설계약

■ 기본문제

■ 고급문제

■ 정답 및 해설

기본문제

01 다음은 한국채택국제회계기준의 건설계약과 관련된 설명이다. 옳은 것은?

① 건설계약의 결과를 신뢰성 있게 추정할 수 없는 경우에도 진행률에 따라 계약수익과 계약원가를 인식한다.

② 현장에 인도되었거나 계약상 사용을 위해 준비되었지만 아직 계약공사를 위해 설치, 사용 또는 적용이 되지 않은 재료의 원가와 같은 계약상 미래 활동과 관련된 계약원가도 진행률 산정에 포함해야 한다.

③ 건설계약에서 총계약원가가 총계약수익을 초과할 가능성이 높은 경우, 예상되는 손실을 즉시 비용으로 인식한다.

④ 건설계약에서 매 보고기간 말에 미성공사는 자산으로 진행청구액은 부채로 각각 표시한다.

⑤ 건설계약의 특성상 계약을 수주하기 전에 고객과의 계약을 체결하기 위하여 수주비가 발생할 수 있다. 이러한 수주비는 진행률 산정에 포함하여야 한다.

02 ㈜대한은 20×1년 초에 서울시로부터 계약금액 ₩1,000,000인 축구경기장공사를 수주하였다. 공사는 20×3년에 완공되었으며 이와 관련된 정보는 아래와 같다.

(1) ㈜대한은 20×2년도 공사변경으로 인하여 계약금액을 ₩1,100,000으로 변경하였다.

(2) 건설계약과 관련하여 매 보고기간의 각 계약원가, 계약대금청구액 및 계약대금회수액은 다음과 같다.

구분	20×1년	20×2년	20×3년
당기계약발생원가	₩210,000	₩510,000	₩190,000
총계약예정원가	₩700,000	₩900,000	₩910,000
계약대금청구액	₩280,000	₩620,000	₩200,000
계약대금회수액	₩250,000	₩350,000	₩500,000

위 건설계약과 관련하여 ㈜대한이 20×2년에 인식할 계약손익은 얼마인가?

① ₩30,000 ② ₩70,000 ③ ₩100,000
④ ₩110,000 ⑤ ₩120,000

03 ㈜하늘은 20×1년 1월 1일 도청과 댐을 건설하는 도급계약(총도급금액 ₩10,000,000, 추정계약원가 ₩9,000,000, 건설소요기간 3년)을 체결하였다. 동 도급계약상 도청은 건설시작 이전에 주요 설계구조를 지정할 수 있으며, 건설진행 중에도 주요 구조변경을 지정할 수 있는 등 건설계약의 정의를 충족한다. 동 도급계약과 관련하여 20×1년 말에 ㈜하늘이 추정한 계약원가는 ₩9,200,000으로 증가하였으며, 20×2년 말에 계약원가를 검토한 결과 추가로 ₩300,000만큼 증가할 것으로 추정되었다. ㈜하늘은 동 도급계약의 결과를 신뢰성 있게 추정할 수 있으므로 진행기준으로 수익을 인식하고 있으며, 진행률은 누적계약발생원가를 추정총계약원가로 나눈 비율로 적용하고 있다. 동 도급계약만 존재한다고 가정할 경우 ㈜하늘의 20×2년 말 현재 재무상태표에 표시되는 계약자산(미청구공사) 또는 계약부채(초과청구공사)의 잔액은 얼마인가? 단, 법인세 효과는 고려하지 않는다. [2011 공인회계사 1차]

구분	20×1년도	20×2년도
당기원가발생액	₩2,760,000	₩5,030,000
당기대금청구액	₩2,800,000	₩5,300,000
당기대금회수액	₩2,400,000	₩4,800,000

20×2년 말에 발생한 원가에는 계약상 20×3년도 공사에 사용하기 위해 준비되었지만 아직 사용되지 않은 ₩380,000만큼의 방열자재가 포함되어 있다. 단, 방열자재는 동 계약을 위해 별도로 제작된 것은 아니다.

① 계약자산 ₩100,000 ② 계약부채 ₩100,000 ③ 계약자산 ₩300,000
④ 계약부채 ₩300,000 ⑤ 계약자산 ₩500,000

04 ㈜한국건설은 20×1년 초에 ㈜대한과 교량건설을 위한 건설계약을 발주금액 ₩10,000,000에 체결하였다. 총공사기간은 계약일로부터 3년이다. 동 건설계약과 관련된 연도별 자료는 다음과 같다.

구분	20×1년	20×2년	20×3년
실제 계약원가 발생액	₩2,400,000	₩4,950,000	₩3,150,000
연도 말 예상 추가계약원가	₩5,600,000	₩3,150,000	
계약대금 청구액	₩2,500,000	₩5,500,000	₩4,000,000
계약대금 회수액	₩2,500,000	₩5,500,000	₩4,000,000

㈜한국건설이 진행률을 누적발생계약원가에 기초하여 계산한다고 할 때, 동 건설계약과 관련하여 ㈜한국건설이 20×2년에 인식할 공사손익과 20×2년 말 재무상태표상 인식할 계약자산(계약부채)금액은 얼마인가? 단, ㈜한국건설은 손실부담계약에 해당되는 경우 예상손실을 계약손실충당부채의 계정을 사용하는 방법을 사용한다. [2014 공인회계사 1차 수정]

	20×2년 공사손익	20×2년 말 계약자산(계약부채)
①	공사이익 ₩450,000	계약자산 ₩100,000
②	공사이익 ₩450,000	계약자산 ₩400,000
③	공사이익 ₩600,000	계약자산 ₩500,000
④	공사이익 ₩600,000	계약부채 ₩1,000,000
⑤	공사손실 ₩1,100,000	계약부채 ₩1,000,000

05 ㈜한국건설은 20×1년 초에 ㈜대한과 교량건설을 위한 건설계약을 발주금액 ₩10,000,000에 체결하였다. 총공사기간은 계약일로부터 3년이다. 동 건설계약과 관련된 연도별 자료는 다음과 같다.

구분	20×1년	20×2년	20×3년
실제 계약원가 발생액	₩2,400,000	₩4,950,000	₩3,150,000
연도 말 예상 추가계약원가	₩5,600,000	₩3,150,000	
계약대금 청구액	₩2,500,000	₩5,500,000	₩4,000,000
계약대금 회수액	₩2,500,000	₩5,500,000	₩4,000,000

㈜한국건설이 진행률을 누적발생계약원가에 기초하여 계산한다고 할 때, 동 건설계약과 관련하여 ㈜한국건설이 20×2년에 인식할 공사손익과 20×2년 말 재무상태표상 인식할 계약자산(계약부채)금액은 얼마인가? 단, ㈜한국건설은 손실부담계약에 해당되는 경우 예상손실을 미성공사에서 차감하는 방법을 사용한다. [2014 공인회계사 1차 수정]

	20×2년 공사손익	20×2년 말 계약자산(계약부채)
①	공사이익 ₩450,000	계약자산 ₩100,000
②	공사이익 ₩450,000	계약자산 ₩400,000
③	공사이익 ₩600,000	계약자산 ₩500,000
④	공사이익 ₩600,000	계약부채 ₩1,000,000
⑤	공사손실 ₩1,100,000	계약부채 ₩1,150,000

06 ㈜판교건설은 아파트와 상가를 건설하기로 ㈜경기와 총도급금액 ₩1,125,000에 계약을 체결하였다. ㈜판교건설은 아파트와 상가의 공사진행에 따라 계약수익을 인식하기로 하였고, 아파트의 공사이익률은 30%, 상가의 공사이익률은 20%로 예상하였다. ㈜판교건설은 계약원가를 기초로 공사진행률을 산정하며, 아파트와 상가의 계약원가 자료 및 진행률은 다음과 같다. 계약분할로 공사진행률을 적용하면 2차 연도 계약이익은 얼마인가? [2005 공인회계사 1차 수정]

구분	아파트	상가	총계
추정총계약원가	₩700,000	₩100,000	₩800,000
1차 연도 실제발생원가	₩420,000	₩40,000	₩460,000
1차 연도 진행률	60%	40%	57.50%
2차 연도 실제발생원가	₩280,000	₩60,000	₩340,000
2차 연도 진행률(누적)	100%	100%	100%

① ₩135,000 ② ₩186,875 ③ ₩190,000
④ ₩306,875 ⑤ ₩646,875

07 ㈜해커스건설은 20×1년 초에 ㈜강남과 건물을 건설하는 계약을 체결하였다. 총공사계약금액은 ₩5,000,000이며, 공사기간은 20×3년 말까지이다. 각 연도별 공사진행률과 각 연도 말에 추정한 총계약원가 등은 다음과 같다. 20×2년 중 발주자의 재정상태 악화로 20×2년 말 현재 공사는 중단된 상태이며, 20×2년 말까지 발주자에게 청구한 금액은 ₩2,200,000이지만 이 중 ₩1,400,000만 회수되었으며, 나머지는 회수가 불투명한 상태이다.

구분	20×1년	20×2년	20×3년
공사진행률	25%	50%	?
추정총계약원가	₩4,000,000	₩4,200,000	?
실제발생계약원가	₩1,000,000	₩1,100,000	
진행청구액	₩900,000	₩1,300,000	
공사대금 회수액	₩700,000	₩700,000	

12월 말 결산법인인 ㈜해커스건설이 20×2년에 인식할 계약손실은 얼마인가? 단, 진행률은 원가를 기준으로 산정한다.

① ₩750,000 ② ₩850,000 ③ ₩950,000
④ ₩1,000,000 ⑤ ₩1,050,000

고급문제

01 ㈜대구건설은 20×1년 1월 1일에 서울시청과 터널을 건설하는 계약을 체결하였다. 터널은 20×3년 12월 31일 완공할 예정이다. 계약금액은 ₩60,000,000이고 계약시점에 ㈜대구건설이 예상한 추정총계약원가는 ₩50,000,000이다. 계약금액은 공사완공까지 변경이 없었으나, 추정총계약원가의 예상치는 20×2년 말 ₩52,000,000으로 증가하였다.

구분	20×1년	20×2년	20×3년
실제 발생한 계약원가	₩19,000,000	₩18,000,000	₩15,000,000
공사대금 청구액	₩20,000,000	₩20,000,000	₩20,000,000
공사대금 회수액	₩14,000,000	₩25,000,000	₩21,000,000

㈜대구건설은 공사작업시간을 수행한 공사를 가장 신뢰성 있게 측정할 수 있는 방법으로 판단하고 있다. 건설계약 당시 추정한 총공사작업시간은 800,000시간이고 연도별 실제 공사작업시간은 다음과 같다.

20×1년	20×2년	20×3년
240,000시간	320,000시간	240,000시간

㈜대구건설의 20×2년 재무제표에 보고될 계약손익과 20×2년 말 재무제표에 보고될 계약자산 또는 계약부채는 얼마인가?

	20×2년 계약손익	20×2년 말 계약자산(계약부채)
①	계약이익 ₩2,400,000	계약자산 ₩2,000,000
②	계약이익 ₩2,400,000	계약자산 ₩1,000,000
③	계약이익 ₩2,600,000	계약자산 ₩2,000,000
④	계약이익 ₩2,600,000	계약부채 ₩1,000,000
⑤	계약이익 ₩3,000,000	계약자산 ₩2,000,000

02 20×5년에 설립한 ㈜세무는 ㈜한국과 건설기간 3년, 계약금액 ₩1,000,000인 건설계약을 체결하고 준공시점인 20×7년까지는 동 공사만 진행하였다. ㈜세무는 진행기준으로 수익을 인식하며, 진행률은 발생한 누적계약원가를 추정총계약원가로 나눈 비율로 측정한다. 건설계약과 관련된 자료가 다음과 같을 때, ㈜세무가 20×6년과 20×7년에 인식할 당기 공사이익은 각각 얼마인가? (단, 취득한 건설자재는 동 건설계약을 위해 별도로 제작된 경우에 해당하지 않는다)

[2016 세무사 1차]

구분	20×5년	20×6년	20×7년
당기 건설자재 취득원가	₩90,000	₩100,000	₩50,000
기말 미사용 건설자재	₩10,000	₩40,000	₩40,000
당기 건설노무원가	₩120,000	₩140,000	₩250,000
당기 건설장비 감가상각비	₩10,000	₩12,000	₩18,000
추정총계약원가	₩700,000	₩720,000	-

	20×6년	20×7년
①	₩74,111	₩69,222
②	₩74,111	₩85,889
③	₩78,000	₩82,000
④	₩78,000	₩84,000
⑤	₩78,000	₩85,889

03 ㈜세무는 20×1년 초 ㈜한국과 건설계약(공사기간 3년, 계약금액 ₩600,000)을 체결하였다. ㈜세무의 건설용역에 대한 통제는 기간에 걸쳐 이전된다. ㈜세무는 발생원가에 기초한 투입법으로 진행률을 측정한다. 건설계약과 관련된 자료는 다음과 같다. ㈜세무의 20×2년도 공사이익은?

[2021 세무사 1차]

(1) 20×1년 말 공사완료 시까지의 추가소요원가를 추정할 수 없어 합리적으로 진행률을 측정할 수 없었으나, 20×1년 말 현재 이미 발생한 원가 ₩120,000은 모두 회수할 수 있다고 판단하였다.
(2) 20×2년 말 공사완료 시까지 추가소요원가를 ₩200,000으로 추정하였다.
(3) 연도별 당기발생 공사원가는 다음과 같다.

구분	20×1년	20×2년	20×3년
당기발생 공사원가	₩120,000	₩180,000	₩200,000

① ₩0　　② ₩40,000　　③ ₩60,000
④ ₩120,000　　⑤ ₩180,000

04 ㈜한국건설은 20×1년 4월 1일에 ₩1,000,000의 약속된 대가로 고객에게 고객 소유의 토지에 상업용 건물을 건설해주고, 그 건물을 24개월 이내에 완성할 경우에는 ₩200,000의 보너스를 받는 계약을 체결하였다. 고객은 건물을 건설하는 동안 통제하므로 약속한 재화나 용역의 묶음을 기간에 걸쳐 이행하는 단일 수행의무로 회계처리한다.

(1) 건물의 완공은 날씨와 규제 승인을 포함하여 기업의 영향력이 미치지 못하는 요인에 매우 민감하다. 그리고 ㈜한국건설은 비슷한 유형의 계약에 대한 경험도 적다. 이미 인식한 누적 수익 금액 중 유의적인 부분을 되돌리지 않을 가능성이 매우 높다고 결론지을 수 없기 때문에 계약 개시시점에 ㈜한국건설은 거래가격에서 보너스 ₩200,000을 제외하였다.
(2) ㈜한국건설은 발생원가에 기초한 투입측정법이 수행의무의 적절한 진행률이 된다고 판단하고 있다.
(3) 20×1년 말 누적발생원가는 ₩420,000이며, 총 예상원가는 ₩700,000이다.
(4) 20×2년 1분기에 계약 당사자들이 건물의 평면도를 바꾸는 계약변경에 합의하였다. 결과적으로 고정대가는 ₩150,000, 예상원가는 ₩120,000 증액되었다. 변경 후 잠재적 총대가는 ₩1,350,000(고정대가 ₩1,150,000원 + 완성보너스 ₩200,000)이다. 그리고 보너스 ₩200,000의 획득 허용 기간이 원래 계약개시시점부터 30개월로 6개월 연장되었다.
(5) 계약변경일에 ㈜한국건설은 경험과 수행할 나머지 업무(이는 주로 건물 안에서 수행되며 날씨 상황에 구애받지 않는다)를 고려할 때 거래가격에 보너스를 포함하더라도 이미 인식한 누적 수익 금액 중 유의적인 부분을 되돌리지 않을 가능성이 매우 높다고 결론짓고, 거래가격에 ₩200,000을 포함하였다. 계약변경을 판단할 때 변경계약에 따라 제공할 나머지 재화와 용역이 계약변경일 전에 이전한 재화와 용역과 구별되지 않는다고 결론지었다. 즉 이 계약은 여전히 단일 수행의무이다.
(6) 20×2년 말 누적발생원가는 ₩656,000이며, 총 예상원가는 ₩820,000이다.
(7) 20×3년 9월 30일에 공사가 완공되었으며 누적발생원가는 ₩900,000이다.

㈜한국건설이 20×2년 포괄손익계산서에 인식할 계약손익 금액은 얼마인가?

① ₩91,200 ② ₩180,000 ③ ₩244,000
④ ₩360,000 ⑤ ₩460,000

기본문제 정답 및 해설

01 ① 건설계약의 결과를 신뢰성 있게 추정할 수 없는 경우에는 계약수익은 회수가능할 것으로 기대되는 발생원가를 한도로 인식하고, 계약원가는 발생한 기간의 비용으로 인식한다.

② 현장에 인도되었거나 계약상 사용을 위해 준비되었지만 아직 계약공사를 위해 설치, 사용 또는 적용이 되지 않은 재료의 원가와 같은 계약상 미래 활동과 관련된 계약원가는 진행률 산정 시 제외하여야 한다. 단, 재료가 계약을 위해 별도로 제작된 경우는 제외한다.

④ 건설계약에서 매 보고기간 말에 누적계약수익금액과 누적대금청구금액을 비교하여, 계약자산과 계약부채로 순액으로 표시한다.

⑤ 건설계약의 특성상 계약을 수주하기 전에 고객과의 계약을 체결하기 위하여 수주비가 발생할 수 있다. 이러한 수주비의 경우 K-IFRS에는 명확한 규정이 제시되어 있지 않다. 그러나 실무에서는 수주비를 진행률에 포함시킬 경우 진행률을 왜곡시킬 수 있어 진행률 산정에서 제외하고, 선급계약원가과목으로 자산으로 인식하여 진행률에 따라 상각하는 것이 일반적이다.

02

구분	20×1년	20×2년	20×3년
(1) 진행률	$\frac{₩210,000}{₩700,000}$ = 30%	$\frac{₩720,000}{₩900,000}$ = 80%	$\frac{₩910,000}{₩910,000}$ = 100%
(2) 계약수익	₩1,000,000 × 30% = ₩300,000	₩1,100,000 × 80% - ₩1,000,000 × 30% = ₩580,000	₩1,100,000 × 100% - ₩1,100,000 × 80% = ₩220,000
(3) 계약원가	₩700,000 × 30% = ₩(210,000)	₩900,000 × 80% - ₩700,000 × 30% = ₩(510,000)	₩910,000 × 100% - ₩900,000 × 80% = ₩(190,000)
(4) 계약손익	₩90,000	₩70,000	₩30,000

별해

각 보고기간별 계약손익: 당기총예상손익 × 누적진행률 - 전기까지 인식한 손익

구분	누적계약손익	당기계약손익
20×1년	① (₩1,000,000 - ₩700,000) × 30% = ₩90,000	① - ₩0 = ₩90,000
20×2년	② (₩1,100,000 - ₩900,000) × 80% = ₩160,000	② - ① = ₩70,000
20×3년	③ (₩1,100,000 - ₩910,000) × 100% = ₩190,000	③ - ② = ₩30,000

03 1. 연도별 진행률

구분	20×1년	20×2년
진행률	$\frac{₩2,760,000}{₩9,200,000}$ = 30%	$\frac{₩7,410,000^{1)}}{₩9,500,000}$ = 78%

1) ₩2,760,000 + ₩5,030,000 - ₩380,000 = ₩7,410,000

2. 20×2년 말 계약자산, 계약부채

(1) 20×2년 말 누적계약수익금액: ₩10,000,000 × 78% = ₩7,800,000

(2) 20×2년 말 누적대금청구금액: ₩2,800,000 + ₩5,300,000 = ₩8,100,000

∴ 20×2년 말 계약부채: ₩8,100,000 - ₩7,800,000 = ₩300,000

정답 01 ③ 02 ② 03 ④

04 1. 계약손익

구분	20×1년	20×2년	20×3년
(1) 진행률	₩2,400,000 / ₩8,000,000 = 30%	₩7,350,000 / ₩10,500,000 = 70%	₩10,050,000 / ₩10,050,000 = 100%
(2) 계약수익	₩10,000,000 × 30% = ₩3,000,000	₩10,000,000 × 70% - ₩10,000,000 × 30% = ₩4,000,000	₩10,000,000 × 100% - ₩10,000,000 × 70% = ₩3,000,000
(3) 계약원가			
실제발생원가	₩8,000,000 × 30% = ₩(2,400,000)	₩10,500,000 × 70% - ₩8,000,000 × 30% = ₩(4,950,000)	₩10,500,000 × 100% - ₩10,500,000 × 70% = ₩(3,150,000)
미래예상손실		₩(150,000)[1]	
전기예상손실환입분			₩150,000
계약원가 합계	₩(2,400,000)	₩(5,100,000)	₩(3,000,000)
(4) 계약손익	₩600,000	₩(1,100,000)	₩0

[1] 미래예상손실 = 미래예상총손실 × (1 - 누적진행률) = ₩(500,000) × (1 - 70%) = ₩(150,000)

별해

각 보고기간별 계약손익: 당기총예상손익 × 누적진행률 + 미래예상손실 - 전기까지 인식할 손익

구분	누적계약손익	당기계약손익
20×1년	① (₩10,000,000 - ₩8,000,000) × 30% = ₩600,000	① - ₩0 = ₩600,000
20×2년	② (₩10,000,000 - ₩10,500,000) × 70% + (₩10,000,000 - ₩10,500,000) × 30% = ₩(500,000)	② - ① = ₩(1,100,000)
20×3년	③ (₩10,000,000 - ₩10,500,000) × 100% = ₩(500,000)	③ - ② = ₩0

2. 회계처리

구분	차변	금액	대변	금액
20×1년				
① 계약원가발생 시	(차) 미성공사	2,400,000	(대) 현금	2,400,000
② 수익비용인식 시	(차) 계약자산	3,000,000	(대) 계약수익	3,000,000
	계약원가	2,400,000	미성공사	2,400,000
③ 대금청구 시	(차) 계약미수금	2,500,000	(대) 계약자산	2,500,000
④ 대금수령 시	(차) 현금	2,500,000	(대) 계약미수금	2,500,000
20×2년				
① 계약원가발생 시	(차) 미성공사	4,950,000	(대) 현금	4,950,000
② 수익비용인식 시	(차) 계약자산	4,000,000	(대) 계약수익	4,000,000
	계약원가	4,950,000	미성공사	4,950,000
예상손실의 인식	(차) 계약원가	150,000	(대) 계약손실충당부채	150,000
③ 대금청구 시	(차) 계약미수금	5,500,000	(대) 계약자산	4,500,000
			계약부채	1,000,000
④ 대금수령 시	(차) 현금	5,500,000	(대) 계약미수금	5,500,000

3. 20×1년 말 계약자산, 계약부채

(1) 20×1년 말 누적계약수익금액: ₩10,000,000 × 30% = ₩3,000,000

(2) 20×1년 말 누적대금청구금액: ₩2,500,000

∴ 20×1년 말 계약자산: ₩3,000,000 - ₩2,500,000 = ₩500,000

정답 04 ⑤

4. 20×2년 말 계약자산, 계약부채, 계약손실충당부채

(1) 20×2년 말 누적계약수익금액: ₩10,000,000 × 70% = ₩7,000,000

(2) 20×2년 말 누적대금청구금액: ₩2,500,000 + ₩5,500,000 = ₩8,000,000

∴ 20×2년 말 계약부채: ₩8,000,000 - ₩7,000,000 = ₩1,000,000

(3) 20×2년 말 계약손실충당부채: 미래예상총손실 × (1 - 누적진행률) = ₩500,000 × (1 - 70%) = ₩150,000

5. 20×1년 말 부분재무상태표

부분재무상태표

㈜한국건설 20×1. 12. 31.

유동자산			
계약미수금	₩0		
계약자산	₩500,000		

6. 20×2년 말 부분재무상태표

부분재무상태표

㈜한국건설 20×2. 12. 31.

유동자산		유동부채	
계약미수금	₩0	계약부채	₩1,000,000
		계약손실충당부채	₩150,000

05 1. 계약손익

구분	20×1년	20×2년	20×3년
(1) 진행률	$\frac{₩2,400,000}{₩8,000,000}$ = 30%	$\frac{₩7,350,000}{₩10,500,000}$ = 70%	$\frac{₩10,050,000}{₩10,050,000}$ = 100%
(2) 계약수익	₩10,000,000 × 30% = ₩3,000,000	₩10,000,000 × 70% - ₩10,000,000 × 30% = ₩4,000,000	₩10,000,000 × 100% - ₩10,000,000 × 70% = ₩3,000,000
(3) 계약원가			
실제발생원가	₩8,000,000 × 30% = ₩(2,400,000)	₩10,500,000 × 70% - ₩8,000,000 × 30% = ₩(4,950,000)	₩10,500,000 × 100% - ₩10,500,000 × 70% = ₩(3,150,000)
미래예상손실		₩(150,000)[1]	
전기예상손실환입분			₩150,000
계약원가 합계	₩(2,400,000)	₩(5,100,000)	₩(3,000,000)
(4) 계약손익	₩600,000	₩(1,100,000)	₩0

[1] 미래예상손실 = 미래예상총손실 × (1 - 누적진행률) = ₩(500,000) × (1 - 70%) = ₩(150,000)

별해

각 보고기간별 계약손익: 당기총예상손익 × 누적진행률 + 미래예상손실 - 전기까지 인식할 손익

구분	누적계약손익	당기계약손익
20×1년	① (₩10,000,000 - ₩8,000,000) × 30% = ₩600,000	① - ₩0 = ₩600,000
20×2년	② (₩10,000,000 - ₩10,500,000) × 70% + (₩10,000,000 - ₩10,500,000) × 30% = ₩(500,000)	② - ① = ₩(1,100,000)
20×3년	③ (₩10,000,000 - ₩10,500,000) × 100% = ₩(500,000)	③ - ② = ₩0

정답 05 ⑤

2. 회계처리

구분	차변	금액	대변	금액
20×1년 **① 계약원가발생 시**	(차) 미성공사	2,400,000	(대) 현금	2,400,000
② 수익비용인식 시	(차) 계약자산 계약원가	3,000,000 2,400,000	(대) 계약수익 미성공사	3,000,000 2,400,000
③ 대금청구 시	(차) 계약미수금	2,500,000	(대) 계약자산	2,500,000
④ 대금수령 시	(차) 현금	2,500,000	(대) 계약미수금	2,500,000
20×2년 **① 계약원가발생 시**	(차) 미성공사	4,950,000	(대) 현금	4,950,000
② 수익비용인식 시 **예상손실의 인식**	(차) 계약자산 계약원가 (차) 계약원가	4,000,000 4,950,000 150,000	(대) 계약수익 미성공사 (대) 계약자산	4,000,000 4,950,000 150,000
③ 대금청구 시	(차) 계약미수금	5,500,000	(대) 계약자산 계약부채	4,350,000 1,150,000
④ 대금수령 시	(차) 현금	5,500,000	(대) 계약미수금	5,500,000

3. 20×1년 말 계약자산, 계약부채

(1) 20×1년 말 누적계약수익금액: ₩10,000,000 × 30% = ₩3,000,000
(2) 20×1년 말 누적대금청구금액: ₩2,500,000
∴ 20×1년 말 계약자산: ₩3,000,000 - ₩2,500,000 = ₩500,000

4. 20×2년 말 계약자산, 계약부채

(1) 20×2년 말 누적계약수익금액 - 미래예상손실: ₩10,000,000 × 70% - ₩500,000 × (1 - 70%) = ₩6,850,000
(2) 20×2년 말 누적대금청구금액: ₩2,500,000 + ₩5,500,000 = ₩8,000,000
∴ 20×2년 말 계약부채: ₩8,000,000 - ₩6,850,000 = ₩1,150,000

5. 20×1년 말 부분재무상태표

부분재무상태표

㈜한국건설 20×1. 12. 31.

유동자산			
계약미수금	₩0		
계약자산	₩500,000		

6. 20×2년 말 부분재무상태표

부분재무상태표

㈜한국건설 20×2. 12. 31.

유동자산		유동부채	
계약미수금	₩0	계약부채	₩1,150,000

06 **1. 총도급금액의 구분**

아파트: ₩700,000 ÷ (1 - 0.3) = ₩1,000,000
상가: ₩100,000 ÷ (1 - 0.2) = ₩125,000
계 ₩1,125,000

2. 2차 연도 계약이익

아파트: (₩1,000,000 - ₩700,000) × 40% = ₩120,000
상가: (₩125,000 - ₩100,000) × 60% = ₩15,000
계 ₩135,000

07 **1. 20×1년도 계약손익**

계약수익: ₩5,000,000 × 25% = ₩1,250,000
계약원가: ₩4,000,000 × 25% = ₩(1,000,000)
계약손익 ₩250,000

2. 20×2년도 계약손익

계약수익: Min[₩2,100,000, ₩1,400,000] - ₩5,000,000 × 25% = ₩150,000
계약원가 ₩(1,100,000)
계약손실 ₩(950,000)

정답 06 ① 07 ③

고급문제 정답 및 해설

01 1. 계약손익

구분	20×1년	20×2년	20×3년
(1) 진행률	240,000시간 / 800,000시간 = 30%	560,000시간 / 800,000시간 = 70%	800,000시간 / 800,000시간 = 100%
(2) 계약수익	₩60,000,000 × 30%	₩60,000,000 × 70%	₩60,000,000 × 100%
		- ₩60,000,000 × 30%	- ₩60,000,000 × 70%
	= ₩18,000,000	= ₩24,000,000	= ₩18,000,000
(3) 계약원가	₩50,000,000 × 30%	₩52,000,000 × 70%	₩52,000,000 × 100%
		- ₩50,000,000 × 30%	- ₩52,000,000 × 70%
	= ₩(15,000,000)	= ₩(21,400,000)	= ₩(15,600,000)
(4) 계약손익	₩3,000,000	₩2,600,000	₩2,400,000

별해

각 보고기간별 계약손익: 당기총예상손익 × 누적진행률 - 전기까지 인식한 손익

구분	누적계약손익	당기계약손익
20×1년	① (₩60,000,000 - ₩50,000,000) × 30% = ₩3,000,000	① - ₩0 = ₩3,000,000
20×2년	② (₩60,000,000 - ₩52,000,000) × 70% = ₩5,600,000	② - ① = ₩2,600,000
20×3년	③ (₩60,000,000 - ₩52,000,000) × 100% = ₩8,000,000	③ - ② = ₩2,400,000

2. 20×1년 말 계약자산, 계약부채

(1) 20×1년 말 누적계약수익금액: ₩60,000,000 × 30% = ₩18,000,000
(2) 20×1년 말 누적대금청구금액: ₩20,000,000
∴ 20×1년 말 계약부채: ₩20,000,000 - ₩18,000,000 = ₩2,000,000

3. 20×2년 말 계약자산, 계약부채

(1) 20×2년 말 누적계약수익금액: ₩60,000,000 × 70% = ₩42,000,000
(2) 20×2년 말 누적대금청구금액: ₩20,000,000 + ₩20,000,000 = ₩40,000,000
∴ 20×2년 말 계약자산: ₩42,000,000 - ₩40,000,000 = ₩2,000,000

4. 20×1년 회계처리

구분	차변	금액	대변	금액
① 계약원가발생 시	(차) 미성공사	19,000,000	(대) 현금	19,000,000
② 수익비용 인식 시	(차) 계약자산	18,000,000	(대) 계약수익	18,000,000
	계약원가	15,000,000	미성공사	15,000,000
③ 대금청구 시	(차) 계약미수금	20,000,000	(대) 계약자산	18,000,000
			계약부채	2,000,000
④ 대금수령 시	(차) 현금	14,000,000	(대) 계약미수금	14,000,000

5. 20×2년 회계처리

구분	차변	금액	대변	금액
① 계약원가발생 시	(차) 미성공사	18,000,000	(대) 현금	18,000,000
② 수익비용 인식 시	(차) 계약부채	2,000,000	(대) 계약수익	24,000,000
	계약자산	22,000,000	미성공사	21,400,000
	계약원가	21,400,000		
③ 대금청구 시	(차) 계약미수금	20,000,000	(대) 계약자산	20,000,000
④ 대금수령 시	(차) 현금	25,000,000	(대) 계약미수금	25,000,000

정답 01 ③

6. 20×1년 말 부분재무상태표

부분재무상태표

㈜대구건설			20×1. 12. 31.
유동자산		유동부채	
계약미수금	₩6,000,000	계약부채	₩2,000,000
미성공사	₩4,000,000		

7. 20×2년 말 부분재무상태표

부분재무상태표

㈜대구건설			20×2. 12. 31.
유동자산			
계약미수금	₩1,000,000		
계약자산	₩2,000,000		
미성공사	₩600,000		

02 1. 누적진행률

구분	20×5년	20×6년	20×7년
당기 건설자재 사용액	₩80,000[1)]	₩70,000[2)]	₩50,000[3)]
당기 건설노무원가	₩120,000	₩140,000	₩250,000
당기 건설장비 감가상각비	₩10,000	₩12,000	₩18,000
당기 발생계약원가	₩210,000	₩222,000	₩318,000
누적발생계약원가	₩210,000	₩432,000	₩750,000
추정총계약원가	₩700,000	₩720,000	₩750,000
누적진행률	30%	60%	100%

1) ₩90,000 - ₩10,000 = ₩80,000

2) ₩100,000 - (₩40,000 - ₩10,000) = ₩70,000

3) ₩50,000 - (₩40,000 - ₩40,000) = ₩50,000

2. 20×5년 공사손익: (₩1,000,000 - ₩700,000) × 30% = ₩90,000

3. 20×6년 공사손익: (₩1,000,000 - ₩720,000) × 60% - ₩90,000 = ₩78,000

4. 20×7년 공사손익: (₩1,000,000 - ₩750,000) × 100% - ₩168,000 = ₩82,000

03 1. 20×1년도 계약손익

계약수익: Min[₩120,000, ₩120,000] =	₩120,000
계약원가	₩(120,000)
계약손익	₩0

2. 20×2년 계약손익

(1) 20×2년 진행률: ₩300,000/₩500,000 = 60%

(2) 20×2년 계약손익

계약수익: ₩600,000 × 60% - ₩120,000 =	₩240,000
계약원가: ₩500,000 × 60% - ₩120,000 =	₩(180,000)
계약이익	₩60,000

정답 02 ③ 03 ③

04 1. 20×1년 포괄손익계산서에 인식할 계약손익 금액

(1) 진행률: ₩420,000 ÷ ₩700,000 = 60%

(2) 20×1년 계약손익: (₩1,000,000 - ₩700,000) × 60% = ₩180,000

2. 20×2년 1분기 계약변경일에 추가로 인식할 계약수익 금액

(1) 계약변경일의 진행률: ₩420,000 ÷ ₩820,000 = 51.2%

(2) 계약변경일의 누적계약수익: ₩1,350,000 × 51.2% = ₩691,200

(3) 20×1년 말 누적계약수익: ₩1,000,000 × 60% = ₩600,000

(4) 추가로 인식할 계약수익: ₩691,200 - ₩600,000 = ₩91,200

(5) ㈜한국건설은 계약변경을 원래 계약의 일부인 것처럼 회계처리한다. 왜냐하면 나머지 재화나 용역이 구별되지 않아서 계약변경일에 부분적으로 이행된 단일 수행의무의 일부를 구성하기 때문이다. ㈜한국건설은 진행률을 새로 수정하고 수행의무의 51.2%(= 실제 발생원가 ₩420,000 ÷ 총 예상원가 ₩820,000원)를 이행했다고 추정한다. 기업은 계약변경일에 누적효과 일괄조정으로 ₩91,200[= (51.2% × 변경된 거래가격 ₩1,350,000) - 지금까지 인식한 수익 ₩600,000]의 추가 수익을 인식한다.

3. 20×2년 포괄손익계산서에 인식할 계약손익 금액

(1) 진행률: ₩656,000 ÷ ₩820,000 = 80%

(2) 20×2년 계약손익: (₩1,350,000 - ₩820,000) × 80% - ₩180,000 = ₩244,000

정답 04 ③

☀ 객관식 문제풀이에 앞서 각 장의 주요 주제별 중요도를 파악해볼 수 있습니다.
☀ 시험 대비를 위해 꼭 풀어보아야 하는 필수문제를 정리하여 효율적으로 학습할 수 있습니다.

1. 출제경향

주요 주제	중요도
1. 이론형 문제	★★★
2. 확정급여제도 일반	★★★★★
3. 순확정급여자산과 자산인식상한효과	★★★★★

2. 필수문제 리스트

구분		필수문제 번호
회계사	기본문제	2, 3, 4, 5, 6, 7, 8, 11
	고급문제	2, 7
세무사	기본문제	2, 3, 4, 5, 6, 7, 8, 11
	고급문제	2, 8

Chapter 18

종업원급여

■ 기본문제

■ 고급문제

■ 정답 및 해설

기본문제

01 다음은 종업원급여와 관련된 내용이다. 옳지 않은 것은?

① 일반적으로 종업원급여는 기업이 종업원으로부터 근무용역을 제공받는 시점에서 비용이나 관련된 자산의 원가로 인식한다.

② 이익분배제도 및 상여금제도에 따라 기업이 종업원에 대하여 부담하는 의무는 당기비용이 아니라 이익의 처분으로 인식한다.

③ 확정기여제도에 의한 퇴직급여제도에서 보험수리적위험과 투자위험은 종업원이 부담하므로 종업원이 수령할 퇴직급여액은 기여금 납부액에 기여금의 운용으로 발생한 투자손익을 가감한 금액이 된다.

④ 확정급여제도를 새로 도입하거나 개정하는 경우에 관련 급여가 즉시 가득되지 않는 경우에도 제도의 도입이나 개정으로 인한 확정급여채무의 현재가치 변동액을 당기손익으로 인식한다.

⑤ 확정급여제도에서 확정급여채무의 현재가치가 사외적립자산의 공정가치를 초과하는 경우에 재측정요소는 확정급여채무의 현재가치의 증감이나 사외적립자산의 공정가치 변동에 의하여 발생한다.

02 기업회계기준서 제1019호 '종업원급여' 중 확정급여제도에 대한 다음 설명 중 옳지 않은 것은?

[2020 공인회계사 1차]

① 확정급여채무의 현재가치와 당기근무원가를 결정하기 위해서는 예측단위적립방식을 사용하며, 적용할 수 있다면 과거근무원가를 결정할 때에도 동일한 방식을 사용한다.

② 보험수리적손익은 보험수리적 가정의 변동과 경험조정으로 인한 확정급여채무 현재가치의 증감에 따라 생긴다.

③ 과거근무원가는 제도의 개정이나 축소로 생기는 확정급여채무 현재가치의 변동이다.

④ 기타포괄손익에 인식되는 순확정급여부채(자산)의 재측정요소는 후속 기간에 당기손익으로 재분류하지 아니하므로 기타포괄손익에 인식된 금액을 자본 내에서 대체할 수 없다.

⑤ 순확정급여부채(자산)의 재측정요소는 보험수리적손익, 순확정급여부채(자산)의 순이자에 포함된 금액을 제외한 사외적립자산의 수익, 순확정급여부채(자산)의 순이자에 포함된 금액을 제외한 자산인식상한효과의 변동으로 구성된다.

03 종업원급여에 관한 설명으로 옳지 않은 것은? [2014 세무사 1차]

① 보험수리적손익은 확정급여제도의 정산으로 인한 확정급여채무의 현재가치 변동을 포함하지 않는다.
② 자산의 원가에 포함하는 경우를 제외한 확정급여원가의 구성요소 중 순확정급여부채의 재측정요소는 기타포괄손익으로 인식한다.
③ 순확정급여부채(자산)의 순이자는 당기손익으로 인식한다.
④ 퇴직급여제도 중 확정급여제도하에서 보험수리적손익과 투자위험은 종업원이 실질적으로 부담한다.
⑤ 순확정급여부채(자산)의 재측정요소는 보험수리적손익, 순확정급여부채(자산)의 순이자에 포함된 금액을 제외한 사외적립자산의 수익, 순확정급여부채(자산)의 순이자에 포함된 금액을 제외한 자산인식상한효과의 변동으로 구성된다.

04 ㈜서울은 종업원이 퇴직한 시점에 일시불 퇴직급여를 지급하며, 일시불 퇴직급여는 종업원의 퇴직 전 연간 최종임금의 1/12에 근무연수를 곱하여 산정된다. 종업원의 연간임금은 20×1년도에 ₩1,200,000이며 향후 매년 5%(복리)씩 상승하는 것으로 가정하며, 종업원의 근무기간은 3년으로 예상된다. 또 우량회사채의 시장수익률을 참조하여 결정된 할인율은 연 10%라고 가정한다. 단, 확정급여채무의 측정과정에서 발생하는 보험수리적손익은 없다고 가정하며 법인세는 무시한다. ㈜서울이 20×2년 말에 재무상태표에 표시될 확정급여채무와 20×2년에 포괄손익계산서에 당기손익으로 인식할 퇴직급여는 얼마인가?

	20×2년 말에 재무상태표에 표시될 확정급여채무	20×2년에 포괄손익계산서에 당기손익으로 인식할 퇴직급여
①	₩91,116	₩91,116
②	₩91,116	₩109,339
③	₩200,455	₩91,116
④	₩200,455	₩109,339
⑤	₩330,750	₩91,116

※ 다음은 **05 ~ 06**에 관련된 자료이다. 자료를 읽고 물음에 답하시오.

다음은 결산일이 매년 12월 31일인 ㈜김포의 20×1년 퇴직급여제도와 관련된 자료이다. ㈜김포는 퇴직급여제도로 확정급여제도를 채택하고 있다. 관련 자료는 다음과 같다.

구분	20×1년 초	20×1년 말	비고
확정급여채무의 현재가치	₩5,600	₩7,290	우량회사채의 시장수익률을 참조하여 결정된 할인율 10%
사외적립자산의 공정가치	₩3,400	₩4,240	

(1) 과거근무원가는 20×1년 말 제도개정으로 발생하였으며 금액은 ₩220이다.
(2) 20×1년에 발생한 당기근무원가는 ₩800이다.
(3) 회사는 20×1년 말 사외적립자산에 기여금 ₩600을 적립하였으며, 20×1년 말 퇴사한 퇴직자에게 ₩400의 퇴직금을 지급하였다.

05 20×1년 말 재무상태표에 계상될 순확정급여부채는 얼마인가?

① ₩7,290　② ₩4,240　③ ₩3,050
④ ₩2,830　⑤ ₩600

06 20×1년 포괄손익계산서에 계상될 확정급여원가 중 당기손익으로 인식될 부분과 기타포괄손익으로 인식될 부분은 각각 얼마인가?

	당기손익	기타포괄손익
①	₩(620)	₩210 손실
②	₩(1,240)	₩210 손실
③	₩(1,240)	₩300 이익
④	₩(1,020)	₩300 이익
⑤	₩(1,020)	₩510 손실

07 다음은 ㈜한국이 채택하고 있는 퇴직급여제도와 관련한 20×1년도 자료이다.

> 가. 20×1년 초 확정급여채무의 현재가치와 사외적립자산의 공정가치는 각각 ₩4,500,000과 ₩4,200,000이다.
> 나. 20×1년 말 확정급여채무의 현재가치와 사외적립자산의 공정가치는 각각 ₩5,000,000과 ₩3,800,000이다.
> 다. 20×1년 말 일부 종업원의 퇴직으로 퇴직금 ₩1,000,000을 사외적립자산에서 지급하였으며, 20×1년 말에 추가로 적립한 기여금 납부액은 ₩200,000이다.
> 라. 20×1년에 종업원이 근무용역을 제공함에 따라 증가하는 예상미래퇴직급여지급액의 현재가치는 ₩500,000이다.
> 마. 20×1년 말 확정급여제도의 일부 개정으로 종업원의 과거근무기간의 근무용역에 대한 확정급여채무의 현재가치가 ₩300,000 증가하였다.
> 바. 20×1년 초와 20×1년 말 현재 우량회사채의 연 시장수익률은 각각 8%, 10%이며, 퇴직급여채무의 할인율로 사용한다.

㈜한국의 확정급여제도로 인한 20×1년도 포괄손익계산서의 당기순이익과 기타포괄이익에 미치는 영향은 각각 얼마인가? (단, 법인세효과는 고려하지 않는다) [2014 공인회계사 1차]

	당기순이익에 미치는 영향	기타포괄이익에 미치는 영향
①	₩548,000 감소	₩52,000 감소
②	₩600,000 감소	₩300,000 감소
③	₩830,000 감소	₩270,000 감소
④	₩830,000 감소	₩276,000 증가
⑤	₩824,000 감소	₩276,000 감소

08 ㈜한국은 퇴직급여제도로 확정급여제도를 채택하고 있다. 다음은 확정급여제도와 관련된 ㈜한국의 20×1년 자료이다. 퇴직금의 지급과 사외적립자산의 추가납입은 20×1년 말에 발생하였으며, 20×1년 초 현재 우량회사채의 시장이자율은 연 5%로 20×1년 중 변동이 없었다.

• 20×1년 초 확정급여채무 장부금액	₩500,000
• 20×1년 초 사외적립자산 공정가치	₩400,000
• 당기근무원가	₩20,000
• 퇴직금지급액(사외적립자산에서 지급함)	₩30,000
• 사외적립자산 추가납입액	₩25,000
• 확정급여채무의 보험수리적손실	₩8,000
• 사외적립자산의 실제 수익	₩25,000

20×1년 말 ㈜한국의 재무상태표에 계상될 순확정급여부채는 얼마인가?

[2015 공인회계사 1차]

① ₩65,000 ② ₩73,000 ③ ₩95,000
④ ₩100,000 ⑤ ₩103,000

09 ㈜세무의 확정급여제도와 관련된 20×1년도 자료가 다음과 같을 때, 포괄손익계산서상 당기손익으로 인식할 퇴직급여 관련 비용은? [2017 세무사 1차]

가. 확정급여채무(현재가치)

구분	20×1년
기초금액	₩150,000
당기근무원가	₩25,000
이자비용	₩15,000
과거근무원가	₩5,000
퇴직금 지급	₩(3,000)
재측정요소	₩(600)
기말금액	₩191,400

나. 사외적립자산(공정가치)

구분	20×1년
기초금액	₩120,000
이자수익	₩12,000
현금출연	₩35,000
퇴직금 지급	₩(3,000)
재측정요소	₩500
기말금액	₩164,500

① ₩30,000 ② ₩33,000 ③ ₩40,000
④ ₩45,000 ⑤ ₩50,000

10 확정급여제도를 도입하고 있는 ㈜한국의 20×1년 퇴직급여와 관련된 정보는 다음과 같다.

• 20×1년 초 확정급여채무의 장부금액	₩150,000
• 20×1년 초 사외적립자산의 공정가치	₩120,000
• 당기근무원가	₩50,000
• 20×1년 말 제도변경으로 인한 과거근무원가	₩12,000
• 퇴직급여지급액(사외적립자산에서 연말지급)	₩90,000
• 사외적립자산에 대한 기여금(연말납부)	₩100,000
• 20×1년 말 보험수리적가정의 변동을 반영한 확정급여채무의 현재가치	₩140,000
• 20×1년 말 사외적립자산의 공정가치	₩146,000
• 20×1년 초 할인율	연 6%

위 퇴직급여와 관련하여 인식할 기타포괄손익은? (단, 20×1년 말 순확정급여자산인식상한은 ₩5,000이다) [2015 세무사 1차]

① ₩200 손실　② ₩1,000 이익　③ ₩1,200 손실
④ ₩2,200 이익　⑤ ₩3,200 손실

11 20×1년 1월 1일에 설립된 ㈜대한은 확정급여제도를 채택하고 있으며, 관련 자료는 다음과 같다. 순확정급여자산(부채) 계산 시 적용한 할인율은 연 8%로 매년 변동이 없다.

<20×1년>

• 20×1년 말 사외적립자산의 공정가치는 ₩1,100,000이다.
• 20×1년 말 확정급여채무의 현재가치는 ₩1,000,000이다.
• 20×1년 말 순확정급여자산의 자산인식상한금액은 ₩60,000이다.

<20×2년>

• 20×2년 당기근무원가는 ₩900,000이다.
• 20×2년 말에 일부 종업원의 퇴직으로 ₩100,000을 사외적립자산에서 현금으로 지급하였다.
• 20×2년 말에 ₩1,000,000을 현금으로 사외적립자산에 출연하였다.
• 20×2년 말 사외적립자산의 공정가치는 ₩2,300,000이다.
• 20×2년 말 확정급여채무의 현재가치는 ₩2,100,000이다.

㈜대한의 20×2년 말 재무상태표에 표시될 순확정급여자산이 ₩150,000인 경우, ㈜대한의 확정급여제도 적용이 20×2년 포괄손익계산서의 기타포괄이익(OCI)에 미치는 영향은 얼마인가? [2021 공인회계사 1차]

① ₩12,800 감소　② ₩14,800 감소　③ ₩17,800 감소
④ ₩46,800 감소　⑤ ₩54,800 감소

12 '종업원급여'에 대한 다음 설명 중 옳지 않은 것은? [2023 공인회계사 1차]

① 확정기여제도에서 가입자의 미래급여금액은 사용자나 가입자가 출연하는 기여금과 기금의 운영효율성 및 투자수익에 따라 결정된다.

② 확정급여제도에서 자산의 원가에 포함하는 경우를 제외한 확정급여원가의 구성요소 중 순확정급여부채의 재측정요소는 기타포괄손익으로 인식한다.

③ 확정급여제도에서 확정급여채무와 사외적립자산에 대한 순확정급여부채(자산)의 순이자는 당기손익으로 인식하나, 자산인식상한효과에 대한 순확정급여부채(자산)의 순이자는 기타포괄손익으로 인식한다.

④ 확정급여제도에서 보험수리적손익은 보험수리적 가정의 변동과 경험조정으로 인한 확정급여채무 현재가치의 증감에 따라 생긴다.

⑤ 퇴직급여가 아닌 기타장기종업원급여에서의 재측정요소는 기타포괄손익으로 인식하지 않고 당기손익으로 인식한다.

고급문제

01 ㈜거제는 퇴직급여제도로 확정급여제도를 채택하고 있으며, 20×1년 초 확정급여채무와 사외적립자산의 장부금액은 각각 ₩1,000,000과 ₩900,000이다. ㈜거제의 20×1년도 확정급여제도와 관련된 자료는 다음과 같다. ㈜거제의 확정급여제도와 관련하여 적용할 할인율은 연 12%이며, 모든 거래는 기말에 발생하고, 퇴직금은 사외적립자산에서 지급한다. 또한 자산인식의 상한은 ₩20,000으로 가정한다.

• 당기 근무원가	₩100,000
• 퇴직금 지급액	₩150,000
• 사외적립자산에 대한 기여금 납부액	₩400,000
• 보험수리적가정의 변동을 고려한 20×1년 말의 확정급여채무	₩1,300,000
• 20×1년 말 사외적립자산의 공정가치	₩1,350,000

동 확정급여제도로 인하여 ㈜거제의 20×1년도 포괄손익계산서상 당기순이익과 기타포괄이익에 미치는 영향은 각각 얼마인가? (단, 법인세효과와 과거근무원가는 고려하지 않는다)

[2013 공인회계사 1차]

	당기순이익에 미치는 영향	기타포괄이익에 미치는 영향
①	₩112,000 증가	₩162,000 증가
②	₩112,000 감소	₩168,000 감소
③	₩175,000 감소	₩192,000 증가
④	₩220,000 증가	₩162,000 증가
⑤	₩220,000 감소	₩168,000 감소

02 ㈜신라는 퇴직급여제도로 확정급여제도(Defined Benefit Plan)를 채택하고 있다. 20×1년 초 순확정급여부채는 ₩2,000이다. 20×1년에 확정급여제도와 관련된 확정급여채무 및 사외적립자산에서 기타포괄손실(재측정요소)이 각각 발생하였으며, 그 결과 ㈜신라가 20×1년 포괄손익계산서에 인식한 퇴직급여 관련 기타포괄손실은 ₩1,040이다.

> (1) 20×1년 확정급여채무의 당기근무원가는 ₩4,000이다.
> (2) 20×1년 말 퇴직한 종업원에게 ₩3,000의 현금이 사외적립자산에서 지급되었다.
> (3) 20×1년 말 사외적립자산에 추가로 ₩2,000을 적립하였다.
> (4) 20×1년 말 재무상태표에 표시되는 순확정급여부채는 ₩5,180이다.

㈜신라가 20×1년 초 확정급여채무의 현재가치 측정에 적용한 할인율은 얼마인가? (단, 자산인식상한은 고려하지 않는다) [2016 공인회계사 1차]

① 6% ② 7% ③ 8%
④ 9% ⑤ 10%

03 다음은 ㈜한국이 채택하고 있는 확정급여제도와 관련한 자료이다.

> (1) 확정급여채무계산 시 적용한 할인율은 연 5%이다.
> (2) 20×1년 초 순확정급여부채는 ₩200,000이다.
> (3) 20×1년 말 일부 종업원의 퇴직으로 퇴직금 ₩250,000을 사외적립자산에서 지급하였으며, 20×1년 말에 추가로 ₩500,000을 사외적립하였다.
> (4) 20×1년의 당기근무원가는 ₩200,000이다.
> (5) 20×1년 말 확정급여제도의 일부 개정으로 종업원의 과거근무기간 근무용역에 대한 확정급여채무의 현재가치가 ₩100,000 증가하였다.
> (6) 20×1년 말 재무상태표에 표시된 순확정급여부채는 ₩100,000이다.

㈜한국의 확정급여제도 적용이 20×1년도 포괄손익계산서의 당기순이익과 기타포괄이익에 미치는 영향은? [2017 공인회계사 1차]

	당기순이익에 미치는 영향	기타포괄이익에 미치는 영향
①	₩210,000 감소	₩190,000 감소
②	₩210,000 감소	₩190,000 증가
③	₩310,000 감소	₩190,000 증가
④	₩310,000 감소	₩90,000 감소
⑤	₩310,000 감소	₩90,000 증가

04 다음은 ㈜대한이 채택하고 있는 확정급여제도와 관련한 자료이다.

> (1) 순확정급여부채(자산) 계산 시 적용한 할인율은 연 5%이다.
> (2) 20×1년 초 사외적립자산의 공정가치는 ₩550,000이고, 확정급여채무의 현재가치는 ₩500,000이다.
> (3) 20×1년도 당기근무원가는 ₩700,000이다.
> (4) 20×1년 말에 퇴직종업원에게 ₩100,000의 현금이 사외적립자산에서 지급되었다.
> (5) 20×1년 말에 사외적립자산에 ₩650,000을 현금으로 출연하였다.
> (6) 20×1년 말 사외적립자산의 공정가치는 ₩1,350,000이다.
> (7) 보험수리적 가정의 변동을 반영한 20×1년 말 확정급여채무는 ₩1,200,000이다.
> (8) 20×1년 초와 20×1년 말 순확정급여자산의 자산인식상한금액은 각각 ₩50,000과 ₩100,000이다.

㈜대한의 확정급여제도 적용이 20×1년도 포괄손익계산서의 당기순이익과 기타포괄이익에 미치는 영향은? [2018 공인회계사 1차]

	당기순이익에 미치는 영향	기타포괄이익에 미치는 영향
①	₩702,500 감소	₩147,500 감소
②	₩702,500 감소	₩147,500 증가
③	₩702,500 감소	₩97,500 감소
④	₩697,500 감소	₩97,500 감소
⑤	₩697,500 감소	₩97,500 증가

※ 다음은 **05 ~ 06**에 관련된 자료이다. 자료를 읽고 물음에 답하시오.

㈜리버는 퇴직급여제도로 확정급여제도를 채택하고 있으며, 결산일은 매년 12월 31일이다. 다음은 ㈜리버의 20×1년과 20×2년의 확정급여제도와 관련된 자료이다.

(1) 20×1년 초 확정급여채무의 현재가치는 ₩240,000이고 사외적립자산의 공정가치는 ₩200,000이다.

(2) 20×1년과 20×2년의 당기근무원가, 퇴직금지급액 및 기여금 납부액은 다음과 같으며, 퇴직금 지급 및 기여금의 납부는 기말에 이루어진다.

구분	20×1년	20×2년
당기근무원가	₩60,000	₩75,000
퇴직자에 지급한 퇴직급여	₩30,000	₩40,000
기여금 납부액	₩200,000	₩100,000

(3) 20×2년 초 퇴직급여제도를 개정하였다. 제도의 개정은 20×2년 초에 즉시 효력이 발생하며, 20×1년 초 현재 제도의 개정으로 인한 확정급여채무의 현재가치 증가액은 ₩50,000이다.

(4) 20×1년 말과 20×2년 말 확정급여채무와 사외적립자산의 공정가치는 다음과 같다.

구분	20×1년	20×2년
사외적립자산의 공정가치	₩400,000	₩480,000
확정급여채무의 현재가치	₩300,000	₩410,000
제도로부터 이용가능한 경제적 효익의 현재가치	₩80,000	₩60,000

(5) 20×1년과 20×2년에 확정급여채무의 현재가치계산에 적용될 우량회사채의 시장수익률은 연 10%로 동일하다.

05 확정급여제도와 관련하여 20×1년과 20×2년의 포괄손익계산서에 당기손실로 인식할 금액은 얼마인가?

	20×1년	20×2년
①	₩64,000	₩125,000
②	₩64,000	₩122,000
③	₩60,000	₩125,000
④	₩60,000	₩122,000
⑤	₩4,000	₩3,000

06 확정급여제도와 관련하여 20×1년과 20×2년의 포괄손익계산서에 기타포괄손익으로 인식할 금액은 얼마인가? 단, 이익 또는 손실 여부를 명확히 판단하시오.

	20×1년	20×2년
①	₩16,000 손실	₩12,000 이익
②	₩16,000 손실	₩2,000 이익
③	₩6,000 손실	₩12,000 이익
④	₩6,000 손실	₩2,000 이익
⑤	₩10,000 이익	₩20,000 손실

07 ㈜대한은 확정급여제도를 채택하고 있으며, 관련 자료는 다음과 같다.

- 20×1년 초 확정급여채무의 현재가치와 사외적립자산의 공정가치는 각각 ₩1,200,000과 ₩900,000이다.
- 20×1년 5월 1일에 퇴직종업원에게 ₩240,000의 현금이 사외적립자산에서 지급되었다.
- 20×1년 9월 1일에 사외적립자산에 ₩120,000을 현금으로 출연하였다.
- 20×1년도의 당기근무원가 발생액은 ₩300,000이다.
- 할인율을 제외한 보험수리적 가정의 변동을 반영한 20×1년 말 확정급여채무의 현재가치는 ₩1,400,000이다.
- 20×1년 말 현재 사외적립자산의 공정가치는 ₩920,000이다.
- 순확정급여자산(부채) 계산 시 적용한 할인율은 연 10%로 매년 변동이 없다.
- 관련 이자비용 및 이자수익은 월할로 계산한다.

㈜대한의 확정급여제도 적용이 20×1년도 총포괄이익에 미치는 영향은 얼마인가?

[2023 공인회계사 1차]

① ₩300,000 감소　② ₩280,000 감소　③ ₩260,000 감소
④ ₩240,000 감소　⑤ ₩220,000 감소

08 ㈜세무는 확정급여제도를 채택하여 시행하고 있으며, 관련 자료는 다음과 같다. ㈜세무가 20×2년도에 인식할 퇴직급여와 기타포괄손익은? [2023 세무사 1차]

> (1) 20×1년 말 사외적립자산 잔액은 ₩300,000이며, 확정급여채무 잔액은 ₩305,000이다.
> (2) 20×2년 초에 현금 ₩180,000을 사외적립자산에 출연하였다.
> (3) 20×2년도의 당기근무원가는 ₩190,000이다.
> (4) 20×2년 말에 사외적립자산 ₩150,000이 퇴직종업원에게 현금으로 지급되었다.
> (5) 20×2년 말 현재 확정급여채무의 현재가치와 사외적립자산의 공정가치는 각각 ₩373,000과 ₩375,000이며, 자산인식상한은 ₩1,000이다.
> (6) 순확정급여부채(자산) 계산 시 적용할 할인율은 연 10%로 변동이 없다.

	퇴직급여	기타포괄손익
①	₩172,500	손실 ₩500
②	₩172,500	손실 ₩1,500
③	₩172,500	이익 ₩1,500
④	₩190,500	손실 ₩16,500
⑤	₩190,500	이익 ₩16,500

기본문제 정답 및 해설

01 이익분배제도 및 상여금제도에 따라 기업이 부담하는 의무는 종업원이 제공하는 근무용역에서 발생하는 것이며 주주와의 거래에서 발생하는 것이 아니다. 따라서 이익분배제도 및 상여금제도와 관련된 원가는 이익의 분배가 아니라 당기비용으로 인식한다.

02 확정급여제도에서 발생하는 재측정요소의 누계액은 후속적으로 당기손익으로 재분류할 수 없으나 자본의 다른항목(예 이익잉여금)으로 대체할 수 있다.

03 퇴직급여제도 중 확정급여제도하에서 보험수리적손익과 투자위험은 기업이 실질적으로 부담한다. 반면에, 확정기여제도에서는 보험수리적 위험과 투자위험을 종업원이 부담한다.

04 1. 퇴직급여 예상액: ₩1,200,000 × 1.05^2 × 1/12 × 3년 = ₩330,750

2. 퇴직급여의 계산

구분	20×1년	20×2년	20×3년
당기근무원가	₩110,250/1.1^2 = ₩91,116	₩110,250/1.1 = ₩100,227	₩110,250
이자원가	-	₩91,116 × 10% = ₩9,112	₩200,455 × 10% = ₩20,045
퇴직급여	₩91,116	₩109,339	₩130,295
기말 확정급여채무	₩91,116	₩200,455	₩330,750

3. 20×2년 말에 재무상태표에 표시될 확정급여채무: ₩200,455

4. 20×2년에 포괄손익계산서에 당기손익으로 인식할 퇴직급여원가: ₩109,339

별해

1. 20×2년 말에 재무상태표에 표시될 확정급여채무
   ₩110,250 × 2/1.1 = ₩200,455

2. 20×2년에 포괄손익계산서에 당기손익으로 인식할 퇴직급여원가: 당기근무원가 + 이자원가
   ₩110,250/1.1 + ₩110,250/1.1^2 × 10% = ₩109,339

05 순확정급여부채의 변동

구분	기초	+	근무원가	+	순이자원가	+	기여금	+	퇴직금	+	재측정요소	=	기말
확정급여채무	(5,600)	+	(1,020)[1]	+	(560)[2]			+	400	+	(510)[4]	=	(7,290)
사외적립자산	3,400			+	340[3]	+	600	+	(400)	+	300[5]	=	4,240
순확정급여부채	(2,200)	+	(1,020)	+	(220)	+	600	+	0	+	(210)	=	(3,050)
			NI		NI						OCI		부채

[1] 근무원가: ₩800 + ₩220 = ₩1,020
[2] 이자원가: ₩5,600 × 10% = ₩560
[3] 이자수익: ₩3,400 × 10% = ₩340
[4] 확정급여채무의 재측정요소: 역산 = ₩(510)
[5] 사외적립자산의 재측정요소: 역산 = ₩300

∴ 순확정급여부채: ₩3,050

정답 01 ② 02 ④ 03 ④ 04 ④ 05 ③

06 1. 20×1년 포괄손익계산서의 당기손익과 기타포괄손익

당기손익: ₩(1,020) + ₩(220) = ₩(1,240)

기타포괄손익: ₩(210)

2. 20×1년 회계처리

① 당기근무원가	(차) 퇴직급여	800	(대) 확정급여채무	800
② 이자원가	(차) 퇴직급여[1]	560	(대) 확정급여채무	560
③ 사외적립자산의 이자수익	(차) 사외적립자산[2]	340	(대) 퇴직급여	340
④ 기여금적립 시	(차) 사외적립자산	600	(대) 현금	600
⑤ 퇴직금지급 시	(차) 확정급여채무	400	(대) 사외적립자산	400
⑥ 과거근무원가	(차) 퇴직급여	220	(대) 확정급여채무	220
⑦ 확정급여채무의 재측정요소	(차) 재측정요소(OCI)	510	(대) 확정급여채무	510
⑧ 사외적립자산의 재측정요소	(차) 사외적립자산	300	(대) 재측정요소(OCI)	300

[1] ₩5,600(기초확정급여채무) × 10% = ₩560

[2] ₩3,400(기초사외적립자산) × 10% = ₩340

3. 참고로 순확정급여부채의 변동 요약표를 이용하면 회계처리를 다음과 같이 한 번에 수행할 수 있다.

20×1년	(차) 사외적립자산[2]	840	(대) 확정급여채무[1]	1,690
	퇴직급여[3]	1,240	현금[4]	600
	재측정요소(OCI)[5]	210		

[1] ₩7,290(기말확정급여채무) − ₩5,600(기초확정급여채무) = ₩1,690

[2] ₩4,240(기말사외적립자산) − ₩3,400(기초사외적립자산) = ₩840

[3] ₩(1,020) + ₩(220) = ₩(1,240)

[4] 기여금 적립액

[5] ₩(210) or 대차차액

07

구분	기초	+	근무원가	+	순이자원가	+	기여금	+	퇴직금	+	재측정요소	=	기말
확정급여채무	(4,500,000)	+	(800,000)[1]	+	(360,000)[2]			+	1,000,000	+	(340,000)[4]	=	(5,000,000)
사외적립자산	4,200,000			+	336,000[3]	+	200,000	+	(1,000,000)	+	64,000[5]	=	3,800,000
순확정급여부채	(300,000)	+	(800,000)	+	(24,000)	+	200,000	+	0	+	(276,000)	=	(1,200,000)
			NI		NI						OCI		부채

[1] 근무원가: ₩500,000 + ₩300,000 = ₩800,000

[2] 이자원가: ₩4,500,000 × 8% = ₩360,000

[3] 이자수익: ₩4,200,000 × 8% = ₩336,000

[4] 확정급여채무의 재측정요소: 역산 = ₩(340,000)

[5] 사외적립자산의 재측정요소: 역산 = ₩64,000

∴ 당기손익: ₩(800,000) + ₩(24,000) = ₩(824,000)

∴ 기타포괄손익: ₩(276,000)

정답 06 ② 07 ⑤

08

구분	기초	+	근무원가	+	순이자원가	+	기여금	+	퇴직금	+	재측정요소	=	기말
확정급여채무	(500,000)	+	(20,000)[1]	+	(25,000)[2]			+	30,000	+	(8,000)[4]	=	(523,000)
사외적립자산	400,000			+	20,000[3]	+	25,000	+	(30,000)	+	x[5]	=	420,000
순확정급여부채	(100,000)	+	(20,000)	+	(5,000)	+	25,000	+	0	+	(3,000)	=	(103,000)
			NI		NI						OCI		부채

1) 근무원가: ₩20,000
2) 이자원가: ₩500,000 × 5% = ₩25,000
3) 이자수익: ₩400,000 × 5% = ₩20,000
4) 확정급여채무의 재측정요소: 역산 = ₩(8,000)
5) 사외적립자산의 재측정요소: x = 실제수익 - 이자수익 = ₩25,000 - ₩20,000 = ₩5,000

∴ 순확정급여부채: ₩(103,000)

09 포괄손익계산서상 당기손익으로 인식할 퇴직급여 관련 비용: (1) + (2) + (3) = ₩33,000
(1) 근무원가: ₩25,000 + ₩5,000 = ₩30,000
(2) 이자원가: ₩15,000
(3) 이자수익: ₩(12,000)

10

구분	기초	+	근무원가	+	순이자원가	+	기여금	+	퇴직금	+	재측정요소	=	기말
확정급여채무	(150,000)	+	(62,000)[1]	+	(9,000)[2]			+	90,000	+	(9,000)[4]	=	(140,000)
사외적립자산	120,000			+	7,200[3]	+	100,000	+	(90,000)	+	8,800[5]	=	146,000
계	(30,000)	+	(62,000)	+	(1,800)	+	100,000	+	0	+	(200)	=	6,000
자신인식상한효과	0									+	(1,000)[6]	=	(1,000)
순확정급여자산	(30,000)	+	(62,000)	+	(1,800)	+	100,000	+	0	+	(1,200)	=	5,000
			NI		NI						OCI		자산

1) 근무원가: ₩50,000 + ₩12,000 = ₩62,000
2) 이자원가: ₩150,000 × 6% = ₩9,000
3) 이자수익: ₩120,000 × 6% = ₩7,200
4) 확정급여채무의 재측정요소: 역산 = ₩(9,000)
5) 사외적립자산의 재측정요소: 역산 = ₩8,800
6) 자산인식상한효과의 변동: 역산 = ₩(1,000)

∴ 기타포괄손익: ₩(1,200)

11

구분	기초	+	근무원가	+	순이자원가	+	기여금	+	퇴직금	+	재측정요소	=	기말
확정급여채무	(1,000,000)	+	(900,000)[1]	+	(80,000)[2]			+	100,000	+	(220,000)	=	(2,100,000)
사외적립자산	1,100,000			+	88,000[3]	+	1,000,000	+	(100,000)	+	212,000	=	2,300,000
계	100,000	+	(900,000)	+	8,000	+	1,000,000	+	0	+	(8,000)	=	200,000
자신인식상한효과	(40,000)			+	(3,200)					+	(6,800)	=	(50,000)
순확정급여자산	60,000	+	(900,000)	+	4,800	+	1,000,000	+	0	+	(14,800)	=	150,000
			NI		NI						OCI		자산

1) 근무원가: ₩900,000
2) 이자원가: ₩1,000,000 × 8% = ₩80,000
3) 이자수익: ₩1,100,000 × 8% = ₩88,000

∴ 20×2년 기타포괄손익: ₩(14,800)

12 자산인식상한효과가 매 보고기간 말 변동되는 경우에 기타포괄손익으로 인식할 금액은 자산인식상한효과의 총변동에서 기초자산인식상한효과에 적절한 할인율을 곱하여 산출된 금액(자산인식상한효과의 순이자)을 제외한 금액이며, 제외된 금액은 당기손익으로 인식하여야 한다.

정답 08 ⑤ 09 ② 10 ③ 11 ② 12 ③

고급문제 정답 및 해설

01

구분	기초	+	근무원가	+	순이자원가	+	기여금	+	퇴직금	+	재측정요소	=	기말
확정급여채무	(1,000,000)	+	(100,000)[1]	+	(120,000)[2]			+	150,000	+	(230,000)[4]	=	(1,300,000)
사외적립자산	900,000			+	108,000[3]	+	400,000	+	(150,000)	+	92,000[5]	=	1,350,000
계	(100,000)	+	(100,000)	+	(12,000)	+	400,000	+	0	+	(138,000)	=	50,000
자신인식상한효과	0			+	0					+	(30,000)[6]	=	(30,000)
순확정급여자산	(100,000)	+	(100,000)	+	(12,000)	+	400,000	+	0	+	(168,000)	=	20,000
			NI		NI						OCI		자산

1) 근무원가: ₩100,000
2) 이자원가: ₩1,000,000 × 12% = ₩120,000
3) 이자수익: ₩900,000 × 12% = ₩108,000
4) 확정급여채무의 재측정요소: 역산 = ₩(230,000)
5) 사외적립자산의 재측정요소: 역산 = ₩92,000
6) 자산인식상한효과의 변동: 역산 = ₩(30,000)

∴ 당기순이익: ₩(100,000) + ₩(12,000) = ₩(112,000)
∴ 기타포괄손익: ₩(168,000)

02

구분	기초	+	근무원가	+	순이자원가	+	기여금	+	퇴직금	+	재측정요소	=	기말
확정급여채무								+	3,000				
사외적립자산								+	(3,000)				
순확정급여부채	(2,000)	+	(4,000)	+	(2,000) × x	+	2,000	+	0	+	(1,040)	=	(5,180)
			NI		NI						OCI		부채

∴ x = 7%

03

구분	기초	+	근무원가	+	순이자원가	+	기여금	+	퇴직금	+	재측정요소	=	기말
확정급여채무		+	(300,000)[1]	+				+	250,000	+		=	
사외적립자산				+		+	500,000	+	(250,000)	+		=	
순확정급여부채	(200,000)	+	(300,000)	+	(10,000)[2]	+	500,000	+	0	+	(90,000)[3]	=	(100,000)
			NI		NI						OCI		부채

1) 근무원가: ₩200,000 + ₩100,000 = ₩300,000
2) 순이자원가: ₩(200,000) × 5% = ₩(10,000)
3) 재측정요소: 역산 = ₩(90,000)

∴ 당기손익: ₩(300,000) + ₩(10,000) = ₩(310,000)
∴ 기타포괄손익: ₩(90,000)

정답 01 ② 02 ② 03 ④

04

구분	기초	+	근무원가	+	순이자원가	+	기여금	+	퇴직금	+	재측정요소	=	기말
확정급여채무	(500,000)	+	(700,000)[1]	+	(25,000)[2]			+	100,000	+	(75,000)[4]	=	(1,200,000)
사외적립자산	550,000			+	27,500[3]	+	650,000	+	(100,000)	+	222,500[5]	=	1,350,000
계	50,000	+	(700,000)	+	2,500	+	650,000	+	0	+	147,500	=	150,000
자산인식상한효과	0			+	0					+	(50,000)[6]	=	(50,000)
순확정급여자산	50,000	+	(700,000)	+	2,500	+	650,000	+	0	+	97,500	=	100,000
			NI		NI						OCI		자산

1) 근무원가: ₩700,000 + ₩0 = ₩700,000
2) 이자원가: ₩500,000 × 5% = ₩25,000
3) 이자수익: ₩550,000 × 5% = ₩27,500
4) 확정급여채무의 재측정요소: 역산 = ₩(75,000)
5) 사외적립자산의 재측정요소: 역산 = ₩222,500
6) 자산인식상한효과의 변동: 역산 = ₩(50,000)

∴ 당기손익: ₩(700,000) + ₩2,500 = ₩(697,500)
∴ 기타포괄손익: ₩97,500

05 1. 20×1년

구분	기초	+	근무원가	+	순이자원가	+	기여금	+	퇴직금	+	재측정요소	=	기말
확정급여채무	(240,000)	+	(60,000)[1]	+	(24,000)[2]			+	30,000	+	△6,000	=	(300,000)
사외적립자산	200,000			+	20,000[3]	+	200,000	+	(30,000)	+	10,000	=	400,000
계	(40,000)	+	(60,000)	+	(4,000)	+	200,000	+	0	+	4,000	=	100,000
자신인식상한효과	0			+						+	△20,000	=	(20,000)
순확정급여자산	(40,000)	+	(60,000)	+	(4,000)	+	200,000	+	0	+	△16,000	=	80,000
			NI		NI						OCI		자산

1) 근무원가: ₩60,000
2) 이자원가: ₩240,000 × 10% = ₩24,000
3) 이자수익: ₩200,000 × 10% = ₩20,000

2. 20×2년

구분	기초	+	근무원가	+	순이자원가	+	기여금	+	퇴직금	+	재측정요소	=	기말
확정급여채무	(300,000)	+	(125,000)[1]	+	(35,000)[2]			+	40,000	+	10,000	=	(410,000)
사외적립자산	400,000			+	40,000[3]	+	100,000	+	(40,000)	+	△20,000	=	480,000
계	100,000	+	(125,000)	+	5,000	+	100,000	+	0	+	△10,000	=	70,000
자신인식상한효과	(20,000)			+	(2,000)					+	12,000	=	(10,000)
순확정급여자산	80,000	+	(125,000)	+	3,000	+	100,000	+	0	+	2,000	=	60,000
			NI		NI						OCI		자산

1) 근무원가: ₩75,000 + ₩50,000 = ₩125,000
2) 이자원가: (₩300,000 + ₩50,000) × 10% = ₩35,000
3) 이자수익: ₩400,000 × 10% = ₩40,000

∴ 20×1년 당기순손익: ₩(60,000) + ₩(4,000) = ₩(64,000)
∴ 20×2년 당기순손익: ₩(125,000) + ₩3,000 = ₩(122,000)

정답 04 ⑤ 05 ②

06 ∴ 20×1년 기타포괄손익: ₩(16,000)
∴ 20×2년 기타포괄손익: ₩2,000

07 1. 20×1년 총포괄이익에 미치는 영향: ₩(326,000) + ₩26,000 = ₩(300,000) 감소

2. 순확정급여부채의 변동 요약

구분	기초	+	근무원가	+	순이자원가	+	기여금	+	퇴직금	+	재측정요소	=	기말
확정급여채무	(1,200,000)	+	(300,000)[1]	+	(104,000)[2]			+	240,000	+	(36,000)[4]	=	(1,400,000)
사외적립자산	900,000			+	78,000[3]	+	120,000	+	(240,000)	+	62,000[5]	=	920,000
순확정급여부채	(300,000)	+	(300,000)	+	(26,000)	+	120,000	+	0	+	26,000	=	(480,000)
			NI		NI						OCI		부채

[1] 근무원가: 당기근무원가 + 과거근무원가 = ₩300,000 + ₩0 = ₩300,000
[2] 이자원가: ₩1,200,000 × 10% × 4/12 + ₩960,000 × 10% × 8/12 = ₩104,000
[3] 사외적립자산의 이자수익: ₩900,000 × 10% × 4/12 + ₩660,000 × 10% × 4/12 + ₩780,000 × 10% × 4/12 = ₩78,000
[4] 확정급여채무의 재측정요소: 역산하여 계산 = ₩(36,000)
[5] 사외적립자산의 재측정요소: 역산하여 계산 = ₩62,000

∴ 당기손익(퇴직급여): ₩(300,000) + ₩(26,000) = ₩(326,000)
∴ 기타포괄이익(재측정요소): ₩26,000 이익
∴ 순확정급여부채(부채): ₩480,000

08 1. 20×2년

구분	기초	+	근무원가	+	순이자원가	+	기여금	+	퇴직금	+	재측정요소	=	기말
확정급여채무	(305,000)	+	(190,000)[1]	+	(30,500)[2]			+	150,000	+	2,500	=	(373,000)
사외적립자산	300,000			+	48,000[3]	+	180,000	+	(150,000)	+	△3,000	=	375,000
계	(5,000)	+	(190,000)	+	17,500	+	180,000	+	0	+	△500	=	2,000
자신인식상한효과	0			+	0					+	△1,000	=	(1,000)
순확정급여자산	(5,000)	+	(190,000)	+	17,500	+	180,000	+	0	+	△1,500	=	1,000
			NI		NI						OCI		자산

[1] 근무원가: ₩190,000
[2] 이자원가: ₩305,000 × 10% = ₩30,500
[3] 이자수익: (₩300,000 + ₩180,000) × 10% = ₩48,000

∴ 20×2년 당기손익: ₩(190,000) + ₩17,500 = ₩(172,500)
∴ 20×2년 기타포괄손익: ₩(1,500)

정답 06 ② 07 ① 08 ②

회계사 · 세무사 · 경영지도사 단번에 합격!
해커스 경영아카데미 cpa.Hackers.com

☀ 객관식 문제풀이에 앞서 각 장의 주요 주제별 중요도를 파악해볼 수 있습니다.
☀ 시험 대비를 위해 꼭 풀어보아야 하는 필수문제를 정리하여 효율적으로 학습할 수 있습니다.

1. 출제경향

주요 주제	중요도
1. 이론형 문제	★★★★
2. 주식결제형 주식기준보상거래(일반 및 행사)	★★★★★
3. 주식결제형 주식기준보상거래(취소 및 중도청산)	★★★★
4. 주식결제형 주식기준보상거래(성과조건)	★★★★
5. 주식결제형 주식기준보상거래(조건변경)	★★★★
6. 주식결제형 주식기준보상거래(지분상품의 공정가치를 신뢰성 있게 추정할 수 없는 경우)	★
7. 현금결제형 주식기준보상거래	★★★★★
8. 선택형주식기준보상거래	★★★
9. 현금결제선택권이 후속적으로 추가된 경우	★
10. 현금결제형에서 주식결제형으로 조건변경	★★★

2. 필수문제 리스트

구분		필수문제 번호
회계사	기본문제	2, 3, 4, 5, 6, 8, 9, 10, 11, 12, 14, 15, 16, 18, 19, 21
	고급문제	2, 3, 4, 5, 6
세무사	기본문제	2, 3, 4, 5, 6, 8, 9, 10, 11, 12, 14, 15, 16, 18, 19, 21
	고급문제	- 해당사항 없음 -

Chapter 19

주식기준보상

■ 기본문제

■ 고급문제

■ 정답 및 해설

기본문제

01 K-IFRS에서 규정하고 있는 주식기준보상거래와 관련하여 다음 설명 중 틀린 것은?

① 주식결제형 주식기준보상거래에서 부여한 지분상품이 즉시 가득된다면 기업은 제공받은 용역 전부를 부여일에 인식하고 그에 상응하는 자본의 증가를 인식한다.

② 주식결제형 주식기준보상거래로 재화나 용역을 제공받는 경우에는 그에 상응한 자본의 증가를 인식하고, 현금결제형 주식기준보상거래로 재화나 용역을 제공받는 경우에는 그에 상응한 부채의 증가를 인식한다.

③ 주식결제형 주식기준보상거래에서 종업원에게 제공받는 용역의 공정가치를 신뢰성 있게 측정할 수 없다면 부여한 지분상품의 공정가치에 기초하여 측정한다. 부여한 지분상품의 공정가치는 부여일 기준으로 측정한다.

④ 기업이 현금이나 지분상품발행으로 결제할 수 있는 선택권을 갖는 조건이 있는 주식기준보상거래의 경우, 부채요소와 자본요소를 각각 별도로 회계처리한다.

⑤ 주식기준보상거래에서 제공받는 재화나 용역은 그 재화나 용역을 제공받는 날에 인식한다.

02 기업회계기준서 제1102호 '주식기준보상'에 대한 설명이다. 다음 설명 중 옳지 않은 것은?

[2020 공인회계사 1차]

① 주식결제형 주식기준보상거래에서 가득된 지분상품이 추후 상실되거나 주식선택권이 행사되지 않은 경우에도 종업원에게서 제공받은 근무용역에 대해 인식한 금액을 환입하지 아니한다. 그러나 자본계정 간 대체 곧, 한 자본계정에서 다른 자본계정으로 대체하는 것을 금지하지 않는다.

② 주식결제형 주식기준보상거래에서 지분상품이 부여되자마자 가득된다면 거래상대방은 지분상품에 대한 무조건적 권리를 획득하려고 특정기간에 용역을 제공할 의무가 없다. 이때 반증이 없는 한, 지분상품의 대가에 해당하는 용역을 거래상대방에게서 이미 제공받은 것으로 보아 기업은 제공받은 용역 전부를 부여일에 인식하고 그에 상응하여 자본의 증가를 인식한다.

③ 현금결제형 주식기준보상거래의 경우에 제공받는 재화나 용역과 그 대가로 부담하는 부채를 부채의 공정가치로 측정하며, 부채가 결제될 때까지 매 보고기간 말과 결제일에 부채의 공정가치를 재측정하지 않는다.

④ 기업이 거래상대방에게 주식기준보상거래를 현금이나 지분상품발행으로 결제받을 수 있는 선택권을 부여한 경우에는 부채요소(거래상대방의 현금결제요구권)와 자본요소(거래상대방의 지분상품결제요구권)가 포함된 복합금융상품을 부여한 것으로 본다.

⑤ 기업이 현금결제방식이나 주식결제방식을 선택할 수 있는 주식기준보상거래에서 기업이 현금을 지급해야 하는 현재 의무가 있으면 현금결제형 주식기준보상거래로 보아 회계처리한다.

03 주식결제형 주식기준보상에 대한 다음의 설명 중 옳지 않은 것은? [2016 공인회계사 1차]

① 종업원 및 유사용역제공자와의 주식기준보상거래에서는 기업이 거래상대방에게서 재화나 용역을 제공받는 날을 측정기준일로 한다.

② 제공받는 재화나 용역의 공정가치를 신뢰성 있게 추정할 수 있다면, 제공받는 재화나 용역과 그에 상응하는 자본의 증가를 제공받는 재화나 용역의 공정가치로 직접 측정한다.

③ 제공받는 재화나 용역의 공정가치를 신뢰성 있게 추정할 수 없다면, 제공받는 재화나 용역과 그에 상응하는 자본의 증가는 부여한 지분상품의 공정가치에 기초하여 간접 측정한다.

④ 가득된 지분상품이 추후 상실되거나 주식선택권이 행사되지 않은 경우에도 종업원에게서 제공받은 근무용역에 대해 인식한 금액을 환입하지 아니한다.

⑤ 시장조건이 있는 지분상품을 부여한 경우에는 그러한 시장조건이 달성되는지 여부와 관계없이 다른 모든 가득조건을 충족하는 거래상대방으로부터 제공받는 재화나 용역을 인식한다.

※ 다음은 ㈜김포의 주식기준보상과 관련된 자료이다. 이와 관련하여 **04 ~ 06**에 답하시오.

(1) ㈜김포는 20×1년 초에 B사업부 종업원 100명에게 회사주식(액면금액: ₩500)을 매입할 수 있는 주식선택권(행사가격: ₩600, 권리행사만료일: 20×5년 말)을 부여하고, 3년의 용역제공조건과 함께 특정 제품의 판매수량과 관련된 다음의 비시장성과조건을 부과하였다.

연평균 판매증가율	가득되는 주식선택권수량
0% 이상 ~ 5% 미만	-
5% 이상 ~ 10% 미만	100개
10% 이상 ~ 15% 미만	200개
15% 이상 ~	300개

(2) ㈜김포의 연도별 판매증가율과 퇴사인원 수는 다음과 같다.

구분	판매증가율		누적 퇴사인원 수	
	직전연도 예측치	실제(누적평균)	직전연도 예측치	실제
20×1년	-	12%	-	7명
20×2년	12%	18%(15%)	20명	12명
20×3년	16%	18%(16%)	15명	14명

(3) ㈜김포는 부여일 현재 주식선택권의 단위당 공정가치를 ₩200으로 추정하였으며, 매 보고기간 말 추정한 주식선택권의 공정가치는 다음과 같다.

보고기간	공정가치
20×1년	₩205
20×2년	₩210
20×3년	₩220
20×4년	₩230
20×5년	₩240

04 20×3년에 인식할 주식보상비용은 얼마인가?

① ₩1,066,667　② ₩3,400,000　③ ₩2,106,000
④ ₩1,760,000　⑤ ₩5,160,000

05 20×4년 초에 40명의 종업원이 가득된 주식선택권의 전량을 행사한 경우 주식발행초과금은 얼마나 증가하는가?

① ₩7,740,000　② ₩3,600,000　③ ₩5,160,000
④ ₩3,400,000　⑤ ₩12,900,000

06 **05**와 달리 20×4년 말에 13,800개(46명 × 300개)의 주식선택권을 단위당 ₩250씩 지급하고 모두 재매입할 경우, ㈜김포의 주식선택권의 재매입과 관련하여 발생한 비용과 자본에 미치는 영향은 얼마인가?

	비용	자본
①	₩276,000 증가	₩2,760,000 감소
②	₩276,000 증가	₩3,450,000 감소
③	₩690,000 증가	₩2,760,000 감소
④	₩690,000 증가	₩3,450,000 감소
⑤	₩690,000 증가	₩0

07 ㈜김포는 20×1년 초에 회사의 매출증대를 위하여 임 · 직원에게 주식기준보상거래를 실시하였다. 관련된 자료는 다음과 같다.

(1) ㈜김포는 A사업부 부장급 10명에게 3년의 용역제공조건과 함께 특정 제품의 판매수량과 관련된 다음의 비시장성과조건을 부과하였다. 부여시점의 주식선택권의 공정가치는 ₩300으로 추정된다.

연평균 판매증가율	가득되는 주식선택권의 수량
~ 5%	-
5% ~ 10%	1,000개
10% ~ 15%	2,000개
15% ~	3,000개

(2) 연도별 판매증가율 추정치 및 실제치와 퇴사예정인원 수 추정치 및 실제치는 다음과 같다.

구분	이익성장률		누적퇴사 인원 수	
	직전연도 예측치	실제(연평균)	직전연도 예측치	실제
20×1년	-	16%	-	1명
20×2년	14%	17%	2명	1명
20×3년	18%	13%	2명	3명

20×3년 주식보상비용으로 인식할 금액은 얼마인가?

① ₩1,600,000 ② ₩4,800,000 ③ ₩4,200,000
④ ₩(400,000) ⑤ ₩(600,000)

08 ㈜김포는 20×1년 초에 회사의 매출증대를 위하여 임 · 직원에게 주식기준보상거래를 실시하였다. 관련된 자료는 다음과 같다.

(1) ㈜김포는 20×1년 초에 A사업부 종업원 500명에게 각각 주식 100주를 부여하고 가득기간에 종업원이 계속 근무할 것을 요구하는 조건을 부과하였다. 부여한 주식은 ㈜김포의 2년간 연평균 이익성장률이 13% 이상이 되면 20×2년 말에, 그리고 3년간 연평균 이익성장률이 10% 이상이 되면 20×3년 말에 가득된다.

(2) 20×1년 초 현재 부여한 주식의 단위당 공정가치는 ₩300이며, 각 연도별 이익성장률과 퇴사인원 수는 다음과 같다.

구분	이익성장률		누적퇴사 인원 수	
	직전연도 예측치	실제(연평균)	직전연도 예측치	실제
20×1년	-	14%	-	30명
20×2년	14%	10%(12%)	60명	58명
20×3년	10%	8%(10.67%)	83명	81명

20×3년 주식보상비용으로 인식할 금액은 얼마인가?

① ₩1,740,000
② ₩4,230,000
③ ₩6,600,000
④ ₩1,760,000
⑤ ₩5,160,000

09 ㈜김포는 20×1년 초에 회사의 매출증대를 위하여 임 · 직원에게 주식기준보상거래를 실시하였다. 관련 자료는 다음과 같다.

㈜김포는 20×1년 초에 최고경영자에게 주식선택권을 10,000개를 부여하고 3년의 용역제공조건을 부과하였다. 주식선택권의 행사가격은 ₩400이나, 3년 동안 ㈜김포의 연평균 이익성장률이 10% 이상이 되면 행사가격은 ₩300으로 인하된다. 부여일 현재 주식선택권의 공정가치는 행사가격을 ₩300으로 할 경우 ₩120, 행사가격을 ₩400으로 할 경우 ₩20으로 추정되었다.

구분	이익성장률	
	직전연도 예측치	실제(연평균)
20×1년	-	12%
20×2년	15%	14%(13%)
20×3년	18%	1%(9%)

20×3년 주식보상비용으로 인식할 금액은 얼마인가?

① ₩400,000
② ₩800,000
③ ₩200,000
④ ₩(400,000)
⑤ ₩(600,000)

10 ㈜김포는 20×1년 초에 회사의 매출증대를 위하여 임 · 직원에게 주식기준보상거래를 실시하였다. 관련 자료는 다음과 같다.

> ㈜김포는 20×1년 초에 최고경영자에게 주식선택권 10,000개를 부여하고, 3년의 용역제공 조건을 부과하였다. 그러나 20×3년 말에 ㈜김포의 주가가 ₩650 이상으로 상승하지 않는다면(부여일 현재 주가 ₩500), 최고경영자는 부여받은 주식선택권을 행사할 수 없다. 20×3년 말에 ㈜김포의 주가가 ₩650 이상이 되면 최고경영자는 주식선택권을 다음 7년 동안 언제든지 행사할 수 있다. ㈜김포는 부여일 현재 주식선택권의 공정가치를 단위당 ₩240으로 추정하였다.

20×3년 주식보상비용으로 인식할 금액을 계산하시오.

① ₩400,000 ② ₩800,000 ③ ₩200,000
④ ₩(400,000) ⑤ ₩(600,000)

11 ㈜세무는 20×1년 1월 1일 현재 근무 중인 임직원 300명에게 20×4년 12월 31일까지 의무적으로 근무할 것을 조건으로 임직원 1명당 주식선택권 10개씩을 부여하였다. 주식선택권 부여일 현재 동 주식선택권의 단위당 공정가치는 ₩200이다. 동 주식선택권은 20×5년 1월 1일부터 행사할 수 있다. 20×2년 1월 1일 ㈜세무는 주가가 크게 하락하여 주식선택권의 행사가격을 조정하였다. 이러한 조정으로 주식선택권의 단위당 공정가치는 ₩20 증가하였다. ㈜세무는 20×1년 말까지 상기 주식선택권을 부여받은 종업원 중 20%가 퇴사할 것으로 예상하여, 주식선택권의 가득률을 80%로 추정하였으나, 20×2년 말에는 향후 2년 내 퇴사율을 10%로 예상함에 따라 주식선택권의 가득률을 90%로 추정하였다. 부여한 주식선택권과 관련하여 ㈜세무가 20×2년에 인식할 주식보상비용은? [2022 세무사 1차]

① ₩120,000 ② ₩150,000 ③ ₩168,000
④ ₩240,000 ⑤ ₩270,000

12 12월 말 결산법인인 한 회사는 20×2년 1월 1일 현재 근무 중인 임원에게 권리행사일의 주가가 행사가격을 초과하는 경우 그 차액을 현금으로 지급하기로 하는 현금결제형 주가차액보상권 100개를 아래의 조건으로 부여하였으며, 20×4년 말 전량 가득되었다.

- 기본조건: 20×4년 12월 31일까지 의무적으로 근무할 것
- 행사기간: 20×5년 1월 1일부터 20×8년 12월 31일까지

매년 말 주가차액보상권의 공정가치 및 내재가치는 다음과 같고 임원은 동 권리를 20×6년 12월 31일에 전량 행사하였다.

구분	20×2년 12월 31일	20×3년 12월 31일	20×4년 12월 31일	20×5년 12월 31일	20×6년 12월 31일
공정가치	₩6	₩3	₩6	₩4	₩6
내재가치	₩5	₩2	₩5	₩3	₩8

20×3회계연도 및 20×6회계연도의 포괄손익계산서상 주식보상비용은 각각 얼마인가?

[2006 세무사 1차]

	20×3회계연도	20×6회계연도
①	₩0	₩200
②	₩0	₩400
③	₩50	₩200
④	₩50	₩400
⑤	₩50	₩800

13 ㈜대한은 주가가 행사가격(단위당 ₩1,000)을 초과할 경우 차액을 현금으로 지급하는 주가차액보상권을 20×2년 1월 1일 임직원 10명에게 각각 200개씩 부여하였다. 이 주가차액보상권은 20×2년 말에 모두 가득되었고, 20×4년 말에 실제로 1,000개의 주가차액보상권이 행사되었다. 매 회계연도 말 보통주와 현금결제형 주가차액보상권의 단위당 공정가치가 다음과 같은 경우, 주가차액보상권과 관련하여 20×4년도에 ㈜대한이 인식할 주식보상비용(또는 주식보상비용환입)과 현금지급액은? [2013 세무사 1차]

구분	20×2년 말	20×3년 말	20×4년 말
보통주의 공정가치	₩1,800	₩1,700	₩1,900
주가차액보상권의 공정가치	₩1,400	₩1,300	₩1,500

① 주식보상비용 ₩200,000 현금지급액 ₩900,000
② 주식보상비용환입 ₩200,000 현금지급액 ₩900,000
③ 주식보상비용 ₩900,000 현금지급액 ₩900,000
④ 주식보상비용 ₩1,100,000 현금지급액 ₩500,000
⑤ 주식보상비용환입 ₩1,100,000 현금지급액 ₩500,000

14 ㈜대전은 20×1년 1월 1일에 종업원 6,000명에게 주식선택권을 100개씩 부여하였다. 동 주식선택권은 종업원이 앞으로 3년간 용역을 제공할 경우 가득된다. 20×1년 1월 1일 현재 ㈜대전이 부여한 주식선택권의 단위당 공정가치는 ₩10이며, 각 연도 말 주식선택권의 단위당 공정가치는 다음과 같다.

20×1년 12월 31일	20×2년 12월 31일	20×3년 12월 31일
₩12	₩16	₩23

㈜대전은 주식선택권을 부여받은 종업원 중 퇴사할 종업원은 없다고 추정하였다. 20×3년 1월 1일에 ㈜대전은 종업원과의 협의하에 주식선택권을 단위당 현금 ₩20에 중도청산하였다. 중도청산일까지 퇴사한 종업원은 없다. 20×3년 1월 1일에 ㈜대전의 주식선택권의 중도청산과 관련하여 발생한 비용과 자본에 미치는 영향은 얼마인가? (단, 동 주식선택권의 20×2년 12월 31일과 20×3년 1월 1일의 공정가치는 같다고 가정한다) [2010 공인회계사 1차]

	비용에 미치는 영향	자본에 미치는 영향
①	₩4,400,000 증가	₩4,400,000 감소
②	₩4,400,000 증가	₩12,000,000 감소
③	₩6,000,000 증가	₩12,000,000 감소
④	₩6,000,000 감소	₩12,000,000 증가
⑤	₩9,600,000 증가	₩9,600,000 증가

※ 다음의 자료를 이용하여 **15 ~ 16**에 답하시오. [2012 공인회계사 1차]

㈜갑은 20×1년 1월 1일에 영업부서 종업원 10명에게 2년간 근무하는 조건으로 종업원 1인당 10단위의 주식선택권을 부여하였다. 부여일의 주식선택권 공정가치는 단위당 ₩20이고, 단위당 행사가격은 ₩10이다. ㈜갑은 이들 종업원 모두가 20×2년 말까지 근무할 것으로 예측하였고, 이 예측은 실현되었다. 주식선택권을 부여받은 종업원 중 5명은 20×3년 1월 1일 주식선택권을 전부 행사하였고, 나머지 5명은 20×4년 1월 1일 주식선택권을 전부 행사하였다. ㈜갑의 주식선택권 단위당 공정가치 및 주가흐름은 다음과 같다.

일자	주식선택권 단위당 공정가치	1주당 주가
20×1년 1월 1일	₩20	₩10
20×1년 12월 31일 및 20×2년 1월 1일	₩30	₩20
20×2년 12월 31일 및 20×3년 1월 1일	₩25	₩30
20×3년 12월 31일 및 20×4년 1월 1일	₩35	₩40

15 ㈜갑이 주식선택권의 대가로 제공받는 근무용역에 대하여 20×1년, 20×2년, 20×3년에 인식할 보상비용(순액)은 각각 얼마인가?

	20×1년	20×2년	20×3년
①	₩1,000	₩1,000	₩0
②	₩1,000	₩1,000	₩1,750
③	₩1,500	₩1,500	₩750
④	₩1,250	₩1,500	₩0
⑤	₩1,500	₩1,500	₩1,750

16 위 자료에서 ㈜갑이 부여한 주식기준보상이 주식결제형이 아닌 주가와 행사가격의 차이를 현금으로 지급하는 현금결제형 주가차액보상권이라면, ㈜갑이 해당 근무용역에 대하여 20×1년, 20×2년, 20×3년에 인식할 보상비용(순액)은 각각 얼마인가?

	20×1년	20×2년	20×3년
①	₩1,500	₩1,000	₩750
②	₩1,000	₩1,500	₩250
③	₩1,250	₩1,250	₩750
④	₩1,000	₩1,500	₩750
⑤	₩1,500	₩1,000	₩250

17 ㈜대한은 20×1년 1월 1일 종업원 100명에게 각각 1,000개의 주식선택권을 부여하였다. 동 주식선택권은 종업원이 앞으로 3년 동안 회사에 근무해야 가득된다. 20×1년 1월 1일 현재 ㈜대한이 부여한 주식선택권의 단위당 공정가치는 ₩360이며, 각 연도 말 퇴직 종업원 수는 다음과 같다.

연도	실제 퇴직자 수	추가퇴직 예상자 수
20×1년 말	10명	20명
20×2년 말	15명	13명
20×3년 말	8명	-

주식선택권 부여일 이후 주가가 지속적으로 하락하여 ㈜대한의 20×2년 12월 31일 주식선택권의 공정가치는 단위당 ₩250이 되었다. 동 주식기준보상과 관련하여 ㈜대한이 인식할 20×2년 포괄손익계산서상 주식보상비용은 얼마인가? (단, 계산방식에 따라 단수차이로 인해 오차가 있는 경우, 가장 근사치를 선택한다) [2014 공인회계사 1차]

① ₩1,933,333 ② ₩5,166,667 ③ ₩6,480,000
④ ₩6,672,000 ⑤ ₩8,400,000

18 ㈜한국은 20×1년 1월 1일 현재 근무하고 있는 임직원 10명에게 20×3년 12월 31일까지 의무적으로 근무하는 것을 조건으로 각각 주식선택권 10개씩을 부여하였다. 20×1년 1월 1일 현재 ㈜한국이 부여한 주식선택권의 단위당 공정가치는 ₩1,000이다. 부여된 주식선택권의 행사가격은 단위당 ₩15,000이고, 동 주식의 주당 액면금액은 ₩10,000이다. 각 연도 말 주식선택권의 단위당 공정가치는 다음과 같다.

20×1년 말	20×2년 말	20×3년 말
₩1,000	₩1,200	₩1,500

주식선택권 부여일 현재 임직원 중 10%가 3년 이내에 퇴사하여 주식선택권을 상실할 것으로 추정하였으나, 각 연도 말의 임직원 추정 퇴사비율 및 실제 퇴사비율은 다음과 같다.

20×1년 말	20×2년 말	20×3년 말
16%(추정)	16%(추정)	13%(실제)

가득기간 종료 후인 20×3년 말에 주식선택권 50개의 권리가 행사되어 ㈜한국은 보유하고 있던 자기주식(취득원가 ₩700,000)을 교부하였다. 주식선택권의 회계처리가 ㈜한국의 20×3년 당기순이익과 자본총계에 미치는 영향은 각각 얼마인가? [2015 공인회계사 1차]

	당기순이익	자본총계
①	₩31,000 감소	₩750,000 증가
②	₩31,000 감소	₩781,000 증가
③	₩31,000 감소	₩850,000 증가
④	₩63,300 감소	₩750,000 증가
⑤	₩63,300 감소	₩813,300 증가

19 ㈜한국은 20×1년 1월 1일 종업원 100명에게 각각 주식결제형 주식선택권 10개를 부여하였으며, 부여한 주식선택권의 단위당 공정가치는 ₩3,000이다. 이 권리들은 연평균 시장점유율에 따라 가득시점 및 가득 여부가 결정되며, 조건은 다음과 같다.

연평균 시장점유율	가득일
10% 이상	20×2년 말
7% 이상에서 10% 미만	20×3년 말
7% 미만	가득되지 않음

20×1년의 시장점유율은 11%이었으며, 20×2년에도 동일한 시장점유율을 유지할 것으로 예상하였다. 20×2년의 시장점유율은 8%이었으며, 20×3년에도 8%로 예상하였다. 20×1년 말 현재 6명이 퇴사하였으며, 20×3년 말까지 매년 6명씩 퇴사할 것으로 예측된다. 실제 퇴직자 수도 예측과 일치하였다. ㈜한국이 주식선택권과 관련하여 20×2년도 포괄손익계산서에 인식할 비용은?

[2017 공인회계사 1차]

① ₩320,000 ② ₩440,000 ③ ₩1,320,000
④ ₩1,440,000 ⑤ ₩1,640,000

20 ㈜한국은 20×1년 초 50명의 종업원에게 2년 용역제공조건의 주식선택권을 각각 200개씩 부여하였다. 부여일 현재 주식선택권 단위당 공정가치는 ₩2,000으로 추정되었다. 10%의 종업원이 2년 이내에 퇴사하여 주식선택권을 상실할 것으로 예상하였다. 20×1년 중 4명이 퇴사하였으며, 20×1년 말에 ㈜한국은 20×2년 말까지 추가로 퇴사할 것으로 추정되는 종업원의 수를 2명으로 변경하였다. 20×2년 중 실제로 3명이 퇴사하였다. 따라서 20×2년 말 현재 주식선택권을 상실한 종업원은 총 7명이 되었으며, 총 43명의 종업원에 대한 주식선택권(8,600개)이 가득되었다. 동 주식선택권과 관련하여 20×1년도와 20×2년도에 인식할 당기비용은? (단, 주식기준보상거래에서 종업원으로부터 제공받은 용역은 자산의 인식요건을 충족하지 못하였다)

[2015 세무사 1차]

	20×1년	20×2년
①	₩8,600,000	₩8,800,000
②	₩8,600,000	₩9,000,000
③	₩8,800,000	₩8,400,000
④	₩8,800,000	₩8,600,000
⑤	₩9,000,000	₩8,400,000

21 ㈜세무는 20×3년 1월 1일 종업원 40명에게 1인당 주식선택권 40개씩 부여하였다. 동 주식선택권은 종업원이 향후 3년 동안 ㈜세무에 근무해야 가득된다. 20×3년 1월 1일 현재 주식선택권의 단위당 공정가치는 ₩300으로 추정되었으며, 행사가격은 단위당 ₩600이다. 각 연도 말 주식선택권의 공정가치와 퇴직 종업원 수는 다음과 같다.

연도 말	주식선택권 단위당 공정가치	실제 퇴직자	추가 퇴직 예상자
20×3년	₩300	2명	6명
20×4년	₩400	4명	2명
20×5년	₩500	1명	-

20×6년 초에 가득된 주식선택권의 50%가 행사되어 ㈜세무가 주식(단위당 액면금액 ₩500)을 교부하였다면, 주식선택권 행사로 인해 증가되는 자본은? [2016 세무사 1차]

① ₩66,000 ② ₩198,000 ③ ₩264,000
④ ₩330,000 ⑤ ₩396,000

고급문제

01 ㈜설악은 20×1년 1월 1일 임원 20명에게 각각 주식 50주를 부여하였다. 의무근무조건은 부여일로부터 3년이며, 부여일 당시 주식의 주당 공정가치는 ₩450이었다. 한편, ㈜설악은 20×2년 12월 31일 당초 부여한 주식에 현금결제선택권을 부여하였다. 따라서 각 임원은 가득일에 주식 50주를 수취하거나 50주에 상당하는 현금을 수취할 수 있다. 20×2년 말 ㈜설악 주식의 주당 공정가치는 ₩420이었다. 동 주식기준보상과 관련하여 ㈜설악이 20×2년도 포괄손익계산서상 비용으로 인식할 금액과 20×2년 말 현재 재무상태표상 부채로 인식할 금액은 각각 얼마인가? (단, 모든 임원은 계속 근무하고 있다고 가정하고, 법인세효과는 고려하지 않는다)

[2011 공인회계사 1차]

	비용으로 인식할 금액	부채로 인식할 금액
①	₩130,000	₩140,000
②	₩130,000	₩280,000
③	₩140,000	₩140,000
④	₩150,000	₩140,000
⑤	₩150,000	₩280,000

02 ㈜고구려는 20×1년 1월 1일 종업원에게 가상주식 1,000주(주식 1,000주에 상당하는 현금을 지급받을 권리)와 주식 1,400주를 선택할 수 있는 권리를 부여하고 3년의 용역제공조건을 부과하였다. 종업원이 주식 1,400주를 제공받는 결제방식을 선택하는 경우에는 주식을 가득일 이후 3년간 보유하여야 하는 제한이 있다. 부여일에 ㈜고구려의 주가는 주당 ₩400이다. ㈜고구려는 부여일 이후 3년 동안 배당금을 지급할 것으로 예상하지 않는다. ㈜고구려는 가득 이후 양도제한의 효과를 고려할 때 주식 1,400주를 제공받는 결제방식의 부여일 현재 공정가치가 주당 ₩360이라고 추정하였다. 부여일에 추정된 상기 복합금융상품 내 자본요소의 공정가치는 얼마인가?

[2016 공인회계사 1차]

① ₩104,000 ② ₩360,000 ③ ₩400,000
④ ₩504,000 ⑤ ₩560,000

03 ㈜김포는 20×1년 초에 종업원 50명에게 각각 회사주식(액면금액: ₩500)을 매입할 수 있는 주식선택권(행사가격: ₩600, 권리행사만료일: 20×5년 말) 1,000개를 부여하고 3년의 용역제공 조건을 부과하였다. 관련 자료는 다음과 같다.

(1) 부여일 현재 ㈜김포는 주식선택권의 공정가치를 신뢰성 있게 측정할 수 없다고 판단하였으며, 부여일 현재 ㈜김포의 주가는 ₩600이다.
(2) 20×1년 말 현재 이미 3명이 퇴사하였고 ㈜김포는 20×2년과 20×3년에도 추가로 7명이 퇴사할 것으로 추정하였다. 따라서 부여한 주식선택권의 80%(40명분)가 가득될 것으로 추정된다.
(3) 20×2년에 실제로 2명이 퇴사하였고, ㈜김포는 미래에 가득될 것으로 기대되는 주식선택권의 비율을 86%로 추정하였다. 그리고 20×3년에 실제로 2명이 퇴사하였고, 20×3년 말까지 총 43,000개의 주식선택권이 가득되었다.
(4) 20×1년부터 20×5년까지 ㈜김포의 주가와 행사된 주식선택권의 수량은 다음과 같다. 행사된 주식선택권은 모두 회계연도 말에 행사되었다.

연도	회계연도 말 주가	행사된 주식선택권 수량
20×1년	₩630	
20×2년	₩650	
20×3년	₩750	
20×4년	₩880	20,000개
20×5년	₩1,000	23,000개

㈜김포가 20×3년에 인식할 주식보상비용은 얼마인가?

① ₩400,000 ② ₩1,033,333 ③ ₩5,016,667 ④ ₩5,590,000 ⑤ ₩2,760,000

04 ㈜김포는 20×1년 초에 종업원에게 가상주식 1,000주(주식 1,000주에 상당하는 현금지급에 대한 권리)와 주식 1,200주를 선택할 수 있는 권리를 부여하였다. 각 권리는 종업원이 3년간 근무할 것을 조건으로 한다. 종업원이 주식 1,200주를 제공받는 결제방식을 선택하는 경우에는 주식을 가득일 이후 3년간 보유하여야 하는 제한이 있다.

부여일에 기업의 주가는 단위당 ₩50이다. 20×1년, 20×2년 및 20×3년도 말의 주가는 각각 ₩52, ₩55 및 ₩60이다. 기업은 부여일 이후 3년 동안 배당금을 지급할 것으로 예상하지 않는다. 기업은 가득 이후 양도제한의 효과를 고려할 때 주식 1,200주를 제공받는 결제방식의 부여일공정가치가 주당 ₩48이라고 추정하였다.
20×3년도 말에 종업원을 다음을 선택할 수 있다.
(상황 1) - 현금결제방식
(상황 2) - 주식결제방식

㈜김포가 20×2년에 인식할 주식보상비용은 얼마인가?

① ₩17,333 ② ₩2,533 ③ ₩21,866 ④ ₩23,334 ⑤ ₩27,334

05 ㈜대한은 20×1년 초에 기업이 결제방식을 선택할 수 있는 주식기준보상을 종업원에게 부여하였다. ㈜대한은 결제방식으로 가상주식 1,000주(주식 1,000주에 상당하는 현금을 지급) 또는 주식 1,200주를 선택할 수 있고, 각 권리는 종업원이 2년 동안 근무할 것을 조건으로 한다. 또한 종업원이 주식 1,200주를 제공받는 경우에는 주식을 가득일 이후 2년 동안 보유하여야 하는 제한이 있다. ㈜대한은 부여일 이후 2년 동안 배당금을 지급할 것으로 예상하지 않으며, 부여일과 보고기간 말에 추정한 주식결제방식의 주당 공정가치와 주당 시가는 다음과 같다.

구분	20×1년 초	20×1년 말
주식 1,200주 결제방식의 주당 공정가치	₩400	₩480
주당 시가	₩450	₩520

종업원 주식기준보상약정과 관련하여 (A) 현금을 지급해야 하는 현재의무가 ㈜대한에게 있는 경우와 (B) 현금을 지급해야 하는 현재의무가 ㈜대한에게 없는 경우, 20×1년도에 ㈜대한이 인식할 주식보상비용은 각각 얼마인가? (단, 주식기준보상약정을 체결한 종업원 모두가 20×2년 말까지 근무할 것으로 예측하였고, 이 예측은 실현되었다고 가정한다) [2019 공인회계사 1차]

	(A)	(B)
①	₩225,000	₩240,000
②	₩225,000	₩288,000
③	₩260,000	₩240,000
④	₩260,000	₩288,000
⑤	₩275,000	₩288,000

06 ㈜대한은 20×1년 1월 1일에 종업원 30명 각각에게 앞으로 5년간 근무할 것을 조건으로 주가차액보상권(SARs) 30개씩을 부여하였다. 20×1년 말과 20×2년 말 주가차액보상권의 1개당 공정가치는 각각 ₩100과 ₩110이다. 20×2년 말 ㈜대한은 동 주가차액보상권을 모두 취소하고, 그 대신 상기 종업원 30명 각각에게 앞으로 3년간 근무할 것을 조건으로 주식선택권 30개씩을 부여하였다. 따라서 당초 가득기간에는 변함이 없다. 또한 ㈜대한은 모든 종업원이 요구되는 용역을 제공할 것으로 예상하였으며, 실제로도 모든 종업원이 용역을 제공하였다. ㈜대한의 주식기준보상거래 관련 회계처리가 20×2년 포괄손익계산서의 당기순이익을 ₩28,800만큼 감소시키는 경우, 20×2년 말 주식선택권의 1개당 공정가치는 얼마인가? [2021 공인회계사 1차]

① ₩100 ② ₩110 ③ ₩120
④ ₩130 ⑤ ₩140

07 ㈜대한은 20×1년 1월 1일 종업원 100명에게 각각 10개의 주식 선택권을 부여하였다. 동 주식 선택권은 종업원이 앞으로 3년 동안 회사에 근무해야 가득된다. 20×1년 1월 1일 현재 ㈜대한이 부여한 주식선택권의 단위당 공정가치는 ₩360이며, 각 연도 말 퇴직 종업원 수는 다음과 같다.

구분	실제 퇴직자 수	추가퇴직 예상자 수
20×1년 말	10명	20명
20×2년 말	15명	13명
20×3년 말	15명	-

주식선택권 부여일 이후 주가가 지속적으로 하락하여 ㈜대한의 20×2년 12월 31일 주식선택권의 단위당 공정가치는 ₩250이 되었다. 또한 20×2년 말 ㈜대한은 종업원에게 부여하였던 주식 선택권의 수를 10개에서 9개로 변경하였다. 20×2년 말 인식할 주식보상비용은 얼마인가?

① ₩76,920
② ₩84,000
③ ₩160,920
④ ₩180,000
⑤ ₩200,000

기본문제 정답 및 해설

01 기업이 현금이나 지분상품발행으로 결제할 수 있는 선택권을 갖는 조건이 있는 주식기준보상거래의 경우, 현금지급의 현재의무가 있으면 현금결제형 주식기준보상거래로 보고 현금지급의 현재의무가 없으면 주식결제형 주식기준보상거래로 보아 회계처리한다.

02 현금결제형 주식기준보상거래의 경우에 제공받는 재화나 용역과 그 대가로 부담하는 부채를 부채의 공정가치로 측정하며, 부채가 결제될 때까지 매 보고기간 말과 결제일에 부채의 공정가치를 재측정하고, 공정가치 변동액은 당기손익으로 인식한다.

03 종업원 및 유사용역제공자에게서 제공받는 용역의 공정가치는 일반적으로 신뢰성 있게 추정할 수 없어, 부여한 지분상품의 공정가치에 기초하여 측정한다. 부여한 지분상품의 공정가치는 부여일 기준으로 측정한다.

04 20×3년 주식보상비용: ₩1,760,000
(1) 20×1년: 80명 × 200개 × ₩200 × 1/3 = ₩1,066,667
(2) 20×2년: 85명 × 300개 × ₩200 × 2/3 - ₩1,066,667 = ₩2,333,333
(3) 20×3년: 86명 × 300개 × ₩200 - ₩3,400,000 = ₩1,760,000

별해

보고기간	주식선택권(B/S)	주식보상비용(I/S)
20×1년	① 80명 × 200개 × ₩200 × 1/3 = ₩1,066,667	① - ₩0 = ₩1,066,667
20×2년	② 85명 × 300개 × ₩200 × 2/3 = ₩3,400,000	② - ① = ₩2,333,333
20×3년	③ 86명 × 300개 × ₩200 × 3/3 = ₩5,160,000	③ - ② = ₩1,760,000

05 1. 권리행사 시 회계처리(주식선택권 1개 행사 시)

20×4년 초	(차) 현금	600	(대) 자본금	500
	주식선택권	200	주식발행초과금	300

2. 20×4년 초 행사 시 주식발행초과금 증가액: (행사가격 + 주식선택권의 공정가치 - 액면금액) × 주식 수
(₩600 + ₩200 - ₩500) × 40명 × 300개 = ₩3,600,000

06 1. 회계처리

20×4년 말	(차) 주식선택권[1]	2,760,000	(대) 현금	3,450,000
	주식선택권청산손실[3]	414,000		
	주식보상비용[2]	276,000		

[1] 46명 × 300개 × ₩200 = ₩2,760,000
[2] 46명 × 300개 × (₩250 - ₩230) = ₩276,000
[3] ₩3,450,000 - ₩2,760,000 - ₩276,000 = ₩414,000(대차차액)

2. 비용 및 자본에 미치는 영향
(1) 비용에 미치는 영향: ₩276,000 증가
(2) 자본에 미치는 영향: ₩3,450,000 감소

정답 01 ④ 02 ③ 03 ① 04 ④ 05 ② 06 ②

07 20×3년 주식보상비용: ₩(600,000)

(1) 20×1년: ₩300 × 2,000개 × 8명 × 1/3 = ₩1,600,000
(2) 20×2년: ₩300 × 3,000개 × 8명 × 2/3 - ₩1,600,000 = ₩3,200,000
(3) 20×3년: ₩300 × 2,000개 × 7명 × 3/3 - ₩4,800,000 = ₩(600,000)

별해

보고기간	주식선택권(B/S)	주식보상비용(I/S)
20×1년	① ₩300 × 2,000개 × 8명 × 1/3 = ₩1,600,000	① - ₩0 = ₩1,600,000
20×2년	② ₩300 × 3,000개 × 8명 × 2/3 = ₩4,800,000	② - ① = ₩3,200,000
20×3년	③ ₩300 × 2,000개 × 7명 × 3/3 = ₩4,200,000	③ - ② = ₩(600,000)

08 20×3년 주식보상비용: ₩4,230,000

(1) 20×1년: ₩300 × (500명 - 60명) × 100개 × 1/2 = ₩6,600,000
(2) 20×2년: ₩300 × (500명 - 83명) × 100개 × 2/3 - ₩6,600,000 = ₩1,740,000
(3) 20×3년: ₩300 × (500명 - 81명) × 100개 × 3/3 - ₩8,340,000 = ₩4,230,000

별해

보고기간	미가득주식(B/S)	주식보상비용(I/S)
20×1년	① ₩300 × (500명 - 60명) × 100개 × 1/2 = ₩6,600,000	① - ₩0 = ₩6,600,000
20×2년	② ₩300 × (500명 - 83명) × 100개 × 2/3 = ₩8,340,000	② - ① = ₩1,740,000
20×3년	③ ₩300 × (500명 - 81명) × 100개 × 3/3 = ₩12,570,000	③ - ② = ₩4,230,000

09 20×3년 주식보상비용: ₩(600,000)

(1) 20×1년: ₩120 × 10,000개 × 1/3 = ₩400,000
(2) 20×2년: ₩120 × 10,000개 × 2/3 - ₩400,000 = ₩400,000
(3) 20×3년: ₩20 × 10,000개 × 3/3 - ₩800,000 = ₩(600,000)

별해

보고기간	주식선택권(B/S)	주식보상비용(I/S)
20×1년	① ₩120 × 10,000개 × 1/3 = ₩400,000	① - ₩0 = ₩400,000
20×2년	② ₩120 × 10,000개 × 2/3 = ₩800,000	② - ① = ₩400,000
20×3년	③ ₩20 × 10,000개 × 3/3 = ₩200,000	③ - ② = ₩(600,000)

10 20×3년 주식보상비용: ₩800,000

(1) 20×1년: 10,000개 × ₩240 × 1/3 = ₩800,000
(2) 20×2년: 10,000개 × ₩240 × 2/3 - ₩800,000 = ₩800,000
(3) 20×3년: 10,000개 × ₩240 × 3/3 - ₩1,600,000 = ₩800,000

별해

보고기간	주식선택권(B/S)	주식보상비용(I/S)
20×1년	① 10,000개 × ₩240 × 1/3 = ₩800,000	① - ₩0 = ₩800,000
20×2년	② 10,000개 × ₩240 × 2/3 = ₩1,600,000	② - ① = ₩800,000
20×3년	③ 10,000개 × ₩240 × 3/3 = ₩2,400,000	③ - ② = ₩800,000

정답 07 ⑤ 08 ② 09 ⑤ 10 ②

11 1. 20×1년 주식보상비용: 300명 × 10개 × 80% × ₩200 × 1/4 = ₩120,000

2. 20×2년 주식보상비용: 300명 × 10개 × 90% × ₩200 × 2/4 + 300명 × 10개 × 90% × ₩20 × 1/3 − ₩120,000 = ₩168,000

별해

보고기간	주식선택권(B/S)	주식보상비용(I/S)
20×1년	① 300명 × 10개 × 80% × ₩200 × 1/4 = ₩120,000	① − ₩0 = ₩120,000
20×2년	② 300명 × 10개 × 90% × ₩200 × 2/4 + 300명 × 10개 × 90% × ₩20 × 1/3 = ₩288,000	② − ① = ₩168,000

12 1. 20×2년 주식보상비용: 100개 × ₩6 × 1/3 = ₩200

2. 20×3년 주식보상비용: 100개 × ₩3 × 2/3 − ₩200 = ₩0

3. 20×4년 주식보상비용: 100개 × ₩6 × 3/3 − ₩200 = ₩400

4. 20×5년 주식보상비용: 100개 × ₩4 × 3/3 − ₩600 = ₩(200)

5. 20×6년 주식보상비용: 100개 × ₩8 × 3/3 − ₩400 = ₩400

13 1. 20×4년 주식보상비용환입

구분	산식	주식보상비용(I/S)
행사분	① (내재가치 − 기초공정가치) × 행사수량	① (₩900 − ₩1,300) × 1,000개 = ₩(400,000)
미행사분	② (기말공정가치 − 기초공정가치) × 미행사수량	② (₩1,500 − ₩1,300) × 1,000개 = ₩200,000
합계		① + ② = ₩(200,000) 환입

2. 현금지급액: 행사수량 × 행사시점의 내재가치 = 1,000개 × ₩900 = ₩900,000

14 1. 회계처리

20×3년 초	(차) 주식보상비용[1)]	2,000,000	(대) 주식선택권	2,000,000
	(차) 주식선택권[2)]	6,000,000	(대) 현금	12,000,000
	주식보상비용[3)]	2,400,000		
	주식선택권중도청산손실[4)]	3,600,000		

1) 6,000명 × 100개 × ₩10 × 1/3 = ₩2,000,000
2) 6,000명 × 100개 × ₩10 = ₩6,000,000
3) 6,000명 × 100개 × (₩20 − ₩16) = ₩2,400,000
4) ₩12,000,000 − ₩6,000,000 − ₩2,400,000 = ₩3,600,000(대차차액)

2. 비용 및 자본에 미치는 영향
(1) 비용에 미치는 영향: ₩2,000,000 + ₩2,400,000 = ₩4,400,000 증가
(2) 자본에 미치는 영향: ₩6,000,000 + ₩3,600,000 + ₩2,400,000 = ₩12,000,000 감소

정답 11 ③ 12 ② 13 ② 14 ②

15 1. 각 연도별 주식보상비용

보고기간	주식선택권(B/S)	주식보상비용(I/S)
20×1년	① ₩20 × 10명 × 10개 × 1/2 = ₩1,000	① - ₩0 = ₩1,000
20×2년	② ₩20 × 10명 × 10개 × 2/2 = ₩2,000	② - ① = ₩1,000
20×3년	③ ₩20 × 10명 × 10개 × 2/2 = ₩2,000	③ - ② = ₩0

2. 주식결제형 주식선택권은 제공받는 재화나 용역과 그에 상응하는 자본의 증가를 부여한 지분상품의 공정가치에 기초하여 측정한 경우, 가득일 이후에 자본(주식선택권)을 수정하지 아니한다.

16 1. 20×1년과 20×2년 주식보상비용

보고기간	미지급급여(B/S)	주식보상비용(I/S)
20×1년	① ₩30 × 10명 × 10개 × 1/2 = ₩1,500	① - ₩0 = ₩1,500
20×2년	② ₩25 × 10명 × 10개 × 2/2 = ₩2,500	② - ① = ₩1,000

2. 20×3년 주식보상비용

구분	산식	주식보상비용(I/S)
행사분	① (내재가치 - 기초공정가치) × 행사수량	① (₩20 - ₩25) × 50주 = ₩(250)
미행사분	② (기말공정가치 - 기초공정가치) × 미행사수량	② (₩35 - ₩25) × 50주 = ₩500
합계		① + ② = ₩250

17 각 연도별 주식보상비용

보고기간	주식선택권(B/S)	주식보상비용(I/S)
20×1년	① 70명 × 1,000개 × ₩360 × 1/3 = ₩8,400,000	① - ₩0 = ₩8,400,000
20×2년	② 62명 × 1,000개 × ₩360 × 2/3 = ₩14,880,000	② - ① = ₩6,480,000

정답 15 ① 16 ⑤ 17 ③

18 1. 매 보고기간 말 주식보상비용

보고기간	주식선택권(B/S)	주식보상비용(I/S)
20×1년	[1] ₩1,000 × 10명 × 84% × 10개 × 1/3 = ₩28,000	[1] - ₩0 = ₩28,000
20×2년	[2] ₩1,000 × 10명 × 84% × 10개 × 2/3 = ₩56,000	[2] - [1] = ₩28,000
20×3년	[3] ₩1,000 × 10명 × 87% × 10개 × 3/3 = ₩87,000	[3] - [2] = ₩31,000

∴ 당기순이익: ₩31,000 감소

2. 회계처리

20×3년 말	(차) 주식보상비용	31,000	(대) 주식선택권	31,000
	(차) 주식선택권[1)]	50,000	(대) 자기주식	700,000
	현금[2)]	750,000	자기주식처분이익	100,000

[1)] ₩87,000 × 50개/87개 = ₩50,000

[2)] 50개 × ₩15,000 = ₩750,000

∴ 자본에 미치는 영향: 현금납입액 ₩750,000 증가

해설

1. 자본에 미치는 영향을 고려할 때는 당기순이익이 주어지지 않는 문제의 경우에는 수익과 비용도 고려하여야 한다. 수익과 비용은 이익잉여금을 통하여 자본에 영향을 미치기 때문이다.

2. 본 문제의 경우 10명의 종업원의 실제 퇴사율이 13%로 문제에 제시되어 1.3명이 실제 퇴사한 인원이 되는 문제자료에 오류가 있는 문제이다. 그러나 저자가 이의제기를 신청하였으나 통과되지 않았으므로 되도록 시험에서는 문제 제시된 자료대로 문제를 푸는 것이 가장 안전하다.

19 1. 각 연도별 주식보상비용

보고기간	주식선택권(B/S)	주식보상비용(I/S)
20×1년	[1] 88명 × 10개 × ₩3,000 × 1/2 = ₩1,320,000	[1] - ₩0 = ₩1,320,000
20×2년	[2] 82명 × 10개 × ₩3,000 × 2/3 = ₩1,640,000	[2] - [1] = ₩320,000

2. 가득기간은 성과조건이 충족되는 시점에 따라 변경되는 경우가 있다. 성과조건이 비시장조건인 경우에는 기업은 기대가득기간을 추정할 때 가장 실현 가능성이 높은 성과에 기초하여야 하며, 만약 후속적인 정보에 비추어 볼 때 기대가득기간이 종전 추정치와 다르다면 추정치를 변경하여야 한다.

20 각 연도별 주식보상비용

보고기간	주식선택권(B/S)	주식보상비용(I/S)
20×1년	[1] 44명 × 200개 × ₩2,000 × 1/2 = ₩8,800,000	[1] - ₩0 = ₩8,800,000
20×2년	[2] 43명 × 200개 × ₩2,000 × 2/2 = ₩17,200,000	[2] - [1] = ₩8,400,000

21 1. 행사 시 자본에 미치는 영향: 행사가격 × 행사주식 수 = ₩600 × 33명 × 40개 × 50% = ₩396,000

2. 권리행사 시 회계처리

20×6년 초	(차) 현금	396,000	(대) 자본금	330,000
	주식선택권[1)]	198,000	주식발행초과금	264,000

[1)] ₩300 × 33명 × 40개 × 50% = ₩198,000

정답 18 ① 19 ① 20 ③ 21 ⑤

고급문제 정답 및 해설

01 1. 연도별 주식보상비용

연도	계산방법	비용	자본	부채
20×1년	당기 보상비용: 20명 × 50주 × ₩450 × 1/3 = ₩150,000	₩150,000	₩150,000	
20×2년	당기 보상비용: 20명 × 50주 × ₩450 × 2/3 - ₩150,000 = ₩150,000	₩150,000	₩150,000	
	자본에서 부채로 재분류: 20명 × 50주 × ₩420 × 2/3 = ₩280,000		₩(280,000)	₩280,000

2. 회계처리

20×1년 말	(차) 주식보상비용	150,000	(대) 미가득주식	150,000
20×2년 말	(차) 주식보상비용	150,000	(대) 미가득주식	150,000
	미가득주식	280,000	장기미지급급여	280,000

해설

기업의 종업원과 주식결제형 주식기준보상거래를 통하여 부여한 주식에 현금결제선택권이 후속적으로 추가된 경우가 발생할 수 있다. 이와 관련된 회계처리는 다음과 같다.

(1) 기업이 지분상품을 부여한 당시의 조건을 변경하는지, 부여한 지분상품을 취소하거나 중도청산하는지 여부와 관계없이 제공받는 근무용역은 최소한 지분상품의 부여일 당시의 공정가치에 따라 인식하여야 한다. 따라서 기업은 용역제공기간에 걸쳐 제공받는 근무용역을 부여일 당시 주식의 공정가치에 따라 인식해야 한다.

(2) 기업이 현금결제선택권이 추가되어 현금으로 결제할 의무를 부담하게 되는 경우에는 기업은 조건변경일 현재 주식의 공정가치와 당초 특정된 근무용역을 제공받은 정도에 기초하여 조건변경일에 현금으로 결제될 부채를 인식한다. 또한 기업은 각 보고일과 결제일에 부채의 공정가치를 재측정하고 그 공정가치 변동을 그 기간의 당기손익으로 인식한다.

02 1. 복합금융상품(주식결제방식)의 공정가치: 1,400주 × ₩360 = ₩504,000

2. 부채(현금결제방식)의 공정가치: 1,000주 × ₩400 = ₩400,000

3. 복합금융상품 내 자본요소의 공정가치: ₩504,000 - ₩400,000 = ₩104,000

4. 거래상대방이 결제방식을 선택할 수 있는 주식기준보상거래

(1) 기업이 거래상대방에게 주식기준보상거래를 현금이나 지분상품발행으로 결제받을 수 있는 선택권을 부여한 경우에는 부채요소(거래상대방의 현금결제요구권)와 자본요소(거래상대방의 주식결제요구권)가 포함된 복합금융상품을 부여한 것으로 본다.

(2) 종업원과의 주식기준보상거래를 포함하여 제공받는 재화나 용역의 공정가치를 직접 측정할 수 없는 거래에서는, 당해 거래조건을 고려하여 측정기준일 현재 복합금융상품의 공정가치를 측정한다. 이 경우에는 우선 부채요소의 공정가치를 측정한 다음 자본요소의 공정가치를 측정한다.

03 1. 20×3년에 인식할 주식보상비용

회계연도	계산근거	당기 보상비용	누적 보상비용
20×1년	50,000개 × 80% × (₩630 - ₩600) × 1/3	₩400,000	₩400,000
20×2년	50,000개 × 86% × (₩650 - ₩600) × 2/3 - ₩400,000	₩1,033,333	₩1,433,333
20×3년	43,000개 × (₩750 - ₩600) - ₩1,433,333	₩5,016,667	₩6,450,000
20×4년	43,000개 × (₩880 - ₩750)	₩5,590,000	₩12,040,000
20×5년	23,000개 × (₩1,000 - ₩880)	₩2,760,000	₩14,800,000

2. 거래상대방에게서 재화나 용역을 제공받는 날을 기준으로 지분상품을 내재가치(= 주식의 공정가치 - 행사가격)로 최초 측정한다. 이후 매 보고기간 말과 최종결제일에 내재가치를 재측정하고 내재가치의 변동액은 당기손익으로 인식한다.

정답 01 ⑤ 02 ① 03 ③

04 1. 20×1년의 회계처리를 나타내면 다음과 같다.

20×1년	(차) 주식보상비용	17,333	(대) 장기미지급비용	17,333
	(차) 주식보상비용	2,533	(대) 주식선택권	2,533

2. 20×2년의 회계처리를 나타내면 다음과 같다.

20×2년	(차) 주식보상비용	19,333	(대) 장기미지급비용	19,333
	(차) 주식보상비용	2,533	(대) 주식선택권	2,533

3. 주식결제방식의 공정가치는 ₩57,600(= 1,200주 × ₩48)이고, 현금결제방식의 공정가치는 ₩50,000(= 1,000주 × ₩50)이다. 따라서 복합금융상품 내 자본요소의 공정가치는 ₩7,600(= ₩57,600 - ₩50,000)이다.

4. 기업이 인식할 금액은 다음과 같다.

연도	계산	비용	자본	부채
20×1년도	부채요소: 1,000주 × ₩52 × 1/3	₩17,333		₩17,333
	자본요소: ₩7,600 × 1/3	₩2,533	₩2,533	
20×2년도	부채요소: 1,000주 × ₩55 × 2/3 - ₩17,333	₩19,333		₩19,333
	자본요소: ₩7,600 × 1/3	₩2,533	₩2,533	
20×3년도	부채요소: 1,000주 × ₩60 × 3/3 - ₩36,666	₩23,334		₩23,334
	자본요소: ₩7,600 × 1/3	₩2,534	₩2,534	
20×3년 말	상황 1: 현금지급 ₩60,000			₩(60,000)
	상황 1 합계	₩67,600	₩7,600	₩0
	상황 2: 주식 1,200주 발행		₩60,000	₩(60,000)
	상황 2 합계	₩67,600	₩67,600	₩0

05 1. 선택형 주식기준보상거래: 기업이 결제방식을 선택할 수 있는 경우

(1) 기업이 현금이나 지분상품발행으로 결제할 수 있는 선택권을 갖는 조건이 있는 주식기준보상거래의 경우에는, 현금을 지급해야 하는 현재의무가 있는지를 결정하고 그에 따라 주식기준보상거래를 회계처리한다.

(2) 현금을 지급해야 할 현재의무가 있는 경우: 현금을 지급해야 하는 현재의무가 있는 경우에는 현금결제형 주식기준보상거래로 보아 회계처리한다.

(3) 현금을 지급해야 할 현재의무가 없는 경우: 현금을 지급해야 하는 현재의무가 없는 경우에는 주식결제형 주식기준보상거래로 보아 회계처리한다.

2. **(A) 현금을 지급해야 하는 현재의무가 ㈜대한에게 있는 경우: 현금을 지급해야 하는 현재의무가 있는 경우에는 현금결제형 주식기준보상거래로 보아 회계처리한다.**

20×1년도에 ㈜대한이 인식할 주식보상비용: 1,000주 × ₩520 × 1/2 = ₩260,000

3. **(B) 현금을 지급해야 하는 현재의무가 ㈜대한에게 없는 경우: 현금을 지급해야 하는 현재의무가 없는 경우에는 주식결제형 주식기준보상거래로 보아 회계처리한다.**

20×1년도에 ㈜대한이 인식할 주식보상비용: 1,200주 × ₩400 × 1/2 = ₩240,000

정답 04 ③ 05 ③

06 1. 현금결제형에서 주식결제형 주식기준보상거래로 분류를 바꾸는 조건변경의 회계처리는 다음과 같이 처리해야 한다.

(1) 조건변경일부터 주식선택권을 조건변경일 현재 공정가치에 기초하여 측정하고, 조건변경일에 주식선택권을 종업원이 용역을 제공한 만큼 자본으로 인식한다.

(2) 조건변경일에 주가차액보상권 관련 부채를 제거한다.

(3) 조건변경일에 제거된 부채의 장부금액과 인식된 자본금액의 차이는 즉시 당기손익으로 인식한다.

2. 각 연도별 주식보상비용

연도	계산방법	(차) 비용	누적비용	(대) 자본	(대) 부채
20×1년	30명 × 30개 × ₩100 × 1/5 =	₩18,000	₩18,000	₩0	₩18,000
20×2년	조건변경 전 재측정 30명 × 30개 × ₩110 × 2/5 − ₩18,000 =	₩21,600	₩39,600	₩0	₩39,600
	조건변경일에 부채 제거, 자본의 공정가치와 결제 효과 ₩7,200 인식 (30명 × 30개 × ₩130 × 2/5) − (30명 × 30개 × ₩110 × 2/5) =	₩7,200	₩46,800	₩46,800	₩(39,600)

∴ 20×1년 주식보상비용: ₩18,000

∴ 20×2년 주식보상비용: ₩21,600 + ₩7,200 = ₩28,800

3. 회계처리

20×1년 말	(차) 주식보상비용	18,000	(대) 장기미지급비용	18,000
20×2년 말	(차) 주식보상비용	21,600	(대) 장기미지급비용	21,600
	(차) 장기미지급비용[1]	39,600	(대) 주식선택권[2]	46,800
	주식보상비용	7,200		

[1] ₩18,000 + ₩21,600 = ₩39,600

[2] 30명 × 30개 × ₩130 × 2/5 = ₩46,800

4. 20×2년 말 주식선택권의 1개당 공정가치: ₩46,800 ÷ (30명 × 30개 × 2/5) = ₩130

07 1. 20×2년의 당기 주식보상비용: ₩160,920 − ₩84,000 = ₩76,920

2. 20×1년 말 누적 주식보상비용: ₩360 × 70명(예상인원) × 10개 × 1/3 = ₩84,000

3. 20×2년 말 누적 주식보상비용: ₩27,000 + ₩133,920 = ₩160,920

(1) 불리한 변경으로 인한 권리소멸분: ₩360 × 75명(실제인원) × 1개 × 2/2 = ₩27,000

(2) 기존 권리분: ₩360 × 62명(예상인원) × 9개 × 2/3 = ₩133,920

(3) 20×2년 말 누적 주식보상비용: ₩27,000 + ₩133,920 = ₩160,920

(4) 20×2년의 당기 주식보상비용: ₩160,920 − ₩84,000 = ₩76,920

4. 20×3년 말 누적 주식보상비용: ₩360 × 60명 × 9개 × 3/3 = ₩194,400

(1) 20×3년의 당기 주식보상비용: ₩194,400 − ₩133,920 = ₩60,480

5. 회계처리

20×1년 말	(차) 주식보상비용	84,000	(대) 주식선택권	84,000
20×2년 말	(차) 주식보상비용	76,920	(대) 주식선택권	76,920
20×3년 말	(차) 주식보상비용	60,480	(대) 주식선택권	60,480

6. 가득된 주식선택권은 20×3년 말까지 근무한 인원 당 9개씩 행사된다. 따라서 취소된 주식선택권 75개는 행사가 될 수 없으므로 자본 내에서 대체할 수 있다. 만약 자본 내에서 대체된다면 다음과 같이 회계처리된다.

20×1년 말	(차) 주식보상비용	84,000	(대) 주식선택권	84,000
20×2년 말	(차) 주식보상비용	76,920	(대) 주식선택권	76,920
	(차) 주식선택권	27,000	(대) 주식선택권소멸이익(자본)	27,000
20×3년 말	(차) 주식보상비용	60,480	(대) 주식선택권	60,480

정답 06 ④ 07 ①

해설

1. 이미 종업원에게 부여한 주식선택권의 행사가격을 낮추는 것처럼 이미 부여한 지분상품의 조건을 바꾸는 것을 조건변경이라고 한다. 주식기준보상약정의 총 공정가치를 높이거나 종업원에게 더 유리하도록 조건을 변경하는 때에는 조건변경의 영향을 인식해야 한다. 그러나 주식보상약정의 총 공정가치를 감소시키거나 종업원에게 더 불리하게 이루어지는 경우에는 조건변경이 없는 것으로 본다. 여기서 유의할 점은 조건이 변경되어 부여한 지분상품의 수량이 감소한다면 부여한 지분상품의 일부가 취소된 것으로 보아 잔여가득기간에 제공받을 용역에 대해 인식할 금액을 즉시 당기비용으로 인식한다는 것이다.

2. 수량의 증가 또는 감소되는 조건변경
   (1) 종업원에게 유리한 조건변경: 조건이 변경되어 부여한 지분상품의 수량이 증가하는 경우에는 위의 내용과 일관되게, 부여한 지분상품의 대가로 제공받는 근무용역으로써 인식할 금액을 측정할 때 그 측정치에 추가로 부여한 지분상품의 조건변경일 현재 공정가치를 포함한다.
   (2) 종업원에게 불리한 조건변경: 조건이 변경되어 부여한 지분상품의 수량이 줄어든다면 부여한 지분상품의 일부가 취소된 것으로 보아 부여한 지분상품의 취소 및 중도청산에 따라 회계처리한다. 즉, 취소된 수량에 대해서는 가득된 것으로 보아 잔여가득기간에 인식할 금액을 즉시 인식한다. 수량이 줄어드는 경우에 해당 금액을 조정하지 않는다면 주식보상비용이 환입되는 결과를 가져야 이익조작가능성이 있기 때문이다.

(1) 수량이 증가되는 조건변경	(2) 수량이 감소되는 조건변경
① 부여한 지분상품의 대가로 제공받는 근무용역으로써 인식할 금액을 측정할 때 그 측정치에 추가로 부여한 지분상품의 조건변경일 현재 공정가치를 포함함	① 조건이 변경되어 부여한 지분상품의 수량이 줄어든다면 부여한 지분상품의 일부가 취소된 것으로 보아 부여한 지분상품의 취소 및 중도청산에 따라 회계처리함 ② 즉, 취소된 수량에 대해서는 가득된 것으로 보아 잔여가득기간에 인식할 금액을 즉시 인식함

※ 객관식 문제풀이에 앞서 각 장의 주요 주제별 중요도를 파악해볼 수 있습니다.
※ 시험 대비를 위해 꼭 풀어보아야 하는 필수문제를 정리하여 효율적으로 학습할 수 있습니다.

1. 출제경향

주요 주제	중요도
1. 이론형 문제	★★★★
2. 법인세회계 종합	★★★★★

2. 필수문제 리스트

구분		필수문제 번호
회계사	기본문제	1, 2, 3, 4, 5, 6, 7, 8, 9, 10, 11, 14, 16, 17, 18
	고급문제	1, 3, 4
세무사	기본문제	1, 2, 3, 4, 5, 6, 7, 8, 9, 10, 11, 14, 16, 17, 18
	고급문제	3, 4

Chapter 20

법인세회계

- 기본문제
- 고급문제
- 정답 및 해설

기본문제

01 법인세에 관한 설명으로 옳지 않은 것은?

① 이연법인세자산과 부채는 보고기간 말에 제정되었거나 실질적으로 제정된 세율 및 세법에 근거하여 당해 자산이 실현되거나 부채가 결제될 회계기간에 적용될 것으로 기대되는 세율을 사용하여 측정한다.

② 동일 회계기간 또는 다른 회계기간에 당기손익 이외로 인식되는 항목과 관련된 당기법인세와 이연법인세는 당기손익 이외의 항목으로 인식한다.

③ 과거에 법인세효과의 실현가능성이 낮아 이연법인세자산을 인식하지 않은 경우에는 그 이후에 미래에 과세소득이 발생할 것이 거의 확실하다 하더라도 이연법인세자산을 인식할 수 없다.

④ 영업권으로 인한 이연법인세부채는 인식하지 아니한다.

⑤ 이연법인세자산과 부채는 현재가치로 평가하지 아니한다.

02 기업회계기준서 제1012호 '법인세'에 대한 다음 설명 중 옳지 않은 것은?

[2020 공인회계사 1차]

① 이연법인세자산은 차감할 일시적차이, 미사용 세무상결손금의 이월액, 미사용 세액공제 등의 이월액과 관련하여 미래 회계기간에 회수될 수 있는 법인세 금액이다.

② 자산의 세무기준액은 자산의 장부금액이 회수될 때 기업에 유입될 과세대상 경제적효익에서 세무상 차감될 금액을 말하며, 부채의 세무기준액은 장부금액에서 미래 회계기간에 당해 부채와 관련하여 세무상 공제될 금액을 차감한 금액이다.

③ 당기 및 과거기간에 대한 당기법인세 중 납부되지 않은 부분을 부채로 인식한다. 만일 과거기간에 이미 납부한 금액이 그 기간 동안 납부하여야 할 금액을 초과하였다면 그 초과금액은 자산으로 인식한다.

④ 매 보고기간 말에 인식되지 않은 이연법인세자산에 대하여 재검토하며, 미래 과세소득에 의해 이연법인세자산이 회수될 가능성이 높아진 범위까지 과거 인식되지 않은 이연법인세자산을 인식한다.

⑤ 당기법인세자산과 부채는 기업이 인식된 금액에 대한 법적으로 집행가능한 상계권리를 가지고 있는 경우 또는 순액으로 결제하거나, 자산을 실현하고 부채를 결제할 의도가 있는 경우에 상계한다.

03 법인세 회계처리에 대한 다음 설명으로 옳지 않은 것은? [2016 공인회계사 1차]

① 이연법인세자산과 부채는 현재가치로 할인하지 아니한다.

② 모든 가산할 일시적차이에 대하여 이연법인세부채를 인식하는 것을 원칙으로 한다.

③ 당기 및 과거기간에 대한 당기법인세 중 납부되지 않은 부분을 부채로 인식한다. 만일 과거기간에 이미 납부한 금액이 그 기간 동안 납부하여야 할 금액을 초과하였다면 그 초과금액은 자산으로 인식한다.

④ 이연법인세자산과 부채는 보고기간 말까지 제정되었거나 실질적으로 제정된 세율 및 세법에 근거하여 당해 자산이 실현되거나 부채가 결제될 회계기간에 적용될 것으로 기대되는 세율을 사용하여 측정한다.

⑤ 이연법인세자산의 장부금액은 매 보고기간 말에 검토한다. 이연법인세자산의 일부 또는 전부에 대한 혜택이 사용되기에 충분한 과세소득이 발생할 가능성이 더 이상 높지 않다면, 이연법인세자산의 장부금액을 감액시킨다. 감액된 금액은 사용되기에 충분한 과세소득이 발생할 가능성이 높아지더라도 다시 환입하지 아니한다.

04 법인세에 관한 설명으로 옳지 않은 것은? [2010 세무사 1차]

① 이연법인세자산과 부채는 보고기간 말까지 제정되었거나 실질적으로 제정된 세율 및 세법에 근거하여 당해 자산이 실현되거나 부채가 결제될 회계기간에 적용될 것으로 기대되는 세율을 사용하여 측정한다.

② 동일 회계기간 또는 다른 회계기간에 당기손익 이외로 인식되는 항목과 관련된 당기법인세와 이연법인세는 당기손익 이외의 항목으로 인식한다.

③ 종속기업 및 관계기업에 대한 투자자산과 관련된 모든 가산할 일시적차이에 대하여 항상 이연법인세부채를 인식하는 것은 아니다.

④ 미사용 세무상결손금과 세액공제가 사용될 수 있는 미래 과세소득의 발생가능성이 높은 경우 그 범위 안에서 이월된 미사용 세무상결손금과 세액공제에 대하여 이연법인세자산을 인식한다.

⑤ 이연법인세자산과 부채는 현재가치로 할인한다.

※ 다음은 **05 ~ 08**과 관련된 자료이다. ㈜동아는 20×1년에 영업을 시작하였다. 다음은 ㈜동아의 20×2년 법인세 계산서식에서 발췌한 자료이다. 아래 자료를 활용하여 문제에 답하시오.

<20×2년 법인세계산>

회계이익(세전)		₩3,000,000
익금가산항목		
전기 미수이자	₩60,000	
감가상각누계액	₩100,000	
기부금한도초과액	₩40,000	₩200,000
손금가산항목		
전기 재고자산	₩(120,000)	
전기 퇴직급여부채	₩(160,000)	
당기손익-공정가치측정금융자산	₩(240,000)	₩(520,000)
과세소득		₩2,680,000
세율		× 25%
당기법인세(총부담세액)		₩670,000

<추가자료>

(1) 익금(손금)가산항목 중 기부금한도초과액은 영구적차이이며 나머지는 일시적차이이다.

(2) 당기 말 현재 일시적차이의 소멸시기는 다음과 같다. 단, 20×3년과 20×4년 이후의 세율은 각각 20%와 18%로 입법화되었으며, 이연법인세자산의 실현가능성은 거의 확실하다.

일시적차이	20×2년 말 잔액	소멸시기	
		20×3년	20×4년 이후
퇴직급여부채	₩240,000[1]	₩(120,000)	₩(120,000)
일시상각충당금	₩(200,000)[1]		₩200,000
감가상각누계액	₩100,000	₩(60,000)	₩(40,000)
당기손익-공정가치측정금융자산	₩(240,000)	₩240,000	
계	₩(100,000)	₩60,000	₩40,000

(3) 전기 말 재무상태표에는 이연법인세자산 ₩63,000이 계상되어 있으며, 20×2년 8월에 20×2년의 중간예납세액으로 ₩340,000을 납부하였다.

[1] 퇴직급여부채 ₩240,000과 일시상각충당금 ₩200,000은 전기부터 이월된 금액임

05 20×2년 말 재무상태표에 표시될 미지급법인세(당기법인세부채)는 얼마인가?

① ₩210,000 ② ₩280,000 ③ ₩330,000
④ ₩520,000 ⑤ ₩670,000

06 20×2년 말 재무상태표에 표시될 이연법인세자산 또는 이연법인세부채는 얼마인가?

① 이연법인세자산 ₩63,000
② 이연법인세자산 ₩82,200
③ 이연법인세부채 ₩19,200
④ 이연법인세부채 ₩82,200
⑤ 이연법인세부채 ₩349,200

07 20×2년 포괄손익계산서에 표시될 법인세비용은 얼마인가?

① ₩82,200 ② ₩670,000 ③ ₩712,500
④ ₩752,200 ⑤ ₩822,200

08 20×2년 재무제표의 주석에 표시될 평균유효세율은 얼마인가?

① 25.07% ② 28.08% ③ 31.11%
④ 35.04% ⑤ 38.45%

※ 다음의 자료를 이용하여 **09** ~ **10**에 답하시오. [2013 공인회계사 1차]

다음은 ㈜갑의 법인세 관련 자료이다.

(1) 20×1년 법인세부담액은 ₩1,000이며, 20×1년 중 원천징수 · 중간예납으로 ₩400의 법인세를 선납하고 다음과 같이 회계처리하였다.

(차) 선급법인세	400	(대) 현금	400

(2) 세무조정에 따른 유보 처분액(일시적차이)의 증감내용을 나타내는 20×1년도 자본금과 적립금 조정명세서(을)은 다음과 같다.

구분	기초잔액	당기 중 증감		기말잔액
		감소	증가	
매출채권 대손충당금	460	50	70	480
미수이자	△100	△80	△50	△70
유형자산 감가상각누계액	300	40	80	340
제품보증충당부채	340	230	40	150
일시상각충당금	△600			△600
합계	400	240	140	300

(3) 20×0년 말과 20×1년 말의 차감할 일시적차이가 사용될 수 있는 과세소득의 발생가능성은 높으며, 20×0년 말과 20×1년 말 미사용 세무상결손금과 세액공제는 없다.

(4) 20×0년 말과 20×1년 말의 일시적차이가 소멸될 것으로 예상되는 기간의 과세소득에 적용될 것으로 예상되는 평균세율은 20%이다.

(5) ㈜갑은 20×2년 3월 30일에 20×1년분 법인세 차감납부할 세액 ₩600을 관련 세법규정에 따라 신고 · 납부하였으며, 법인세에 부가되는 세액은 없는 것으로 가정한다.

* △는 (−)유보를 의미함

09 ㈜갑의 20×1년 말 재무상태표에 계상할 이연법인세자산 · 부채(상계 후 금액)는 얼마인가?

① 이연법인세자산 ₩20
② 이연법인세자산 ₩60
③ 이연법인세부채 ₩20
④ 이연법인세부채 ₩40
⑤ 이연법인세부채 ₩60

10 ㈜갑의 20×1년도 포괄손익계산서에 계상할 법인세비용은 얼마인가?

① ₩940 ② ₩980 ③ ₩1,000
④ ₩1,020 ⑤ ₩1,060

11 다음은 ㈜대한의 법인세와 관련된 자료이다.

(1) 20×2년 세무조정내역

법인세비용차감전순이익	₩1,500,000
세무조정항목	
전기 감가상각비 한도초과	₩(90,000)
과세소득	₩1,410,000

(2) 세무조정항목은 모두 일시적차이에 해당하고, 이연법인세자산의 실현가능성은 거의 확실하다.

(3) 20×1년 말 이연법인세자산과 이연법인세부채는 각각 ₩65,000과 ₩25,000이다.

(4) 20×2년 법인세율은 25%이고, 20×3년과 20×4년 이후의 세율은 각각 20%와 18%로 20×2년 말에 입법화되었다.

(5) 20×2년 말 현재 미소멸 일시적차이의 소멸시기는 아래와 같다. 감가상각비 한도초과와 토지 건설자금이자는 전기로부터 이월된 금액이다.

일시적차이	20×2년 말 잔액	소멸시기
감가상각비 한도초과	₩170,000	20×3년 ₩90,000 소멸 20×4년 ₩80,000 소멸
토지 건설자금이자	₩(100,000)	20×4년 이후 전액 소멸

㈜대한의 20×2년도 포괄손익계산서에 인식할 법인세비용은? [2018 공인회계사 1차]

① ₩335,000 ② ₩338,100 ③ ₩352,500
④ ₩366,900 ⑤ ₩378,100

12 20×1년 초 설립된 ㈜세무의 법인세 관련 자료가 다음과 같을 때, 20×1년도 법인세비용은? [2018 세무사 1차]

(1) 법인세비용차감전순이익: ₩1,000,000

(2) 세무조정사항

- 정기예금 미수이자: ₩200,000
- 접대비 한도초과액: ₩150,000
- 벌금과 과태료: ₩70,000
- 감가상각비 한도초과액: ₩50,000

(3) 법인세율은 20%로 유지된다.

(4) 일시적차이가 사용될 수 있는 미래 과세소득의 발생가능성은 높다.

① ₩214,000 ② ₩244,000 ③ ₩258,000
④ ₩288,000 ⑤ ₩298,000

13 ㈜세무의 20×2년도 법인세 관련 자료가 다음과 같을 때 20×2년도 법인세비용은?

[2022 세무사 1차]

(1) 20×2년도 법인세비용차감전순이익: ₩500,000
(2) 세무조정사항
  • 전기 감가상각비 한도초과액: ₩(80,000)
  • 접대비한도초과액: ₩130,000
(3) 감가상각비 한도초과액은 전기 이전 발생한 일시적차이의 소멸분이고, 접대비한도초과액은 일시적차이가 아니다.
(4) 20×2년 말 미소멸 일시적차이(전기 감가상각비 한도초과액)는 ₩160,000이고, 20×3년과 20×4년에 각각 ₩80,000씩 소멸될 것으로 예상된다.
(5) 20×1년 말 이연법인세자산은 ₩48,000이고, 이연법인세부채는 없다.
(6) 차감할 일시적차이가 사용될 수 있는 과세소득의 발생가능성은 매우 높다.
(7) 적용될 법인세율은 매년 20%로 일정하고, 언급된 사항 이외의 세무조정 사항은 없다.

① ₩94,000
② ₩110,000
③ ₩126,000
④ ₩132,000
⑤ ₩148,000

14 제조업을 영위하는 12월 말 결산법인인 ㈜국세의 20×6회계연도 법인세비용차감전손실은 ₩4,000,000이다. 그리고 20×6회계연도에 유형자산의 감가상각과 관련하여 미래 과세소득에서 가산할 일시적차이인 손금산입항목이 ₩4,000,000만큼 발생하여 세무당국에 ₩8,000,000의 결손금을 보고하였다. 20×5회계연도까지 발생된 일시적차이는 없었으며 20×6회계연도에 발생된 손금산입항목은 20×7회계연도와 20×8회계연도에 각각 ₩2,000,000씩 소멸될 것으로 예상된다. 20×6회계연도의 법인세율은 24%이며 20×7회계연도부터는 20%로 인하하기로 입법화되었다. ㈜국세의 경우 이월결손금을 통한 법인세 혜택의 실현가능성이 확실한데 20×7회계연도에 ₩5,000,000, 20×8회계연도에 ₩3,000,000이 실현될 것이다. ㈜국세가 기업회계기준서에 의해 회계처리하는 경우 20×6회계연도의 재무제표 보고내용으로 옳은 것은?

[2007 세무사 1차]

① 재무상태표에 이연법인세자산으로 ₩600,000을 보고한다.
② 포괄손익계산서에 법인세손익으로 보고할 금액은 없다.
③ 재무상태표에 이연법인세자산으로 ₩200,000을 보고한다.
④ 재무상태표에 이연법인세부채로 ₩800,000을 보고한다.
⑤ 포괄손익계산서에 당기순손실로 ₩3,200,000을 보고한다.

15 아래 자료는 ㈜한국의 20×2년도 법인세와 관련된 거래내용이다.

(가) 20×1년도 ㈜한국의 접대비 한도초과액은 ₩300,000이다.
(나) ㈜한국은 20×1년 6월 7일에 ₩35,000에 취득한 자기주식을 20×1년 9월 4일에 ₩60,000에 처분했다.
(다) ㈜한국이 20×1년 9월 7일 사옥을 건설하기 위하여 ₩70,000에 취득한 토지의 20×1년 12월 31일 현재 공정가치는 ₩80,000이다. ㈜한국은 유형자산에 대하여 재평가모형을 적용하고 있으나. 세법에서는 이를 인정하지 않는다.

㈜한국의 20×1년도 법인세비용차감전순이익은 ₩3,000,000이다. 당기 과세소득에 적용될 법인세율은 30%이고, 향후에도 세율이 일정하다면 ㈜한국이 20×1년도 포괄손익계산서에 인식할 법인세비용과 20×1년 말 재무상태표에 계상될 이연법인세자산, 부채는 각각 얼마인가? 단, ㈜한국의 향후 과세소득은 20×1년과 동일한 수준이며, 전기이월 일시적차이는 없다고 가정한다.

[2010 공인회계사 1차]

	법인세비용	이연법인세자산 · 부채
①	₩900,000	이연법인세자산 ₩3,000
②	₩973,500	이연법인세자산 ₩4,500
③	₩973,500	이연법인세부채 ₩3,000
④	₩990,000	이연법인세부채 ₩4,500
⑤	₩990,000	이연법인세부채 ₩3,000

16 아래 자료는 ㈜한국의 20×1년도 법인세와 관련된 거래 내용이다.

(1) 20×1년 말 접대비 한도초과액은 ₩30,000이다.
(2) 20×1년 말 재고자산평가손실은 ₩10,000이다.
(3) 20×1년 말 기타포괄손익-공정가치측정금융자산평가손실 ₩250,000을 기타포괄손익으로 인식하였다. 동 기타포괄손익-공정가치측정금융자산평가손실은 20×3년도에 소멸된다고 가정한다.
(4) 20×1년도 법인세비용차감전순이익은 ₩1,000,000이다.
(5) 20×1년까지 법인세율이 30%이었으나, 20×1년 말에 세법개정으로 인하여 20×2년 과세소득분부터 적용할 세율은 20%로 미래에도 동일한 세율이 유지된다.

㈜한국의 20×1년도 포괄손익계산서에 계산할 법인세비용은 얼마인가? 단, 일시적차이에 사용될 수 있는 과세소득의 발생가능성은 높으며, 전기이월 일시적차이는 없는 것으로 가정한다.

[2014 공인회계사 1차 수정]

① ₩260,000　② ₩310,000　③ ₩335,000
④ ₩360,000　⑤ ₩385,000

17 다음 자료는 ㈜한국의 20×2년도 법인세와 관련된 내용이다.

> (1) 20×1년 말 현재 일시적차이
> - 미수이자: ₩(100,000)
>
> (2) 20×2년도 법인세비용차감전순이익: ₩1,000,000
>
> (3) 20×2년도 세무조정 사항
> - 미수이자: ₩(20,000)
> - 접대비 한도초과: ₩15,000
> - 자기주식처분이익: ₩100,000
>
> (4) 연도별 법인세율은 20%로 일정함

㈜한국의 20×2년도 포괄손익계산서에 인식할 법인세비용은 얼마인가? (단, 일시적차이에 사용될 수 있는 과세소득의 발생가능성은 높으며, 20×1년 말과 20×2년 말 각 연도의 미사용 세무상 결손금과 세액공제는 없다) [2015 공인회계사 1차]

① ₩199,000 ② ₩203,000 ③ ₩219,000
④ ₩223,000 ⑤ ₩243,000

18 20×1년에 설립된 ㈜미국의 20×1년 법인세비용차감전순이익은 ₩150,000,000이며, 회계이익과 과세소득의 일시적차이는 일시상각충당금전입액 ₩50,000,000(20×2년에 소멸될 예정임)뿐이다. 20×1년과 20×2년의 법인세율은 2억원 이하 10%, 2억원 초과분부터 200억까지는 20%, 200억 초과분은 22%이다. ㈜미국의 20×2년 예상과세소득(일시적차이 조정 전 금액임)이 ₩350,000,000일 경우 20×2년의 평균세율과 20×1년 평균유효세율을 각각 구하시오.

	평균세율	평균유효세율
①	15%	11.67%
②	10%	13.67%
③	10%	11.67%
④	20%	15%
⑤	15%	13.67%

19 ㈜세무의 20×2년도 법인세 관련 자료가 다음과 같을 때 20×1년도 법인세비용은?

[2022 공인회계사 1차]

(1) 20×2년도 법인세비용차감전순이익: ₩500,000
(2) 세무조정사항
 • 전기 감가상각비 한도초과액: ₩(80,000)
 • 접대비한도초과액: ₩130,000
(3) 감가상각비 한도초과액은 전기 이전 발생한 일시적차이의 소멸분이고, 접대비한도초과액은 일시적차이가 아니다.
(4) 20×2년 말 미소멸 일시적차이(전기 감가상각비 한도초과액)는 ₩160,000이고, 20×3년과 20×4년에 각각 ₩80,000씩 소멸될 것으로 예상된다.
(5) 20×1년 말 이연법인세자산은 ₩48,000이고, 이연법인세부채는 없다.
(6) 차감할 일시적차이가 사용될 수 있는 과세소득의 발생가능성은 매우 높다.
(7) 적용될 법인세율은 매년 20%로 일정하고, 언급된 사항 이외의 세무조정 사항은 없다.

① ₩94,000 ② ₩110,000 ③ ₩126,000
④ ₩132,000 ⑤ ₩148,000

고급문제

01 기업회계기준서 제1012호 '법인세'에 대한 다음 설명 중 옳지 않은 것은?

[2019 공인회계사 1차]

① 미사용 세무상결손금과 세액공제가 사용될 수 있는 미래 과세소득의 발생가능성이 높은 경우 그 범위 안에서 이월된 미사용 세무상결손금과 세액공제에 대하여 이연법인세자산을 인식한다.

② 부채의 세무기준액은 장부금액에서 미래 회계기간에 당해 부채와 관련하여 세무상 공제될 금액을 차감한 금액이다. 수익을 미리 받은 경우, 이로 인한 부채의 세무기준액은 당해 장부금액에서 미래 회계기간에 과세되지 않을 수익을 차감한 금액이다.

③ 이연법인세자산과 부채의 장부금액은 관련된 일시적차이의 금액에 변동이 없는 경우에도 세율이나 세법의 변경, 예상되는 자산의 회수 방식 변경, 이연법인세자산의 회수가능성 재검토로 인하여 변경될 수 있다.

④ 과세대상수익의 수준에 따라 적용되는 세율이 다른 경우에는 일시적차이가 소멸될 것으로 예상되는 기간의 과세소득(세무상결손금)에 적용될 것으로 기대되는 평균세율을 사용하여 이연법인세자산과 부채를 측정한다.

⑤ 당기에 취득하여 보유 중인 토지에 재평가모형을 적용하여 토지의 장부금액이 세무기준액보다 높은 경우에는 이연법인세부채를 인식하며, 이로 인한 이연법인세효과는 당기손익으로 인식한다.

02 ㈜대박은 20×1년 1월 1일 다음과 같은 조건의 전환사채를 발행하였다.

- 액면금액 및 발행금액: ₩50,000,000
- (전환권이 없는 동일조건) 일반사채의 유효이자율: 연 9%
- 액면이자율: 연 7%
- 이자지급방법: 매년 말 현금지급
- 만기(상환기일): 20×3. 12. 31.(상환기일에 액면금액 일시상환)
- 전환청구기간: 사채발행일 이후 1개월 경과일로부터 상환기일 30일 전까지
- 전환조건: 사채발행금액 ₩1,000,000당 주식 100주로 전환가능

전환사채와 관련하여 세법에서는 자본요소에 해당하는 부분을 인정하지 않으며, 당기 과세소득에 적용될 법인세율은 40%로 향후에도 세율의 변동은 없을 것으로 예상된다. 동 전환사채의 세무조정으로 인해 발생하는 이연법인세자산 · 부채와 관련된 법인세비용(이자비용 중 현금으로 지급되는 부분으로 인해 발생하는 법인세효과는 제외)이 ㈜대박의 20×1년도 포괄손익계산서상 당기순이익에 미치는 영향은 얼마인가? (단, 당기 및 차기 이후 차감할 일시적차이에 사용될 수 있는 과세소득의 발생가능성은 높으며, 전기이월 일시적차이는 없는 것으로 가정한다. 현가계수는 아래 표를 이용하라. 또한 소수점 첫째 자리에서 반올림하며, 단수차이로 인해 약간의 오차가 있으면 가장 근사치를 선택한다) [2011 공인회계사 1차]

기간 \ 할인율	기간 말 단일금액 ₩1의 현재가치		정상연금 ₩1의 현재가치	
	7%	9%	7%	9%
3	0.8163	0.7722	2.6243	2.5313

① 영향 없음 ② ₩308,904 증가 ③ ₩308,904 감소
④ ₩703,276 증가 ⑤ ₩703,276 감소

03 다음은 20×1년 초 설립한 ㈜한국의 20×1년도 법인세와 관련된 내용이다.

법인세비용차감전순이익	₩5,700,000
세무조정항목	
감가상각비 한도초과	₩300,000
일시상각충당금	₩(600,000)
과세소득	₩5,400,000

(1) 일시상각충당금은 20×2년부터 3년간 매년 ₩200,000씩 소멸하며, 감가상각비 한도초과는 20×4년에 소멸한다.
(2) 향후 과세소득(일시적차이 조정 전)은 경기침체로 20×2년부터 20×4년까지 매년 ₩50,000으로 예상된다. 단, 20×5년도부터 과세소득은 없을 것으로 예상된다.
(3) 연도별 법인세율은 20%로 일정하다.

㈜한국이 20×1년도 포괄손익계산서에 인식할 법인세비용은? [2017 공인회계사 1차]

① ₩1,080,000
② ₩1,140,000
③ ₩1,150,000
④ ₩1,180,000
⑤ ₩1,200,000

04 다음은 ㈜대한의 20×1년 법인세 관련 자료이다.

- 20×1년 법인세비용차감전순이익은 ₩500,000이다.
- 20×1년 말 접대비 한도초과액은 ₩20,000이며, 20×1년 말 재고자산평가손실의 세법상 부인액은 ₩5,000이다.
- 20×1년 5월 1일에 ₩30,000에 취득한 자기주식을 20×1년 10월 1일에 ₩40,000에 처분하였다.
- 20×1년 말 기타포괄손익-공정가치(FVOCI)로 측정하는 금융자산(지분상품) 평가손실 ₩20,000을 기타포괄손익으로 인식하였다.
- 20×1년 10월 1일 본사 사옥을 건설하기 위하여 ₩100,000에 취득한 토지의 20×1년 말 현재 공정가치는 ₩120,000이다. ㈜대한은 유형자산에 대해 재평가모형을 적용하고 있으나, 세법에서는 이를 인정하지 않는다.
- 연도별 법인세율은 20%로 일정하다.
- 일시적차이에 사용될 수 있는 과세소득의 발생가능성은 높으며, 전기이월 일시적차이는 없다.

㈜대한이 20×1년 포괄손익계산서에 당기비용으로 인식할 법인세비용은 얼마인가?

[2021 공인회계사 1차]

① ₩96,000　② ₩100,000　③ ₩104,000
④ ₩106,000　⑤ ₩108,000

해커스 IFRS 김원종 객관식 중급회계

05 다음은 기업회계기준서 제1012호 '법인세'와 관련된 내용이다. 이에 대한 설명으로 옳은 것은?

[2022 공인회계사 1차]

① 복합금융상품(예 전환사채)의 발행자가 해당 금융상품의 부채요소와 자본요소를 각각 부채와 자본으로 분류하였다면, 그러한 자본요소의 최초 인식 금액에 대한 법인세효과(이연법인세)는 자본요소의 장부금액에 직접 반영한다.
② 과세대상수익의 수준에 따라 적용되는 세율이 다른 경우에는 일시적차이가 소멸될 것으로 예상되는 기간의 과세소득(세무상결손금)에 적용될 것으로 기대되는 한계세율을 사용하여 이연법인세 자산과 부채를 측정한다.
③ 일시적차이는 포괄손익계산서상 법인세비용차감전순이익과 과세당국이 제정한 법규에 따라 납부할 법인세를 산출하는 대상이 되는 이익 즉, 과세소득 간의 차이를 말한다.
④ 재평가모형을 적용하고 있는 유형자산과 관련된 재평가잉여금은 법인세효과를 차감한 후의 금액으로 기타포괄손익에 표시하고 법인세효과는 이연법인세자산으로 인식한다.
⑤ 이연법인세 자산과 부채는 장기성 채권과 채무이기 때문에 각 일시적차이의 소멸시점을 상세히 추정하여 신뢰성 있게 현재가치로 할인한다.

06 ㈜대한의 20×1년도와 20×2년도의 법인세비용차감전순이익은 각각 ₩815,000과 ₩600,000이다. ㈜대한의 20×1년과 20×2년의 법인세와 관련된 세무조정사항은 다음과 같다.

항목	20×1년도	20×2년도
감가상각비 한도초과액	₩6,000	-
당기손익-공정가치 측정 금융자산평가이익	₩2,000	-
제품보증충당부채	-	₩3,000
정기예금 미수이자	-	₩4,000

20×1년도 세무조정 항목 중 감가상각비 한도초과액 ₩6,000은 20×2년부터 매년 ₩2,000씩 소멸되며, 당기손익-공정가치 측정 금융자산(FVPL 금융자산)은 20×2년 중에 처분될 예정이다. 20×2년도 세무조정 항목 중 제품보증충당부채 ₩3,000은 20×3년부터 매년 ₩1,000씩 소멸되며, 정기예금의 이자는 만기일인 20×3년 3월 말에 수취한다. ㈜대한의 20×1년도 법인세율은 30%이며, 미래의 과세소득에 적용될 법인세율은 다음과 같다.

구분	20×2년도	20×3년도 이후
적용세율	30%	25%

㈜대한의 20×2년도 법인세비용은 얼마인가? 단, 20×1년 1월 1일 현재 이연법인세자산(부채)의 잔액은 없으며, 일시적 차이에 사용될 수 있는 과세소득의 발생가능성은 높다.

[2023 공인회계사 1차]

① ₩176,800
② ₩177,750
③ ₩178,400
④ ₩179,950
⑤ ₩180,350

기본문제 정답 및 해설

01 과거에 법인세효과의 실현가능성이 낮아 이연법인세자산을 인식하지 않았더라도 매 재무상태표일마다 이연법인세자산의 실현가능성에 대해서 재검토하여 미래에 과세소득이 발생할 가능성이 높은 경우에는 그 범위 내에서 이연법인세자산을 인식한다.

02 **당기법인세자산과 당기법인세부채는 다음의 조건을 모두 충족하는 경우에만 당기법인세자산과 당기법인세부채를 상계한다.**
① 기업이 인식된 금액에 대한 법적으로 집행가능한 상계권리를 가지고 있다.
② 기업이 순액으로 결제하거나, 자산을 실현하는 동시에 부채를 결제할 의도가 있다.

03 이연법인세자산의 장부금액은 매 보고기간 말에 검토한다. 이연법인세자산의 일부 또는 전부에 대한 혜택이 사용되기에 충분한 과세소득이 발생할 가능성이 더 이상 높지 않다면 이연법인세자산의 장부금액을 감액시킨다. 감액된 금액은 사용되기에 충분한 과세소득이 발생할 가능성이 높아지면 그 범위 내에서 환입한다.

04 이연법인세자산과 부채는 할인하지 아니한다. 이연법인세자산과 부채를 신뢰성 있게 현재가치로 할인하기 위해서는 각 일시적차이의 소멸시점을 상세히 추정하여야 한다. 많은 경우 소멸시점을 실무적으로 추정할 수 없거나 추정이 매우 복잡하다. 따라서 이연법인세자산과 부채를 할인하도록 하는 것은 적절하지 않다. 또한 할인을 강요하지 않지만 허용한다면 기업 간 이연법인세자산과 부채의 비교가능성이 저해될 것이다. 따라서 K-IFRS 제1012호 '법인세'에서는 이연법인세자산과 부채를 할인하지 않도록 하였다.

05 1. 세법상납부할법인세(당기법인세): ₩670,000

2. 당기법인세자산: ₩340,000

3. 당기법인세부채: ₩670,000 - ₩340,000 = ₩330,000

06 이연법인세부채(20×2년 말): ₩60,000 × 20% + ₩40,000 × 18% = ₩19,200

07 1. 세법상납부할법인세(당기법인세): ₩670,000

2. 이연법인세자산 · 부채
(1) 이연법인세부채(20×2년 말): ₩60,000 × 20% + ₩40,000 × 18% = ₩19,200
(2) 이연법인세자산(20×1년 말): ₩63,000

3. 회계처리

20×2년	(차) 당기법인세자산	340,000	(대) 현금	340,000
20×2년 말	(차) 법인세비용	752,200	(대) 당기법인세자산	340,000
			당기법인세부채	330,000
			이연법인세자산	63,000
			이연법인세부채	19,200

08 $\frac{\text{법인세비용}}{\text{법인세비용차감전순이익}} = \frac{₩752,200}{₩3,000,000} = ₩25.07\%$

09 이연법인세자산: ₩300(유보) × 20% = ₩60

정답 01 ③ 02 ⑤ 03 ⑤ 04 ⑤ 05 ③ 06 ③ 07 ④ 08 ① 09 ②

10 1. 세법상납부할법인세(당기법인세): ₩1,000

2. 이연법인세자산 · 부채
   (1) 이연법인세자산(20×1년 말): ₩300(유보) × 20% = ₩60
   (2) 이연법인세자산(20×0년 말): ₩400(유보) × 20% = ₩80

3. 회계처리

20×1년 말	(차) 당기법인세자산	400	(대) 현금	400
	(차) 법인세비용	1,020	(대) 당기법인세자산	400
			당기법인세부채	600
			이연법인세자산	20

4. 20×1년도 포괄손익계산서에 계상할 법인세비용: ₩1,020

11 1. 세법상납부할법인세(당기법인세): ₩1,410,000 × 25% = ₩352,500

2. 이연법인세자산 · 부채
   (1) 20×2년 말 이연법인세자산: ₩90,000 × 20% + ₩80,000 × 18% = ₩32,400
   (2) 20×2년 말 이연법인세부채: ₩100,000 × 18% = ₩18,000
   (3) 20×1년 말 이연법인세자산: ₩65,000
   (4) 20×1년 말 이연법인세부채: ₩25,000

3. 회계처리

20×2년 말	(차) 이연법인세부채[1]	7,000	(대) 당기법인세부채	352,500
	법인세비용	378,100	이연법인세자산[2]	32,600

[1] ₩18,000(20×2년 말) - ₩25,000(20×1년 말) = ₩(7,000)
[2] ₩32,400(20×2년 말) - ₩65,000(20×1년 말) = ₩(32,600)

4. 20×2년 법인세비용: ₩378,100

12 1. 세법상납부할법인세(당기법인세): ₩214,000

<법인세계산>		<일시적차이 일정계획표>
	20×1년	20×2년 이후
법인세비용차감전순이익	₩1,000,000	
미수이자[1]	₩(200,000)	₩200,000
접대비 한도초과액	₩150,000	
벌금과 과태료	₩70,000	
감가상각비 한도초과액[2]	₩50,000	₩(50,000)
과세소득	₩1,070,000	₩150,000
세율	20%	20%
당기법인세	₩214,000	₩30,000

[1] 가산할 일시적차이(△유보)
[2] 차감할 일시적차이(유보)

2. 이연법인세자산 · 부채
   (1) 20×1년 말 이연법인세부채: ₩150,000 × 20% = ₩30,000
   (2) 20×1년 초 이연법인세자산 · 부채: ₩0

3. 회계처리

20×1년 말	(차) 법인세비용	244,000	(대) 당기법인세부채	214,000
			이연법인세부채	30,000

∴ 20×1년의 법인세비용: ₩244,000

정답 10 ④ 11 ⑤ 12 ②

13 1. 세법상납부할법인세(당기법인세): ₩110,000

<법인세계산>		<일시적차이 일정계획표>	
20×2년		20×3년	20×4년
법인세비용차감전순이익	₩500,000		
전기 감가상각비 한도초과액[1]	₩(80,000)	₩(80,000)	₩(80,000)
접대비 한도초과액	₩130,000		
과세소득	₩550,000	₩(80,000)	₩(80,000)
세율	20%	20%	20%
당기법인세	₩110,000	₩(16,000)	₩(16,000)

[1] 가산할 일시적차이(△유보)

2. 이연법인세자산·부채
(1) 20×2년 말 이연법인세자산: (₩80,000 + ₩80,000) × 20% = ₩32,000
(2) 20×1년 말 이연법인세자산: ₩48,000

3. 회계처리

20×2년 말	(차) 법인세비용	126,000	(대) 당기법인세부채	110,000
			이연법인세자산	16,000

4. 20×2년 법인세비용: ₩126,000

14 1. 세법상납부할법인세: ₩0

2. 이연법인세부채(20×6년 말): ₩4,000,000 × 20% = ₩800,000

3. 이월결손금의 법인세효과
이연법인세자산(20×6년 말): ₩8,000,000 × 20% = ₩1,600,000
∴ 이연법인세자산: ₩1,600,000 - ₩800,000 = ₩800,000

4. 회계처리

20×6년 말	(차) 이연법인세자산	800,000	(대) 법인세수익	800,000

5. 당기순손실: ₩4,000,000 - ₩800,000 = ₩3,200,000

정답 13 ③ 14 ⑤

15 1. 자기주식의 처분

20×1. 9. 4.	(차) 현금	60,000	(대) 자기주식	35,000
			자기주식처분이익	25,000

2. 토지의 재평가

20×1. 12. 31.	(차) 토지[1]	10,000	(대) 재평가잉여금	10,000

[1] ₩80,000 - ₩70,000 = ₩10,000

3. 세법상납부할법인세(당기법인세): ₩997,500

<법인세계산>		<일시적차이 일정계획표>
20×1년		20×2년 이후
법인세비용차감전순이익	₩3,000,000	
접대비 한도초과액	₩300,000	
자기주식처분이익	₩25,000	
토지[1]	₩(10,000)	₩10,000
재평가잉여금	₩10,000	
과세소득	₩3,325,000	₩10,000
세율	30%	30%
당기법인세	₩997,500	₩3,000

[1] 가산할 일시적차이(△유보)

4. 이연법인세자산 · 부채

(1) 20×1년 말 이연법인세부채: ₩10,000 × 30% = ₩3,000

(2) 20×0년 말 이연법인세자산 · 부채: ₩0

5. 회계처리

20×1년 말	(차) 법인세비용	1,000,500	(대) 당기법인세부채	997,500
			이연법인세부채	3,000
	(차) 자기주식처분이익[1]	7,500	(대) 법인세비용	10,500
	재평가잉여금[2]	3,000		

[1] ₩25,000 × 30% = ₩7,500

[2] ₩10,000 × 30% = ₩3,000

∴ 20×1년의 법인세비용: ₩1,000,500 - ₩10,500 = ₩990,000

∴ 이연법인세부채: ₩10,000 × 30% = ₩3,000

정답 15 ⑤

16 1. 세법상납부할법인세(당기법인세): ₩312,000

<법인세계산>		<일시적차이 일정계획표>
	20×1년	20×2년 이후
법인세비용차감전순이익	₩1,000,000	
접대비 한도초과액	₩30,000	
재고자산평가손실[1)]	₩10,000	₩(10,000)
기타포괄손익-공정가치측정금융자산[1)]	₩250,000	₩(250,000)
기타포괄손익-공정가치측정금융자산평가손실	₩(250,000)	
과세소득	₩1,040,000	₩(260,000)
세율	30%	20%
당기법인세	₩312,000	₩(52,000)

1) 차감할 일시적차이(유보)

2. 이연법인세자산 · 부채
   (1) 20×1년 말 이연법인세자산: ₩260,000 × 20% = ₩52,000
   (2) 20×0년 말 이연법인세자산 · 부채: ₩0

3. 회계처리

20×1년 말	(차) 법인세비용	260,000	(대) 당기법인세부채	312,000
	이연법인세자산	52,000		
	(차) 법인세비용[1)]	50,000	(대) 기타포괄손익-공정가치측정금융자산평가손실	50,000

1) ₩250,000 × 20% = ₩50,000

4. 20×1년 법인세비용: ₩260,000 + ₩50,000 = ₩310,000

17 1. 세법상납부할법인세(당기법인세): (₩1,000,000 - ₩20,000 + ₩15,000 + ₩100,000) × 20% = ₩219,000

2. 이연법인세자산 · 부채
   (1) 이연법인세부채(20×2년 말): ₩120,000 × 20% = ₩24,000
   (2) 이연법인세부채(20×1년 말): ₩100,000 × 20% = ₩20,000

3. 20×2년 말 회계처리

20×1년 말	(차) 법인세비용	223,000	(대) 당기법인세부채	219,000
			이연법인세부채	4,000
	(차) 자기주식처분이익[1)]	20,000	(대) 법인세비용	20,000

1) ₩100,000 × 20% = ₩20,000

4. 20×2년 법인세비용: ₩223,000 - ₩20,000 = ₩203,000

18 1. 20×2년의 평균세율

$$\frac{\text{예상법인세부담액: ₩200,000,000 × 10\% + ₩200,000,000 × 20\%}}{\text{예상과세소득: ₩350,000,000 + ₩50,000,000}} = 15\%$$

2. 20×1년 평균유효세율
   (1) 세법상납부할법인세: (₩150,000,000 - ₩50,000,000) × 10% = ₩10,000,000
   (2) 이연법인세부채(20×1년 말): ₩50,000,000 × 15% = ₩7,500,000
   (3) 회계처리

20×1년 말	(차) 법인세비용	17,500,000	(대) 당기법인세부채	10,000,000
			이연법인세부채	7,500,000

   (4) 평균유효세율

$$\frac{\text{법인세비용 ₩17,500,000}}{\text{법인세비용차감전순이익 ₩150,000,000}} = 11.67\%$$

정답 16 ② 17 ② 18 ①

19 1. 세법상납부할법인세(당기법인세): ₩110,000

<법인세계산>		<일시적차이 일정계획표>	
20×2년		20×3년	20×4년
법인세비용차감전순이익	₩500,000		
전기 감가상각비 한도초과액[1]	₩(80,000)	₩(80,000)	₩(80,000)
접대비한도초과액	₩130,000		
과세소득	₩550,000	₩(80,000)	₩(80,000)
세율	20%	20%	20%
당기법인세	₩110,000	₩(16,000)	₩(16,000)

[1] 가산할 일시적차이(△유보)

2. 이연법인세자산 · 부채

(1) 20×2년 말 이연법인세자산: (₩80,000 + ₩80,000) × 20% = ₩32,000

(2) 20×1년 말 이연법인세자산: ₩48,000

3. 회계처리

20×2년 말	(차) 법인세비용	126,000	(대) 당기법인세부채	110,000
			이연법인세자산	16,000

4. 20×2년 법인세비용: ₩126,000

정답 19 ③

고급문제 정답 및 해설

01 당기에 취득하여 보유 중인 토지에 재평가모형을 적용하여 토지의 장부금액이 세무기준액보다 높은 경우에는 이연법인세부채를 인식하며, 이로 인한 이연법인세효과는 기타포괄손익으로 인식한다.

02 1. 20×1년 초 전환권대가: ₩50,000,000 - (₩50,000,000 × 0.7722 + ₩3,500,000 × 2.5313) = ₩2,530,450

2. 20×1년 초 회계처리

20×1년 初	(차) 현금	50,000,000	(대) 전환사채	50,000,000
	전환권조정	2,530,450	전환권대가	2,530,450
	(차) 전환권대가[1]	1,012,180	(대) 이연법인세부채	1,012,180

[1] ₩2,530,450 × 40% = ₩1,012,180

3. 20×1년 초 세무조정
<손금산입> 전환권조정 2,530,450(△유보)
<익금산입> 전환권대가 2,530,450(기타)

4. 20×1년 말 회계처리

20×1년 말	(차) 이자비용	4,272,260	(대) 현금	3,500,000
			전환권조정[1]	772,260
	(차) 이연법인세부채[2]	308,904	(대) 법인세비용	308,904

[1] ₩47,469,550 × 9% - ₩3,500,000 = ₩772,260
[2] ₩772,260 × 40% = ₩308,904

5. 20×1년 말 세무조정
<손금불산입> 전환권조정 772,260(유보)

6. 20×1년 당기순이익에 미치는 영향: ₩308,904 증가

정답 01 ⑤ 02 ②

03 1. 세법상납부할법인세(당기법인세): ₩1,080,000

<법인세계산> 20×1년		<일시적차이 일정계획표> 20×2년	20×3년	20×4년
법인세비용차감전순이익	₩5,700,000			
감가상각비[2]	₩300,000			₩(300,000)
일시상각충당금[1]	₩(600,000)	₩200,000	₩200,000	₩200,000
과세소득	₩5,400,000	₩200,000	₩200,000	₩(100,000)
세율	20%	20%	20%	20%
당기법인세	₩1,080,000	₩40,000	₩40,000	₩(20,000)

[1] 가산할 일시적차이(△유보)

[2] 차감할 일시적차이(유보)

2. 이연법인세자산 · 부채

(1) 20×1년 말 이연법인세부채: ₩600,000 × 20% = ₩120,000

(2) 20×1년 말 이연법인세자산: Min[₩300,000, ₩250,000[1)]] × 20% = ₩50,000

[1)] ₩50,000(미래예상과세소득) + ₩200,000(가산할 일시적차이) = ₩250,000

3. 회계처리

20×1년 말	(차) 이연법인세자산	50,000	(대) 당기법인세부채	1,080,000
	법인세비용	1,150,000	이연법인세부채	120,000

4. 20×1년 법인세비용: ₩1,150,000

해설

1. 모든 가산할 일시적차이에 대하여 이연법인세부채를 인식한다.

2. 차감할 일시적차이가 사용될 수 있는 과세소득의 발생가능성이 높은 경우에, 모든 차감할 일시적차이에 대하여 이연법인세자산을 인식한다.

3. 차감할 일시적차이가 사용될 수 있는 과세소득의 발생가능성이 높은 경우는 다음과 같다.

(1) 동일 과세당국과 동일 과세대상기업에 관련하여 다음의 회계기간에 소멸이 예상되는 충분한 가산할 일시적차이가 있을 때, 차감할 일시적차이가 사용될 수 있는 과세소득의 발생가능성이 높은 경우가 된다.

(2) 동일 과세당국과 동일 과세대상기업에 관련된 가산할 일시적차이가 충분하지 않다면 이연법인세자산은 다음 중 하나에 해당하는 경우에 인식한다.

① 차감할 일시적차이가 소멸될 회계기간(또는 이연법인세자산으로 인하여 발생된 세무상결손금이 소급공제되거나 이월공제되는 회계기간)에 동일 과세당국과 동일 과세대상기업에 관련된 충분한 과세소득이 발생할 가능성이 높다.

② 세무정책으로 적절한 기간에 과세소득을 창출할 수 있는 경우이다.

정답 03 ③

04 1. 자기주식의 처분

20×1. 10. 1.	(차) 현금	40,000	(대) 자기주식	30,000
			자기주식처분이익	10,000

2. 기타포괄손익-공정가치측정금융자산의 평가

20×1. 12. 31.	(차) 기타포괄손익-공정가치측정금융자산평가손실	20,000	(대) 기타포괄손익-공정가치측정금융자산	20,000

3. 토지의 재평가

20×1. 12. 31.	(차) 토지[1]	20,000	(대) 재평가잉여금	20,000

[1] ₩120,000 - ₩100,000 = ₩20,000

4. 세법상납부할법인세(당기법인세): ₩107,000

<법인세계산>		<일시적차이 일정계획표>
20×1년		20×2년 이후
법인세비용차감전순이익	₩500,000	
접대비 한도초과액	₩20,000	
재고자산평가손실[2]	₩5,000	₩(5,000)
자기주식처분이익	₩10,000	
기타포괄손익-공정가치측정금융자산[2]	₩20,000	₩(20,000)
기타포괄손익-공정가치측정금융자산평가손실	₩(20,000)	
토지[1]	₩(20,000)	₩20,000
재평가잉여금	₩20,000	
과세소득	₩535,000	₩(5,000)
세율	20%	20%
당기법인세	₩107,000	₩(1,000)

[1] 가산할 일시적차이(△유보)
[2] 차감할 일시적차이(유보)

5. 이연법인세자산 · 부채
(1) 20×1년 말 이연법인세자산: ₩5,000 × 20% = ₩1,000
(2) 20×0년 말 이연법인세자산 · 부채: ₩0

6. 회계처리

20×1년 말	(차) 이연법인세자산	1,000	(대) 당기법인세부채	107,000
	법인세비용	106,000		
	(차) 자기주식처분이익[1]	2,000	(대) 법인세비용	2,000
	(차) 법인세비용	4,000	(대) 기타포괄손익-공정가치측정금융자산평가손실[2]	4,000
	(차) 재평가잉여금[3]	4,000	(대) 법인세비용	4,000

[1] ₩10,000 × 20% = ₩2,000
[2] ₩20,000 × 20% = ₩4,000
[3] ₩20,000 × 20% = ₩4,000

7. 20×1년 법인세비용: ₩106,000 - ₩2,000 + ₩4,000 - ₩4,000 = ₩104,000

정답 04 ③

05 ② 과세대상수익의 수준에 따라 적용되는 세율이 다른 경우에는 일시적차이가 소멸될 것으로 예상되는 기간의 과세소득에 적용될 것으로 기대되는 평균세율을 사용하여 이연법인세 자산과 부채를 측정한다.

③ 일시적차이란 재무상태표상 자산 또는 부채의 장부금액과 세무기준액의 차이를 말한다.

④ 재평가모형을 적용하고 있는 유형자산과 관련된 재평가잉여금은 법인세효과를 차감한 후의 금액으로 기타포괄손익에 표시하고 법인세효과는 이연법인세부채로 인식한다.

⑤ 이연법인세 자산과 부채는 할인하지 아니한다. 이연법인세 자산과 부채를 신뢰성 있게 현재가치로 할인하기 위해서는 각 일시적차이의 소멸시점을 상세히 추정하여야 하고, 많은 경우 소멸시점을 실무적으로 추정할 수 없거나 추정이 매우 복잡하므로 이연법인세 자산과 부채를 할인하도록 하는 것은 적절하지 않기 때문이다. 또한 할인을 강요하지 않지만 허용한다면 기업 간 이연법인세 자산과 부채의 비교가능성이 저해될 것이기 때문이다.

06 1. 세법상납부할법인세(당기법인세): ₩110,000

<법인세계산> 20×2년		<일시적차이 일정계획표> 20×3년	20×4년	20×5년
법인세비용차감전순이익	₩600,000			
전기 감가상각비 한도초과액	₩(2,000)	₩(2,000)	₩(2,000)	
당기손익공정가치측정금융자산평가이익	₩2,000			
제품보증충당부채	₩3,000	₩(1,000)	₩(1,000)	₩(1,000)
미수이자	₩(4,000)	₩4,000		
과세소득	₩599,000	₩1,000	₩(3,000)	₩(1,000)
세율	30%	25%	25%	25%
당기법인세	₩179,700	₩250	₩(750)	(250)

2. 이연법인세자산·부채

(1) 20×2년 말 이연법인세자산: (₩1,000 - ₩3,000 - ₩1,000) × 25% = ₩750

(2) 20×1년 말 이연법인세자산: (-₩2,000 - ₩2,000) × 25% = ₩1,000

<일정계획표>

20×1년 말		20×2년	20×3년	20×4년
감가상각비 한도초과액	₩6,000	₩(2,000)	₩(2,000)	₩(2,000)
당기손익공정가치측정금융자산평가이익	₩(2,000)	₩2,000		
합계	₩4,000	₩0	₩(2,000)	₩(2,000)
		30%	25%	25%
		₩0	₩(500)	(500)

3. 회계처리

20×1년 말	(차) 법인세비용	179,950	(대) 당기법인세부채	179,700
			이연법인세자산	250

4. 20×1년 법인세비용: ₩179,950

정답 05 ① 06 ④

※ 객관식 문제풀이에 앞서 각 장의 주요 주제별 중요도를 파악해볼 수 있습니다.
※ 시험 대비를 위해 꼭 풀어보아야 하는 필수문제를 정리하여 효율적으로 학습할 수 있습니다.

1. 출제경향

주요 주제	중요도
1. 이론형 문제	★
2. 기본주당순이익	★★★★★
3. 희석주당순이익	★★★★★

2. 필수문제 리스트

구분		필수문제 번호
회계사	기본문제	4, 5, 7, 8, 11, 12, 13, 15, 18, 20, 22
	고급문제	4, 6
세무사	기본문제	4, 5, 7, 8, 13, 15, 18, 20, 21
	고급문제	4

Chapter 21

주당이익

■ 기본문제

■ 고급문제

■ 정답 및 해설

기본문제

01 주당이익과 관련된 다음 설명 중 옳지 않은 것은?

① 이익의 분배에 대해 서로 다른 권리를 가지는 보통주 종류별로 이에 대한 기본주당이익과 희석주당이익을 보통주에 귀속되는 계속영업손익과 당기순손익에 대하여 계산하고 포괄손익계산서에 표시해야 한다.

② 주당이익은 포괄손익계산서가 제시되는 모든 기간에 대하여 제시된다.

③ 포괄손익계산서를 두 개의 보고서로 작성하여 별개의 포괄손익계산서에 당기순손익의 구성요소를 표시하는 경우, 그 별개의 포괄손익계산서에 기본 및 희석주당이익을 표시한다.

④ 중단영업에 대해 보고하는 기업은 중단영업에 대한 기본주당이익과 희석주당이익을 포괄손익계산서에 표시하거나 주석으로 공시한다.

⑤ 기본주당이익과 희석주당이익이 부(-)의 금액(즉, 주당손실)인 경우에는 재무제표의 기재를 생략할 수 있다.

02 주당이익 계산 시 보통주이익의 산정과 관련된 다음 설명 중 옳지 않은 것은?

① 보통주이익은 당기순이익(계속영업이익)에서 우선주배당금 등을 차감한 금액을 말하며 순수하게 보통주에 귀속되는 이익을 말한다.

② 비누적적 우선주의 경우에는 당해 회계기간과 관련하여 배당결의된 비누적적 우선주에 대한 세후배당금을 차감하여 계산한다.

③ 우선주의 장부금액이 우선주의 매입을 위하여 지급하는 대가의 공정가치를 초과하는 경우 그 차액을 보통주에 귀속되는 당기순손익을 계산할 때 차감하여 계산한다.

④ 할증배당우선주의 당초 할인발행차금이나 할증발행차금은 유효이자율법을 사용하여 상각해 이익잉여금에 가감하며, 주당이익을 계산할 때는 상각액을 우선주배당금으로 처리하여 차감해 계산하여야 한다.

⑤ 누적적 우선주의 경우에는 배당결의 여부와 관계없이 당해 회계기간과 관련한 누적적 우선주에 대한 세후배당금을 차감하여 계산한다.

03 기본주당이익 계산 시 유통보통주식 수의 산정과 관련된 설명으로 옳지 않은 것은?

① 가중평균유통보통주식 수를 산정하기 위한 보통주유통일수 계산의 기산일은 통상 주식발행의 대가를 받을 권리가 발생하는 시점(일반적으로 주식발행일)이다.

② 주식을 발행하는 대가로 현금납입이 되는 경우 현금을 받을 권리가 발생하는 날이 가중평균유통보통주식 수를 산정하기 위한 보통주유통일수 계산의 기산일이다.

③ 채무상품의 전환으로 인하여 보통주를 발행하는 경우 최종이자발생일의 다음날이 가중평균유통보통주식 수를 산정하기 위한 보통주유통일수 계산의 기산일이다.

④ 가중평균유통보통주식 수을 계산할 때 자기주식은 취득시점부터 가중평균유통보통주식 수에서 제외하고, 자기주식을 처분하면 가중평균유통보통주식 수에 포함하여야 한다.

⑤ 주주우선배정 신주발행에서 공정가치 이하로 유상증자가 실시된 경우에는 유상증자로 발행된 주식 수 모두를 납입일 기준으로 조정한다.

04 다음은 ㈜강남의 20×1년 기본주당이익계산에 필요한 자료이다. ㈜강남의 회계기간은 1월 1일부터 12월 31일까지이며, 20×1년 당기순이익은 각각 ₩10,000,000이다.

(1) 비누적적 비상환우선주(액면 ₩5,000, 1,000주): 20×1년의 배당률은 10%이며, 20×1년 초에 발행주식 수는 1,000주이고 기중 추가로 발행한 주식은 없다.
(2) 누적적 비상환우선주(액면 ₩5,000, 2,000주): 배당률은 8%이며, 당기에 총발행주식 3,000주 중 1,000주를 공개매수 방식으로 재매입하였다. 공개매수 방식의 재매입가격은 주당 ₩11,000이며, 재매입한 우선주의 장부금액은 ₩10,000이다. 한편, ㈜강남은 전기에 누적적 비상환우선주에 대해서 배당금을 지급하지 않았다.
(3) 누적적 할증배당우선주(액면 ₩5,000, 1,000주): 20×0년에 할인발행한 것으로 20×3년부터 배당(배당률 10%)하며, 20×1년에 유효이자율법으로 상각한 할인발행차금은 ₩200,000이다.
(4) 누적적 전환우선주(액면 ₩5,000, 200주): 전기에 발행한 누적적 전환우선주 400주 중 200주가 7월 1일에 보통주로 전환(전환우선주 1주당 보통주 1주로 전환)되었다. 당기 전환우선주에 대한 배당률은 연 4%이며, 7월 1일 전환된 전환우선주에 대하여 전환을 유도하기 위하여 보통주의 공정가치를 초과하여 지급한 대가는 ₩460,000이다.

20×1년 기본주당이익을 산정하기 위한 보통주당기순이익을 계산하시오.

① ₩5,000,000 ② ₩6,000,000 ③ ₩7,000,000
④ ₩8,000,000 ⑤ ₩9,000,000

05 20×1년 1월 1일 현재 ㈜대한의 보통주 발행주식수는 7,000주(1주당 액면금액 ₩500)이며, 이 중 600주는 자기주식이고, 전환우선주(누적적) 발행주식수는 900주(1주당 액면금액 ₩200, 연 배당률 20%, 3주당 보통주 1주로 전환 가능)이다.

- 3월 1일 유상증자를 실시하여 보통주 2,000주가 증가하였다. 유상증자 시 1주당 발행금액은 ₩2,000이고 유상증자 직전 1주당 공정가치는 ₩2,500이다.
- 7월 1일 전년도에 발행한 전환사채(액면금액 ₩500,000, 액면금액 ₩500당 1주의 보통주로 전환) 중 25%가 보통주로 전환되었다.
- 10월 1일 전환우선주 600주가 보통주로 전환되었다.

㈜대한이 20×1년 당기순이익으로 ₩2,334,600을 보고한 경우 20×1년도 기본주당이익은 얼마인가? 단, 기중에 전환된 전환우선주에 대해서는 우선주배당금을 지급하지 않는다. 가중평균유통보통주식수는 월할 계산하되, 잠재적보통주(전환사채, 전환우선주)에 대해서는 실제 전환일을 기준으로 한다. [2022 공인회계사 1차]

① ₩220 ② ₩240 ③ ₩260
④ ₩280 ⑤ ₩300

06 ㈜세무의 20×1년 초 유통보통주식 수는 15,000주였다. 20×1년 중 보통주식 수의 변동내역이 다음과 같다면, 20×1년도 기본주당이익 계산을 위한 가중평균유통보통주식 수는? (단, 가중평균유통보통주식 수는 월할계산한다) [2017 세무사 1차]

- 2월 1일: 유상증자(발행가격: 공정가치) 20%
- 7월 1일: 주식배당 10%
- 9월 1일: 자기주식 취득 1,800주
- 10월 1일: 자기주식 소각 600주
- 11월 1일: 자기주식 재발행 900주

① 17,750주 ② 18,050주 ③ 18,200주
④ 18,925주 ⑤ 19,075주

07 20×1년 1월 1일 현재 ㈜국세의 유통 중인 보통주 발행주식은 10,000주(주당 액면가액 ₩10,000)이고, 우선주 발행주식은 5,000주(주당 액면가액 ₩10,000)이다. 우선주는 누적적, 비참가적 우선주이며 연 배당률은 액면가액의 5%이다. ㈜국세는 20×1년 7월 1일에 자기주식(보통주) 1,000주를 구입하였다. 또한 ㈜국세는 20×2년 2월 말에 현금배당으로 보통주에 대해서는 액면가액의 2%를, 우선주에 대해서는 1주당 ₩1,000을 지급하기로 결의하였다. 배당결의된 우선주배당금에는 20×0년분에 대하여 지급하지 못한 부분(1주당 ₩500에 해당)이 포함되어 있다. ㈜국세의 20×1년도 보통주 기본주당순이익이 ₩400이라면 당기순이익은 얼마인가? (단, 유통보통주식 수의 가중평균은 월수를 기준으로 계산한다) [2010 세무사 1차]

① ₩2,000,000 ② ₩4,200,000 ③ ₩4,400,000
④ ₩6,300,000 ⑤ ₩6,500,000

08 20×5년 1월 1일 현재 ㈜한국이 기발행한 보통주 500,000주(1주당 액면금액 ₩5,000)와 배당률 연 10%의 비누적적 전환우선주 150,000주(1주당 액면금액 ₩10,000)가 유통 중에 있다. 전환우선주는 20×3년 3월 1일에 발행되었으며, 1주당 보통주 1주로 전환이 가능하다. 20×5년도에 발생한 보통주식의 변동 상황을 요약하면 다음과 같다.

구분	내용	변동주식 수	유통주식 수
1월 1일	기초 유통보통주식 수	-	500,000주
4월 1일	전환우선주 전환	100,000주	600,000주
9월 1일	1대 2로 주식분할	600,000주	1,200,000주
10월 1일	자기주식 취득	(200,000주)	1,000,000주

20×5년도 당기순이익은 ₩710,000,000이며, 회사는 현금배당을 결의하였다. ㈜한국의 20×5년도 기본주당순이익은 얼마인가? (단, 기중에 전환된 전환우선주에 대해서는 우선주배당금을 지급하지 않으며, 가중평균유통보통주식 수 계산 시 월할계산한다. 단수차이로 인해 오차가 있는 경우 가장 근사치를 선택한다) [2015 공인회계사 1차]

① ₩500 ② ₩555 ③ ₩591
④ ₩600 ⑤ ₩645

09 20×1년 초 현재 ㈜한국이 기발행한 보통주 100,000주(주당 액면금액 ₩5,000)가 유통 중에 있으며, 우선주는 없다. 20×1년 중에 발생한 거래는 다음과 같다.

구분	내용	변동주식 수
1월 1일	기초 유통보통주식 수	100,000주
4월 1일	무상증자	20,000주
7월 1일	유상증자	15,000주
10월 1일	자기주식 취득	(1,500)주

20×1년 7월 1일 주당 ₩5,000에 유상증자가 이루어졌으며, 증자 직전 주당공정가치는 ₩15,000이다. 20×1년 당기순이익이 ₩500,000,000일 때, 기본주당순이익은 얼마인가? (단, 가중평균유통보통주식 수 계산 시 월할계산하며, 단수차이로 인해 오차가 있는 경우 가장 근사치를 선택한다) [2016 공인회계사 1차]

① ₩3,578 ② ₩3,790 ③ ₩3,899
④ ₩3,937 ⑤ ₩4,092

10 ㈜한국의 20×3년 초 유통보통주식 수는 5,000주이며 20×3년도 중 보통주식 수의 변동내역은 다음과 같다.

(1) 20×3년 4월 1일에 보통주 1,000주를 시장가격으로 발행하였다.
(2) 20×3년 8월 1일에 10%의 주식배당을 하였다.
(3) 20×3년 12월 1일에 자기주식 600주를 취득하였다.

20×3년도 당기순이익이 ₩5,522,000이었다면, ㈜한국의 기본주당순이익은 얼마인가? (단, 가중평균유통보통주식 수는 월할계산한다) [2014 세무사 1차]

① ₩840 ② ₩868 ③ ₩880
④ ₩928 ⑤ ₩960

11 주당이익 계산과 관련된 다음의 설명 중 옳은 것은? [2012 공인회계사 1차]

① 기업이 자신의 보통주에 기초한 풋옵션이나 콜옵션을 매입한 경우 반희석 효과가 있으므로 희석주당이익의 계산에 포함하지 아니한다.

② 기본주당이익 계산을 위한 가중평균유통보통주식 수 산정 시 당기 중에 유상증자와 주식분할로 증가된 보통주식은 그 발행일을 기산일로 하여 유통보통주식 수를 계산한다.

③ 희석주당이익 계산 시 당기 중에 발행된 잠재적보통주는 보고기간 초부터 희석주당 계산식의 분모에 포함한다.

④ 지배기업의 보통주에 귀속되는 당기순이익 계산 시 비지배지분에 귀속되는 순이익이나 우선주 배당금은 가산한다.

⑤ 기업이 여러 종류의 잠재적보통주를 발행한 경우에는 특정 잠재적보통주가 희석효과를 가지는지 판별하기 위해 모든 잠재적보통주를 고려하며, 기본주당이익에 대한 희석효과가 가장 작은 잠재적보통주부터 순차적으로 고려하여 희석주당이익을 계산한다.

12 기업회계기준서 제1033호 '주당이익'에 대한 다음 설명 중 옳지 않은 것은?

[2019 공인회계사 1차]

① 기본주당이익 정보의 목적은 회계기간의 경영성과에 대한 지배기업의 보통주 1주당 지분의 측정치를 제공하는 것이다.

② 기업이 공개매수 방식으로 우선주를 재매입할 때 우선주의 장부금액이 우선주의 매입을 위하여 지급하는 대가의 공정가치를 초과하는 경우 그 차액을 지배기업의 보통주에 귀속되는 당기순손익을 계산할 때 차감한다.

③ 가중평균유통보통주식 수를 산정하기 위한 보통주유통일수 계산의 기산일은 통상 주식발행의 대가를 받을 권리가 발생하는 시점이다. 채무상품의 전환으로 인하여 보통주를 발행하는 경우 최종이자발생일의 다음날이 보통주유통일수를 계산하는 기산일이다.

④ 조건부로 재매입할 수 있는 보통주를 발행한 경우 이에 대한 재매입가능성이 없어질 때까지는 보통주로 간주하지 아니하고, 기본주당이익을 계산하기 위한 보통주식 수에 포함하지 아니한다.

⑤ 잠재적보통주는 보통주로 전환된다고 가정할 경우 주당계속영업이익을 감소시키거나 주당계속영업손실을 증가시킬 수 있는 경우에만 희석성 잠재적보통주로 취급한다.

13 ㈜문경의 20×1년도 주당이익산출과 관련된 자료는 다음과 같다.

> (1) 20×1년 1월 1일 현재 유통보통주식 수는 15,000주(주당 액면금액 ₩1,000)이며, 우선주는 없다.
> (2) 20×1년 7월 1일에 자기주식 1,800주를 취득하여 20×1년 12월 31일 현재 보유하고 있다.
> (3) 20×1년 1월 1일에 전환사채(액면금액 ₩500,000, 3년 후 일시상환)를 액면발행하였다. 동 사채의 액면이자율은 연 8%(매년 말 이자지급)이며, 전환사채 발행 시 동일 조건을 가진 일반사채의 유효이자율은 연 10%이다. 동 전환사채는 만기까지 언제든지 사채액면 ₩1,000당 보통주 1주로 전환가능하다. 20×1년 12월 31일까지 동 전환사채에 대하여 전환청구는 없었다.
> (4) 가중평균은 월할로 계산한다.

20×1년도 ㈜문경의 기본주당순이익이 ₩328이라면 희석주당순이익은 얼마인가? (단, 법인세율은 20%로 가정한다. 현가계수는 아래 표를 이용하라. 또한 계산금액은 소수점 첫째 자리에서 반올림하며, 단수차이로 인해 약간의 오차가 있으면 가장 근사치를 선택한다)

[2011 공인회계사 1차]

기간 \ 할인율	기간 말 단일금액 ₩1의 현재가치		정상연금 ₩1의 현재가치	
	8%	10%	8%	10%
1	0.9259	0.9091	0.9259	0.9091
2	0.8573	0.8264	1.7833	1.7355
3	0.7938	0.7513	2.5771	2.4868

① ₩313 ② ₩316 ③ ₩319 ④ ₩322 ⑤ ₩325

14 20×1년 1월 1일 현재 ㈜대한의 유통보통주식 수는 200,000주(1주당 액면금액 ₩1,000)이며, 자기주식과 우선주는 없다. ㈜대한은 20×1년 1월 1일에 주식매입권 30,000개(20×3년 말까지 행사가능)를 발행하였으며, 주식매입권 1개가 행사되면 보통주 1주가 발행된다. 주식매입권의 행사가격은 1개당 ₩20,000이며, 20×1년 보통주의 평균시장가격은 1주당 ₩25,000이다. 20×1년 10월 1일에 동 주식매입권 20,000개가 행사되었다. ㈜대한이 20×1년 당기순이익으로 ₩205,000,000을 보고한 경우 20×1년 희석주당이익은 얼마인가? (단, 가중평균유통보통주식수는 월할로 계산하며, 단수차이로 인해 오차가 있다면 가장 근사치를 선택한다)

[2021 공인회계사 1차]

① ₩960 ② ₩972 ③ ₩976
④ ₩982 ⑤ ₩987

15 ㈜대경의 20×2년 1월 1일 현재 보통주자본금은 ₩50,000,000(주당 액면금액은 ₩5,000)이고 자기주식과 우선주자본금은 없다. ㈜대경의 20×2년 당기 희석주당이익 계산을 위한 자료는 다음과 같다.

- 기초미행사 신주인수권: 1,000개(신주인수권 1개당 보통주 1주 인수)
- 신주인수권 행사가격: 주당 ₩6,000
- 기중 보통주 평균시가: 주당 ₩10,000

20×2년 10월 1일에 신주인수권 800개가 행사되었다. 가중평균주식 수를 월할계산했을때 20×2년 당기 희석주당이익이 ₩620이라고 하면, 20×2년 ㈜대경의 당기순이익은 얼마인가? (단, 법인세 효과는 고려하지 않는다) [2014 공인회계사 1차]

① ₩6,398,400 ② ₩6,423,200 ③ ₩6,522,400
④ ₩6,572,000 ⑤ ₩6,671,200

16 다음은 ㈜한국의 20×2년도 주당이익과 관련된 자료이다.

(1) 당기순이익은 ₩21,384이고, 기초의 유통보통주식 수는 100주이며 기중 변동은 없었다.
(2) 20×1년 초 전환사채를 발행하였으며, 전환권을 행사하면 보통주 20주로 전환이 가능하다. 20×2년도 포괄손익계산서의 전환사채 관련 이자비용은 ₩5,250이며, 법인세율은 20%이다. 20×2년 말까지 행사된 전환권은 없다.
(3) 20×1년 초 신주인수권 20개를 발행하였으며, 신주인수권 1개당 보통주 1주의 취득(행사가격 ₩3,000)이 가능하다. 20×2년 중의 보통주 평균시가는 주당 ₩5,000이다.

20×2년도 ㈜한국의 포괄손익계산서상 희석주당이익은? (단, 가중평균유통보통주식 수는 월할로 계산하며, 단수차이로 인해 오차가 있다면 가장 근사치를 선택한다) [2017 공인회계사 1차]

① ₩178 ② ₩183 ③ ₩198
④ ₩200 ⑤ ₩208

17 다음은 ㈜대한의 20×1년도 주당이익과 관련한 자료이다.

> (1) 20×1년 중 보통주 변동내용은 다음과 같다. 7월 1일 유상증자는 주주우선배정 신주발행에 해당하며, 유상증자 전일의 보통주 공정가치는 주당 ₩800이고, 유상증자시점의 발행가액은 주당 ₩500이다.
>
> | 일자 | 변동내용 | 유통보통주식 수 |
> |---|---|---|
> | 20×1. 1. 1. | 전기 이월 | 1,000주 |
> | 20×1. 7. 1. | 유상증자 400주 | 1,400주 |
>
> (2) 20×1년 초 신주인수권 800개를 부여하였는데, 동 신주인수권 1개로 보통주 1주를 인수할 수 있다. 신주인수권의 개당 행사가격은 ₩600이고, 20×1년 중 ㈜대한이 발행한 보통주식의 평균주가는 주당 ₩750이다.
>
> (3) 20×1년도 당기순이익으로 ₩919,800을 보고하였다.

㈜대한의 20×1년도 희석주당순이익은 얼마인가? (단, 가중평균유통주식 수는 월할계산한다)

[2018 공인회계사 1차]

① ₩600　② ₩648　③ ₩657
④ ₩669　⑤ ₩730

18 12월 결산법인인 ㈜한국의 20×4년 1월 1일 현재 보통주자본금은 ₩500,000(주당 액면금액은 ₩5,000)이고 20×4년 당기순이익(중단영업손익은 없음)은 ₩400,000이다. ㈜한국이 발행한 잠재적보통주에는 신주인수권부사채와 주식선택권이 있으며 각 희석증권의 내역은 다음과 같다.

(1) 신주인수권부사채
- 발행일: 20×4년 1월 1일
- 발행금액: 액면 ₩600,000, 액면발행, 상환할증금 없음
- 만기: 20×6년 12월 31일
- 이자율 및 지급방법: 연 8%이며 매년 말 후급
- 신주인수권에 대한 내용
  - 행사비율: 사채권면액의 100%
  - 행사가격: 사채액면 ₩20,000당 1주(납입은 현금으로 함)
  - 행사기간: 사채발행 이후 1개월 경과일부터 상환기간 30일 전까지

(2) 주식선택권
㈜한국은 20×2년 7월 1일 종업원에게 주식선택권 20주를 부여하였다. 주식선택권의 행사기간은 20×4년 7월 1일부터 20×6년 6월 30일까지이며 행사가격은 ₩15,000(종업원이 주식선택권 1개당 제공해야 할 용역의 가치는 개당 ₩1,000 포함)이다. 20×4년 중 주식선택권으로 인하여 급여로 계상된 금액은 ₩44,000이었다.

20×4년 ㈜한국의 보통주 평균주가는 ₩25,000이었으며 세율은 30%이라면 20×4년 ㈜한국의 희석주당순이익은 얼마인가? [2004 공인회계사 1차 수정]

① ₩2,872 ② ₩3,774 ③ ₩3,779
④ ₩3,989 ⑤ ₩4,000

19 다음은 1월 1일부터 12월 31일이 보고기간인 ㈜서울의 주당이익과 관련된 자료이다.

(1) 이익

구분	기본주당계속영업이익	기본주당순이익
계속영업이익(당기순이익)	₩16,400,000	₩12,400,000
우선주배당금	₩(6,400,000)	₩(6,400,000)
보통주이익	₩10,000,000	₩6,000,000
유통보통주식 수	₩2,000,000주	₩2,000,000주
기본주당이익	₩5/주	₩3/주

(2) 잠재적보통주

구분	① 이익의 증가	② 보통주식 수의 증가	③ 증분주식 1주당 이익(① ÷ ②)
옵션	₩0	20,000주	₩0
전환우선주	₩6,400,000	1,600,000주	₩4
전환사채	₩3,000,000	2,000,000주	₩1.5

㈜서울의 희석주당계속영업이익과 희석주당순이익을 계산하면 얼마인가? 단, 주당이익을 계산할 때 소수점 셋째 자리에서 반올림한다.

	희석주당계속영업이익	희석주당순이익
①	₩3.23	₩2.24
②	₩3.23	₩3.12
③	₩4.95	₩2.24
④	₩4.95	₩3.12
⑤	₩3.45	₩2.24

20 ㈜서울의 보고기간은 1월 1일부터 12월 31일까지이다. 다음은 ㈜서울의 20×1년과 20×2년의 기본주당이익계산에 관련된 자료들이다.

(1) 보통주 당기순이익

구분	20×1년	20×2년
보통주 당기순이익	₩1,200,000	₩1,500,000

(2) 20×1년 유통보통주식 수: 10,000주

(3) 20×2년 유통보통주식 수
- 기초 유통보통주식 수: 10,000주
- 4월 1일 무상증자(20%): 2,000주

20×1년과 20×2년의 비교재무제표상 기본주당순이익을 계산하면 얼마인가?

	20×1년 기본주당순이익	20×2년 기본주당순이익
①	₩100	₩100
②	₩100	₩125
③	₩110	₩100
④	₩110	₩125
⑤	₩125	₩100

21 ㈜세무의 20×1년도 주당이익 계산과 관련된 자료는 다음과 같다. ㈜세무의 20×1년도 기본주당순이익은? [2022 세무사 1차]

(1) ㈜세무의 20×1년 초 유통보통주식수는 800주이며, 우선주는 모두 비참가적, 비누적적 우선주이다.

(2) ㈜세무는 20×1년 4월 1일 유상증자를 실시하여 보통주 300주를 추가발행하였다. 동 유상증자 시 발행금액은 1주당 1,000이었으나, 유상증자 전일의 보통주 종가는 1주당 ₩1,500이었다.

(3) ㈜세무는 20×1년 10월 1일 보통주(자기주식) 60주를 취득하여 20×1년 말 까지 보유하고 있다.

(4) 20×1년도 우선주에 대하여 지급하기로 결의된 배당금은 ₩50,000이다.

(5) ㈜세무의 20×1년도 당기순이익은 ₩575,000이다.

(6) 가중평균유통보통주식수는 월할계산하고, 유상증자의 경우 발행금액 전액이 발행일에 납입완료되었다.

① ₩495 ② ₩498 ③ ₩500
④ ₩505 ⑤ ₩510

22 ㈜대한의 20×1년도 당기순이익은 ₩15,260,000이며, 주당이익과 관련된 자료는 다음과 같다.

- 20×1년 1월 1일 현재 유통보통주식수는 30,000주(주당 액면금액 ₩1,500)이며, 유통우선주식수는 20,000주(주당 액면금액 ₩5,000, 배당률 5%)이다. 우선주는 누적적우선주이며, 전년도에 지급하지 못한 우선주배당금을 함께 지급하기로 결의하였다.
- 20×1년 7월 1일에 보통주 2,000주를 공정가치로 유상증자하였으며, 9월 1일에 3,200주를 무상증자하였다.
- 20×1년 10월 1일에 전년도에 발행한 전환사채 액면금액 ₩1,000,000 중 20%가 보통주로 전환되었으며, 전환가격은 ₩500이다. 20×1년도 포괄손익계산서에 계상된 전환사채의 이자비용은 ₩171,000이며, 세율은 20%이다.

㈜대한의 20×1년도 희석주당이익은 얼마인가? 단, 가중평균유통주식수는 월할로 계산하며, 단수차이로 인해 오차가 있다면 가장 근사치를 선택한다. [2023 공인회계사 1차]

① ₩149
② ₩166
③ ₩193
④ ₩288
⑤ ₩296

01 20×1년 1월 1일에 ㈜신일은 액면금액이 ₩10,000이고 전환이 되지 않고 상환도 되지 않는 A종류 누적적 우선주를 발행하였다. A종류 우선주는 20×4년부터 누적적으로 연간 주당 ₩700의 배당금을 받게 된다.

> (1) 발행일의 A종류 우선주에 대한 시장배당수익률은 연 7%이다. 따라서 발행일에 주당 ₩700의 배당률이 유효하다면, ㈜신일은 A종류 우선주당 ₩10,000의 발행금액을 기대할 수 있다.
> (2) ㈜신일은 우선주에 대하여 배당금을 3년간 지급하지 않을 예정이며, 3기간의 7% 연금현가계수는 2.6243이다.

만약 20×3년 ㈜신일의 당기순이익이 ₩100,000이라고 한다면, 20×3년 보통주당기순손익이 얼마인지 계산하시오. 단, 할증배당우선주를 제외한 다른 종류의 우선주는 없다고 가정한다.

① ₩99,346 ② ₩100,000 ③ ₩98,284
④ ₩92,896 ⑤ ₩99,300

02 다음은 보고기간이 1월 1일부터 12월 31일까지인 ㈜강남의 20×1년 기본주당이익계산과 관련된 자료이다.

> (1) ㈜강남의 1월 1일 유통보통주식 수는 1,000,000주이다.
> (2) ㈜강남의 20×1년 당기순이익은 ₩2,900,000이다.
> (3) 조건부발행보통주와 관련된 사항은 다음과 같다.
> • 영업점조건: 20×1년에 새로 개점하는 영업점 1개당 보통주 5,000주 발행
> • 당기순이익조건: 20×1년 12월 31일에 종료하는 연도에 당기순이익이 ₩2,000,000을 초과하는 경우 매초과액 ₩1,000에 대하여 보통주 1,000주 발행
> (4) 이 기간 동안 개점한 영업점: 20×1년 5월 1일에 1개, 20×1년 9월 1일에 1개

20×1년 기본주당이익 산정을 위한 가중평균유통보통주식 수를 계산하고 기본주당순손익을 계산하시오(단, 주당이익은 소수점 셋째 자리에서 반올림한다. 예 2.887 ⇨ 2.89).

① ₩2.89 ② ₩3.89 ③ ₩4.89
④ ₩5.89 ⑤ ₩6.89

03 다음은 ㈜강남의 20×1년 주당이익을 계산하기 위하여 필요한 자료들이다. ㈜강남의 20×1년 당기순이익은 ₩1,000,000이다.

(1) 20×1년 초 자본금 내역

보통주 자본금(액면 ₩5,000, 800주)	₩4,000,000
우선주 자본금(액면 ₩5,000, 200주, 누적적 · 참가적 우선주)	₩1,000,000
계	₩5,000,000

(2) 당기 중 보통주와 우선주의 추가발행은 없었으며, 당기순이익에 대한 배당은 보통주와 우선주 모두 10%이다. 참가분 배당에 대한 배분비율은 4(보통주) : 1(우선주)이다.

(3) 우선주에 대한 과거 누적배당금은 없다.

㈜강남의 20×1년 기본주당순이익을 계산하여라.

① ₩800 ② ₩900 ③ ₩1,000
④ ₩1,100 ⑤ ₩1,200

04 ㈜대한은 보통주와 우선주 두 종류의 주식을 보유하고 있다. 우선주는 배당률 7%의 누적적 · 비참가적 주식으로 20×0년 말 시점에 연체배당금 ₩700,000이 있다. ㈜대한은 20×1년도 이익에 대해서도 배당을 실시하지 않았다. 20×1년 초의 주식 수는 모두 유통주식 수이다. 유상신주의 배당기산일은 납입한 때이며, 무상신주의 배당기산일은 원래의 구주에 따른다. 20×1년 7월 1일 유상증자는 공정가치로 실시되었다. ㈜대한의 20×1년도 당기순이익은 ₩5,170,000이며 자본금(주당액면 ₩5,000) 변동내역이 다음과 같을 때 주당순이익은 얼마인가? (단, 가중평균유통보통주식 수와 배당금은 월할계산한다. 계산금액은 소수점 첫째 자리에서 반올림하며, 이 경우 단수차이로 인해 약간의 오차가 있으면 가장 근사치를 선택한다) [2011 세무사 1차]

구분	보통주자본금		우선주자본금	
기초(1월 1일)	10,000주	₩50,000,000	1,000주	₩5,000,000
기중				
7월 1일 유상증자(납입) 25%	2,500주	₩12,500,000	250주	₩1,250,000
8월 1일 무상증자 6%	750주	₩3,750,000	75주	₩375,000
11월 1일 자기주식 구입	(300)주	₩(1,500,000)	-	-
기말(12월 31일)	12,950주	₩64,750,000	1,325주	₩6,625,000

① ₩206 ② ₩300 ③ ₩385
④ ₩400 ⑤ ₩406

05 12월 말 결산법인인 ㈜국세의 20×7년 초 유통보통주식 수는 200,000주이고 유통되고 있는 전환금융상품 및 우선주는 없다. ㈜국세는 최근의 사업과 관련하여 다음의 조건에 따라 보통주를 추가로 발행하기로 합의하였다.

- 영업점조건: 20×7년에 새로 개점되는 영업점 1개당 보통주 5,000주 발행
- 이익조건: 20×7년의 당기순이익이 ₩2,500,000을 초과하는 경우 매초과액 ₩1,000에 대하여 보통주 100주 발행

㈜국세는 20×7년 6월 1일에 1개의 새로운 영업점을 개점하였으며, 회사의 분기별 누적세후순이익은 다음과 같다.

- 20×7년 3월 31일: ₩1,400,000
- 20×7년 6월 30일: ₩2,900,000

20×7년도 제2분기(4월 1일 ~ 6월 30일)의 기본주당순이익과 희석주당순이익은 각각 얼마인가? (단, 주당순이익 계산 시 소수점 셋째 자리에서 반올림하고, 가중평균유통보통주식 수 계산은 월수로 한다) [2007 세무사 1차]

	기본주당순이익	희석주당순이익
①	₩7.44	₩6.12
②	₩7.32	₩6.82
③	₩7.44	₩6.82
④	₩7.32	₩6.12
⑤	₩6.82	₩6.32

06 20×1년 초 현재 ㈜대한이 기발행한 보통주 10,000주(주당 액면금액 ₩100)가 유통 중에 있으며, 자기주식과 우선주는 없다. 20×1년 중에 발생한 거래는 다음과 같다.

> (1) 20×1년 1월 1일에 발행된 상환할증금 미지급조건의 신주인수권부사채의 액면금액은 ₩1,000,000이고, 행사비율은 사채액면금액의 100%로 사채액면 ₩500당 보통주 1주(주당 액면금액 ₩100)를 인수할 수 있다. 20×1년도 포괄손익계산서의 신주인수권부사채 관련 이자비용은 ₩45,000이며, 법인세율은 20%이다. 한편 20×1년 ㈜대한의 보통주 평균시장가격은 주당 ₩800이며, 20×1년 중에 행사된 신주인수권은 없다.
>
> (2) 20×1년 3월 1일에 보통주 3,000주의 유상증자(기존의 모든 주주에게 부여되는 주주우선배정 신주발행)를 실시하였는데, 유상증자 직전의 보통주 공정가치는 주당 ₩3,000이고, 유상증자시점의 발행가액은 주당 ₩2,500이다.
>
> (3) 20×1년 7월 1일에 취득한 자기주식 500주 중 300주를 3개월이 경과한 10월 1일에 시장에서 처분하였다.

㈜대한이 20×1년도 당기순이익으로 ₩4,000,000을 보고한 경우, 20×1년도 희석주당이익은 얼마인가? 단, 가중평균유통보통주식 수는 월할로 계산하며, 단수차이로 인해 오차가 있다면 가장 근사치를 선택한다. [2020 공인회계사 1차]

① ₩298 ② ₩304 ③ ₩315
④ ₩323 ⑤ ₩330

기본문제 정답 및 해설

01 기본주당이익과 희석주당이익이 부(-)의 금액(즉, 주당손실)인 경우에도 표시한다.

02 **1. 공개매수 방식으로 우선주 재매입 시 재매입손실**

기업이 공개매수 방식으로 우선주를 재매입할 때 우선주 주주에게 지급한 대가의 공정가치가 우선주의 장부금액을 초과하는 부분은 우선주 주주에 대한 이익배분으로서 이익잉여금에서 차감한다. 이 금액은 보통주에 귀속되는 당기순손익을 계산할 때 차감하여 계산한다.

우선주 재매입손실 = 우선주 재매입대가(공정가치) - 우선주 장부금액

2. 우선주 재매입이익

우선주의 장부금액이 우선주의 매입을 위하여 지급하는 대가의 공정가치를 초과하는 경우 그 차액을 보통주에 귀속되는 당기순손익을 계산할 때 가산하여 계산한다.

우선주 재매입이익 = 우선주 장부금액 - 우선주 재매입대가(공정가치)

03 주주우선배정 신주발행에서 공정가치 이하로 유상증자가 실시된 경우 공정가치 유상증자 시 발행가능주식 수는 납입일을 기준으로 조정하고, 무상증자 주식 수에 대해서는 원구주를 따른다.

04

보통주당기순이익		₩10,000,000
비누적적 비상환우선주		
배당금: ₩5,000 × 1,000주 × 10% × 12/12 =	₩500,000	₩(500,000)
누적적 비상환우선주[1]		
배당금: ₩5,000 × 2,000주 × 8% × 12/12 =	₩800,000	
재매입손실: 1,000주 × (₩11,000 - ₩10,000) =	₩1,000,000	₩(1,800,000)
누적적 할증배당우선주		
할증배당우선주상각액	₩200,000	₩(200,000)
누적적 전환우선주		
전환우선주 유도전환 대가	₩460,000	
미전환분 배당금: ₩5,000 × 200주 × 4% =	₩40,000	₩(500,000)
계		₩7,000,000

[1] 보통주당기순이익 산정 시 배당결의 여부와 관계없이 당해 회계기간과 관련한 누적적 우선주에 대한 세후배당금만을 차감하며, 전기 이전의 기간과 관련하여 당기에 지급되거나 결의된 누적적 우선주배당금은 제외한다.

정답 01 ⑤ 02 ③ 03 ⑤ 04 ③

05 1. 보통주당기순이익: ₩2,334,600 - 300주 × ₩200 × 20% = ₩2,322,600

2. 유통보통주식수: 6,720주 × 12/12 + 1,680주 × 10/12 + 250주 × 6/12 + 200주 × 3/12 = 8,295주

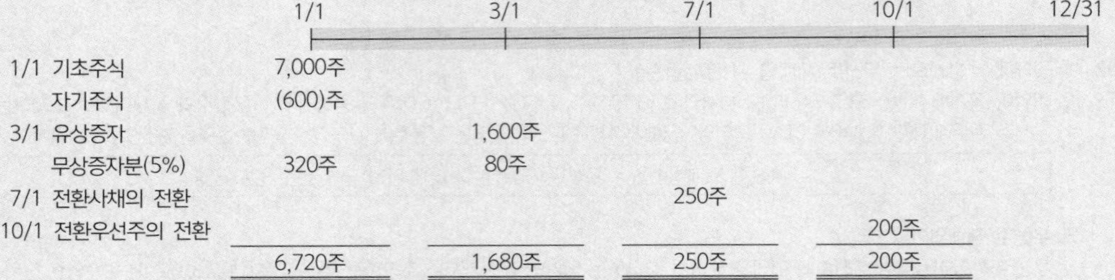

	1/1	3/1	7/1	10/1	12/31
1/1 기초주식	7,000주				
자기주식	(600)주				
3/1 유상증자		1,600주			
무상증자분(5%)	320주	80주			
7/1 전환사채의 전환			250주		
10/1 전환우선주의 전환				200주	
	6,720주	1,680주	250주	200주	

3. 기본주당순이익: ₩2,322,600 ÷ 8,295주 = ₩280/주

06 1. 가중평균유통보통주식 수: 16,500주 × 12/12 + 3,300주 × 11/12 - 1,800주 × 4/12 + 900주 × 2/12 = 19,075주

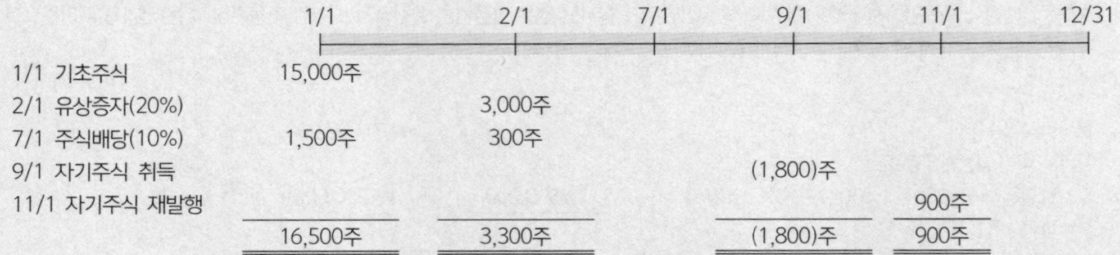

	1/1	2/1	7/1	9/1	11/1	12/31
1/1 기초주식	15,000주					
2/1 유상증자(20%)		3,000주				
7/1 주식배당(10%)	1,500주	300주				
9/1 자기주식 취득				(1,800)주		
11/1 자기주식 재발행					900주	
	16,500주	3,300주		(1,800)주	900주	

2. 주당이익은 유통된 보통주식 수에 대하여 산정하는 것이므로 자기주식은 취득시점부터 매각시점까지의 보유기간 동안 유통보통주식 수에 포함하지 아니한다. 따라서 가중평균유통보통주식 수를 계산할 때 자기주식은 취득시점부터 가중평균유통보통주식 수에서 제외하고, 자기주식을 처분하면 가중평균유통보통주식 수에 포함하여야 한다.

07 1. 당기순이익

(1) 보통주당기순이익: 당기순이익(x) - 5,000주 × ₩500 = x - ₩2,500,000

(2) 유통보통주식 수: 10,000주 × 12/12 - 1,000주 × 6/12 = 9,500주

(3) 기본주당순이익: (x - ₩2,500,000) ÷ 9,500주 = ₩400

∴ 당기순이익(x) = ₩400 × 9,500주 + ₩2,500,000 = ₩6,300,000

2. 누적적 우선주의 경우에는 배당결의 여부와 관계없이 당해 회계기간과 관련한 누적적 우선주에 대한 세후배당금을 차감하여 계산한다. 따라서 전기 이전의 기간과 관련하여 당기에 지급되거나 결의된 누적적 우선주 배당금은 제외한다.

정답 05 ④ 06 ⑤ 07 ④

08 1. 보통주당기순이익: ₩710,000,000 - 50,000주 × ₩10,000 × 10% = ₩660,000,000

2. 유통보통주식 수: 1,000,000주 × 12/12 + 200,000주 × 9/12 - 200,000주 × 3/12 = 1,100,000주

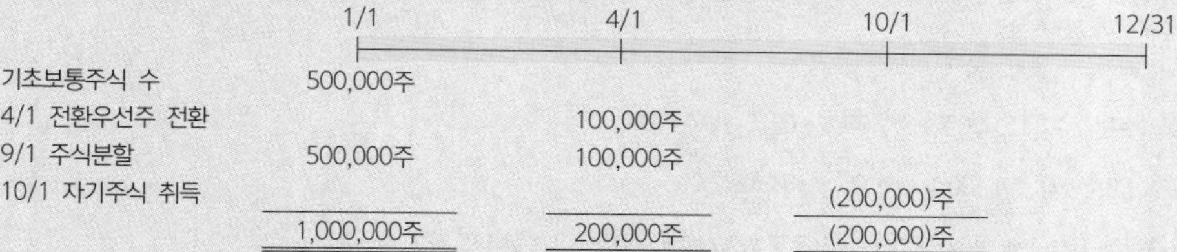

	1/1	4/1	10/1	12/31
기초보통주식 수	500,000주			
4/1 전환우선주 전환		100,000주		
9/1 주식분할	500,000주	100,000주		
10/1 자기주식 취득			(200,000)주	
	1,000,000주	200,000주	(200,000)주	

3. 기본주당순이익: ₩660,000,000 ÷ 1,100,000주 = ₩600/주

09 1. 보통주당기순이익: ₩500,000,000

2. 유통보통주식 수: 129,600주 × 12/12 + 5,400주 × 6/12 - 1,500주 × 3/12 = 131,925주

	1/1	7/1	10/1	12/31
기초보통주식 수	100,000주			
4/1 무상증자	20,000주			
7/1 유상증자		5,000주		
7/1 무상증자(8%)[1]	9,600주	400주		
9/1 자기주식 취득			(1,500)주	
	129,600주	5,400주	(1,500)주	

[1] 무상증자비율
① 공정가치 증자 시 발행가능한 주식 수: (15,000주 × ₩5,000) ÷ ₩15,000 = 5,000주
② 무상증자주식 수: 15,000주 - 5,000주 = 10,000주
③ 무상증자비율: 10,000주 ÷ (100,000주 + 20,000주 + 5,000주) = 8%

3. 기본주당순이익: ₩500,000,000 ÷ 131,925주 = ₩3,790/주

10 1. 유통보통주식 수: 5,500주 × 12/12 + 1,100주 × 9/12 - 600주 × 1/12 = 6,275주

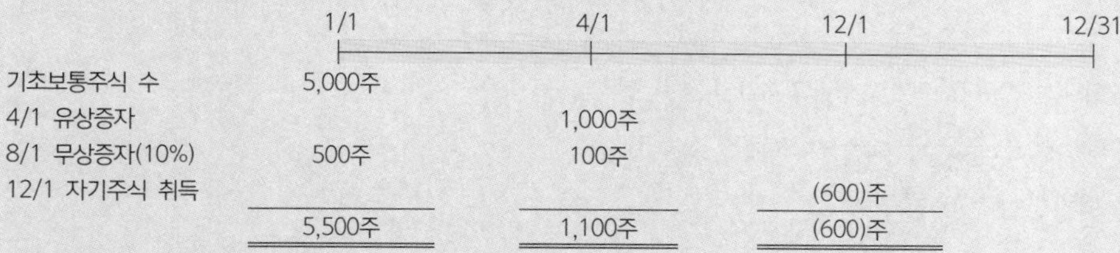

	1/1	4/1	12/1	12/31
기초보통주식 수	5,000주			
4/1 유상증자		1,000주		
8/1 무상증자(10%)	500주	100주		
12/1 자기주식 취득			(600)주	
	5,500주	1,100주	(600)주	

2. 기본주당순이익: ₩5,522,000/6,275주 = ₩880

11 ② 기본주당이익 계산을 위한 가중평균유통보통주 수 산정 시 당기 중에 유상증자는 그 발행일을 기산일로 하여 유통보통주식 수를 계산하지만 주식분할로 증가된 보통주식은 비교 표시되는 최초기간의 개시일에 실시된 것으로 간주한다. 다만, 기중의 유상증자로 발행된 신주에 대한 주식분할은 유상신주의 발행일에 실시된 것으로 간주하여 유통보통주식 수로 간주한다.
③ 희석주당이익 계산 시 당기 중에 발행된 잠재적보통주는 발행일부터 희석주당 계산식의 분모에 포함한다.
④ 기본주당이익을 계산할 때 지배기업의 보통주에 귀속되는 금액은 지배기업에 귀속되는 당기순이익에서 자본으로 분류된 우선주에 대한 세후 우선주배당금, 우선주 상환 시 발생한 차액 및 유사한 효과를 조정한 금액이다.
⑤ 기업이 여러 종류의 잠재적보통주를 발행한 경우에는 특정 잠재적보통주가 희석효과를 가지는지 판별하기 위해 여러 종류의 잠재적보통주를 통합해서 고려하는 것이 아니라 개별적으로 고려한다.

정답 08 ④ 09 ② 10 ③ 11 ①

12 기업이 공개매수 방식으로 우선주를 재매입할 때 우선주 주주에게 지급한 대가의 공정가치가 우선주의 장부금액을 초과하는 부분은 우선주 주주에 대한 이익배분으로서 이익잉여금에서 차감한다. 이 금액은 보통주에 귀속되는 당기순손익을 계산할 때 차감하여 계산한다. 반면에, 우선주의 장부금액이 우선주의 매입을 위하여 지급하는 대가의 공정가치를 초과하는 경우 그 차액을 보통주에 귀속되는 당기순손익을 계산할 때 가산하여 계산한다.

13 1. 유통보통주식 수: 15,000주 - 1,800주 × 6/12 = 14,100주

2. 보통주당기순이익: 14,100주 × @328 = ₩4,624,800

3. 전환사채의 장부금액: ₩40,000 × 2.4868 + ₩500,000 × 0.7513 = ₩475,122

4. 전환사채의 희석효과: ₩475,122 × 10% × (1 - 20%) ÷ 500주 = @76

5. 희석주당이익: {₩4,624,800 + ₩475,122 × 10% × (1 - 20%)} ÷ (14,100주 + 500주) = @319

14 1. 보통주당기순이익: ₩205,000,000

2. 유통보통주식 수: 200,000주 × 12/12 + 20,000주 × 3/12 = 205,000주

3. 기본주당순이익: ₩205,000,000 ÷ 205,000주 = ₩1,000/주

4. 주식매입권의 희석효과: ₩0 ÷ 5,000주[1] = ₩0/주(희석효과 있음)

[1] (20,000주 - 20,000주 × ₩20,000/₩25,000) × 9/12 + (10,000주 - 10,000주 × ₩20,000/₩25,000) × 12/12 = 5,000주

5. 희석주당순이익

$$\frac{₩205,000,000 + ₩0}{205,000주 + 5,000주} = ₩976$$

15 1. 유통보통주식 수: 10,000주 × 12/12 + 800주 × 3/12 = 10,200주

2. 신주인수권부사채의 잠재적보통주식 수

행사분: (800주 - 800주 × ₩6,000 ÷ ₩10,000) × 9/12 =	240주
미행사분: (200주 - 200주 × ₩6,000 ÷ ₩10,000) × 12/12 =	80주
계	320주

3. 당기순이익(보통주당기순이익)을 x라고 하면,

희석주당이익: $\frac{x + ₩0}{10,200주 + 320주} = ₩620$

∴ 당기순이익(x) = ₩6,522,400

정답 12② 13③ 14③ 15③

16 1. 20×2년 기본주당순이익

(1) 보통주당기순이익: ₩21,384

(2) 가중평균유통보통주식 수: 100주 × 12/12 = 100주

(3) 기본주당순이익: ₩21,384 ÷ 100주 = ₩214/주

2. 20×2년 희석주당순이익

(1) 희석효과 분석

① 전환사채: $\frac{₩5,250 \times (1 - 20\%)}{20\text{주} \times 12/12} = \frac{₩4,200}{20\text{주}}$ = ₩210(희석효과 있음)

② 신주인수권: $\frac{₩0}{8\text{주}^{1)} \times 12/12} = \frac{₩0}{8\text{주}}$ = ₩0(희석효과 있음)

1) 20주 - 20주 × ₩3,000/₩5,000 = 8주

(2) 잠재적보통주의 희석효과

구분	당기순이익	보통주식 수	주당이익	희석효과
기본주당이익	₩21,384	100주	₩214	
신주인수권	₩0	8주		
계	₩21,384	108주	₩198	희석성
전환사채	₩4,200	20주		
계	₩25,584	128주	₩200	반희석성

(3) 희석주당순이익: ₩198/주

17 1. 20×1년 기본주당순이익

(1) 보통주당기순이익: ₩919,800

(2) 가중평균유통보통주식 수: 1,120주 × 12/12 + 280주 × 6/12 = 1,260주

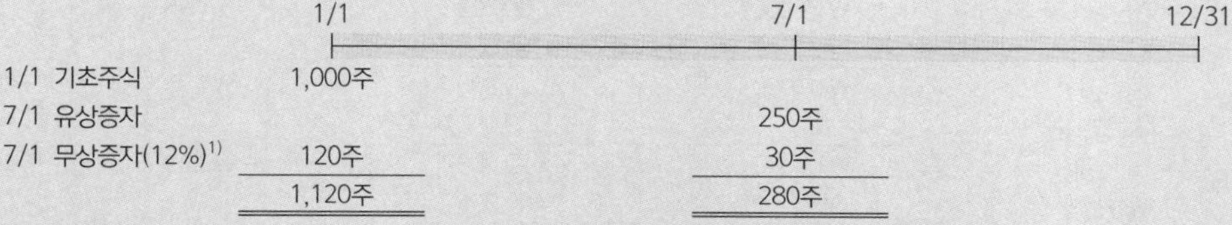

1) 무상증자비율

① 공정가치 증자 시 발행가능한 주식 수: (400주 × ₩500) ÷ ₩800 = 250주

② 무상증자주식 수: 400주 - 250주 = 150주

③ 무상증자비율: 150주 ÷ (1,000주 + 250주) = 12%

(3) 기본주당순이익: ₩919,800 ÷ 1,260주 = ₩730/주

2. 20×1년 희석주당순이익

(1) 신주인수권 희석효과 분석

$\frac{₩0}{160\text{주}^{1)} \times 12/12} = \frac{₩0}{160\text{주}}$ = ₩0(희석효과 있음)

1) 800주 - 800주 × ₩600/₩750 = 160주

(2) 잠재적보통주의 희석효과

구분	당기순이익	보통주식 수	주당이익	희석효과
기본주당이익	₩919,800	1,260주	₩730	
신주인수권	₩0	160주		
계	₩919,800	1,420주	₩648	희석성

(3) 희석주당순이익: ₩648/주

정답 16 ③ 17 ②

18 1. 보통주당기순이익: ₩400,000

2. 유통보통주식 수: 100주

3. 기본주당순이익: ₩400,000 ÷ 100주 = ₩4,000/주

4. 희석주당순이익

$$\frac{₩400,000 + ₩0}{100주 + 6주^{1)}} = \frac{₩400,000}{106주} = ₩3,774^{2)}$$

1) 신주인수권부사채

권리행사 시 발행가능한 주식 수	30주
행사가격에 상당하는 자기주식 수	(24)주
희석증권주식 수	6주

2) 주식선택권

$$\frac{₩400,000 + ₩44,000 \times (1 - 0.3)}{106주 + 20주 - 20주 \times ₩15,000/₩25,000} = \frac{₩430,800}{114주} = ₩3,779(반희석성)$$

19 1. 희석효과 적용순서의 결정

구분	① 이익의 증가	② 보통주식 수의 증가	③ 증분주식 1주당 이익(① ÷ ②)	적용순서
옵션	₩0	20,000주	₩0	1순위
전환우선주	₩6,400,000	1,600,000주	₩4	3순위
전환사채	₩3,000,000	2,000,000주	₩1.5	2순위

2. 계속영업손익 희석효과의 적용

구분	계속영업이익	보통주식 수	주당이익	희석효과
기본주당계속영업이익	₩10,000,000	2,000,000주	₩5	
옵션	₩0	20,000주		
계	₩10,000,000	2,020,000주	₩4.95	희석성
전환사채	₩3,000,000	2,000,000주		
계	₩13,000,000	4,020,000주	₩3.23	희석성
전환우선주	₩6,400,000	1,600,000주		
계	₩19,400,000	5,620,000주	₩3.45	반희석성

3. 희석주당계속영업손익: ₩3.23

4. 희석주당순이익: $\frac{₩6,000,000 + ₩0 + ₩3,000,000}{2,000,000주 + 20,000주 + 2,000,000주} = ₩2.24$

20 1. 기본주당순이익

(1) 20×1년: ₩1,200,000 ÷ 12,000주 = ₩100/주

(2) 20×2년: ₩1,500,000 ÷ 12,000주 = ₩125/주

2. 20×2년 비교재무제표

㈜서울 포괄손익계산서

	20×2년	20×1년
⋮	⋮	⋮
당기순이익	₩1,500,000	₩1,200,000
기본주당순손익	₩125/주	₩100/주

정답 18 ② 19 ① 20 ②

21 1. 보통주당기순이익: ₩575,000 - ₩50,000 = ₩525,000

2. 유통보통주식수

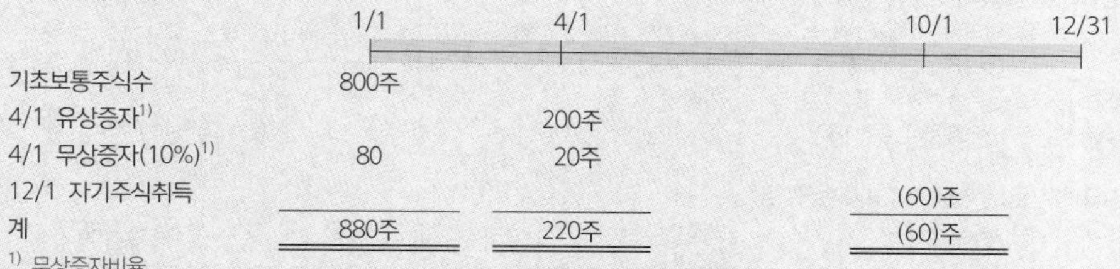

	1/1	4/1	10/1
기초보통주식수	800주		
4/1 유상증자[1)]		200주	
4/1 무상증자(10%)[1)]	80	20주	
12/1 자기주식취득			(60)주
計	880주	220주	(60)주

[1)] 무상증자비율

① 공정가치 증자 시 발행가능한 주식 수: (300주 × ₩1,000) ÷ ₩1,500 = 200주

② 무상증자주식 수: 300주 - 200주 = 100주

③ 무상증자비율: 100주 ÷ (800주 + 200주) = 10%

∴ 유통보통주식수: 880주 × 12/12 + 220주 × 9/12 - 60주 × 3/12 = 1,030주

3. 기본주당순이익: ₩525,000/1,030주 = ₩510

22 1. 보통주당기순이익: ₩15,260,000 - 20,000주 × ₩5,000 × 5% = ₩10,260,000

2. 유통보통주식수: 33,000주 × 12/12 + 2,200주 × 6/12 + 400주 × 3/12 = 34,200주

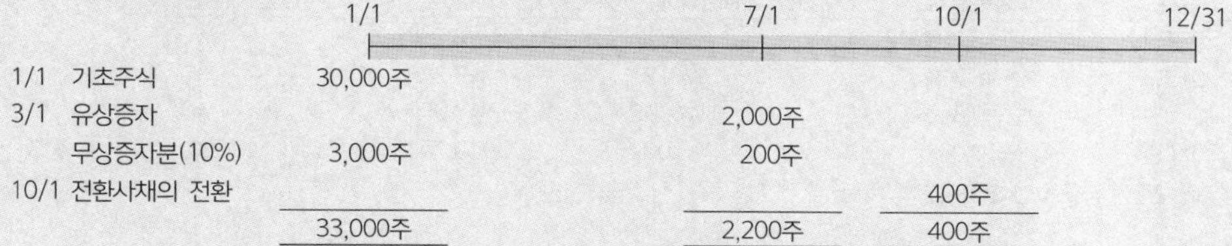

	1/1	7/1	10/1
1/1 기초주식	30,000주		
3/1 유상증자		2,000주	
무상증자분(10%)	3,000주	200주	
10/1 전환사채의 전환			400주
	33,000주	2,200주	400주

3. 기본주당순이익: ₩10,260,000 ÷ 34,200주 = ₩300/주

4. 전환사채의 희석효과: ₩171,000 × (1 - 20%) ÷ 1,900주[1)] = ₩72/주(희석효과 있음)

[1)] 400주 × 9/12 + 1,600주 × 12/12 = 1,900주

5. 희석주당순이익

$$\frac{₩10,260,000 + ₩136,800}{34,200주 + 1,900주} = ₩288$$

정답 21 ⑤ 22 ④

고급문제 정답 및 해설

01 1. 일반우선주와 할증배당우선주의 현금흐름 비교

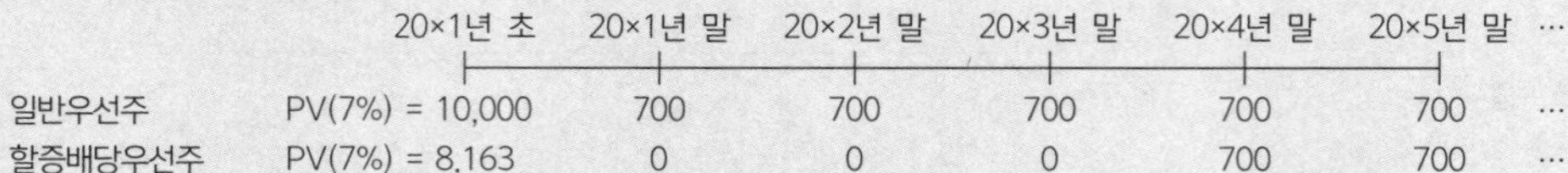

		20×1년 말	20×2년 말	20×3년 말	20×4년 말	20×5년 말	
일반우선주	PV(7%) = 10,000	700	700	700	700	700	…
할증배당우선주	PV(7%) = 8,163	0	0	0	700	700	…

2. 3년간 지급하지 않는 배당금의 미래현금흐름

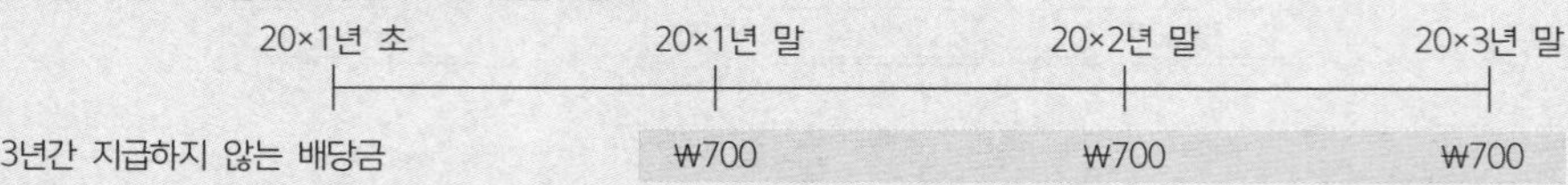

	20×1년 말	20×2년 말	20×3년 말
3년간 지급하지 않는 배당금	₩700	₩700	₩700

∴ 3년간 지급하지 않는 배당금의 현재가치: ₩700 × 2.6243 = ₩1,837

3. 우선주의 발행금액

기대발행금액	₩10,000
3년간 지급하지 않는 배당금의 현재가치: ₩700 × 2.6243 =	₩(1,837)
우선주의 발행금액	₩8,163

4. 유효이자율법에 의한 상각표

일자	기초장부금액	내재된 배당금(7%)	기말장부금액[1]	지급된 배당금
20×1년	₩8,163	₩571	₩8,734	₩0
20×2년	₩8,734	₩612	₩9,346	₩0
20×3년	₩9,346	₩654	₩10,000	₩0
20×4년	₩10,000	₩700	₩10,700	₩(700)

[1] 배당금을 지급하기 전 금액이다.

5. 회계처리

① 20×1년 초	(차) 현금	8,163	(대) 우선주자본금	10,000
	우선주할인발행차금	1,837		
② 20×1년 말	(차) 이익잉여금	571	(대) 우선주할인발행차금	571
③ 20×2년 말	(차) 이익잉여금	612	(대) 우선주할인발행차금	612
④ 20×3년 말	(차) 이익잉여금	654	(대) 우선주할인발행차금	654

6. 20×3년 보통주당기순손익: 당기순이익 - 할증배당우선주 상각액 = ₩100,000 - ₩654 = ₩99,346

02 1. 보통주당기순이익: ₩2,900,000

2. 가중평균유통보통주식 수: (1,000,000주 × 12/12) + (5,000주 × 8/12) + (5,000주 × 4/12) + (900,000주 × 0/12) = 1,005,000주

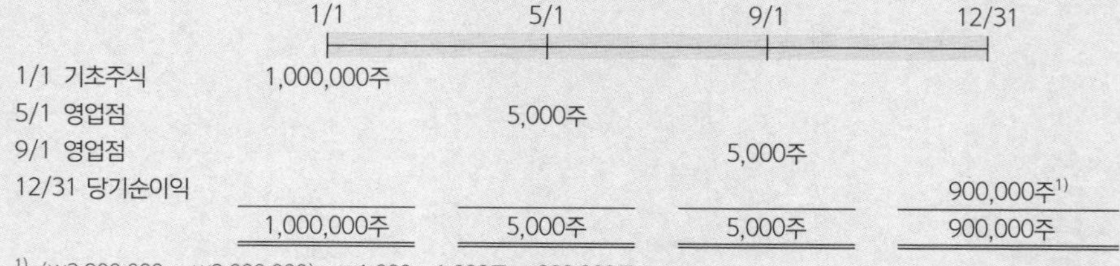

	1/1	5/1	9/1	12/31
1/1 기초주식	1,000,000주			
5/1 영업점		5,000주		
9/1 영업점			5,000주	
12/31 당기순이익				900,000주[1]
	1,000,000주	5,000주	5,000주	900,000주

[1] (₩2,900,000 - ₩2,000,000) ÷ ₩1,000 × 1,000주 = 900,000주

3. 기본주당순이익: 보통주당기순이익/가중평균유통보통주식 수 = ₩2,900,000/1,005,000주 = ₩2.89/주

정답 01 ① 02 ①

03 1. 당기순이익의 배분

구분	우선주	보통주	합계
과거분 배당	-	-	-
당기분 배당	₩1,000,000 × 10% = ₩100,000	₩4,000,000 × 10% = ₩400,000	₩500,000
참가분 배당	₩500,000 × 1/5 = ₩100,000	₩500,000 × 4/5 = ₩400,000	₩500,000
합계	₩200,000	₩800,000	₩1,000,000

2. 가중평균유통보통주식 수: 800주

3. 기본주당순이익: ₩800,000 ÷ 800주 = ₩1,000/주

04 1. 보통주당기순이익: ₩5,170,000 - ₩417,375[1] = ₩4,752,625

[1] 우선주배당금(누적적 우선주의 경우 배당결의와 관계없이 당해 기간 배당금만 차감함)
1,000주 × 1.06 × ₩5,000 × 7% × 12/12 + 250주 × 1.06 × ₩5,000 × 7% × 6/12 = ₩417,375

2. 가중평균유통보통주식 수: 10,000주 × 1.06 × 12/12 + 2,500주 × 1.06 × 6/12 - 300주 × 2/12 = 11,875주

3. 주당순이익: ₩4,752,625 ÷ 11,875주 = ₩400/주

05 1. 기본주당순이익

$$\frac{₩2,900,000 - ₩1,400,000}{(200,000주 \times 3/3 + 5,000주 \times 1/3 + 40,000주^{1)} \times 0/3)} = ₩7.44$$

[1] (₩2,900,000 - ₩2,500,000) ÷ ₩1,000 × 100주 = 40,000주

2. 희석주당순이익

$$\frac{₩2,900,000 - ₩1,400,000}{201,667주 + 5,000주 \times 2/3 + 40,000주} = ₩6.12$$

06 1. 기본주당순이익: (1) ÷ (2) = ₩323/주

(1) 보통주당기순이익: ₩4,000,000 - ₩0 = ₩4,000,000

(2) 가중평균유통보통주식 수: 10,400주 × 12/12 + 2,600주 × 10/12 - 500주 × 6/12 + 300주 × 3/12 = 12,392주

	1/1	3/1	7/1	10/1	12/31
1/1 기초주식	10,000주				
3/1 유상증자(25%)		2,500주			
3/1 무상증자(4%)	400주	100주			
9/1 자기주식 취득			(500)주		
11/1 자기주식 재발행				300주	
	10,400주	2,600주	(500)주	300주	

2. 희석주당순이익: ₩304/주

(1) 신주인수권부사채 희석효과 분석

$$\frac{₩0 \times (1 - 20\%)}{750주^{1)} \times 12/12} = \frac{₩0}{750주} = ₩0(희석효과 있음)$$

[1] 2,000주 - 2,000주 × ₩500/₩800 = 750주

(2) 잠재적보통주의 희석효과

구분	당기순이익	보통주식 수	주당이익	희석효과
기본주당이익	₩4,000,000	12,392주	₩323	
신주인수권부사채	0	750주		
계	₩4,000,000	13,142주	₩304	희석성

정답 03 ③ 04 ④ 05 ① 06 ②

☀ 객관식 문제풀이에 앞서 각 장의 주요 주제별 중요도를 파악해볼 수 있습니다.
☀ 시험 대비를 위해 꼭 풀어보아야 하는 필수문제를 정리하여 효율적으로 학습할 수 있습니다.

1. 출제경향

주요 주제	중요도
1. 이론형 문제	★★★
2. 회계정책의 변경	★★★★★
3. 회계추정치의 변경	★★★★★
4. 오류수정	★★★★★

2. 필수문제 리스트

구분		필수문제 번호
회계사	기본문제	1, 2, 3, 5, 6, 7, 8, 9, 11, 12, 13, 16, 17
	고급문제	3, 4, 5
세무사	기본문제	1, 2, 3, 5, 6, 7, 8, 9, 11, 12, 13, 16, 17
	고급문제	3, 4

Chapter 22

회계변경과 오류수정

■ 기본문제

■ 고급문제

■ 정답 및 해설

기본문제

01 회계정책, 회계추정치의 변경 및 오류에 대한 다음 설명 중 옳지 않은 것은?

[2018 공인회계사 1차 수정]

① 전기오류의 수정은 오류가 발견된 기간의 당기손익으로 보고한다.
② 전기오류는 특정기간에 미치는 오류의 영향이나 오류의 누적효과를 실무적으로 결정할 수 없는 경우를 제외하고는 소급재작성에 의하여 수정한다.
③ 당기 기초시점에 과거기간 전체에 대한 새로운 회계정책 적용의 누적효과를 실무적으로 결정할 수 없는 경우, 실무적으로 적용할 수 있는 가장 이른 날부터 새로운 회계정책을 전진적용하여 비교정보를 재작성한다.
④ 회계추정치는 측정불확실성의 영향을 받는 재무제표상 화폐금액을 말한다.
⑤ 과거에 발생하였지만 중요하지 않았던 거래, 기타 사건 또는 상황에 대하여 새로운 회계정책을 적용하는 경우는 회계정책의 변경에 해당하지 않는다.

02 회계정책, 회계추정치의 변경 및 오류에 관한 설명으로 옳지 않은 것은?

[2011 세무사 1차 수정]

① 한국채택국제회계기준에서 특정 범주별로 서로 다른 회계정책을 적용하도록 규정하거나 허용하는 경우를 제외하고는 유사한 거래, 기타 사건 및 상황에는 동일한 회계정책을 선택하여 일관성 있게 적용한다.
② 종전에는 발생하지 않았거나 발생하더라도 금액이 중요하지 않았기 때문에 품질보증비용을 지출연도의 비용으로 처리하다가, 취급하는 품목에 변화가 생겨 품질보증비용의 금액이 커지고 중요하게 되었기 때문에 충당부채를 인식하는 회계처리를 적용하기로 한 경우, 이는 회계정책의 변경에 해당하지 아니한다.
③ 택배회사의 직원 출퇴근용 버스를 새로 구입하여 운영하기로 한 경우, 이 버스에 적용될 감가상각방법을 택배회사가 이미 보유하고 있는 배달용 트럭에 대한 감가상각방법과 달리 적용하는 경우는 이를 회계정책의 변경으로 본다.
④ 회계정책의 변경을 반영한 재무제표가 거래, 기타 사건 또는 상황에 재무상태, 재무성과 또는 현금흐름에 미치는 영향에 대하여 신뢰성 있고 더 목적적합한 정보를 제공하는 경우에는 회계정책을 변경할 수 있다.
⑤ 중요한 전기오류는 특정기간에 미치는 오류의 영향이나 오류의 누적효과를 실무적으로 결정할 수 없는 경우를 제외하고는 소급재작성에 의하여 수정한다.

03 회계변경의 유형(또는 오류수정)과 전기 재무제표의 재작성 여부에 대한 다음의 문항 중 옳은 것은? (단, 각 항목은 전기 및 당기의 재무제표에 중요한 영향을 준다고 가정한다)

[2012 공인회계사 1차 수정]

문항	항목	회계변경의 유형 또는 오류수정	전기 재무제표 재작성 여부
①	재고자산 단위원가 계산방법을 후입선출법에서 선입선출법으로 변경함	회계추정치의 변경	재작성 안 함
②	패소의 가능성이 높았고 손해배상금액의 합리적 추정이 가능하였던 소송사건을 우발부채로 주석 공시하였다가 충당부채로 변경함	회계추정치의 변경	재작성 안 함
③	미래경제적효익의 변화를 인식하여 새로운 회계처리방법을 채택하였으나 회계정책의 변경인지 추정치의 변경인지 분명하지 않음	회계정책의 변경	재작성함
④	장기건설계약의 회계처리방법을 완성기준에서 진행기준으로 변경함	오류수정	재작성 안 함
⑤	유형자산의 감가상각방법을 정률법에서 이중체감법으로 변경함	회계추정치의 변경	재작성 안 함

04 ㈜국세는 설립일 이후 재고자산 단위원가 결정방법으로 가중평균법을 사용하여 왔다. 그러나 실제 재고자산의 흐름을 살펴보았을 때 선입선출법이 보다 신뢰성 있고 더 목적적합한 정보를 제공하는 것으로 판단되어 20×2년 초에 단위원가 결정방법을 선입선출법으로 변경하였다. 각 방법하에서의 20×1년 초와 20×1년 말의 재고자산가액은 다음과 같으며 가중평균법으로 인식한 20×1년도의 포괄손익계산서상 매출원가는 ₩400,000이다.

구분	20×1년 초	20×1년 말
가중평균법	₩20,000	₩35,000
선입선출법	₩25,000	₩38,000

㈜국세가 20×2년도에 선입선출법을 소급적용하는 경우, 20×2년도 포괄손익계산서에 비교정보로 공시되는 20×1년도 매출원가는 얼마인가? [2010 세무사 1차]

① ₩401,000 ② ₩402,000 ③ ₩403,000
④ ₩404,000 ⑤ ₩405,000

05 ㈜대경은 20×4년도에 재고자산평가방법을 선입선출법에서 평균법으로 변경하였다. 그 결과 20×4년도의 기초재고자산과 기말재고자산이 각각 ₩22,000과 ₩18,000만큼 감소하였다. 이러한 회계정책변경은 한국채택국제회계기준에 의할 때 인정된다. 만일 회계정책변경을 하지 않았다면 ㈜대경의 20×4년 당기순이익은 ₩160,000이고, 20×4년 12월 31일 현재 이익잉여금은 ₩540,000이 된다. 회계정책변경 후 ㈜대경의 20×4년 당기순이익과 20×4년 12월 31일 현재 이익잉여금을 계산하면 각각 얼마인가? (단, 법인세효과는 고려하지 않는다)

[2014 공인회계사 1차]

	당기순이익	이익잉여금
①	₩120,000	₩522,000
②	₩156,000	₩558,000
③	₩156,000	₩602,000
④	₩164,000	₩522,000
⑤	₩200,000	₩602,000

06 ㈜대전은 20×1년 1월 1일 건물을 ₩210,000에 취득하였으며, 감가상각방법은 정액법(내용연수 7년, 잔존가치 ₩0)을 사용한다. ㈜대전은 20×4년 1월 1일부터 보유하고 있는 건물에 대해 재평가모형을 적용하는 것으로 회계정책을 변경하였고, 20×4년 초 공정가치 ₩180,000으로 재평가하였다. ㈜대전이 재평가자산의 사용에 따라 재평가잉여금의 일부를 이익잉여금으로 대체한다면, 20×4년 말 이익잉여금으로 대체되는 재평가잉여금은? [2013 세무사 1차]

① ₩7,500 ② ₩15,000 ③ ₩45,000
④ ₩75,000 ⑤ ₩135,000

07 ㈜세무는 20×1년 설립 이후 재고자산 단위원가 결정방법으로 가중평균법을 사용하여 왔다. 그러나 선입선출법이 보다 목적적합하고 신뢰성 있는 정보를 제공할 수 있다고 판단하여, 20×4년 초에 단위원가 결정방법을 선입선출법으로 변경하였다. ㈜세무가 재고자산 단위원가 결정방법을 선입선출법으로 변경하는 경우, 다음 자료를 이용하여 20×4년도 재무제표에 비교정보로 공시될 20×3년 매출원가와 20×3년 기말이익잉여금은?

[2016 세무사 1차]

구분	20×1년	20×2년	20×3년
가중평균법 적용 기말재고자산	₩10,000	₩11,000	₩12,000
선입선출법 적용 기말재고자산	₩12,000	₩14,000	₩16,000
회계정책 변경 전 매출원가	₩50,000	₩60,000	₩70,000
회계정책 변경 전 기말이익잉여금	₩100,000	₩300,000	₩600,000

	매출원가	기말이익잉여금
①	₩61,000	₩607,000
②	₩61,000	₩604,000
③	₩69,000	₩599,000
④	₩69,000	₩604,000
⑤	₩71,000	₩599,000

08 ㈜한국은 20×1년 1월 1일에 영업용 건물(취득원가 ₩100,000, 잔존가치 ₩0, 내용연수 10년, 정액법 감가상각)을 취득하여 원가모형을 적용하고 있다. 20×3년 1월 1일에 ₩30,000의 수선비가 지출되었고, 이로 인하여 내용연수가 2년 연장될 것으로 추정하였다. 수선비는 자산화하기로 하였으며, ㈜한국은 감가상각방법을 20×3년 초부터 연수합계법으로 변경하기로 하였다. 영업용 건물의 회계처리가 ㈜한국의 20×3년도 당기순이익에 미치는 영향은? (단, 단수차이로 인해 오차가 있다면 가장 근사치를 선택한다) [2017 공인회계사 1차]

① ₩11,000 감소 ② ₩14,545 감소 ③ ₩16,666 감소
④ ₩20,000 감소 ⑤ ₩21,818 감소

09 ㈜국세는 20×1년 1월 1일에 본사 사옥을 ₩1,000,000에 취득(내용연수 5년, 잔존가치 ₩100,000)하고 연수합계법으로 감가상각한다. ㈜국세는 20×2년 초에 본사 사옥의 증축을 위해 ₩200,000을 지출하였으며 이로 인해 잔존가치는 ₩20,000 증가하였고, 내용연수는 2년 더 연장되었다. ㈜국세가 20×2년 초에 감가상각방법을 이중체감법(상각률은 정액법 상각률의 2배)으로 변경하였다면, 20×2년도에 인식해야 할 감가상각비는 얼마인가? (단, ㈜국세는 본사 사옥에 대하여 원가모형을 적용한다) [2014 세무사 1차]

① ₩145,000 ② ₩150,000 ③ ₩240,000
④ ₩260,000 ⑤ ₩300,000

10 ㈜세무는 20×1년 4월 1일 기계장치를 취득(취득원가 ₩30,000, 잔존가치 ₩0, 내용연수 4년)하여 연수합계법으로 감가상각하고 원가모형을 적용하고 있다. 20×3년 1월 1일 동 기계장치의 부품 교체에 ₩10,000을 지출하고 다음과 같은 조치를 취하였다.

> (1) 부품 교체는 자본적지출로 인식한다.
> (2) 부품 교체시점에서의 회계추정치 변경사항은 다음과 같다.
> • 감가상각방법: 정액법
> • 잔존내용연수: 5년
> • 잔존가치: ₩500

동 기계장치의 20×2년 감가상각비와 20×3년 말 장부금액은? (단, 감가상각은 월할계산한다) [2018 세무사 1차 수정]

	20×2년 감가상각비	20×3년 말 장부금액
①	₩9,000	₩15,500
②	₩9,000	₩17,100
③	₩9,750	₩15,500
④	₩9,750	₩17,100
⑤	₩12,000	₩17,100

11 20×1년 1월 1일에 설립된 ㈜국세의 회계담당자로 새롭게 입사한 김수정 씨는 20×4년 초에 당사의 과거자료를 살펴보던 중 다음과 같은 오류가 수정되지 않았음을 확인하였다.

> (1) ㈜국세의 판매직원 급여는 매월 ₩1,000,000으로 설립 후 변동이 없다. ㈜국세는 회사 설립 후 지금까지, 근로 제공한 달의 급여를 다음 달 매 10일에 현금 ₩1,000,000을 지급하면서 비용으로 전액 인식하였다.
> (2) ㈜국세는 20×2년 1월 1일에 사채(액면금액 ₩2,000,000, 3년 만기)를 ₩1,903,926에 발행하였다. 동 사채의 액면이자율은 10%(매년 말 이자 지급), 유효이자율은 12%이다. ㈜국세는 사채발행 시 적절하게 회계처리하였으나, 20×2년과 20×3년의 이자비용은 현금지급 이자에 대해서만 회계처리하였다.
> (3) ㈜국세는 20×3년 1월 1일 취득원가 ₩10,000,000에 영업용 차량운반구(내용연수 10년, 잔존가치 ₩0, 정액법 상각)를 구입하여 취득 및 감가상각 회계처리를 적절히 하였다. 그러나 동 영업용 차량운반구 취득 시 취득자금 중 ₩1,000,000을 상환의무 없이 정부에서 보조받았으나 ㈜국세는 정부보조금에 대한 모든 회계처리를 누락하였다.

위 오류수정이 ㈜국세의 20×3년도 포괄손익계산서상 당기순이익에 미치는 영향은 얼마인가? (단, 위 오류는 모두 중요한 오류라고 가정하고, 20×3년도 장부는 마감되지 않았다고 가정한다. 계산금액은 소수점 첫째 자리에서 반올림하며, 이 경우 단수차이로 인해 약간의 오차가 있으면 가장 근사치를 선택한다) [2011 세무사 1차]

① ₩68,112 증가　② ₩876,434 증가　③ ₩60,367 감소
④ ₩931,892 감소　⑤ ₩960,367 감소

※ 다음의 자료를 이용하여 **12 ~ 13**에 답하시오. [2013 공인회계사 1차]

다음은 유통업을 영위하고 있는 ㈜갑의 회계감사인이 20×1년도 재무제표에 대한 감사과정에서 발견한 사항이다. ㈜갑의 회계변경은 타당한 것으로 간주하고, 회계정책의 적용효과가 중요하며, 오류가 발견된 경우 중요한 오류로 본다. 차입원가를 자본화할 적격자산은 없고, 법인세효과는 고려하지 않는다. 또한 계산 결과 단수차이로 인해 답안과 오차가 있는 경우 근사치를 선택한다.

(1) ㈜갑은 20×0년 1월 1일에 액면금액이 ₩10,000이고, 이자율이 연 10%인 3년 만기의 사채를 ₩9,520에 발행하였다. 이자지급일은 매년 말이고, 유효이자율법으로 사채할인발행차금을 상각하며, 사채발행시점의 유효이자율은 연 12%이다. ㈜갑은 20×0년도와 20×1년도의 포괄손익계산서에 위 사채와 관련된 이자비용을 각각 ₩1,000씩 인식하였다.

(2) ㈜갑은 20×1년 초에 재고자산 단위원가 결정방법을 선입선출법에서 가중평균법으로 변경하였다. ㈜갑은 기초와 기말재고자산금액으로 각각 ₩1,500과 ₩1,100을 적용하여 20×1년의 매출원가를 계상하였다. 선입선출법과 가중평균법에 의한 재고자산 금액은 다음과 같다.

구분	20×0년 초	20×0년 말	20×1년 말
선입선출법	₩1,000	₩1,500	₩1,400
가중평균법	₩900	₩1,700	₩1,100

12 위의 사항이 재무제표에 적정하게 반영될 경우 비교 표시되는 20×0년 말 ㈜갑의 재무상태표에 계상될 이익잉여금에 미치는 영향은 얼마인가?

① ₩342 감소 ② ₩101 감소 ③ ₩42 감소
④ ₩58 증가 ⑤ ₩200 증가

13 위의 사항이 재무제표에 적정하게 반영될 경우 ㈜갑의 20×1년도 포괄손익계산서의 당기순이익은 얼마나 감소하는가?

① ₩101 ② ₩159 ③ ₩359
④ ₩401 ⑤ ₩459

14 ㈜대한은 20×3년 말 장부 마감 전에 과거 3년간의 회계장부를 검토한 결과 다음과 같은 오류사항을 발견하였으며, 이는 모두 중요한 오류에 해당한다.

(1) 기말재고자산은 20×1년에 ₩20,000 과소계상, 20×2년에 ₩30,000 과대계상, 20×3년에 ₩35,000 과대계상 되었다.
(2) 20×2년에 보험료로 비용 처리한 금액 중 ₩15,000은 20×3년 보험료의 선납분이다.
(3) 20×1년 초 ㈜대한은 잔존가치없이 정액법으로 감가상각하고 있던 기계장치에 대해 ₩50,000의 지출을 하였다. 동 지출은 기계장치의 장부금액에 포함하여 인식 및 감가상각하여야하나, ㈜대한은 이를 지출 시점에 즉시 비용(수선비)으로 처리하였다. 20×3년 말 현재 동 기계장치의 잔존내용연수는 2년이며, ㈜대한은 모든 유형자산에 대하여 원가모형을 적용하고 있다.

위 오류사항에 대한 수정효과가 ㈜대한의 20×3년 전기이월이익잉여금과 당기순이익에 미치는 영향은 각각 얼마인가?

	전기이월이익잉여금	당기순이익
①	₩15,000 감소	₩15,000 감소
②	₩15,000 증가	₩15,000 감소
③	₩15,000 감소	₩30,000 감소
④	₩15,000 증가	₩30,000 감소
⑤	₩0	₩0

15 ㈜국세는 20×2년도 재무제표를 감사받던 중 몇 가지 오류사항을 지적받았다. 다음 오류사항들을 20×2년도 재무제표에 수정 · 반영할 경우, 전기이월이익잉여금과 당기순이익에 미치는 영향은? (단, 오류사항은 모두 중요한 오류로 간주한다. 건물에 대해서는 원가모형을 적용하며, 감가상각은 월할계산한다. 또한 20×2년도 장부는 마감되지 않았다고 가정한다)

[2012 세무사 1차]

(1) 20×1년 1월 1일에 본사 건물을 ₩1,000,000(잔존가치 ₩0, 정액법 상각)에 취득하였는데 감가상각에 대한 회계처리를 한 번도 하지 않았다. 20×2년 말 현재 동 건물의 잔존내용연수는 8년이다.
(2) 20×1년 7월 1일에 동 건물의 미래효익을 증가시키는 냉난방설비를 부착하기 위한 지출 ₩190,000이 발생하였는데, 이를 수선비로 처리하였다.
(3) 20×1년 4월 1일에 가입한 정기예금의 이자수령 약정일은 매년 3월 31일이다. ㈜국세는 20×1년 말과 20×2년 말에 정기예금에 대한 미수이자 ₩50,000을 계상하지 않고, 실제 이자를 받은 이자수령일에 수익으로 인식하는 회계처리를 하였다.

	전기이월이익잉여금	당기순이익
①	₩130,000 증가	₩120,000 감소
②	₩140,000 증가	₩120,000 감소
③	₩140,000 감소	₩145,000 감소
④	₩130,000 증가	₩120,000 증가
⑤	₩140,000 감소	₩120,000 증가

16 ㈜한국은 20×2년도 재무제표 작성 중에 다음과 같은 오류를 발견하였다.

> (1) 20×1년 기말재고자산을 ₩20,000 과대평가하였으며, 20×2년 기말재고자산을 ₩6,000 과소평가하였다.
> (2) 20×1년 미지급급여를 ₩3,000 과소계상하였으며, 20×2년 미지급급여를 ₩2,000 과대계상하였다.
> (3) 20×1년 초 ₩20,000에 취득한 유형자산을 취득 시 전액 비용으로 처리하였다. 유형자산은 내용연수 5년, 잔존가치 ₩0, 정액법으로 감가상각한다.
> (4) 매년 무형자산상각비를 ₩1,000 누락하였다.

20×2년의 장부가 아직 마감되지 않았다면, 이러한 오류수정으로 인해 ㈜한국의 20×2년도 당기순이익과 20×2년 기말이익잉여금은 각각 얼마나 증가하는가? (단, 오류사항은 모두 중요한 오류로 간주하며, 실무적으로 적용할 수 있는 범위 내에 있다. 유형자산에 대해서는 원가모형을 적용한다) [2015 세무사 1차]

	당기순이익	기말이익잉여금
①	₩20,000	₩19,000
②	₩26,000	₩18,000
③	₩26,000	₩19,000
④	₩27,000	₩18,000
⑤	₩27,000	₩19,000

17 ㈜세무는 20×1년 초에 사채(상각후원가로 측정하는 금융부채)를 발행하였다. 20×1년 말 장부마감 과정에서 동 사채의 회계처리와 관련한 다음과 같은 중요한 오류를 발견하였다.

> (1) 사채의 발행일에 사채발행이 ₩9,500이 발생하였으나 이를 사채의 발행금액에서 차감하지 않고, 전액 20×1년도의 당기비용으로 처리하였다.
> (2) 20×1년 초 사채의 발행금액(사채발행비 차감 전)은 ₩274,000이고, ㈜세무는 동 발행금액에 유효이자율 연 10%를 적용하여 20×1년도 이자비용을 인식하였다.
> (3) 상기 사채발행비를 사채 발행금액에서 차감할 경우 사채발행시점의 유효이자율은 연 12%로 증가한다.

㈜세무의 오류수정 전 20×1년도의 당기순이익이 ₩100,000인 경우, 오류를 수정한 후의 20×1년도 당기순이익은? [2022 세무사 1차]

① ₩90,500 ② ₩95,660 ③ ₩104,340
④ ₩105,160 ⑤ ₩109,500

고급문제

01 20×1년 초에 설립된 ㈜백제는 설립일 이후 재고자산 단위원가 결정방법으로 선입선출법을 사용하여 왔다. 그러나 영업환경의 변화로 가중평균법이 보다 더 신뢰성 있고 목적적합한 정보를 제공하는 것으로 판단되어 20×3년 초에 재고자산 단위원가 결정방법을 가중평균법으로 변경하였으며, 이와 관련된 자료는 다음과 같다.

구분	20×2년 초 재고자산	20×2년 말 재고자산
선입선출법	?	₩4,000,000
가중평균법	₩3,600,000	₩4,300,000

선입선출법을 적용한 20×2년도의 포괄손익계산서상 매출원가는 ₩8,000,000이다. ㈜백제가 20×3년도에 가중평균법을 소급적용하는 경우, 20×3년도 포괄손익계산서에 비교정보로 공시되는 20×2년도 매출원가는 ₩8,200,000이다. ㈜백제가 선입선출법으로 인식한 20×2년 초 재고자산은 얼마인가?

① ₩3,100,000　② ₩3,400,000　③ ₩3,500,000
④ ₩3,700,000　⑤ ₩4,100,000

02 20×1년 초 ㈜대한은 신제품을 출시하면서 판매일로부터 2년 이내에 제조상 결함으로 인하여 발생하는 제품 하자에 대해 무상으로 수리하거나 교체해주는 제품보증제도를 도입하였다. 다음은 20×1년과 20×2년의 매출액 및 실제 제품보증비 지출에 대한 자료이다.

구분	20×1년	20×2년
매출액	₩2,000,000	₩2,500,000
제품보증비 지출액	₩8,000	₩17,000

20×1년 말 ㈜대한은 매출액의 3%를 제품보증비 발생액에 대한 추정치로 결정하고 제품보증충당부채를 설정하였다. 그러나 20×2년 중에 ㈜대한은 전년도 제품보증충당부채 설정 당시 이용가능한 정보를 충분히 고려하지 못하였음을 발견하고 추정치를 매출액의 2%로 수정하였다. 동 오류는 중요한 오류에 해당한다. ㈜대한이 20×2년에 제품보증에 대한 회계처리를 적절히 수행한 경우, 동 회계처리가 20×2년 말 재무상태표상 이익잉여금에 미치는 영향과 제품보증충당부채 잔액은 각각 얼마인가? [2015 공인회계사 1차]

	이익잉여금에 미치는 영향	제품보증충당부채 잔액
①	₩30,000 감소	₩50,000
②	₩50,000 감소	₩50,000
③	₩30,000 감소	₩65,000
④	₩50,000 감소	₩65,000
⑤	₩50,000 감소	₩85,000

03 ㈜대한은 20×1년 초 건물을 ₩1,000,000에 취득하여 투자부동산으로 분류하고 원가모형을 적용하여 정액법으로 감가상각(내용연수 10년, 잔존가치 ₩0)하였다. 그러나 20×2년에 ㈜대한은 공정가치모형이 보다 더 신뢰성 있고 목적적합한 정보를 제공하는 것으로 판단하여, 동 건물에 대하여 공정가치모형을 적용하기로 하였다. 동 건물 이외의 투자부동산은 없으며, 원가모형 적용 시 20×1년 말 이익잉여금은 ₩300,000이었다. 건물의 공정가치가 다음과 같은 경우, 동 건물의 회계처리와 관련된 설명 중 옳지 않은 것은? (단, 이익잉여금 처분은 없다고 가정한다)

[2019 공인회계사 1차]

구분	20×1년 말	20×2년 말
건물의 공정가치	₩950,000	₩880,000

① 20×2년 말 재무상태표에 표시되는 투자부동산 금액은 ₩880,000이다.
② 20×2년도 포괄손익계산서에 표시되는 투자부동산평가손실 금액은 ₩70,000이다.
③ 20×2년 재무제표에 비교 표시되는 20×1년 말 재무상태표상 투자부동산 금액은 ₩950,000이다.
④ 20×2년 재무제표에 비교 표시되는 20×1년도 포괄손익계산서상 감가상각비 금액은 ₩100,000이다.
⑤ 20×2년 재무제표에 비교 표시되는 20×1년 말 재무상태표상 이익잉여금 금액은 ₩350,000이다.

04 20×2년 말 ㈜대한의 외부감사인은 수리비의 회계처리 오류를 발견하였다. 동 오류의 금액은 중요하다. 20×1년 1월 1일 본사 건물 수리비 ₩500,000이 발생하였고, ㈜대한은 이를 건물의 장부금액에 가산하였으나 동 수리비는 발생연도의 비용으로 회계처리하는 것이 타당하다. 20×1년 1월 1일 현재 건물의 잔존내용연수는 10년, 잔존가치는 ₩0이며, 정액법으로 감가상각한다. ㈜대한의 오류수정 전 부분재무상태표는 다음과 같다.

구분	20×0년 말	20×1년 말	20×2년 말
건물	₩5,000,000	₩5,500,000	₩5,500,000
감가상각누계액	(2,500,000)	(2,800,000)	(3,100,000)
장부금액	2,500,000	2,700,000	2,400,000

상기 오류수정으로 인해 ㈜대한의 20×2년 말 순자산 장부금액은 얼마나 변동되는가?

[2020 공인회계사 1차]

① ₩400,000 감소 ② ₩450,000 감소 ③ ₩500,000 감소
④ ₩420,000 감소 ⑤ ₩50,000 증가

05 20×1년 초에 설립된 회사가 20×3년 초에 건물과 관련된 감가상각비의 중요한 오류를 발견한 경우 관련 자료는 다음과 같다.

구분	20×1년	20×2년
회사측 계상 감가상각비	₩10,000	₩10,000
올바른 감가상각비	₩15,000	₩15,000
전기오류수정효과	₩(5,000)	₩(5,000)
변경 전 당기순이익	₩100,000	₩50,000

20×3년의 비교재무제표 공시에서 (A)와 (B)에 들어갈 올바른 금액은 각각 얼마인가?

	비교재무제표	
포괄손익계산서	20×2년	20×3년
감가상각비	(A)	
당기순이익	₩45,000	
자본변동표		
기초이익잉여금	₩100,000	₩140,000
전기오류수정효과	(B)	

	(A)	(B)
①	₩15,000	₩(5,000)
②	₩10,000	₩(5,000)
③	₩15,000	₩(3,000)
④	₩10,000	₩(3,000)
⑤	₩0	₩0

기본문제 정답 및 해설

01 전기오류의 수정은 오류가 발견된 기간의 당기손익으로 보고하지 않는다. 따라서 과거 재무자료의 요약을 포함한 과거기간의 정보는 실무적으로 적용할 수 있는 최대한 앞선 기간까지 소급재작성한다.

02 1. 유형자산의 감가상각방법은 자산의 미래경제적효익이 소비되는 형태를 반영한다. 또한, 유형자산의 감가상각방법은 적어도 매 회계연도 말에 재검토한다. 재검토 결과 자산에 내재된 미래경제적효익의 예상되는 소비형태에 중요한 변동이 있다면, 변동된 소비형태를 반영하기 위하여 감가상각방법을 변경한다. 그러한 변경은 회계추정치의 변경으로 회계처리한다.

2. 새로 구입한 출퇴근용 버스의 미래경제적효익 소비 형태가 이미 보유하고 있는 배달용 트럭의 미래경제적효익 소비 형태와 다르다면 감가상각방법을 달리 적용할 수 있으며 이는 각 자산의 미래경제적효익이 소비되는 형태에 대한 추정의 차이에서 기인한 것으로 회계정책의 변경으로 볼 수 없다.

03 ① 재고자산 단위원가 계산방법을 후입선출법에서 선입선출법으로 변경하는 경우 오류수정에 해당하며 전기 재무제표를 재작성한다.
② 패소의 가능성이 높았고 손해배상금액의 합리적 추정이 가능하였던 소송사건을 우발부채로 주석 공시하였다가 충당부채로 변경하는 경우에는 오류수정에 해당하며 전기 재무제표를 재작성한다.
③ 미래경제적효익의 변화를 인식하여 새로운 회계처리방법을 채택하였으나 회계정책의 변경인지 추정치의 변경인지 분명하지 않은 경우에는 회계추정치의 변경으로 보며 전기 재무제표를 재작성하지 않는다.
④ 장기건설계약의 회계처리방법을 완성기준에서 진행기준으로 변경하는 경우 오류수정에 해당하며 전기 재무제표를 재작성한다.

04 1. 회계정책의 변경이 발생한 경우 새로운 회계정책을 처음부터 적용한 것처럼 소급적용하고 비교 표시되는 과거기간의 대응금액을 새로운 회계정책이 처음부터 적용된 것처럼 조정한다.

2. 매출원가에 미치는 영향

구분	20×1년 초	20×1년 말
가중평균법하 재고자산	₩20,000	₩35,000
선입선출법하 재고자산	₩25,000	₩38,000
20×1년 매출원가에 미치는 영향	₩5,000	₩(3,000)

3. 비교정보로 공시되는 20×1년 매출원가: ₩400,000 + ₩5,000 - ₩3,000 = ₩402,000

별해

1. 회계정책변경효과

구분	20×0년	20×1년
20×0년 말 재고자산 과소	₩5,000	₩(5,000)
20×1년 말 재고자산 과소		₩3,000
당기순이익에 미치는 영향	₩5,000	₩(2,000)

2. 비교정보로 공시되는 20×1년 매출원가: ₩400,000 + ₩2,000 = ₩402,000

05 1. 정산표

구분	20×3년	20×4년
20×3년 말 재고자산 감소	₩(22,000)	₩22,000
20×4년 말 재고자산 감소	-	₩(18,000)
당기손익에 미치는 영향	₩(22,000)	₩4,000

2. 20×4년 당기순이익: ₩160,000 + ₩4,000 = ₩164,000

3. 20×4년 말 이익잉여금: ₩540,000 - ₩22,000 + ₩4,000 = ₩522,000

정답 01 ① 02 ③ 03 ⑤ 04 ② 05 ④

06 자산의 사용에 따라 재평가잉여금의 일부를 이익잉여금으로 대체하는 경우 재평가잉여금에서 이익잉여금으로 대체될 금액은 재평가기준 감가상각비와 취득원가기준 감가상각비의 차액이다.

구분	계산근거	20×4년
재평가기준 감가상각비	₩180,000 ÷ (7년 - 3년) =	₩45,000
취득원가기준 감가상각비	₩210,000 ÷ 7년 =	₩(30,000)
이익잉여금 대체액		₩15,000

별해

1. 20×4년 초 장부금액(재평가 전): ₩210,000 × 4년/7년 = ₩120,000

2. 20×4년 초 재평가잉여금: ₩180,000 - ₩120,000 = ₩60,000

3. 이익잉여금으로 대체되는 재평가잉여금: ₩60,000(재평가잉여금) ÷ 4(잔존내용연수) = ₩15,000

07 1. 정산표

구분	20×1년	20×2년	20×3년
20×1년 말 재고자산 과소	₩2,000	₩(2,000)	
20×2년 말 재고자산 과소		₩3,000	₩(3,000)
20×3년 말 재고자산 과소			₩4,000
당기손익에 미치는 영향	₩2,000	₩1,000	₩1,000

2. 비교재무제표 20×3년 매출원가: ₩70,000 - ₩1,000 = ₩69,000

3. 비교재무제표 20×3년 말 이익잉여금: ₩600,000 + ₩2,000 + ₩1,000 + ₩1,000 = ₩604,000

08 1. 20×2년 말 감가상각누계액: ₩100,000 × 2년/10년 = ₩20,000

2. 20×3년 잔존내용연수: 10년 - 2년 + 2년 = 10년

3. 20×3년 감가상각비: (₩100,000 - ₩20,000 + ₩30,000 - ₩0) × 10/55 = ₩20,000

4. 20×3년도 당기순이익에 미치는 영향: ₩20,000 감소

09 1. 20×2년 초 감가상각누계액: (₩1,000,000 - ₩100,000) × 5/15 = ₩300,000

2. 20×2년도 감가상각비: {(₩1,000,000 - ₩300,000) + ₩200,000} × 2년/(7년 - 1년) = ₩300,000

10 1. 20×1년 감가상각비: (₩30,000 - ₩0) × 4/10 × 9/12 = ₩9,000

2. 20×2년 감가상각비: (₩30,000 - ₩0) × 4/10 × 3/12 + (₩30,000 - ₩0) × 3/10 × 9/12 = ₩9,750

3. 20×3년 감가상각비: (₩30,000 - ₩9,000 - ₩9,750 + ₩10,000 - ₩500) ÷ 5년 = ₩4,150

4. 20×3년 말 장부금액: ₩30,000 - ₩9,000 - ₩9,750 + ₩10,000 - ₩4,150 = ₩17,100

정답 06 ② 07 ④ 08 ④ 09 ⑤ 10 ④

11 1. 20×2년 이자비용 과소계상액: ₩1,903,926 × 12% - ₩200,000 = ₩28,471

2. 20×3년 이자비용 과소계상액: (₩1,903,926 + ₩28,471) × 12% - ₩200,000 = ₩31,888

3. 정부보조금과 상계할 감가상각비: ₩1,000,000 × ₩1,000,000/₩10,000,000 = ₩100,000

4. 오류수정 정산표

구분	20×1년	20×2년	20×3년
미지급급여의 과소(20×1)	₩(1,000,000)	₩1,000,000	
미지급급여의 과소(20×2)		₩(1,000,000)	₩1,000,000
미지급급여의 과소(20×3)			₩(1,000,000)
이자비용 과소		₩(28,471)	₩(31,888)
감가상각비 과대			₩100,000
수정항목합계	₩(1,000,000)	₩(28,471)	₩68,112

∴ 20×3년 당기순이익에 미치는 영향: ₩68,112 증가

12 1. 20×0년 이자비용 과소계상액: ₩9,520 × 12% - ₩1,000 = ₩142

2. 20×2년 이자비용 과소계상액: (₩9,520 + ₩142) × 12% - ₩1,000 = ₩159

3. 오류수정 정산표

	19×9년	20×0년	20×1년
이자비용 과소		₩(142)	₩(159)
재고자산 과대(20×0년 초)	₩(100)	₩100	
재고자산 과소(20×0년 말)		₩200	₩(200)
수정항목합계	₩(100)	₩158	₩(359)

∴ 20×0년 말 이익잉여금에 미치는 영향: ₩(100) + ₩158 = ₩58 증가

13 20×1년도 당기순이익에 미치는 영향: ₩(359) 감소

14 오류수정 정산표

구분	20×1년	20×2년	20×3년
20×1년 말 재고자산 과소	₩20,000	₩(20,000)	
20×2년 말 기말재고 과대		₩(30,000)	₩30,000
20×3년 말 기말재고 과대			₩(35,000)
20×2년 말 선급보험료 과소		₩15,000	₩(15,000)
20×1년 초 수선유지비	₩40,000	₩(10,000)	₩(10,000)
당기손익에 미치는 영향	₩60,000	₩(45,000)	₩(30,000)

∴ 20×3년 전기이월이익잉여금에 미치는 영향: ₩60,000 + ₩(45,000) = ₩15,000 증가
20×3년 당기순이익에 미치는 영향: ₩(30,000) 감소

정답 11 ① 12 ④ 13 ③ 14 ④

15

구분	20×1년	20×2년
건물감가상각비 과소	₩(100,000)	₩(100,000)
20×1년 수선비 취소	₩190,000	
자본적지출 감가상각비	₩(10,000)[1)]	₩(20,000)[2)]
20×1년 말 미수이자 과소	₩50,000	₩(50,000)
20×2년 말 미수이자 과소		₩50,000
오류수정 효과	₩130,000	₩(120,000)

1) (₩190,000 - ₩0) ÷ 9.5년 × 6/12 = ₩10,000
2) (₩190,000 - ₩0) ÷ 9.5년 = ₩20,000

∴ 전기이월이익잉여금: ₩130,000 증가, 당기순이익: ₩120,000 감소

16 1. 오류수정 정산표

구분	20×1년	20×2년
재고자산		
20×1년 말 과대	₩(20,000)	₩20,000
20×2년 말 과소		₩6,000
미지급급여		
20×1년 말 과소	₩(3,000)	₩3,000
20×2년 말 과대		₩2,000
감가상각비	₩16,000	₩(4,000)
무형자산상각비	₩(1,000)	₩(1,000)
오류수정으로 증감금액	₩(8,000)	₩26,000

2. 20×2년 당기순이익: ₩26,000 증가

3. 20×2년 말 기말이익잉여금: ₩(8,000) + ₩26,000 = ₩18,000 증가

17 1. 오류수정 전 당기비용: (1) + (2) = ₩(36,900)
(1) 사채발행비: ₩(9,500)
(2) 이자비용: ₩274,000 × 10% = ₩(27,400)

2. 오류수정 후 당기비용: (₩274,000 - ₩9,500) × 12% = ₩(31,740)

3. 오류수정 효과: ₩(31,740) - ₩(36,900) = ₩5,160

4, 오류를 수정한 후의 20×1년도 당기순이익: ₩100,000 + ₩5,160 = ₩105,160

정답 15 ① 16 ② 17 ④

고급문제 정답 및 해설

01 1. 가중평균법과 선입선출법의 매출원가

가중평균법 매출원가	₩(8,000,000)
기초재고 차액(가중평균법 - 선입선출법)	x
기말재고 차액(가중평균법 - 선입선출법)	₩300,000
선입선출법 매출원가	₩(8,200,000)

∴ x = ₩(500,000)

2. 선입선출법으로 인식한 20×2년 초 재고자산: ₩3,600,000 - ₩500,000 = ₩3,100,000

02 1. 20×1년 말 회사 측 회계처리

(차) 제품보증비	8,000	(대) 현금	8,000
(차) 제품보증비[1)]	52,000	(대) 제품보증충당부채	52,000

1) ₩2,000,000 × 3% - ₩8,000 = ₩52,000

2. 20×1년 말 정확한 회계처리

(차) 제품보증비	8,000	(대) 현금	8,000
(차) 제품보증비[1)]	32,000	(대) 제품보증충당부채	32,000

1) ₩2,000,000 × 2% - ₩8,000 = ₩32,000

3. 20×2년 말 오류수정 및 보증비 회계처리

(차) 제품보증충당부채	20,000	(대) 이익잉여금	20,000
(차) 제품보증충당부채	17,000	(대) 현금	17,000
(차) 제품보증비[1)]	50,000	(대) 제품보증충당부채	50,000

1) ₩2,500,000 × 2% = ₩50,000

4. 20×2년 말 재무상태표상 이익잉여금에 미치는 영향: ₩20,000 - ₩50,000 = ₩(30,000)

5. 20×2년 말 제품보증충당부채 잔액: ₩52,000 - ₩20,000 - ₩17,000 + ₩50,000 = ₩65,000

정답 01 ① 02 ③

03 1. 지문해설

① 20×2년 말 투자부동산: ₩880,000(공정가치)
② 20×2년도 투자부동산평가손실: ₩880,000 - ₩950,000 = ₩(70,000)
③ 20×2년 재무제표에 비교 표시되는 20×1년 말 재무상태표상 투자부동산: ₩950,000(투자부동산을 원가모형에서 공정가치모형으로 변경하는 것은 회계정책의 변경에 해당하므로 소급적용하여 비교 표시되는 전기 재무제표를 재작성한다. 따라서 비교 표시되는 20×1년 말 투자부동산의 장부금액은 20×1년 말의 공정가치인 ₩950,000이다)
④ 20×2년 재무제표에 비교 표시되는 20×1년도 포괄손익계산서상 감가상각비: ₩0(투자부동산을 원가모형에서 공정가치모형으로 변경하는 것은 회계정책의 변경에 해당하므로 소급적용하여 비교 표시되는 전기 재무제표를 재작성한다. 따라서 비교 표시되는 20×1년도 포괄손익계산서상 감가상각비는 영(₩0)이다)
⑤ 20×1년 말 이익잉여금[1]: ₩350,000

[1] 비교 표시되는 20×1년 말 이익잉여금

원가모형의 이익잉여금	₩300,000
감가상각비 취소(20×1년)	₩100,000
투자부동산평가손실	₩(50,000)
	₩350,000

2. 회계처리

20×1년 초	(차) 투자부동산	1,000,000	(대) 현금	1,000,000
20×1년 말	(차) 감가상각비[1]	100,000	(대) 감가상각누계액	100,000
20×2년 말	(차) 감가상각누계액	100,000	(대) 투자부동산	50,000
			이익잉여금	50,000
	(차) 투자부동산평가손실[2]	70,000	(대) 투자부동산	70,000

[1] (₩1,000,000 - ₩0) ÷ 10년 = ₩100,000
[2] ₩880,000 - ₩950,000 = (-)₩70,000

04 1. 오류수정 후 장부금액

구분	20×0년 말	20×1년 말	20×2년 말
건물	₩5,000,000	₩5,000,000	₩5,000,000
감가상각누계액	(2,500,000)	(2,750,000)	(3,000,000)
장부금액	2,500,000	2,250,000	2,000,000

2. 오류수정 전 장부금액

구분	20×0년 말	20×1년 말	20×2년 말
건물	₩5,000,000	₩5,500,000	₩5,500,000
감가상각누계액	(2,500,000)	(2,800,000)	(3,100,000)
장부금액	2,500,000	2,700,000	2,400,000

3. 20×2년 말 순자산 장부금액의 증감: ₩2,000,000 - ₩2,400,000 = ₩(400,000) 감소

05 1. 정답
(A): ₩15,000
(B): ₩(5,000)

2. 20×2년의 재무제표는 전기오류수정효과가 반영되었으므로 20×2년의 자본변동표에서 전기 이전 20×1년의 이익잉여금에 미치는 효과만 표시한다. 그리고 20×3년의 전기이월이익잉여금은 이미 전기오류수정효과가 반영되었으므로 20×3년의 자본변동표에는 이를 별도로 표시하지 않는다.

정답 03 ④ 04 ① 05 ①

☀ 객관식 문제풀이에 앞서 각 장의 주요 주제별 중요도를 파악해볼 수 있습니다.
☀ 시험 대비를 위해 꼭 풀어보아야 하는 필수문제를 정리하여 효율적으로 학습할 수 있습니다.

1. 출제경향

주요 주제	중요도
1. 이론형 문제	★★★★
2. 영업활동 현금흐름(직접법)	★★★★★
3. 영업활동 현금흐름(간접법)	★★★★★
4. 투자활동 현금흐름	★★★★★
5. 재무활동 현금흐름	★

2. 필수문제 리스트

구분		필수문제 번호
회계사	기본문제	1, 2, 3, 4, 5, 6, 7, 8, 9, 10, 11, 14, 16, 17, 18, 19, 20
	고급문제	6, 7, 8, 9
세무사	기본문제	1, 2, 3, 4, 5, 6, 7, 8, 9, 10, 11, 14, 16, 17, 18, 19, 20
	고급문제	6, 7, 8

Chapter 23

현금흐름표

■ 기본문제

■ 고급문제

■ 정답 및 해설

기본문제

01 다음은 한국채택국제회계기준의 현금흐름표에 관한 내용으로 옳지 않은 것은?

① 유가증권이나 대출채권은 판매를 목적으로 취득한 재고자산과 유사하므로 단기매매목적으로 보유하는 유가증권의 취득과 판매에 따른 현금흐름은 영업활동으로 분류한다.
② 이자의 수취 · 지급, 배당금의 수취 · 지급으로 인한 현금흐름은 별도로 공시하고 매기 일관성 있게 영업활동, 투자활동 또는 재무활동으로 분류한다.
③ 외화로 표시된 현금및현금성자산의 환율변동효과는 직접적으로 현금의 증감을 가져오므로 현금흐름표에 별도로 표시하지 않는다.
④ 환율변동손익은 환율변동손익과 관련된 자산이나 부채의 활동분류에 따라 해당 활동의 손익으로 구분하여 각 활동의 현금흐름에 반영한다.
⑤ 리스이용자의 금융리스부채 상환에 따른 현금유출은 재무활동 현금흐름으로 분류한다.

02 현금흐름표에 관한 설명으로 옳지 않은 것은? [2021 세무사 1차]

① 영업활동 현금흐름은 일반적으로 당기순손익의 결정에 영향을 미치는 거래나 그 밖의 사건의 결과로 발생한다.
② 법인세로 인한 현금흐름은 별도로 공시하며, 재무활동과 투자활동에 명백히 관련되지 않은 한 영업활동 현금흐름으로 분류한다.
③ 현금및현금성자산의 사용을 수반하지 않는 투자활동과 재무활동 거래는 현금흐름표에서 제외한다.
④ 이자와 배당금의 수취 및 지급에 따른 현금흐름은 각각 별도로 공시한다. 각 현금흐름은 매 기간 일관성 있게 영업활동, 투자활동 또는 재무활동으로 분류한다.
⑤ 단기매매목적으로 보유하는 유가증권의 취득과 판매에 따른 현금흐름은 투자활동으로 분류한다.

03 현금흐름표는 회계기간 동안 발생한 현금흐름을 영업활동, 투자활동 및 재무활동으로 분류하여 보고한다. 다음 중 현금흐름의 분류가 다른 것은? [2010 세무사 1차]

① 리스이용자의 금융리스부채 상환에 따른 현금유출
② 판매목적으로 보유하는 재고자산을 제조하거나 취득하기 위한 현금유출
③ 보험회사의 경우 보험금과 관련된 현금유출
④ 기업이 보유한 특허권을 일정기간 사용하도록 하고 받은 수수료 관련 현금유입
⑤ 단기매매목적으로 보유하는 계약에서 발생한 현금유입

04 현금흐름표에 관한 설명으로 옳지 않은 것은? [2012 세무사 1차]

① 이자와 차입금을 함께 상환하는 경우, 이자지급은 영업활동으로 분류될 수 있고 원금상환은 재무활동으로 분류된다.

② 회전율이 높고 금액이 크며 만기가 짧은 항목과 관련된 재무활동에서 발생하는 현금흐름은 순증감액으로 보고할 수 있다.

③ 타인에게 임대할 목적으로 보유하다가 후속 판매목적으로 보유하는 자산을 제조하거나 취득하기 위한 현금지급액은 영업활동 현금흐름이다.

④ 지분상품은 현금성자산에서 제외하므로 상환일이 정해져 있고 취득일로부터 상환일까지의 기간이 3개월 이내인 우선주의 경우에도 현금성자산에서 제외한다.

⑤ 간접법보다 직접법을 적용하는 것이 미래현금흐름을 추정하는 데 보다 유용한 정보를 제공하므로 영업활동 현금흐름을 보고하는 경우에는 직접법을 사용할 것을 권장한다.

05 다음은 ㈜대한의 20×1년도 재무제표의 일부이다. 직접법을 사용하여 20×1년도 현금흐름표의 영업활동 현금흐름을 구할 때, 고객으로부터 유입된 현금흐름과 공급자에 대해 유출된 현금흐름으로 옳은 것은? [2010 공인회계사 1차]

(1) 재무상태표의 일부

계정과목	기초잔액	기말잔액
매출채권(총액)	₩200,000	₩140,000
대손충당금	₩10,000	₩14,000
재고자산	₩60,000	₩50,000
매입채무	₩50,000	₩100,000
선수금	₩10,000	₩8,000

(2) 포괄손익계산서의 일부

계정과목	금액
매출액	₩1,500,000
매출원가	₩1,000,000
대손상각비	₩7,000
재고자산감모손실	₩50,000
외환차익(매입채무 관련)	₩20,000

(3) ㈜대한은 재고자산감모손실과 외환차익을 매출원가에 반영하지 않는다.

	고객으로부터 유입된 현금흐름	공급자에 대해 유출된 현금흐름
①	₩1,555,000	₩970,000
②	₩1,555,000	₩995,000
③	₩1,560,000	₩950,000
④	₩1,560,000	₩970,000
⑤	₩1,560,000	₩995,000

06 다음은 ㈜김포의 기초 및 기말재무제표에서 발췌한 자료이다.

(1) 기초 및 기말재무상태표에서 추출한 자료

구분	기초	기말
퇴직급여부채	₩250,000	₩230,000
주식선택권	₩100,000	₩150,000

(2) 당기 포괄손익계산서에 계상된 종업원급여는 ₩180,000이다.

㈜김포의 당기 종업원급여지급액은 얼마인가?

① ₩30,000 ② ₩50,000 ③ ₩150,000
④ ₩180,000 ⑤ ₩200,000

07 다음은 ㈜대한의 20×1년도 재무제표의 일부이다. 직접법을 사용하여 20×1년도 현금흐름표의 영업활동 현금흐름을 구할 때, 이자수취로 인한 현금유입액은 얼마인가?

(1) 재무상태표의 일부

계정과목	기초잔액	기말잔액
미수이자	₩100,000	₩150,000

(2) 포괄손익계산서의 일부

계정과목	금액
이자수익	₩200,000

(3) 포괄손익계산서의 이자수익에는 상각후원가측정금융자산의 할인액 상각과 관련된 이자수익이 ₩20,000 포함되어 있다.

① ₩30,000 ② ₩50,000 ③ ₩130,000
④ ₩180,000 ⑤ ₩200,000

08 ㈜갑의 20×1년 현금매출 및 신용매출은 각각 ₩160,000과 ₩1,200,000이고, 20×1년 기초와 기말의 매출채권 잔액은 각각 ₩180,000과 ₩212,000이다. ㈜갑의 20×1년 영업비용은 ₩240,000이다. 20×1년 선급비용 기말잔액은 기초보다 ₩16,000이 증가하였고, 20×1년 미지급비용 기말잔액은 기초보다 ₩24,000이 감소하였다. 20×1년에 고객으로부터 유입된 현금흐름과 영업비용으로 유출된 현금흐름은 얼마인가? [2012 공인회계사 1차]

	고객으로부터 유입된 현금흐름	영업비용으로 유출된 현금흐름
①	₩1,328,000	₩232,000
②	₩1,328,000	₩280,000
③	₩1,360,000	₩232,000
④	₩1,360,000	₩280,000
⑤	₩1,332,000	₩202,000

09 다음은 ㈜대한의 재무상태표에 표시된 두 종류의 상각후원가(AC)로 측정하는 금융부채(A사채, B사채)와 관련된 계정의 장부금액이다. 상기 금융부채 외에 ㈜대한이 보유한 이자발생 부채는 없으며, ㈜대한은 20×1년 포괄손익계산서상 당기손익으로 이자비용 ₩48,191을 인식하였다. 이자지급을 영업활동으로 분류할 경우, ㈜대한이 20×1년 현금흐름표의 영업활동현금흐름에 표시할 이자지급액은 얼마인가? 단, 당기 중 사채의 추가발행 · 상환 · 출자전환 및 차입금의 신규차입은 없었으며, 차입원가의 자본화는 고려하지 않는다. [2021 공인회계사 1차]

구분	20×1년 1월 1일	20×1년 12월 31일
미지급이자	₩10,000	₩15,000
A사채(순액)	₩94,996	₩97,345
B사채(순액)	₩110,692	₩107,334

① ₩42,182 ② ₩43,192 ③ ₩44,200
④ ₩45,843 ⑤ ₩49,200

10 다음은 ㈜대한의 20×1년도 재무제표의 일부이다. 직접법을 사용하여 20×1년도 현금흐름표의 영업활동 현금흐름을 구할 때, 법인세지급으로 인한 현금유출액은 얼마인가?

(1) 재무상태표의 일부

계정과목	기초잔액	기말잔액
미지급법인세	₩100,000	₩150,000
이연법인세자산	₩150,000	₩180,000

(2) 포괄손익계산서의 일부

계정과목	금액
법인세비용	₩100,000

① ₩30,000 ② ₩80,000 ③ ₩130,000
④ ₩180,000 ⑤ ₩200,000

11 ㈜세무의 20×1년도 재무제표의 상품매매와 관련된 자료이다. 20×1년도 ㈜세무의 상품매입과 관련된 현금유출액은? [2016 세무사 1차]

• 기초매출채권	₩40,000	• 기말매출채권	₩50,000
• 기초상품재고액	₩30,000	• 기말상품재고액	₩28,000
• 기초매입채무	₩19,000	• 기말매입채무	₩20,000
• 기초선수금	₩20,000	• 기말선수금	₩15,000
• 기초선급금	₩10,000	• 기말선급금	₩5,000
• 매출액	₩400,000	• 매출원가	₩240,000
• 환율변동이익[1]	₩4,000		

[1] 환율변동이익은 매입채무에 포함된 외화외상매입금에서만 발생함

① ₩222,000 ② ₩228,000 ③ ₩236,000
④ ₩240,000 ⑤ ₩248,000

12 다음의 자료를 이용하여 ㈜대한의 20×1년도 매출액과 매출원가를 구하면 각각 얼마인가? [2022 공인회계사 1차]

• ㈜대한의 20×1년도 현금흐름표상 '고객으로부터 유입된 현금'과 '공급자에 대한 현금유출'은 각각 ₩730,000과 ₩580,000이다.

• ㈜대한의 재무상태표에 표시된 매출채권, 매출채권 관련 손실충당금, 재고자산, 매입채무의 금액은 각각 다음과 같다.

구분	20×1년 초	20×1년 말
매출채권	₩150,000	₩115,000
(손실충당금)	₩(40,000)	₩(30,000)
재고자산	₩200,000	₩230,000
매입채무	₩90,000	₩110,000

• 20×1년도 포괄손익계산서에 매출채권 관련 외환차익과 매입채무 관련 외환차익이 각각 ₩200,000과 ₩300,000으로 계상되어 있다.

• 20×1년도 포괄손익계산서에 매출채권에 대한 손상차손 ₩20,000과 기타비용(영업외비용)으로 표시된 재고자산감모손실 ₩15,000이 각각 계상되어 있다.

	매출액	매출원가
①	₩525,000	₩855,000
②	₩525,000	₩645,000
③	₩545,000	₩855,000
④	₩545,000	₩645,000
⑤	₩725,000	₩555,000

13 ㈜세무의 20×2년도 현금흐름표의 영업활동 현금흐름에 표시된 항목과 금액이 다음과 같을 때, 영업활동 순현금흐름은? [2018 세무사 1차]

• 당기순이익	₩200,000	• 매출채권의 감소	₩15,000
• 이자수익	₩20,000	• 매입채무 감소	₩12,000
• 이자비용	₩35,000	• 미지급급여 증가	₩6,000
• 법인세비용	₩40,000	• 이자지급	₩26,000
• 감가상각비	₩50,000	• 이자수취	₩18,000
• 기계장치처분이익	₩8,000	• 법인세납부	₩42,000
• 재고자산 증가	₩25,000		

① ₩223,000 ② ₩231,000 ③ ₩239,000
④ ₩281,000 ⑤ ₩311,000

14 다음은 제조기업인 ㈜대한의 20×1년도 간접법에 의한 현금흐름표를 작성하기 위한 자료이다.

(1) 법인세비용차감전순이익: ₩500,000
(2) 대손상각비: ₩30,000
(3) 재고자산평가손실: ₩10,000
(4) 건물 감가상각비: ₩40,000
(5) 이자비용: ₩50,000
(6) 법인세비용: ₩140,000
(7) 단기매매금융자산 처분이익: ₩15,000
(8) 재무상태표 계정과목의 기초금액 대비 기말금액의 증감
- 매출채권(순액): ₩100,000 증가
- 매입채무: ₩50,000 감소
- 재고자산(순액): ₩20,000 증가
- 단기매매금융자산: ₩50,000 감소
- 미지급이자: ₩70,000 증가

이자지급 및 법인세납부를 영업활동으로 분류한다고 할 때, 20×1년 ㈜대한이 현금흐름표에 보고할 영업에서 창출된 현금은 얼마인가? [2014 공인회계사 1차]

① ₩420,000 ② ₩456,000 ③ ₩470,000
④ ₩495,000 ⑤ ₩535,000

15 ㈜대한의 20×1년도 현금흐름표상 영업에서 창출된 현금(영업으로부터 창출된 현금)은 ₩100,000이다. 다음에 제시된 자료를 이용하여 계산한 ㈜대한의 20×1년도 포괄손익계산서상 법인세비용차감전순이익은 얼마인가? (단, 이자와 배당금수취, 이자지급 및 법인세납부는 영업활동으로 분류한다) [2019 공인회계사 1차]

• 감가상각비	₩2,000	• 미지급이자 감소	₩1,500
• 유형자산처분이익	₩1,000	• 재고자산(순액) 증가	₩3,000
• 이자비용	₩5,000	• 매입채무 증가	₩4,000
• 법인세비용	₩4,000	• 매출채권(순액) 증가	₩2,500
• 재고자산평가손실	₩500	• 미수배당금 감소	₩1,000
• 배당금수익	₩1,500	• 미지급법인세 감소	₩2,000

① ₩90,000 ② ₩96,500 ③ ₩97,000
④ ₩97,500 ⑤ ₩99,000

16 다음 자료는 ㈜코리아의 20×0년 말과 20×1년 말 재무상태표와 20×1년 포괄손익계산서 및 현금흐름표에서 발췌한 회계자료의 일부이다. ㈜코리아는 이자의 지급을 영업활동으로 분류하고 있다. 다음의 자료만을 이용할 때 20×1년도 법인세비용차감전순이익 및 영업에서 창출된 현금을 계산하면 각각 얼마인가? [2015 공인회계사 1차]

(1) 감가상각비	₩40,000
(2) 유형자산처분손실	₩20,000
(3) 이자비용	₩25,000
(4) 법인세비용	₩30,000
(5) 미지급법인세의 감소액	₩5,000
(6) 이연법인세부채의 증가액	₩10,000
(7) 이자지급액	₩25,000
(8) 매출채권의 증가액	₩15,000
(9) 대손충당금의 증가액	₩5,000
(10) 재고자산의 감소액	₩4,000
(11) 매입채무의 감소액	₩6,000
(12) 영업활동순현금흐름	₩200,000

	법인세비용차감전순이익	영업에서 창출된 현금
①	₩177,000	₩250,000
②	₩172,000	₩245,000
③	₩225,000	₩192,000
④	₩167,000	₩240,000
⑤	₩172,000	₩220,000

17 ㈜한국은 20×1년도 현금흐름표를 작성 중이다. 기계장치 관련 내역은 다음과 같으며, 당기 중 취득 및 처분 거래는 모두 현금으로 이루어졌다.

계정과목	기초금액	기말금액
기계장치	₩300,000	₩320,000
감가상각누계액	₩55,000	₩60,000

㈜한국은 당기 중 기계장치를 ₩100,000에 취득하였으며, 포괄손익계산서에는 기계장치처분이익 ₩5,000과 감가상각비(기계장치) ₩35,000이 보고되었다. ㈜한국의 기계장치 관련 거래가 20×1년도의 투자활동 현금흐름에 미치는 영향은? [2017 공인회계사 1차]

① 현금유출 ₩45,000 ② 현금유출 ₩15,000 ③ 현금유출 ₩10,000
④ 현금유입 ₩5,000 ⑤ 현금유입 ₩30,000

※ 다음은 유통업을 영위하는 ㈜대한의 20×1년도 현금흐름표를 작성하기 위한 자료이다. 이를 이용하여 **18** ~ **19**에 답하시오. [2018 공인회계사 1차]

(1) 20×1년 포괄손익계산서의 자료

- 매출: ₩435,000
- 매출원가: ₩337,000
- 급여: ₩8,000
- 매출채권 대손상각비: ₩1,500
- 차량운반구 감가상각비: ₩16,000
- 재고자산평가손실(기타비용): ₩5,000
- 매출채권 외화환산이익: ₩1,000
- 유형자산처분손실: ₩2,000

(2) 20×1년 재무상태표 관련 자료(단위: ₩)

계정과목	기초	기말
매출채권	₩92,400	₩135,500
매출채권 대손충당금	₩4,400	₩5,500
재고자산	₩120,000	₩85,000
재고자산평가충당금	-	₩5,000
매입채무	₩70,000	₩40,000
차량운반구	₩400,000	₩371,000
차량운반구 감가상각누계액	₩100,000	₩77,000

(3) 20×1년 중 취득가액이 ₩40,000(감가상각누계액 ₩20,000)인 차량운반구를 처분하여 처분손실 ₩2,000이 발생하였다. 또한 차량운반구를 ₩50,000에 신규 취득하였으며 이는 당기 중 유일한 취득 거래이다. 당기 중 차량운반구의 증감은 전부 취득과 처분으로 발생한 것이다.

(4) 매출액 중 ₩25,000은 현금매출이며, 나머지는 신용매출이다.

(5) 별도의 언급이 없는 한, 당기 중 거래는 현금으로 이루어졌다.

18 ㈜대한이 20×1년 현금흐름표에 보고할 영업으로부터 창출된 현금은 얼마인가?

① ₩27,500 ② ₩51,500 ③ ₩52,500
④ ₩60,500 ⑤ ₩384,500

19 ㈜대한의 차량운반구 관련 거래가 20×1년도 투자활동 현금흐름에 미치는 영향은?

① 현금유출 ₩12,000 ② 현금유출 ₩32,000 ③ 현금유출 ₩50,000
④ 현금유입 ₩30,000 ⑤ 현금유입 ₩38,000

20 다음은 ㈜송광의 재무상태표와 포괄손익계산서의 일부이다.

부분 재무상태표

구분	20×1년 말	20×2년 말
유형자산	₩245,000	₩270,000
감가상각누계액	₩(167,000)	₩(178,000)
미지급금	₩34,000	₩54,000
이익잉여금	₩100,000	₩119,000

부분 포괄손익계산서
(20×2. 1. 1. ~ 20×2. 12. 31.)

감가상각비	₩32,000
유형자산처분이익	₩13,000
당기순이익	₩28,000

<추가정보>

(1) 20×2년 3월 1일 원가 ₩45,000의 유형자산을 현금을 받고 처분하였다. 또한 20×2년 8월 중 새로운 유형자산의 구입이 있었으며, 구입대금 중 현금지급하지 못한 ₩20,000은 미지급금으로 계상되었다.

(2) 이익잉여금의 변동은 당기순이익과 현금배당의 선언에 의해서만 영향을 받았다.

20×2년도의 현금흐름표에 보고되어야 할 투자활동순현금흐름과 재무활동순현금흐름은? 단, 배당금지급은 재무활동으로 분류한다고 가정한다. [2002 공인회계사 1차]

	투자활동순현금흐름	재무활동순현금흐름
①	₩25,000 유입	₩13,000 유출
②	₩45,000 유입	₩13,000 유출
③	₩9,000 유출	₩9,000 유출
④	₩13,000 유출	₩13,000 유출
⑤	₩13,000 유출	₩9,000 유출

01 ㈜바다의 재무담당자는 20×1년도 영업활동 유형별로 현금의 흐름내역을 살펴보고자 한다. 다음에 제시된 ㈜바다의 20×1년도 재무제표의 일부 자료에 근거하여 20×1년도 직접법에 의한 영업활동현금흐름상 공급자에 대한 현금유출액과 종업원에 대한 현금유출액을 구하면 얼마인가? (단, 주식보상비용은 당기 중 부여한 주식결제형 주식기준보상거래에 따른 용역의 대가로 모두 급여에 포함되어 있으며, 외화환산이익은 모두 외화매입채무의 기말환산과 관련하여 발생하였다)

[2011 공인회계사 1차]

Ⅰ. 포괄손익계산서		Ⅱ. 간접법에 의한 영업활동현금흐름	
계정과목	금액	구분	금액
매출액	₩6,000,000	당기순이익	₩600,000
매출원가	₩(3,200,000)	주식보상비용	₩140,000
급여	₩(1,200,000)	이자비용	₩450,000
감가상각비	₩(890,000)	감가상각비	₩890,000
대손상각비	₩(120,000)	유형자산처분이익	₩(570,000)
유형자산처분이익	₩570,000	법인세비용	₩180,000
외화환산이익	₩320,000	매출채권(순액)의 증가	₩(890,000)
이자비용	₩(450,000)	선급금의 증가	₩(120,000)
재고자산감모손실	₩(250,000)	선급급여의 감소	₩210,000
법인세비용	₩(180,000)	재고자산의 감소	₩390,000
당기순이익	₩600,000	매입채무의 증가	₩430,000
		미지급급여의 감소	₩(170,000)
		영업에서 창출된 현금	₩1,540,000
		이자지급	₩(420,000)
		법인세납부	₩(80,000)
		영업활동순현금흐름	₩1,040,000

	공급자에 대한 현금유출액	종업원에 대한 현금유출액
①	₩2,180,000	₩1,160,000
②	₩2,430,000	₩1,020,000
③	₩2,430,000	₩1,160,000
④	₩2,500,000	₩1,020,000
⑤	₩2,500,000	₩1,160,000

02 다음은 ㈜갑의 20×1년도 간접법에 의한 현금흐름표를 작성하기 위한 자료이다.

(1) 20×1년도 포괄손익계산서 자료
- 당기순이익: ₩500
- 법인세비용: ₩100
- 재고자산평가손실: ₩10
- 대손상각비: ₩90(매출채권에서 발생)
- 외화환산이익: ₩40(매출채권에서 발생)
- 외화환산손실: ₩50(매입채무에서 발생)
- 당기손익-공정가치측정금융자산처분이익: ₩80
- 당기손익-공정가치측정금융자산평가손실: ₩60

(2) 20×1년 말 재무상태표 자료
20×1년 기초금액 대비 기말금액의 증감은 다음과 같다.

자산		부채와 자본	
계정과목	증가(감소)	계정과목	증가(감소)
현금및현금성자산	₩30	단기차입금	₩(70)
당기손익-공정가치측정금융자산	₩120	매입채무	₩(330)
매출채권(순액)	₩650	미지급법인세	₩(20)
재고자산(순액)	₩(480)	이연법인세부채	₩30

(3) 20×1년도 유형자산 취득금액은 ₩70이고 처분은 없으며, 20×1년도 감가상각비는 ₩300이다.

(4) 이자와 배당금의 수취, 이자지급 및 법인세납부 또는 환급은 영업활동으로 분류하고, 배당금의 지급은 재무활동으로 분류한다.

㈜갑의 20×1년도 현금흐름표상 영업활동순현금흐름은 얼마인가? [2013 공인회계사 1차]

① ₩190 ② ₩200 ③ ₩210
④ ₩310 ⑤ ₩1,410

03 다음 자료를 이용할 경우 20×1년도 현금흐름표에 계상될 영업활동순현금흐름은 얼마인가? [2012 세무사 1차]

• 당기순이익	₩250,000
• 감가상각비	₩40,000
• 사채상환이익	₩35,000
• 기타포괄손익-공정가치측정금융자산처분손실	₩20,000
• 배당금지급	₩80,000
• 유상증자	₩110,000

• 자산 및 부채 계정잔액의 일부

구분	20×1년 1월 1일	20×1년 12월 31일
매출채권(순액)	₩50,000	₩70,000
단기대여금	₩110,000	₩130,000
유형자산(순액)	₩135,000	₩95,000
매입채무	₩40,000	₩30,000
미지급비용	₩30,000	₩45,000

① ₩260,000 유입 ② ₩265,000 유입 ③ ₩270,000 유입
④ ₩275,000 유입 ⑤ ₩290,000 유입

04 ㈜한국은 당기 중에 장부금액 ₩40,000인 기계장치를 ₩52,000에 처분하였으며 당기 중 취득한 기계장치는 없다. 법인세차감전순이익은 ₩30,000이며, 액면발행된 사채의 이자비용이 ₩2,000이다. 영업에서 창출된 현금은? [2015 세무사 1차]

계정과목	기초	기말
매출채권(총액)	₩120,000	₩90,000
매출채권 대손충당금	₩4,000	₩5,000
재고자산	₩250,000	₩220,000
기계장치(총액)	₩400,000	₩300,000
기계장치 감가상각누계액	₩230,000	₩190,000
매입채무	₩245,000	₩280,000

① ₩116,000 ② ₩126,000 ③ ₩136,000
④ ₩146,000 ⑤ ₩156,000

05 ㈜세무의 현금흐름표 작성을 위한 20×1년 자료가 다음과 같을 때, ㈜세무의 20×1년도 투자활동순현금흐름과 재무활동순현금흐름은? (단, ㈜세무는 이자의 지급, 이자 및 배당금의 수입은 영업활동으로, 배당금의 지급은 재무활동으로 분류하고 있다) [2017 세무사 1차]

(1) 유상증자로 ₩250,000, 장기차입금으로 ₩300,000을 조달하였다.
(2) 20×1년 초 매출채권 잔액은 ₩300,000이었고, 여기에 대손충당금 잔액이 ₩20,000 설정되어 있다. 20×1년 말 매출채권 잔액은 ₩500,000이며, 대손추정을 통하여 기말 대손충당금 잔액이 ₩50,000으로 증가하였다.
(3) 20×0년 경영성과에 대해 20×1년 3월 주주총회 결의를 통해 주주들에게 배당금으로 ₩200,000을 지급하였다.
(4) 기초와 기말의 법인세부채는 각각 ₩300,000과 ₩400,000이었다.
(5) 당기에 유형자산을 총원가 ₩1,500,000에 취득하였으며, 이 중에서 ₩900,000은 금융리스로 취득하였다. 나머지 ₩600,000은 현금으로 지급하였다. 금융리스부채의 상환은 20×2년 초부터 이루어진다.
(6) 취득원가가 ₩800,000이고 감가상각누계액이 ₩500,000인 공장설비를 현금매각하고, 유형자산처분이익 ₩100,000을 인식하였다.

	투자활동순현금흐름	재무활동순현금흐름
①	₩200,000 유출	₩350,000 유입
②	₩200,000 유출	₩550,000 유입
③	₩400,000 유입	₩200,000 유출
④	₩600,000 유출	₩350,000 유입
⑤	₩600,000 유출	₩550,000 유입

06 20×0년 초에 설립된 ㈜대한의 20×0년 12월 31일 현재 토지의 장부금액은 ₩5,400,000이다. 이는 재평가로 인하여 증가된 ₩1,100,000이 포함된 금액이다. 또한 ㈜대한은 20×0년 3월 1일에 취득한 기계장치(내용연수 5년, 잔존가치 ₩400,000, 정액법 상각)를 20×0년 5월 31일 ₩5,300,000에 전부 처분하고 유형자산처분손실 ₩1,845,000을 인식하였다. ㈜대한은 감가상각에 대해 월할계산하고 있으며, 자산의 취득 및 처분과 관련된 모든 거래는 현금으로 이루어지고 있다. ㈜대한의 20×0년도 현금흐름표에 계상될 투자활동순현금흐름은 얼마인가? (단, 토지는 20×0년 초에 취득하였으며, 재평가모형을 적용한다) [2012 세무사 1차]

① ₩4,300,000 유출 ② ₩5,500,000 유입 ③ ₩6,500,000 유출
④ ₩7,500,000 유입 ⑤ ₩11,800,000 유출

07 다음은 ㈜여름의 기계장치와 관련하여 20×1년도 중 발생한 일부 거래내역과 20×1년도 부분재무제표의 자료이다. ㈜여름의 유형자산은 모두 기계장치이다. 다음의 자료만을 이용하여 계산한 20×1년도 기계장치의 처분으로 인한 현금유입액은 얼마인가? [2011 공인회계사 1차]

<부분재무상태표>

계정과목	기초잔액	기말잔액	증감
기계장치	₩8,700,000	₩8,670,000	₩(30,000)
감가상각누계액	₩(3,700,000)	₩(2,500,000)	₩(1,200,000)

<부분포괄손익계산서>

계정과목	금액
유형자산감가상각비	₩(850,000)
유형자산처분이익	₩570,000

(1) 20×1년 7월 1일 ㈜여름은 공정개선을 위해 보유 중인 기계장치 일부를 ㈜겨울의 기계장치와 교환하였다. 교환시점에서 ㈜여름이 보유한 기계장치의 취득금액은 ₩3,300,000(감가상각누계액 ₩1,100,000)이고 공정가치는 ₩2,300,000이었으며, ㈜겨울이 보유한 기계장치의 취득금액은 ₩4,000,000(감가상각누계액 ₩2,500,000)이고 공정가치는 ₩2,000,000이었다. 동 거래는 상업적 실질이 있는 교환으로 공정가치 보상을 위한 현금수수는 없었으며, ㈜여름이 보유한 기계장치의 공정가치가 더 명백하였다.

(2) 20×1년 10월 1일 취득원가 ₩4,000,000인 기계장치를 취득하였으며, 당기 중 기계장치의 추가 취득거래는 발생하지 않았다. 또한 (1)의 교환거래를 제외한 기계장치 관련 거래는 모두 현금으로 이루어졌으며, ㈜여름은 기계장치에 대해 원가모형을 적용하였다.

① ₩2,080,000　② ₩2,550,000　③ ₩2,650,000
④ ₩3,300,000　⑤ ₩3,400,000

08 ㈜세무는 20×1년도 현금흐름표를 작성하기 위한 자료는 다음과 같다. ㈜세무가 20×1년도 현금흐름표에 보고할 영업활동순현금흐름은? [2022 세무사 1차]

(1) 법인세비용차감전순이익: ₩1,000,000
(2) 법인세비용: ₩120,000(20×1년 중 법인세납부액과 동일)
(3) 이자비용: ₩30,000(모두 사채의 이자비용이며, 사채할인발행차금 상각액을 포함함)
(4) 자산과 부채의 증감

계정과목	기초금액	기말금액
매출채권	₩200,000	₩210,000
재고자산	₩280,000	₩315,000
건물	₩1,200,000	₩1,150,000
건물감가상각누계액	₩(380,000)	₩(370,000)
사채	₩300,000	₩300,000
사채할인발행차금	₩(15,000)	₩(10,000)

(5) 20×1년 중 건물관련 거래가 ㈜세무의 순현금흐름을 ₩30,000 증가시켰다.
(6) 20×1년 중 사채관련 거래가 ㈜세무의 순현금흐름을 ₩25,000 감소시켰으며, 20×1년 중 사채의 발행 및 상환은 없었다.
(7) ㈜세무는 간접법을 사용하여 영업활동현금흐름을 산출하며, 이자지급 및 법인세납부는 영업활동으로 구분한다.

① ₩850,000 ② ₩880,000 ③ ₩890,000
④ ₩930,000 ⑤ ₩970,000

09 다음은 ㈜대한의 20×1년도 현금흐름표를 작성하기 위한 자료이다.

1. 20×1년도 포괄손익계산서 관련 자료
   - 법인세비용차감전순이익: ₩2,150,000
   - 법인세비용: ?
   - 이자비용: ₩30,000
   - 감가상각비: ₩77,000
2. 20×1년 말 재무상태표 관련 자료

계정과목	기말잔액	기초잔액	증감
매출채권	₩186,000	₩224,000	₩38,000 감소
재고자산	₩130,000	₩115,000	₩15,000 증가
매입채무	₩144,000	₩152,000	₩8,000 감소
미지급이자	₩9,500	₩12,000	₩2,500 감소
당기법인세부채	₩31,000	₩28,000	₩3,000 증가
이연법인세부채	₩2,600	₩4,000	₩1,400 감소

㈜대한은 간접법으로 현금흐름표를 작성하며, 이자지급과 법인세납부는 영업활동현금흐름으로 분류한다. ㈜대한이 20×1년도 현금흐름표에 보고한 영업활동순현금유입액이 ₩1,884,900일 경우, 20×1년도 당기순이익은 얼마인가? [2023 공인회계사 1차]

① ₩1,713,600
② ₩1,754,200
③ ₩1,791,300
④ ₩1,793,800
⑤ ₩1,844,100

기본문제 정답 및 해설

01 외화로 표시된 현금및현금성자산의 환율변동효과는 기초와 기말의 현금및현금성자산을 조정하기 위해 현금흐름표에 보고한다. 이 금액은 영업활동, 투자활동 및 재무활동 현금흐름과 구분하여 별도로 표시하며, 그러한 현금흐름을 기말 환율로 보고하였다면 발생하게 될 차이를 포함한다.

02 기업은 단기매매목적으로 유가증권이나 대출채권을 보유할 수 있으며, 이때 유가증권이나 대출채권은 판매를 목적으로 취득한 재고자산과 유사하므로 단기매매목적으로 보유하는 유가증권의 취득과 판매에 따른 현금흐름은 영업활동으로 분류한다.

03 ① 리스이용자의 금융리스부채 상환에 따른 현금유출: 재무활동
② 판매목적으로 보유하는 재고자산을 제조하거나 취득하기 위한 현금유출: 영업활동
③ 보험회사의 경우 보험금과 관련된 현금유출: 영업활동
④ 기업이 보유한 특허권을 일정기간 사용하도록 하고 받은 수수료 관련 현금유입: 영업활동
⑤ 단기매매목적으로 보유하는 계약에서 발생한 현금유입: 영업활동

04 지분상품은 현금성자산에서 제외하나, 상환일이 정해져 있고 취득일로부터 상환일까지의 기간이 단기인 우선주와 같이 실질적인 현금성자산인 경우에는 예외적으로 포함될 수 있다.

05 1. 고객으로부터 유입된 현금

포괄손익계산서의 매출활동 관련 손익	매출	₩1,500,000
	대손상각비	₩(7,000)
매출활동과 관련된 자산·부채의 변동	매출채권의 감소	₩60,000
	대손충당금의 증가	₩4,000
	선수금의 감소	₩(2,000)
고객으로부터 유입된 현금		₩1,555,000

2. 공급자에 대한 현금유출액

포괄손익계산서의 매입활동 관련손익	매출원가	₩(1,000,000)
	재고자산감모손실	₩(50,000)
	외환차익	₩20,000
매입활동과 관련된 자산·부채의 변동	매입채무의 증가	₩50,000
	재고자산의 감소	₩10,000
공급자에 대한 현금유출		₩(970,000)

06

포괄손익계산서상 종업원급여	₩(180,000)
주식보상비용	₩50,000
퇴직급여부채 감소	₩(20,000)
계	₩(150,000)

정답 01 ③ 02 ⑤ 03 ① 04 ④ 05 ① 06 ③

07 1. 이자수취로 인한 현금유입액

포괄손익계산서의 이자수취활동 관련 손익	이자수익	₩200,000
	상각후원가측정금융자산 할인상각액	₩(20,000)
이자수취활동과 관련된 자산 · 부채의 변동	미수이자의 증가	₩(50,000)
이자수취 현금유입액		₩130,000

2. 상각후원가측정금융자산의 할인액 상각부분은 상각후원가측정금융자산이 투자활동과 관련된 자산이므로 투자활동과 관련된 손익으로 분석해야 한다. 따라서 총이자수익에서 차감하여 계산한다.

08 1. 고객으로부터 유입된 현금흐름

매출액: ₩160,000(현금매출) + ₩1,200,000(신용매출) =	₩1,360,000
매출채권의 증가	₩(32,000)
고객으로부터 유입된 현금흐름	₩1,328,000

2. 영업비용으로 유출된 현금흐름

영업비용	₩(240,000)
선급비용 증가	₩(16,000)
미지급비용 감소	₩(24,000)
영업비용으로 유출된 현금흐름	₩(280,000)

09 이자지급으로 인한 현금유출액

포괄손익계산서상 이자비용	₩(48,191)
사채할인발행차금 상각액[1]	₩2,349
사채할증발행차금 상각액[2]	₩(3,358)
미지급이자 증가	₩5,000
이자지급으로 인한 현금유출액	₩(44,200)

[1] 사채할인발행차금 상각액: ₩97,345 - ₩94,996 = ₩2,349

[2] 사채할증발행차금 상각액: ₩107,334 - ₩110,692 = ₩(3,358)

10

포괄손익계산서의 법인세지급활동 관련 손익	법인세비용	₩(100,000)
법인세지급활동과 관련된 자산 · 부채의 변동	미지급법인세의 증가	₩50,000
	이연법인세자산의 증가	₩(30,000)
법인세지급 현금유출액		₩(80,000)

11

포괄손익계산서상 매출원가	₩(240,000)
포괄손익계산서상 환율변동이익	₩4,000
상품의 감소	₩2,000
매입채무의 증가	₩1,000
선급금의 감소	₩5,000
공급자에 대한 현금유출액	₩(228,000)

정답 07 ③ 08 ② 09 ③ 10 ② 11 ②

12 1. 고객으로부터 유입된 현금

구분	금액	
포괄손익계산서의 매출활동 관련손익	매출	x
	손상차손	₩(20,000)
	외환차익(매출채권)	₩200,000
매출활동과 관련된 자산·부채의 변동	매출채권의 감소	₩35,000
	손실충당금의 감소	₩(10,000)
고객으로부터 유입된 현금		₩730,000

∴ 매출(x): ₩525,000

2. 공급자에 대한 현금유출

구분	금액	
포괄손익계산서의 매입활동 관련손익	매출원가	x
	재고자산감모손실	₩(15,000)
	외환차익	₩300,000
매입활동과 관련된 자산·부채의 변동	매입채무의 증가	₩20,000
	재고자산의 증가	₩(30,000)
공급자에 대한 현금유출		₩(580,000)

∴ 매출원가(x): ₩(855,000)

13

법인세비용차감전순이익	₩240,000
이자수익	₩(20,000)
이자비용	₩35,000
감가상각비	₩50,000
기계장치처분이익	₩(8,000)
재고자산의 증가	₩(25,000)
매출채권의 감소	₩15,000
매입채무의 감소	₩(12,000)
미지급급여의 증가	₩6,000
영업에서 창출된 현금	₩281,000
이자지급	₩(26,000)
이자수취	₩18,000
법인세납부	₩(42,000)
영업활동 현금흐름	₩231,000

14

법인세비용차감전순이익	₩500,000
감가상각비	₩40,000
이자비용	₩50,000
매출채권(순액)의 증가	₩(100,000)
매입채무의 감소	₩(50,000)
재고자산(순액)의 증가	₩(20,000)
단기매매금융자산의 감소	₩50,000
영업에서 창출된 현금	₩470,000

정답 12 ① 13 ② 14 ③

15 법인세비용차감전 순이익 계산

(1) 법인세비용차감전순이익을 x라 가정한다.

(2) 영업에서 창출된 현금

법인세비용차감전순이익	x
이자비용	₩5,000
배당금수익	₩(1,500)
감가상각비	₩2,000
유형자산처분이익	₩(1,000)
재고자산(순액)의 증가	₩(3,000)
매입채무의 증가	₩4,000
매출채권(순액)의 증가	₩(2,500)
영업에서 창출된 현금	₩100,000
이자지급[1]	₩(6,500)
배당금수취[2]	₩2,500
법인세지급[3]	₩(6,000)
영업활동 현금흐름	₩90,000

[1] 이자지급: 이자비용 ₩(5,000) - 미지급이자의 감소 ₩1,500 = ₩(6,500)

[2] 배당금수취: 배당금수익 ₩1,500 + 미수배당금의 감소 ₩1,000 = ₩2,500

[3] 법인세지급: 법인세비용 ₩(4,000) - 미지급법인세의 감소 ₩2,000 = ₩(6,000)

∴ x = ₩97,000

16

법인세비용차감전순이익	x
감가상각비	₩40,000
유형자산처분손실	₩20,000
이자비용	₩25,000
매출채권의 증가	₩(15,000)
대손충당금의 증가	₩5,000
재고자산의 감소	₩4,000
매입채무의 감소	₩(6,000)
영업에서 창출된 현금	y
법인세지급액	₩(25,000)
이자지급액	₩(25,000)
영업활동순현금흐름	₩200,000

* 법인세 납부

I/S	법인세비용	₩(30,000)
B/S	미지급법인세의 감소	₩(5,000)
	이연법인세부채의 증가	₩10,000
법인세지급액		₩(25,000)

∴ 영업에서 창출된 현금(y): ₩200,000 + ₩50,000 = ₩250,000

∴ 법인세비용차감전순이익(x): ₩177,000

정답 15 ③ 16 ①

17 1. 취득

(차) 기계장치	100,000	(대) 현금(투자)	100,000

2. 감가상각

(차) 감가상각비	35,000	(대) 감가상각누계액	35,000

3. 처분

계정과목	:	기초	+	증가	-	감소	=	기말금액
기계장치	:	₩300,000	+	취득 ₩100,000	-	처분(x)	=	₩320,000

∴ 처분(x) = ₩80,000

계정과목	:	기초	+	증가	-	감소	=	기말금액
감가상각누계액	:	₩55,000	+	감가상각 ₩35,000	-	처분(x)	=	₩60,000

∴ 처분(x) = ₩30,000

(차) 현금(투자)	55,000	(대) 기계장치	80,000
감가상각누계액	30,000	유형자산처분이익	5,000

4. 투자활동 현금흐름: 순현금유출 ₩(45,000)
   ① 유형자산의 처분: ₩55,000
   ② 유형자산의 취득: ₩(100,000)

별해

포괄손익계산서의 투자활동 관련 손익	유형자산처분이익	₩5,000
	감가상각비	₩(35,000)
투자활동과 관련된 자산·부채의 변동	기계장치(총액)의 증가	₩(20,000)
	감가상각누계액의 증가	₩5,000
투자활동순현금흐름		₩(45,000)

18 영업으로부터 창출된 현금

(1) 고객으로부터 유입된 현금

매출액	₩435,000
매출채권 대손상각비	₩(1,500)
매출채권 외화환산이익	₩1,000
매출채권의 증가	₩(43,100)
대손충당금의 증가	₩1,100
고객으로부터 유입된 현금	₩392,500

(2) 공급자에 대한 현금유출

매출원가	₩(337,000)
재고자산평가손실	₩(5,000)
재고자산의 감소	₩35,000
재고자산평가충당금의 증가	₩5,000
매입채무의 감소	₩(30,000)
공급자에 대한 현금유출	₩(332,000)

(3) 종업원에 대한 현금유출

급여	₩(8,000)
종업원에 대한 현금유출	₩(8,000)

(4) 영업에서 창출된 현금: (1) + (2) + (3) = ₩52,500

정답 17 ① 18 ③

19 1. 처분

(차) 현금(투자)	18,000	(대) 차량운반구	40,000
감가상각누계액	20,000		
유형자산처분손실	2,000		

2. 감가상각

(차) 감가상각비	16,000	(대) 감가상각누계액	16,000

3. 취득

(차) 차량운반구	50,000	(대) 현금(투자)	50,000

4. 추정

계정과목	:	기초	+	증가	−	감소	=	기말금액
차량운반구	:	₩400,000	+	취득 ₩50,000	−	처분 ₩40,000 + 추가처분(x)	=	₩371,000

∴ 추가처분(x) = ₩39,000

계정과목	:	기초	+	증가	−	감소	=	기말금액
감가상각누계액	:	₩100,000	+	감가상각 ₩16,000	−	처분 ₩20,000 + 추가처분(x)	=	₩77,000

∴ 추가처분(x) = ₩19,000

(차) 현금(투자)	20,000	(대) 차량운반구	39,000
감가상각누계액	19,000		

5. 투자활동 현금흐름: 순현금유출 ₩(12,000)

① 유형자산의 처분: ₩38,000

② 유형자산의 취득: ₩(50,000)

6. 순액분개법: 순현금유출 ₩(12,000)

(차) 감가상각누계액	23,000	(대) 차량운반구	29,000
유형자산처분손실	2,000	현금(투자)	12,000
감가상각비	16,000		

별해

포괄손익계산서의 투자활동 관련 손익	유형자산처분손실	₩(2,000)
	감가상각비	₩(16,000)
투자활동과 관련된 자산·부채의 변동	차량운반구(총액)의 감소	₩29,000
	감가상각누계액의 감소	₩(23,000)
투자활동순현금흐름		₩(12,000)

정답 19 ①

20 1. 투자활동현금흐름

20×2. 3. 1.	(차) 현금(투자) 감가상각누계액[1]	37,000 21,000	(대) 유형자산 유형자산처분이익	45,000 13,000
20×2. 8월 중	(차) 유형자산[2]	70,000	(대) 현금(투자) 미지급금	50,000 20,000
20×2. 12. 31.	(차) 감가상각비	32,000	(대) 감가상각누계액	32,000

[1] (₩167,000 + ₩32,000) - ₩178,000 = ₩21,000

[2] ₩270,000 - (₩245,000 - ₩45,000) = ₩70,000

∴ 투자활동순현금흐름: ₩37,000 - ₩50,000 = ₩(13,000) 유출

2. 재무활동순현금흐름

20×2. 주주총회 시	(차) 이익잉여금[1]	9,000	(대) 미지급배당금	9,000
20×2. 배당지급 시	(차) 미지급배당금	9,000	(대) 현금(재무)	9,000
20×2. 12. 31.	(차) 집합손익	28,000	(대) 이익잉여금	28,000

[1] ₩100,000 + ₩28,000 - ₩119,000 = ₩9,000

∴ 재무활동순현금흐름: ₩(9,000) 유출

3. 투자활동순현금흐름 순액분개법: ₩(13,000) 유출

(차)			(대)	
	유형자산	25,000	감가상각누계액	11,000
	감가상각비	32,000	미지급금	20,000
			유형자산처분이익	13,000
			현금(투자)	13,000

4. 재무활동순현금흐름 순액분개법: ₩(9,000) 유출

(차)			(대)	
	집합손익	28,000	이익잉여금	19,000
			현금(재무)	9,000

정답 20 ⑤

고급문제 정답 및 해설

01 1. 공급자에 대한 현금유출액

매출원가	₩(3,200,000)
외환환산이익	₩320,000
재고자산감모손실	₩(250,000)
선급금의 증가	₩(120,000)
재고자산의 감소	₩390,000
매입채무의 증가	₩430,000
계	₩(2,430,000)

2. 종업원에 대한 현금유출액

급여	₩(1,200,000)
주식보상비용	₩140,000
선급급여의 감소	₩210,000
미지급급여의 감소	₩(170,000)
계	₩(1,020,000)

02

당기순이익	₩500
감가상각비	₩300
당기손익-공정가치측정금융자산의 증가	₩(120)
매출채권의 증가	₩(650)
재고자산의 감소	₩480
매입채무의 감소	₩(330)
미지급법인세의 감소	₩(20)
이연법인세부채의 증가	₩30
영업활동순현금흐름	₩190

03 영업활동순현금흐름: ₩260,000 유입

당기순이익	₩250,000
감가상각비	₩40,000
사채상환이익	₩(35,000)
기타포괄손익-공정가치측정금융자산처분손실	₩20,000
매출채권(순액) 증가	₩(20,000)
매입채무 감소	₩(10,000)
미지급비용 증가	₩15,000
영업활동순현금흐름	₩260,000

정답 01 ② 02 ① 03 ①

04 1. 처분

(차) 현금(투자)	52,000	(대) 기계장치	100,000
감가상각누계액	60,000	유형자산처분이익[1]	12,000

[1] 처분대가 ₩52,000 - 장부금액 ₩40,000 = ₩12,000

2. 감가상각

계정과목	:	기초	+	증가	-	감소	=	기말금액
감가상각누계액	:	₩230,000	+	감가상각(x)	-	처분 ₩60,000	=	₩190,000

∴ 감가상각(x) = ₩20,000

(차) 감가상각비	20,000	(대) 감가상각누계액	20,000

3. 영업에서 창출된 현금

법인세비용차감전순이익	₩30,000
이자비용	₩2,000
유형자산처분이익	₩(12,000)
감가상각비	₩20,000
매출채권의 감소	₩30,000
대손충당금의 증가	₩1,000
재고자산의 감소	₩30,000
매입채무의 증가	₩35,000
영업에서 창출된 현금	₩136,000

05 1. **투자활동순현금흐름: (1) + (2) = ₩(200,000) 유출**

(1) 공장설비 현금유입액: (₩800,000 - ₩500,000)(장부금액) + ₩100,000(처분이익) = ₩400,000
(2) 유형자산 취득 현금유출액: ₩(600,000)

2. **재무활동순현금흐름: (1) + (2) + (3) = ₩350,000 유입**

(1) 유상증자: ₩250,000
(2) 장기차입금의 차입: ₩300,000
(3) 현금배당: ₩(200,000)

06 1. 투자 관련 회계처리

(차) 기계장치[1]	7,500,000	(대) 현금[1]	7,500,000
(차) 감가상각비[1]	355,000	(대) 기계장치[1]	355,000
(차) 현금	5,300,000	(대) 기계장치[1]	7,500,000
유형자산처분손실	1,845,000		
감가상각누계액[1]	355,000		
(차) 토지	5,400,000	(대) 현금	4,300,000
		재평가잉여금	1,100,000

[1] 기계장치(x) = ₩5,300,000 + ₩1,845,000 + y
감가상각비(y) = (x - ₩400,000)/5년 × 3/12
∴ x = ₩7,500,000, y = ₩355,000

2. **투자활동순현금흐름: - ₩7,500,000 + ₩5,300,000 - ₩4,300,000 = ₩(6,500,000) 유출**

정답 04 ③ 05 ① 06 ③

07 1. 감가상각

(차) 감가상각비	850,000	(대) 감가상각누계액	850,000

2. 교환취득

(차) 기계장치(신)	2,300,000	(대) 기계장치(구)	3,300,000
감가상각누계액	1,100,000	유형자산처분이익	100,000

3. 현금취득

(차) 기계장치	4,000,000	(대) 현금	4,000,000

4. 처분

(차) 감가상각누계액[3]	950,000	(대) 기계장치[1]	3,030,000
현금	2,550,000	유형자산처분이익[2]	470,000

[1] ₩8,700,000 + ₩2,300,000 - ₩3,300,000 + ₩4,000,000 - ₩8,670,000 = ₩3,030,000

[2] ₩570,000 - ₩100,000 = ₩470,000

[3] ₩3,700,000 + ₩850,000 - ₩1,100,000 - ₩2,500,000 = ₩950,000

5. 기계장치의 처분으로 인한 현금유입액: ₩2,550,000

08 영업활동순현금흐름

법인세비용차감전순이익	₩1,000,000
이자비용	₩30,000
감가상각비 + 유형자산처분손익	₩10,000[1]
매출채권의 증가	₩(10,000)
재고자산(순액)의 증가	₩(35,000)
영업에서 창출된 현금	₩995,000
이자지급	₩(25,000)[2]
법인세지급	₩(120,000)[3]
영업활동 현금흐름	₩850,000

[1] 감가상각비 + 유형자산처분손익 = ₩30,000 - ₩40,000 = ₩(10,000)

[2] 이자지급: 이자비용 ₩(30,000) - 사채할인액상각 ₩5,000 = ₩(25,000)

[3] 법인세지급: ₩(120,000)

09 1. 영업활동순현금흐름

법인세비용차감전순이익	₩2,150,000
이자비용	₩30,000
감가상각비	₩77,000
매출채권의 감소	₩38,000
재고자산의 증가	₩(15,000)
매입채무의 감소	₩(8,000)
영업에서 창출된 현금	₩2,272,000
이자지급	₩(32,500)[1]
법인세지급	x[2]
영업활동 현금흐름	₩1,884,900

[1] 이자지급: 이자비용 ₩(30,000) + 미지급이자의 감소 ₩(2,500) = ₩(32,500)

[2] 법인세지급(x): ₩(354,600)

2. 법인세지급 ₩(354,600) = 법인세비용 (y) + 당기법인세부채의 증가 ₩3,000 + 이연법인세부채의 감소 ₩(1,400)
   ∴ 법인세비용 (y) = ₩(356,200)

3. 당기순이익: ₩2,150,000 - ₩356,200 = ₩1,793,800

정답 07 ② 08 ① 09 ④

cpa.Hackers.com

☀ 객관식 문제풀이에 앞서 각 장의 주요 주제별 중요도를 파악해볼 수 있습니다.
☀ 시험 대비를 위해 꼭 풀어보아야 하는 필수문제를 정리하여 효율적으로 학습할 수 있습니다.

1. 출제경향

주요 주제	중요도
1. 중간재무보고	★★★★
2. 특수관계자 공시	★★
3. 재무비율분석	★★★★★
4. 영업부문	★

2. 필수문제 리스트

구분		필수문제 번호
회계사	기본문제	1, 2, 3, 4, 6, 7
	고급문제	5
세무사	기본문제	1, 2, 3, 4, 6, 7
	고급문제	5

Chapter 24

중간재무보고와 재무비율분석

■ 기본문제

■ 고급문제

■ 정답 및 해설

기본문제

01 다음은 중간재무보고에 대한 설명이다.

A. 중간재무제표에 포함되는 포괄손익계산서, 자본변동표 및 현금흐름표는 당해 회계연도 누적기간만을 직전 회계연도의 동일기간과 비교하는 형식으로 작성한다.
B. 계절적, 주기적 또는 일시적으로 발생하는 수익은 연차보고기간 말에 미리 예측하여 인식하거나 이연하는 것이 적절하지 않은 경우 중간보고기간 말에도 미리 예측하여 인식하거나 이연해서는 안 된다.
C. 특정 중간기간에 보고된 추정금액이 최종 중간기간에 중요하게 변동하였지만 최종 중간기간에 대하여 별도의 재무보고를 하지 않는 경우, 추정의 변동 성격과 금액을 해당 회계연도의 연차재무제표에 주석으로 공시해야 한다.

위의 기술 중 옳은 것을 모두 고른다면? [2018 공인회계사 1차]

① B ② C ③ A, B
④ B, C ⑤ A, B, C

02 중간재무보고에 관한 내용으로 옳은 것은? [2020 세무사 1차]

① 한국채택국제회계기준에 따라 중간재무보고서를 작성한 경우, 그 사실을 공시할 필요는 없다.
② 중간재무보고서상의 재무상태표는 당해 중간보고기간 말과 직전연도 동일기간 말을 비교하는 형식으로 작성된다.
③ 중간재무보고서상의 포괄손익계산서는 당해 중간기간과 당해 회계연도 누적기간을 직전 회계연도의 동일기간과 비교하는 형식으로 작성한다.
④ 중간재무보고서를 작성할 때, 인식, 측정, 분류 및 공시와 관련된 중요성의 판단은 직전 회계연도의 재무자료에 근거하여 이루어져야 한다.
⑤ 중간재무보고서상의 재무제표는 연차재무제표보다 더 많은 정보를 제공하므로 신뢰성은 높고, 적시성은 낮다.

03 재무제표를 작성하는 보고기업과 특수관계에 있는 개인이나 기업을 특수관계자라고 한다. 특수관계자에 해당하는 경우로 옳은 것은? [2012 세무사 1차 수정]

① 두 기업의 동일한 제3자의 공동기업
② 하나의 공동기업을 공동지배하는 두 참여자
③ 기업과 단순히 통상적인 업무 관계를 맺고 있는 자금제공자
④ 단순히 두 기업의 이사가 동일인이거나 그 밖의 주요 경영진의 일원이 동일인인 경우의 두 기업
⑤ 유의적인 규모의 거래를 통해 단지 경제적 의존 관계만 있는 고객, 공급자, 프랜차이저, 유통업자 또는 총대리인

04 특수관계자공시에 관한 설명으로 옳지 않은 것은? [2017 세무사 1차]

① 지배기업과 종속기업 간의 관계는 거래유무에 관계없이 공시한다. 기업은 지배기업의 명칭을 공시한다.

② 연결실체 내 다른 기업들과의 특수관계자거래와 채권 · 채무 잔액은 기업의 재무제표에 공시한다. 투자기업과, 공정가치로 측정하여 당기손익에 반영하는 그 종속기업 간을 제외하고 연결실체 내 기업 간 특수관계자거래와 채권 · 채무 잔액은 그 연결실체의 연결재무제표를 작성할 때 제거된다.

③ 보고기업에 유의적인 영향력이 있는 개인이나 그 개인의 가까운 가족은 보고기업의 특수관계자로 본다. 이때 개인의 가까운 가족의 범위는 자녀 및 배우자로 한정한다.

④ 주요 경영진에 대한 보상의 총액과 분류별 금액을 공시한다. 분류별 금액에는 단기종업원급여, 퇴직급여, 기타 장기급여, 해고급여, 주식기준보상이 해당된다.

⑤ 특수관계는 기업의 당기순손익과 재무상태에 영향을 미칠 수 있다. 또한 특수관계자거래가 없더라도 특수관계 자체가 기업의 당기순손익과 재무상태에 영향을 줄 수 있다.

05 기업회계기준서 제1034호 '중간재무보고'에 대한 다음 설명 중 옳지 않은 것은? [2022 공인회계사 1차]

① 중간재무보고서는 최소한 요약재무상태표, 요약된 하나 또는 그 이상의 포괄손익계산서, 요약자본변동표, 요약현금흐름표 그리고 선별적 주석을 포함하여야 한다.

② 중간재무보고서에는 직전 연차보고기간 말 후 발생한 재무상태와 경영성과의 변동을 이해하는 데 유의적인 거래나 사건에 대한 설명을 포함한다.

③ 특정 중간기간에 보고된 추정금액이 최종 중간기간에 중요하게 변동하였지만 최종 중간기간에 대하여 별도의 재무보고를 하지 않는 경우에는, 추정의 변동 성격과 금액을 해당 회계연도의 연차재무제표에 주석으로 공시하지 않는다.

④ 중간재무보고서를 작성할 때 인식, 측정, 분류 및 공시와 관련된 중요성의 판단은 해당 중간기간의 재무자료에 근거하여 이루어져야 한다.

⑤ 중간재무제표는 연차재무제표에 적용하는 회계정책과 동일한 회계정책을 적용하여 작성한다. 다만 직전 연차보고기간 말 후에 회계정책을 변경하여 그 후의 연차재무제표에 반영하는 경우에는 변경된 회계정책을 적용한다.

06 ㈜도매는 20×1년 말 화재로 인해 창고에 보관 중이던 재고자산이 모두 소실되었다. 관련 자료는 다음과 같다.

> (1) 20×1년 초 장부상 재고자산의 금액은 ₩4,500이고, 재고실사를 통해 확인한 금액이다.
> (2) 20×1년 ㈜도매의 평균매출채권은 ₩12,500이며 매출채권회수기간은 90일이다.
> (3) 20×1년 ㈜도매의 매출총이익률은 20%이다.
> (4) ㈜도매는 시장수요에 대비하여 재고자산보유(회전)기간을 36일로 하는 재고보유 정책을 유지하여 왔으며, 20×1년 말 화재가 발생하지 않았다면 해당 정책에 따른 재고를 보유하고 있을 것이다.

위 자료를 이용하여 ㈜도매의 화재로 인한 재고자산 손실금액을 추정하면 얼마인가? (단, ㈜도매는 현금매출이 없으며, 재고자산과 관련하여 화재로 인한 손실 외의 손실은 없다. 그리고 1년은 360일로 가정한다) [2010 공인회계사 1차]

① ₩3,000 ② ₩3,500 ③ ₩4,000
④ ₩4,500 ⑤ ₩5,000

07 다음은 현금판매 없이 외상판매만을 하는 ㈜국세의 20×1년도 관련 사항이다.

> • 영업순환주기: 236일 • 매출액: ₩100,000
> • 매출원가율(매출원가 ÷ 매출액): 90% • 평균재고자산: 50,000

기업의 재고자산보유기간(또는 회전기간)과 매출채권회수기간의 합을 영업순환주기라고 할 때, ㈜국세의 20×1년도 평균매출채권은 얼마인가? (단, 재고자산회전율 계산 시 매출원가를 사용하며, 평균재고자산과 평균매출채권은 기초와 기말의 평균으로 계산한다. 또한 1년은 360일로 가정한다) [2010 세무사 1차]

① ₩5,000 ② ₩10,000 ③ ₩15,000
④ ₩20,000 ⑤ ₩36,000

08 ㈜세무의 20×1년도 회계자료가 다음과 같을 때, 20×1년의 재고자산평균보유기간은? (단, 재고자산회전율 계산 시 평균재고자산을 사용하며, 1년은 360일로 가정한다) [2017 세무사 1차]

> (1) 매출총이익: ₩106,000
> (2) 당기 현금매출액: ₩45,000
> (3) 기초 매출채권: ₩60,000
> (4) 기말 매출채권: ₩105,000
> (5) 당기 매출채권 회수액: ₩250,000
> (6) 기초 상품재고: ₩150,000
> (7) 당기 상품매입액: ₩194,000

① 200일　② 210일　③ 220일
④ 230일　⑤ 240일

01 중간재무보고에 관한 설명으로 옳지 않은 것은? [2017 세무사 1차]

① 직전 연차재무보고서를 연결기준으로 작성하였다면 중간재무보고서도 연결기준으로 작성해야 한다. 연차보고기간 말에 연결재무제표를 작성할 때에 자세하게 조정되는 일부 내부거래 잔액은 중간보고기간 말에 연결재무제표를 작성할 때 덜 자세하게 조정될 수 있다.

② 중간재무보고서는, 당해 중간보고기간 말과 직전 연차보고기간 말을 비교하는 형식으로 작성한 재무상태표, 당해 중간기간과 당해 회계연도 누적기간을 직전 회계연도의 동일기간과 비교하는 형식으로 작성한 포괄손익계산서, 당해 회계연도 누적기간을 직전 회계연도의 동일기간과 비교하는 형식으로 작성한 자본변동표와 당해 회계연도 누적기간을 직전 회계연도의 동일기간과 비교하는 형식으로 작성한 현금흐름표를 포함한다.

③ 계절적, 주기적 또는 일시적으로 발생하는 수익은 연차보고기간 말에 미리 예측하여 인식하거나 이연하는 것이 적절하지 않은 경우 중간보고기간 말에도 미리 예측하여 인식하거나 이연하여서는 아니된다. 배당수익, 로열티수익 및 정부보조금 등이 예이다.

④ 중간재무보고서를 작성할 때 인식, 측정, 분류 및 공시와 관련된 중요성의 판단은 연차재무보고서의 재무자료에 근거하여 이루어져야 한다. 중요성을 평가하는 과정에서 중간기간의 측정은 연차재무자료의 측정에 비하여 추정에 의존하는 정도가 크다는 점을 고려하여야 한다.

⑤ 중간기간의 법인세비용은 기대총연간이익에 적용될 수 있는 법인세율, 즉 추정 평균연간유효법인세율을 중간기간의 세전이익에 적용하여 계산한다. 세무상결손금의 소급공제 혜택은 관련 세무상결손금이 발생한 중간기간에 반영한다.

02 다음은 자본시장에서 기업이 작성하고 제공하는 재무제표 및 공시정보와 그 활용 등에 대한 내용이다. 적절하지 않은 것은? [2010 공인회계사 1차]

① 종속기업을 보유하지 않은 ㈜갑이 ㈜을의 지분을 20% 미만 보유하더라도 유의적인 영향력이 있다면, 투자주식의 평가에 지분법을 적용하고, 이렇게 지분법이 적용된 재무제표를 공시하는 ㈜갑은 추가적으로 별도재무제표를 작성할 수 있다.

② 갑이 ㈜을의 지배주주이면서 ㈜병의 이사라면 ㈜을과 ㈜병이 서로 지분관계가 없고, 갑이 ㈜병에 대한 유의적인 영향력을 행사하지 못하더라도 ㈜을과 ㈜병은 서로 특수관계자이다.

③ 주가순자산비율(PBR: 주가총액/자본)이 높다는 것은 시장의 투자자들이 해당 기업의 미래 이익 증가를 예상한 결과일 수도 있지만, 자산의 장부가치가 시장가치보다 낮게 평가되었거나, 주가자체가 고평가되었다고 볼 수도 있다.

④ 자기자본순이익률(ROE: 순이익/자본)과 부채비율(부채/자본)이 고정되어 있다면, 매출액순이익률과 총자산회전율은 반비례관계이다.

⑤ 이자보상비율(영업이익/이자비용)이 낮은 기업일수록 자금조달과 자금운용이 원활하고 추가적인 부채조달이 용이하며, 차입이자율이 낮다.

03 해외에 거주하는 A씨는 여유자금을 이용하여 스마트폰 제조를 주업으로 하는 ㈜미래에 투자를 하려고 한다. A씨는 투자 여부를 판단하는 주요 재무지표로 주가수익비율(PER)을 활용하고 있는데, 20×1년 말 현재 ㈜미래의 재고자산(₩1,500,000)과 시가총액(₩5,000,000)을 제외하고는 관련 재무자료를 입수하지 못해 고민하고 있다. 공인회계사인 B씨에게 의뢰한 결과 공시되고 있는 20×1년도 동종업종(스마트폰 제조사) 평균자료를 이용하여 ㈜미래의 주가수익비율(PER)을 추정할 수 있다는 답변을 얻었다. 다음의 자료만을 이용하여 B씨가 추정한 ㈜미래의 20×1년 말 기준 주가수익비율(PER)은 얼마인가? (단, 1년은 360일로 계산하고, 자산과 부채의 계정은 모두 기말잔액과 연평균잔액이 동일하다고 가정한다. 우선주는 없으며, 당기 중 자본거래는 없는 것으로 가정한다. 또한 소수점 셋째 자리에서 반올림하며, 단수차이로 인해 약간의 오차가 있으면 가장 근사치를 선택한다) [2011 공인회계사 1차]

<20×1년 스마트폰 제조사 평균자료>

- 총자산 기준 부채비율: 60%
- 매출총이익률: 25%
- 자기자본순이익률: 40%
- 총자산회전율: 1.6
- 재고자산회전기간: 72일

① 0.20 ② 1.95 ③ 2.00
④ 3.33 ⑤ 5.00

04 신용판매만을 하는 ㈜대한은 20×1년 중 창고에 보관 중이던 상품의 일부를 도난당하였다. 사고조사 과정에서 수집된 20×0년도 및 20×1년도 재고자산 거래와 관련된 자료는 다음과 같다.

- ㈜대한의 20×0년도 신용 매출액과 평균매출채권을 이용하여 계산한 매출채권회전율은 10.5회, 매출원가와 평균재고자산을 이용하여 계산한 재고자산회전율은 8회였다. 또한 ㈜대한은 20×0년도에 매출원가에 25%를 가산하여 상품을 판매하였다.
- ㈜대한의 20×0년 1월 1일 매출채권은 ₩10,000, 상품재고액은 ₩8,000이었으며, 20×0년도에는 경기부진으로 인해 기말 매출채권은 기초 대비 80% 증가하였다.
- 20×1년 1월 1일부터 상품의 도난시점까지 ㈜대한의 상품매입액과 상품매출액은 각각 ₩260,000과 ₩330,000이었으며, 매출원가율은 20×0년도와 동일하였다.
- 경찰의 신속한 수사로 인해 도난 당일에 원가 ₩10,000의 상품을 회수하였다.

도난사건과 관련하여 회수하지 못한 상품의 원가는 얼마로 추정되는가? [2012 세무사 1차]

① ₩6,400 ② ₩7,400 ③ ₩16,400
④ ₩17,400 ⑤ ₩21,400

05 ㈜세무는 (가) ~ (바) 영업부문을 가지고 있으며, 부문수익(내부 및 외부) 및 부문당기손익과 부문자산의 내역은 다음과 같다.

부문	부문수익	부문당기이익(손실)	부문자산
가	₩360,000	₩20,000	₩324,000
나	₩250,000	₩10,000	₩261,000
다	₩90,000	₩(10,000)	₩81,000
라	₩120,000	₩(5,000)	₩81,000
마	₩130,000	₩4,000	₩99,000
바	₩50,000	₩6,000	₩54,000
합계	₩1,000,000	₩25,000	₩900,000

양적기준에 따라 ㈜세무가 영업부문에 대한 정보를 별도로 보고해야 하는 부문으로 옳은 것들로만 모두 고른 것은? (단, 영업부문에 대한 정보를 별도로 보고하기 위한 다른 기준들은 모두 충족된다고 가정한다) [2017 세무사 1차]

① 가, 나
② 가, 나, 마, 바
③ 나, 다, 라, 마
④ 가, 나, 다, 라, 바
⑤ 가, 나, 다, 라, 마, 바

기본문제 정답 및 해설

01 A. 중간재무보고서는 당해 중간보고기간 말과 직전 연차보고기간 말을 비교하는 형식으로 작성한 재무상태표, 당해 중간기간과 당해 회계연도 누적기간을 직전 회계연도의 동일기간과 비교하는 형식으로 작성한 포괄손익계산서, 당해 회계연도 누적기간을 직전 회계연도의 동일기간과 비교하는 형식으로 작성한 자본변동표와 당해 회계연도 누적기간을 직전 회계연도의 동일기간과 비교하는 형식으로 작성한 현금흐름표를 포함한다.

02 ① 한국채택국제회계기준에 따라 중간재무보고서를 작성한 경우, 그 사실을 공시해야 한다.
② 중간재무보고서상의 재무상태표는 당해 중간보고기간 말과 직전 연차보고기간 말을 비교하는 형식으로 작성된다.
④ 중간재무보고서를 작성할 때 인식, 측정, 분류 및 공시와 관련된 중요성의 판단은 해당 중간기간의 재무자료에 근거하여 이루어져야 한다.
⑤ 중간재무보고서상의 재무제표는 연차재무제표보다 더 적은 정보를 제공하므로 신뢰성은 낮고, 적시성은 높다.

03 **다음의 경우는 특수관계자가 아니다.**
(1) 단순히 두 기업의 이사가 동일인이거나 그 밖의 주요 경영진의 일원이 동일인인 경우의 두 기업 또는 한 기업의 주요 경영진의 일원이 다른 기업에 유의적인 영향력이 있는 경우의 두 기업
(2) 하나의 공동기업을 공동지배하는 두 참여자
(3) 기업과 단순히 통상적인 업무 관계를 맺고 있는 (가) 자금제공자, (나) 노동조합, (다) 공익기업 그리고 (라) 보고기업에 지배력, 공동지배력 또는 유의적인 영향력이 없는 정부부처와 정부기관
(4) 유의적인 규모의 거래를 통해 단지 경제적 의존 관계만 있는 고객, 공급자, 프랜차이저, 유통업자 또는 총대리인
따라서, 두 기업의 동일한 제3자의 공동기업이 특수관계에 해당한다.

04 **개인과 가까운 가족은 당해 기업과의 거래 관계에서 당해 개인의 영향을 받거나 당해 개인에게 영향력을 행사할 것으로 예상되는 가족으로서 다음의 경우를 포함한다.**
(1) 자녀 및 배우자(사실상 배우자 포함. 이하 같다)
(2) 배우자의 자녀
(3) 당해 개인이나 배우자의 피부양자

05 특정 중간기간에 보고된 추정금액이 최종 중간기간에 중요하게 변동하였지만 최종 중간기간에 대하여 별도의 재무보고를 하지 않는 경우, 추정의 변동 성격과 금액을 해당 회계연도의 연차재무제표에 주석으로 공시하여야 한다.

06
1. 매출채권회수기간: $\frac{360일}{(매출액/₩12,500)}$ = 90일, ∴ 매출액: ₩50,000

2. 매출원가: ₩50,000 × (1 − 20%) = ₩40,000

3. 재고자산회전기간: $\frac{360일}{(₩40,000/평균재고자산)}$ = 36일, ∴ 평균재고자산: ₩4,000

4. 평균재고자산: $\frac{(₩4,500 + 기말재고자산)}{2}$ = ₩4,000, ∴ 기말재고자산: ₩3,500

5. 기말재고자산: 화재손실액 = ₩3,500

정답 01④ 02③ 03① 04③ 05③ 06②

07 1. 영업순환주기: 재고자산회전기간 + 매출채권회전기간 = 236일

2. 매출원가: ₩100,000 × 90% = ₩90,000

3. 재고자산회전율(매출원가/평균재고자산): ₩90,000/₩50,000 = 1.8

4. 재고자산회전기간(360일/재고자산회전율): 360일/1.8 = 200일

5. 매출채권회수기간(360일/매출채권회전율): 236일 - 200일 = 36일

6. 매출채권회전율(외상매출액/평균매출채권): ₩100,000/평균매출채권 = 360일/36일 = 10회

7. 평균매출채권: ₩10,000

08 1.

매출채권			
기초	₩60,000	현금회수액	₩250,000
외상매출액	₩295,000	기말	₩105,000
	₩355,000		₩355,000

∴ 당기 외상매출액: ₩295,000

2. 매출액: 현금매출액 + 외상매출액 = ₩45,000 + ₩295,000 = ₩340,000

3. 매출총이익: 매출액 - 매출원가 = ₩340,000 - 매출원가 = ₩106,000
∴ 매출원가: ₩234,000

4.

재고자산			
기초	₩150,000	매출원가	₩234,000
매입	₩194,000	기말	₩110,000
	₩344,000		₩344,000

∴ 기말재고자산: ₩110,000

5. 평균재고자산: (기초재고자산 + 기말재고자산)/2 = (₩150,000 + ₩110,000)/2 = ₩130,000

6. 재고자산회전율: 매출원가/평균재고자산 = ₩234,000/₩130,000 = 1.8

7. 재고자산평균보유기간: 360일/재고자산회전율 = 360일/1.8 = 200일

정답 07 ② 08 ①

고급문제 정답 및 해설

01 중간재무보고서를 작성할 때 인식, 측정, 분류 및 공시와 관련된 중요성의 판단은 해당 중간기간의 재무자료에 근거하여 이루어져야 한다. 중요성을 평가하는 과정에서 중간기간의 측정은 연차재무자료의 측정에 비하여 추정에 의존하는 정도가 크다는 점을 고려하여야 한다.

02 이자보상비율은 영업이익이 이자비용의 몇 배인가를 나타내는 비율로, 기업이 부채사용에 따른 이자비용을 지급할 능력을 가지고 있느냐를 파악하는 데 이용된다. 이 비율은 채권자에게 지급해야 할 고정비용의 안전도를 나타내는데, 이 비율이 높을수록 안전도가 높다고 본다. 즉, 이자보상비율이 높으면 이자지급능력이 높고 이자보상비율이 낮으면 이자지급능력이 낮다는 것을 의미한다. 따라서 이자보상비율이 높을수록 자금조달이 용이하고 차입이자율은 낮아진다.

03 1. 재고자산회전율: 매출원가/₩1,500,000 = 360일/72일 = 5회, ∴ 매출원가: ₩7,500,000

2. 매출총이익률: (매출액 - ₩7,500,000)/매출액 = 25%, ∴ 매출액: ₩10,000,000

3. 총자산회전율: ₩10,000,000/총자산 = 1.6, ∴ 총자산: ₩6,250,000

4. 총자산 기준 부채비율: 부채/₩6,250,000 = 60%, ∴ 부채: ₩3,750,000, 자본: ₩2,500,000

5. 자기자본순이익률: 당기순이익/₩2,500,000 = 40%, ∴ 당기순이익 = ₩1,000,000

6. PER: 주당시장가격/EPS = (시가총액/유통보통주식 수) × (유통보통주식 수/당기순이익) = ₩5,000,000/₩1,000,000 = 5.0(배)

04 1. 20×0년 매출액: {(₩10,000 + ₩18,000) ÷ 2} × 10.5회 = ₩147,000

2. 20×0년 매출원가: ₩147,000 ÷ 1.25 = ₩117,600

3. 20×0년 말 재고자산: ₩117,600/{(₩8,000 + 기말재고자산) ÷ 2} = 8회
∴ 기말재고자산 = ₩21,400

4. 20×1년 재고자산: ₩21,400 + ₩260,000 - ₩330,000 ÷ 1.25 = ₩17,400
∴ 20×1년 회수하지 못한 재고자산: ₩17,400 - ₩10,000 = ₩7,400

05 1. 수익기준: 모든 영업부문 수익의 10% = ₩1,000,000 × 10% = ₩100,000(그 이상인 부문을 식별)
∴ 가, 나, 라, 마

2. 당기손익기준: MAX[(1), (2)] = ₩40,000 × 10% = ₩4,000(그 이상인 부문을 식별)
(1) 손실이 발생하지 않은 모든 영업부문의 이익 합계액의 절대치 = ₩40,000
(2) 손실이 발생한 모든 영업부문의 손실 합계액의 절대치 = ₩15,000
∴ 가, 나, 다, 라, 마, 바

3. 자산기준: 모든 영업부문의 자산 합계액의 10% = ₩900,000 × 10% = ₩90,000
∴ 가, 나, 마

4. 영업부문에 대한 정보를 별도로 보고해야 하는 부문은 위의 3가지 기준에 하나에 해당하면 별도로 보고해야 한다.
∴ 가, 나, 다, 라, 마, 바

해설

다음 양적기준 중 하나에 해당하는 영업부문에 대한 정보는 별도로 보고한다.

(1) 수익기준: 부문수익(외부고객에 대한 매출과 부문 간 매출이나 이전을 포함)이 모든 영업부문 수익(내부 및 외부수익) 합계액의 10% 이상인 영업부문

(2) 당기손익기준: 부문당기손익의 절대치가 다음 중 큰 금액의 10% 이상인 영업부문
① 손실이 발생하지 않은 모든 영업부문의 이익 합계액의 절대치
② 손실이 발생한 모든 영업부문의 손실 합계액의 절대치

(3) 자산기준: 부문자산이 모든 영업부문의 자산 합계액의 10% 이상인 영업부문

정답 01 ④ 02 ⑤ 03 ⑤ 04 ② 05 ⑤

■ 2024 공인회계사 1차 기출문제

■ 2023 세무사 1차 기출문제

2024 공인회계사 1차 기출문제

35문항 권장풀이시간 50분

01 '재무보고를 위한 개념체계'에 대한 다음 설명 중 옳지 않은 것은?

① 보고기업이 지배-종속관계로 모두 연결되어 있지는 않은 둘 이상 실체들로 구성된다면 그 보고기업의 재무제표를 '비연결재무제표'라고 부른다.

② 일반목적재무보고서의 대상이 되는 주요이용자는 필요한 재무정보의 많은 부분을 일반목적재무제표에 의존해야 하는 현재 및 잠재적 투자자, 대여자와 그 밖의 채권자를 말한다.

③ 만일 어떤 두 가지 방법이 모두 현상에 대하여 동일하게 목적적합한 정보이고 동일하게 충실한 표현을 제공하는 것이라면, 보강적 질적특성은 이 두 가지 방법 가운데 어느 방법을 그 현상의 서술에 사용해야 할지를 결정하는 데 도움을 줄 수 있다.

④ 일반적으로 재무제표는 계속기업가정 하에 작성되나, 기업이 청산을 하거나 거래를 중단하려는 의도가 있다면 계속기업과는 다른 기준에 따라 작성되어야 하고 사용한 기준을 재무제표에 기술한다.

⑤ 일반목적재무보고의 목적을 달성하기 위해 회계기준위원회는 '개념체계'의 관점에서 벗어난 요구사항을 정하는 경우가 있을 수 있다.

02 유통업을 영위하고 있는 ㈜대한은 재고자산에 대해 계속기록법과 평균법을 적용하고 있으며, 기말에는 실지재고조사를 실시하여 실제 재고수량을 파악하고 있다. 다음은 ㈜대한의 20×1년 재고자산에 관한 자료이다.

일자	적요	수량	매입단가	비고
1월 1일	기초재고	100개	₩300	전기 말 실제수량
6월 1일	매입	400개	₩400	
7월 1일	매출	300개		판매단가 ₩600
9월 1일	매입	100개	₩500	
10월 1일	매출	200개		판매단가 ₩500

20×1년 기말재고자산의 실제 재고수량은 장부수량과 일치하였고, 단위당 순실현가능가치는 ₩300인 경우, ㈜대한의 20×1년도 매출총이익은 얼마인가? 단, 재고자산평가손실은 매출원가로 분류하며, 기초재고자산과 관련된 평가충당금은 ₩4,000이다.

① ₩70,000 ② ₩74,000 ③ ₩78,000
④ ₩82,000 ⑤ ₩100,000

03 ㈜대한은 20×1년 7월 1일에 태양광 전력생산설비 건설공사를 시작하여 20×2년 9월 30일에 해당 공사를 완료하였다. 전력생산설비는 차입원가 자본화 적격자산에 해당하며, ㈜대한의 건설 공사와 관련된 자료는 다음과 같다.

• 공사비 지출 내역

구분	20×1. 7. 1.	20×1. 10. 1.	20×2. 4. 1.	20×2. 9. 1.
공사비지출액	₩1,000,000	₩2,000,000	₩1,500,000	₩2,400,000

• ㈜대한은 20×1년 7월 1일에 ₩500,000의 정부보조금(상환의무 없음)을 수령하여 즉시 동 전력생산설비를 건설하는 데 모두 사용하였다.

• ㈜대한의 차입금 내역은 다음과 같으며, 모든 차입금은 매월 말과 상환일에 월할로 이자지급을 하는 조건이다.

차입금	차입일	차입금액	상환일	연 이자율
특정	20×1. 7. 1.	₩1,500,000	20×2. 6. 30.	5%(단리)
일반 A	20×1. 10. 1.	₩2,000,000	20×2. 9. 30.	4%(단리)
일반 B	20×2. 4. 1.	₩2,000,000	20×4. 3. 31.	8%(단리)

㈜대한이 20×2년에 자본화할 차입원가는 얼마인가? 단, 자본화한 차입원가는 연평균지출액 계산 시 포함하지 않으며, 연평균지출액, 이자수익 및 이자비용은 모두 월할계산한다.

① ₩20,000 ② ₩37,500 ③ ₩124,500
④ ₩162,000 ⑤ ₩180,000

04 ㈜대한은 제조기업이며, 20×1년 초에 제품의 생산을 위해 기계장치를 취득하였다(취득원가: ₩6,000,000, 내용연수: 10년, 잔존가치: ₩500,000, 감가상각방법: 정액법). ㈜대한은 기계장치에 대하여 재평가모형을 적용하기로 하였으며, 기계장치의 각 연도 말 공정가치는 다음과 같다.

20×1년 말	20×2년 말	20×3년 말
₩5,000,000	₩5,500,000	₩3,500,000

㈜대한은 20×3년 초에 기계장치의 잔존내용연수를 5년, 잔존가치는 ₩600,000으로 추정을 변경하였다. ㈜대한의 기계장치 관련 회계처리가 20×3년도 당기순이익에 미치는 영향은 얼마인가? 단, ㈜대한은 기계장치를 사용하는 기간 동안 재평가잉여금을 이익잉여금으로 대체하지 않으며, 손상차손은 고려하지 않는다.

① ₩980,000 감소 ② ₩1,020,000 감소 ③ ₩1,300,000 감소
④ ₩1,450,000 감소 ⑤ ₩2,000,000 감소

05 기업회계기준서 제1038호 '무형자산'에 대한 다음 설명 중 옳지 않은 것은?

① 연구와 개발활동의 목적은 지식의 개발에 있다. 따라서 이러한 활동으로 인하여 물리적 형체(예 시제품)가 있는 자산이 만들어지더라도, 그 자산의 물리적 요소는 무형자산 요소 즉, 그 자산이 갖는 지식에 부수적인 것으로 본다.

② 시장에 대한 지식과 기술적 지식에서도 미래경제적효익이 발생할 수 있다. 이러한 지식이 저작권, 계약상의 제약이나 법에 의한 종업원의 기밀유지의무 등과 같은 법적 권리에 의하여 보호된다면, 기업은 그러한 지식에서 얻을 수 있는 미래경제적효익을 통제하고 있는 것이다.

③ 미래경제적효익이 기업에 유입될 가능성은 무형자산의 내용연수 동안의 경제적 상황에 대한 시장참여자들의 최선의 추정치를 반영하는 합리적이고 객관적인 가정에 근거하여 평가하여야 한다.

④ 사업결합으로 취득하는 무형자산의 원가는 기업회계기준서 제1103호 '사업결합'에 따라 취득일 공정가치로 한다. 무형자산의 공정가치는 취득일에 그 자산이 갖는 미래경제적효익이 기업에 유입될 확률에 대한 시장참여자의 기대를 반영할 것이다.

⑤ 무형자산을 창출하기 위한 내부 프로젝트를 연구단계와 개발단계로 구분할 수 없는 경우에는 그 프로젝트에서 발생한 지출은 모두 연구단계에서 발생한 것으로 본다.

06 기업회계기준서 제1040호 '투자부동산'에 대한 다음 설명 중 옳지 않은 것은?

① 부동산 보유자가 부동산 사용자에게 부수적인 용역을 제공하는 경우가 있다. 전체 계약에서 그러한 용역의 비중이 경미하다면 부동산 보유자는 당해 부동산을 투자부동산으로 분류한다.

② 부동산 보유자가 부동산 사용자에게 제공하는 용역이 유의적인 경우가 있다. 예를 들면 호텔을 소유하고 직접 경영하는 경우, 투숙객에게 제공하는 용역은 전체 계약에서 유의적인 비중을 차지한다. 그러므로 소유자가 직접 경영하는 호텔은 투자부동산이 아니며 자가사용부동산이다.

③ 투자부동산에 대하여 공정가치모형을 선택한 경우에는 투자부동산의 공정가치 변동으로 발생하는 손익은 발생한 기간의 당기손익에 반영한다.

④ 기업은 투자부동산의 공정가치를 계속 신뢰성 있게 측정할 수 있다고 추정한다. 그러나 처음으로 취득한 투자부동산의 공정가치를 계속 신뢰성 있게 측정하기가 어려울 것이라는 명백한 증거가 있을 수 있다.

⑤ 투자부동산을 공정가치로 측정해 온 경우라도 비교할만한 시장의 거래가 줄어들거나 시장가격 정보를 쉽게 얻을 수 없게 되면, 당해 부동산에 대한 공정가치 측정을 중단하고 원가로 측정한다.

07 ㈜대한은 20×1년 1월 1일에 임대목적으로 건물을 ₩5,000,000에 취득하고, 내용연수는 10년, 잔존가치는 ₩1,000,000으로 추정하였다. ㈜대한은 동 건물에 대해 원가모형을 적용하며, 정액법으로 감가상각하기로 하였다. 그러나 20×2년부터 ㈜대한은 동 건물에 대하여 원가모형 대신 공정가치모형을 적용하기로 하였으며, 이 회계변경은 정당한 변경에 해당한다. ㈜대한은 동 건물 이외의 투자부동산은 보유하고 있지 않으며, 동 건물의 공정가치는 다음과 같다.

구분	20×1년 말	20×2년 말
건물의 공정가치	₩4,500,000	₩4,800,000

㈜대한의 20×1년 말 보고된 이익잉여금은 ₩300,000이었고, 투자부동산 회계처리를 반영하기 전 20×2년도 당기순이익은 ₩700,000일 때, ㈜대한의 20×2년 말 이익잉여금은 얼마인가? 단, 이익잉여금 처분은 없다고 가정한다.

① ₩900,000
② ₩1,000,000
③ ₩1,200,000
④ ₩1,300,000
⑤ ₩1,400,000

08 기업회계기준서 제1109호 '금융상품'에 대한 다음 설명 중 옳지 않은 것은?

① 양도자산이 양도하기 전 금융자산 전체 중 일부이고 그 양도한 부분 전체가 제거 조건을 충족한다면, 양도하기 전 금융자산 전체의 장부금액은 계속 인식하는 부분과 제거하는 부분에 대해 양도일 현재 각 부분의 상대적 공정가치를 기준으로 배분한다.
② 사업모형의 변경은 사업계열의 취득, 처분, 종결과 같이 영업에 유의적인 활동을 시작하거나 중단하는 경우에만 발생할 것이다. 그러나 특정 금융자산과 관련된 의도의 변경, 금융자산에 대한 특정 시장의 일시적 소멸, 기업 내 서로 다른 사업모형을 갖고 있는 부문 간 금융자산의 이전 등은 사업모형의 변경에 해당하지 않는다.
③ 양도자가 양도자산의 소유에 따른 위험과 보상의 대부분을 보유하지도 이전하지도 않고, 양도자가 양도자산을 통제하고 있다면, 그 양도자산에 지속적으로 관여하는 정도까지 그 양도자산을 계속 인식한다.
④ 금융상품의 기대신용손실은 일정 범위의 발생 가능한 결과를 평가하여 산정한 금액으로서 편의가 없고 확률로 가중한 금액, 화폐의 시간가치 및 보고기간 말에 과거사건, 현재 상황과 미래 경제적 상황의 예측에 대한 정보로서 합리적이고 뒷받침될 수 있으며 과도한 원가나 노력 없이 이용할 수 있는 정보를 반영하도록 측정한다.
⑤ 금융자산을 재분류하기 위해서는 그 재분류를 중요도에 따라 구분하며, 중요한 재분류는 소급법을 적용하고, 중요하지 않은 재분류는 전진법을 적용한다.

09 ㈜대한과 관련된 다음의 자료를 활용하여 물음에 답하시오.

• ㈜대한은 다음과 같은 A, B, C사채를 발행일에 취득하였다.

사채	A사채	B사채	C사채
액면금액	₩2,000,000	₩1,500,000	₩500,000
표시이자율	연 6%	연 8%	연 10%
만기일	20×3. 12. 31.	20×3. 12. 31.	20×3. 12. 31.
발행일	20×1. 1. 1.	20×1. 1. 1.	20×1. 1. 1.

• ㈜대한은 A, B, C사채를 구입한 직후에 A사채는 당기손익-공정가치측정(FVPL)금융자산으로, B사채와 C사채는 기타포괄손익-공정가치측정(FVOCI)금융자산으로 각각 분류하였다.
• A, B, C사채 모두 이자 지급일은 매년 말이며, 사채발행일 현재 유효이자율은 연 10%이다.
• ㈜대한이 사채에 대해서 발행일에 취득한 가격은 A사채 ₩1,801,016, B사채 ₩1,425,366, C사채 ₩500,000이고, 해당 취득가격은 공정가치와 같다.
• 20×1년 12월 31일, 연말 이자수취 직후의 금액인 공정가치는 A사채의 경우 ₩1,888,234이고, B사채는 ₩1,466,300이며, C사채는 ₩501,000이다.

㈜대한의 금융자산에 대한 회계처리가 20×1년도 포괄손익계산서의 당기순이익에 미치는 영향은 얼마인가? 단, 단수차이로 인해 오차가 있다면 가장 근사치를 선택한다.

① ₩50,755 증가 ② ₩120,755 증가 ③ ₩399,755 증가
④ ₩417,218 증가 ⑤ ₩427,218 증가

10 ㈜대한은 20×1년 1월 1일 사채를 발행하고 해당 사채를 상각후원가 측정(AC)금융부채로 분류하였다. 사채와 관련된 자료는 다음과 같다.

- 발행일: 20×1년 1월 1일
- 액면금액: ₩2,000,000
- 만기일: 20×3년 12월 31일(일시상환)
- 표시이자율: 연 5%, 매년 말 지급
- 사채발행 시점의 유효이자율: 연 6%
- 적용할 현가계수는 아래의 표와 같다.

할인율 / 기간	단일금액 ₩1의 현재가치		정상연금 ₩1의 현재가치	
	6%	8%	6%	8%
1년	0.9434	0.9259	0.9434	0.9259
2년	0.8900	0.8573	1.8334	1.7832
3년	0.8396	0.7938	2.6730	2.5770

㈜대한은 재무적 어려움으로 인하여 20×2년 초에 사채의 만기일을 20×4년 12월 31일로 연장하고 표시이자율을 연 1%로 조건을 변경하였다. 20×2년 초 시장이자율은 연 8%이다. ㈜대한이 사채의 조건변경으로 인해 (A) 20×2년도에 인식할 조건변경이익과 (B) 조건변경 후 20×2년도에 인식할 이자비용은 각각 얼마인가? 단, 단수차이로 인해 오차가 있다면 가장 근사치를 선택한다.

	(A) 조건변경이익	(B) 이자비용
①	₩324,150	₩121,131
②	₩324,150	₩131,131
③	₩334,150	₩131,131
④	₩334,150	₩151,131
⑤	₩354,150	₩151,131

11 ㈜대한은 20×1년 1월 1일 다음과 같은 조건의 전환사채를 ₩980,000에 발행하였으며, 관련 자료는 다음과 같다.

- 발행일: 20×1년 1월 1일
- 액면금액: ₩1,000,000
- 만기일: 20×3년 12월 31일(일시상환)
- 표시이자율: 연 4%, 매년 말 지급
- 원금상환방법: 상환기일에 액면금액의 106%를 일시상환
- 전환사채 발행시점의 자본요소가 결합되지 않은 유사한 일반사채의 시장이자율: 연 8%
- 전환조건: 전환사채 발행시점부터 1개월 경과 후 만기시점까지 전환청구 가능하며, 전환가격은 전환사채 액면금액 ₩10,000이다.
- 적용할 현가계수는 아래의 표와 같다.

할인율 / 기간	단일금액 ₩1의 현재가치		정상연금 ₩1의 현재가치	
	4%	8%	4%	8%
1년	0.9615	0.9259	0.9615	0.9259
2년	0.9246	0.8573	1.8861	1.7832
3년	0.8890	0.7938	2.7751	2.5770

㈜대한의 전환사채 중 액면금액 ₩600,000이 20×2년 1월 1일 보통주식(주당 액면금액 ₩5,000)으로 전환되었다. 전환권대가는 전환권이 행사되어 주식을 발행할 때 행사된 부분만큼 주식발행초과금으로 대체되며, 전환간주일은 기초시점으로 가정한다. ㈜대한의 20×2년 말 재무상태표에 인식될 (A) 전환사채의 장부금액과 (B) 전환권대가의 장부금액은 각각 얼마인가? 단, 단수차이로 인한 오차가 있다면 가장 근사치를 선택한다.

	(A) 전환사채	(B) 전환권대가
①	₩383,700	₩8,038
②	₩385,719	₩12,038
③	₩387,267	₩12,038
④	₩401,396	₩14,197
⑤	₩407,390	₩14,197

12 ㈜대한은 비분리형 신주인수권부사채를 액면발행하였으며, 관련된 자료는 다음과 같다.

- 발행일: 20×1년 1월 1일
- 액면금액: ₩100,000
- 만기일: 20×3년 12월 31일(일시상환)
- 표시이자율: 연 4%, 매년 말 지급
- 발행 당시 신주인수권이 없는 일반사채의 시장이자율: 연 8%
- 보장수익률은 연 6%이며, 동 신주인수권부사채는 액면금액 ₩10,000당 보통주 1주(액면금액: ₩5,000)를 인수(행사가격: ₩10,000)할 수 있다.
- 신주인수권 행사기간은 발행일로부터 1개월이 경과한 날부터 상환기일 30일 전까지이다.
- 적용할 현가계수는 아래의 표와 같다.

할인율 / 기간	단일금액 ₩1의 현재가치		정상연금 ₩1의 현재가치	
	6%	8%	6%	8%
1년	0.9434	0.9259	0.9434	0.9259
2년	0.8900	0.8573	1.8334	1.7832
3년	0.8396	0.7938	2.6730	2.5770

20×2년 1월 1일 ㈜대한의 신주인수권부사채 40%(액면금액 기준)에 해당하는 신주인수권이 행사되었다. ㈜대한은 신주인수권 발행 시 인식한 자본요소(신주인수권대가) 중 행사된 부분은 주식발행초과금으로 대체하는 회계처리를 한다. ㈜대한의 신주인수권과 관련된 회계처리와 관련하여 20×2년 1월 1일 신주인수권 행사로 인한 ㈜대한의 주식발행초과금 증가액은 얼마인가? 단, 만기 전에 상환된 신주인수권부사채는 없다. 단수차이로 인한 오차가 있다면 가장 근사치를 선택한다.

① ₩15,431
② ₩22,431
③ ₩23,286
④ ₩24,286
⑤ ₩28,431

13 ㈜대한의 확신유형 보증관련 충당부채 자료는 다음과 같다.

- ㈜대한은 20×1년부터 판매한 제품의 결함에 대해 1년간 무상보증을 해주고 있으며, 판매량 중 3%에 대해서 품질보증요청이 있을 것으로 추정된다.
- ㈜대한은 제품보증활동에 관한 수익을 별도로 인식하지 않고 제품보증비용을 인식한다. ㈜대한의 연도별 판매량과 보증비용 지출액에 관한 자료는 다음과 같다. ㈜대한의 20×2년 및 20×3년의 판매 개당 품질보증비는 각각 ₩420과 ₩730으로 추정된다.

연도	판매량	보증비용 지출액
20×2년	800개	₩10,080(당기판매분)
20×3년	1,000개	₩8,000(당기판매분)

20×3년 말 ㈜대한이 재무상태표에 인식할 제품보증충당부채는 얼마인가? 단, 제품보증충당부채의 20×2년 초 잔액은 없고, 모든 보증활동은 현금지출로 이루어진다.

① ₩11,900 ② ₩13,900 ③ ₩14,900
④ ₩16,900 ⑤ ₩18,900

14 다음은 ㈜대한의 법인세와 관련된 자료이다. 다음의 자료를 활용하여 물음에 답하시오.

- <추가자료>를 제외한 20×2년의 세무조정내역은 다음과 같다.

세무조정내역	금액
법인세비용차감전순이익	₩1,200,000
전기 감가상각비 한도초과	₩(50,000)
과세소득	₩1,150,000

<추가자료>
- 20×1년 말의 이연법인세자산과 이연법인세부채는 각각 ₩31,200과 ₩0이며, 이연법인세자산의 실현가능성은 거의 확실하다.
- 20×2년 법인세율은 24%, 20×3년과 20×4년 이후의 세율은 각각 22%, 20%로 20×2년 말에 입법완료되었다.
- 20×2년도에 당기손익-공정가치측정(FVPL)금융자산평가손실은 ₩90,000을 인식하였으며, 동 금융자산은 20×3년에 전부 처분할 예정이다.
- 20×1년에 발생한 퇴직급여한도초과액 ₩80,000은 20×2년부터 4년간 각각 ₩20,000씩 손금추인된다.
- 20×2년도 세법상 손금한도를 초과하여 지출한 접대비는 ₩30,000이다.

㈜대한의 20×2년도 포괄손익계산서에 인식할 법인세비용은 얼마인가?

① ₩267,800 ② ₩282,200 ③ ₩299,000
④ ₩300,000 ⑤ ₩320,000

15 ㈜대한의 회계담당자는 20×2년도 장부를 마감하기 전에 다음과 같은 오류사항을 발견하였으며, 이는 모두 중요한 오류에 해당한다.

- ㈜대한은 실지재고조사법을 적용하면서 선적지인도조건으로 매입한 상품에 대해 매입을 인식하였지만, 매기 말 현재 운송 중인 상품을 기말재고자산에서 누락하였다. 이로 인해 20×0년 말의 재고자산이 ₩100,000 과소계상되었으며, 20×1년 말의 재고자산도 ₩150,000 과소계상되었다. 과소계상된 재고자산은 그 다음 연도에 모두 판매되었고, 관련 매출은 모두 기록되었다.
- 20×1년 초 ㈜대한은 정액법으로 감가상각하고 있는 기계장치 A에 대해서 ₩60,000의 지출을 하였다. 동 지출은 기계장치 A의 장부금액에 포함하여 인식 및 감가상각하여야 하나, ㈜대한은 이를 지출 시점에 즉시 비용(수선비)으로 처리하였다. 20×2년 말 현재 동 기계장치 A의 잔존내용연수는 2년이고 잔존가치는 없다. ㈜대한은 모든 유형자산에 대하여 원가모형을 적용하고 있다.
- ㈜대한은 20×1년 1월 1일에 액면금액이 ₩100,000이고 표시이자율이 연 6%인 3년 만기의 사채를 ₩94,842에 발행하였다. 해당 사채의 이자지급일은 매년 말이고, 유효이자율법으로 사채할인발행차금을 상각하며, 사채발행시점의 유효이자율은 연 8%이다. ㈜대한은 20×1년도, 20×2년도의 포괄손익계산서에 위 사채와 관련된 이자비용을 각각 ₩6,000씩 인식하였다.

위 오류사항에 대한 수정효과가 ㈜대한의 (가) 20×2년 전기이월이익잉여금과 (나) 20×2년도 당기순이익에 미치는 영향은 각각 얼마인가?

	(가) 전기이월이익잉여금	(나) 당기순이익
①	₩98,627 증가	₩115,000 감소
②	₩161,627 증가	₩115,000 감소
③	₩161,627 증가	₩166,714 감소
④	₩193,413 증가	₩166,714 감소
⑤	₩193,413 증가	₩175,857 감소

16 ㈜대한은 20×1년 초에 건물관리 용역을 제공하는 계약을 고객과 체결하였다. 계약기간은 2년이며, 고객은 매년 말에 건물관리 용역의 개별 판매가격에 해당하는 ₩1,000,000을 후급하기로 하였다. 이후 20×2년 초에 고객은 계약기간을 4년 추가하는 대신 추가된 기간(20×3년부터 20×6년까지) 동안에는 ₩900,000을 지급할 것을 요구하였으며, ㈜대한은 추가된 기간에 대한 용역 대가가 개별 판매가격을 반영하지 않는 금액이지만 매년 초에 선급하는 조건으로 계약변경에 합의하였다. ㈜대한이 20×3년에 인식할 수익 금액은 얼마인가? 단, 계약변경일 이후에 제공할 용역은 이미 제공한 용역과 구별된다고 간주하며, 현재가치 평가는 고려하지 않는다.

① ₩900,000 ② ₩920,000 ③ ₩950,000
④ ₩1,150,000 ⑤ ₩1,900,000

17 다음은 ㈜대한의 공사계약과 관련된 자료이다. 당해 공사는 20×1년 초에 시작되어 20×3년 말에 완성되었으며, 총계약금액은 ₩5,000,000이다. ㈜대한은 건설 용역에 대한 통제가 기간에 걸쳐 이전되는 것으로 판단하였으며, 진행률은 발생원가에 기초한 투입법으로 측정한다.

구분	20×1년	20×2년	20×3년
당기발생원가	₩1,000,000	₩2,000,000	₩1,500,000
완성 시까지 추가소요원가	₩3,000,000	₩1,000,000	-

㈜대한의 20×2년도 공사손익은 얼마인가?

① ₩250,000 손실 ② ₩250,000 이익 ③ ₩500,000 이익
④ ₩1,750,000 이익 ⑤ ₩3,500,000 이익

18 기업회계기준서 제1019호 '종업원급여'에 대한 다음 설명 중 옳지 않은 것은?

① 퇴직급여가 아닌 기타장기종업원급여에서의 재측정요소는 기타포괄손익으로 인식하지 않고 당기손익으로 인식한다.
② 확정급여제도에서 순확정급여부채(자산)의 순이자는 당기손익으로 인식한다.
③ 확정급여채무의 현재가치와 당기근무원가를 결정하기 위해서는 예측단위적립방식을 사용하며, 적용할 수 있다면 과거근무원가를 결정할 때에도 동일한 방식을 사용한다.
④ 확정급여제도에서 순확정급여부채(자산)의 재측정요소는 기타포괄손익으로 인식하며, 후속기간에 당기손익으로 재분류할 수 없다.
⑤ 확정급여제도에서 순확정급여부채(자산)를 재측정하는 경우가 아닌 일반적인 순확정급여부채(자산)의 순이자는 연차보고기간 말의 순확정급여부채(자산)와 할인율을 사용하여 결정한다.

19 기업회계기준서 제1102호 '주식기준보상'에 대한 다음 설명 중 옳지 않은 것은?

① 종업원 및 유사용역제공자와의 주식결제형 주식기준보상거래에서는 기업이 부여한 지분상품의 공정가치는 부여일 기준으로 측정한다.
② 현금결제형 주식기준보상거래의 경우에 제공받는 재화나 용역과 그 대가로 부담하는 부채를 부채의 공정가치로 측정한다. 또 부채가 결제될 때까지 매 보고기간 말과 결제일에 부채의 공정가치를 재측정하고, 공정가치의 변동액은 기타포괄손익으로 인식한다.
③ 주식결제형 주식기준보상거래에서 지분상품이 부여되자마자 가득된다면 거래상대방은 지분상품에 대한 무조건적 권리를 획득하려고 특정기간에 용역을 제공할 의무가 없다.
④ 거래상대방이 결제방식을 선택할 수 있는 주식기준보상거래의 경우 종업원과의 주식기준보상거래를 포함하여 제공받는 재화나 용역의 공정가치를 직접 측정할 수 없는 거래에서는 현금이나 지분상품에 부여된 권리의 조건을 고려하여 측정기준일 현재 복합금융상품의 공정가치를 측정한다.
⑤ 주식결제형 주식기준보상거래에서, 시장조건이 아닌 가득조건이 충족되지 못하여 부여한 지분상품이 가득되지 못한다면, 누적기준으로 볼 때 제공받은 재화나 용역에 대해 어떠한 금액도 인식하지 아니한다.

20 ㈜대한은 20×1년 1월 1일 종업원 100명에게 각각 3년의 용역제공조건으로 1인당 주식결제형 주식선택권 100개를 부여하였다. ㈜대한은 20×3년 중에 종업원과 합의하여 주식선택권 전량을 현금 ₩700/개에 중도청산하였다. 시점별 주식선택권의 단위당 공정가치는 다음과 같다.

부여일	중도청산일
₩600	₩660

㈜대한의 주식기준보상거래가 20×3년도 당기순이익에 미치는 영향은 얼마인가? 단, 종업원의 중도퇴사는 고려하지 않는다.

① ₩400,000 감소 ② ₩1,000,000 감소 ③ ₩2,000,000 감소
④ ₩2,400,000 감소 ⑤ ₩3,000,000 감소

21 기업회계기준서 제1116호 '리스'에 대한 다음 설명 중 옳지 않은 것은?

① 리스제공자는 각 리스를 운용리스 아니면 금융리스로 분류한다. 기초자산의 소유에 따른 위험과 보상의 대부분을 이전하는 리스는 금융리스로 분류하고, 기초자산의 소유에 따른 위험과 보상의 대부분을 이전하지 않는 리스는 운용리스로 분류한다.
② 계약 자체가 리스인지, 계약이 리스를 포함하는지는 리스개시일에 판단한다. 계약에서 대가와 교환하여, 식별되는 자산의 사용 통제권을 일정 기간 이전하게 한다면 그 계약은 리스이거나 리스를 포함한다.
③ 리스이용자는 리스부채의 원금에 해당하는 현금 지급액은 현금흐름표에 재무활동으로 분류하고, 리스부채 측정치에 포함되지 않은 단기리스료, 소액자산 리스료, 변동리스료는 현금흐름표에 영업활동으로 분류한다.
④ 리스이용자는 리스개시일에 사용권자산과 리스부채를 인식한다.
⑤ 리스이용자는 리스개시일에 사용권자산을 원가로 측정한다.

22 ㈜대한은 금융업을 영위하는 ㈜민국리스와 다음과 같은 조건으로 금융리스계약을 체결하였다.

- 리스개시일: 20×1년 1월 1일
- 리스기간: 20×1년 1월 1일 ~ 20×3년 12월 31일(3년)
- 연간 정기리스료: 매년 말 ₩743,823 후급
- 선급리스료: ㈜대한은 ㈜민국리스에게 리스개시일 이전에 ₩100,000의 리스료를 지급하였다.
- 리스개설직접원가: ㈜대한은 ₩50,000의 리스개설직접원가를 부담하였으며, ㈜민국리스가 부담한 리스개설직접원가는 없다.
- 소유권이전 약정: ㈜민국리스는 리스기간 종료시점에 ㈜대한에게 리스자산의 소유권을 ₩200,000에 이전한다.
- 리스의 내재이자율은 연 10%이며, 그 현가계수는 아래의 표와 같다.

할인율 / 기간	단일금액 ₩1의 현재가치	정상연금 ₩1의 현재가치
	10%	10%
3년	0.7513	2.4868

㈜대한이 20×1년 12월 31일 재무상태표에 보고해야 하는 리스부채 금액은 얼마인가? 단, 단수차이로 인해 오차가 있다면 가장 근사치를 선택한다.

① ₩1,456,177 ② ₩1,511,177 ③ ₩1,566,177
④ ₩1,621,177 ⑤ ₩2,000,000

23 기업회계기준서 제1033호 '주당이익'에 대한 다음 설명 중 옳지 않은 것은?

① 희석주당이익 계산 시 희석성 잠재적보통주는 회계기간의 기초에 전환된 것으로 보되 당기에 발행된 것은 그 발행일에 전환된 것으로 본다.
② 당기 회계기간과 관련한 누적적 우선주에 대한 세후배당금은 배당결의 여부와 관계없이 보통주에 귀속되는 당기순손익에서 차감한다.
③ 희석주당이익을 계산할 때 희석효과가 있는 옵션이나 주식매입권은 행사된 것으로 가정한다. 이 경우 권리행사에서 예상되는 현금유입액은 보통주를 보고기간 말의 시장가격으로 발행하여 유입된 것으로 가정한다.
④ 유통되는 보통주식수나 잠재적보통주식수가 자본금전입, 무상증자, 주식분할로 증가하였거나 주식병합으로 감소하였다면, 비교표시하는 모든 기본주당이익과 희석주당이익을 소급하여 수정한다.
⑤ 행사가격이 주식의 공정가치보다 작은 기존주주에 대한 주주우선배정 신주발행은 무상증자 요소를 수반한다.

24 20×1년 1월 1일 현재 ㈜대한의 유통보통주식수는 100,000주이며, 20×0년 4분기에 실시했던 사업결합과 관련하여 다음 조건에 따라 보통주를 추가로 발행하기로 합의하였다.

> • 20×1년 중에 새로 개점하는 영업점 1개당 보통주 5,000주를 개점일에 발행

㈜대한은 20×1년 5월 1일과 9월 1일에 각각 1개의 영업점을 실제로 개점하였다. ㈜대한의 보통주에 귀속되는 당기순이익이 ₩42,000,000일 때, ㈜대한의 20×1년도 희석주당이익은 얼마인가? 단, 가중평균유통주식수는 월할로 계산하며, 단수차이로 인해 오차가 있다면 가장 근사치를 선택한다.

① ₩382　② ₩386　③ ₩390
④ ₩396　⑤ ₩400

25 다음은 유통업을 영위하는 ㈜대한의 현금흐름표 관련 자료이다.

• 20×1년 재무상태표 관련 자료

계정과목	기초	기말
재고자산	₩300,000	₩170,000
재고자산평가충당금	–	₩3,000
매입채무	₩280,000	₩400,000

• ㈜대한의 재고자산은 전부 상품이며, 재고자산평가충당금은 전액 재고자산평가손실로 인한 것이다. ㈜대한은 당기 발생한 재고자산평가손실 ₩3,000을 기타비용(영업외비용)으로 처리하였다.
• ㈜대한의 당기 상품 매입액 중 ₩25,000은 현금매입액이며, 나머지는 외상매입액이다.
• 20×1년도에 매입채무와 관련하여 발생한 외화환산이익은 ₩11,000이다.

㈜대한의 20×1년도 현금흐름표상 공급자에 대한 현금유출(상품 매입)이 ₩660,000이라면, 20×1년도 포괄손익계산서상 매출원가는 얼마인가?

① ₩885,000　② ₩896,000　③ ₩910,000
④ ₩921,000　⑤ ₩924,000

26 다음은 ㈜대한과 ㈜민국에 대한 자료이다.

• ㈜대한은 20×1년 1월 1일을 취득일로 하여 ㈜민국을 흡수합병하였다. 두 기업은 동일 지배하에 있는 기업이 아니다. 합병대가로 ㈜대한은 ㈜민국의 기존주주에게 ₩800,000의 현금과 함께 ㈜민국의 보통주(1주당 액면가 ₩1,000) 3주당 ㈜대한의 보통주(1주당 액면가 ₩3,000, 1주당 공정가치 ₩10,000) 1주를 교부하였다.

• 취득일 현재 ㈜민국의 요약재무상태표는 다음과 같다.

요약재무상태표

20×1년 1월 1일 현재

	장부금액	공정가치
유동자산	₩600,000	₩800,000
유형자산(순액)	₩1,500,000	₩2,300,000
무형자산(순액)	₩500,000	₩700,000
자산	₩2,600,000	
부채	₩600,000	₩600,000
보통주자본금	₩900,000	
이익잉여금	₩1,100,000	
부채와 자본	₩2,600,000	

• ㈜대한은 합병 시 취득한 ㈜민국의 유형자산 중 일부를 기업회계기준서 제1105호 '매각예정비유동자산과 중단영업'에 따라 매각예정자산으로 분류하였다. 20×1년 1월 1일 현재 해당 자산의 장부금액은 ₩200,000이고 공정가치는 ₩300,000이며, 이 금액은 취득일 현재 ㈜민국의 요약재무상태표에 반영되어 있다. 매각예정자산으로 분류된 동 유형자산의 순공정가치는 ₩250,000이다.

㈜대한이 합병일(20×1년 1월 1일)에 수행한 사업결합 관련 회계처리를 통해 인식한 영업권은 얼마인가?

① ₩350,000 ② ₩400,000 ③ ₩600,000
④ ₩650,000 ⑤ ₩700,000

27 기업회계기준서 제1103호 '사업결합'에 대한 다음 설명 중 옳지 않은 것은?

① 취득자와 피취득자가 지분만을 교환하여 사업결합을 하는 경우에 취득일에 피취득자 지분의 공정가치가 취득자 지분의 공정가치보다 더 신뢰성 있게 측정되는 경우, 취득자는 이전한 지분의 취득일 공정가치 대신에 피취득자 지분의 취득일 공정가치를 사용하여 영업권의 금액을 산정한다.

② 계약적, 법적 기준을 충족하는 무형자산은 피취득자에게서 또는 그 밖의 권리와 의무에서 이전하거나 분리할 수 없더라도 식별할 수 있다.

③ 역취득에 따라 작성한 연결재무제표는 회계상 피취득자의 이름으로 발행하지만 회계상 취득자의 재무제표가 지속되는 것으로 주석에 기재하되, 회계상 피취득자의 법적 자본을 반영하기 위하여 회계상 취득자의 법적 자본을 소급하여 수정한다.

④ 취득일에 공정가치와 장부금액이 다른 취득자의 자산과 부채를 이전대가에 포함하였으나 이전한 자산이나 부채가 사업결합을 한 후에도 결합기업에 여전히 남아 있고 취득자가 그 자산이나 부채를 계속 통제하는 경우, 취득자는 그 자산과 부채를 취득일 직전의 장부금액으로 측정하고 사업결합 전이나 후에도 여전히 통제하고 있는 자산과 부채에 대한 차손익을 당기손익으로 인식하지 않는다.

⑤ 과거사건에서 생긴 현재의무이고 그 공정가치를 신뢰성 있게 측정할 수 있으나, 해당 의무를 이행하기 위하여 경제적효익이 있는 자원이 유출될 가능성이 높지 않다면 취득자는 취득일에 사업결합으로 인수한 우발부채를 인식할 수 없다.

28 ㈜대한은 20×1년 초에 ㈜민국의 의결권 있는 보통주 25%를 ₩50,000에 취득하고 유의적인 영향력을 행사할 수 있게 되었다.

- 취득일 현재 ㈜민국의 순자산 장부금액은 ₩150,000이며, 장부금액과 공정가치가 다른 자산·부채 내역은 다음과 같다.

계정과목	장부금액	공정가치
건물	₩100,000	₩140,000

- 위 건물은 20×1년 초 현재 잔존내용연수 20년에 잔존가치 없이 정액법으로 상각한다.
- ㈜민국은 20×1년 8월에 총 ₩10,000의 현금배당(중간배당)을 결의하고 지급하였다.
- ㈜민국은 20×1년도에 당기순이익 ₩20,000과 기타포괄손실 ₩8,000을 보고하였다.

㈜대한이 ㈜민국의 보통주를 지분법에 따라 회계처리하는 경우, 20×1년 말 재무상태표에 계상되는 관계기업투자주식의 장부금액은 얼마인가?

① ₩50,000 ② ₩50,500 ③ ₩51,000
④ ₩52,000 ⑤ ₩52,500

29 기업회계기준서 제1111호 '공동약정'에 대한 다음 설명 중 옳지 않은 것은?

① 공동약정은 둘 이상의 당사자들이 공동지배력을 보유하는 약정이다.
② 공동지배력은 약정의 지배력에 대한 합의된 공유인데, 관련 활동에 대한 결정에 지배력을 공유하는 당사자들 전체의 동의가 요구될 때에만 존재한다.
③ 약정의 모든 당사자들이 약정의 공동지배력을 보유하지 않는다면 그 약정은 공동약정이 될 수 없다.
④ 공동약정은 약정의 당사자들의 권리와 의무에 따라 공동영업이거나 공동기업으로 분류한다.
⑤ 공동기업은 약정의 공동지배력을 보유하는 당사자들이 약정의 순자산에 대한 권리를 보유하는 공동약정이다.

30 기업회계기준서 제1110호 '연결재무제표'에 대한 다음 설명 중 옳은 것은?

① 투자자가 피투자자에 대한 힘이 있거나 피투자자에 관여함에 따라 변동이익에 노출되거나 피투자자에 대한 자신의 힘을 사용하는 능력이 있을 때 피투자자를 지배한다.
② 지배기업과 종속기업의 재무제표는 보고기간 종료일이 같아야 하는 것이 원칙이며, 어떠한 경우라도 종속기업의 재무제표일과 연결재무제표일의 차이는 6개월을 초과해서는 안 된다.
③ 보고기업은 총포괄손익을 지배기업의 소유주와 비지배지분에 귀속시킨다. 다만, 비지배지분이 부(-)의 잔액이 되는 경우는 총포괄손익을 모두 지배기업의 소유주에게 귀속시킨다.
④ 연결재무제표를 작성할 때 당기순손익을 지배기업지분과 비지배지분에 배분하는 비율은 현재의 소유지분뿐만 아니라 잠재적 의결권의 행사 가능성을 반영하여 결정한다.
⑤ 지배기업이 종속기업에 대한 지배력을 상실한 경우에는 그 종속기업과 관련하여 기타포괄손익으로 인식한 모든 금액을 지배기업이 관련 자산이나 부채를 직접 처분한 경우의 회계처리와 같은 기준으로 회계처리한다.

※ 다음 <자료>를 이용하여 **31 ~ 32**에 답하시오.

• ㈜대한은 20×1년 초에 ㈜민국의 의결권 있는 보통주 80%를 ₩200,000에 취득하고 지배력을 획득하였다. 취득일 현재 ㈜민국의 요약재무상태표는 다음과 같다.

요약재무상태표

㈜민국 20×1. 1. 1. 현재 (단위: ₩)

계정과목	장부금액	공정가치	계정과목	장부금액	공정가치
현금	20,000	20,000	부채	120,000	120,000
매출채권	40,000	40,000	자본금	50,000	
재고자산	60,000	70,000	이익잉여금	100,000	
유형자산	150,000	190,000			
	270,000			270,000	

• ㈜민국의 위 재고자산은 상품이며, 20×1년 중에 모두 외부로 판매되었다.
• ㈜민국의 위 유형자산은 기계장치이며, 지배력 획득일 현재 잔존내용연수는 8년이고 잔존가치 없이 정액법으로 상각한다.
• 20×1년 중에 ㈜대한은 장부금액 ₩20,000의 재고자산(제품)을 ㈜민국에게 ₩30,000에 판매하였다. ㈜민국은 이 재고자산의 50%를 20×1년 중에 외부로 판매하였으며, 나머지 50%를 20×2년 중에 외부로 판매하였다.
• ㈜대한과 ㈜민국이 20×1년도 및 20×2년도에 각각 보고한 당기순이익은 다음과 같다.

구분	20×1년	20×2년
㈜대한	₩50,000	₩60,000
㈜민국	₩30,000	₩20,000

• ㈜대한과 ㈜민국은 20×2년 3월에 각각 ₩20,000과 ₩10,000의 현금배당(결산배당)을 결의하고 지급하였다.
• ㈜대한은 별도재무제표에서 ㈜민국의 주식을 원가법으로 회계처리한다. 연결재무제표 작성 시 유형자산에 대해서는 원가모형을 적용하고, 비지배지분은 종속기업의 식별가능한 순자산 공정가치에 비례하여 결정한다.

31 ㈜대한의 20×1년도 연결재무상태표에 표시되는 비지배지분은 얼마인가?

① ₩40,000 ② ₩41,000 ③ ₩42,000
④ ₩43,000 ⑤ ₩44,000

32 ㈜대한의 20×2년도 연결포괄손익계산서에 표시되는 지배기업소유주귀속당기순이익은 얼마인가?

① ₩64,000 ② ₩69,000 ③ ₩72,000
④ ₩76,000 ⑤ ₩77,000

33 ㈜대한은 20×1년 1월 1일에 설립되었다. ㈜대한의 표시통화는 원화(₩)이나, 기능통화는 미국 달러화($)이다. 기능통화로 표시된 ㈜대한의 20×1년 요약재무정보는 다음과 같다.

㈜대한의 20×1년 요약재무정보(시산표)

계정과목	차변	대변
자산	$7,000	
부채		$4,500
자본금		$1,500
이익잉여금		-
수익		$4,000
비용	$3,000	
합계	$10,000	$10,000

• ㈜대한은 20×1년 중에 유럽의 회사에 수출을 하고 대금을 20×2년에 유로화(€)로 받기로 했다. 수출대금은 €300이었고, ㈜대한은 수출 시 이를 미국달러화($)로 환산하여 장부에 기록하고 20×1년 말에 환산하지 않았다. 수출 시 환율($/€)은 1.2였기 때문에, 위의 요약정보에는 동 수출관련 매출채권이 자산에 $360로 기록되어 있다.

• 20×1년 환율(₩/$, $/€) 변동정보

구분	20×1. 1. 1.	연평균	20×1. 12. 31.
₩/$	1,300	1,340	1,400
$/€	1.3	1.2	1.1

• 기능통화와 표시통화는 모두 초인플레이션 경제의 통화가 아니며, 설립 이후 환율에 유의적인 변동은 없었다.

• 수익과 비용은 해당 회계기간의 연평균환율을 사용하여 환산한다.

㈜대한의 20×1년도 원화(₩) 표시 포괄손익계산서상 총포괄이익은 얼마인가? 단, 위에 제시된 자료 외에 총포괄이익에 영향을 미치는 항목은 없다.

① ₩1,106,000 ② ₩1,165,000 ③ ₩1,340,000
④ ₩1,358,000 ⑤ ₩1,508,000

34 기업회계기준서 제1021호 '환율변동효과'에 대한 다음 설명 중 옳지 않은 것은?

① 해외사업장을 처분하는 경우 기타포괄손익과 별도의 자본항목으로 인식한 해외사업장 관련 외환차이의 누계액은 당기손익으로 재분류하지 않는다.

② 기능통화가 변경되는 경우 변경된 날의 환율을 사용하여 모든 항목을 새로운 기능통화로 환산한다. 비화폐성항목의 경우에는 새로운 기능통화로 환산한 금액이 역사적원가가 된다.

③ 보고기업과 해외사업장의 경영성과와 재무상태를 연결하는 경우, 내부거래에서 생긴 화폐성자산(또는 화폐성부채)과 관련된 환율변동효과는 연결재무제표에서 당기손익으로 인식한다. 다만, 보고기업의 해외사업장에 대한 순투자의 일부인 화폐성 항목에서 생기는 외환차이는 해외사업장이 처분될 때까지 연결재무제표에서 기타포괄손익으로 인식한다.

④ 해외사업장을 포함한 종속기업을 일부 처분 시 기타포괄손익에 인식된 외환차이의 누계액 중 비례적 지분을 그 해외사업장의 비지배지분으로 재귀속시킨다.

⑤ 비화폐성항목에서 생긴 손익을 기타포괄손익으로 인식하는 경우에 그 손익에 포함된 환율변동효과도 기타포괄손익으로 인식한다. 그러나 비화폐성항목에서 생긴 손익을 당기손익으로 인식하는 경우에는 그 손익에 포함된 환율변동효과도 당기손익으로 인식한다.

35 ㈜대한은 20×1년 11월 1일에 선박 1척을 US$2,000에 구입하기로 하는 확정계약을 체결하였다. 선박의 인수일은 20×2년 4월 30일이고, 인수일에 구입대금을 지급하고 선박을 인수함으로써 계약이 이행된다. 이 확정계약은 법적구속력을 갖기 때문에 불이행 시에는 위약금을 지급해야 한다. ㈜대한은 계약체결시점부터 대금지급시점까지의 환율변동에 따른 확정계약의 위험을 회피하기 위해 20×1년 11월 1일에 통화선도계약을 체결하였다. 관련 정보는 다음과 같다.

- 통화선도 계약기간: 20×1년 11월 1일 ~ 20×2년 4월 30일
- 통화선도 계약조건: ₩2,600,000을 지급하고 US$2,000을 수취한다.
- 환율 정보

일자	현물환율(₩/$)	통화선도환율(₩/$)
20×1. 11. 1.	1,200	1,300(만기 6개월)
20×1. 12. 31.	1,340	1,400(만기 4개월)
20×2. 4. 30.	1,380	

㈜대한이 위 거래에 대해 공정가치위험회피회계를 적용하는 경우, ㈜대한의 20×1년 말 재무상태표상 확정계약자산(또는 부채)은 얼마인가? 단, 현재가치 평가는 고려하지 않는다.

① 부채 ₩200,000　② 부채 ₩280,000　③ 자산 ₩200,000
④ 자산 ₩280,000　⑤ 자산 및 부채 ₩0

01 보고기업이 지배-종속관계로 모두 연결되어 있지는 않은 둘 이상 실체들로 구성된다면 그 보고기업의 재무제표를 '결합재무제표'라고 부른다.

02 **1. 매출총이익: (1) − (2) = ₩280,000 − ₩206,000 = ₩74,000**
(1) 매출: 300개 × ₩600 + 200개 × ₩500 = ₩280,000
(2) 매출원가: ₩206,000

2. 매출원가: ₩206,000
(1) 매출원가: 기초재고 + 당기매입 − 기말재고
= (100개 × ₩300 − ₩4,000) + 400개 × ₩400 + 100개 × ₩500 − ₩30,000[1)] = ₩206,000
1) Min[100개 × ₩420, 100개 × ₩300] = ₩30,000
(2) 6월 1일 평균단가: (100개 × ₩300 + 400개 × ₩400) ÷ 500개 = ₩380/개
(3) 9월 1일 평균단가: (200개 × ₩380 + 100개 × ₩500) ÷ 300개 = ₩420/개
(4) 12월 31일 기말수량: 100개 + 400개 − 300개 + 100개 − 200개 = 100개

03 **1. 연평균지출액: ₩3,000,000 × 9/12 − ₩500,000(정부보조금 수령액) × 9/12 + ₩1,500,000 × 6/12 + ₩2,400,000 × 1/12 = ₩2,825,000**

2. 자본화이자율: $\frac{₩2,000,000 \times 4\% \times 9/12 + ₩2,000,000 \times 8\% \times 9/12}{₩2,000,000 \times 9/12 + ₩2,000,000 \times 9/12} = \frac{₩180,000}{₩3,000,000} = 6\%$

3. 자본화가능차입원가

특정차입금: ₩1,500,000 × 5% × 6/12 =	₩37,500
일반차입금: Min[(₩2,825,000 − ₩1,500,000 × 6/12) × 6%, ₩180,000] =	₩124,500
계	₩162,000

04 **1. 20×3년도 당기순이익에 미치는 영향: (1) + (2) = ₩(1,450,000) 감소**
(1) 감가상각비: (₩5,500,000 − ₩600,000) ÷ 5년 = ₩(980,000)
(2) 재평가손실: ₩(470,000)

2. 회계처리
(1) 20×1년 초

(차) 기계장치	6,000,000	(대) 현금	6,000,000

(2) 20×1년 말

① 감가상각	(차) 감가상각비(NI)	550,000[1)]	(대) 감가상각누계액	550,000
② 재평가	(차) 감가상각누계액	550,000	(대) 기계장치	1,000,000
	재평가손실(NI)	450,000		

1) (₩6,000,000 − ₩500,000) ÷ 10년 = ₩550,000

(3) 20×2년 말

① 감가상각	(차) 감가상각비(NI)	500,000[1)]	(대) 감가상각누계액	500,000
② 재평가	(차) 감가상각누계액	500,000	(대) 재평가이익(NI)	450,000[2)]
	기계장치	500,000	재평가잉여금(OCI)	550,000[3)]

1) (₩5,000,000 − ₩500,000) ÷ 9년 = ₩500,000
2) 450,000(전기에 인식한 재평가손실)
3) ₩1,000,000(장부금액 증가분) − ₩450,000(전기에 인식한 재평가손실) = ₩550,000

정답 01 ① 02 ② 03 ④ 04 ④

(4) 20×3년 말

① 감가상각	(차) 감가상각비(NI)	980,000[1]	(대) 감가상각누계액	980,000
② 재평가	(차) 감가상각누계액	980,000	(대) 기계장치	2,000,000
	재평가잉여금(OCI)	550,000		
	재평가손실(NI)	470,000		

[1] (₩5,500,000 - ₩600,000) ÷ 5년 = ₩980,000

05 미래경제적효익이 기업에 유입될 가능성은 무형자산의 내용연수 동안의 경제적 상황에 대한 경영자의 최선의 추정치를 반영하는 합리적이고 객관적인 가정에 근거하여 평가하여야 한다. 자산의 사용에서 발생하는 미래경제적효익의 유입에 대한 확실성 정도에 대한 평가는 무형자산을 최초로 인식하는 시점에서 이용 가능한 증거에 근거하며, 외부 증거에 비중을 더 크게 둔다.

06 투자부동산을 공정가치로 측정해 온 경우라면 비교할만한 시장의 거래가 줄어들거나 시장가격 정보를 쉽게 얻을 수 없게 되더라도, 당해 부동산을 처분할 때까지 또는 자가사용부동산(유형자산)으로 대체하거나 통상적인 영업과정에서 판매하기 위하여 개발을 시작하기 전까지는 계속하여 공정가치로 측정한다.

07 1. 원가모형의 20×1년 말 이익잉여금: ₩300,000

2. 원가모형의 20×1년 말 장부금액: ₩5,000,000 - (₩5,000,000 - ₩1,000,000) × 1/10 = ₩4,600,000

3. 공정가치모형의 20×1년 말 장부금액: ₩4,500,000

4. 공정가치모형의 20×1년 말 이익잉여금: ₩300,000 - ₩100,000(자산 과대) = ₩200,000

5. 공정가치모형의 20×2년 말 이익잉여금
₩200,000 + ₩700,000(20×2년 당기순이익) + ₩300,000(투자부동산평가이익) = ₩1,200,000

08 금융자산의 재분류는 중요도에 따라 구분하지 아니하고 재분류일부터 전진적으로 적용한다. 재분류 전에 인식한 손익(손상차손 또는 손상차손환입 포함)이나 이자는 다시 작성하지 않는다.

09 20×1년도 포괄손익계산서의 당기순이익에 미치는 영향: (1) + (2) + (3) + (4) = ₩399,755 증가
(1) 20×1년 A사채 이자수익: ₩2,000,000 × 6% = ₩120,000
(2) 20×1년 A사채 당기손익공정가치측정금융자산평가이익: ₩1,888,234 - ₩1,801,016 = ₩87,218
(3) 20×1년 B사채 이자수익: ₩1,425,366 × 10% = ₩142,537
(4) 20×1년 C사채 이자수익: ₩500,000 × 10% = ₩50,000

10 1. 20×1년 1월 1일 사채의 발행금액: ₩2,000,000 × 0.8396 + ₩100,000 × 2.6730 = ₩1,946,500

2. 실질적 조건변경인지 여부의 판단

(1) 조정 전 금융부채의 현재가치(최초 유효이자율 적용) =	₩1,946,500 × 1.06 - ₩100,000 =	₩1,963,290
(2) 조정 후 미래현금흐름의 현재가치(최초 유효이자율 적용)		
원금의 현재가치: ₩2,000,000 × 0.8396(3년, 6% 현가) =	₩1,679,200	
이자의 현재가치: ₩20,000 × 2.6730(3년, 6% 연금현가) =	₩53,460	₩(1,732,660)
(3) (1)과 (2)의 차액		₩230,630

∴ ₩230,630/₩1,963,290(11.75%) ≥ 10%이므로 실질적 조건변경에 해당된다.

3. 조건변경이익

(1) 조정 전 금융부채의 장부금액		₩1,963,290
(2) 조정 후 미래현금흐름의 현재가치(조건변경시점의 유효이자율 적용)		
원금의 현재가치: ₩2,000,000 × 0.7938(3년, 8% 현가) =	₩1,587,600	
이자의 현재가치: ₩20,000 × 2.5770((3년, 8% 연금현가) =	₩51,540	
새로운 금융부채의 최초 공정가치	₩1,639,140	₩(1,639,140)
(3) (1)과 (2)의 차액		₩324,150

4. 이자비용: ₩1,639,140 × 8% = ₩131,131

정답 05 ③ 06 ⑤ 07 ③ 08 ⑤ 09 ③ 10 ②

11 **1. 20×1년 초 전환권대가**

(1) 전환사채의 발행금액 ₩980,000

(2) 전환사채의 현재가치

이자의 현재가치: ₩40,000 × 2.5770 = ₩103,080

원금과 상환할증금의 현재가치: ₩1,060,000 × 0.7938 = ₩841,428 ₩(944,508)

(3) 전환권대가: (1) - (2) ₩35,492

2. 20×1년 말 전환사채의 장부금액: ₩944,508 × 1.08 - ₩40,000 = ₩980,069

3. 20×2년 말 전환사채의 장부금액: (₩980,069 × 1.08 - ₩40,000) × 40% = ₩407,390

4. 20×2년 말 전환권대가의 장부금액: ₩35,492 × 40% = ₩14,197

12 **1. 상환할증금: ₩100,000 × (6% - 4%) × (1 + 1.06 + 1.06^2) = ₩6,367**

2. 신주인수권대가

신주인수권부사채의 발행금액	₩100,000
신주인수권부사채의 현재가치: ₩4,000 × 2.5770 + ₩106,367 × 0.7938 =	₩(94,742)
신주인수권대가	₩5,258

3. 주식발행초과금 증가액(현금납입액 + 상환할증금의 현재가치 + 신주인수권대가 - 액면금액) × 행사비율
= (₩100,000/₩10,000 × ₩10,000 + ₩6,367/1.08^2 + ₩5,258 - ₩100,000/₩10,000 × ₩5,000) × 40%
= ₩24,287(단수차이)

13 20×3년 말 충당부채(제품보증충당부채): I/S상 보증비 예상액 - 현금지출보증비 = 1,000개 × 3% × ₩730 - ₩8,000 = ₩13,900

14 **1. 세법상 납부할 법인세(당기법인세)**

(₩1,200,000 + ₩(50,000) + ₩90,000 + ₩(20,000) + ₩30,000) × 24% = ₩300,000

2. 이연법인세자산·부채

(1) 20×2년 말 이연법인세자산: ₩24,200 + ₩8,000 = ₩32,200

<일정계획표>

20×2년 말		20×3년	20×4년 이후
당기손익공정가치측정금융자산평가손실	₩90,000	₩(90,000)	
퇴직급여한도초과액	₩60,000	₩(20,000)	₩(40,000)
합계	₩150,000	₩(110,000)	₩(40,000)
		22%	20%
		₩(24,200)	₩(8,000)

(2) 20×1년 말 이연법인세자산: ₩31,200

3. 회계처리

20×2년 말	(차) 이연법인세자산	1,000	(대) 당기법인세부채	300,000
	법인세비용	299,000		

4. 20×2년 법인세비용: ₩299,000

정답 11 ⑤ 12 ④ 13 ② 14 ③

15 1. 오류수정 정산표

구분	20×0년	20×1년	20×2년
20×0년 말 기말재고 과소	₩100,000	₩(100,000)	
20×1년 말 기말재고 과소		₩150,000	₩(150,000)
20×1년 초 수선유지비		₩45,000[1]	₩(15,000)[2]
20×1년 초 사채		₩(1,587)[3]	₩(1,714)[4]
당기손익에 미치는 영향	₩100,000	₩93,413	₩(166,714)

[1] ₩60,000 - ₩60,000 × 1/4 = ₩45,000

[2] ₩(45,000) × 1/3 = ₩(15,000)

[3] ₩94,842 × 8% - ₩6,000 = ₩(1,587)

[4] ₩(1,587) × 1.08 = ₩(1,714)

2. 20×2년 전기이월이익잉여금에 미치는 영향: ₩100,000 + ₩93,413 = ₩193,413 증가
3. 20×2년 당기순이익에 미치는 영향: ₩(166,714) 감소

16 1 ㈜대한은 2년간 건물관리 용역을 제공하는 계약을 체결하였다. 고객은 1년에 ₩1,000,000을 지급하기로 하였다. 계약 개시시점에 그 용역의 개별 판매가격은 연간 ₩1,000,000이다. 기업은 용역을 제공한 첫 1년 동안 ₩1,000,000을 수익으로 인식하였다. 1차 연도 말에, 계약이 변경되었고 2차 연도의 수수료가 ₩900,000으로 감액되었다. 그리고 고객은 4년을 더 추가하여 그 계약을 연장하기로 합의하였다. 추가용역의 가격은 개별 판매가격을 반영하지 못하므로 별도의 계약으로 처리하지 못하고, 원래의 계약이 종료되고 새로운 계약이 체결된 것으로 회계처리해야 한다.

2. ㈜대한은 20×2년 초부터 20×6년 말까지 총 ₩4,600,000(= ₩1,000,000 + ₩900,000 × 4년)을 수취하는 새로운 계약이 체결된 것으로 회계처리해야 한다. 따라서 매년 ₩920,000(= ₩4,600,000 ÷ 5년)을 수익으로 인식한다.

3. 20×3년에 인식할 수익 금액: ₩920,000

17 1. 누적진행률

구분	20×1년	20×2년
누적진행률	$\frac{₩1,000,000}{₩4,000,000} = 25\%$	$\frac{₩3,000,000}{₩4,000,000} = 75\%$

2. 20×1년도 공사손익: (₩5,000,000 - ₩4,000,000) × 25% = ₩250,000 이익

3. 20×2년도 공사손익: (₩5,000,000 - ₩4,000,000) × 75% - ₩250,000 = ₩500,000 이익

18 확정급여제도에서 순확정급여부채(자산)를 재측정하는 경우가 아닌 일반적인 순확정급여부채(자산)의 순이자는 연차보고기간 초의 순확정급여부채(자산)와 할인율을 사용하여 결정한다.

19 현금결제형 주식기준보상거래의 경우에 제공받는 재화나 용역과 그 대가로 부담하는 부채를 부채의 공정가치로 측정한다. 또 부채가 결제될 때까지 매 보고기간 말과 결제일에 부채의 공정가치를 재측정하고, 공정가치의 변동액은 당기손익으로 인식한다.

정답 15 ④ 16 ② 17 ③ 18 ⑤ 19 ②

20 1. 20×3년도 당기순이익에 미치는 영향

100명 × 100개 × ₩600 × 1/3 + 100명 × 100개 × (₩700 - ₩660) = ₩(2,400,000) 감소

2. 회계처리

20×3년	(차) 주식보상비용	2,000,000[1]	(대) 주식선택권	2,000,000
	(차) 주식선택권	6,000,000[2]	(대) 현금	6,600,000[3]
	주식선택권중도청산손실	600,000		
	(차) 주식보상비용	400,000[4]	(대) 현금	400,000

[1] 100명 × 100개 × ₩600 × 1/3 = ₩2,000,000

[2] 100명 × 100개 × ₩600 = ₩6,000,000

[3] 100명 × 100개 × ₩660 = ₩6,600,000

[4] 100명 × 100개 × (₩700 - ₩660) = ₩400,000

21 계약의 약정시점에, 계약 자체가 리스인지, 계약이 리스를 포함하는지를 판단한다.

22 20×1년 12월 31일 리스부채: ₩743,823/1.1 + (₩743,823 + ₩200,000)/1.1^2 = ₩1,456,222(단수차이)

23 희석주당이익을 계산할 때 희석효과가 있는 옵션이나 주식매입권은 행사된 것으로 가정한다. 이 경우 권리행사에서 예상되는 현금유입액은 보통주를 회계기간의 평균시장가격으로 발행하여 유입된 것으로 가정한다. 그 결과 권리를 행사할 때 발행하여야 할 보통주식수와 회계기간의 평균시장가격으로 발행한 것으로 가정하여 환산한 보통주식수의 차이는 무상으로 발행한 것으로 본다.

24 1. 보통주당기순이익: ₩42,000,000

2. 가중평균유통보통주식수

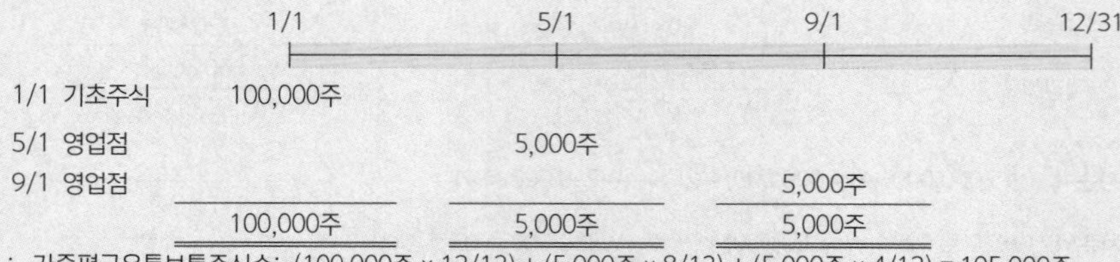

	1/1~	5/1~	9/1~
1/1 기초주식	100,000주		
5/1 영업점		5,000주	
9/1 영업점			5,000주
	100,000주	5,000주	5,000주

∴ 가중평균유통보통주식수: (100,000주 × 12/12) + (5,000주 × 8/12) + (5,000주 × 4/12) = 105,000주

3. 기본주당이익: 보통주당기순이익/가중평균유통보통주식수 = ₩42,000,000/105,000주 = ₩400/주

4. 조건부발행보통주 희석효과: ₩0/(5,000주 × 4/12 + 5,000주 × 8/12) = ₩0/5,000주 = ₩0

5. 희석주당이익: ₩42,000,000/(105,000주 + 5,000주) = ₩382/주

25 1. 공급자에 대한 현금유출

구분		금액
포괄손익계산서의 매입활동 관련손익	매출원가	₩x
	재고자산평가손실(기타비용)	₩(3,000)
	외환차익	₩11,000
매입활동과 관련된 자산·부채의 변동	재고자산의 감소	₩130,000
	재고자산평가충당금의 증가	₩3,000
	매입채무의 증가	₩120,000
공급자에 대한 현금유출		₩(660,000)

∴ 매출원가(x): ₩(921,000)

정답 20 ④ 21 ② 22 ① 23 ③ 24 ① 25 ④

26 1. 식별할 수 있는 순자산 공정가치

(1) 취득자산의 공정가치: ₩800,000 + ₩2,300,000 + ₩700,000 − ₩50,000 = ₩3,750,000

(2) 인수부채의 공정가치 ₩(600,000)

(3) 식별할 수 있는 순자산 공정가치 ₩3,150,000

2. 이전대가

(1) 현금 ₩800,000

(2) ㈜대한 보통주: ₩900,000/(₩1,000 × 3주) × ₩10,000 = ₩3,000,000

합계 ₩3,800,000

3. 영업권

(1) 이전대가 ₩3,800,000

(2) 식별할 수 있는 순자산 공정가치 ₩(3,150,000)

(3) 영업권 ₩650,000

4. 회계처리

20×1년 초	(차) 유동자산	800,000	(대) 부채	600,000
	유형자산(순액)	2,300,000	현금	800,000
	무형자산(순액)	700,000	자본금	900,000[1]
	매각예정비유동자산	(50,000)	주식발행초과금	2,100,000[2]
	영업권	650,000		

[1] 300주 × ₩3,000 = ₩90,000

[2] 300주 × (₩10,000 − ₩3,000) = ₩2,100,000

5. **취득일에 매각예정자산으로 분류한 비유동자산(또는 처분자산집단)을 순공정가치로 측정한다.**

27 과거사건에서 생긴 현재의무이고 그 공정가치를 신뢰성 있게 측정할 수 있다면 취득자는 취득일에 사업결합으로 인수한 우발부채를 인식할 수 있다. 해당 의무를 이행하기 위하여 경제적효익이 있는 자원이 유출될 가능성은 우발부채를 인식하는 데 고려하지 않는다.

28 20×1년 말 관계기업투자의 장부금액

피투자자 순자산장부금액: ₩150,000 − ₩10,000 + ₩20,000 − ₩8,000 = ₩152,000

투자차액 미상각잔액

건물: ₩40,000 × 19년/20년 = ₩38,000

피투자자의 순자산공정가치 ₩190,000

투자자의 지분율 × 25%

1 피투자자 순자산공정가치에 대한 지분 ₩47,500

2 영업권: (₩50,000 − ₩190,000 × 25%) = ₩2,500

3 투자자의 하향 내부거래 미실현손익 잔액 × 투자자의 지분율 –

관계기업투자 (1 + 2 + 3) ₩50,000

29 약정의 모든 당사자들이 약정의 공동지배력을 보유하지 않더라도 그 약정은 공동약정이 될 수 있다. 따라서 공동약정의 공동지배력을 보유하는 당사자들(공동영업자들 또는 공동기업 참여자들)과 공동약정에는 참여하지만 공동지배력을 보유하지 않는 당사자들로 구분된다.

정답 26 ④ 27 ⑤ 28 ① 29 ③

30 ① 지배력은 투자자가 피투자자에 관여함에 따라 변동이익에 노출되거나 변동이익에 대한 권리가 있고, 피투자자에 대한 자신의 힘으로 변동이익에 영향을 미치는 능력이 있는 것을 의미한다.

② 지배기업과 종속기업의 재무제표는 보고기간 종료일이 같아야 하는 것이 원칙이며, 어떠한 경우라도 종속기업의 재무제표일과 연결재무제표일의 차이는 3개월을 초과해서는 안 된다.

③ 보고기업은 당기순손익과 기타포괄손익의 각 구성요소를 지배기업의 소유주와 비지배지분에 귀속시킨다. 또한 보고기업은 비지배지분이 부(-)의 잔액이 되더라도 총포괄손익을 지배기업의 소유주와 비지배지분에 귀속시킨다. 부(-)의 비지배지분은 연결재무상태표에서 자본에 포함하되 지배기업 소유주지분과는 구분하여 표시하며, 연결재무상태표의 자본에 차감하여 표시한다.

④ 연결재무제표를 작성할 때 잠재적 의결권이나 잠재적 의결권을 포함하는 그 밖의 파생상품이 있는 경우에 당기순손익과 자본변동을 지배기업지분과 비지배기업지분에 배분하는 비율은 현재의 소유지분에만 기초하여 결정하고 잠재적 의결권과 그 밖의 파생상품의 행사가능성이나 전환가능성은 반영하지 아니한다.

31 20×1년 말 비지배지분: 종속기업 순자산공정가치 × 비지배지분율

20×1년 말 ㈜민국의 순자산장부금액: ₩150,000 + ₩30,000 =	₩180,000
20×1년 말 투자차액 미상각잔액	
재고자산	-
유형자산: ₩40,000 × 7년/8년 =	₩35,000
20×1년 말 상향거래 미실현손익 잔액	-
20×1년 말 ㈜민국의 순자산공정가치	₩215,000
× 비지배지분율	× 20%
20×1년 말 비지배지분	₩43,000

32 20×2년도 연결포괄손익계산서에 표시되는 지배기업소유주귀속당기순이익

	㈜대한		㈜민국		합계
보고된 당기순이익	₩60,000		₩20,000		₩80,000
투자차액상각					
유형자산			₩(5,000)		₩(5,000)
내부거래제거					
재고자산 실현손익	₩5,000				₩5,000
배당금수익	₩(8,000)				₩(8,000)
연결조정 후 당기순이익	₩57,000		₩15,000		₩72,000
∴ 연결당기순이익	₩57,000	+	₩15,000	=	₩72,000
지배기업소유주 귀속 당기순이익:	₩57,000	+	₩15,000 × 80%	=	₩69,000
비지배지분순이익:			₩15,000 × 20%	=	₩3,000

33 20×1년 말 재무상태표

재무상태표

순자산 = ($7,000 - $4,500 - $360) × ₩1,400 = ₩2,996,000	자본금 = $1,500 × ₩1,300 = ₩1,950,000
매출채권 = €300 × 1.1 × ₩1,400 = ₩462,000	기초이익잉여금 = $0 × ₩1,000 = ₩0
	총포괄손익 = ₩1,508,000

34 해외사업장을 처분하는 경우 기타포괄손익과 별도의 자본항목으로 인식한 해외사업장 관련 외환차이의 누계액은 당기손익으로 재분류한다.

정답 30 ⑤ 31 ④ 32 ② 33 ⑤ 34 ①

35 1. 확정계약부채: $2,000 × (₩1,300 - ₩1,400) = ₩(200,000)

2. 회계처리

구분	위험회피대상항목(확정계약)	위험회피수단(통화선도)
20×1. 11. 1.	N/A	N/A
20×1. 12. 31.	(차) 확정계약평가손실(NI) 200,000[1)] (대) 통화선도(부채) 200,000	(차) 통화선도(자산) 200,000[2)] (대) 통화선도평가이익(NI) 200,000

1) $2,000 × (₩1,300 - ₩1,400) = ₩(200,000)

2) $2,000 × (₩1,400 - ₩1,300) = ₩200,000

정답 35 ①

해커스 IFRS 김원종 객관식 중급회계 부록

2023 세무사 1차 기출문제

24문항 권장풀이시간 30분

01 ㈜세무는 20×1년 초 ₩100,000을 지급하고 토지를 취득하였다. 취득 당시 거래원가 ₩20,000이 추가로 발생하였다. 20×1년 말 현재 동 토지와 동등한 토지를 취득하기 위해서는 ₩110,000을 지급하여야 하며, 추가로 취득 관련 거래원가 ₩5,000을 지급하여야 한다. 한편, ㈜세무는 20×1년 말 현재 시장참여자 사이의 정상거래에서 동 토지를 매도할 경우 거래원가 ₩20,000을 차감하고 ₩98,000을 수취할 수 있다. 20×1년 말 현재 토지의 역사적원가, 공정가치, 현행원가를 금액이 큰 순으로 옳게 나열한 것은?

① 역사적원가 > 현행원가 > 공정가치
② 역사적원가 > 공정가치 > 현행원가
③ 현행원가 > 공정가치 > 역사적원가
④ 현행원가 > 역사적원가 > 공정가치
⑤ 공정가치 > 역사적원가 > 현행원가

02 ㈜세무는 20×1년 초 영업부에서 차량운반구(취득원가 ₩2,000,000, 내용연수 3년, 잔존가치 ₩200,000, 정액법 상각, 재평가모형 적용)를 취득하였으며, 자산의 총장부금액에서 감가상각누계액을 제거하는 방법으로 재평가회계처리를 한다. 차량운반구와 관련하여 20×2년 말 손상이 발생하였으며, 차량운반구의 20×1년과 20×2년 말 공정가치와 회수가능액은 다음과 같다. 차량운반구 관련 회계처리가 ㈜세무의 20×2년도 당기순이익에 미치는 영향은? (단, 재평가잉여금은 이익잉여금으로 대체하지 아니하며, 처분부대원가는 무시할 수 없는 수준이다.)

구분	20×1년 말	20×4년 말
공정가치	₩1,600,000	₩500,000
회수가능액	₩1,600,000	₩300,000

① ₩400,000 감소 ② ₩600,000 감소 ③ ₩900,000 감소
④ ₩1,100,000 감소 ⑤ ₩1,300,000 감소

03 ㈜세무는 20×1년 초 ㈜한국이 동 일자로 발행한 사채(액면금액 ₩1,000,000, 표시이자율 연 10%, 만기 4년, 매년 말 이자지급)를 ₩939,240에 취득하고 상각후원가측정금융자산으로 분류하였다. 취득 시 유효이자율은 연 12%이며, 취득 당시 손상은 없었다. ㈜세무는 20×1년 말 ㈜한국으로부터 20×1년 말 ㈜한국으로부터 20×1년도 이자는 정상적으로 수취하였으나, 20×1년 말 동 금융자산에 신용손상이 발생하였다. ㈜세무는 채무불이행 발생확률을 고려하여 20×2년부터 만기까지 매년 말 이자 ₩70,000과 만기에 원금 ₩700,000을 수취할 것으로 추정하였다. 금융자산의 회계처리가 ㈜세무의 20×1년도 당기순이익에 미치는 영향은? (단, 현재가치 계산 시 다음에 제시된 현가계수표를 이용한다.)

기간	단일금액 ₩1의 현재가치		정상연금 ₩1의 현재가치	
	10%	12%	10%	12%
1	0.9091	0.8929	0.9091	0.8929
2	0.8265	0.7972	1.7355	1.6901
3	0.7513	0.7118	2.4869	2.4018
4	0.6830	0.6355	3.1699	3.0374

① ₩139,247 감소
② ₩164,447 감소
③ ₩172,854 감소
④ ₩181,772 감소
⑤ ₩285,597 감소

04 ㈜세무는 20×1년 초 정부보조금으로 ₩500,000을 수취하여 기계설비(취득원가 ₩2,000,000, 내용연수 5년, 잔존가치 ₩0, 정액법 상각, 원가모형 적용)를 취득하였다. 20×2년 초 ㈜세무는 동 기계설비에 자산의 인식요건을 충족하는 ₩1,000,000의 지출을 하였으며, 이로 인하여 기계설비의 잔존가치는 ₩100,000 증가하고, 내용연수는 1년 연장되었다. 기계설비와 관련하여 ㈜세무가 20×2년도에 인식할 감가상각비는? (단, 정부보조금은 자산에서 차감하는 방법으로 회계처리한다.)

① ₩360,000
② ₩380,000
③ ₩400,000
④ ₩420,000
⑤ ₩440,000

05 재고자산의 회계처리에 관한 설명으로 옳지 않은 것은?

① 재료원가, 노무원가 및 기타 제조원가 중 비정상적으로 낭비된 부분은 재고자산의 취득원가에 포함할 수 없다.
② 성격과 용도 면에서 유사한 재고자산에는 동일한 단위원가 결정방법을 적용하여야 하며, 성격이나 용도 면에서 차이가 있는 재고자산에는 서로 다른 단위원가 결정방법을 적용할 수 있다.
③ 순실현가능가치를 추정할 때 재고자산의 보유 목적은 고려하지 않는다.
④ 자가건설한 유형자산의 구성요소로 사용되는 재고자산처럼 재고자산의 원가를 다른 자산계정에 배분하는 경우, 다른 자산에 배분된 재고자산의 원가는 해당 자산의 내용연수 동안 비용으로 인식한다.
⑤ 통상적으로 상호 교환될 수 없는 재고자산항목의 원가와 특정 프로젝트별로 생산되고 분리되는 재화 또는 용역의 원가는 개별법을 사용하여 결정한다.

06 투자부동산의 회계처리에 관한 설명으로 옳지 않은 것은?

① 지배기업 또는 다른 종속기업에게 부동산을 리스하는 경우가 있는데, 이러한 부동산은 연결재무제표에 투자부동산으로 분류한다.

② 부동산의 용도가 변경되는 경우에만 다른 자산에서 투자부동산으로 또는 투자부동산에서 다른 자산으로 대체한다.

③ 투자부동산의 손상, 멸실 또는 포기로 제3자에게서 받는 보상은 받을 수 있게 되는 시점에 당기손익으로 인식한다.

④ 재고자산을 공정가치로 평가하는 투자부동산으로 대체하는 경우, 재고자산의 장부금액과 대체시점의 공정가치의 차액은 당기손익으로 인식한다.

⑤ 부동산 보유자가 부동산 사용자에게 부수적인 용역을 제공하는 경우, 전체 계약에서 그러한 용역의 비중이 경미하다면 부동산 보유자는 당해 부동산을 투자부동산으로 분류한다.

07 ㈜세무는 20×1년 초 상각후원가로 측정하는 금융부채에 해당하는 사채(액면금액 ₩2,000,000, 표시이자율 연 8%, 만기 3년, 매년 말 이자지급)를 ₩1,900,504에 발행하고, 사채발행비 ₩92,604을 현금으로 지출하였다. 발행당시 시장이자율은 연 10%이며, ㈜세무는 동 사채와 관련하여 20×1년 이자비용으로 ₩216,948을 인식하였다. 20×2년 말 ㈜세무가 경과이자를 포함하여 ₩2,000,000에 사채 전부를 조기상환하였다면, 사채의 상환으로 인식할 사채상환이익은? (단, 현재가치 계산 시 다음에 제시된 현가계수표를 이용한다.)

기간	단일금액 ₩1의 현재가치		정상연금 ₩1의 현재가치	
	8%	10%	8%	10%
1	0.9259	0.9091	0.9259	0.9091
2	0.8573	0.8265	1.7833	1.7355
3	0.7938	0.7513	2.5771	2.4869

① ₩51,325 ② ₩61,345 ③ ₩88,630
④ ₩123,656 ⑤ ₩160,000

08 유통업을 영위하고 있는 ㈜세무는 저가기준으로 가중평균 소매재고법을 적용하고 있다. ㈜세무의 재고자산과 관련된 자료가 다음과 같을 때, 매출총이익은? (단, 정상파손은 매출원가로 처리하고, 비정상파손은 기타비용으로 처리한다.)

구분	원가	판매가
기초재고	₩80,000	₩100,000
총매입액	₩806,000	₩1,000,000
매입할인	₩50,000	-
총매출액	-	₩1,050,000
매출환입	-	₩24,000
순인상액	-	₩95,000
순인하액	-	₩50,000
정상파손	-	₩50,000
비정상파손	₩10,000	₩15,000

① ₩221,000　② ₩227,800　③ ₩237,800
④ ₩245,000　⑤ ₩261,800

09 프랜차이즈를 운영하는 ㈜세무가 20×1년 11월 초 고객과 체결한 계약과 관련된 정보가 다음과 같을 때, ㈜세무가 20×1년도에 인식할 수익은? (단, 라이선스를 부여하기로 하는 것과 설비를 이전하기로 하는 것은 구별되며, 변동대가와 고정대가는 모두 개별 판매금액을 반영한 것이다.)

(1) ㈜세무는 계약일로부터 5년 동안 고객이 ㈜세무의 상호를 사용하고 제품을 판매할 권리를 제공하는 프랜차이즈 라이선스를 부여하기로 하였으며, 라이선스에 추가하여 상점을 운영하기 위해 필요한 장비를 제공하기로 약속하였다.
(2) ㈜세무는 라이선스를 부여하는 대가로 고객이 월 매출액 중 3%(변동대가)를 판매기준 로열티로 다음달 15일에 수령하기로 하였다.
(3) ㈜세무는 설비가 인도되는 시점에 설비의 대가로 ₩1,500,000(고정대가)을 받기로 하였다.
(4) 계약과 동시에 설비를 고객에게 이전하였으며, 고객의 20×1년 11월과 12월의 매출액은 각각 ₩7,000,000과 ₩8,000,000이다.

① ₩210,000　② ₩450,000　③ ₩500,000
④ ₩1,710,000　⑤ ₩1,950,000

10 재무제표 표시에 관한 설명으로 옳은 것은?

① 포괄손익계산서에 기타포괄손익의 항목은 관련 법인세 효과를 차감한 순액으로 표시할 수 있다.
② 한국채택국제회계기준은 재무제표 이외에도 연차보고서 및 감독기구 제출서류에 반드시 적용한다.
③ 서술형 정보의 경우에는 당기 재무제표를 이해하는 데 목적적합하더라도 비교정보를 포함하지 않는다.
④ 재무상태표에 자산과 부채는 유동자산과 비유동자산, 유동부채와 비유동부채로 구분하여 표시하며, 유동성순서에 따른 표시방법은 허용하지 않는다.
⑤ 한국채택국제회계기준의 요구에 따라 공시되는 정보가 중요하지 않더라도 그 공시를 제공하여야 한다.

11 ㈜세무는 20×1년 7월 1일에 본사사옥으로 사용하기 위하여 토지와 건물을 ₩14,000,000에 일괄취득하고, 공통으로 발생한 취득 관련 직접원가 ₩1,000,000을 지출하였다. 취득 당시 토지와 건물의 공정가치는 각각 ₩9,600,000과 ₩6,400,000이었다. 건물의 내용연수는 4년, 잔존가치는 ₩1,000,000, 연수합계법으로 감가상각한다. 건물과 관련하여 ㈜세무가 20×2년도에 인식할 감가상각비는? (단, 감가상각은 월할 계산하고 건물에 대해 원가모형을 적용한다.)

① ₩1,380,000 ② ₩1,500,000 ③ ₩1,610,000
④ ₩1,750,000 ⑤ ₩1,890,000

12 ㈜세무는 20×1년 초 상각후원가로 측정하는 금융부채에 해당하는 사채(액면금액 ₩1,000,000, 표시이자율 연 8%, 만기 3년, 매년 말 이자지급)를 ₩950,252(유효이자율 연 10%)에 발행하였다. ㈜세무는 20×2년 초에 표시이자율을 연 5%(매년 말 이자지급)로, 만기를 20×5년 말로 조건을 변경하는 것에 사채권자와 합의하였다. 조건변경과 관련한 수수료는 발생하지 않았으며, 20×2년 초 시장이자율은 연 12%이다. 동 사채의 회계처리가 ㈜세무의 20×2년도 당기순이익에 미치는 영향은? (단, 현재가치 계산 시 다음에 제시된 현가계수표를 이용한다.)

기간	단일금액 ₩1의 현재가치				정상연금 ₩1의 현재가치			
	5%	8%	10%	12%	5%	8%	10%	12%
1	0.9524	0.9259	0.9091	0.8929	0.9524	0.9259	0.9091	0.8929
2	0.9070	0.8573	0.8265	0.7972	1.8594	1.7833	1.7355	1.6901
3	0.8638	0.7938	0.7513	0.7118	2.7233	2.5771	2.4869	2.4018
4	0.8227	0.7350	0.6830	0.6355	3.5460	3.3121	3.1699	3.0374
5	0.7835	0.6806	0.6209	0.5674	4.3295	3.9927	3.7908	3.6048

① ₩207,932 감소 ② ₩272,391 감소 ③ ₩39,637 증가
④ ₩53,212 증가 ⑤ ₩83,423 증가

13 ㈜세무의 20×1년도 주당이익과 관련된 자료는 다음과 같다. ㈜세무의 20×1년도 희석주당이익은?

> (1) 20×1년 초 유통보통주식수는 10,000주이고, 유통우선주식수는 5,000주이다.
> (2) 우선주(누적적 비참가적, 주당 액면금액 ₩1,000, 배당률 연 10%)는 전환우선주로 우선주 5주당 보통주 1주로 전환이 가능하다.
> (3) 20×1년도 당기순이익은 ₩993,600이다.
> (4) 4월 1일 신주인수권 10,000개(신주인수권 1개당 보통주 1주 인수, 행사가격 개당 ₩3,000)를 발행하였다.
> (5) 7월 1일 우선주 2,000주가 보통주로 전환되었다.
> (6) 보통주식의 4월 1일 종가는 주당 ₩4,000, 12월 31일 종가는 주당 6,000이고, 당기 평균주가는 주당 ₩5,000이다.
> (7) 기중에 전환된 전환우선주에 대해서 우선주배당금을 지급하지 않으며, 가중평균주식수는 월할 계산한다.

① ₩50 ② ₩53 ③ ₩57
④ ₩68 ⑤ ₩71

해커스 IFRS **김원종 객관식 중급회계**

부록

14 ㈜세무는 20×1년 초 순자산 장부금액이 ₩1,000,000인 ㈜한국의 의결권이 있는 보통주 80%를 ₩900,000에 취득하여 지배력을 획득하였다. 취득일 현재 ㈜한국의 자산과 부채의 장부금액과 공정가치는 건물을 제외하고 모두 일치하였다. 건물의 장부금액과 공정가치는 각각 ₩500,000과 ₩600,000이고, 정액법(잔존 내용연수 10년, 잔존가치 ₩0)으로 상각한다. ㈜한국은 원가에 25%의 이익을 가산하여 ㈜세무에 상품을 판매하고 있으며, 20×1년 ㈜세무가 ㈜한국으로부터 매입한 상품 중 ₩50,000이 기말상품재고액으로 계상되어 있다. 20×1년도 ㈜세무의 별도재무제표에 보고된 당기순이익은 ₩250,000이고, ㈜한국의 당기순이익이 ₩120,000이라고 할 때, ㈜세무의 20×1년도 포괄손익계산서 상 지배기업소유주 귀속 당기순이익은? (단, ㈜세무는 별도 재무제표 상 ㈜한국의 주식을 원가법으로 회계처리하고 있으며, 비지배지분은 종속기업의 식별가능한 순자산 공정가치에 비례하여 결정한다.)

① ₩328,000 ② ₩330,000 ③ ₩338,000
④ ₩346,000 ⑤ ₩350,000

15 주식기준보상에 관한 설명으로 옳은 것은?

① 현금결제형 주식기준보상거래의 경우에 제공받는 재화나 용역과 그 대가로 부담하는 부채를 부채의 공정가치로 측정하며, 부채가 결제될 때까지 매 보고기간 말과 결제일에 부채의 공정가치를 재측정하지 않는다.

② 주식결제제형 주식기준보상거래로 가득된 지분상품이 추후 상실되거나 주식선택권이 행사되지 않은 경우에는 종업원에게서 제공받은 근무용역에 대해 인식한 금액을 환입하여 당기손익으로 인식한다.

③ 부여한 지분상품의 공정가치를 신뢰성 있게 추정할 수 없어 내재가치로 측정한 경우에는 부여일부터 가득일까지 내재가치 변동을 재측정하여 당기손익으로 인식하고, 가득일 이후의 내재가치 변동은 수정하지 않는다.

④ 시장조건이 있는 지분상품을 부여한 때에는 그 시장조건이 충족되는 시점에 거래상대방에게서 제공받는 재화나 용역을 인식한다.

⑤ 거래상대방이 결제방식을 선택할 수 있는 주식기준보상거래의 경우, 기업이 결제일에 현금을 지급하는 대신 지분상품을 발행하면 부채를 발행되는 지분상품의 대가로 보아 자본항목으로 직접 대체한다.

16 ㈜세무는 20×1년 1월 1일 액면금액 ₩1,000,000의 전환사채를 액면발행하였다. 다음 자료를 이용할 경우, 전환사채 상환 회계처리가 ㈜세무의 20×2년도 당기순이익에 미치는 영향은? (단, 현재가치 계산 시 다음에 제시된 현가계수표를 이용한다.

(1) 표시이자율: 연 5%, 매년 말 이자지급
(2) 만기상환일: 20×3년 12월 31일
(3) 일반사채의 유효이자율: 20×1년 1월 1일 연 10%, 20×2년 1월 1일 연 12%
(4) 상환조건: 상환기일에 액면금액의 115%를 일시상환
(5) 전환조건: 사채액면 ₩1,000당 보통주식 1주(주당액면 ₩500)로 전환
(6) 20×2년 1월 1일에 전환사채 중 50%를 동 일자의 공정가치 ₩550,000에 상환

기간	단일금액 ₩1의 현재가치		정상연금 ₩1의 현재가치	
	10%	12%	10%	12%
1	0.9091	0.8929	0.9091	0.8929
2	0.8265	0.7972	1.7355	1.6901
3	0.7513	0.7118	2.4869	2.4018

① ₩25,583 감소 ② ₩31,413 감소 ③ ₩55,830 감소
④ ₩17,944 증가 ⑤ ₩25,456 증가

17 ㈜세무는 확정급여제도를 채택하여 시행하고 있으며, 관련 자료는 다음과 같다. ㈜세무가 20×2년도에 인식할 퇴직급여와 기타포괄손익은?

> (1) 20×1년 말 사외적립자산 잔액은 ₩300,000이며, 확정급여채무 잔액은 ₩305,000이다.
> (2) 20×2년 초에 현금 ₩180,000을 사외적립자산에 출연하였다.
> (3) 20×2년도의 당기근무원가는 ₩190,000이다.
> (4) 20×2년 말에 사외적립자산 ₩150,000이 퇴직종업원에게 현금으로 지급되었다.
> (5) 20×2년 말 현재 확정급여채무의 현재가치와 사외적립자산의 공정가치는 각각 ₩373,000과 ₩375,000이며, 자산인식상한은 ₩1,000이다.
> (6) 순확정급여부채(자산) 계산 시 적용할 할인율은 연 10%로 변동이 없다.

	퇴직급여	기타포괄손익
①	₩172,500	손실 ₩500
②	₩172,500	손실 ₩1,500
③	₩172,500	이익 ₩1,500
④	₩190,500	손실 ₩16,500
⑤	₩190,500	이익 ₩16,500

18 법인세회계에 관한 설명으로 옳지 않은 것은?

① 자산의 세무기준액은 자산의 장부금액이 회수될 때 기업에 유입될 과세대상 경제적효익에 세무상 가산될 금액을 말한다.

② 과거기간에 이미 납부한 법인세 금액이 그 기간 동안 납부하여야 할 금액을 초과하였다면 그 초과금액은 자산으로 인식한다.

③ 사업결합에서 발생한 영업권을 최초로 인식하는 경우에는 이연법인세부채를 인식하지 않는다.

④ 이연법인세자산의 일부 또는 전부에 대한 혜택이 사용되기에 충분한 과세소득이 발생할 가능성이 더 이상 높지 않다면 이연법인세자산의 장부금액을 감액시킨다.

⑤ 이연법인세 자산과 부채는 현재가치로 할인하지 않는다.

19 ㈜세무의 20×1년도 현금흐름표상 영업활동순현금유입액은 ₩100,000이다. 다음 자료를 이용하여 계산한 ㈜세무의 20×1년도 당기순이익은?

- 법인세비용 ₩50,000
- 대손상각비 ₩20,000
- 감가상각비 ₩25,000
- 사채이자비용 ₩40,000(사채할인발행차금 상각액 ₩10,000 포함)
- 토지처분이익 ₩30,000
- 미지급이자 감소액 ₩10,000
- 매출채권(순액) 증가액 ₩15,000
- 법인세부채 증가액 ₩5,000
- ㈜세무는 간접법을 사용하여 영업활동현금흐름을 산출하며, 이자지급 및 법인세납부는 영업활동으로 구분한다.

① ₩105,000 ② ₩115,000 ③ ₩125,000
④ ₩135,000 ⑤ ₩145,000

20 충당부채와 우발부채에 관한 설명으로 옳지 않은 것은?

① 현재의무를 이행하기 위하여 필요한 지출 금액에 영향을 미치는 미래 사건이 일어날 것이라는 충분하고 객관적인 증거가 있는 경우에는 그 미래 사건을 고려하여 충당부채 금액을 추정한다.
② 우발부채는 의무를 이행하기 위하여 경제적 효익이 있는 자원을 유출할 가능성이 희박하지 않다면 주석으로 공시한다.
③ 충당부채와 관련하여 포괄손익계산서에 인식한 비용은 제삼자의 변제와 관련하여 인식한 금액과 상계하여 표시할 수 있다.
④ 당초에 다른 목적으로 인식된 충당부채를 그 목적이 아닌 다른 지출에 사용할 수 있다.
⑤ 충당부채를 현재가치로 평가하여 표시하는 경우에는 장부금액을 기간 경과에 따라 증액하고 해당 증가 금액은 차입원가로 인식한다.

21 ㈜세무의 20×1년도 법인세 관련 자료가 다음과 같을 때, 20×1년도 법인세비용은?

- 20×1년도 법인세비용차감전순이익은 ₩1,000,000이다.
- 20×1년 10월 말에 자기주식처분이익 ₩20,000이 발생하였다.
- 20×1년 말 재고자산평가손실의 세법상 부인액은 ₩30,000, 접대비 한도초과액은 ₩50,000이다.
- 20×1년 초에 ₩3,000,000에 취득한 토지의 20×1년 말 현재 공정가치는 ₩3,100,000이다. ㈜세무는 토지에 대해 재평가모형을 적용하고 있으나, 세법에서는 이를 인정하지 않는다.
- 차감할 일시적차이가 사용될 수 있는 과세소득의 발생가능성은 매우 높다.
- 법인세율은 20%로 매년 일정하며, 전기이월 일시적차이는 없다고 가정한다.

① ₩190,000 ② ₩194,000 ③ ₩210,000
④ ₩220,000 ⑤ ₩234,000

22 자본항목에 관한 설명으로 옳지 않은 것은?

① 지분상품의 상환이나 차환은 자본의 변동으로 인식하지만, 지분상품의 공정가치 변동은 재무제표에 인식하지 않는다.
② 확정수량의 보통주로 전환되는 조건으로 발행된 전환우선주는 지분상품으로 회계처리한다.
③ 기업이 자기지분상품을 재취득하는 경우에는 자본에서 차감하며, 자기지분상품을 매입, 매도, 발행, 소각하는 경우의 손익은 당기손익으로 인식하지 않는다.
④ 액면주식을 액면발행한 경우, 발생한 주식발행 직접원가는 주식할인발행차금으로 차변에 기록된다.
⑤ 보유자가 발행자에게 특정일이나 그 후에 확정되었거나 결정 가능한 금액으로 상환해 줄 것을 청구할 수 있는 권리가 있는 우선주는 지분상품으로 분류한다.

23 ㈜세무의 리스거래 관련 자료는 다음과 같다. ㈜세무의 리스 회계처리가 20×2년 당기순이익에 미치는 영향은? (단, 현재가치 계산 시 다음에 제시된 현가계수표를 이용한다.)

(1) 리스기간: 20×2. 1. 1. ~ 20×2. 12. 31
(2) 고정리스료: 리스기간 매년 말 ₩100,000 지급
(3) 리스계약 체결시점의 내재이자율은 연 8%이며, 리스기간 종료 시 추정 잔존가치는 ₩5,000이고, 보증잔존가치는 없다.
(4) 리스자산의 경제적 내용연수는 5년, 잔존가치 ₩0, 정액법으로 상각한다.
(5) 20×1년 말 현재 사용권자산과 리스부채는 각각 ₩248,408과 ₩257,707이다.
(6) 20×2년 1월 1일 ㈜세무는 잔여 리스기간을 3년에서 2년으로 단축하는 리스계약 조건 변경에 합의하였다. 변경된 계약은 별도 리스로 회계처리할 수 있는 요건을 충족하지 않는다. 리스계약 변경시점의 새로운 내재이자율은 연 10%이다.

기간	단일금액 ₩1의 현재가치		정상연금 ₩1원의 현재가치	
	8%	10%	8%	10%
1	0.9259	0.9091	0.9259	0.9091
2	0.8573	0.8265	1.7833	1.7355
3	0.7938	0.7513	2.5771	2.4869
4	0.7350	0.6830	3.3121	3.1699

① ₩62,730 감소 ② ₩74,389 감소 ③ ₩97,770 감소
④ ₩101,194 감소 ⑤ ₩116,357 감소

24 ㈜세무는 20×2년도 장부마감 전에 다음과 같은 중요한 오류를 발견하였다. ㈜세무의 20×2년도 오류수정 전 당기순이익 ₩500,000일 때, 오류수정 후 당기순이익은?

- 20×1년 기말재고자산을 ₩10,000 과대평가하였으며, 20×2년 기말재고자산을 ₩5,000 과소평가하였다.
- 20×1년 미지급이자를 ₩7,000 과소계상하였으며, 20×2년 미지급이자를 ₩3,000 과소계상하였다.
- 20×2년 초에 취득한 투자주식(지분율 30%)에 대하여 지분법으로 회계처리해야 하는데 원가법으로 잘못 회계처리하였다. 20×2년 중에 ₩6,000의 중간배당을 현금으로 수령하였으며, 피투자회사의 20×2년 당기순이익은 ₩400,000이다.

① ₩595,000 ② ₩601,000 ③ ₩603,000
④ ₩633,000 ⑤ ₩639,000

01 1. 역사적원가 = ₩100,000 + ₩20,000 = ₩120,000

2. 현행원가 = ₩110,000 + ₩5,000 = ₩115,000

3. 공정가치 = ₩98,000(순공정가치) + ₩20,000(거래원가) = ₩118,000
∴ 역사적원가 > 공정가치 > 현행원가

02 1. 20×2년 포괄손익계산서에 당기비용으로 인식할 총금액: (1) + (2) = ₩1,100,000
(1) 감가상각비: (₩1,600,000 − ₩200,000) ÷ 2년 = ₩700,000
(2) 재평가손실: ₩200,000(전기 말 재평가잉여금의 잔액)
(3) 유형자산손상차손: ₩200,000(손상차손총액) − ₩0(재평가잉여금잔액) = ₩200,000

2. 20×1년 초 회계처리

20×1년 초	(차) 차량운반구	2,000,000	(대) 현금	2,000,000

3. 20×1년 말 회계처리

구분	차변	금액	대변	금액
① 감가상각	(차) 감가상각비(NI)	600,000[1]	(대) 감가상각누계액	600,000
② 재평가	(차) 감가상각누계액	600,000	(대) 차량운반구	400,000
			재평가잉여금(OCI)	200,000

[1] (₩2,000,000 − ₩200,000) ÷ 3년 = ₩600,000

4. 20×2년 말 회계처리

구분	차변	금액	대변	금액
① 감가상각	(차) 감가상각비(NI)	700,000[1]	(대) 감가상각누계액	700,000
② 대체	N/A			
③ 재평가	(차) 감가상각누계액	700,000	(대) 차량운반구	1,100,000
	재평가잉여금(OCI)	200,000[2]		
	재평가손실(NI)	200,000		
④ 손상차손	(차) 유형자산손상차손(NI)	200,000[3]	(대) 손상차손누계액	200,000[4]

[1] (₩1,600,000 − ₩200,000) ÷ 2년 = ₩700,000
[2] ₩200,000(전기 말 재평가잉여금의 잔액)
[3] ₩200,000(손상차손총액) − ₩0(재평가잉여금잔액) = ₩200,000
[4] 손상차손누계액

장부금액	₩500,000
회수가능액	₩(300,000)
손상차손누계액	₩200,000

03 20×1년도 당기순이익에 미치는 영향: (1) + (2) = ₩112,709 + ₩(285,563) = ₩(172,854) 감소
(1) 20×1년 이자수익: ₩939,240 × 12% = ₩112,709
(2) 20×1년 금융자산손상차손

구분	계산근거	금액
총장부금액	₩939,240 × 1.12 − ₩100,000 =	₩951,949
상각후원가	₩700,000 × 0.7118 + ₩70,000 × 2.4018 =	₩(666,386)
당기 말 기대신용손실		₩285,563
전기 말 기대신용손실		₩(0)
금융자산손상차손		₩285,563

04 1. 20×1년 감가상각비: (₩2,000,000 − ₩500,000 − ₩0) × 1/5 = ₩300,000

2. 20×2년 감가상각비: (₩2,000,000 − ₩500,000 − ₩300,000 + 1,000,000 − ₩100,000) × 1/5 = ₩420,000

정답 01 ② 02 ④ 03 ③ 04 ④

05 순실현가능가치를 추정할 때 재고자산의 보유 목적도 고려하여야 한다. 예를 들어 확정판매계약 또는 용역계약을 이행하기 위하여 보유하는 재고자산의 순실현가능가치는 계약가격에 기초한다. 만일 보유하고 있는 재고자산의 수량이 확정판매계약의 이행에 필요한 수량을 초과하는 경우에는 그 초과 수량의 순실현가능가치는 일반 판매가격에 기초한다. 재고자산 보유 수량을 초과하는 확정판매계약에 따른 충당부채나 확정매입계약에 따른 충당부채는 K-IFRS 제1037호 '충당부채, 우발부채, 우발자산'에 따라 회계처리한다.

06 지배기업 또는 다른 종속기업에게 부동산을 리스하는 경우가 있는데, 이러한 부동산은 연결재무제표에 투자부동산으로 분류할 수 없다.

07 1. **20×1년 1월 1일 사채의 장부금액: ₩1,900,504 - ₩92,604 = ₩1,807,900**

2. **유효이자율(x)의 계산**
₩1,807,900 × x = ₩216,948
유효이자율(x) = 12%

3. **사채상환이익: ① - ② = ₩88,630**
① 장부금액: (₩1,807,900 × 1.12 - ₩160,000) × 1.12 - ₩160,000 + ₩160,000(경과이자 포함) = ₩2,088,630
② 상환금액: ₩2,000,000

08 ① 순매입액(원가) = ₩806,000 - ₩50,000 = ₩756,000
② 순매입액(매가) = ₩1,000,000
③ 순매출액 = ₩1,050,000 - ₩24,000 = ₩1,026,000

1. **기말재고(매가) = ₩54,000**

상품(원가)

차변	금액	대변	금액
기초재고	₩80,000	매출원가	?
순매입액	₩756,000		
비정상파손	₩(10,000)	기말재고	?
	₩826,000		₩826,000

상품(매가)

차변	금액	대변	금액
기초재고	₩100,000	순매출액	₩1,026,000
순매입액	₩1,000,000		
순인상액	₩95,000	정상적파손	₩50,000
순인하액	₩(50,000)		
비정상파손	₩(15,000)	기말재고	?
	₩1,130,000		₩1,130,000

2. **가중평균저가기준소매재고법**
① 원가율: $\frac{₩826,000}{₩1,130,000 + ₩50,000} = 70\%$
② 기말재고: ₩54,000 × 70% = ₩37,800
③ 매출원가: ₩826,000 - ₩37,800 = ₩788,200

3. **매출총이익: ₩1,026,000 - ₩788,200 = ₩237,800**

09 1. **20×1년도에 인식할 수익: ₩1,500,000 + ₩7,000,000 × 3% + ₩8,000,000 × 3% = ₩1,950,000**

2. **㈜세무의 설비를 인도하는 의무는 한 시점의 이행하는 수행의무이므로 20×1년 11월 초에 수익을 인식한다.**

3. **지적재산의 라이선스를 제공하는 대가로 약속된 판매기준 로열티나 사용기준 로열티의 수익은 다음 중 나중의 사건이 일어날 때 인식한다.**
(1) 후속 판매나 사용
(2) 판매기준 또는 사용기준 로열티의 일부나 전부가 배분된 수행의무를 이행하거나 또는 일부 이행함

4. **회계처리**

일자	차변	금액	대변	금액
20×1년 11월 초	(차) 현금	1,500,000	(대) 매출	1,500,000
20×1년 11월 말	(차) 매출채권	210,000	(대) 프랜차이즈라이선스수익	210,000
20×1년 12월 말	(차) 매출채권	240,000	(대) 프랜차이즈라이선스수익	240,000

정답 05 ③ 06 ① 07 ③ 08 ③ 09 ⑤

10 ② 많은 기업은 특히 환경 요인이 유의적인 산업에 속해 있는 경우나 종업원이 주요 재무제표이용자인 경우에 환경보고서나 부가가치보고서와 같은 재무제표 이외의 보고서는 K-IFRS의 적용범위에 해당하지 않는다.
③ 당기 재무제표를 이해하는 데 목적적합하다면 서술형 정보의 경우에도 비교정보를 포함한다.
④ 일반적으로 유동성 순서에 따른 표시방법이 신뢰성 있고 더욱 목적적합한 정보를 제공하는 경우를 제외하고는 유동자산과 비유동자산, 유동부채와 비유동부채로 재무상태표에 구분하여 표시(유동/비유동 구분법)한다. 따라서 유동성순서에 따른 표시방법도 허용한다.
⑤ 한국채택국제회계기준의 요구에 따라 공시되는 정보가 중요하지 않으면 공시를 제공할 필요가 없다.

11 1. 20×1년 7월 1일 건물의 취득원가: (₩14,000,000 + ₩1,000,000) × ₩6,400,000/16,000,000 = ₩6,000,000

2. 20×2년 감가상각비: (₩6,000,000 − ₩1,000,000) × 4/10 × 6/12 + (₩6,000,000 − ₩1,000,000) × 3/10 × 6/12 = ₩1,750,000

12 1. 실질적 조건변경인지 여부의 판단

① 조정 전 금융부채의 현재가치(최초 유효이자율 적용) =	₩950,242 × 1.1 − ₩80,000 =	₩965,277
② 조정 후 미래현금흐름의 현재가치(최초 유효이자율 적용)		
원금의 현재가치: ₩1,000,000 × 0.6830(4년, 10% 현가) =	₩683,000	
이자의 현재가치: ₩50,000 × 3.1699(4년, 10% 연금현가) =	₩158,495	₩(841,495)
③ ①과 ②의 차액		₩123,782

∴ ₩123,782/₩965,277(12.82%) ≥ 10%이므로 실질적 조건변경에 해당된다.

2. 조건변경이익

① 조정 전 금융부채의 장부금액		₩965,277
② 조정 후 미래현금흐름의 현재가치(조건변경시점의 유효이자율 적용)		
원금의 현재가치: ₩1,000,000 × 0.6355(4년, 12% 현가) =	₩635,500	
이자의 현재가치: ₩50,000 × 3.0374(4년, 12% 연금현가) =	₩151,870	₩(787,370)
③ ①과 ②의 차액		₩177,907

3. 이자비용: ₩787,370 × 12% = ₩(94,484)

4. 20×2년도 당기순이익에 미치는 영향: ₩177,907 + ₩(94,484) = ₩83,423 증가

5. 20×2년 회계처리

20×2년 초	(차) 사채(구)	965,277	(대) 사채(신)	787,370
			조건변경이익	177,907
20×2년 말	(차) 이자비용	94,484	(대) 현금	50,000
			사채	44,484

13 1. 20×1년 기본주당순이익
① 보통주당기순이익: ₩993,600 − 3,000주 × ₩1,000 × 10% = ₩693,600
② 가중평균유통보통주식수: 10,000주 × 12/12 + 400주 × 6/12 = 10,200주

	1/1	7/1	12/31
1/1 기초주식	10,000주		
7/1 전환우선주전환[1]		400주	
	10,000주	400주	

[1] 전환주식수: 2,000주/5주 = 400주

③ 기본주당순이익: ₩693,600 ÷ 10,200주 = ₩68/주

정답 10 ① 11 ④ 12 ⑤ 13 ②

2. 20×1년 희석주당순이익

① 전환우선주 희석효과 분석

$$\frac{₩300,000}{400주 \times 6/12 + 600주 \times 12/12} = \frac{₩300,000}{800주} = ₩375 \text{ (희석효과 없음)}$$

② 신주인수권 희석효과 분석

$$\frac{₩0}{4,000주^{1)} \times 9/12} = \frac{₩0}{3,000주} = ₩0 \text{ (희석효과 있음)}$$

1) 10,000주 - 10,000주 × ₩3,000/₩5,000 = 4,000주

③ 잠재적보통주의 희석효과

구분	당기순이익	보통주식수	주당이익	희석효과
기본주당이익	₩693,600	10,200주	₩68	
신주인수권	₩0	3,000주		
계	₩693,600	13,200주	₩53	희석성

④ 희석주당순이익: ₩53/주

14

	㈜세무	㈜한국	합계
보고된 당기순이익	₩250,000	₩120,000	₩370,000
투자차액의 상각			
건물	-	₩(10,000)	₩(10,000)
내부거래제거			
재고자산 미실현손익		₩(10,000)	₩(10,000)
연결조정 후 당기순이익	₩250,000	₩100,000	₩350,000

∴ 연결당기순이익 ₩250,000 + ₩100,000 = ₩350,000

지배기업소유주 귀속 당기순이익: ₩250,000 + ₩100,000 × 80% = ₩330,000

비지배지분순이익: ₩100,000 × 20% = ₩20,000

15 ① 현금결제형 주식기준보상거래의 경우에 제공받는 재화나 용역과 그 대가로 부담하는 부채를 부채의 공정가치로 측정한다. 또 부채가 결제될 때까지 매 보고기간 말과 결제일에 부채의 공정가치를 재측정하고, 공정가치의 변동액은 당기손익으로 인식한다.

② 주식결제형 주식기준보상거래로 가득된 지분상품이 추후 상실되거나 주식선택권이 행사되지 않더라도 종업원에게서 제공받은 근무용역에 대해 인식한 금액(보상원가)을 환입하지 아니한다.

③ 부여한 지분상품의 공정가치를 신뢰성 있게 추정할 수 없어 내재가치로 측정한 경우에는 거래상대방에게서 재화나 용역을 제공받는 날을 기준으로 지분상품을 내재가치(공정가치 - 행사가격)로 최초 측정한다. 이후 매 보고기간 말과 최종결제일에 내재가치를 재측정하고 내재가치의 변동액은 당기손익으로 인식한다.

④ 시장조건이 있는 지분상품을 부여한 경우에는 그러한 시장조건이 달성되는지 여부와 관계없이 다른 모든 가득조건을 충족하는 거래상대방으로부터 제공받는 재화나 용역을 인식한다.

16 전환사채의 장부금액(PV 10%): (₩50,000 × 1.7355 + ₩1,150,000 × 0.8265) × 50% = ₩518,625

부채요소의 공정가치(PV 12%): (₩50,000 × 1.6901 + ₩1,150,000 × 0.7972) × 50% = ₩(500,643)(단수차이)

사채상환이익 ₩17,982

정답 14 ② 15 ⑤ 16 ④

17 20×2년

	기초	근무원가	순이자원가	기여금	퇴직금	재측정요소	기말
확정급여채무	(305,000)	(190,000)[1]	(30,500)[2]		150,000	2,500	(373,000)
사외적립자산	300,000		48,000[3]	180,000	(150,000)	△3,000	375,000
계	(5,000)	(190,000)	17,500	180,000	0	△500	2,000
자산인식상한효과	0		0			△1,000	(1,000)
순확정급여자산	(5,000)	**(190,000)**	**17,500**	180,000	0	**△1,500**	**1,000**
		NI	NI			OCI	자산

[1] 근무원가: ₩190,000
[2] 이자원가: ₩305,000 × 10% = ₩30,500
[3] 이자수익: (₩300,000 + ₩180,000) × 10% = ₩48,000

∴ 20×2년 당기손익: ₩(190,000) + ₩17,500 = ₩(172,500)
∴ 20×2년 기타포괄손익: ₩(1,500)

18 자산의 세무기준액은 자산의 장부금액이 회수될 때 기업에 유입될 과세대상 경제적효익에 세무상 차감될 금액을 말한다.

19

당기순이익	₩x
법인세비용	₩50,000
감가상각비	₩25,000
이자비용	₩40,000
토지처분이익	₩(30,000)
매출채권(순액)의 증가	₩(15,000)
영업에서 창출된 현금	₩185,000
이자지급	₩(40,000)[1]
법인세지급	₩(45,000)[2]
영업활동 현금흐름	₩100,000

[1] 이자지급: 이자비용 ₩(40,000) + 사채할인발행차금 상각액 ₩10,000 − 미지급이자의 감소 ₩10,000 = ₩(40,000)
[2] 법인세지급: 법인세비용 ₩(50,000) + 법인세부채의 증가 ₩5,000 = ₩(45,000)

∴ 당기순이익(x) = ₩115,000

20 충당부채는 최초 인식과 관련 있는 지출에만 사용한다. 즉, 본래의 충당부채와 관련된 지출에만 그 충당부채를 사용한다. 왜냐하면 당초에 다른 목적으로 인식된 충당부채를 그 목적이 아닌 지출에 사용하면 서로 다른 두 사건의 영향이 적절하게 표시되지 않기 때문이다.

정답 17 ② 18 ① 19 ② 20 ④

21 1. 세법상납부할법인세(당기법인세): ₩220,000

<법인세계산>		<일시적차이 일정계획표>
20×1년		20×2년 이후
법인세비용차감전순이익	₩1,000,000	
자기주식처분이익	₩20,000	
재고자산평가손실[2]	₩30,000	₩(30,000)
접대비한도초과액	₩50,000	
토지[1]	₩(100,000)	₩100,000
재평가잉여금	₩100,000	
과세소득	₩1,100,000	₩70,000
세율	20%	20%
당기법인세	₩220,000	₩14,000

[1] 가산할 일시적차이(△유보)

[2] 차감할 일시적차이(유보)

2. 이연법인세자산·부채

(1) 20×1년 말 이연법인세부채: ₩70,000 × 20% = ₩14,000

(2) 20×1년 초 이연법인세자산·부채: ₩0

3. 회계처리

20×1년 말	(차) 법인세비용	234,000	(대) 당기법인세부채	220,000
			이연법인세부채	14,000
	(차) 자기주식처분이익	4,000[1]	(대) 법인세비용	4,000
	(차) 재평가잉여금	20,000[2]	(대) 법인세비용	20,000

[1] ₩20,000 × 20% = ₩4,000

[2] ₩100,000 × 20% = ₩20,000

∴ 20×1년의 법인세비용: ₩234,000 - ₩4,000 - ₩20,000 = ₩210,000

22 보유자가 발행자에게 특정일이나 그 후에 확정되었거나 결정 가능한 금액으로 상환해 줄 것을 청구할 수 있는 권리가 있는 우선주는 금융부채로 분류한다.

정답 21 ③ 22 ⑤

23 1. 20×1년 말 리스부채(8%): ₩257,707

2. 20×1년 말 사용권자산: ₩248,408

3. 리스의 범위를 좁히는 변경
   (1) 사용권자산의 장부금액 감소액: ₩248,408 × 1/3 = ₩82,803
   (2) 리스부채의 장부금액 감소액(8%): ₩257,707 - (₩100,000 × 1.7833) = ₩79,377
   (3) 리스변경손실: 리스부채 감소액과 사용권자산 감소액의 차이
   ₩79,377 - ₩82,803 = ₩(3,426)
   (4) 리스부채 재측정금액(10%): ₩100,000 × 1.7355 = ₩173,550
   (5) 리스부채의 재측정으로 인한 증감액: ₩173,550 - (₩100,000 × 1.7833) = ₩(4,780)

4. 회계처리

20×2년 초	(차) 리스부채	79,377	(대) 사용권자산	82,803
	리스변경손실	3,426		
	(차) 리스부채	4,780	(대) 사용권자산	4,780

5. 20×2년 당기순이익에 미치는 영향: (1) + (2) + (3) = ₩(101,194) 감소
   (1) 리스변경손실: ₩(3,426)
   (2) 감가상각비: (₩248,408 × 2/3 - ₩4,780) × 1/2 = ₩(80,413)
   (3) 이자비용: ₩173,550 × 10% = ₩(17,355)

6. 리스의 범위를 좁히는 변경에서 리스기간의 단축의 경우 리스부채의 감소액은 변경 유효일에 변경 전 리스부채와 변경 후 연간리스료를 변경 전 할인율로 계산한 금액의 차이이다. 또한 변경 유효일에 리스이용자는 수정할인율을 반영한 나머지 리스부채의 재측정효과를 사용권자산을 조정하여 인식한다.

24 1. 오류수정 정산표

구분	20×1년	20×2년
재고자산		
20×1년 과대	₩(10,000)	₩10,000
20×2년 과소		₩5,000
미지급급여		
20×1년 과소	₩(7,000)	₩7,000
20×2년 과소		₩(3,000)
배당금수익 취소		₩(6,000)
지분법이익 계상		₩120,000[1]
오류수정으로 증감금액	₩(17,000)	₩133,000

[1] 지분법이익: ₩400,000 × 30% = ₩120,000

2. 20×2년 오류수정 후 당기순이익: ₩500,000 + ₩133,000 = ₩633,000

정답 23 ④ 24 ④

해커스 IFRS 김원종 객관식 중급회계

개정 3판 1쇄 발행 2024년 7월 12일

지은이	김원종
펴낸곳	해커스패스
펴낸이	해커스 경영아카데미 출판팀
주소	서울특별시 강남구 강남대로 428 해커스 경영아카데미
고객센터	02-537-5000
교재 관련 문의	publishing@hackers.com
학원 강의 및 동영상강의	cpa.Hackers.com
ISBN	979-11-7244-163-0 (13320)
Serial Number	03-01-01